HEGEL E O ESTADO

Coleção Textos

Dirigida por:

João Alexandre Barbosa (1937-2006)
Roberto Romano
Trajano Vieira
João Roberto Faria
J. Guinsburg

Equipe de realização – Preparação de texto: Marcio Honorio de Godoy; Revisão: Adriano Carvalho Araújo e Sousa; Ilustração: Sergio Kon; Projeto de capa: Adriana Garcia; Produção: Ricardo W. Neves, Sergio Kon e Lia N. Marques.

HEGEL
E O ESTADO

FRANZ ROSENZWEIG

RICARDO TIMM DE SOUZA
TRADUÇÃO

J. GUINSBURG, ROBERTO ROMANO E RICARDO TIMM DE SOUZA
COORDENAÇÃO

PERSPECTIVA

Título original em alemão:
Hegel und der Staat
© Editora Perspectiva, 2008

Dados Internacionais de Catalogação na Publicação (CIP)
(Câmara Brasileira do Livro, SP, Brasil)

Rosenzweig, Franz, 1886-1929.
 Hegel e o Estado / Franz Rosenzweig ; J. Guinsburg e Roberto Romano, organização ; Ricardo Timm de Souza, tradução – São Paulo : Perspectiva, 2007. – (Coleção textos ; 21)

 Título original: Hegel und der Staat
 Bibliografia
 ISBN 978-85-273-0801-4

 1. O Estado 2. Hegel, Georg Wilhelm Friedrich, 1770-1831 - Crítica e interpretação 3. Rosenzweig, Franz, 1886-1929 - Crítica e interpretação I. Guinsburg, J. II. Romano, Roberto. III. Título. IV. Série.

07-8358   CDD-320.01

Índices para catálogo sistemático:

1. Filosofia política 320.01

[PPD]

Direitos reservados em língua portuguesa

EDITORA PERSPECTIVA LTDA.

Av. Brigadeiro Luís Antônio, 3025
01401-000 São Paulo SP Brasil
Telefax: (11) 3885-8388
www.editoraperspectiva.com.br

2019

SUMÁRIO

Sobre Franz Rosenzweig
J. Guinsburg 5

Prefácio
Roberto Romano 9

Rosenzweig entre a História e o Tempo –
O Sentido Crítico de Hegel e o Estado
Ricardo Timm de Souza 21

Nota do Tradutor 41

PRIMEIRO LIVRO
ESTAÇÕES DE VIDA
(1770-1806)

Prefácio 49
Primeira Seção: Notas Prévias 59
Segunda Seção: Stuttgart 69
Terceira Seção: Tübingen 81
Quarta Seção: Berna 97
Quinta Seção: Dois Escritos Políticos 117
Sexta Seção: Frankfurt 135
Sétima Seção: Jena (até 1803) 177
Oitava Seção: Jena (a partir de 1804) 259

SEGUNDO LIVRO
ERAS DO MUNDO
(1806-1831)

Nona Seção: Napoleão 315
Décima Seção: Restauração 349
Décima Primeira Seção: Prússia 387
Décima Segunda Seção: Revolução de Julho 549
Décima Terceira Seção: Conclusão 589

Notas 599

SOBRE FRANZ ROSENZWEIG

J. Guinsburg

As interpretações do judaísmo conjugam-se naturalmente, no plano filosófico, com as tendências que caracterizam, em cada época, o curso da história das idéias. Cada uma, embora se reporte a "essências", "formas", "simbolismos", "realidades", "experiências" ou "vivências" comuns, lhes dá uma versão específica. É lícito pois falar, sobretudo a partir do século XIX, quando a vida judaica se inscreve crescentemente na esfera cultural européia, em transcrições racionalista, idealista, historicista, positivista, intuicionista ou marxista do judaísmo, não lhe faltando, tampouco, a do existencialismo. Em correspondência com a ampliação desta corrente na filosofia ocidental pós-kierkegaardiana, trabalhada pelo neokantismo, por Nietzsche, Bergson e pela fenomenologia, ocorreu sua repercussão no pensamento judaico, tanto mais receptivo às suas proposições quanto mais aumentava a demanda por uma recuperação filosófica dos valores de uma existência judaica autêntica. E foi sob este signo que se processou na Alemanha, depois da Primeira Guerra Mundial, e em meio a tantas perplexidades e anseios de orientação do espírito, um renascimento judaico do qual Franz Rosenzweig foi um dos maiores incentivadores e, ao lado de Hermann Cohen, Martin Buber, Julius Guttmann, Ernst Bloch, Gershom Scholem e outros, um dos principais expoentes.

Pensador formado na escola da filosofia idealista alemã e voltado para as fontes clássicas da tradição e do pensamento de Israel, atraído pelo problema do homem marginal e do judeu na sociedade moderna e ainda inspirado por uma verdadeira procura de valores simultaneamente laicos e religiosos, desenvolveu uma indagação profunda e original que, antes de Heidegger, articulou princípios e enunciou idéias da moderna visão existencial, plasmando um *novo pensamento* (título de um de seus ensaios) cujo impacto cresceu com o correr dos anos, vindo a exercer enorme influência sobre a filosofia judaica da atualidade.

Franz Rosenzweig nasceu em Cassel, em 1886, em uma família abastada e conhecida, cujos laços com a fé e a comunidade judaicas já eram, todavia, frouxos. Estudou primeiro medicina em Göttingen, Munique, Freiburg e Berlim, mas ao fim decidiu seguir os cursos de história e de filosofia, doutorando-se na Universidade de Leipzig. Ainda enquanto estudante, teve inquietações religiosas e sofreu a influência de Eugen Rosenstock Huessy, um jovem filósofo a quem admirava, e de seu primo Hans Ehrenberg, os quais, na trilha do movimento de retorno à religião, que empolgou muitos círculos da juventude alemã do início do século, haviam-se convertido ao cristianismo. Rosenzweig decidiu palmilhar caminho idêntico, mas desejou fazê-lo, como os fundadores da fé cristã, a partir das raízes, isto é, através do judaísmo, razão pela qual passou a freqüentar os serviços sinagogais. Preparando-se assim para o batismo, visitou, à vespera de consumá-lo, uma pequena sinagoga ortodoxa de Berlim, no Iom Kipur de 1913. A atmosfera piedosa que o envolveu causou-lhe profunda impressão e, em dramática reviravolta, tomou a decisão de continuar na congregação de Israel e consagrar-se ao estudo e ao ensino do judaísmo. No inverno do mesmo ano, empreendeu estudos sistemáticos na Escola Superior de Ciência do Judaísmo (*Hochschule für die Wissenschaft des Judentum*), onde ouviu a palavra e entrou em estreito contato com o pensamento do mestre do neokantianismo de Marburgo, Hermann Cohen. Ao mesmo tempo em que enveredava pelas vias da erudição e da filosofia judaicas, rematava vários trabalhos anteriores, um dos quais, o desenvolvimento de sua dissertação de doutoramento – sob orientação de Friedrich Meinecke –, resultaria nos dois volumes de *Hegel e o Estado*, obra publicada em 1919, e que enfeixa uma das críticas mais radicais à historização da filosofia e de sua suposta síntese final no sistema totalizador do pensador de Jena. Contudo, no interregno, que foi o da guerra, enquanto servia como voluntário do exército germânico na frente de luta balcânica, amadureceu suas concepções sobre o judaísmo, escrevendo em tiras de papel e cartões-postais, que enviava à sua mãe, o esboço do que veio a ser, em 1920, *A Estrela da Redenção* (*Stern der Erlösung*), seu livro mais relevante no universo da reflexão contemporânea sobre o sentido do judaísmo e sua grande contribuição para o pensamento filosófico e religioso do século xx.

Desmobilizado, casou-se e fixou residência em Frankfurt, onde pôs em prática algumas de suas idéias quanto ao modo de revitalizar a vida espiritual e a existência da comunidade de Israel, fundando a *Freie Jüdische Lehrhaus*, uma escola livre de estudos judaicos que se tornou um dos mais famosos estabelecimentos culturais da Alemanha. Durante sete anos, foram ali ministrados mais de 250 cursos e seminários a muitas centenas de alunos (como Herbert Marcuse e outros que, como ele, viriam ser futuras personalidades intelectuais); e entre seus professores figuraram Martin Buber, Ernst Simon, Walter Benjamin, Gershom Scholem, Leo Strauss e Erich Fromm. O próprio Rosenzweig, porém, viu-se bem cedo afastado da participação ativa e da direção da Escola, pois, já em 1922, foi acometido de uma paralisia progressiva que iria privá-lo da capacidade de escrever e falar, condenando-o a uma total imobilidade e levando-o, por fim, prematuramente, à morte, em 1929.

O mal que lhe atingiu tão dolorosamente o corpo nada pôde contra o seu vigor mental, que o manteve em perfeita forma de "atleta do espírito". Assim, nestes derradeiros anos de vida, servido por excepcional força de vontade e pela dedicação da esposa, continuou a trabalhar nos vários setores de seu interesse. Por algum tempo, utilizou-se de uma máquina de escrever especial e, quando privado até da possibilidade de valer-se desse meio, recorreu a sinais labiais, quase imperceptíveis, que Edith Rosenzweig procurava entender e registrar. Foi deste modo que realizou uma produção literária em cujo rol constam: a tradução dos *Sessenta Hinos e Poesias de Judá Halevi* para o alemão, cuja edição, ampliada em 1927, contém noventa e duas peças de uma das mais válidas transposições do grande poeta medieval; o amplo ensaio introdutório aos *Escritos Judaicos* de Hermann Cohen; e, afora trabalhos menores e um estudo sobre a Lei Judaica, a notável tradução alemã da Bíblia hebraica, efetuada em colaboração com Martin Buber e considerada como uma das mais criativas versões da Escritura desde Lutero. *Cartas* e *Escritos Menores* vieram a público postumamente, e só no final do século XX apareceu uma edição de sua obra reunida.

Extraído de *O Judeu e a Modernidade*:
súmula do pensamento judeu.
Perspectiva, 1970.

PREFÁCIO

Roberto Romano

"Seguimos aqui a profunda exposição de Rosenzweig: *Hegel e o Estado*"[1]. Esta frase lacônica encerra graves implicações éticas. Friedrich Meinecke, ao mostrar a fonte de sua análise, que aponta a força como essência do Estado hegeliano, evoca uma verdade parcial. O autor, importante por ter redigido o mais provocativo estudo moderno sobre a *raison d'état*, atribui ao discípulo Rosenzweig uma tese que, na verdade, é sua. Em *Die Idee der Staatsräson in der neueren Geschichte*, quando indica a suposta base de seu comentário sobre Hegel, Meinecke tem diante dos olhos o manuscrito sobre a *Constituição da Alemanha* (1799-1802). Naquele escrito, o jovem filósofo apresenta a tese segundo a qual a Alemanha não é mais um Estado. Pulverizada após o tratado de Westfália, que acentuou desmesuradamente a *Kleinstaatarei*, a nação alemã viu o imperador

---

1. "Wir folgen hier der tiefen Darstellung Rosenzweigs: *Hegel und der Staat*". Cf. Friedrich Meinecke, *Die Idee der Staatsräson in der neueren Geschichte*, München und Berlin: Druck und Verlag von R. Oldenbourg, 1924, p. 441.

perder o controle das armas, dos impostos, da lei, dissolvendo-se o centro que deveria submeter o todo político. A frase mestra no manuscrito mencionado, segundo Meinecke, reza que "apenas a força faz com que um Estado seja verdadeiramente um Estado [...]. Para que certa multidão forme um Estado, é preciso que ela forme uma força de defesa e de poder governamental comuns" [2].

Meinecke mescla as frases acima com outras, anteriores, sobre a guerra e a paz. Ele comenta o pensamento hegeliano segundo o qual "não é no repouso pacífico, mas no movimento (*Bewegung*) da guerra que se mostra a força (*Kraft*) de coesão de cada um com o todo"[3]. Meinecke aponta em Hegel uma filosofia da potência, o que, ainda segundo o historiador,

era novo — ou talvez recuperado — reconhecimento que o atributo mais essencial do Estado era o poder (*Macht*), ou seja, a habilidade de sustentar a si mesmo contra outros Estados. Toda *raison d'état* prática e todas as reflexões teóricas sobre o assunto nos séculos XVI e XVII foram guiadas por este princípio; enquanto o modo paralelo de ver o Estado em termos de Lei Natural, na sua maior parte, não foi afetado por ele. Mas Hegel era absolutamente incapaz de ficar satisfeito com o reconhecimento empírico e realista de que o Estado-potência (Machtstaat) existe; pelo contrário, ele sentiu-se obrigado a incorporar este

---

2. "Dass eine Menge einen Staat bilde, dazu ist notwendig, dass sei eine gemeinsame Wehr- und Staatsgewalt bilde". Cf. Begriff des Staats, *Die Verfassung Deutschland*, em *Werke in zwanzig Bänden*, Frankfurt am Main: Suhrkamp Verlag, 1971, v. 1, p. 473.
3. "A saúde de um Estado se manifesta, em geral, menos na tranqüila paz do que no movimento da guerra; no primeiro caso, é o gozo e a atividade isolados, o governo é apenas sábia direção paterna que requer apenas conhecimento e hábito dos governados. Na guerra, pelo contrário, surge a força do elo que une cada um ao todo". [Die Gesundheit eines Staats offenbart sich im allgemeinen nicht sowohl in der Ruhe des Friedens als in der Bewegung des Krieges; jene ist der Zustand des Genusses und der Tätigkeit in Absonderung, die Regierung eine weise Hausväterlichkeit, die nur Gewöhnliches and die Beherrschten fordert; im Kriege aber zeigt sich die Kraft des Zusammenhangs aller mit dem Ganzen]. *Die Verfassung Deustchland*, op. cit. p. 462.

novo conhecimento num quadro racional e unificado do mundo. Para conseguir tal feito, Hegel precisou abrir um caminho inteiramente novo e original para si mesmo, um caminho que o conduziu no início rumo a um terreno sombrio e rochoso. Ele precisou afastar, digamos, a rocha que obstaculizava seu passo, e, olhando ainda hoje para ela, pode-se ter uma idéia de sua violenta pesquisa e luta.

Ao usar a exposição de Rosenzweig como escudo, depois de indicar os elos entre Hegel e a doutrina da *raison d'état* e insistir no poder advogado por aquela vertente política e teórica, Meinecke aproxima Hegel de Maquiavel no desejo, comum aos dois pensadores, de encontrar, para suas respectivas nações, fragmentadas em muitos Estados, um Teseu salvador. O anelo hegeliano foi atendido às meias, diz o historiador, porque as grandes lideranças surgidas no século XIX puderam salvar a Alemanha, sem no entanto conseguir unificá-la. Após esta constatação grave, Meinecke afirma que o caminho aberto pelo filósofo adquiriu maior eficácia nas suas obras de maturidade. E arremata:

não é necessário, para o contexto de nossos estudos, seguir degrau por degrau o desenvolvimento das reflexões hegelianas sobre o Estado-potência, separadamente ou em todas as conexões com o todo de seu sistema. Semelhante tarefa foi executada, pelo menos em grandes linhas, por Heller, mesmo tendo ele cometido alguns exageros e distorções; e o livro profundo de Rosenzweig, que expõe toda a filosofia de Estado de Hegel, também trata corretamente desse tema. Basta para o nosso fim, de início, recapitular as formulações derradeiras fornecidas por Hegel sobre a idéia da *raison* de Estado, inserindo-as posteriormente no contexto histórico do nosso problema.

Essas páginas de Meinecke apresentam um espinheiro de árduas concepções históricas e políticas e, sobretudo, constituem sérias dificuldades hermenêuticas. É preciso, para bem definir o núcleo do problema, começar com a própria origem da *raison d'état*, pois Meinecke a situa nos escritos de Maquiavel, donde a relevância da aproximação, citada acima, entre o florentino e Hegel. O historiador afirma que "todo pensamento político de Maquiavel foi apenas uma constante reflexão sobre a *raison d'état*". Dentre os ditames da mencionada razão, Meinecke escreve, impera a necessidade de "sujar a si mesma incessantemente com violações do direito e da moralidade", o que se clarifica de maneira luminosa na guerra, a qual sempre representa "uma irrupção do estado de natureza nas normas da civilização"[4]. O historiador reconhece que o termo e seus complementos (*ragione e uso degli Stati*, por exemplo) não se apresentam nos textos maquiavélicos.

Ao refutar as teses de Meinecke, Cesare Vasoli vai mais fundo: não se encontra em Maquiavel o conceito de soberania como princípio e fundamento do poder, pelo menos não definido explicitamente pelo florentino. Os Estados que ele analisa são "instituições ainda muito afastadas da complexidade orgânica dos Estados soberanos modernos, de seus difíceis equilíbrios jurídicos"[5]. Se tal é o ponto, como deduzir o laço entre Maquiavel e Hegel, fundamentado pela potência e pela *raison d'état*? Vasoli apresenta óbices fundamentais aos enunciados de Meinecke, naturalmente atingindo as fórmulas brilhantes de Rosenzweig. Sua argumentação, no entanto, não expõe a virulência retórica comum nos debates sobre a razão de estado e Hegel. Para verificar este ponto, bastam algumas passagens de *O Jovem Hegel*, erudito e militante livro publicado por G. Lukács.

---

4. O trecho de Meinecke assusta, quando se pensa em termos éticos: "...é da essência e do Espírito da razão de Estado que ela só possa sujar a si mesma ininterruptamente, ferindo a moral e o direito, inclusive com o meio, que lhe parece indispensável, da guerra. Esta, apesar de todas as formas jurídicas com as quais pode ser revestida, significa a irrupção do estado de natureza nos princípios da civilização. Parece que o Estado deve pecar. O sentido ético pode se levantar contra esta anomalia: a história mostra que o resultado desta luta é sempre vazio". *Die Idee der Staatsräson...*, op. cit., p. 15.

5. Cesare Vasoli, Machiavel inventeur de la raison d'État?, em Y. Ch. Zarka, *Raison et déraison d'État*, Paris: PUF, 1994, p. 50. Do mesmo autor, cf. *Machiavelli*, Oxford: Oxford University Press, 1998.

Ao se referir à figura de Teseu na escrita hegeliana conectada a Maquiavel, Meinecke seguia a letra de Rosenzweig:

> A profunda compreensão da efetividade (*Einwirken*) da história permite a Hegel, muito antes das exortações que Fichte dirige ao tirano no sentido de uma conversão à germanidade (*Deutschheit*), expressar inequivocamente que, mesmo "se todas as partes ganhassem com o fato de que a Alemanha se tornasse um Estado e se... a preocupação fosse sentida de forma profunda e determinante", ainda assim apenas a força, e não a reflexão, conduziria a um tal resultado. "Conceito e compreensão provocam a invectiva de uma tal desconfiança, que necessitam ser legitimados pela força: somente assim os homens se lhes submetem". O poder de um conquistador deve fundir em uma única massa "a multidão do povo alemão" com seus Estados provinciais animados unicamente por um espírito particularista e obrigá-la a se "perceber como parte da Alemanha". Este "Teseu" deveria "dispor de magnanimidade" no sentido de "garantir a participação... nos negócios de todos" do povo que ele criou. Ele deveria dispor de um caráter suficientemente vigoroso para "suportar o ódio que se voltou contra Richelieu e outros grandes homens, na medida que eles destroçaram os particularismos e individualismos humanos". Assim se completa o arco que vai de Richelieu ao *Príncipe* de Maquiavel: na exigência pela qual Hegel afirma verdadeiramente – como havia suspeitado seu primeiro biógrafo – sua intenção de tornar-se o Maquiavel alemão. Pois também sua voz, como a de Maquiavel, permaneceria "sem ressonância", pelo menos em termos imediatos, e também ele não seria reconhecido como o profeta da unidade nacional a não ser pelas gerações vindouras, que veriam com seus próprios olhos sua promessa realizada[6].

Rosenzweig analisa a hipótese de que o Teseu em pauta seria Napoleão. Pouco depois, indica a probabilidade do referido personagem, no texto de Hegel, ser o Arquiduque Carlos da Áustria:

> Os alemães, Hegel acrescenta – provavelmente mais tarde, em 1806 ou 1807 – haviam desaparecido como povo, porque não puderam

---

6. Ver na tradução de Ricardo Timm de *Hegel e o Estado* que ora é editado pela Perspectiva, na p. 201-202.

suportar nenhuma tirania: isto indica claramente que ele, em 1802, só poderia ter cogitado de um conquistador nativo. Assim, se é possível avançar uma suposição algo mais fundada, apenas com relação ao arquiduque Carlos poder-se-ia supor o papel de 'Teseu' em 1802[7].

Lukács critica pesadamente as suposições de Meinecke/Rosenzweig.

O lendário Teseu não se limita a surgir em diversos lugares do escrito sobre a constituição (*Die Verfassung Deutschland*), mas também aparece em outros escritos do jovem Hegel; na literatura sobre Hegel encontram-se as mais diversas combinações hipotéticas sobre quem é propriamente este Teseu pensado por Hegel. (No caso de Maquiavel, a personalidade mentalizada foi, algumas vezes, Cesare Borgia). Rosenzweig adota uma hipótese disparatada, segundo a qual o Teseu de Hegel seria o Arquiduque Carlos da Áustria. Como esta última concepção é uma pedra importante do edifício para fazer de Hegel um precursor de Ranke e de Bismarck, precisamos considerá-la com algum detalhe.

E segue-se a catilinária sobre a falta de agudez histórica de Rosenzweig.

Importa, no entanto, que apesar de sua irada crítica ao aluno e ao mestre, Lukács vai ao ponto quando se trata de atacar a razão de Estado, a justificação da guerra e outros aspectos doloridos na interpretação dos textos hegelianos. Toda a referência de Meinecke a Hegel não se sustenta, escreve Lukács, pois o pensamento de Hegel "nada tem a ver, histórica ou filosoficamente, com Bismarck e menos ainda com a *Machtpolitik*, ou política da força do imperialismo alemão".

Embora sua polêmica contra Rosenzweig e Meinecke tenha alguma justificativa no que se refere a Bismarck, Lukács não pode evitar a tese da força, em passagens explícitas de Hegel. Ele mesmo salienta o fato, de maneira cabal:

---

7. Idem, p. 205.

Nas Lições de 1805-1806 volta Hegel a falar de Teseu como fundador de Estados. Diz que todos os Estados devem sua fundação à força, e que os titulares da força foram grandes homens, como Teseu. A condição prévia do grande homem é que saiba e pronuncie a vontade absoluta. Todos se reúnem ao redor do seu estandarte; ele é o seu Deus. Assim Teseu fundou o Estado de Atenas; assim um poder terrível assumiu o Estado na Revolução Francesa, o todo em geral. Esta força não é despotismo, mas tirania, puro e terrível domínio; mas ela é necessária e justa na medida em que constitui e mantém o Estado como aquele indivíduo real. Este Estado é o simples espírito absoluto, seguro de si mesmo e para o qual nada que é determinado vale, que não seja ele mesmo, nenhum conceito de bem ou de mal, humilhante ou vergonhoso, nem astúcia nem falsidade; ele se ergue acima de tudo isso, pois o próprio mal está nele, reconciliado consigo mesmo[8].

É difícil, deste modo, para Lukács, negar o papel da força tirânica na instauração do Estado. Mas o nosso tema principal é o nexo entre Hegel e Maquiavel, com a tese da razão de Estado.

Meinecke expõe com crueza extrema o vínculo, que ele supõe efetivo, entre Hegel e Maquiavel, elo que reitera a *Staatsräson*. O seu juízo sobre a síntese de idealismo e maquiavelismo é candente, embora ambíguo. O historiador aceita a leitura que enxerga em Hegel a conciliação do empírico e do racional e afirma:

segundo a última forma de sua doutrina, o Estado empírico e existente é também ao mesmo tempo o Estado racional. "O que é racional é real; e o que é real, é racional". Para conseguir dizer isto, ele precisou reinterpretar o conceito de razão e fluidificá-lo; ele precisou expulsar o caráter estável anteriormente possuído por suas normas, e transformar as próprias normas numa forma de vida fluida e continuamente em ascensão, transformá-las no processo de desenvolvimento da humanidade histórica. Logo, não era mais necessário para o novo conceito de razão chocar-se com as contradições e antíteses aparentemente insolúveis; com a sua dialética, a qual penetrou pela

---

8. G. Lukács, *Der Junge Hegel und die Probleme der Kapitalistischen Gesellschaft* (Aufbau-Verlag, 1954).

primeira vez profundamente no processo real que brota e surge, ele aceitou aquelas antíteses como os veículos necessários do próprio progresso e da melhoria. Isto significa que ele admitiu [...] que havia uma conexão causal coletiva entre a própria história e os seus aspectos mais sinistros e viscosos. Tudo, absolutamente tudo serve para promover a progressiva auto-realização da razão divina; e o que é particularmente sutil e astucioso nela é que suas forças operam mesmo no plano elementar, mesmo no que é verdadeiramente mal. E se alguém fica apavorado pela inferência de que este mundo obriga a reconhecer a relativa justiça do mal, então ele enviaria à sublime visão da vida que ele mesmo colocou no cume de seus sistemas – uma visão capaz de ser ao mesmo esotérica e exotérica –, porque ele ousou dizer que tudo o que é esotericamente belo era necessariamente preso à existência do exotericamente feio: "O que importa é portanto reconhecer, na mera aparência do temporal e transitivo, a substância imanente e o elemento eterno que ali se apresenta. Porque o racional (ou seja, ideal), em virtude do próprio apresentar-se na existência externa em toda a sua efetividade, agora se apresenta numa profusão infinita de formas, figuras e aparências, e encerra seu núcleo numa brilhante capa externa que é a morada imediata da consciência e que deve ser penetrada pelo pensamento conceitual, para detectar o seu pulso interno, e sentir sua batida também nas configurações externas"[9].

A concepção de história, em Hegel, apresentaria em sua camada externa inúmeros seres diversos e brilhantes. Nenhum deles, no entanto, exclama Meinecke, está mais próximo do núcleo central da História do que o Estado.

É nele que a inteligência cortante da efetividade reconhecia o fator mais poderoso e eficaz da história humana[10]. O que seu empirismo reconhecia, seu idealismo devia sancionar; eis também porque a razão de Estado, alma do Estado e núcleo das doutrinas de Maquiavel, devia também ser sancionada. Então se gerou um fato novo e monstruoso, pois o maquiavelismo que tinha antes sempre vivido nas margens do cosmos moral, foi incorporado a um conjunto de visão de mundo idea-

---

9. Meinecke, *Die Idee der Staatsräson...*, ed. cit., p. 434-435.
10. "In ihm erkannte sein scharfer Wirklichkeitenssin den mächtigen und wirksamsten, alles durchdringenden Faktor der Menschheitsgeschichte".

lista, que envolvia e sustentava todos os valores éticos. Era como se um bastardo fosse legitimado"[11].

A interpretação do Estado como potência é explicitada por Rosenzweig, numa série de teses que sustentam, de fato, a análise conduzida por Meinecke. Cito apenas algumas passagens da excelente tradução efetuada por Ricardo Timm.

Do mesmo modo, Hegel, em seu escrito sobre a Constituição, havia reconhecido em toda sua nudez o Estado-potência (*Machtstaat*) do século XVIII, com uma franqueza que rechaça todos os pequenos recursos à justificação e que o pensamento do século anterior nunca poderia, por ele mesmo, haver atingido – mesmo que o grande rei, que viveu igualmente para o Estado e o Espírito do século, tivesse finalmente reconhecido – com gestos de resignação – que Maquiavel tinha razão[12].

No que se refere ao apelo ao tirano como instaurador do Estado, Rosenzweig recorda que Platão e Maquiavel abriram esta via. A solução "inédita de Hegel é a seguinte: o grande homem, obedecido à força por todos, o é porque tem em si a vontade que um dia todos terão conscientemente"[13]. Deste modo, a passagem do querer inconsciente do coletivo ao querer do tirano, segue o caminho geral do em si ao para-si. A tese repete-se em vários momentos das atividades assumidas pelo filósofo. Assim, já em data prístina de sua existência, ele afirma que "conceito e compreensão devem ser justificados pela força, e então o homem se submete a eles". Conceito e compreensão, explica Rosenzweig, segundo o entendimento do escritor "devem ser legitimados pela força: eis o código desta nova doutrina de Estado que deve ensinar às novas gerações a ver, na história universal, a ponte de ligação entre o reino do Espírito e o do poder, do conceito e da força"[14].

11. Idem, p. 435.
12. *Hegel e o Estado*, trad. Ricardo Timm de Souza, p. 218.
13. Idem, p. 203.
14. Idem, p. 206.

O Estado, ordem ética interior, devém na medida em que constitui um todo, move uma violência que não é alvo de questões nem aporta respostas: apesar de todos os esclarecimentos metafísicos, ele é potência (*Macht*)[15]. No campo penal o Estado, "potência do direito", mostra seu rosto verdadeiro, pois ele é "poder de vida e morte". Se os dirigentes estatais perdoam é como se o fato "nunca tivesse ocorrido". Desta forma é o Estado "mestre sobre o mal" (über das Böse Meister).

A potência estatal não pode ser limitada por atitudes práticas e doutrinas justificadoras da sociedade civil, como no caso do contrato. Hegel não aceita o contrato como origem do Estado, porque ele supõe justamente o que deveria justificar; a obrigação dos indivíduos que ordena as vontades particulares. A vontade geral não pode ser concebida como produto de vontades individuais, mas se põe diante delas como "poder que as obriga". A contradição, inexplicada na teoria do contrato, entre vontade natural dos indivíduos e vontade coletiva, faz ressurgir a doutrina do tirano espiritual. Todos os Estados "foram fundados pelo poder sublime de grandes homens, não pela força física, pois muitos são mais fortes do que um só". Não é a força física que explica o sucesso do grande homem de poder, mas o fato de que ele

> tem em seus traços alguma coisa que permite aos outros nomeá-lo seu mestre; eles lhe obedecem contra sua vontade: contra sua vontade, sua vontade é sua vontade; sua vontade imediata é sua vontade, mas sua vontade consciente é algo diferente; o grande homem tem cada um a seu lado e eles são obrigados, mesmo quando não o desejam. Esta é a precedência do grande homem, saber a vontade absoluta, exprimi-la; todos se reúnem em torno à sua bandeira, ele é seu deus.

Rosenzweig retoma, em Hegel, a figura de Teseu e também a de

> Pisístrato, que fez com que "os cidadãos se apropriassem das leis de Sólon" – legitimando assim, pela força, o conceito e a compreensão!

15. Idem, p. 226.

E evoca adiante o "terrível poder" de Robespierre: "Tirania, pura dominação execrável, mas... necessária e correta, na medida em que... constitui o Estado e o mantém".

Deste modo, o Estado hegeliano "não conhece nenhum conceito de bom e de mau, de vergonhoso e de infame, de perfídia e de fraude; ele está por cima de tudo isto, pois nele o mal está reconciliado consigo mesmo"[16]. Finaliza Rosenzweig a análise da gênese estatal afirmando que para Hegel, "na época contemporânea, o Estado não é mais o bem supremo; ele cedeu seu lugar, na hierarquia espiritual, à moralidade, que, segundo a representação hegeliana, deverá ceder, por sua vez, seu lugar à religião"[17].

Se a exposição mais ampla sobre o Estado seguiu da força e da tirania à liberdade e à moral, no campo das relações entre os organismos estatais esta evolução não existe. Os múltiplos Estados encontram-se no plano da natureza, em permanente guerra. É neste ponto que, mais agudamente, a esfera do Estado ou se resume à potência, ou perde qualquer veleidade de existência autônoma.

O Estado, porém, não se deixa entender como potência pura e simples, caso não se queira recair, em última análise, em uma concepção grosseiramente naturalista, e sim como vontade potente, que permite integrá-lo, sem abrir mão da idéia de poder, à concepção geral idealista[18].

A análise de *Hegel e o Estado* mostra o quanto as concepções de Meinecke seguem as linhas de Rosenzweig, do início ao fim. Poder-se-ia dizer que se trata de uma simbiose entre o pensamento do mestre e do discípulo. Assim, o leitor atilado pode encontrar, na fonte do moderno pensamento alemão, um produto cultural complexo, cheio de matizes. Juízos severos não faltam, tanto sobre Meinecke quanto acerca de

16. Idem, p. 271.
17. Idem, p. 335.
18. Idem, p. 418.

Rosenzweig. É o caso de Lukács, citado acima, e de Eugène Fleischmann. Segundo este último escritor, o velho teórico da história ensinou ao jovem estudioso judeu coisas positivas e negativas. As primeiras podem ser resumidas no amor pela História. As segundas, no entanto, encontram-se na "destruição da alma" que Meinecke teria produzido em gerações de pesquisadores, ao ensinar-lhes "os princípios da política de força e o chauvinismo alemão; ele foi assim a personalidade científica mais influente no preparo da via hitleriana. É simplesmente lamentável que Rosenzweig, em seu livro, só tenha visto pela perspectiva aberta por Meinecke, fato que diminui muito o valor científico desta obra engenhosa"[19].

Para decidir sobre um livro, o essencial é ler suas páginas, não confiar nas críticas ou apologias. Os argumentos de Rosenzweig estão hoje diante dos olhos brasileiros, graças ao trabalho fino e rigoroso do prof. Ricardo Timm de Souza e às decisões de um editor, o generoso e sábio Jacó Guinsburg, que publica livros segundo as exigência da alma cultural. Em tempos de razão estatal degradada ao máximo, vale a pena ler os argumentos de Rosenzweig, de Meinecke e demais luminares do espírito, cujos lampejos de gênio brilharam antes e após as piores catástrofes da modernidade. Para a cultura política do judaísmo, do cristianismo, da filosofia política, as páginas seguintes encerram tesouros valiosos. E como diz o grande Spinoza, ao citar o sumo da sapiência política, "tudo o que é belo, é difícil e raro".

---

19. E. Fleischmann, *Le Christianisme mis à nu* (Paris: Plon, 1970), p. 183.

ROSENZWEIG ENTRE A HISTÓRIA E O TEMPO – O SENTIDO CRÍTICO DE HEGEL E O ESTADO

Ricardo Timm de Souza

I.

> *Quando a construção de um mundo desaba,*
> *são soterrados sob as ruínas também as idéias*
> *que o conceberam e os sonhos que o penetraram*
>
> Hegel e o Estado, p. 596

Hegel e o Estado – a tese de doutorado de Rosenzweig, publicada apenas em 1920[20] – expressa, com sua trajetória

[20]. *Hegel und der Staat*, tese doutoral de Franz Rosenzweig redigida a partir de 1909, sob a direção de Friedrich Meinecke, e apresentada em 1912, apenas foi publicada, com acréscimos, em 1920 – após as grandes crises históricas da época – Guerra Mundial, Revolução Soviética de 1917 etc. –, e no período por assim dizer "definitivo" da evolução intelectual de Rosenzweig, que havia emergido do conjunto de inquietações vitais e filosóficas de seu período de formação, e especialmente em torno do ano de 1913, marcado por questões existenciais fundamentais, com sua obra magna – *A Estrela da Redenção* – redigida, em boa parte, no *front* da Guerra em que Rosenzweig lutou como soldado, e publicada em 1921. Sobre *Hegel e o Estado*, cf. entre outros Schlomo Avineri, Rosenzweig's Hegel Interpretation: Its Relationship to the Development of His Jewish Reawakening, em Wolfdietrich

acidentada, não apenas acontecimentos muito importantes da vida de um autor e de um contexto específico, mas também acontecimentos centrais do momento inaugural do século XX. É exatamente este entrelaçamento entre acontecimentos intelectuais e acadêmicos "privados" e a vida pública da sociedade como efetivamente se dá, em termos de vida das comunidades e das nações – um entrelaçamento que apenas se expressa no trabalho dos espíritos mais lúcidos de uma determinada época, e é modelar no caso de Rosenzweig – que pode se constituir em uma via adequada de abordagem desta obra decisiva não apenas para a *Hegelforschung*. Na verdade, o trabalho transcende enormemente o estatuto de uma tese científica, ainda que importante, ao penetrar – provavelmente, pela primeira vez nestes moldes – no núcleo central da cultura contemporânea, no que diz respeito às suas tensões determinantes. O decorrer da história real marca, com esta tese sobre

---

Schmied-Kowarzik (org.), *Der Philosoph Franz Rosenzweig (1886-1929) – Internationaler Kongress – Kassel – 1986*, Freiburg/München: Karl Alber, Band II, p. 831-838; Otto Pöggeler, Rosenzweig und Hegel, idem, p. 839-853; Stéphane Mosès, Politik und Religion. Zur Aktualität Franz Rosenzweigs, idem, p. 856-876; Görtz, Der Tod als Krisis geschichtlicher Synthese – Der Begriff der Erfahrung bei Hegel und Rosenzweig, em G. Fuchs; H. H. Henrix (orgs.), *Zetigewinn – Messianisches Denken nach Franz Rosenzweig*, Frankfurt am Main: Knecht, 1987, p. 91-125; Assoun, Rosenzweig et la politique: posterité d'une rupture, em F. Rosenzweig, *Hegel et l'Etat*, Paris: PUF, p. V-XVII, Gérard Bensussan, Hegel et Rosenzweig: le franchissement de l'horizon, idem, p. XIX-XLI. Para uma introdução geral ao pensamento de Rosenzweig, cf. entre outros: Ricardo Timm de Souza, *Existência em Decisão* – uma introdução ao pensamento de Franz Rosenzweig, São Paulo: Perspectiva, 1999; Paul Mendes-Flohr (org.), *The Philosophy of Franz Rosenzweig*, Hannover/London: Brandeis University Press, 1988; Reinhold Mayer, *Franz Rosenzweig – eine Philosophie der dialogischen Erfahrung*, München: Kayser Verlag, 1973; Wolfdietrich Schmied-Kowarzik, *Franz Rosenzweig* – Existentielles Denken und gelebte Bewährung, Freiburg/München: Alber, 1991; Stéphane Moses, *System und Offenbarung* – Die Philosophie Franz Rosenzweigs, München: Wilhelm Fink Verlag, 1985; Bernhard Casper, *Religion der Erfahrung* – Einführungen in das Denken Franz Rosenzweigs, Paderborn/München/Wien/Zürich: Schöningh, 2004.

a história, um contraponto pesado, cuja expressão culmina na abertura e no fecho do trabalho efetivamente publicado. Quando Rosenzweig escreve, em maio de 1920, no Prefácio do livro – Prefácio escrito muito após a sua conclusão, e retomado apenas para preparar a edição – que

> o presente livro, que remonta, em suas primeiras partes, ao ano de 1909, estava praticamente pronto quando do início da guerra. Eu não pensava, naquela época, ter necessidade de lhe apor palavras prévias. Hoje tal é inevitável. O leitor tem que, antes de tudo, saber que ele só pôde ser completado em 1919. Hoje eu não teria empreendido a sua escrita. Eu não sei de onde se pode tirar, hoje, a coragem para escrever história alemã,

ele não está se utilizando de figuras metafóricas para realce do seu trabalho; ele está, na verdade, estabelecendo o índice de possibilidade de sua leitura, que é uma possibilidade de leitura de *seu tempo* – a tal ponto o mundo de 1920, aquele cuja construção "desabou" e consigo levou "as idéias que o conceberam e os sonhos que o penetraram", e o mundo de antes da guerra, diferem, e não apenas na Alemanha. Sabemos a que ponto a consciência desta mudança de condições penetrou e determinou as energias intelectuais do filósofo de Kassel; menos clara pode ser, porém, a percepção do quanto estas energias intelectuais em seu vigor e em suas idiossincrasias simbolizam a máxima consciência de uma época atônita[21]. *Hegel e o Estado* é, em vários sentidos, muito mais do que um importante trabalho científico: é o testemunho vivo do *ocaso* de um mundo, de uma cosmovisão e de uma esperança.

II.

Quem foi este pensador, cujas contingências existenciais e circunstâncias de vida obrigaram a um enfrentamento

21. Cf. R. T. de Souza, *Existência em Decisão*: uma introdução ao pensamento de Franz Rosenzweig, São Paulo: Perspectiva, 1999, p. 29-39.

direto com as mais árduas questões culturais de seu tempo? Franz Rosenzweig nasceu em 1886 em Kassel, no seio de uma família de burguesia judaico-alemã bem estabelecida e assimilada. Recebeu, desde as primeiras letras, a melhor educação disponível na época. Da tradição espiritual do judaísmo de origem já fora quase tudo esquecido; a assimilação já conseguida emprestava à família segurança e independência, e sentiam-se em todas as dimensões afetos à cultura alemã e clássica cristã-ocidental[22]. Após o período escolar, decide-se o futuro filósofo, entusiasta da música, pintura e literatura, pelo estudo da medicina, a fim de contentar o pai; muda logo de idéia, porém – já em 1905 vem a descobrir na História o seu verdadeiro campo de interesse, cujo estudo, todavia, vem a iniciar apenas em 1907, juntamente com a Filosofia. De 1908 a 1912 estuda em Freiburg im Breisgau, com exceção de um ano passado em Berlin. Tem como professores prediletos o filósofo Heinrich Rickert e o historiador Friedrich Meinecke. É sob a direção de Meinecke que inicia seu doutoramento, cuja tese, ampliada e publicada em 1920, constitui o presente *Hegel e o Estado*. Neste entremeio, porém, estourará a Primeira Guerra Mundial. Rosenzweig, mobilizado como soldado, não se limitará a exercer tarefas militares (semelhantemente a seu contemporâneo Wittgenstein, é no *front* que redige textos que se converterão em trabalhos importantes, entre eles a própria *Estrela*). Aproveita cada momento livre para se aperfeiçoar intelectualmente. Esta variedade de ocupações intelectuais como que preparava a futura dedicação à prática do ensino – não em uma cátedra universitária, como pensavam muitos de seus contemporâneos, mas na humilde Casa Livre de Estudos Judaicos (Freies Jüdischen Lehrhaus), por ele fundada em Frankfurt, para onde se mudou no verão de 1920, após seu casamento com Edith Hahn.

---

22. Cf. R. Mayer, *Franz Rosenzweig*: eine Philosophie der dialogischen Erfahrung, München: Kayser Verlag, 1973, p. 9.

Pois, após a redação da *Estrela da Redenção*, o filósofo, em 1919, participa a seus amigos desejar "não escrever mais nenhum livro" – pelo menos em termos de tratado de filosofia[23]; a idéia é, agora, dedicar-se fundamentalmente à prática do ensino, ao diálogo inter-humano, à "abertura do espírito"[24], cultivada desde os portões de sua própria casa. Segue-se um curto período de paz e intensa produtividade docente, que culmina com a redação, a partir dos seminários que conduz, do *Büchlein des gesunden und kranken Menschenverstandes* (Livrinho do Entendimento Humano Sadio e Doente), terminado em janeiro de 1922. Este *Livrinho* irreverente – última obra do Rosenzweig ainda saudável – não é senão a explicitação clara e direta do espírito da primeira parte da *Estrela da Redenção*.

Mas a paz não durará muito. Logo após o término da redação do *Livrinho*, manifesta-se uma esclerose lateral amiotrófica, a qual conduzirá rapidamente a uma paralisia completa. A partir do verão de 1922 o filósofo não deixará mais a casa; em outubro do mesmo ano, passa a Rudolf Hallo a direção da Casa de Estudos. A partir de dezembro, não consegue mais escrever, e em maio de 1923 perde a capacidade de falar. É apenas com o apoio incansável de sua mulher e de seus amigos próximos e distantes que a grande energia de seu espírito pode se desdobrar.

Nos primeiros anos, ainda conseguia, de forma extremamente árdua, escrever letras isoladas em uma máquina especialmente construída, logo depois, também esta capacidade foi perdida. Sua mulher Edith... mostrava a Rosenzweig, em um quadro, as letras do alfabeto, uma depois da outra, e ele designava, através de um movimento das pálpebras, qual letra deveria ser levada ao papel. Eu sei, é dificilmente concebível,

---

23. Cf. Idem, p. 68.
24. Cf. Idem, p. 69, bem como Wolfdietrich Schmied-Kowarzik, *Franz Rosenzweig: Existentielles Denken und gelebte Bewährung*, Freiburg/München: Alber, 1991, p. 45 e ss.

mas desta forma conseguiu Rosenzweig participar... de conversas e trazer à tona, ainda, uma considerável produção literária[25].

Pois Rosenzweig retorna à atividade literária; cartas, artigos (entre os quais o famoso "Das neue Denken"[26]), em 1923 e 1924 também traduções do poeta Jehuda Halevi (1083-1140). A partir de 1924 tem ainda energias para iniciar, com Martin Buber, a famosa "Verdeutschung der Schrift" ("Alemanização" da Escritura)[27], trabalho que se prolongará até pouco antes de sua morte, ocorrida alguns dias antes de seu quadragésimo terceiro aniversário, a 10 de dezembro de 1929[28].

Extinguia-se assim prematuramente a voz ativa de um dos mais vigorosos espíritos da entrada do presente século. O filósofo não pôde acompanhar o ressoar de sua obra como um todo; mesmo no caso da *Estrela*, não se pode dizer que tenha podido perceber claramente um acolhimento considerável de suas produções – e isso em círculos bastante restritos de leitores – quanto mais não fosse, pelo clima que se estabelecia de forma cada vez mais inequívoca na Alemanha de então – o que parece ter sido pressentido pelo autor já em 1916, quando disse: "Meu verdadeiro (*eigentliches*) livro (irá) aparecer somente como *opus posthumum*..., eu não poderei defendê-lo nem vivenciar seu 'efeito' (Wirkung)"[29]. O essencial de seu trabalho mergulha, então, no olvido forçado e no desconhecimento de um círculo mais amplo de leitores, até o renas-

25. Testemunho de Ernst Simon, cit. por W. Schmied-Kowarzik, *Franz Rosenzweig*: Existentielles Denken und gelebte Bewährung, op. cit., p. 47-48.

26. Existe tradução espanhola, em forma de livro: *El nuevo pensamiento*, Madrid: Visor, 1989, acrescido da tradução do "Die Urzelle des *Stern der Erlösung*" e comentários de F. Jarauta, Reiner Wiehl e Isidoro Reguera.

27. A palavra "Verdeutschung" pretende indicar que não se trata de uma mera tradução, mas da tentativa do estabelecimento de um espírito correspondente, em alemão, ao espírito original da linguagem e do mundo da Escritura.

28. Cf. W. Schmied-Kowarzik, *Franz Rosenzweig*: Existentielles Denken und gelebte Bewährung, op. cit., p. 48.

29. Cit. por S. Mosès, *System und Offenbarung*: Die Philosophie Franz Rosenzweigs, München: Wilhelm Fink Verlag, 1985, p. 225.

cimento do interesse, em ritmo crescente embora de forma lenta, após a guerra. O crescente interesse internacional por sua obra motiva a realização de Congressos internacionais e é divulgado por estes, como em Kassel, em 1986, por ocasião do centenário de seu nascimento, e, igualmente em Kassel, em 2004, quando do 75º aniversário de sua morte, ocasião em que se funda a Internationale Rosenzweig Gesellschaft.

Mas a obra de Rosenzweig, expressa em articulações de grande complexidade, parte de intuições básicas cuja inteligibilidade é condição e porta de entrada para sua compreensão; ainda de forma até certo ponto *críptica* em *Hegel e o Estado*, o laborioso desdobramento destas intuições desabrocha na sua obra magna, a *Estrela*. Como poderiam ser esboçadas estas intuições, ou melhor, como se manifesta a intuição básica que permite a abordagem da complexidade deste autor singular?

III.

Em resposta à oferta de Friedrich Meinecke no sentido de uma habilitação à Universidade de Berlim, escrevia Franz Rosenzweig em 1919:

Para mim, não é qualquer questão que é digna de ser questionada. A curiosidade científica, como a estética... não mais me contentam (*füllen*) hoje em dia. Eu questiono apenas lá onde eu sou questionado. Por pessoas sou questionado, não por sábios, não "pela ciência"[30].

Neste início atribulado de século, cumpre à filosofia a *reconsideração* radical exatamente do *essencial de si mesma,* do indispensável de sua vocação. Esta é sua condição de sobrevivência. Mas não apenas condição de sobrevivência dela, filosofia, e sim, antes, de tudo o que lhe deu origem, da vida e

---

30. Cf. cit. de W. Schmied-Kowarzik, *Franz Rosenzweig*: Existentielles Denken und gelebte Bewährung, op. cit., p. 46.

do ser humano como intérprete da existência – vida, natureza, existência e humanidade, ameaçadas por aquilo que se poderia chamar o *grande paradoxo da falsa infinitude*. Este paradoxo se compreende a partir da percepção, por exemplo, de que se vive e sobrevive em um mundo que *age como se fosse infinito e dispusesse de infinitos recursos* quando, na verdade, os limites de seu trofismo e de seu correspondente delírio encontram-se há muito à vista de seus olhos. Para uma tradição que tudo sacrifica em nome de uma racionalidade específica coletiva – *animale rationale* – tais indicativos não são sintomas de grande saúde; antes indicam que a racionalidade exercida provém de *outras fontes* do que aquelas sugeridas pelo otimismo cínico ou ingênuo – a saber, provêm de um impulso original de totalização absoluta do Ser forte em sua solidão e na obsessão pela resolução final daquilo que se pode chamar e temos chamado a fórmula original do Ocidente, a fórmula de equalização, ou neutralização, do diferente[31]. A expressão plástica desta fórmula – que reduz a alteridade meramente a um ângulo escuro, ou seja, a algum tipo de "não-saber", ou "não-ser", ainda não penetrado pela luz do entendimento –, é a sala de espelhos perfeitamente iluminada. Uma sala totalmente iluminada, totalmente espelhada, totalmente fechada, dá à visão de um indivíduo postado em seu centro a ilusão perfeita de infinitude, pelos reflexos mútuos criados. Para onde quer que olhe, não vê o sujeito senão luz e infinitos reflexos; assume como perfeita a visão do infinito, quer perceber no que vê a expressão do infinito perfeito; constitui-se, porém, em última análise, em um prisioneiro de suas próprias projeções e limites. Vive neste pequeno mundo de ilusões como se no centro do universo; incapaz de perceber seus próprios limites e do mundo onde se encontra, atribui à realidade en-

---

31. Cf. R. T. de Souza, Da Neutralização da Diferença à Dignidade da Alteridade: estações de uma história multicentenária, em R. T. Souza, *Sentido e Alteridade*: dez ensaios sobre o pensamento de Emmanuel Levinas, Porto Alegre: EDIPUCRS, 2000, p. 189-208.

quanto tal as dimensões da sala de espelhos. Confunde o real com suas projeções, e é mesmo incapaz de suportar a idéia de que a realidade se estenda para além de suas projeções. É, em suma, incapaz de compreender – ou de aceitar – o fato de que a realidade possa transcender o seu conceito. Mas a verdadeira contemporaneidade filosófica consiste em romper a lógica da sala dos espelhos. Esta é a lucidez da urgência, que quebra o delírio do mundo perfeito e a patologia narcísica do intelecto escravizado por suas próprias produções. Não há autor relevante no século xx – não apenas filosófico, mas igualmente cultural –, que não tenha se dedicado expressamente a encontrar o *opaco* da realidade que subjaz sob as brilhantes construções do espírito. O reencontrar da existência por detrás das fórmulas que pretensamente a teriam resolvido de uma vez por todas é a ingrata tarefa a que se dedicam os pensadores do presente, instados pela sua sensibilidade e percepção a desarticular as lógicas de legitimação das quais o passado se tem servido para justificar sua inflação sistemática e conceitual no presente. Ingrata tarefa! A promessa do ser total desemboca na violência da totalidade, e as mais sofisticadas firulas dialéticas são utilizadas para justificar o injustificável, no medo paranóico de ter-se de ver com o real propriamente dito – eis o universo com o qual se têm de embater os intelectuais do presente. Mas um mundo – este mundo – desaba, não apenas na hecatombe da guerra e dos fanatismos; a sala de espelhos se rompe, não porque algum demiurgo intente a reordenação da ordem do visível, mas porque sua rigidez acaba por empedrá-la em sua claridade morta, levando, por sua vez, ao limite de sua tolerabilidade. Perceber este rompimento é a tarefa filosófica por excelência deste início de século. Quem tal não percebe, não compreende a urgência do mundo; assolado por fantasmas que havia pensado haver exorcizado para sempre em construções bem-pensantes, onde a *temporalidade* não entrava, resta-lhe a obsessão pelo passado e por sua ordem rígida, a nostalgia doentia da falsa segurança da sala espelhada – à qual tenta retornar por fanatismos de toda espécie – e o aterrorizante medo do futuro: medo da vida.

Mas, ao romper-se a sala de espelhos, não é apenas uma cultura que está prestes a desabar, mas todo um imenso paradigma civilizatório – poderíamos pensar em um paradigma lógico-lingüístico –, de essência, no fundo, atemporal e estático, que já não se suporta, ou antes, que não mais é suportado, seja pela mera possibilidade de pensar o futuro efetivamente *temporalizado*, seja pelo externo, pelo diferente, pelo *irregular*, pelo Não-ser, pelo *Outro*. Não o "outro" ajaezado de exotismos culturalistas ou frenesi energética, mas aquele Outro que tantas correntes de pensamento tanto têm investido no sentido de reduzi-lo a pó, não bastassem todos os esforços da história nesse sentido; pois trata-se da mais pura expressão dos limites de um mundo "completo", mas um mundo completo que já não se suporta – sendo esta insuportabilidade sua face presente mais visível. A Alteridade dá-se, fundamentalmente, como subversão do meramente fático enquanto processo eterno – não-temporal – de autolegitimação. Possibilidade de subversão completa dos tempos autofágicos: inauguração de um tempo em que a palavra "subversão" deixará de ser perigosa, estes tempos inaugurais estão na raiz da crise tanto da ética e da cultura, em sentidos amplos, como da epistemologia e das próprias noções de ciência e sociedade. Está ocorrendo, por imposição fática do mundo que avança, a implosão de todo e qualquer esquema pretensamente "suficiente" de compreensão da realidade; e a tarefa do intelectual, hoje, é compreender e lidar com estes fatos.

É no momento inaugural deste contexto que se insere a obra de Franz Rosenzweig. A sua intuição fundamental, a sua descoberta, que habita cada vírgula de seu pensamento nas mais diferentes órbitas e campos, é a convicção de que uma das conseqüências inevitáveis da solidão enquanto expressão de Verdade, de Mundo, de Ser, é o autodevorar-se, alimentar-se finalmente de si mesmo como se alimenta do que não é ele. Em outros termos: o bloco da Totalidade, habitado pelo Ser enquanto Unidade de Sentido na qual tudo o que é diferente acaba de uma ou de outra forma finalmente subsumido, expressa não a leitura e a determinação pura e simples da "realidade" como tal, mas – apenas – *uma destas leituras*; e não a mais tolerante para com as aspirações profundas do ser humano às voltas com crises de toda espécie. Compreender o Ser não como *necessidade absoluta*, mas como *possibilidade e potencialidade radicais* – desinstalando-o de seu eterno "presente lógico" e confrontando-o com sua própria insuficiência em termos de síntese absoluta: eis uma tarefa gigantesca, que perpassa o conjunto da obra de Rosenzweig como de todos os grandes pensadores do século xx, nos mais variados campos.

Qual é, então, a intuição primeira, aquela que, sempre à vista, sustenta, em última análise, todo o amplo edifício deste pensamento? Trata-se de perceber a possibilidade da *detenção* do processo trófico de unificação ou convergência das dimensões da realidade – ou das *diferentes realidades* – em uma realidade única, *congelada*, em termos lógicos, em seu presente eterno no qual toda a virtualidade do passado e toda a possibilidade de futuro se contraem, uma realidade *frenética*, em termos ontológicos, em seu impulso violento e totalizante. Trata-se de opor (repitamos: não através de um ato demiúrgico, mas através de um extremo esforço de *escuta* e síntese) à razão solitária uma razão para não creditar a ela, razão solitária, todas e absolutamente todas as esperanças de chegar ao real. Em contraponto à razão única, Rosenzweig descobre uma razão plural *ex origine* (a pluralidade não se refere a "fragmentos" de uma razão única "des-construída" ou implodida em seu roçar com a história: não se trata da razão única que se desarticula em micro-razões individuais e parciais, mas de uma pluralidade de razões com igual dignidade e igual *antigüidade*) ou, melhor expresso, de uma *verdade* que não subsume em si toda e qualquer possibilidade de o real ser verdadeiro e sim, antes, *encontra-se* com outra verdade ao fim e ao cabo, após todas a circunvoluções racionais, *tão verdadeira quanto ela mesma*.

A história do conjunto do pensamento de Rosenzweig é a história do encontro com esta pluralidade, a qual abre à racionalidade, através do dramático encontro com a morte enquanto barreira final ao trofismo heterofágico da Totalidade, as dimensões reais da temporalidade e da espacialidade para além de um tempo e de um espaço monolíticos e auto-referentes, e pressupõe o desacoplamento radical (e não meramente lógico) entre o ser e o pensar. A teia de seus conceitos se constrói a partir do desdobramento, em diversas instâncias, desta pluralidade. É apenas desde a perspectiva originária e originante desta pluralidade que tal pensamento pode ser compreendido; se tal intuição original não é levada em conta, torna-se inútil o mergulho na intrincada teia que compõe a obra do filósofo de Kassel: a parcialização não substitui a multiplicidade, pois esta intuição constitui-se no *coração* desta obra, ainda que assumindo as mais diversas perspectivas e se desdobrando nos mais inusitados sentidos.

Este é o autor de *Hegel e o Estado* e esta uma via de acesso – uma via privilegiada – ao seu pensamento. O conjunto de sua obra – que o inscreve definitivamente na constelação dos pensadores mais importantes deste século – é um imenso e ainda demasiadamente pouco explorado tesouro filosófico.

IV.

Por sua vez capítulo privilegiado nesta história desconstrutiva, *Hegel e o Estado*, abordado pelo viés que se queira, é, em bom sentido, o arco que vai de uma alentada profissão de fé na racionalidade final da história à "meta-história" desta profissão de fé: a constatação da falência desta esperança. Já se falou de uma "despedida do Idealismo". Não no sentido *historicista* do termo – os fatos realmente acontecidos já davam o que pensar, à época, a quaisquer espíritos lúcidos, a precariedade do simplismo causal dos modelos historicistas – sempre houve pensadores lúcidos ao longo da história do pensamento. O vácuo detectado por Rosenzweig, na história alemã, entre Estado e Nação, a percepção de como tal se desdobra em decorrências políticas concretas, e o dado de que, deixadas a si mesmas, as idéias políticas acabam por se cristalizar em modelos políticos cuja violência extrapola à larga qualquer violência nacional instituinte –

para os alemães, a dura necessidade da história internacional havia impedido que o Estado fosse estabelecido pela vida da nação, em virtude de uma necessidade interior; novamente agora, como outrora, o homem não encontrou, neste Estado, um lugar para si[32]

– tudo isto, com os impasses que carrega, não significa senão uma das faces da moeda da época. A outra face, algo menos visível, é a intenção propriamente dita da obra; retomar a melhor tradição da racionalidade hegeliana e procurar penetrá-la, especulativamente, com o espírito da necessidade concreta e das contingências vivas, nas trilhas das observações históricas reais e não apenas ideais, ainda que por "ideal" se compreenda o sentido eminente da capacidade sintética de convergência de vontade e realidade na direção final do Espírito que é para si mesmo a inteligibilidade pura. Rosenzweig nunca caiu na tentação das veredas simplificantes; que tenha seguido seu professor Meinecke na idéia de uma crescente delimitação da idéia de nação ou estado *alemães*, tal significa já o limite da percepção possível do seu tempo e do seu lugar. E, assim, "racionalidade" significa "lucidez"; Hegel, reencontrado no século XX pelo jovem historiador em toda sua riqueza intelectual, mas também em toda a humanidade que reveste suas decisões e interesses, como que propunha a correção de si mesmo. Aquilo que não poderia

32. *Hegel e o Estado*, p. 595.

haver visto – era visto agora; Hegel era maior que suas sínteses intelectuais, pois sua grandeza permitia que até mesmo os acontecimentos brutos, os incidentes particulares e desprezíveis do ponto de vista do sistema, pudessem paulatinamente se aproximar e constituir, em um grande paradoxo para uma leitura tendenciosamente unilateral ou fixada no seu próprio poder especulativo, a própria renovação interna, ou seja: a atualização real da idéia, em sua passagem da virtualidade à realidade, da possibilidade de se pensar racionalmente o Estado. Por fidelidade a Hegel, Rosenzweig "supera" Hegel; onde o filósofo do Estado se aferrava à lógica interna de suas derivações, vendo, muitas vezes com repugnância, a distância entre a clareza de uma leitura epocal abrangente e racional e as sórdidas questiúnculas da vida empírica dos estados, dos sistemas legislativos, das debilidades e vícios pessoais dos indivíduos, Rosenzweig vê a possibilidade de reequacionamento dos elementos efetivamente determinantes na constituição histórica possível que um conceito eminente de Estado ilumina. Último dos otimistas do século XIX, sem ignorar a magnitude dos desafios civilizatórios elucidados por Marx, o Rosenzweig de *Hegel e o Estado*, em sua jovem impetuosidade, acredita que uma razão política sã lateja ainda por sob os desmandos e horrores de uma época em vias de perdição. O trabalho de expô-la à luz – vital para a construção do futuro, tal como antevisto por nosso autor logo antes da catástrofe da guerra – é gigantesco, mas se constitui na vocação de sua época. À elucidação de uma tal necessidade se consagra a verdadeira *tese* de seu livro. Nisto acreditava em 1909, ainda em 1913, e desta crença mantém apenas a fímbria de esperança da leitura poética de Hoelderlin – épocas de grandeza maiores que indivíduos e vontades tacanhas –, que fecha a obra: "Certo, o tempo de nossa vida é limitado, podemos ver e contar os anos mas as idades dos povos podem olhos mortais abarcá-las?".

V.

> ...*para a filosofia, a experiência da guerra e da totalidade não coincidem com a experiência e a evidência em si mesmas?*...
>
> E. Levinas[33]

Em termos especificamente macropolíticos, o mundo que se encerra dolorosamente no espaço das duas primeiras décadas do século XX é, exatamente, como já destacamos, o mundo da crença nas grandes eras e na luminosidade auto-explicativa do espírito[34]; o que sobrevive destas crenças humanistas é doravante canalizado, em sua quase totalidade, para ideologias milenaristas de conseqüências catastróficas, ou pulverizado no pragmatismo mais imediato do "mundo desencantado" que acaba, ao fim do século, desembocando na esperança de não se ter de ver mais com a questão da história, ou seja, a esperança de, por assim dizer, não mais necessitar da esperança, repousando na tautologia. O termo do século XIX é a expressão eloqüente de uma era de otimismo que chega ao fim; as conquistas e promessas da modernidade necessitam, para sobreviver, do mergulho messiânico nos desvãos e ruínas da história – como enseja, por exemplo, Walter Benjamin, excelente leitor de Rosenzweig[35] – ou de um trabalho de invulgar

---

33. *Totalité et infini*, Paris: Kluwer, 1990, p. 9.
34. Cf. R. T. Souza, *Totalidade & Desagregação* – sobre as fronteiras do pensamento e suas alternativas, Porto Alegre: EDIPUCRS, 1996, p. 15-29.
35. No ano da morte de Rosenzweig, 1929, Benjamin, em seu escrito "Livros que Permaneceram Vivos", destaca, junto a *Geschichte und Klassenbewusstsein*, de Lukács, *Spätrömische Kunstindustrie*, de Riegl e *Eisenbauten*, de Meyer, a *Estrela da Redenção*; em uma época onde ruínas já se divisavam aos grandes espíritos no horizonte próximo, Benjamin percebe o núcleo central do movimento filosófico da *Estrela* e apresenta a obra como merecedora de transcender os limites das bibliotecas especializadas (cf. Otto Pöggeler, Rosenzweig und Hegel, em W. Schmied-Kowarzik (org.), *Der Philosoph Franz Rosenzweig (1886-1929) – Internationaler Kongress – Kassel – 1986*, Freiburg/München: Karl Alber, Band II, p. 839).

penetração na arqueologia das promessas, no exemplo de um Theodor Adorno. Em qualquer hipótese, a filosofia permanece, por haver "deixado passar o momento de sua realização" (ou seja, apesar de Hegel) na expressão do mesmo Adorno na famosa primeira frase da *Dialética Negativa*. Mas filosofia significa, agora, como já sugerimos, sobreviver, esperançosamente, sem a esperança da completação racional do espírito; filosofia é, mais do que nunca, em tempos tão pós-kantianos, o reencontro com a necessidade radical da crítica da racionalidade – especificamente, crítica da racionalidade tautológica da iluminada sala racional de espelhos, sua ruptura filosoficamente ativa. A exuberância do empírico reivindica um espaço inusual na tradição conceitual e sistemática; qualquer sistema filosófico que ignore este fato vive, por assim dizer, uma vida paralela à realidade; seu destino é perecer em sua própria fatuidade e irrelevância concreta ou – caso talvez mais freqüente – ser encampado por ideologias à procura de um arcabouço de pretensa credibilidade racional: formas contemporâneas de refúgio na rigidez da falsa segurança. *Hegel e o Estado*, em seu esforço de abrangência da história da construção do conceito de Estado em Hegel em seus caminhos e descaminhos, acompanha as minúcias desta construção e, sobretudo, se depara com as encruzilhadas a que o conceito conduz; a forma como o pensamento hegeliano em geral, em seu lento processo de amadurecimento, se vê com as questões políticas da época, as vicissitudes dos desencontros e das desesperanças, vai sendo paulatinamente interpretada, destilando-se a sua linha principal de evolução, do Espírito que, despojando-se pouco a pouco do inessencial, toma decididamente o caminho de si mesmo. *Hegel e o Estado* mostra – e não poderia ser diferente – a que ponto chegou a coerência sistemática hegeliana: sua história é a história de sua autocompreensão; essencial nesta trajetória foi o modo como, a cada instante, o acontecimento bruto foi destilado em conteúdo especulativo.

Neste sentido, *Hegel e o Estado* se constitui em um testemunho grandioso da grandeza do pensamento de Hegel. Se é possível conceber a história no esquadro do século XIX, tal não se dá senão no viés da ousadia especulativa capaz de pensar não em termos de dias ou de anos, mas de eras; o texto de Rosenzweig é, nesta medida, fidelíssimo, ao imprimir à descrição e à análise um ritmo que, sem descurar de detalhes, segue em passos largos e exigentes a evolução não apenas do conceito de Estado em Hegel, mas igualmente da idéia de *história* que pode vir a sustentá-lo em cada momento. Mas o texto não apenas acompanha, implícita ou explicitamente, a evolução desta noção; ele mostra como, em sendo possível pensar a história em termos de grandes categorias, estas categorias não podem ser senão aquelas que Hegel privilegia – com a sabedoria dos séculos decantados em um momento especulativo privilegiado, sintético até a lucidez extrema de si para si mesmo. Pela depuração hegeliana do conceito de Estado, Rosenzweig mostra como a história se completa, em Hegel, em termos de sua *estrutura especulativa essencial*, relegando a um lugar subsidiário tanto a errância contingente como o idealismo ingênuo. *Hegel e o Estado* descreve a história da completação do metaconceito de história; robustamente idealista em termos de sua constituição argumentativa, atualizada pela perspectiva que se tornou possível, noventa anos após a morte de Hegel, a quem soubesse ler os argumentos dos conceitos, a narrativa de Rosenzweig é penetrada por uma vigilância que é fidelidade a uma vontade.

Ao fim de seu itinerário, ao levar a idéia de história ao limite de suas possibilidades, Rosenzweig como que retorna até ela, expondo-a a ela mesma. Espécie de Walter Benjamin das "Teses Sobre o Conceito de História" *avant la lettre*, o pensador de Kassel retoma a história para indagar por seu sentido para além de sua idéia. Todavia, ao levá-la – na trilha hegeliana estrita – ao limite de suas possibilidades, Rosenzweig a instala no fulcro entre seu passado e seu futuro; em um presente assombrado por ameaças indescritíveis, chega-se não apenas ao limite da história, mas – em um tema que será o cerne do pensamento posterior de Rosenzweig – ao limite da *narrativa*. Pois a narrativa, doravante, terá de perguntar pelas suas condições de possibilidade, ou seja, pelo *tempo* de que dispõe. E o que Rosenzweig, entre atônito e desencantado, tenta de algum modo traduzir, é o limite do pensamento de Hegel e de tudo que ele representa: o limite entre história e tempo. A Rosenzweig não será mais possível, após *Hegel e o Estado* e após o que significaram as duas primeiras décadas do século XX – por assim dizer, o momento inaugural de nossa era – falar ainda de história como o fizera antes; todo seu esforço consistirá em, de algum modo, tentar dizer o tempo. Este é o enredo do *novo pensamento* rosenzweiguiano, o pensamento experiencial levado ao seu extremo sistemático n'*A Estrela da Redenção*.

VI.

Da história (especulativa) ao tempo (vivido). Não tivesse *Hegel e o Estado* outro mérito, este já lhe seria suficiente: haver expresso à consciência de uma época a radicalidade de um mundo, de um universo de sentido, que chegara a seu apogeu e se dirigia ao seu ocaso, através de seu expoente maior, e, não contente com isso, haver ainda lançado à terra fecunda dos acontecimentos contemporâneos as sementes possíveis de um outro trato do mundo, da realidade. Da história ao tempo: sem renegar a história, seja como historiografia, seja como *Geschichte* ou consciência do passado, levá-la não meramente à compreensão de suas razões, mas ao confronto consigo mesma pelo assumir sentido do tempo próprio dos acontecimentos insubsumíveis em seus respectivos conceitos.

Franz Rosenzweig é um dos atores principais deste rito de passagem civilizatório – do ocaso de um mundo à aurora de outro, da história que é objeto da atenção narrativa à narrativa que reinventa a história no tempo, em cada tempo. Nosso autor, no espírito de uma racionalidade plural[36], vê-se obrigado a lidar com variáveis vocacionadas à mútua exclusão; de um lado, a vontade de construção histórica, epocal, coletiva, com uma multiplicidade infinita de manifestações e infinitas vias de acesso, e, de outro lado, o instante decisivo, a vontade penetrada por uma necessidade de decisão definitiva, irrecorrível, impostergável, o peso de uma subjetividade decisória que nada pode neutralizar e que é responsável pelos atos que conspiram ou a favor ou contra a vida e o futuro. Intérprete de dois mundos, de um ao outro e de um *apesar* do outro, o Rosenzweig de *Hegel e o Estado* testemunha a sobre-vivência em meio às múltiplas ruínas – do pensamento e das esperanças como dos edifícios – e sua história é a história de todos nós que, filósofos na entrada do século xx, obrigados estamos a cultivar a filosofia "segundo a única maneira pela qual ela ainda pode ser assumida responsavelmente em face do desespero... a tentativa de considerar todas as coisas tais como elas se apresentariam a partir de si mesmas do ponto de vista da redenção"[37]. E isto não por algum heroísmo vago ou capricho do espírito, mas por absoluta exigência do futuro – pois, nas palavras de Rosenzweig, "o tempo certo está aí"[38].

---

36. Cf. R. T. de Souza, *Razões Plurais:* itinerários da racionalidade ética no século xx – Adorno, Bergson, Derrida, Levinas, Rosenzweig, Porto Alegre: EDIPUCRS, 2004, p. 55-92.
37. Adorno, *Minima Moralia*, São Paulo: Ática, 1993, p. 215.
38. Franz Rosenzweig, *Das Büchlein des gesunden und kranken Menschenverstandes*, Frankfurt am Main: Jüdischer Verlag, 1992, p. 105.

NOTA DO TRADUTOR

Mais do que reconstruir o texto original em outra língua, com todos os riscos da traição, traduzir é tomar, continuamente, decisões graves, e assumir opções pesadas em meio ao tecido polifacético da virtualidade infinita da linguagem e do texto. A presente tradução de *Hegel und der Staat* assume algumas perspectivas de abordagem que devem ser suficientemente esclarecidas. Em primeiro lugar, renunciamos à pretensão, comum em tradução de textos alentados, de recriar em nossa língua a exuberância extraordinária do original, especialmente em termos de recursos expressivos; nossa preocupação foi, muito mais, manter, na medida do possível, a fidelidade às idéias ali expressas e ao ritmo do texto original. Em segundo lugar, não tivemos como objetivo pretender facilitar a inteligibilidade de uma obra que não faz concessão alguma ao leitor, em qualquer língua; entre assumir o risco de uma aparente aridez e tangenciar a simplificação artificial do conteúdo, optamos sempre pela primeira alternativa – apenas em casos em que a compreensão pura e simples da idéia teria sido prejudicada em português sem o acréscimo de um elemento de apoio ou dos termos originais, é que estes recursos foram incidentalmente utilizados. Quando optou-se pela conservação dos termos originais, estes estão entre parênteses, após a tradução de uma palavra ou expressão.

A primorosa tradução francesa de Gérard Bensussan (*Hegel et l'Etat*, Paris: PUF, 1988) serviu-nos em muitas passagens, acima de tudo, como testemunho evidente da possibilidade de verter com maestria, a uma língua românica, a densidade do texto de Rosenzweig; por outro lado, o número de soluções criativas que esta tradução apresenta, que encontra paralelo em nossa tradução, é pelo menos tão grande como a quantidade de oportunidades onde um outro universo de referência nos levou a veredas altamente divergentes.

Por fim, algumas observações técnicas. A bem da uniformidade, todas as traduções de textos do próprio Hegel e de outros clássicos citados por Rosenzweig são de nossa responsabilidade. Optou-se geralmente, para a tradução de "Stand", "Stände", por "estado", "estados", e para a tradução de "Staat", "Staaten", por "Estado", "Estados". "Sittlichkeit" foi traduzido ora por "eticidade", ora por "vida ética", conforme o contexto de compeensão. O termo "Aufklärung" foi, com raras exceções, traduzido por "Luzes", tradução mais corrente no Brasil; em alguns casos pontuais, foi mantido no original.

Ricardo Timm de Souza

HEGEL E O ESTADO

PRIMEIRO LIVRO
ESTAÇÕES DE VIDA
(1770-1806)

*A Friedrich Meinecke,
com grata admiração.*

PREFÁCIO

O primeiro a escrever sobre a vida de Hegel foi Karl Rosenkranz, professor de Königsberg. Seu livro apareceu em 1844. O autor havia ainda conhecido Hegel pessoalmente. Entre os discípulos pessoais que permaneceram fiéis ao mestre, foi ele um dos mais livres; e, mesmo que não seja possível alinhá-lo, por suas concepções, à esquerda hegeliana, tem com ela muito em comum. Não apenas uma certa autonomia frente à sistemática do mestre, mas ainda mais uma particular sensibilidade viva e múltipla, uma constante abordagem dos tesouros do presente e do passado, e, finalmente, uma forte tendência a recorrer aos mais brilhantes paradoxos, alinham o autor da *Estética do Feio* mais ao grupo de Strauss, Bauer, Feuerbach, do que ao de Marheineke, Gabler e Henning. O seu livro sobre Hegel expõe relativamente pouco dessas suas características; elas são recalcadas pelo piedoso respeito do aluno ante o mestre morto e também, provavelmente, pela seriedade da responsabilidade de escrever, por assim dizer, representando oficialmente a Escola: a história da vida veio a público como volume complementar às *Obras*. Também a quantidade de material inédito que ali aparece, em todo ou em parte, não permitiu ao próprio autor vôos mais amplos. De qualquer modo, o leitor deste livro, ainda hoje indispensável, achará ali muitas idéias magníficas – livro, aliás, que, por ser caracterizado pela forte marca da época em que foi escrito, nunca se tornará supérfluo. Como exemplo destas idéias, seja aqui citado como Rosenkranz, pela circunstância de que seu herói em um outono foi a Tübingen, em outro outono a Bamberg, em outro ainda a Nuremberg, em outro a Heidelberg, em outro a Berlin, e em outro morreu, reconhece, "um daqueles estranhos desígnios da história humana", no qual "gostaríamos de descobrir uma causa na própria individualidade e deveríamos atribuir a Hegel uma natureza outonal, votada à colheita e à plenitude". Todavia, mudanças para Berna e de Berna, conclusão da primeira obra-prima e casamento, permanecem sem um fundamento visível; talvez porque a teoria já lhe pareça suficientemente sustentada. No conjunto, o livro não padece excessivamente por causa dessas extravagâncias, como se poderia pensar. As fulgurações do Espírito voam através da narrativa sem perturbar a narrativa propriamente dita. Com relação às referências de conteúdos, Rosenkranz mostra uma prudência muito maior. Seria praticamente viável destacar completamente as notas pessoais do autor do conjunto do livro; elas poderiam constituir então, por si sós, biografias ao estilo da época. Esse cuidado faz com que seja difícil perceber, no contexto do livro, qual a posição própria de Rosenkranz em relação aos muitos aspectos de seu objeto de estudo. Na perspectiva de um abrangente e amplo questionamento histórico-cultural, parece ter sido a posição de Rosenkranz insuficientemente distanciada, tanto do ponto de vista externo como, especialmente, do ponto de vista interno; apenas do ponto de vista da história da filosofia sabe ele determinar a posição de Hegel. Sob tal aspecto, porém, esse já lhe preparou claramente o caminho, em termos de um trabalho prévio; o discípulo apenas seguiu as pegadas do mestre. É verdade que, aqui e ali, ele dirige ocasionalmente ao mestre uma questão doutrinal ou, desde um ponto de vista externo, o pedido de uma mais clara tomada de posição; mas tais questões permanecem meros pormenores. Isso tudo vale igualmente para o tratamento reservado à política. Rosenkranz traz o conteúdo, coloca aqui e ali uma observação – no todo, porém, o Estado aparece muito pouco: estranhamente pouco, tem-se a tentação de dizer, quando se pensa que o livro apareceu nos primeiros anos de Frederico Guilherme IV, em tempos nos quais estamos acostumados a perceber uma irrupção massiva de interesse político na Alemanha. Mas, por outro lado, tal não é tão estranho; também neste decênio, até o movimento de 1848, o interesse político apresenta feições espirituais universais muito marcadas; e, muito antes que influenciar campos extra-políticos da vida, permanece ainda diluído no terreno geral da cultura. Foi no campo religioso, e não no político, que as grandes disputas das décadas de 1830 e 1840 se deram. Também no que se refere à disputa pública em torno ao legado de Hegel, as questões giravam, nestas duas décadas, em termos de filosofia da religião. As palavras de Friedrich Förster no túmulo de Hegel:

Não foi ele quem reconduziu os que se desesperavam da Pátria à confiança, na medida que os convenceu que os grandes movimentos políticos no estrangeiro não diminuíam em nada a glória da Alemanha, que consistiu em trazer à realidade o mais exitoso movimento na religião e nas ciências?

essas palavras se confirmaram naquelas décadas. E o ano de 1848 é, então, significativo para a apreciação de Hegel, exatamente porque fez deste, enquanto pensador do Estado, o centro das atenções.

Foi Rudolf Haym quem derivou conseqüências da nova situação. As preleções sobre "Hegel e seu tempo", pronunciadas em Halle em 1855 e 1856 e publicadas em livro em 1857, determinaram a recepção de Hegel até inícios do século XX. Raramente é a biografia de um filósofo obra de uma tal paixão política; ainda mais raro parece ser o caso que de tal disposição de espírito surja finalmente uma tal grande obra de arte biográfica, uma visão geral, na qual dificilmente um aspecto da força da vida retratada tenha sido totalmente negligenciado, uma obra plena de profundidade de visão e apaixonada unilateralidade de julgamento. Amor e ódio sentaram-se ao berço deste livro; ainda mais do que no caso da antiga obra biográfica do autor, este livro tornou-se um testemunho de sua evolução pessoal e do curso do tempo.

A juventude de Haym dá-se ainda antes do ano da revolução alemã, que acontece quando ele tem vinte e seis anos de idade. Quando ele entrou na universidade, permanecia a influência do sistema de Hegel praticamente inabalável. Disputava-se mais em torno às conclusões não desenvolvidas por Hegel do que a respeito dos postulados de base. Haym, que de início se impressionou superficialmente com a direção do pensamento do jovem Hegel, e após foi tomado de entusiasmo por Feuerbach e ainda mais por Strauss, iniciou finalmente o estudo do sistema propriamente dito do mestre, mergulhando profundamente nos veios subterrâneos desta construção cheia de mistérios. Seu espírito, originalmente mais dirigido ao pensamento que à contemplação, revestiu-se da movimentação dialética e da aguda penetração da crítica do jovem Hegel. Sua inclinação à plenitude e ao real parecia então ter localizado sua rota no miraculoso método do mestre, com o qual seria possível se apossar dos tesouros da vida histórica, permitindo sua apropriação pelo espírito preceptivo. À medida que essa orientação de juventude – que lhe havia sido inculcada desde criança pelo pai, um racionalista diretor de Escola –, perdia força, crescia em sua evolução o impulso mais recente de se transportar "de uma época da humanidade à próxima época e sempre à que se lhe segue – não como o judeu errante, mas como o ser humano eterno, como a história propriamente dita, em devir e progresso, da humanidade mesma". Mas não poderia ter acontecido senão que ele, decepcionado, teve de, cada vez mais, renunciar ao sistema que parecia, antes, esgotar a profundidade da vida para depositá-la no altar do conceito; quando chega o ano de

1848, que trouxe, na Igreja de São Paulo, o jovem membro do partido monarquista à primeira atividade política, e também a uma pesada decepção política, iniciou-se para ele, em lugar da contemplação histórica, na qual o jovem havia experimentado em si mesmo o romântico início de século, a determinação de objetivos mais sólidos – objetivos de uma nova época, mais estreita, porém mais viril. As trevas da reação, as quais desabaram nos anos de 1850 por sobre os vales do presente, fizeram com que ele percebesse como mais radiosas as alturas do passado deste Estado prussiano, no qual agora ameaçavam soçobrar suas esperanças nacionais. Esta combinação, rica em futuro, entre política prussiana e espírito alemão, que se completara nos inícios do século, foi o objeto de sua primeira grande obra, o *Wilhelm von Humboldt*. Ele pôde testemunhar ali sua crença titubeante, mas suas preleções sobre Hegel desvelavam as raízes do mal no qual definhavam as esperanças que havia depositado na vocação alemã da Prússia. Pois qual o seu espírito, senão o do filósofo prussiano do Estado dos anos de 1820, que também agora sonhava, no rígido apego ao presente efetivo, com a completação da razão como história! Em que outro lugar teria a inércia desse governo podido tão bem haurir aparência de legitimação do que junto ao pacato observador do mundo, o seu "controlador", o qual tinha falsificado a visão estética da vida dos clássicos de Weimar no sentido de um ideal político! Desta forma, ocorreu que o livro ao qual as preleções se referiam, segundo declaração posterior do próprio Haym, tinha uma dupla face, sendo simultaneamente um escrito polêmico tanto em sentido filosófico como em sentido político. E ainda mais: ele foi, para o escritor, uma libertação; pois, novamente em suas palavras, esclarecer sua posição com relação a Hegel se constituía, há muito, em sua mais urgente questão. Porém, o ato do ódio viril fluiu, mais profundamente do que o leitor tenha podido perceber imediatamente, da fonte no velho amor. A vida de Hegel lhe parecia correr o mesmo perigo do qual ele mesmo, e seu tempo inteiro, tinham conseguido a muito custo escapar:

o perigo da idolatrização romântica da história, tudo o que se devia desconfiar com relação ao esplendor cultural de 1800, o momento clássico. No fundo, a nova geração havia superado este perigo ao colocar sua vida sob o domínio dos grandes objetivos, o Estado e o Povo. Tratava-se, para esta geração, de opor-se na totalidade de sua existência face às ousadias dos tempos juvenis, tratava-se de construir no Estado, na Ciência e na Arte, uma vontade consciente de realidade, caso se quisesse solucionar as tarefas da contemporaneidade, e, além disso, preparar o caminho para um futuro novo idealismo. Isso foi expresso nas notáveis partes iniciais e finais do livro de Haym. Em uma claridade extraordinária, foram aqui iluminadas a essência e as tarefas daquela época: a filosofia de Hegel foi, através do "progresso da história", "mais do que contradita: ela foi julgada"; é "no real" que o Espírito necessita agora completar-se; é um dever lutar "pela única coisa necessária para a configuração mais racional e mais ética de nossa vida política"; a partir do "naufrágio geral do Espírito e da fé pura e simples no Espírito", era necessário – incluindo a compreensão do sentido histórico desta derrocada em sua apropriação fática –, "reanimar com redobrado vigor a centelha indestrutível da visão idealista".

É no universo de pensamento destes dois capítulos de Haym que se localiza o ponto de partida para o desenvolvimento e a obra do terceiro autor que empreendeu sobre novas bases, em idade avançada, a pesquisa sobre a vida de Hegel: Wilhelm Dilthey. Aquela oposição das épocas anterior e posterior a 1848, segundo as quais Haym afinou o tom principal de seu livro, foi igualmente a vivência decisiva para o autor doze anos mais novo. Mas, para ele, em um sentido completamente diferente. Se a formação intelectual de Haym, se mesmo o seu próprio despertar intelectual estavam profundamente enraizados naquela época e desencadearam nele, em parte, a vontade consciente de superação daquela época em si mesmo e em seu meio, a juventude de Dilthey esteve sempre sob o completo domínio do novo. Sensível, muito sensível estava ele para os verdadeiros filhos do novo espírito, o positivismo e o empirismo, que na época se constituíram numa espécie de sublevação de escravos do Ocidente vencido contra a vitória do espírito clássico alemão, e que começava a ganhar influência na Alemanha. Porém, apesar de uma tal dependência histórico-temporal, viveu nele um profundo impulso pessoal no sentido de manter à vista a imagem do apogeu de 1800, ainda que o tempo corroesse mais e mais sua lembrança. E viveu nele uma crença na unidade histórica com aquele passado – uma crença no que, apesar de todo presente e de tudo aquilo claramente constatado em suas nãonegadas contradições, deveria ser preservado; daí cresceu nele a vontade consciente de assegurar a "continuidade de nosso desenvolvimento espiritual". Dessa vontade surgiu sua primeira grande obra, a história da juventude de Schleiermacher.

É provavelmente a partir desta posição histórica que se pode entender porque, apesar de toda sua imersão no espírito do seu tempo de seus anos maduros, foi apenas em idade avançada que sua influência se fez propriamente sentir. Com efeito, foi apenas então que aquela saturação apareceu como consciência coletiva, mesclada com desprezo, com relação ao sentido de realidade do último meio século, que desejava reconstituir a "continuidade" rompida, e uma nova geração achou em Dilthey o líder que tentara manter desde cedo esta via presente. Ele mesmo deve ter-se admirado de como pôde publicar, em 1900, seus textos sobre Novalis e Lessing dos anos de 1860, sem modificações substanciais, juntamente com seus mais recentes trabalhos; e em nós, seus discípulos, está viva a memória de como nos afetavam surpreendentemente aqueles textos de forma imediata e contemporânea, como se tivessem sido recentemente escritos. E assim tornou-se possível que, a uma juventude tomada pelas novas exigências de se reencontrar o caminho de retorno ao velho idealismo, Dilthey fosse aquele através do qual foi renovada a memória histórica de Hegel.

Já em 1887, quando a coleção das cartas de Hegel foi publicada, expressou Dilthey que agora o tempo do combate contra

Hegel havia acabado e o tempo de seu reconhecimento histórico havia iniciado. Isso soou semelhante a Haym, mas era de teor muito diferente: para Haym, o reconhecimento histórico mesmo deveria completar o combate, enquanto Dilthey os separava. Porém, ao que parece, apenas nos anos após 1900, após o surgimento dos dois volumes sobre Hegel de Kuno Fischer, que Dilthey pôs mãos à obra que preconizara em 1887. Como resultado, apareceu em 1905 a *História da Juventude de Hegel*.

É característico da posição temporal-histórica e pessoal de Dilthey que seu livro investigue, em primeira linha, a evolução do metafísico e, secundariamente, a do filósofo da história; em Rosenkranz tratava-se, na inspiração de sua década, de investigar o filósofo da religião e, para Haym, o político. Aquele característico divórcio entre a cultura alemã e o Estado dos últimos decênios do século, que contrastava com a estreita relação de ambos nos anos de formação do Império, achou em Dilthey sua expressão. O político em Hegel foi para ele antes uma parte da evolução de Hegel do que um aspecto fundador de seu pensamento. E tal foi por ele sugestivamente expresso – onde ele o expressou – mais nos prelúdios dos anseios de uma cultura nacional, que haviam surgido recentemente nos últimos decênios, do que nas premissas do sentido de um Estado-potência, presentes em Hegel e logo reelaboradas por Meinecke.

De um modo geral o livro de Dilthey apresentava um Hegel completamente novo. Não que aqueles inícios de Hegel, em caminhos paralelos com Hoelderlin e os primeiros românticos, tivessem passado desapercebidos dos primeiros biógrafos. Já Rosenkranz tratou de tal não sem insistência, e na obra de Haym são considerados um fator decisivo na evolução que vai dos reformadores do mundo aos bem-aventurados quietistas (*schönseligen Quietisten*). Mas a forma descritiva de ambos permanece simplista – em Rosenkranz, essencialmente uma ingênua admiração por tais desvios histórico-conceituais, e, em Haym, uma inclusão apressada na gradual e linear evolução biográfica. A esses modos de ver, Dilthey, o contemporâneo de

Nietzsche, contrapõe um sentido aguçado de realidade psicológica enquanto tal, advindo do positivismo. Assim, ele reconheceu, e em primeiro lugar, como aquela conexão entre Hegel e Hoelderlin era mais do que uma mera característica biográfica ou que o sinal ou o fundamento de uma distorção orgânica. Ele, em primeiro lugar, levantou com mão suave o véu e mostrou como na imponente figura do Hegel histórico – que permanecera opaco e sem alma tanto no panegírico de Rosenkranz como no libelo de Haym –, murmurava, vinda de seus dias de juventude, uma corrente de sofrimento e paixão secretos.

* * *

O presente livro, que remonta, em suas primeiras partes, ao ano de 1909, estava praticamente pronto quando do início da guerra. Eu não pensava, naquela época, ter necessidade de lhe apor palavras prévias. Hoje tal é inevitável. O leitor tem que, antes de tudo, saber que ele só pôde ser completado em 1919. Hoje eu não teria empreendido a sua escrita. Eu não sei de onde se pode tirar, hoje, a coragem para escrever história alemã. À época em que o livro foi concebido, havia esperança de que a sufocante estreiteza interna e externa do Estado de Bismarck se abriria no sentido de um Império capaz de respirar livres ares mundiais. Este livro deveria, na medida em que um livro é capaz disso, preparar, dentro de suas possibilidades, para tal. A dura e limitada idéia de Hegel sobre o Estado, que mais e mais se tornou dominante ao longo do século que se despede, engendrou o ato histórico de 18 de janeiro de 1871 "como um raio desde as nuvens". Essa idéia deveria, em seu devir através da vida de seu pensador, desagregar-se sob os olhos do leitor, para permitir a percepção de um futuro alemão mais vasto tanto interna quanto externamente. Algo diferente aconteceu. Um campo de ruínas indica o lugar onde outrora havia o Império.

Esse livro, que eu não mais teria escrito hoje, não pude igualmente modificar. Era somente possível publicá-lo como ele uma vez fora na sua origem e objetivo: uma testemunha do espírito de pré-guerra, não do "espírito" de 1919. Apenas pelo acréscimo de uma segunda epígrafe e alguns complementos claramente perceptíveis acreditei poder caracterizar o trágico momento do seu aparecimento. Que eu edite o livro apesar de tudo, decorre essencialmente do fato de que a Academia de Ciências de Heidelberg, através da generosa garantia de co-edição, me afiançou a confiança de que, se este livro em nada mais serve à vida alemã, é possível que pelo menos sirva de algum modo à ciência que sobrevive à destruição da vida. À Academia, especialmente aos senhores Conselheiros Privados Rickert e Oncken, seja expresso o agradecimento do autor.

No que se refere ao conteúdo propriamente dito do livro, meu agradecimento, acima de tudo, ao meu venerado Professor, senhor Conselheiro Privado Meinecke; da leitura do décimo primeiro capítulo do primeiro livro de seu *Cosmopolitismo e Estado Nacional* surgiu-me o primeiro impulso para escrevê-lo. Entre meus amigos ajudaram-me o filósofo Hans Ehrenberg, o jurista Eugen Rosenstock e o economista Emil E. von Beckerath. Valiosas sugestões devo ao senhor pastor Lasson. Material manuscrito me foi posto à disposição pelas instituições:

> Biblioteca Prussiana Estatal de Berlim,
> Arquivo Estatal Prussiano de Berlim,
> Biblioteca Municipal de Leipzig,
> Biblioteca Universitária de Heidelberg,
> Arquivo Bávaro Estatal de Munique,
> Arquivo de Bamberg, e
> Biblioteca Universitária de Tübingen.

A todas sejam expressos meus agradecimentos.

Dr. Franz Rosenzweig.
Kassel, maio de 1920.

Primeira Seção
NOTAS PRÉVIAS

> *"O que é racional...
> e o que é efetivo..."*

Por duas vezes, ao longo da história, o Estado alemão foi inundado por um pensamento que era, na sua origem e em seu objetivo, pan-europeu. A primeira vez foi o sonho de um Império mundial religioso e fundado sobre o direito natural, durante a Idade Média, sob cuja influência a monarquia germânica se elevou a tal ponto sobre os principados, que estas configurações políticas subalternas puderam se desenvolver no sentido de uma desimpedida autonomia. A grande cisão da Igreja do século XVI perenizou este estado de coisas, na medida em que fez recuar ainda mais o Império, de tal forma que o segundo daqueles pensamentos pan-europeus, o de ordem secular e baseado no direito natural, pôde encontrar na Alemanha apenas o coto daquela grande árvore que certa vez recobrira a Europa com sua sombra. Foi destino da Alemanha que o novo movimento aniquilasse os vestígios do movimento que o antecedera, na medida em que suas energias criativas fluíam na direção do novo Estado que se constituía a partir das soberanias provinciais, primeiro no Império, e depois contra ele. Esse movimento ampliou fortemente este Estado em termos internos, mas externamente o limitou através da fronteira rígida da nacionalidade; foi apenas quando o Estado alcançou estes limites que iniciou efetivamente seu direcionamento ao mundo.

Aquele retorno das Luzes aos limites da nacionalidade estava determinado desde sempre em sua essência. Corriam de fato duas correntes paralelas neste rio. Juntamente com a libertação da consciência moral, que precedia a êxtase do orgulho da jovem razão intrépida e desatrelada, deu-se aquele despertar do sentido de mundo que brevemente se estenderia, desde a abordagem estética da natureza, ao conhecimento do Estado, de sua essência como de sua história. Maquiavel, tanto quanto Lutero, postam-se no berço do século XVIII. Desta forma, aquele que apenas atenta para a direção racionalista do reino do pensamento político daquele tempo, o entende mal. Junto a Rousseau está Montesquieu, junto ao *Contrato social* – e de forma a compartilhar de sua influência imediata e duradoura –, está o *Espírito das Leis*; junto ao Estado ideal de um, em parte preenchido de paixão, em parte friamente concebido, está o museu político do outro, câmara do tesouro de um imensurável conteúdo de experiência, articulado com a verdadeira alegria do colecionador em meio ao variado, ao pitoresco, mesmo ao estranho, e, ainda mais, tornado visível e inventariado mais pelo talento genial de um colecionador do que pela força criadora do pensador que reuniria tudo em uma só construção. Esta dupla face tem de ser pelo menos mantida à vista por quem quer falar das direções principais do pensamento político daquela época. Uma cabeça de Jano: as duas faces não miram nunca o mesmo objeto. Uma das faces, que contempla o Estado como ele deveria se constituir desde o ponto de vista da razão, consegue perceber a realidade do Estado apenas com os olhos do revolucionário, ou não a consegue perceber absolutamente; a outra, que permite que seu olhar, tornado curioso por esta realidade, dirija-se para cá e para lá, não consegue sentir a razão histórica interna dessa vida variada, percebendo apenas uma confusão de características que carecem de um amplo e esclarecedor conjunto de notas explicativas. A tarefa de integração entre as duas faces, a conversão das divergências de olhar numa confluência, foi a tarefa do século XIX; e caso se faça uso do direito da história, em fatos e pensamentos, de rastrear o núcleo espiritual que era estranho, e estranho tinha de ser, mesmo à consciência dos atores e dos pensadores, então se torna possível ver na famosa fórmula da *Filosofia do Direito* de Hegel sobre a efetividade do racional e a razão do efetivo, de um modo muito geral, o termo condutor para tais direções contemporâneas, contra as quais Hegel luta exatamente nesta obra, e mesmo para os pósteros, que pretenderam superar sua filosofia. Assim, transcendendo o especial esclarecimento hegeliano ao seu âmbito específico, o paradoxo hegeliano poderia abranger a visão de Estado de homens como Haller e Stahl, Savigny e Ranke, Dahlmann e Treitschke, e o forte acento das diferenças entre eles reunir-se-ia sob a forma de uma ruptura com relação ao século XVIII. O indissociável entrelaçamento entre uma vontade que propõe valores e uma observação dirigida à história – do "racional" e do "efetivo" – seria comum a todos eles, por maiores que possam ser as diferenças entre os nós deste entrelaçamento.

Não é nenhum acaso que, entre os três povos nos quais o Espírito do século XVIII mostrou-se acima de tudo vigoroso, exatamente na Alemanha estes pensamentos do novo século sobre o Estado adquirissem uma vida tão enérgica – e mesmo excessiva, ao menos em teoria. A distância entre os mundos políticos dos dois séculos se evidencia pequena na França, comparativamente à distância que, na França, a ciência e a arte tiveram de superar para achar a conexão com os movimentos românticos do novo século; na política, parece valer aqui, se a tese de Tocqueville é verdadeira, que o século XIX se constituiu na herança do século XVIII. Na Alemanha, exatamente ao contrário, o desenvolvimento espiritual desde meados do século XVIII penetra sem ruptura perceptível no século XIX; para o Estado, porém, e especialmente para a idéia de Estado, o que quer dizer: para a relação das pessoas com o Estado, aparece a distância dos séculos, à primeira vista, praticamente infinda. O fosso era tão largo, que apenas poderia ser ultrapassado de um salto. Alguns saltaram então muito pouco, alguns outros saltaram uma distância excessivamente longa, e praticamente todos tomaram forte impulso. O devir da nova cosmovisão completou-se, na maioria dos casos, não no pensamento de uma seca conceitualização, mas esteve fortemente determinado na corrente da vida pessoal; para compreender este devir, não é possível querer se transferir da corrente para a margem seca. Nisto consiste exatamente a irresistível atração da história das idéias políticas naquelas décadas do desenvolvimento da Alemanha.

Mas em que se distinguiu tão intensamente o mundo do pensamento político da segunda metade do século XVIII na Alemanha daquele da França e da Inglaterra? A disjunção entre conceito e experiência, caracterizada acima nas grandes figuras de Rousseau e Montesquieu, caracteriza também a escrita política alemã. As duas direções permaneceram mutuamente estranhas, mesmo onde elas habitavam o mesmo indivíduo. Como aparece o jovem Kant, em alguns escritos, abandonado totalmente à plenitude do real! É necessário ler, em Herder, qual a figura de professor que este seu maior discípulo pessoal manteve na lembrança; e como se expressa então estranho o outro Kant, o legislador da razão, do qual o velho Herder involuntariamente se afasta e ao qual Fichte e a geração mais nova incensam. E Herder mesmo, quão desprotegido é este espírito, quando ele abandona o chão da filosofia da história em favor do país das idéias políticas: nenhuma parte de sua obra principal lhe causou tal "terrível" esforço como aquela dos "governos" – e em que incompreensíveis construções move-se ele aqui! Como são suas invectivas contra o século

XVIII tão características do próprio... século XVIII! Mas, como já dito, a dupla face da fundamentação científica do Estado não é característica às Luzes em seu teor alemão; a superação desta cisão foi provavelmente um grande feito espiritual, mas ela completou-se no movimento próprio da ciência, poder-se-ia dizer: por si mesma. Uma outra cisão profunda, porém, permaneceu na Alemanha, cuja superação necessitou da passagem do tempo, do desenrolar dos acontecimentos – ainda mais, da vivência pessoal: a hostilidade ou indiferença dos indivíduos com relação ao Estado, o abismo entre a vida ética pessoal e a vida política pública. Este abismo não aconteceu na França, e muito menos na Inglaterra. As Luzes foram lá, desde o princípio, de forma muito intensa, um movimento com vistas ao Estado – na Inglaterra a base espiritual de um partido forte, e, na França, pelo menos, a oposição entre Igreja e Estado; nunca teriam lá abdicado da sustentação do Estado, nem poderiam se ter orgulhado desta renúncia ao Estado. Porém, na Alemanha, teve vigência a visão cristã-européia do Império, e esta articulou-se com os novos pensamentos: assim estes conduziram muito mais do que no oeste a um puro movimento espiritual. O solo, do qual este movimento surgiu e do qual suas forças se nutriram, também não foi propriamente uma estratificação estatal-social: surgiu uma comunidade de eruditos, que se espraiou para além das fronteiras dos principados e mesmo do Império, de Riga a Zurique; um público muito uniforme, que se apropriou deste movimento provindo de outras paragens e levou adiante, de forma segura, o impulso espiritual, sem o modificar substancialmente; uma comunidade como não havia surgido desde a época dos reformadores – o público de nossos clássicos. Pense-se aqui na forma de convivência da cultura dos preceptores do século XVIII que finaliza, no prazer da troca mútua de cartas e visitas que nos era própria não só nos inícios dos tempos clássicos da literatura, mas também nos anos avançados do Romantismo;

são linhas indicativas deste novo conúbio e comércio dos espíritos no âmbito cultural alemão.

Nenhuma dúvida: foi uma singular educação alemã que daí surgiu; certos âmbitos foram receptivos às Luzes em um viés praticamente todo, ou todo, francês; mas tais foram apenas pequenas ilhas, e permaneceram sem significação para a vida espiritual da nação. Mas, não obstante a infinita importância que esta harmonização cultural possa ter assumido para o aparecimento de um Estado nacional alemão no século seguinte, esta nova comunidade era estranha ao Estado no século de seu surgimento. Na situação política da Alemanha de então talvez não fosse possível outra atitude. Esta educação era estranha ao Estado – não simplesmente inimiga do Estado; ao contrário, exatamente o tímido reconhecimento do Estado desde a perspectiva de suas atribuições "policiais" e a – a isto conectada – não-percepção da estreita reciprocidade entre a vida do Estado e a educação em seu mais alto sentido, é essencial neste modelo de Luzes. Estranho ao Estado, não inimigo do Estado: esta geração não estava absolutamente madura para uma plena inimizade com relação ao Estado, porque não era suficientemente acostumada com ele, e tinha o século XIX ainda à sua frente. Kant pode nos servir como testemunha clássica desta percepção. No texto *O Que é Isso, o Esclarecimento?*, de 1874, categoriza o filósofo como autêntico Estado esclarecido a Prússia de Frederico, que teria dito a seus súditos: pensa, mas obedece!. Este "mas", esta completa desconexão entre "pensar" e "obedecer", é proferida aqui com a mais meridiana ingenuidade.

Certamente, ainda antes que as relações mundiais se alterassem e acordassem a cultura alemã desta tranqüilidade, já se lhe havia surgido uma advertência; a má consciência de sua ausência de Estado havia como que se solidificado na forma de um espectro e sentava-se à sua mesa: no círculo da cultura esclarecida alemã, aparece o espírito dos antigos, da pólis. Foi provavelmente um acontecimento muito paulatino; em um primeiro momento, pareceu atuar apenas na recepção de um novo objeto de estudo no seio do movimento neo-humanístico, e não necessariamente no sentido do maior dos objetos de estudo de seu gênero; muito sentido empírico se dá na nova corrente. Ela permanece então muito compatível, no âmbito da educação até fins do século, com a crença na realidade e na utilidade dos filantropos, nos quais sua doutrina educacional verá mais tarde pura e simplesmente o mal. Mas, à medida que nos aproximamos do fim do século, mais modelar se torna a Antigüidade para o presente, e mais se distinguem os gregos, como verdadeiros antigos, da fusão com os romanos, fusão na qual haviam os gregos aparecido originalmente à consciência daquele tempo. E cada vez brilha com cores mais vivas a figura do "amor à pátria" dos antigos. Não segundo o sentido de eco de uma poesia renascentista algo preciosista, para a qual a Berlim da Guerra dos Sete Anos se havia convertido em "Esparta", pois estes são, por fim, essencialmente apenas ecos; mas no sentido de que é a expressão de uma consciência que exalta a Antigüidade, consciência que, na medida em que agora se dirige ao presente, deve reconhecer que Berlim não é, absolutamente, "Esparta". É nova a avaliação do Estado do presente, segundo os parâmetros da pólis. A comparação não favorece, em primeira instância, os Antigos; a convicção das Luzes com respeito à magnificência do presente domina excessivamente as cabeças. Mas, paulatinamente, cambiam-se os pesos. Herder fornece uma viva imagem desta transformação. Em um discurso que o jovem de vinte anos profere em Riga, trata do tema: temos nós ainda hoje o público e a pátria dos Antigos? Ele responde a questão em favor do presente: a famosa liberdade dos antigos teria sido apenas "uma ousadia de querer dirigir autonomamente a roda do Estado". Contraposta a esta "indômita presunção", estaria a moderada liberdade que hoje em dia cada patriota teria a desejar: a liberdade de poder ser o criador da sua felicidade e bem-estar, de poder contar com a confiança dos seus próximos, de poder ser o pai e guia de seus filhos. Assim dizia Herder em 1765. Trinta anos depois, o mesmo homem coloca-se a mesma questão. Mas a resposta se mostra agora completamente diferente. Certamente – o que permaneceu da primeira opinião – não deveríamos desejar o Estado grego, pois "dificilmente poderíamos ganhar na troca no que diz respeito ao que verdadeiramente desejamos"; mas o leitor não se deixará convencer facilmente que nenhuma conexão interna existiria entre o hino que o grande escritor havia entoado à antiga pólis – "uma pátria moral" – e as exigências que ele dirige ao Estado do futuro, exigências que, em sua corajosa unidade de percepção entre Estado nacional e cultura nacional, nesta década ainda se mostravam muito isoladas. Não deve nos induzir a erro o fato de que o profeta ignore completamente a essência política deste Estado nacional futuro; sim, pois, na medida que ele atribui ao futuro Estado nacional o "Espírito conquistador" dos antigos Estados de poder, ele suspeita realmente até mesmo – ainda que de forma difusa –, que tal se constituiria na contraposição, confirmada pela história, do novo Estado nacional contra o *Ancien Régime*, contraposição que havia conduzido, no século XIX, a um dilaceramento, ou, ao menos, a uma forte transformação do conceito de "equilíbrio europeu". Mas, independentemente disto: a que altura se elevam, em comparação com 1765, as exigências de Herder ao indivíduo, o qual "não (pode) mais, como se estivesse à margem, ociosamente contando as ondas, sonhar em estar no navio de uma sociedade naval que não está à sua disposição"! E como se articulam, hoje, Espírito e Estado, conjuntamente, no conceito de "cultura-pátria": "claridade, Luzes, senso comum; nobre orgulho, não se deixar dirigir por outros, mas dirigir a si mesmo, como fazem outras nações desde sempre; ser alemão sobre seus próprios e protegidos fundamento e solo!".

O século XVIII, o Espírito estritamente racional de Rousseau e o Espírito ansioso por experiência de Montesquieu, a condição política "cosmopolita" na nova concepção espiritual nacional da Alemanha, o fenômeno dos Antigos observado através dos olhos do classicismo alemão – estas figuras se nos aparecem no horizonte, suas sombras flutuam por sobre a paisagem que hoje observamos. Da Alemanha do século XVIII voltamos o olhar para o Estado de Württemberg, e dos mentores da cultura alemã para um colegial de Stuttgart, G. W. F. Hegel.

Segunda Seção
STUTTGART

Hegel nasce em 1770, no mesmo ano que Frederico Guilherme III e Hoelderlin. Esta década vê igualmente os nascimentos de Schleiermacher, W. von Humboldt, K. L. von Haller, F. Schlegel, Novalis e Schelling. Ao rolar a cabeça de Luís XVI, o mais jovem destes tinha dezoito anos, e o mais velho vinte e cinco anos – todos na fase da vida na qual o ser humano, normalmente, ainda procura sua relação com o mundo. Nenhum deles permaneceu totalmente intocado pela cultura das Luzes, todos cresceram para além desses inícios de seu ser profundo, e cada um deles tem sua parcela de contribuição na construção das bases da história do novo século. Todavia, em cada um deles permaneceu tanto deste espírito do velho século – ainda que fossem apenas as cicatrizes que os lutadores haviam trazido do campo de batalha – que nenhum deles dominou completamente o desenvolvimento do século para cuja consecução cada um havia contribuído. A nova época parece, desde os anos de 1840, – devido à contribuição deles mesmos – ultrapassá-los na direção de novos objetivos. Esta é a diferença desta geração com relação à próxima, constituída por Dahlmann e Uhland, Savigny, Grimm e Böckh, a qual, ao ocupar a cena, encontrou a batalha contra as "Luzes" já terminada e pôde alçar seus vôos em meio aos ventos vitoriosos do novo século. Sua atuação não foi invalidada pelos acontecimentos do ano de 1848, pelo menos não ao ponto como acontecera com tantos dos que os precederam. E, como os contemporâneos de Hegel distinguem-se, com relação à cultura do século XVIII, de seus sucessores, assim também se distinguem de seus predecessores imediatos, do grupo ao qual pertencem Stein e Gneiseau, Schiller e Fichte. Estes já estavam maduros, quando se deu o grande acontecimento revolucionário na França. Eles conseguiram integrá-lo em seus círculos, quiçá tenham até mesmo aprendido com ele, mas isso não contribuiu para sua formação propriamente dita – contrariamente à próxima geração. Desta forma, nenhum destes ultrapassa completamente os limites do século XVIII; eles caracterizam seu pico mais alto, são sua completação; e se algumas das melhores forças da cultura do século XVIII, apesar da vitoriosa luta da nova geração, penetram serenamente no século XIX, tal se deve a estes grandes educadores.

Para a percepção de tal panorama é conveniente que se perceba o que significou, ou pôde significar, nascer na Alemanha de 1770. Na história de Württemberg, este ano de 1770 foi um ano de mudanças. Neste ano a longa discórdia entre o duque Karl Eugen e seus estados (*Ständen*), a *Landschaft*, como se dizia então em Württemberg, é resolvida através de um pacto hereditário. Os próximos anos trouxeram então ao duque uma conversão interna, através da qual a imagem do tirano foi substituída, aos olhos de seu povo, pela imagem do velho senhor afável e benevolente. Na lembrança da população do antigo Württemberg, aparecem estes últimos anos do governo do seu governo, durante o qual Hegel cresceu, como o tempo mais feliz de sua história. E também o historiador poderá dizer que durante esta época o Ducado experimentou pela primeira vez alguns dos benefícios do despotismo esclarecido, do qual o grande representante oferecera outrora ao jovem Duque a *summa* de sua doutrina na forma de um "Espelho dos príncipes". Estes benefícios do poder principesco sucederam um tempo no qual o ducado não havia conhecido senão malefícios. Também a benção dos céus lhe foi distribuída agora apenas em pequena proporção. Para tal, faltou ao duque, sem falar em dados pessoais, a condição necessária: pleno poder de intervenção legal e fática. O príncipe não era senhor único em seu Estado. Mesmo o pacto hereditário de 1770, do qual data o paulatino fortalecimento da boa vontade do duque, foi simultaneamente, e acima de tudo, uma auto-afirmação fundamental do poder paralelo dos estados. Ela não teve em praticamente nenhum outro Estado alemão semelhante significação, neste século por outra parte tão favorável ao poder dos príncipes. Burguês e luterano, como se havia constituído no século da Reforma; rigidamente oligárquico, como mais e mais se tornou com a crescente importância do conselho restrito, conseguira resistir no século XVIII às investidas do poder ducal, apoiado acima de tudo na assistência de poderes estrangeiros: Prússia e Inglaterra-Hannover, os quais acreditavam estar, com a *Landschaft*, garantindo o caráter protestante do mais meridional dos Estados alemães, a Áustria – a qual estava preocupada, por seu próprio interesse no que dizia respeito à questão da sucessão, em impedir, através de meios imperiais, o fortalecimento do poder do duque; finalmente, apoiado através da particular obstinação do caráter suábio, o qual defendia os princípios do bom velho direito, fiel ao princípio *parta tueri*. Na verdade, esta referência foi menos um obstáculo aos excessos principescos do que a uma adequada evolução do Estado. A comparação das constituições da Inglaterra – na concepção da qual estava o grande Fox – e de Württemberg, que assumiu a inglesa com orgulho, como atesta a concepção de Estado do famoso historiador suábio Spittler, continha, apesar de tudo, uma verdade indesejada: a situação da Inglaterra e de Württemberg, por sob o escudo da "liberdade", era essencialmente a de Estados sob uma oligarquia de laços parentais estreitos. Na Inglaterra, como em Württemberg, a cisão no interior do Estado fora tornada inofensiva, onde era necessário ou parecia sê-lo para a continuidade dos negócios, através de meios mais ou menos sutis de influência pessoal. O duque e o conselho foram, na maior parte das vezes, coniventes, e a Assembléia provincial permanecera, desde o pacto hereditário, vinte e seis anos sem ser convocada, apesar de duas trocas de poder.

Hegel esteve, através de seus pais, em uma certa relação com os dois poderes da vida do velho Estado de Württemberg, o que, porém, não teve grandes conseqüências para o desenvolvimento de suas visões políticas. Seu pai era funcionário das finanças ducais, secretário da câmara das rendas; a mãe provinha de uma família de funcionários ligados à administração do Estado. O pai o influenciou certamente à vida clerical – a mãe morrera cedo. Freqüentemente, seus biógrafos se referiram à influência do modo de ser suábio e da forma de fé ao velho estilo protestante no ambiente paterno, os quais viriam a se tornar mais tarde visíveis na forma de viver e pensar do filósofo. A estas forças constituintes da herança cultural e do lar paterno, soma-se mais tarde a escola. O *Gymnasium illustre* de Stuttgart não era ainda oficialmente influenciado, à época em que Hegel o freqüentou, pelas novas concepções educacionais, filantrópicas e humanísticas, da época. Apenas sete anos após a saída de Hegel procedeu-se a uma atualização do estatuto da Escola, que permanecia até então "fiel à sua situação de origem". Ao mesmo tempo, a instituição não permanecera alheia às influências e acontecimentos da época. Nos anos após a saída de Hegel, há referência a discursos de formandos que se ocupavam de questões altamente políticas, como, por exemplo, com a *"nova rerum in Francia revolutio"**. De como Hegel foi mediata e imediatamente influenciado pelos conteúdos da Escola, sobre isso somos instruídos por

---

* A revolução das coisas novas na França. (N. da E.)

fontes muito antigas, das quais provém também a narrativa do devir de sua visão de Estado.

São conhecidos um diário, iniciado pelo jovem de quatorze anos e que foi escrito até sua saída do *Gymnasium*, bem como alguns textos escolares mais ou menos autônomos, e um conjunto de extratos de textos de conteúdos muito distantes entre si, nos quais se mesclam de maneira muito particular a objetividade ingênua característica de um menino de sua idade com a perceptível seriedade de um cientista nato. Não se esperaria encontrar coisas nestes escritos que poderiam vir a cativar alguém que não soubesse o que mais tarde surgiu desta criança; é apenas através da leitura que um leitor posterior empreende que não se pode evitar que algo daí ganhe uma relação e significação que não se enraíza em si mesma. Já o mais antigo texto preservado é de natureza política: uma pequena cena dramática na forma de uma "Conversação entre três": Antonius, Lepidus e Otavian. A forma como as personalidades históricas são aqui compreendidas mostra a influência de Shakespeare e, simultaneamente, a concepção pragmática de história das Luzes. Tudo é visto agora como humano, pessoal – poder-se-ia dizer, de um ponto posterior de observação: como não-fundado; o ato político aparece como manifestação de impulsos pessoais, e nada mais. Percebemos nos diários logo a seguir, de forma correspondente, que o jovem sério refletiu e pesquisou "*quaenam sit vehementissima animi perturbatio, quae plurimas intulerit in homines, urbes, civitates, regna calamitates*"*. Ele toma para si a tarefa de investigar "*quae effecerint honoris libido, auri amor, superbia, invidia, desperatio, odium, ira et ultionis libido*"**, e inicia sem delongas pela "*honoris libido*"***. Alexandre, o qual combateu Dario, "*a quo numquam*

---

* Que seja, com efeito, impetuosíssima a perturbação da alma, a qual muitas vezes causou flagelos a homens, cidades e aos direitos de cidadania. (N. da E.)

** Que manifestaram o desejo da honra, o amor pelo ouro, a soberba, a inveja, o desespero, o ódio, a ira e o desejo de vingança. (N. da E.)

*** Paixão pela honra. (N. da E.)

laesus fuit!*", "*Timur, praestantissimi Romanorum duces***", os antigos germanos e... os duelos estudantis são citados para comparação. Contraposta à cômica atitude moralizante de desvalorização do propriamente político, mostra-se também, igualmente muito cedo, um notável direcionamento à história da cultura e dos costumes. Lembra um partidário da interpretação histórica à Voltaire quando ouvimos que nenhuma história do mundo lhe agradara mais que a de Schröckh, porque ela sabiamente evita a "repugnância causada pelas enumerações dos muitos reis, guerras, nas quais freqüentemente alguns homens venceram centenas etc." e, "o que é o principal", articula o mundo dos sábios com a história e descreve sempre, cuidadosamente, "a situação dos eruditos e da ciência". O futuro filósofo da história julga ter uma concepção de história pragmática, ainda que esta concepção seja "bastante obscura e unilateral": "quando não se narra apenas fatos, mas também se desenvolve o caráter de um homem famoso, e de uma nação inteira, seus usos e costumes, sua religião e as variadas mudanças destes aspectos, bem como sua desnaturação por parte de outros povos; quando se investiga a queda e o soerguimento de grandes Impérios; quando se mostra o que este ou aquele acontecimento ou mudança no Estado significa para a constituição da nação, para seu caráter e quais as conseqüências disso etc. etc.". Pode-se reconhecer em tais palavras a tonalidade do próprio tempo, a influência de Montesquieu e Voltaire, ou a tonalidade do futuro, do Hegel tardio, do filósofo da história, para o qual "o pensamento (dever-se-ia tornar) o mais poderoso epitomator". Certamente, é o eco de seu próprio tempo que nos interessa agora, pois o futuro permanece, no momento em que estamos, muito mais distante do que o passado, como veremos. Mais do que tais considerações gerais, e no sentido dos grandes pensadores e narradores europeus ocidentais da história que atuavam naquele século e seus seguidores alemães,

---

* Pois ou tanto mais que nuca foi ofendido ou prejudicado. (N. da E.)
** Timur, os comandantes mais distintos dos romanos. (N. da E.)

tais ensaios precoces de Hegel devem nos interessar no que diz respeito à tentativa de experimentar este sentido histórico em determinadas questões pontuais. Principalmente dois lugares do diário testemunham tais tentativas de evidenciar a conexão entre vida do Estado e vida espiritual; os dois se referem a abordagens históricas de um dos temas preferidos da época, a linguagem. O jovem de quatorze anos procura pelas causas históricas daquela *opulentia* da língua grega, que a torna tão difícil. Ele encontra duas razões: por um lado, o desprezo dos gregos pelos bárbaros, cuja língua eles, por este motivo, não aprenderam, e, assim, desenvolveram a sua própria sempre mais ricamente; e, por outro, as condições internas dos Estados gregos, nos quais a capacidade discursiva se tornou o meio de determinar as decisões do povo. Hegel procura articular o cultivo da língua e a natureza da política, novamente bem no espírito das considerações historiográficas do século.

Tais questionamentos ressurgem sempre. Nos últimos anos da escola, se dirigem, ao que parece (estamos aqui mais às voltas com sugestões de fragmentos do que propriamente com textos de Hegel), ao conceito de *Aufklärung* e sua relação com cultura e Estado. Um texto do ano de 1786 trata do "Esclarecimento através da ciência e da arte", especialmente através do "Esclarecimento do homem comum" (o qual "sempre se guiou segundo a religião de seu tempo"). O respeito com relação à fé da "plebe" foi a razão do sacrifício de um galo por Sócrates. O ano de 1787 vê nascer um grupo de textos maiores, que notamos como sendo testemunhos da direção de Hegel com relação à questão referida. Em primeiro lugar, um extrato de um texto de Mendelssohn: o esclarecimento do ser humano geral, sem diferença de classe, é uma ação universal, enquanto o esclarecimento do cidadão modifica-se segundo classe e profissão. Infeliz é o Estado no qual a *Aufklärung*, que é imprescindível à humanidade, não pode abarcar todas as classes sem perigo para sua constituição. Uma nação realmente educada, porém, não conhece em si nenhum outro perigo que o excesso de complacência com a própria felicidade nacional; chegar a este ponto culminante é colocá-la em perigo de existência. Esta última frase parece evocar a doutrina tardia de Hegel da morte do Espírito de um povo que cumpriu seu papel na história universal; tal relembra a posição do filósofo da história com relação ao lugar reservado a Sócrates no desenvolvimento do Estado grego. Mas também aqui esta lembrança apenas poderia servir para caracterizar claramente o quão longe o futuro ainda está. Logo após o excerto de Mendelssohn, Hegel transcreve as observações de Nicolai sobre cultura, o Esclarecimento e a "polidez" de uma nação. A "polidez", uma nação pode receber de fora. A cultura, ao contrário, deve ser desenvolvida por forças internas. Os melhoramentos que beneficiam a cultura de uma nação e o esclarecimento em termos de educação e religião (lê-se em um novo excerto de Nicolai), surgirão com mais segurança na classe média do povo, quando este não tem mais de se preocupar com a necessária subsistência corporal e, assim, quer e pode ser reflexivo e atuante. Levá-la a este Estado é a mais alta arte de um governante, e favorece seguramente mais o bem-estar de um povo do que decretos e ordenações. Estes exemplos são suficientes. Pois devemos nos ater menos às particularidades dos textos e muito mais ao objeto geral, o qual seguramente indica a disponibilidade de um direcionamento à questão da relação entre Espírito e Estado – para utilizar uma expressão posterior.

Estes escritos de 1787 indicam um direcionamento a outro lado da política, à sua dimensão de direito natural. O futuro estudante de teologia redige uma longa resenha do livro *Kurzer Begriff aller Wissenschaft* (Conceito Breve de Toda a Ciência), do acadêmico berlinense Sulzer; inicia no parágrafo 186 do livro com a filosofia, segue com o parágrafo 219 com a teoria dos deveres humanos, o direito natural e dos povos, a partir do parágrafo 231 trata do conceito de ciência do Estado e da política (*Polizeywissenschaft*), a partir do parágrafo 240 desenvolve as tarefas da ciência jurídica até o conceito de direito canônico, e então, porém, se interrompe, onde o livro, no parágrafo 259, inicia a divisão "teologia" – de uma forma que dá muito o que pensar. Foi a partir de uma série de concepções correntes de ciência do Estado que o jovem e zeloso escolar pôde se apoderar do livro de Sulzer. Ali ele constatou que o direito dos povos seria um direito natural aplicado, que considerava "as sociedades civis independentes como indivíduos"; que a ciência do Estado era a "teoria da felicidade de Estados inteiros ou sociedades civis"; ali ele tomou ciência de um direito social natural, que surgiria da "natureza própria de uma sociedade civil em geral" e "portanto seria comum a todos os Estados". No Estado de direito, que contém as "obrigações dos cidadãos com relação aos governantes e dos governantes com relação aos cidadãos", ele aprendeu a discernir entre o "direito natural ou geral do Estado", que flui "de conceitos gerais e da ereção geral de um Estado", e o "direito público especial de Estado dos Estados livres", que se funda "sobre leis e contratos particulares entre súditos e regentes". Todas estas frases foram destacadas por Hegel.

Aos conteúdos e tarefas históricos e jurídicas do Estado, cuja primeira sugestão já foi observada, soma-se agora, no nosso escolar, como na consciência do tempo em geral – ainda que de forma bastante tímida e pouco influenciando a concepção de Estado – uma viva intuição: a Antigüidade. Segundo o que se pode depreender dos livros que comprou em seu tempo de *Gimnasium illustre*, Hegel aprofundou muito mais a língua grega, nestes tempos, do que o exigido. Duas preleções sobre questões da história da civilização antiga chegaram até nós. A primeira delas trata da religião de gregos e romanos. A veneração do jovem esclarecido pelos antigos, cujas superstições e concepções muito humanas de divindade ele não pode negar, abre caminho de forma tímida e algo desajeitada: são, como ele já havia anteriormente justificado em seu diário, as concepções de grande parte das pessoas em nossos tempos tão afamadamente esclarecidos; os gregos e romanos seguiram aqui o caminho de todas as nações. Apenas quando a inevitável figura da fraude dos sacerdotes bloqueia a via da compreensão histórica deste "caminho de todas as nações", demora-se ele em uma investigação psicológica não completamente superficial, que demonstra compreensão para puras expressões de sentimentos, segundo a qual as inclinações originais se apropriam das "mais sábias e astuciosas pessoas que haviam sido escolhidas para o serviço da divindade". Nesta parte da investigação aparece então um pensamento notável para o nosso estudo, ali onde Hegel procura explicar o surgimento do politeísmo desde perspectivas sócio-históricas (pois o ser humano seria naturalmente afeito ao pensamento de uma só divindade). Ele localiza a causa no fato de que "gregos e romanos eram a mescla de muitos povos". Pela primeira vez ressoa aqui um privilegiado pensamento histórico do Hegel maduro: o panteão romano como símbolo de um Império fundado sobre a fusão mundial dos povos. Mas, novamente, é de se notar também aqui que tal é apenas uma sugestão; não se trata de uma análise intelectual penetrando na realidade do passado, mas de explicação racional, através de um fenômeno histórico, de um fato julgado pelo sentido das Luzes como antinatural. Novamente, a proximidade com relação a Montesquieu não se mede com a distância com relação a Ranke.

Mais forte do que no citado texto aparece a influência do movimento neo-humanista na exposição apresentada no ano seguinte, logo antes da saída da Escola, intitulado "Sobre Algumas Distinções Características dos Antigos Poetas" (a saber: com relação aos modernos). O jovem orador enaltece a sorte do destino que combinou, nos Antigos, o interesse geral da humanidade com os interesses locais e particulares. Contrariamente, os "atos famosos de nossos antigos, e também dos novos alemães, não são nem entrelaçados com nossa constituição, nem serão conservados na memória através da tradição oral". A cultura original dos Antigos torna-se modelo; mas modelo – e isso é novo no sentido de sua época – não no sentido de sua imitação, mas no sentido do desenvolvimento popular de igual valor: "se os alemães se tivessem mais e mais civilizado sem cultura estrangeira, o seu Espírito teria tomado, sem dúvida, um outro caminho, e teria o seu próprio palco de atuação, sem que tivéssemos copiado a forma dos gregos". Assim, são aqui os gregos representados por Hegel pela primeira vez como o que deverão se tornar para sua geração: admoestadores para a germanidade. E outra coisa ainda nos dá o que pensar nessas palavras: a concepção de que o passado histórico deveria ser "entrelaçado" na constituição moderna; bruscamente, do reconhecimento "negativo", que dominou a relação com a história no século XVIII, não resta mais vestígio. Inconscientemente, antecipa a mentalidade histórica do próximo século.

Hegel muda-se, com tais idéias incipientes no coração, para o Instituto (*Stift*) de Tübingen, de cujo portal a frase "Aedes Deo et Musis sacrae*" – oriunda de um tempo mais antigo de enlace entre a cristandade humanista e o paganismo – observa o recém-chegado.

---

* A casa, morada ou templo sagrado de Deus e das musas. (N. da E.)

Terceira Seção
TÜBINGEN

O colegial Hegel havia se apoderado, em seus anos de formação, de forma abrupta e precoce, de certas concepções da essência e da vida do Estado, hauridas da cultura de seu tempo; logo antes de sua saída do *Gymnasium*, começou a tomar corpo nele uma nova disposição, que o levou a tomar uma postura negativa com relação a esta concepção de tempo, contra esta "fria erudição livresca". A época de Tübingen, na qual penetramos, é, em tudo, um desenvolvimento desta disposição. As verdadeiras profundidades daquela cultura contra a qual o jovem agora se contrapõe, não lhe escapam: Kant, o completador e coveiro das Luzes, não lhe passa despercebido, como comprovam alguns de seus excertos de escolar; mas o jovem esclarecido não tinha consciência da seriedade e envergadura de seu pensamento. Ainda quando ele começou em Tübingen, a partir do juízo de seus colegas, a ocupar-se, mesmo que superficialmente, com a nova filosofia, suas conclusões puderam se arranjar pacificamente com o cabedal intelectual de que já dispunha, mesmo em seus aspectos referentes às Luzes; seus estudos, à época, não tiveram sobre ele uma influência de alguma forma inquietadora. Isto o demonstram escritos de Tübingen, sobre os quais falaremos em breve. Seu espírito vivia segundo necessidades internas; o que não – ou ainda não – se lhe adequava, não o desviava de seu caminho. Existiam potências de outra ordem que a da filosofia crítica, a cuja influência Hegel estava aberto; o tom revolucionário-educativo daquele discurso dos iniciantes de 1788 nos deixa entrever quais serão estas potências. A primeira época em Tübingen parece então para Hegel realmente haver sido o tempo de um comportamento genial, naturalmente ainda bem comedido. Ao mesmo tempo em que surgia no Instituto uma sociedade de jovens kantianos, ele lia Rousseau. E Rousseau lhe permitiu, e a seus camaradas, ver os fatos que se dariam na França, nos ricos anos subseqüentes, sob uma luz radiosa. Uma associação política se constituiu no Instituto; jornais franceses foram assinados. Os escritos dos camaradas no álbum pessoal de Hegel mostram o espírito que reinava na época: *Vive la liberté! Vive Jean Jacques! In Tyrannos!* Hegel mesmo participava vivamente das disputas da associação; discutia fortemente também com seu pai, o funcionário ducal, que era claramente antipático à revolução. A muitas vezes contada história da árvore da liberdade, que ele e Schelling teriam erigido nas proximidades de Tübingen e dançado ao seu redor, parece de certo modo inverossímil. Mas algo é certo: Hegel manteve para sempre próxima a lembrança do espírito embriagador destes grandes anos; ainda em Berlim teria dito, no círculo de seus estudantes, que, a cada ano, no dia da queda da Bastilha, erguia um brinde às idéias de 1789. E, seja como for, acham-se nas preleções berlinenses sobre a filosofia da história, de que dispomos no conjunto de sua obra impressa, as palavras:

> Esta foi uma magnífica aurora. Todos os seres pensantes festejaram esta época. Uma tocante comoção dominou aquele tempo, um entusiasmo do Espírito penetrou o mundo, como se tivesse chegado a hora da verdadeira reconciliação entre o Espírito e o mundo.

Ele não permitiu que esta primeira imagem se desvanecesse ao longo dos acontecimentos da revolução, como se percebe em seu álbum pessoal, onde, no fim de 1793, o escrito inquieto de um amigo com o símbolo "liberté raisonée" cita as palavras de Rousseau: "S'il y avait un gouvernement des anges, ils se gouverneraient démocratiquement"[1] (Se houvesse um governo dos anjos, eles governariam democraticamente). É verdade que temos de Hegel uma manifestação, datada de 1794, sobre a "total infâmia dos partidários de Robespierre"; mas ainda teremos oportunidade de ver o quão pouco ele se tornou infiel às idéias de 1789, tais como as redigiu em Tübingen.

As idéias de 1789, tal como ele as redigiu em Tübingen: sobre ela falaremos em nossas próximas considerações. Os escritos preservados permitem uma resposta, e mesmo as não numerosas, mas significativas, anotações sobre a vida e as leituras de Hegel em sua época de Instituto, podem nos conduzir ao caminho correto. Entre os camaradas do Instituto em 1790, um que lhe era próximo, o jovem Hoelderlin, manifesta-se também ele então disposto a "se deixar instruir sobre direitos humanos pelo grande Jean Jacques". As duas naturezas de personalidade tão distinta – Hegel, o sério, agradável, lento ainda quando ultrapassava algo dos limites, e Hoelderlin, apolineamente estranho ao meio, "aberto com modéstia, mesmo medrosamente" à tradição dos mais velhos, talvez sintetizado da melhor forma na palavra de Hipérion: sereno e atormentado –, estes dois encontravam-se, para além de "Jean Jacques", tomados de entusiasmado fervor pelos gregos. Neste tempo, a onda neo-humanística atingira Tübingen; o professor de grego limitava-se ao esclarecimento do Novo Testamento, mas o poeta Conz dava preleções sobre Eurípides; Hoelderlin o ouvia, e os dois amigos (ao qual se juntaria o praticamente menino Schelling) liam juntos Platão; os romances de Jacobi e seu livro sobre Spinoza pretendiam contra-

---

1. Em francês no original.

balançar a leitura de Kant. E Hegel chega neste tempo também a Herder. Estas tendências dos jovens estavam bem longe do espírito da teologia do Instituto. Mas, como devem ter se revolvido nestas cabeças as idéias revolucionárias, cabeças nas quais estas idéias se confundiam com as forças alemãs do *Sturm und Drang* (Tempestade e Ímpeto) e com o nascente ideal clássico! "Razão e liberdade permanecem nossa chance e nosso ponto de união com a Igreja invisível", escreve Hegel a Schelling mais tarde, de Berna, em lembrança a este tempo. Vejamos como "razão e liberdade" se articula com "Igreja invisível" nos escritos em que Hegel expõe suas idéias no fim de seus tempos de Tübingen e também no início de seus tempos de Berna.

Trata-se de um conjunto de manuscritos, reunidos sob o título de *Religião Popular e Cristianismo* pelo editor das obras de juventude. O impulso histórico para esta, que talvez seja a mais antiga síntese de seu pensamento, foi fornecido pela incursão na filosofia da religião que empreenderam, no início dos anos de 1790, tanto o ancião Kant quanto o jovem Fichte. Note-se, portanto: não o novo idealismo crítico como um todo, não a nova cosmovisão, nem mesmo a nova fundamentação da doutrina dos costumes (*Sittenlehre*) catalisaram o espírito de Hegel, mas a abordagem interna de um âmbito que, mesmo para o fundador do criticismo, era apenas uma região marginal: a pergunta pela relação entre religião positiva e religião natural. Desta forma, torna-se compreensível que o trabalho, para o jovem Hegel, praticamente se desconecta do campo geral da filosofia crítica e se volta, de forma muito mais aguda do que em Kant e Fichte, no sentido da investigação da essência da Igreja. E torna-se igualmente compreensível que, para ele, neste contexto, junto a Kant e à primeira obra de seu grande discípulo, um terceiro livro, pré-kantiano, possa ocupar lugar igualmente central: o *Jerusalém* de Mendelssohn, com sua descrição da relação entre Estado e Igreja.

Estas são as influências literárias; nós teremos ainda oportunidade de nos referirmos a elas; mas podemos por agora prescindir delas – pois, por mais influentes que elas sejam no que tange aos detalhes, o espírito do todo provém de outras fontes.

Detenhamo-nos, em primeiro lugar, no mais antigo conjunto de escritos, talvez ainda proveniente da época de Tübingen. A investigação parte da relação do ser humano com a religião; a natureza humana aparecia ao jovem (aqui apenas no início da raiz da contraposição ao Kant da diferenciação estrita entre razão e sensibilidade, contraposição que apenas aparecerá no *Sistema da Moral*) como que "apenas impregnada com a idéia de razão, assim como o sal penetra no alimento". Assim, a religião torna-se, para o ser humano sensível, igualmente sensível, e a "religião pública" ("os conceitos de Deus e imortalidade, na medida em que se constituem em convicções de um povo, na medida em que têm influência nas ações e na forma de pensar do mesmo") não atuará simplesmente, de modo imediato, no âmbito da moralidade de cada um, mas enobrecerá o Espírito de uma nação, "que desperta tão recorrentemente o sentimento de dignidade que dormita em sua alma, que não rebaixa o povo nem se deixa rebaixar". Certamente, a religião apenas pode atuar neste sentido de "religião popular" onde o gênio do povo ainda não perdeu suas forças juvenis por sob o peso de suas correntes. Mas – pergunta-se agora o leitor de Kant – a religião popular como religião pública não degenerará em "fé fetichista" desde a pura religião da razão (*Vernunftreligion*), que louva a Deus em espírito e verdade e compreende seu serviço na virtude? Certamente, responde a si mesmo; permanece portanto a tarefa de cuidar que hajam tão poucos motivos quanto possível para tal, e que se torne o povo receptivo para a religião racional. Como deve, então, ser constituída a religião popular? Suas doutrinas devem ser chanceladas pela razão geral dos homens; elas devem ser "simples", porque então terão muito mais "participação na edificação de um espírito do povo", do que se fossem "acumuladas". "Humano" – no sentido, já anunciado pelos representantes berlinenses das

Luzes dos quais Hegel havia coletado excertos, de que são "adequadas à cultura do Espírito e ao estágio de moralidade no qual se encontra o povo". A influência das doutrinas sobre o Espírito do povo dar-se-á assim em termos "grandes", não se misturarão com o exercício da justiça civil e, devido ao seu pequeno conteúdo "positivo", não prepararão terreno para a vontade de poder dos clérigos. Isto quanto à doutrina. Em outro nível, porém, a religião popular deve mobilizar igualmente o coração e a imaginação; seus ritos devem tanto provir realmente do Espírito do povo como se articulam com a religião; as mais convenientes entre todas as cerimônias seriam provavelmente "a música sacra e o canto de todo um povo", devido ao pequeno perigo de degenerarem em serviço de fetiches! Um terceiro e mais importante aspecto da religião do povo: "Ela deve ser erigida de tal forma que esteja conectada com todas as necessidades da vida – as ações públicas do Estado". Nenhum muro entre vida e doutrina! "Espírito do povo, religião, grau de liberdade política" não se deixam observar isoladamente. "Estão articulados em um feixe, assim como no caso de três confrades, em que nenhum pode agir sem o outro". "Religião popular – que cria grande consciência, e a alimenta – caminha de mãos dadas com a liberdade". Religião do povo e relações políticas constituem conjuntamente o Espírito do Povo. Quão triste o Espírito dos povos cristãos, quão magnífica a figura daquele Gênio cuja alma – "ah, vinda dos distantes dias do passado" – resplandece, aquele Espírito do povo, de quem a *politeia* foi cuidadosa mãe, e não uma dura megera, e não enfaixou seus frágeis membros em cueiros apertados; aquele Gênio, com relação ao qual os grosseiros fios da necessidade, que o ligavam à natureza, eram algo tão pouco opressor, que ele, na medida em que os soluciona através de sua "auto-atividade", na sua multiplicação encontra o alargamento de seu gosto, a disseminação de sua vida!

Conservemos esta imagem dos habitantes da Grécia. O fato de que quem a concebeu trazia no coração o hino de Schiller aos deuses gregos torna-se imperiosa suposição, e pode ser dado como certo para o amigo do Hoelderlin de Tübingen, cuja lírica de então vertia na forma aberta por aquela poesia de Schiller. Devemos conservar esta imagem – pois já este primeiro fragmento responde à nossa questão sobre a interpretação hegeliana das idéias de 1789. O tema religioso-filosófico de Kant e Fichte transformou-se nele em cultural-filosófico. Seus pensamentos abarcam a idéia de liberdade, mas ela é envolvida e sufocada pela nova concepção de "Espírito do Povo" (*Volksgeist*). O Espírito do povo não é para ele propriamente a raiz abscôndita de toda nacionalidade, tal como concebeu mais tarde a Escola histórica, mas, antes, uma parte desta nacionalidade completada ou – segundo a maior parte dos textos – sua mais alta florescência. Não tanto força constitutiva, e sim a vida constituída, propriamente dita, do povo. O povo é "produzido", "constituído", "educado", e age então (e não podemos exagerar a oposição) novamente sobre os indivíduos e através dos indivíduos sobre os poderes que o constituíram, formaram, educaram; e isso em uma posição para além dos indivíduos, lá onde os ritos religiosos exigem que eles sejam extraídos do Espírito do povo. Mas como o mais evidente, e determinante para o desenvolvimento do pensamento de Hegel, devemos manter isso à vista: o Espírito do povo manifesta-se a ele como criação, como a totalidade viva e visível de uma cultura nacional. Com isso, aparece claramente a direção de onde provém este conceito hegeliano de "Espírito do Povo", desde o ponto de vista de história das idéias. Pois o Espírito do povo como resultado coincide com a determinação de Montesquieu de *Esprit général*: "plusieurs choses gouvernent les hommes: le climat, la réligion, les lois, les maximes du gouvernement, les exemples des choses passées, les moeurs, les manières; d'où il se forme un esprit général qui en résulte" (várias coisas governam os homens: o clima, a religião, as leis, as máximas do governo, os exemplos do passado, os costumes, os modos; donde se forma um espírito geral que delas resulta)[2].

---

2. Em francês no original.

As partes constitutivas, a forma de sua relação, modificaram-se em Hegel com relação a Montesquieu, mas o caráter de resultado é mantido no conceito. O que configura a determinação de Montesquieu do *esprit général* em um pensamento condutor de índole histórico-filosófica é a colocação em questão da configuração da historiografia do século XVIII, a dissolução de uma visão histórica ricamente elaborada na ordenação de suas "causas" claramente perceptíveis – essa colocação em questão eventualmente apropriada por Herder e que culmina na forma do conceito de Espírito do povo de Hegel no século XIX. Este conceito é então confluente, em seus efeitos, com o Espírito do povo da Escola Histórica, o qual, porém, provém de fontes completamente diversas do século XVIII: a reação contra o fracionamento do vivo em suas partes, do qual é um exemplo a direção questionadora acima vista, em seu sentido histórico-filosófico. Uma reação que se conecta para nós com os nomes de Hamann, Herder, Goethe. Desde Voltaire se acostumou a ver no *"génie"* de um povo, de uma época, uma das raízes de sua vida histórica; Herder reconheceu no "Gênio" de um povo, originalmente criado por Deus, no "caráter genético", um elemento "indefinível", "indelével" do decorrer histórico. Os partidários do movimento *Sturm und Drang* deslocaram para a palavra estrangeira "gênio" o seu novo conhecimento sobre a arte e a vida; influências totalmente diversas, em parte inglesas e mesmo neoplatônicas, desembocaram ali. Kant reservou ao conceito da nova teoria da arte um lugar muito mais visível em sua *Crítica da Faculdade de Julgar*; deste livro, como do conceito de gênio (Genie), provieram os mais fortes impulsos de caráter filosófico geral de Fichte, e mais tarde de Schelling. O que este ensinou sobre o nascimento inconsciente da arte no artista, juntamente com o seu texto recém-editado sobre a finalidade, inconsciente aos indivíduos, do decorrer da história universal, caiu como uma semente na alma daquele que seria o futuro criador da Escola Histórica do Direito, então com vinte anos. Assim deriva do século XVIII a história da concepção romântica do Espírito do Povo, que age (não no dia claro, mas nas escuras profundidades) como revestimento vivo da vida nacional: é nisso que é, no fundo e duradouramente, diferente do Espírito do Povo de conotação hegeliana. E é este agora que, provindo – ao contrário do conceito romântico – da direção dominante do século XVIII, e mantendo em si os sinais claros desta proveniência, já então em Tübingen não está mais na trilha esclarecida de sua proveniência; ele agora já é, tomando-se um conceito artificial criado mais tarde por Hegel, uma "totalidade viva", resultado, é verdade, mas já então mais do que resultado: um ser que, apesar de sua constituição múltipla, torna-se novamente unitário; a capacidade representativa poética, com a qual se fala dele, faz com que apareça por sobre o mero "ce qui en résulte" de Montesquieu. Ele tem, com relação às "plusieurs choses" das quais provém, não um grau menor de vitalidade, mas um grau mais alto. Nesta tendência no sentido de unificação encontra-se, no círculo da revolução alemã dos sentimentos contra as Luzes, também o conceito hegeliano, o qual, segundo sua forma, provém totalmente das Luzes. Mas, certamente, o mesmo impulso na direção da unidade afasta-o novamente deste círculo, pois, na medida que Hegel, para além de Montesquieu, procura uma fonte unitária para o resultado unitário, chama-a de raiz interior da vida social nacional, que se consubstancia no "Espírito do povo" – a "razão universal".

Razão! Não é fácil discernir as concepções das Luzes, de Kant e da revolução; segundo o grau de razão universal já atingida, determina-se a cultura nacional, o Espírito do Povo. Com isso, a religião ganha seu lugar. Ela é, além de religião popular, juntamente com as relações políticas, a mais importante via de intermediação entre a raiz, a Razão, e a flor, a Vida. Ela mesma é determinada racionalmente segundo seu conteúdo; a sua essência histórica contingente é concebida como apenas uma perda de razão, como uma regressão em relação ao ideal da religião racional puramente moral de Kant. Mas, certamente, os efeitos esperados desta pura religião da razão são agora – e isto é completamente novo – eles mesmos alguma coisa diferente, e mais do que pura razão e pura moralidade kantiana: são o conjunto da vida nacional, na qual o indivíduo é envolvido, no seu pesado conjunto de necessidades, por guirlandas de rosas, de tal modo "que ele se compraz com estas cadeias como obra sua, como se fossem uma parte de si mesmo".

Quem conhece a teoria do Estado de Hegel, tal como ele a proferiu na introdução de suas preleções berlinenses sobre a filosofia da história, achará muitos ecos no acima exposto; a relação entre Espírito do Povo e Razão, mesmo a posição da religião entre ambos, impulsiona quase que necessariamente a memória a manifestações mais tardias de Hegel sobre estas questões. Todavia é de se destacar que as semelhanças, realmente existentes, estão sendo muito ressaltadas pela nossa apresentação. Em primeiro lugar, o núcleo racional da vida cultural era denominado então por Hegel, muito abstratamente, de "Aufklärung", como um saber, enquanto mais tarde se lhe aparecerá sob a forma de Estado, de "eticidade" (*Sittlichkeit*). Além disso, não é absolutamente um acaso que no ponto central destes escritos, que nos preservam de certo modo o primeiro sistema social-filosófico de Hegel, esteja a intuição do Espírito do Povo e da relação entre os indivíduos com relação a ele, enquanto, com relação ao Estado, fale-se quase que apenas da relação deste com o Espírito do Povo, e pouco, ou praticamente nada, com relação às pessoas individuais. E que imagem da relação entre Estado e Espírito do Povo nos dá Hegel! O Estado tem, a rigor, apenas a tarefa de, como uma boa mãe, "seguir a vontade, os caprichos de seu querido"; a boa mãe Politeia deixa, tanto quanto possível, seu amado à educação da natureza, "que conduz melhor cada planta da forma mais bela, quanto menos for enxertada, artificializada". Isto é então a "liberdade", a qual segue "de mãos dadas" com a religião popular. E o pensamento, estranhamente antecipador do futuro, de que o Espírito do Povo que acha na multiplicação das linhas que o conectam à natureza a "dilatação de sua vida", relaciona-se – o que deve ser bem observado – não às "linhas" políticas, mas às culturais.

Assim, é exatamente a idéia de Estado o que permanece não desenvolvida neste ideal de sociedade, com o qual o estudante de teologia de Tübingen responde às idéias de 1789. Aqui, Hegel é exatamente tão cego como toda sua geração. Permanece sempre notável de que modo nenhum daqueles múltiplos olhos lúcidos, que miravam a França desde a Alemanha, viu o que se passava em termos de história mundial, por trás da névoa das palavras e do cheiro de sangue – o nascimento de um novo Estado nacional. Via-se lá apenas o que já se cultivava em si e com o que já se ocupava, via-se a vitória – e brevemente o fracasso – dos ideais já conhecidos; via-se a liberdade, mas não o Estado – liberdade em sentido propriamente pessoal, tal como a entendeu W. v. Humboldt em seus famosos ensaios de 1792. Permanece também singular o fato de que aqui, diferentemente mesmo com relação às idéias de Humboldt, estes pensamentos de liberdade, constituídos na direção da concepção de uma nova humanidade, cessam de orbitar em torno às pessoas individuais e à cultura: que aqui a nova concepção de humanidade tornou-se imediatamente o ideal de uma nova comunidade, o Espírito do Povo. Este passo decorre de forma muito rápida, muito instintiva; a passagem de ser humano a Povo dá-se de forma tão óbvia, que praticamente se poderia esperar que o aspecto moral-pessoal fosse totalmente abandonado, e o pensamento do Espírito do Povo se constituiria de um sentido romântico em uma totalidade oniabrangente naturalizada, na qual a vida individual dar-se-ia sem vontade nem coerção. Até um certo grau deu-se isto, mas apenas até um certo grau; o eu pensante e volitivo permaneceu uma força na imagem em processo de configuração: o ser universal não é afeito àquela totalidade mas, sim, um ser moral consciente. Porém, no momento, nada aponta nesta direção futura; falta ainda à comunidade do povo bela e livre, tal como Hegel a concebia então, o esqueleto firme do Estado criador de direito e controlador da arbitrariedade; a sóbria claridade do pensamento político não iluminara ainda, nesta imagem de sonho, uma nova vida cultural nacional. Temos ainda a acrescentar: o sonho social do teólogo de Tübingen não havia ainda experimentado o áspero rigor da moralidade kantiana, em sua seriedade categórica e em sua viril oposição ao seu sentimentalismo.

Antes que aprofundemos este assunto, temos ainda de lançar um olhar sobre alguns pensamentos que se encontram em textos seguintes, articulados aos já examinados. É verdade que, em termos cronológicos, eles já se encontram entre aqueles do primeiro ano de Berna; em termos de conteúdo, porém, estão em íntima conexão com os fragmentos precedentes, na medida em que, no essencial, também eles se movimentam em torno à comparação entre helenismo e cristianismo. O tom, porém, se modifica; a atmosfera elegíaca da retrovisão, a tristeza evocando Hoelderlin, a graciosidade das imagens, que mostram a influência de Wieland, dá lugar a uma crítica muito mais aguda, a uma linguagem analiticamente seca. Sugere-se já a nova onda que irá atingir seu apogeu nos anos de Berna de Hegel. O Estado aparece agora ocupando posição central, muito diferentemente do que acontecia nos textos de Tübingen. Ele assume a sua parcela adequada de responsabilidade para com o descompasso entre o ideal e a vida. As cartas de Hegel do final de 1794 e início de 1795 mostram o redator em posição de invectiva contra a ortodoxia protestante; do nostálgico helenizante surgiu um revolucionário moderno. A luta contra a ortodoxia torna-se igualmente, pelo menos de forma mediata, uma luta também contra o Estado contemporâneo, pois "a ortodoxia não é abalável enquanto sua profissão de fé está articulada a vantagens seculares no todo do Estado". Mas isto se transformará: "o sistema da religião, que sempre assumiu a tonalidade do tempo e da política, adquirirá agora verdadeira dignidade própria". "Razão e liberdade" – assim devemos entender os já citados trechos das cartas – devem se implantar no Estado, a bem da "Igreja invisível". Isto fornece aos penetrantes pensamentos políticos de Hegel sua tonalidade pessoal particular, na medida em que são pensados na mesma relação com a luta teológica, a luta pela "Igreja invisível". Ainda mais claramente do que nestes escritos interconectados de 1795 e 1796, aparece tal idéia nestes fragmentos mais antigos. A visão histórica sobre o surgimento do Estado foi concebida de forma semelhante nas *Idéias* de Herder: de circunstâncias patriarcais originais de confiança entre povo e príncipe desenvolve-se, pelo abuso desta confiança, o despotismo, que os povos tentam então controlar legalmente. Surge então o Estado, no qual "ninguém é melhor do que lhe é permitido ou ordenado". O surgimento da religião segue o mesmo caminho; também aqui perde-se o espírito infantil original através da classe clerical dirigente, que usa seu poder sobre o povo ainda preso à velha ingenuidade, oprimindo-o e o humilhando. O objetivo imediato do Estado não é a "moralidade" (*Moralität*) interior, mas apenas a "legalidade" (*Legalität*) exterior; é por isso, precisamente, que ele procurará retirar a religião de seu âmbito de poder e, especialmente enquanto Estado monárquico, através de sua preocupação pela sua manutenção e reprodução, impedirá a continuidade de seu desenvolvimento. Continuidade esta que provavelmente se daria, sem ele, em conexão com a completa mudança do Espírito público e das Luzes universais.

Se o Estado é aqui, por um lado, criticado em termos de sua relação com a religião, por outro lado também é criticada a religião – a cristã, não a antiga – em sua relação com o Estado. Aqui ocorre a Hegel, pela primeira vez, o pensamento a respeito da incompatibilidade entre o cristianismo e o Estado, que nos anos seguintes o ocupará de forma cada vez mais exclusiva em termos de reflexão teológico-política, e que, mais e mais amalgamado com sua vivência pessoal, funcionará como fermento na depuração de sua idéia de Estado. Ele transparece inicialmente na comparação entre Sócrates e Cristo, que caracteriza o conteúdo do segundo fragmento e é levada ao extremo. Sócrates, que deixa seus discípulos seguirem atuando na vida pública – "permaneceu pescador quem era pescador, nenhum teve de abandonar casa e bens" –, e Cristo, que "foi, entre os gregos, objeto de riso". Este fragmento é testemunha da mais aguda expressão helenizante de rechaço de Hegel ao cristianismo – pois, em outros locais, a pessoa de Jesus é preservada em sua honra mesmo nas mais ásperas passagens destes textos. Ele se segue cronologicamente, de forma imediata, ao mais antigo texto de Tübingen. Os próximos textos, que aqui nos ocupam, substituem a condenação passional por uma observação mais determinada pela objetividade. "Um Estado, que hoje em dia desejasse abrigar em si a mensagem de Cristo – o que poderia fazer apenas desde o mandamento exterior, pois o Espírito em si mesmo não se deixa comandar – desintegrar-se-ia em breve". Pois os princípios de Jesus se adequam apenas à educação de pessoas individuais; já a primeira comunidade em meio ao mundo pagão suprimiu o próprio espírito da lei da comunidade de bens, o espírito do amor fraternal geral através de seu isolamento com relação ao mundo. Também a Reforma não percebeu, com seus órgãos cristãos de polícia, a diferença entre as instalações necessárias em uma religião popular dominante e as leis privadas de uma sociedade parcial, de um clube.

Hegel trata aqui de uma questão central da polêmica das Luzes, inicialmente levantada por Bayle, e conhecida por Hegel pelo menos desde a refutação de Montesquieu e de Rousseau e Gibbon. Hegel a combina com a construção de Mendelssohn de Igreja e Estado como sociedade voluntária e sociedade de coerção. O singular nele é que esta crítica da Igreja não aparece isoladamente, mas articulada à já referida crítica do Estado, e, para completar a contradição, o crítico, a cada vez, estabelece uma crítica de uma por causa da outra: ele combate a Igreja em nome do Estado e o Estado em nome da Igreja. Nós não temos de resolver esta contradição: ela não é consciente ao jovem pensador. O pensamento da liberdade humana interna e externa inviolável é já o impulso propriamente dito, e se tornará em breve todo-poderoso, em função do qual os motivos particulares tornar-se-ão, por sua vez, colaterais. Assim, aquela contradição conceitual é a expressão do sentimento que aflige Hegel em Berna; apenas agora, nesta disposição, é que ele está maduro para a percepção do verdadeiro influxo da filosofia kantiana. Sabemos, de uma carta a Schelling de janeiro de 1795, que ele a retomou, a fim de "aprender a utilizar ou a aplicar seus resultados mais importantes à nossa idéia tão familiar, ou a transformá-la através destes resultados". Os inícios desta mudança interna de rumo, que ele aqui anuncia, nós já os acompanhamos; nós veremos como inicialmente naufraga nela a concepção de comunidade do povo impulsivamente construída em Tübingen, e como aquele belo mundo, quando não é destruído, é pelo menos envolvido por outras ramificações.

Quarta Seção
BERNA

Não é apenas Kant mesmo, o Kant histórico de Königsberg, que irrompe agora no desenvolvimento do espírito de Hegel com energia rigorosa e exclusiva, mas um Kant que estava já imerso nas correntes da história. Aquele primeiro Kant fora para Hegel apenas uma força entre outras forças; ele tolerara outros deuses junto a si; agora, porém, é diferente. Fichte, o ético, tornou-se para ele agora o intérprete de Kant, aquele Fichte sob cuja influência ele sabia estarem Hoelderlin em Jena e Schelling em Tübingen. Fichte elevará a filosofia a uma tal altura, assim profetiza Schelling em janeiro de 1795 ao amigo em Berna, que mesmo a maior parte dos kantianos serão tomados de vertigens; ele aniquilará totalmente a ortodoxia que julga se haver conciliado com a nova filosofia. A resposta de Hegel é menos esperançosa: a ortodoxia não é abalável enquanto sua profissão de fé estiver articulada com vantagens seculares, imbricada no todo do Estado. A convicção da vitória de Schelling não se deixa porém demover: Kant fora a aurora, Fichte é o sol, que deve dissipar a bruma pantanosa, e assim o fará. Em poucas frases de difícil conteúdo, Schelling apresenta o esquema de sua própria filosofia, a qual, sem dúvida, seria igualmente a do amigo. Ele não se tornou "spinozista"; Deus nada é senão o Eu absoluto; não existe Deus pessoal algum; ao ser humano, porém, é garantida a imortalidade, devido à sua perene impossibilidade de passagem ao absoluto – que é sua mais alta pretensão. Estes são os pensamentos, cuja disseminação causaria, assim espera o jovem, a decadência "de toda a concepção de mundo e de ciência até agora", a decadência daquele "despotismo moral" dos aleijões filosóficos, mesmo dos teólogos de tendência kantiana, os quais rebaixam mais a liberdade de pensamento do que qualquer tipo de despotismo político. Nada mais indicativo do que a ressonância que a fanfarra de Schelling encontra em Hegel: também ele espera uma "revolução" desde o acabamento do sistema kantiano; o sistema mesmo, e também os pensamentos que Schelling lhe contrapõe, permanecerão esotéricos, mas, pelas conseqüências, "alguns senhores serão arremessados, pela primeira vez, no assombro". E agora, no que diz respeito às conseqüências, irrompe subitamente a corrente inteira de seus próprios pensamentos. Eu reproduzo o trecho inteiro:

Sofrer-se-á vertigens nestas mais elevadas alturas às quais o homem será elevado. Porém, porque chegou-se tão tardiamente a esta situação, na qual a dignidade do homem é elevada a tal ponto de reconhecimento de seu cabedal de liberdade, que o coloca na mesma ordem dos Espíritos? Eu julgo que não há melhor sinal dos tempos do que este, que a humanidade em si mesma é apresentada com tal dignidade; é uma prova de que a névoa em torno à cabeça dos opressores e deuses da terra desaparece. Os filósofos provam esta dignidade, os povos aprenderão a senti-la e a não se deixar envolver pelo pó de seus direitos pisoteados, mas os retomarão – se apropriarão deles. Religião e política atuaram sob um mesmo teto, que ensinou o que o despotismo queria: desprezo pelo gênero humano, incapacidade de si mesmo para tornar-se algo através de si mesmo. Com a propagação das idéias de como tudo deve ser, desaparecerá a indolência das pessoas em aceitar sempre tudo como é em si mesmo. A força vivificante das idéias – mesmo que elas padeçam de limitações – como a da pátria, sua constituição etc. – elevará os ânimos, e eles aprenderão a se sacrificar, pois agora o Espírito da constituição constitui um todo com o interesse pessoal, fundou seu reino nele.

Assim, com os pés no chão, desenvolve Hegel os pensamentos do amigo elevado ao nível etéreo dos pensamentos. Do sol e dos mundos ele nada sabe dizer, ele desvia rapidamente das equações "esotéricas" entre Deus e o Eu absoluto; a dignidade do ser humano, este é o ponto em que o arrebatam as idéias do amigo e no qual ele mesmo as reconstrói e as transforma em clamorosa exigência aos "deuses da terra". Os inícios do desânimo frente ao "destino", que apareciam volta e meia nos escritos de Tübingen, desapareceram; o "como deve ser" ergue-se contra a "indolência de tudo aceitar como é", contra a esperança de que tudo virá com o tempo, – "elevai vós mesmos vosso andor, meus senhores!". Assim fala quem, sete anos mais tarde, verá como objeto da ciência do Estado a "compreensão daquilo que é", e que deitará todo o seu desprezo por sobre "seus pretensos filósofos e professores dos direitos da humanidade". Na época de Berna, porém, na percepção próxima do funcionamento de uma pequena república aristocrática, na qual certamente – como também em sua pátria – o Espírito da constituição fizera um pacto com o egoísmo, Hegel vivia completamente na sensação de contradição relativamente ao meio que o envolvia – estranho na família de seu empregador, sujeito a nebulosos acessos de misantropia, dos quais ele se salva nos braços da generosa mãe natureza, talvez vivenciando apenas agora, de um modo íntimo, os sentimentos de Rousseau. Nesta situação de necessidade interna, foi ele compelido a assumir a teoria da autodeterminação incondicional do indivíduo, da dignidade do ser humano, em toda a sua falta de consideração para com todos os outros valores e bens tanto do mundo interno como do externo, e aplicá-la a uma concepção do mundo vigente, às suas ainda "idéias familiares": reconstituí-las segundo as exigências daquela teoria. Nos trabalhos de verão de 1795 e do inverno 1795-1796, temos então o resultado deste esforço. O primeiro, uma vida de Jesus, podemos deixar de lado no presente contexto; o outro, todavia, conhecido sob o título de *Positividade da Religião Cristã*, retoma as preocupações dos escritos antigos e merece assim uma observação atenta.

As questões de Tübingen tomaram nova forma. Se, naquele tempo, o Espírito dos antigos e o Espírito do presente, a religião popular e o cristianismo permaneciam rigidamente, como universos fechados, na posição de opostos, agora aparece um elemento histórico no corpo da questão. Este Espírito dos povos modernos, esta Igreja cristã, é ela mesma um resultado; o cristianismo foi, em seus inícios, a sublevação da religião racional contra a positividade morta do judaísmo. A história dos dogmas deve mostrar como, em um processo degenerativo a ser por ela descrito, a religião racional de Jesus, em lugar de se tornar "religião popular", pode tornar-se religião positiva, a Igreja cristã do presente. Hegel toma para si, em meio à ampla temática da história da Igreja e dos dogmas, a tarefa mais limitada: procura, em parte na religião de Jesus mesma, em parte no Espírito do tempo, alguns motivos gerais, "através dos quais se evidencia de que modo foi possível que se confundisse já no início a religião cristã com uma religião de virtudes, como pôde ser transformada inicialmente em uma seita e depois em uma fé positiva". Para o desenvolvimento espiritual de Hegel, esta formulação tornou-se mais rica de conseqüências do que sua tonalidade esclarecida deixa transparecer. Foi decisivo que ele evoluísse da formulação de conceitos comparativa e contraditória para um estilo de questionamento histórico, ainda que a concepção de história permanecesse acoplada à concepção de história de seus contemporâneos. O que, de todo modo, não era mais o caso, quando Hegel supera os pontos de vista da escrita da história da Igreja vigente na época, e não postula a mera degradação externa de um cristianismo originalmente puro de Jesus, mas procura, indo além, na religião mesma de Jesus e no cristianismo das primeiras comunidades, os pontos nos quais se pode dar a "incompreensão". Aqui, nem mesmo Herder em seu famoso décimo-sétimo livro das *Idéias* é seu predecessor. Temos neste momento o núcleo do conceito hegeliano de desenvolvimento histórico e, de modo geral, um dos caminhos que conduzem para além da concepção de história do século XVIII. Esta concepção coexiste certamente para Hegel, na época, com a antiga. Inclusive, ela dificilmente é alvo de atenção em Tübingen no que diz respeito às suas concepções de Estado, diferentemente do que ocorrerá poucos anos depois, em Frankfurt, onde terá papel excepcional no novo equacionamento da questão. A relação pessoal de Jesus com o Estado não é para Hegel, então, uma raiz da história em processo como seus milagres ou suas próprias manifestações. Poder-se-ia dizer: o direito incondicional dos indivíduos à liberdade com relação ao Estado é para Hegel então excessivamente óbvio para que ele se sentisse inclinado a ver aí uma, ou, talvez, a força determinante, do futuro desenvolvimento. Apenas durante o estudo dos apóstolos anuncia-se sutilmente o problema político: "Eles não tinham um interesse pelo Estado, assim como um republicano tem para com sua pátria; todo seu interesse estava limitado à pessoa de Jesus". Mas esta situação não terá conseqüências senão na medida em que é uma das razões, entre outras, que conduz a um endeusamento do "mestre das virtudes", e, com isso, a uma das partes constitutivas "positivas" da doutrina. Apenas depois que a comunidade integrou a positividade em sua crença e em sua ordenação e aprendeu, através disso, a observar positivamente os puros mandamentos de virtude, é que ela aparece na relação decisiva com o Estado. Nós já conhecemos a lógica do raciocínio: na medida que a comunidade cresce, e por fim abrange a todos os membros do Estado, têm lugar "ordenações e instituições, que não feriam o direito de ninguém, quando a sociedade era ainda pequena, que agora se tornam obrigações estatais e civis, que nunca poderiam se tornar". Com isso, porém, a investigação abandona o decorrer histórico; aqui, no ponto em que a seita se torna Igreja, impõe-se o tratado da filosofia do direito por sobre o conceito de Igreja e sua relação com o Estado. Trata-se de provar conceitualmente a proposição ilustrada historicamente, anteriormente referida à propagação do cristianismo: o que é aplicável em uma comunidade pequena é injusto quando aplicado em um Estado.

Esta parte do texto, parte importante para nossos propósitos, que leva o título "O Tornar-se Estado de Uma Sociedade Moral ou Religiosa", mostra Hegel totalmente sob o domínio do pensamento do contrato. E tal não se dá, como se poderia pensar no caso de um cidadão de Württemberg, no sentido vigente ainda muito vivo no interior do direito de Estado de Württemberg – a concepção de um contrato entre príncipe e povo –, mas, totalmente à Rousseau, no sentido de uma idéia de contrato de cada indivíduo com todos os outros. Porém, na questão especial da posição da Igreja com relação ao Estado, bem como de ambos em relação ao ser humano, Hegel afasta-se muito de Rousseau; antes faz-se notar neste ponto a influência do *Jerusalém* de Mendelssohn. Com relação a Mendelssohn, porém, é novo o filão do *páthos* fichteano; e é singular a linha principal de condução da prova por Hegel. Pois, enquanto Mendelssohn completa a separação entre Estado e Igreja, no essencial, a partir do conceito de contrato e da impossibilidade de estabelecer contratos a respeito de realidades internas, a separação se dá em primeira linha, em Hegel, desde o conceito de sociedade, mais precisamente desde a diferenciação entre uma sociedade voluntária e uma sociedade coercitiva. O Estado é uma sociedade coercitiva, pois nele os deveres de um são os direitos do outro; e, por isso, a sua realização deve ser igualmente coercitiva, o que não seria o caso da efetivação de um mero dever moral. Temos, assim, uma construção conceitual do poder coercitivo do Estado derivada do indivíduo. O poder sobre o indivíduo, que deriva deste modo dos direitos subjetivos naturais dos indivíduos, é então pura e simplesmente o mais alto poder; ele não tolera nenhum poder paralelo a si, nenhum Estado no Estado; reivindicação de direitos, que assentam por sobre deveres livremente assumidos, e poderes que se referem a tais direitos, como é o caso da Igreja, não têm o mesmo valor do poder do Estado: os direitos, que eu reivindico numa sociedade na qual me integrei livremente, "não podem ser direito algum que o Estado tem sobre mim; caso contrário, eu estaria reconhecendo um poder existente no Estado diferente do poder do próprio Estado, que teria os mesmos direitos deste". Na medida, então, que o Estado é construído como poder incondicional, o seu objetivo consciente – o que pode ser aceito mesmo pelo discípulo de Montesquieu –, é aquele que, através da influência invisível da constituição do Estado, pode "conformar um virtuoso Espírito do Povo", mas apenas simples "legalidade" (*Legalität*), determinação externa do agir; apenas como meio para este fim estará o Estado disposto a promover imediatamente também a "moralidade" (*Moralität*), a boa consciência de seus cidadãos. Hegel considera, na inspiração do pensamento de Mendelssohn, que ele não pode conduzir esta promoção em pessoa, não como Estado; para tal, ele necessita da religião. Se essa, porém, deve poder garantir a verdadeira consciência moral dos cidadãos, então ela não pode ser objeto de leis civis; pois "se as disposições religiosas do povo se tornam leis, então ele não irá além de onde vão todas as outras leis: à legalidade". Esta é a relação entre a Igreja e o Estado, tal como deveria ser; na história, porém, se observa que tudo se passou de outro modo. A Igreja, tanto protestante quanto católica, tornou-se ela mesma um Estado; o seu contrato apenas se distingue do contrato civil através do fato de que ele tem como objetivo resguardar uma determinada forma de fé universal, e não de uma crença pessoal qualquer. Até aí nada se teria a objetar; apenas através do fato de que a entrada no contrato eclesial, da mesma forma que a saída dele, não se dá de forma arbitrária, é que a Igreja favorece os direitos naturais do homem e o Estado. Nem o direito do Estado, nem o direito canônico permaneceu, assim, "puro": Estado e Igreja estão em conflito. O Estado, cujas leis se referem à segurança da pessoa e da propriedade, sem distinção de suas crenças religiosas, tem o dever de proteger estes direitos; a Igreja, porém, que abrange a totalidade do Estado, exclui aquele que se retira dela, excluindo-o igualmente do Estado. E, na maior parte dos países protestantes, como nos católicos, a parte civil do Estado eclesial abdicou de seu direito e posição, seja nas situações de conflito, seja nas situações que necessitam da sanção de ambos, como o nascimento e o casamento; de forma muito semelhante, o Estado abandona o direito de seus cidadãos às corporações, mesmo lá onde seria seu dever garantir o direito de cada um que, sem ofensa às leis civis, quer alimentar-se da maneira que for. Da mesma forma, o Estado, na escolha de seu corpo de altos funcionários, abdicou de seu direito em favor das universidades, as quais assim excluem do Estado cada um que não é "corporativo" (*zünftig*).

Assim, de forma totalmente não-romântica, e ao mesmo tempo tão distante das concepções de Montesquieu, está este ideal de Estado, tão inclinado à hostilidade com relação a qualquer poder que se poderia imiscuir entre a liberdade do indivíduo que contrai o contrato e o poder ilimitado do Estado nascido do contrato. O poder ilimitado do Estado, porém, não é apenas responsável por si mesmo, mas encontra no direito natural das pessoas individuais sua missão e seus limites. Para este Estado, a concessão de direitos civis aos que professam outras confissões é nada mais do que a "reparação de uma grande injustiça e assim um dever". A idéia dos direitos humanos irrompe no recinto do *Contrat Social*. Ao conjunto dos direitos naturais humanos pertence não só o direito à sua sobrevivência vital, como também o direito a desenvolver suas capacidades de se tornar um ser humano; na medida em que o Estado delega este direito humano, que advém de seu dever, à Igreja, torna-se traidor deste direito, ainda que sem má intenção. Pois, na medida que o Estado funda a independência das leis na livre decisão de viver sob seu jugo – e aqui alcança a fanfarronice da construção deste conceito seu mais alto ponto (a liberdade de se expatriar, que existia realmente em Württemberg, concebida como justificação legal do Estado!) –, a Igreja rouba, através de seu controle sobre a escola, a liberdade interior de decisão dos indivíduos, no sentido de ele querer ou não fazer parte de seu corpo; e apenas através de tal decisão livre pode e deve ela fundamentar sua pretensão com relação aos indivíduos. Seja a teoria rousseauniana do contrato, enquanto teoria histórica, verdadeira ou falsa – uma questão que é deixada de lado por Hegel com a mesma indiferença com a qual Rousseau a trata: de todo modo, repousa na essência da sociedade civil que "o Estado se obriga a afirmar e a proteger meus direitos como se fossem os seus". Hegel lamenta que as leis fundamentais da nação alemã garantam à Igreja como tal o livre exercício da religião, ao invés de confiar aos Estados a proteção da liberdade de crença; pois apenas então "ter-se-ia o prazer... de ver reconhecido de forma pura, desenvolvida e solenemente referido no contrato entre as nações, um artigo fundamental do contrato social, um direito humano, cuja irrupção em todo e qualquer tipo de sociedade não pode ser alienado". O Estado tem também, o que se depreende praticamente do acima exposto, o dever de proteger uma Igreja nascente da Igreja dominante, da qual esta se separou. Porém, a rigor, proteger o ser humano da legislação irracional, impedi-lo de renunciar ao direito de "dar-se sua própria lei, ser plenamente responsável pela sua manutenção", tal "não é coisa do Estado – pois significaria querer obrigar o ser humano a ser humano, e tal seria violência". A posição fria, voluntariamente sóbria, com relação à investigação conceptual, dá lugar, como já deixa entrever a passagem recém-citada, ao tom passional das últimas páginas. Hegel descreve nesta parte final "que forma a moral deve assumir em uma Igreja".

Uma vantagem... tem o Estado, ou antes os detentores do poder, no mesmo, agora desintegrado – controlado através desta pretensão da Igreja de agir sobre as consciências – a saber, um domínio, um despotismo que assumiu pleno poder após a opressão de toda liberdade do querer através do clero; a liberdade civil e política, o gozo da vida, isso a Igreja aprendeu a desprezar como imundície em contraste com os bens celestes.

O Estado está "desintegrado", ali onde o "indeclinável direito humano de se dar suas leis segundo seu coração" é perdido! A uma tal altura subiu aqui a crença de Hegel na autodeterminação humana; tão alto eleva ele agora suas queixas contra o Estado que "não entende a abrangência de seus direitos e, ou deixa surgir em si o Estado de uma Igreja dominante, ou se associa com ela, e assim exorbita novamente suas competências".

O ideal estatal da revolução está ante nós: o Estado, que deriva dos seres humanos individuais e desemboca nos seres humanos individuais, todo-poderoso contra tudo o que procura se interpor entre ele e o ser humano, que resseque sua fonte ou que gostaria de canalizar o seu delta. Na hostilidade manifesta para com os poderes que intendem a interposição atrás referida, reconhecemos o Espírito de Rousseau, as idéias de 1793; na inimizade contra os poderes que ameaçam alienar o Estado de seus verdadeiros fins, sentimos o eco da Declaração dos Direitos do Homem. Nenhuma dúvida que este segundo item, a alma germânica da revolução, apossou-se mais fortemente do jovem alemão do que sugerem a forma como ele aqui as expressa. Pois ele sabe como traduzir o *droit de l'homme* francês em palavras oriundas de vertente mais profunda: da "dignidade do homem" de Kant, Fichte e Schiller. Mas é verdade – tão grande o homem e tão rico o conteúdo de sua exigência, tão pobre, tão vazio permanece este aparentemente todo-poderoso Estado. É como se ele fosse agora a rígida montanha, do qual aquele orgulhoso impulso do homem se derrama como uma enchente, para, com renovado vigor, mas não modificado em sua essência, correr por toda a região.

Ele não circula como sangue vitalizante através do corpo do Estado, proporcionando-lhe uma existência que respire autonomamente. Falta o elemento ético na relação do ser humano com o Estado, o único através do qual o poder do Estado sobre o ser humano pudesse ser enobrecido moralmente. Neste verão, logo após o fragmento recém examinado, deve ter-se dado o fato que Hegel esquematizou o programa de sistema do amigo Schelling, onde estava expresso que não existiria nenhuma idéia de Estado, por que o Estado seria algo de mecânico – da mesma forma que não poderia haver uma idéia de uma máquina. "Nós devemos assim ir além do Estado! – pois cada Estado trata necessariamente as pessoas livres como engrenagens mecânicas; e ele não deve fazer isso; assim, ele tem de cessar". É a mesma apaixonada queixa contra o Estado que se observa em Hegel. Mas, para Hegel, a disputa não pôde chegar aqui a um fim; o ódio ao Estado não pôde se tornar, para ele, negação do Estado. Como ele arranja as coisas, tal se mostra em um texto acabado logo após os excertos que examinamos acima, cuja redação se dará nos últimos tempos da estada em Berna.

Hegel provavelmente não escreveu em seus primeiros tempos algo tão bem acabado. Nem os manuscritos mais antigos, freqüentemente tão duros e secos, internamente fragmentados, incontidos em sua abrangência, nem os esboços difíceis e profundos dos anos de Frankfurt, que virão, mostram este belo domínio da escrita sobre seu conteúdo, esta linguagem simultaneamente alheia à superficialidade como ao excesso de ousadia.

O objeto é o antigo. Sim; objetivamente, estes pensamentos se articulam aos textos de Tübingen, como aos primeiros textos de Berna, mais do que ao grande manuscrito de Berna, que conhecemos acima; eles se apresentam como uma retomada das pesquisas de Tübingen sobre a religião popular dos Antigos, enriquecida de mais amplos conhecimentos históricos; trata-se do leitor de Gibbon que retoma agora o tema, sem que Gibbon tenha fornecido mais do que conteúdo histórico; os pensamentos com os quais Hegel ordena as coisas, as questões que ele coloca, não se encontram desta forma em Gibbon. Hegel procura aqui sintonizar aqueles pressentimentos surgidos dos sentimentos do tempo de Tübingen com a rigorosa crença kantiana-fichteana do Eu, bem como com a forte virada política dos anos de Berna. Do Estado, supomos, pouco se falava em Tübingen; sua única vocação era lá limitada a fazer-se notar o mínimo possível; agora ele irrompe, também para este círculo de pensamento, no centro da observação. Esta antiga questão da relação entre povo e religião transformou-se programaticamente na questão da relação entre povo, religião e Estado. O problema histórico, desde o qual esta relação é perceptível, é a velha questão, renovada brilhantemente por Gibbon, da cristianização do mundo antigo. Mas onde o grande seguidor inglês de Voltaire apresenta suas famosas cinco teses sobre as causas naturais, ali procura Hegel por uma razão única, por "uma tranquila e secreta revolução no Espírito da época, que não é visível para qualquer olho, pelo menos não é observável pelo olho dos contemporâneos, e tão difícil de descrever como de apreender". "Como pôde uma religião ser suplantada, que se havia enraizado há séculos nos Estados, que se articulava até a medula com a constituição do Estado... entrelaçada com mil linhas no tecido da vida humana?". Hegel recusa com um gesto sutil as respostas que pretenderiam esclarecer este enigma histórico com expressões como "esclarecimento do entendimento, novo juízo e outras": aqueles pagãos tinham porém, também, entendimento; religião, ainda que imaginária, não pode ser "arrancada, através de frios silogismos... do coração e da vida inteira do povo". Ele conhece uma outra resposta. A religião dos antigos era uma religião apenas para povos livres; com a perda da liberdade, perdeu-se igualmente o sentido e a força desta religião. No que consistia a liberdade dos povos antigos? "A idéia de sua pátria, de seu Estado, era o invisível, o mais alto no que ele trabalhava, que o conduzia, este era o objetivo final de seu mundo... Ante esta idéia se desvaneceu sua individualidade". Mas estes Estados perderam sua liberdade; desapareceu das pessoas a consciência "que Montesquieu, sob o nome de virtude, coloca como princípio das repúblicas, e que consiste, para os republicanos, em poder sacrificar o indivíduo a uma idéia realizada em sua pátria. A figura do Estado como um produto de sua atividade desapareceu da alma dos cidadãos". Utilidade no Estado – não mais produção real do Estado – torna-se agora o grande objetivo que o Estado impõe a seus súditos, cuja atividade refere-se apenas ao "individual", ao "adquirir bens e divertir-se, e também alguma vaidade". "Toda a liberdade política decaiu, o direito dos cidadãos dava apenas direito à segurança da propriedade, que agora preenchia completamente o seu mundo". A morte torna-se-lhes agora algo terrível, "pois nada sobrevive dele – aos republicanos, sobrevivia a república e lhe ocorria o pensamento de que ela era sua alma, algo de eterno". O homem também não acha refúgio em seus deuses, pois eles eram "seres isolados, incompletos, que não poderiam fornecer suficiente realidade a idéia alguma". O cidadão da pólis podia se contentar com estes deuses humanamente frágeis, pois ele trazia o eterno em sua própria interioridade; não era a sua dimensão eterna que era alvo de zombaria do cômico. Agora, é aniquilado o sagrado do querer humano, "a liberdade de obedecer a leis que se autodeterminara, obrigações que escolhera para si mesmo". "Nesta situação, sem crença em algo sustentável, em algo absoluto, neste costume de obedecer a uma vontade estranha, a uma legislação estranha, sem pátria, em um Estado no qual nenhuma alegria poderia repousar, cujo cidadão somente sofre pressão", oferece-se o homem a nova religião e mostra a ele aquele absoluto doravante na divindade, aquela "prática autônoma", que ele uma vez desfrutara no Estado livre e sem a qual a razão não pode viver. O novo deus, que ocupa o lugar não dos antigos deuses, mas do antigo Estado, ou, mais precisamente, o lugar do livre direcionamento do Estado pelos cidadãos, está agora, porém, fora do âmbito de nosso querer – contrariamente àquele "absoluto, prático autônomo" do Estado republicano. O ser humano se comporta passivamente com relação "à revolução a ser trazida à luz através de uma essência divina". Mesmo o povo, no qual a imagem de um tal auxílio do alto, um messias, surgiu pela primeira vez, encontra refúgio em tais consolações apenas quando já oprimido por nações estrangeiras; "se a um povo um messias se oferece, que não correspondia às suas esperanças políticas, então valeria a pena, para o povo, que seu Estado ainda fosse um Estado; um povo para o qual tal é indiferente cessará brevemente de ser um povo". Quando ousamos, com relação a este comportamento, prescrever a um povo que "não faça de suas questões suas questões, mas faça de nossas opiniões suas questões", então estamos apenas a mostrar o quanto nos é estranho o sentimento "do que um povo pode fazer por sua independência". Isto é, assim, o fim do mundo antigo: o confisco da liberdade obrigou o ser humano a "depositar na divindade o que tinha de eterno, seu absoluto"; no lugar de uma pátria, de um Estado livre, entrou a idéia de Igreja, na qual nenhuma liberdade pôde ter lugar, e que estava ligada no seu âmago com o céu, enquanto o Estado poderia ser completado na terra.

É mais ou menos isso o núcleo do que aparece à nossa observação nestes textos. O que o precede é o já bem conhecido cabedal de idéias de Tübingen, retomado de velhos pensamentos de índole cultural-nacional, que agora, destacados de seu antigo pano de fundo de crença na razão, são expostos à luz pura da observação estética. "Quem viveu um ano na cidade de Atenas, ainda que ignorante de sua cultura e leis, pôde conhecê-la muito bem por suas cerimônias". Nós, porém, estamos sem imaginação religiosa que tivesse nascido de nosso solo e que se articulasse com nossa história, e estamos "pura e simplesmente sem nenhuma imaginação política".

Detenhamo-nos no cerne do que se constitui no realmente novo com relação aos inícios de Tübingen. Grandes coisas são ditas aqui sobre o Estado. A relação ética do indivíduo com o Estado, da qual havíamos sentido falta nos escritos de Berna, tem aqui um vigoroso tratamento. A idéia de Estado é o bem para o qual o indivíduo trabalha, o objetivo final de seu mundo, ante o qual sua individualidade desaparece, que lhe sobrevive, que é sua alma, algo eterno. Nenhuma dúvida de que aqui se cala o Espírito de uma construção racional que dominara aqueles outros esboços. É dificilmente concebível uma expressão mais aguda, no que diz respeito à questão da relação entre o ser humano e o Estado, como a que aqui se vê, onde Hegel elogia a atitude negativa com relação a um messias apolítico por parte dos judeus da época de Jesus. Igualmente se enganaria quem visse aqui simplesmente uma contradição entre a idéia de Estado destes textos e a série de pensamentos mais antiga sobre Estado e Igreja; eu não gostaria de falar, igualmente, de evolução. Não podemos esquecer que no escrito mais recente quem tem a palavra não é estudioso de conceitos, mas o intérprete da história. No pano de fundo destas reflexões hegelianas, repousa uma visão muito determinada do decorrer da história universal, embora não aquela que dominará mais tarde suas famosas preleções sobre a filosofia da história; esta aparece apenas em um manuscrito do tempo de Jena. Se ele, mais tarde, entende a época cristã da história do mundo como completação e, em certo sentido, como fechamento da história da humanidade – como o mundo, no qual as ruínas da antigüidade oriental como da antigüidade clássica tivessem sido reorganizadas em termos de um edifício mais alto e rico –, no manuscrito de que agora nos ocupamos ele via a história do mundo ainda desde o ponto de vista de um ideal clássico. À pura condição humana da Hélade e à força indivisa com a qual, então, o indivíduo, como personalidade inteira, participava do Estado, seguiu-se, no Império romano, uma época na qual o ser humano não foi nem reconhecido em sua totalidade nem pôde atuar no Estado; apenas o ser humano enquanto parcialidade tinha valor, sua atividade podia ser dirigida na monarquia apenas ao "ganho e subsistência". A lei apenas lhe garantia vida e propriedade; o direito privado tornou-se o poder dominante da vida. Nesta situação trouxe-lhe o cristianismo o que lhe faltava: a convicção de um absoluto, sem porém abalá-lo; pelo contrário, o fortaleceu e o manteve até os dias de hoje; pois – e aqui reconhecemos facilmente, nós que conhecemos o Hegel de Tübingen, o ponto de partida afetivo desta visão de história – a época do Império romano permanece fundamentalmente ainda válida no presente, com suas monarquias, seu direcionamento à posse e propriedade como valores mais altos da vida, sua estratificação das pessoas em classes, profissões, o afastamento do indivíduo da atividade na vida pública ou a limitação do indivíduo nesta atividade à função de uma pequena engrenagem da máquina. E assim se dirigia então ao futuro o que Hegel vivia em termos de vida e crenças. Reconquistar a unidade perdida do homem grego é a mais elevada tarefa dos tempos que correm; se se pode falar de uma completação, de um fechamento da história da humanidade, de uma terceira era do mundo, então inicia esta época apenas agora, apenas no presente imediato. Cabe apenas a ela "reivindicar os tesouros que foram dissipados no céu" – a liberdade auto-referida da vontade – "como propriedade do ser humano, pelo menos em teoria".

Esta articulação da história permanece em Hegel mesmo após o surgimento da divisão histórico-filosófica final que se encontra em sua filosofia da história. Mas, por mais que ela tenha representado, em termos de figuração científica, a lamentosa nostalgia helenizante de Hegel e a visão ao futuro aberto pela revolução, a possível realização destes saudosos sonhos: aí dificilmente se erra ao suspeitar de uma fixação, talvez mesmo de uma decisiva influência nesta filosofia da história de tonalidade clássica através do vasto mundo, por parte de uma grande obra que propõe, pela primeira vez, no novo clima filosófico, uma interpretação da história universal. Pois Hegel lera as *Cartas Sobre a Educação Estética* de Schiller, tais como apareceram nos primeiros cadernos dos *Horen*, dos quais Hegel fora o único a ter acesso em Berna, cidade refratária às Musas. Certamente se tem de evitar – aqui e sempre – de passar de sua própria interioridade e afinidades a conexões e relações de dependência. Entretanto, a divisão da totalidade do decurso histórico – postulada por Schiller em sua idéia de educação estética – em "época dos Gregos" e "época pós-helênica", é muito ousada, muito original, apesar de sua relação com Rousseau (para Schiller mesmo um fruto novo de sua freqüentação de W. von Humboldt), para que não se deva estabelecer uma relação entre esta visão de Hegel e o texto de Schiller. Hegel concorda também com Schiller na contraposição de ambas as idades do mundo segundo o ponto de vista da multiplicidade ou unidimensionalidade interna de seus habitantes, mesmo na descrição precisa do mecanismo de relojoaria dos Estados modernos em contraposição à "natureza de pólipo" dos Estados gregos. Além disso, ambos concordam no esperançoso sentimento de um renascimento daquela bela unidade abundante do homem grego, perdida em nosso tempo de especializações; concordam, enfim, na crença de que a aurora deste momento se anuncia ao gênero humano.

No trecho acima comentado, Hegel esboça assim a forte concepção do Estado antigo; contrariamente, porém, a relação entre indivíduo e Estado, nas partes do manuscrito anteriormente examinadas, é vista desde a referência do presente. A medula da visão histórica de Hegel nesta época é, assim, que a glória da antigüidade grega fora tornada pura e simplesmente impossível no mundo cristão. Pois aqui é ocupado de outro modo o lugar do absoluto, que o Estado podia assumir na consciência antiga e que, enquanto foi república, efetivamente assumiu. O cristianismo repousa historicamente sobre a existência de um Estado completamente diferente, o *imperium* romano, e criou na consciência do indivíduo condições que exigiam um Estado totalmente diverso. O Estado não pode agora ser mais algo de sagrado, como no tempo em que os deuses não eram sagrados para os homens. Compete antes ao Estado, no mundo moderno, proteger o que lhe é sagrado, a convicção, a fé, os direitos humanos, que estão todos fora de seus limites; além disso, tem de se contentar com seu próprio campo temporal de poder. Este é o moderno ideal de Estado, que Hegel não chega a poder desenvolver nos textos exclusivamente históricos de que tratamos, por mais que ele, nas partes anteriores, o fundamente e apresente. É preciso ainda acrescentar que Hegel, como sugerem em todo lugar as partes finais do escrito, olha com saudade aquela intocada unidade da vida civil e religiosa inteira no Estado livre antigo, mas – gostaríamos de dizer – com uma saudade que é consciente da impossibilidade de trazer novamente à vida o paraíso perdido. A negação do cristianismo não atinge apenas a Igreja, mas também, e muito, as formas de religião pessoal, que se desenvolveram na e junto da Igreja; ela se dirige ao cristão em geral, que "simplesmente não tem unidade"; mas o individualista de Berna não quer renunciar minimamente ao ganho em liberdade pessoal de consciência, no sentido que "grandes homens em novos tempos depositaram no conceito de protestante". Assim, ele só pode apresentar ao presente a visão de um grave e sóbrio retrato de um Estado que, desejado pela vontade de todos, acha sua tarefa na proteção dos direitos naturais dos indivíduos. Uma outra concepção de cristianismo viria, e virá, conduzir a uma outra figura do novo Estado. À época, Hegel estava tão distante de uma como de outra concepção.

Procuremos agora, por fim, demonstrar de como a visão de futuro, longe de ser apenas o reflexo tardio do sol já posto, colore a figura nostálgica do Estado antigo. Pois as linhas fundamentais de ambas as figuras são mais aparentadas do que parece à primeira vista. O que as distingue profundamente em Hegel é isso: aos homens da antiguidade, a construção efetiva de seu Estado se constituía na coroação da vida – "objetivo final de seu mundo" – mas, para os posteriores aos gregos, é o trabalho no Estado realmente existente do presente apenas a rotação inconsciente da máquina – para falar com Schelling –, enquanto a verdadeira construção do Estado, tal como deveria ser, lhe poderia significar somente o frio cumprimento do determinado no contrato social. A altura do ser moral coloca estas pessoas em um círculo que o poder do Estado pode apenas proteger, não penetrar. Isto separa os dois ideais, o do passado e o do presente. Ambos, porém, concordam que, lá como aqui, o Estado é, em primeira linha, "produto". É feito pelos indivíduos, ainda que esta ação construtiva por vezes assuma o valor do mais alto agir moral ao qual a individualidade pode ascender, e por vezes possa ser apenas a fria realização de um dever. O Estado antigo não é um ideal senão na medida em que é um Estado livre; apenas porque o indivíduo mesmo o constrói, porque ele colabora para sua manutenção real, é que o Estado se torna sua eternidade, "sua alma". Liberdade do Estado significa, sob todas as circunstâncias, liberdade, liberdade republicana de seus cidadãos, liberdade de se obedecer a leis autoconcedidas, co-participação na construção do todo do Estado, não em algum ponto particular. A idéia de indivíduos livres domina também a constituição da polis; o Estado é poderoso, mas ele não é Poder: ele não é o ser autônomo que pode dirigir seu direito também contra o direito dos indivíduos, que vive sua própria vida, sem se preocupar em saber se o indivíduo age nele como a pequena engrenagem subalterna e inconsciente da máquina ou não age absolutamente. Nós ainda estamos bem longe do Hegel que iria criar para o pensamento político do século XIX sua formulação efetiva.

Quinta Seção
DOIS ESCRITOS POLÍTICOS

No momento mesmo em que as armadas dos novos Francos se espraiavam vitoriosamente nos países vizinhos e em que a Revolução recolhia abertamente a herança de Luís XIV (sic), Hegel permanecia inteiramente fascinado pela idéia de Estado dos inícios do período revolucionário, eivado de liberdade e fé na justiça. É isso que demonstram seus dois escritos políticos de 1798.

Em Berna, Hegel foi preceptor junto à família Steiger. Seus alunos eram netos do venerável Nikolaus Friedrich Steiger, o último prefeito de Berna antes da chegada dos franceses. Hegel, sem relação pessoal com a família, observou a vida política de Berna, na medida que isso lhe foi possível, com desdém e animosidade. Uma carta a Schelling, datada de 1795, narra ao amigo quão "humanamente" se dá o preenchimento do *Conseil souverain*, e como "todas as intrigas de cortes entre primos não se comparam com as combinações que aqui se fazem... o pai nomeia seu filho ou o genro que traz o maior dote de casamento". O republicano que se nos apareceu no último escrito conheceu "uma constituição aristocrática", uma constituição republicana, onde todavia a alta exigência republicana de justiça é pisoteada. Ele pode ter procurado esclarecer tanto quanto possível, neste Estado que tão pouco correspondia ao seu ideal, ao mundo, a advertência *discite justitiam*, e esta oportunidade lhe apareceu na páscoa de 1798, por uma tradução em uma editora de Frankfurt: *Cartas Confidenciais Sobre as Relações Jurídicas e Políticas do País de Vaud com a Cidade de Berna. Tradução, da Língua Francesa, da Obra de um Suíço Falecido.*

O então ainda não falecido suíço chamava-se Jean Jacques Cart. Tratava-se de um advogado de Vaud, que, após uma frustrada tentativa de preservar os direitos de sua localidade de origem em relação aos interesses do governo de Berna em um determinado caso relativo a novos pedágios, foi obrigado por este governo a fugir para Paris e, por ter aderido à Gironda, foi novamente obrigado, pela vitória de Robespierre, a fugir para a América do Norte. No momento em que aparece a tradução de Hegel, o conteúdo do escrito torna-se alvo de simpatia, devido às mudanças que a Suíça então experimenta, eclodidos justamente no país de Vaud; os *Anais Europeus* de Posselt citavam, no início de março, o escrito surgido há cinco anos e o seu autor. O livro de Cart é uma brilhante peça advocatícia. O escritor, convencido de que também pelo direito natural o procedimento de Berna contra sua pátria se constituía e se constitui em extraordinária injustiça, não desdenha em sustentar privilégios existentes, segundo uma linha de raciocínio baseada na derivação conceitual do direito histórico; sim, o direito natural do indivíduo e do povo lhe servem apenas para tensionar mais o arco; as flechas mesmas são quase todas oriundas da aljava do direito histórico. Assim mesmo é sua queixa determinada por uma tão sincera indignação, que ela consegue indignar ainda hoje um leitor neutro no caso.

Vaud estava desde 1564, através do tratado de Lausanne, em relação de subserviência a Berna. É variada a opinião dos historiadores sobre o modo como no século XVIII Berna exercia o poder, ou melhor, exerciam o poder as trezentas e cinqüenta famílias de Berna com representação no conselho, que na realidade não passavam de uma seleção de sessenta e oito famílias regentes. Em geral mostra-se porém, pelo rigor com que a camada dominante abafava cada tendência de movimento autônomo já na própria comunidade, pelas queixas, que aqui como em outras províncias se levantaram contra a tirania de corruptos concessionários e suas cúpidas esposas, assim como se mostra finalmente pela revolta, em boa parte contra a opressão religiosa, levada a cabo pelo nobre Davel, que os "graciosos senhores" de Berna não deixavam de se aproveitar de sua situação. Ainda hoje estão as mais belas propriedades vinícolas do Cantão de Vaud em propriedade de antigas famílias de Berna. Em razão do longo litígio entre seu pai e os senhores de Berna, o mais famoso nativo de Berna nos tempos posteriores, Benjamin Constant, atraiu para si os olhos públicos, e talvez também a atenção de Hegel. No espaço das décadas que transcorrem entre a fracassada insurreição de Davel e o desencadeamento da Revolução Francesa, a pressão de Berna sobre Vaud tornou-se, senão mais pesada, pelo menos mais perceptível, e quando, no início da Revolução Francesa, o mais famoso filho da terra, La Harpe, trouxe de São Petersburgo à lembrança de seus concidadãos seus direitos alienados, a tensão, no segundo aniversário da queda da Bastilha, chegou ao seu ápice, o que não se deu, naturalmente, sem a influência imediata da propaganda francesa. Dificilmente se poderia considerar que uma "conspiração" estivesse na base das relativamente inofensivas manifestações, mas Berna acreditou estar obrigada a intervenções diretas; o exército e o duro juízo de uma lei de exceção recompuseram a ordem. Permaneceu por trás uma muda raiva, e neste clima surgiu o escrito de Cart. O que ele queria completou-se cinco anos após seu aparecimento: o velho regimento em Berna foi destruído e a relação de subserviência de Vaud com relação a Berna foi dissolvida.

Em que sentido Hegel queria, agora, apresentar o escrito aos leitores alemães, eis o que pretende demonstrar seu Prefácio. Após uma referência ao autor, destino e conteúdo da publicação, o editor alemão enceta uma análise de seu estilo literário: a forma de carta favoreceu que a apresentação contivesse "o sentimento surgido daqueles acontecimentos e circunstâncias", mas através disso a sua credibilidade não fora diminuída neste caso, e, por outro lado, "para um grande número de pessoas uma expressão de sentimento é... necessária"; pelo menos para aqueles que "não julgam que se poderia perder a paciência sobre certas coisas e, se eles também conhecem muito bem a situação das coisas, se admiram enormemente dos resultados". Este golpe sobre a "indiferente despreocupação" ante os "resultados" conduz às fortes frases finais, literalmente:

da comparação do conteúdo destas cartas com os mais recentes acontecimentos em Vaud, do contraste da visão da calma aparente obtida por via de força em 1792, contraste que se dá entre o orgulho do governo por sua vitória e sua real fraqueza em um país que se subleva contra ele, derivar-se-iam várias aplicações práticas; mas os acontecimentos do tempo falam suficientemente por si; tudo o que se faz agora necessário é conhecê-los em toda sua amplitude; eles gritam alto sobre toda a terra: *Discite justitiam moniti*; os surdos, porém, dificilmente compreenderão seu destino.

Significa mal-entender o espírito geral destas frases impetuosas, caso se aproxime excessivamente a observação de que se deve conhecer a plenitude dos acontecimentos da resignada autodelimitação de algo como "entendimento do que é", como ocorreu mais tarde no pensador político. O acento está aqui ainda completamente sobre a vontade e o ato: os acontecimentos devem, certamente, falar, mas devem mais do que simplesmente falar; eles devem "gritar", ensinar e admoestar alto: *discite justitiam moniti*! A vontade revolucionária de 1795, criadora de futuro – "elevai vós mesmos vosso andor, meus senhores" – está ainda intocada. Não é igualmente defensável derivar o fato, desde "o caráter positivo-histórico da condução de sua prova, de seu próprio recorrer ao remanescente", que Hegel então "de forma nenhuma houvesse favorecido um radicalismo abstrato", e que "o Espírito revolucionário das idéias do período de Tübingen teria necessitado apenas estudos históricos sérios para serem rapidamente superados". O desenvolvimento do Espírito de Hegel não se deu de forma assim tão uniforme. E os sérios estudos históricos de seus anos de Berna não tiveram tão grande influência imediata – se é que tal se aplica. Aquele caráter positivo-histórico da condução da argumentação provinha muito mais de Cart e não é modificado por Hegel; ele não é, para Cart, senão um instrumento de luta, e os direitos humanos permanecem sempre preservados na retaguarda como reserva, pois as fraquezas do inimigo aqui se provam no sentido de que mesmo o leve conjunto das provas positivo-históricas serve para sua aniquilação. Assim que Hegel mesmo também está muito longe de contrapor, naquele momento, o direito histórico ao nosso direito inato. Disto conhecemos provas dos últimos tempos de Berna, e nós teremos a comprovação, poucos meses após o aparecimento da tradução de Cart, no escrito sobre a constituição de Württemberg, que nenhuma de suas posições acerca deste ponto se havia modificado desde Berna.

Hegel não é apenas tradutor, mas também aperfeiçoa, dentro de certos limites, o escrito de Cart. Ele o encurtou consideravelmente e adicionou observações. O encurtamento não modificou a essência do texto; as frases finais das cartas, nas quais o escritor se dirige de forma pessoal ao destinatário e eventualmente recapitula seus argumentos, são excluídas. As exclusões no interior do texto das cartas atingem tanto partes positivo-históricas como as ocasionais explosões de indignação que se encontram dispersas no escrito. Para algumas destas exclusões deve ter sido determinante a questão da censura. Duas cartas são completamente excluídas, a oitava e a nona, que continham partes com grandes desvios em relação ao tema. A primeira sobre os emigrantes franceses, nos quais Cart vê os instigadores da intervenção do governo de Berna em Vaud, fato cujos efeitos ele mesmo sofrera; a outra, com desvios históricos segundo o gosto das Luzes, ocupa-se do repúdio à guerra e à realeza, assim como à nobreza. Se é verdade que Hegel exclui completamente as duas cartas porque elas nada acrescentam ao tema propriamente dito, pode-se, pelo menos com relação à segunda carta, suspeitar com algum fundamento que a visão histórica mais profunda de Hegel teria prejudicado a tradução da sabedoria burocrática de Cart; poder-se-ia supor – mas certamente também não se teria ido tão longe, com o então reconhecimento da monarquia por Hegel. Quando ele, logo depois, caracteriza a posição do duque no interior da constituição de Württemberg como a de um homem "que *ex providentia majorum* reúne em si todos os poderes e não dá nenhuma garantia para seu reconhecimento dos direitos humanos", a distância com relação a Cart aparece como claramente insignificante.

Até aqui a análise do texto. Para as observações, Hegel pôde se utilizar de todo tipo de material, provavelmente recolhido já em Berna. A proveniência da maior parte das observações pode ser detectada nas indicações do próprio Hegel e em alguns trechos conservados no espólio. Além da história da Suíça de Müller e da narração da viagem suíça do prolixo e incansável professor Meiner de Göttingen (que era um fervoroso admirador da oligarquia de Berna), também forneceram material para as observações textos da literatura local, especialmente o *Sistema de Direito Penal* do escritor Seigneur, de Lausanne, texto introduzido pelo próprio Cart, e um escrito – *Du gouvernement de Berne* – de um anônimo defensor do governo de Berna, surgido em 1793, indicado por Cart em uma nota raivosa. Finalmente, Hegel se utilizou da edição de 1730 da coletânea *L'état et las delices de la Suisse* (O Estado e as Delícias da Suíça). Nas observações aparece naturalmente muito do que Hegel havia visto e ouvido em seus anos de Berna; assim, por exemplo, existe uma nota muito completa sobre o preenchimento do Conselho soberano, do qual Hegel fala também a Schelling na carta anteriormente citada. Consta ali: para se ter uma idéia de todos os elementos envolvidos, dever-se-ia "haver visto por si mesmo"; adiante encontramos, referidas igualmente a observações locais, observações sobre o tesouro secreto do Estado e sobre as ocupações das prebendas de um caso legal de 1794; bem como sobre a investigação e qualificação penal relativas à comemoração da queda da Bastilha. Hegel narra detalhes arrepiantes. A tendência das observações corresponde naturalmente àquela do prefácio. Aparece de forma clara na referência remota, no texto, à guerra norte-americana pela independência: as taxas que o parlamento inglês aplicava ao chá proveniente da América eram muito baixas, mas o sentimento dos americanos de que, com a soma, em si insignificante, das taxas, estariam perdendo seu direito mais importante, ocasionou a revolução americana. A detalhada minuciosidade das observações trai a calma energia com que Hegel então – como ao longo de toda sua vida – procurava compreender seriamente os dados da observação empírica, uma energia que levou um recente estudioso a falar no "grande empirista" Hegel, em uma forte contraposição à visão dominante.

Para nosso tema principal, as notas não contribuem consideravelmente. É curioso o interesse que ocasionalmente perpassa a tomada de posição de Hegel nos acontecimentos parlamentares na Inglaterra, especialmente porque nada se conservou dos escritos indicados por Rosenkranz para estes anos de Frankfurt, no que tange a questões inglesas. Hegel junta uma nota ao elogio de Cart à liberdade inglesa, que refere que nos últimos anos muito se modificou nestas questões. Hegel toma o partido de Fox – a quem ele logo depois menciona também no escrito sobre a constituição de Württemberg – contra as recentes medidas arbitrárias de Pitt; ele declara, fiel ao espírito da revista que abastecia o mundo leitor alemão com informações sobre as questões e situações dos Estados europeus, "que um ministro, através de sua autoconstituída maioria no parlamento e apesar da vontade popular, conseguia que uma nação fosse tão insuficientemente representada, que ela não consegue fazer ouvir sua voz no parlamento". Trata-se da mais antiga menção do parlamento inglês na obra de Hegel – uma curiosidade também devido ao fato de que o tema que ressoa neste seu primeiro trabalho publicado, em grande medida, moldará o tema de seu último escrito, ainda que mais amplamente desenvolvido e tomando direção oposta. Quando ele, em 1831, escreveu no *Preussische Staatszeitung* (Jornal do Estado Prussiano) o texto sobre o Reform Bill britânico, dedicou seu parecer, cauteloso ao extremo, à tarefa de completar algo daquela carência representativa da nação. Teria o sexagenário pensado então em sua primeira manifestação pública sobre a questão? Poder-se-ia supor que sim: entre os mais terríveis exemplos de governo puramente aristocrático, ele nomeia, junto a Veneza e Gênova, Berna.

O escrito sobre as relações de Vaud foi ultrapassado pelos acontecimentos, na medida em que estes ocorriam; o título teve de referir a uma "relação anterior do país de Vaud com a cidade de Berna". Um outro, embora não melhor destino, estava determinado ao segundo ensaio político de Hegel.

No processo de mudança de Berna para Frankfurt, em fins de 1796, ele se deteve por algum tempo em seu Württemberg natal. Ele encontrou a região em estado de excitação política. Pela primeira vez desde o pacto hereditário de 1770, havia sido convocada a Dieta provincial. Württemberg havia sido, desde o início da Revolução Francesa, minado por movimentos republicanos. Lembremo-nos de que os seminaristas de Tübingen não faziam mistério de suas opiniões. A ligação com Mömpelgard, do outro lado do Reno, facilitou a penetração das idéias "neofrancas". Pois deu-se que o território, no ano subseqüente ao tratado de paz de Basel, da qual não compartilhou, foi invadido pelas tropas de Moreau, e quando o destino da guerra pendeu para o lado da Áustria, irrompeu sua soldadesca no território com a mesma brutalidade dos franceses subjugados. O dúplice poder do duque e do Conselho de estados conduziu, no período dos procedimentos para o estabelecimento do cessar-fogo com a França, a uma política danosa de hesitações; o príncipe herdeiro, influenciado decisivamente pela política ducal, procurou abrigar-se no alinhamento com a Áustria, como já ocorrera no período da Paz de Berna. O Colégio de Conselheiros Privados, que se postava de forma relativamente independente frente ao duque, alinhou-se com o Conselho. Finalmente, no outono de 1796, o duque decidiu pela convocação da Dieta. As reparações de guerra exigidas pela França pareciam agora poderem ser cobertas apenas através de novos impostos; e tal convocação, tão combatida pelas camadas dirigentes anteriormente, à época do pacto hereditário, parecia agora, mesmo na guerra, necessário. Pode-se suspeitar que o poder ducal também tenha cultivado a esperança de romper, graças à Dieta, com o enraizado poder do Comitê antigo, com o qual não havia nestes tempos difíceis possibilidade de acordo, substituindo-o por um em parte renovado Comitê, possivelmente mais fácil de controlar. Ao menos, a convocação do historiador Spittler, de Göttingen, ex-aluno do Instituto de Tübingen, para o Conselho, parecia indicar isto, se é que tal convocação não pretendia simplesmente evitar que os estados (*Stände*) o utilizassem a seu serviço. Entre os incontáveis libelos que apareceram imediatamente após a convocação da Dieta, o mais notável é o de Spittler, devido à sua personalidade e por causa de sua convocação pessoal. Spittler quer manter intocados os "princípios fundamentais de repartição dos poderes" entre o poder senhorial e o poder provincial, tais como tinham sido determinados com sabedoria pelas gerações precedentes. Ele não toca na raiz do mal, mas apenas na "repartição de poderes". Em troca, ele exige incisivamente um incremento do poder da Assembléia provincial em detrimento do Comitê. Por isso ele exige periodicidade e mais severo controle da administração financeira do Comitê através da Dieta provincial, e a colocação em prática de seu direito de renovar o Comitê. Ele também deseja a manutenção do direito – não-escrito – da função pública do Estado, que garantia aos altos funcionários ducais uma certa autonomia com relação ao duque, impedimento dos nobres estrangeiros ao serviço de Estado e do exército, e sujeição desta nobreza ao pagamento de impostos. Os libelos que apareceram no inverno, entre a convocação e reunião da Dieta, iam naturalmente muito mais longe. Já aqui ousavam vozes manifestar sua vontade de que se passasse da representação pretensamente eleita dos Estados a uma representação popular efetivamente eleita; os privilégios dos magistrados, que atribuíam o direito ativo e passivo de voto a este pequeno círculo de pessoas, pareciam-lhe antiquados ou abusivamente utilizados; pelo menos os magistrados responsáveis pela escolha dos deputados deveriam ser escolhidos através do povo, e não, como ocorrera até então, através de cooptação – era o que exigiam outros libelos. Ao mesmo tempo, e igualmente através de libelos – talvez por parte de alguma personalidade próxima do governo – o fulcro entre o antigo Comitê e a Dieta a ser estabelecida agravou-se ainda mais, no mesmo sentido de Spittler; e se o governo havia cultivado a esperança de se desembaraçar de um Comitê que lhe era indesejado, atingiu seu intento. A nova Dieta provincial exigiu a prestação de contas do antigo Comitê, após haver eleito um novo. De outra parte, o príncipe herdeiro mantém sua atitude desde o princípio hostil à idéia de convocação da Dieta. O conflito se acentua; os estados, apoiados pela opinião pública, não hesitam em empreender sua própria política em matéria de questões estrangeiras sem informar o governo. Também no que diz respeito à divisão do pagamento das reparações de guerra não se chega a nenhum acordo, pois os estados desejavam a aplicação de impostos às propriedades fundiárias do Ducado. E procuraram minar os esforços do duque em manter o direito de voto privilegiado de príncipe-eleitor, evidentemente para impedir o acúmulo de poder por parte de seu adversário. Ao tempo em que, deste modo, a cisão do antigo Estado de Württemberg se evidenciava em toda sua intensidade, chegou ao poder, nos últimos dias de 1797, o homem que viria a encerrar, com mão de ferro, esta cisão: o duque Frederico. Em um primeiro momento, por prudência com relação à França e para pressionar a Áustria, ele tenta se manter conciliador com relação à Dieta. Mas logo se mostra que tal não durará muito tempo; o duque tem, acima de tudo, a suspeita, não sem fundamento, de que se trabalhava clandestinamente no sentido da instauração de uma república suábia. A edificação da Confederação Helvética projetava sua sombra sobre o país vizinho e suscitava a esperança de uns e o receio de outros. A Dieta provincial parecia envolvida em projetos subversivos. No início de junho, o duque inicia as hostilidades com a Assembléia provincial, e, em setembro, o acordo, até então para todos os efeitos preservado, se estilhaça abertamente.

Na primeira metade do ano, no momento em que ainda se poderia esperar a manutenção da convivência ou a restauração de um acordo ameaçado, Hegel redige provavelmente um escrito com o qual ele pretende também se integrar aos numerosos "desejos, signos e proposições" que a profusão de libelos, embora já declinante, ainda testemunha. Infelizmente foram conservadas apenas algumas páginas: a introdução manuscrita e uma parte do desenvolvimento, reproduzida por Haym. Para o resto, estamos sujeitos às indicações de Haym, as quais seguimos aqui, ainda que com prudência.

Lembremo-nos da máxima que orientava a tradução de Cart: *Discite justitiam moniti**. O início do texto de Württemberg que chegou até nós pode ser caracterizado como uma exaustiva variação daquela máxima. Hegel parte da disposição de espírito da população de Württemberg, agora que se está no segundo ano do estabelecimento da Dieta, e imprime o seu *Quousque tandem***: "Já é tempo de o povo de Württemberg superar sua

---

* Conhecer a justiça da profecia. (N. da E.)
** Até quando, até onde. (N. da E.)

hesitação entre medo e esperança, sair de sua oscilação entre esperança e decepção desta esperança". Ele demanda que ao menos os melhores "confrontem com as suas vontades indecisas as partes da constituição fundadas sobre a injustiça e invistam seus esforços na direção das necessárias modificações de tais partes". É chegado o tempo, pois – e segue-se uma ameaçadora descrição da atmosfera geral, em que

a calma submissão ao real, o desespero, a paciente resignação a um destino grande demais, onipotente, transformou-se em esperança, em expectativa, em coragem relativas a algo diferente. A imagem de tempos melhores, mais justos, instalou-se fervorosamente nas almas dos homens, e um desejo agitou todos os ânimos e os seccionou da realidade.

Hegel mesmo, quando descreve este "suspiro por um Estado de coisas mais puro, mais livre", está em relação com quem emprestou a esta disposição de alma sua mais pura expressão artística – o autor do *Hipérion*, Hoelderlin. Ele segue: "é geral e profundo o sentimento que o edifício do Estado, tal como ele hoje se constitui, é insustentável". A justiça é "o único parâmetro" a ser utilizado para julgar quais dimensões da antiga constituição se tornaram insustentáveis; a justiça é o único poder que pode promover uma situação de segurança. Quem pretenda manter artificialmente as condições antigas que "não correspondem mais aos costumes, às necessidades, à opinião" das pessoas, prepara apenas o caminho para a revolução violenta. Por isso, é necessário levantar-se "do medo, que tem de fazer, à coragem, que quer fazer", e cada um, indivíduo ou grupo, tem de começar por si mesmo, tem de renunciar a toda propriedade injusta, "tem de elevar-se por cima de seu interesse mesquinho, em direção à justiça"; quem detém direitos "injustos", que "aspire a colocar-se em harmonia com os outros".

Justiça e justiça, sempre de novo! A palavra soa incessantemente aos nossos ouvidos. Não pode haver dúvida a respeito, pela sua introdução, da disposição de espírito que anima este texto. Mas qual é o seu conteúdo, em detalhe? Observemos em primeiro lugar o segundo grande fragmento, reproduzido por Haym. Ele se ocupa do Comitê dos estados e a posição de poder que seus funcionários detêm, especialmente os famosos advogados. Nós sabemos que estas funções foram já alvo alhures de violentos ataques. Hegel vê "no abuso de poder dos altos oficiais" exatamente o erro fundamental dos estados, segundo a forma como foram organizados até agora. Mais categoricamente que nos outros libelos, que se atinham a atacar os advogados e os consulentes, Hegel denuncia agora o perigo propriamente dito desta relação: na medida em que o advogado e o consulente neutralizam o Comitê "e com ele o país", o advogado e o consulente oferecem à corte a cômoda ocasião de atingirem seus objetivos, visto que ela sabe como ganhar os favores destes altos representantes dos Estados, notadamente o advogado. Nenhum padre teve alguma vez "um poder maior sobre seus penitentes que esses confessores políticos sobre a consciência administrativa de seus colegas do Comitê". Recentemente, sua posição entre o Príncipe e o Estado provincial é ainda reforçada, pois eles se puderam tornar praticamente independentes do Comitê.

Este parágrafo esclarece incisivamente, mesmo que não recorramos, por hora, às informações fornecidas ainda por Haym, a posição política particular do texto. Hegel vê muito claramente as imperfeições do antigo Comitê, como poderíamos aliás esperar desde a "representação incompleta da nação inglesa no Parlamento", mas é evidente, para ele, que o inimigo mais perigoso é a corte, o príncipe, em proveito dos quais são traídos os interesses da Assembléia provincial. Ele, tão pouco como Spittler, desembaraçou-se da representação de uma oposição e de um confronto necessário entre o príncipe e o povo, entre o poder senhorial e o poder provincial, como mostra o fato de que o pensamento da justiça como pensamento político condutor poderia facilmente tomar a forma de um sentido de desagregação do Estado. Toda a constituição gira, avalia Hegel em uma passagem citada por Haym e já referida, "em torno de uma pessoa que une em si *ex providentia majorum* todos os poderes e não fornece garantia alguma de seu reconhecimento dos direitos humanos". A eleição da Dieta deve ser independente da Corte: esta é a única exigência clara que nos é transmitida por Haym – e isso não se deu senão de forma muito irrelevante no caso de Württemberg. Ele não espera nenhuma reforma de colégios administrativos e do corpo de funcionários; eles perderam "toda a sensibilidade para direitos humanos inatos", e, pressionados entre suas funções e sua consciência, estão sempre à procura de "razões históricas para legitimar o positivo". Ele deposita toda sua confiança, assim, na inspiração do espírito republicano que ainda penetra, como bem o sabemos, os estados. Por outro lado, como constatamos pelo seu ataque contra os funcionários do Comitê, ele não superestima, no momento, o valor de sua presente organização. É claramente perceptível que seu apelo à justiça se dirige, em primeiro plano, aos estados. Esta palavra "justiça" tem, aqui como nas cartas de Cart, sentido duplo: a exigência, em nome do direito natural, dos direitos humanos articula-se, em Hegel, com a reivindicação do bom e velho direito dos privilégios; o texto deve ter contido detalhadas discussões do conteúdo e das conseqüências jurídicas dos antigos acordos estabelecidos entre o duque e os Estados. O que é certo, porém, é que, para Hegel como para Cart, o direito natural se impunha sobre o direito histórico – pois, como seria senão possível entender os ataques ao funcionalismo, que procurava sempre razões históricas para justificar o direito positivo? O que pode significar a exortação, no início do texto, a cada indivíduo e a cada grupo, no sentido de mensurar seus direitos segundo os parâmetros da justiça, e renunciar à posse injusta de bens, antes de exigir de outros tal coisa? Todavia, o direito natural, seja qual for sua precedência em relação ao direito histórico, experimenta seus limites na dura realidade contemporânea. O adepto das idéias de 1789 sabe que ele tem a obrigação de demandar a eleição da Dieta provincial pelo povo, mas duvida de que este seja capaz disso, oprimido por séculos de monarquia hereditária. Para justificar suas reservas, ele invoca a mais insuspeita das referências: Fox. No seu vigoroso discurso em favor da reforma do parlamento, no verão precedente, este havia reconhecido incidentalmente, com relação aos riscos trazidos pelas concessões da época, que não se poderiam comparar dois povos, o inglês e o francês, pois um havia sofrido por muitas eras a barbárie da servidão, e o outro gozava já há longo tempo da luz da liberdade. Assim, continua Hegel: "enquanto tudo o demais permanecer na situação antiga, enquanto o povo não conhecer seus direitos, enquanto não existir nenhum espírito de coletividade, enquanto a violência dos funcionários não for limitada, eleições populares apenas contribuiriam para um completo desordenar de nossa constituição". Caso a revolucionária reivindicação de eleições populares viesse a se concretizar, o poder contra o qual ele combate acima de tudo – a corte – sairia vitorioso. Assim, ele confessa:

> O principal seria confiar o direito de voto a um corpo independente da corte, constituído de homens esclarecidos e honestos. Mas eu não consigo ver qual o sistema eletivo que se poderia esperar de um tal grupo, ainda que se tivesse o cuidado de determinar precisamente as condições ativa e passiva do exercício do voto.

Esta perplexidade com a qual o texto é concluído deve ter acometido Hegel apenas no decurso mesmo de seu trabalho, segundo Haym, que dele tinha uma cópia. Pois, originalmente, Hegel havia intitulado seu trabalho "Que os Magistrados de Württemberg Devem Ser Escolhidos pelos Cidadãos"; ele havia mesmo desejado escrever anteriormente "pelos cidadãos", em lugar de "pelo povo". Como subtítulo apareciam ainda as palavras "Ao Povo de Württemberg"; o que não é sem importância, pois a maioria dos escritos deste tipo trazia ainda, na capa, uma dedicatória à Dieta provincial, por certo já formalmente dissolvida, mas ainda subsistente. Porém, mais importante do que estes pequenos sinais da época, era o conteúdo deste título. Parece certo que Hegel, segundo este, não queria colocar em questão a eleição dos deputados à Dieta pelos magistrados das cidades e das zonas rurais; mas substituir o sistema de "cooptação" destes funcionários, controlado pelo governo, por um outro procedimento eleitoral verdadeiro, ou seja, uma reforma inicialmente local do sistema teria se constituído em uma modernização do velho sistema de representação provincial. Tais sugestões já haviam surgido, como já vimos, em libelos da época do inverno, o tempo transcorrido entre a convocação e a abertura da sessão da Dieta. Também a peridiocidade eleitoral – outra grande característica de uma representação popular moderna –, parece ter sido reivindicada por Hegel para Württemberg, no que estava de acordo com Spittler e muitas outras vozes deste tempo. Haym nada sabe destas duas reivindicações; dever-se-ia provavelmente supor que a cópia do texto de que ele dispunha não estava completa, ou que ela representava uma versão posterior do próprio texto. No que diz respeito à primeira reivindicação, a escolha dos magistrados pelo povo, teria sido também possível, de qualquer forma, que Hegel houvesse desejado conduzir a redação do texto segundo este princípio, havendo porém renunciado a tal posteriormente. Isto também explicaria o fato de que, na introdução manuscrita que chegou até nós, o primeiro título, assim como a dedicatória revolucionária, foram substituídos por uma clara reivindicação – a escolha dos magistrados pelo povo – por mão estranha e com outra tinta: "Sobre a Situação Atual de Württemberg, Especialmente Sobre as Imperfeições do Estatuto dos Magistrados". O novo título, que traduz apenas uma crítica, e não mais, como o primeiro, uma exigência prática determinada, corresponderia melhor do que o primeiro à versão do texto de que Haym deve ter tido à disposição, e na qual Hegel, sem nunca dissimular que toda verdadeira representação "supõe o voto direto ou indireto de quem deve ser representado", mas não ousa decidir-se por um posicionamento inequívoco.

Algo nos permanece ainda obscuro; o motivo pelo qual Hegel não publicou o texto. Rosenkranz menciona uma carta de 7 de agosto de 1798 endereçada a Hegel, de um amigo ao qual ele enviara o manuscrito e do qual infelizmente não se conhece o nome, e cuja avaliação era de que uma publicação nas circunstâncias atuais seria "para nós antes um mal que um bem". Quem constituiria "nós", entre os quais tanto o remetente da carta quanto, provavelmente, também Hegel, se contam? Rosenkranz fala de três amigos de Stuttgart; por que ele não os nomeia? Temia ele, ainda em 1844, citar personalidades vivas? Quase se poderia crer nisso, ao ler, na carta endereçada a Hegel, citada por ele, a descrição das "circunstâncias" que inviabilizavam uma publicação:

> Certamente, muito querido amigo, nosso crédito caiu muito. Os procuradores da grande nação deram os direitos mais sagrados da humanidade ao desprezo e sarcasmo de nossos inimigos. Eu não conheço uma vingança que estivesse à altura de seu crime. Sob estas circunstâncias, dar a conhecer o teu ensaio seria para nós mais um mal que um bem.

Que tipo de relação o correspondente de Hegel, como Hegel mesmo, julga ter com os "procuradores" da república francesa? E quem são estes "procuradores", que teriam exercido uma tal influência nas lutas internas de Württemberg? São eles emissários franceses ou amigos secretos da França, propagandistas no país de uma república suábia? Pois o remetente faz também alusão à desconfiança do duque com relação à Dieta provincial, recentemente revitalizada através destas intrigas, e à disso derivada ausência de perspectivas com relação às reformas que, segundo Hegel, só poderiam provir da Dieta. Certamente, a referência aos direitos sagrados da humanidade abandonados "ao desprezo e sarcasmo de nossos inimigos" parece indicar menos intrigas subversivas do que atos públicos; poder-se-ia pensar então que "procuradores" era a designação dos representantes franceses no Congresso de Rastatt. Não se fazia referência a uma influência prática e imediata da França sobre o movimento de Württemberg, ainda que, à época, a luta interna entre o duque e a Dieta houvesse se transferido para o congresso de Rastatt e os emissários franceses pareciam ocupar o papel de árbitros. Mas o tom de irritação intelectual da carta exclui uma correlação tão estreita. Eu sugiro a seguinte explicação: o frio realismo político assumido pela nova França no congresso, e sobre o qual a correspondência publicada no início do ano não permite, mesmo aos mais ingênuos, dúvida alguma, aparecia aos amigos de Stuttgart de Hegel como um aviltamento dos seus próprios ideais, que lhes roubaria a força para sua realização. Esta negação prática dos altos ideais de 1789, para cuja efetivação prática o escrito de Hegel deveria, aos olhos de seu correspondente, contribuir, é o "crime", para o qual nenhuma vingança é suficiente. E, enquanto a França abandona a causa dos "mais sagrados" direitos do homem, nada resta a Hegel, na opinião do amigo, senão se abster de falar, pois falar não seria senão um mal.

Hegel fez assim a experiência do contragolpe da vida exterior sobre as idéias que haviam, até então, determinado seu pensamento político. Ele não sucumbiu imediatamente a tal contragolpe; nós veremos, no próximo capítulo, como se transforma original e lentamente sua visão de Estado, ao longo do inverno 1798-1799. Não se deixa derivar um efeito imediato da experiência do escrito de Württemberg; as coisas mantiveram seu curso, segundo sua própria articulação interna. O máximo que podemos presumir é que esta experiência abre caminho à sua evolução intelectual subseqüente; nada além disso.

Estas mudanças que se anunciam foram aquelas que transformaram o político Hegel de tal forma que, quando ele, dezenove anos mais tarde, toma novamente a pena para escrever sobre Württemberg, alinha-se ao poder que, em 1798, havia suscitado sua mais extrema desconfiança: o "poder senhorial".

Sexta Seção
FRANKFURT

A seção anterior acompanhou Hegel já em seu período de Frankfurt. Nada nos escritos políticos de 1798 parecia avançar além das idéias políticas já presentes nos últimos esboços teológicos. Neste momento, porém, estamos muito próximos da transformação. Nestes anos de Frankfurt, a base geral sobre a qual Hegel estabelecia seu desenvolvimento de idéias conheceu seu segundo, e desta vez decisivo, abalo; por certo, não é nesta época que se estabelece seu sistema final, mas seus pensamentos penetram na constelação que deveria posteriormente determinar seu sistema. A idéia de uma unidade de toda vida ganha potência. A retilínea vontade ética da liberdade do kantiano de Berna dá lugar a uma fé singular no destino. São mais uma vez os antigos enigmas histórico-religiosos que o afastam do kantismo, como outrora se passara na aproximação do kantismo. Novamente se apresentam a Hegel as questões, já por ele tantas vezes respondidas, a respeito do conteúdo da doutrina de Jesus, sua posição em seu tempo, sua penetração no mundo. Agora, porém, tornou-se tudo novo sob sua pena. Jesus deixa de ser, para ele, o mestre e anunciador da moral kantiana. É antes Kant e a doutrina ortodoxa do pecado, da queda e da redenção, que, em conjunto, contribuem com cores para a figura do farisaísmo; e Jesus é postulado por Hegel como o mestre ou, mais precisamente, como suporte pessoal do novo sistema ético que substitui tanto a ética kantiana quanto a ortodoxa "da separação e da reunificação incompleta". Em lugar de pecado, encontra-se a culpa, e em lugar do Deus que pune os pecadores ou da inflexível lei moral, toma lugar o destino. Culpa e destino – uma ética, portanto, que sintetiza a vida pessoal sob os mesmos conceitos com os quais a pesquisa estética procura esclarecer a essência da tragédia. Mas, sobre culpa e destino, presente a eles, decompondo-se e se reconstituindo, a unidade da vida. Cada separação entre o ser humano e esta unidade é culpa – culpa não é, a rigor, mais do que uma tal separação – um atentado à vida una e indivisível. Mas o atentado não atinge nenhum estranho, nenhum Deus que reina a uma infinita distância da terra, nem mesmo um imperativo moral puro que estivesse de forma sublime em contraposição da vida dominada por instintos e inclinações; o atentado atinge o ofensor mesmo – pois toda vida é una. A culpa engendra assim por si mesma o destino; o criminoso experimenta em sua própria vida o fato de que ele se separou da vida. Este destino não pode ser, como o Deus da ortodoxia, aplacado por expiações compensatórias, mas não permanece eternamente implacável como a lei violada, externa ou interna, judia ou kantiana; como o destino irrompeu imediatamente da culposa separação do ser humano com relação à vida, sua reconciliação dar-se-á pela reunificação imediata do ser humano com a vida, com a reconstituição da relação rompida através da culpa: amor. A vida pode curar suas feridas. Culpa e destino são ligados um ao outro na concepção da vida, e a vida não é outra coisa senão o movimento da culpa em direção ao destino. O indivíduo não pode se subtrair a este movimento – ele não pode ser inocente, porque ele é, exatamente, indivíduo. Quanto mais ele renega tal coisa, quanto mais ele deseja escapar do fluxo da vida e se declinar às margens dela, esta inocência tão ardentemente desejada, este querer-se-retirar-da-vida seria justamente sua culpa; e ele, que esperaria permanecer sem destino, será atingido pelo maior dos destinos.

Esta é, em linhas gerais, a metafísica ética de Hegel, tal como ela se desenvolveu até os inícios de 1799 em Frankfurt. A distância que a separa de tudo que dele conhecemos de épocas anteriores parece imensa, e efetivamente o é. É possível inferir, do exposto, a forma como se desenvolveu sua relação intelectual com o Estado. Mas isso será realmente compreendido quando forem expostas as raízes pessoais desta metafísica que, tal como exposta, traz a marca visível da experiência vivida – quando se houverem igualmente descoberto as radículas de outros vegetais com as quais estas raízes se entremeiam no terreno da época.

Já a partir do exposto fica claro que, novamente, é a filosofia de Kant a grande impulsionadora. Todavia, não se trata, como no tempo de Berna, de se abrir às idéias mais familiares e banais de Kant, mas de uma vigorosa confrontação. Mas tal pode ser, em certa medida, dizer muito; a filosofia de Kant se lhe tornou agora, de um só golpe, um simples objeto de polêmica. Não se pode dizer que seu novo ponto de partida advenha desta sua confrontação crítica com Kant. O que o estimulou fortemente foi antes o avanço científico de Schelling, por ele acompanhado atentamente em seu isolamento. Porém, é difícil separar o que, aqui, foi propriamente estímulo do que se constituiu em desenvolvimento próprio; não podemos esquecer que, na medida em que atentamos para o relevante e dispensamos o acessório, era o mesmo mundo espiritual que era compartilhado por Schelling e Hegel nestes anos, que as potentes ondas da vida de Weimar e Jena retornaram ao leitor de Berna dos *Horen*, ao companheiro frankfurtiano de Hoelderlin, retornado de Jena sem nada perder de intensidade, talvez em uma ainda maior pureza, na medida em que desembaraçado de suas aflições cotidianas e pessoais.

O que, todavia, merece a máxima atenção, é o significado da freqüentação de Hoelderlin. Parece difícil considerar isoladamente a idéia de um dos grandes homens através do qual se exprimia o Espírito alemão neste tão rico decênio da amizade de Schiller e Goethe, tão próximas são as tarefas que cada um deles se propõe, tão íntimos os cruzamentos dos caminhos que eles percorrem, tão próximas se dão mesmo os objetivos e soluções. Assim, permanece como primeiro mandamento para o pesquisador o seguinte: entender cada um inicialmente desde si mesmo e de seu círculo próximo; já a modificação do sentido dos termos, que freqüentemente se dá na passagem de um círculo a outro, obriga a tal. No que segue, o leitor conhecedor reconhecerá expressões de Fichte, de Schelling, de Schiller; mas o que importa não são os termos, é o sentido; não as ferramentas, mas a vontade e a obra, a necessidade e a ação. É neste sentido que, se é necessário que alguém seja levado em consideração para a compreensão de Hegel no decurso destes anos, este alguém é Hoelderlin, ainda que as provas de influência direta possam parecer incertas. No geral, na medida em que suas idéias se encontram, Hoelderlin precedeu seu amigo; porém, não é por isso que Hegel o segue pelo mesmo caminho, mas, mesmo onde chega aos mesmos resultados, o caminho seguido é o seu próprio, como veremos. O mero fato da amizade não é suficiente para esclarecer a tangência dos pensamentos. Sem dúvida, esta amizade foi para Hegel, em seus anos de juventude, a mais calorosa. Nas cartas de Berna a Schelling pode-se perceber, paralelamente ao respeito a um gênio tão precoce – do qual ele havia cuidadosamente recopiado o primeiro programa sistemático – uma certa distância, sempre mantida, entre o mais velho e o mais novo. Algo totalmente diferente se passa nas poucas cartas de que dispomos entre Hegel e Hoelderlin. Dá-se ali o sentimento de uma relação de igual para igual; cada irmão abre ao outro, completamente, seu coração. Os versos enviados por Hegel a Hoelderlin em agosto de 1796 nos instruem sobre os sentimentos que o animavam e sobre a convicção de uma inquebrantável comunhão de idéias que os irmanava:

> Tua imagem, querido, me aparece
> E a alegria dos dias fugidios. Mas logo ela se desfaz
> Ante a mais doce espera do reencontro
> Já aparece a mim a cena do abraço ardente, tão esperado
> E a cena das questões, a cena onde um espia secretamente,
>   mutuamente,
> o que no amigo mudou na atitude, na expressão, no
>   pensamento
> Felicidade que procura a certeza de encontrar mais firme,
>   mais madura,
> A fidelidade do pacto antigo que nenhum juramento selou:
> Viver apenas à livre verdade
> E nunca, absolutamente nunca,
> Conciliar-se com o preceito que impõe sua regra
> à opinião e ao sentimento!

Mas, quando recebe estas linhas, Hoelderlin encontra-se interiormente em um momento já posterior deste desafio lançado ao "preceito" no qual Hegel pretendia ver o conteúdo espiritual de sua amizade. O que era ainda para Hegel ponto pacífico, onde este via a consciência mais completa e intensa no momento de sua despedida, isto era para Hoelderlin exatamente o que se havia tornado objeto de questionamento. Provêm provavelmente do tempo de Hoelderlin em Jena alguns esboços de seu romance *Hipérion*, que expressavam um confronto muito pessoal com a lei de vida kantiana-fichteana, aquela do desafio lançado ao preceito. O jovem Hipérion – e nós podemos reproduzir as palavras de Hoelderlin praticamente ao pé da letra – tornou-se mais sério e mais livre, mas desmesuradamente rigoroso, e, em sentido próprio, tirânico, com relação à natureza. Ele perdeu praticamente a sensibilidade para as suaves melodias da vida, para o familiar, o infantil. É-lhe incompreensível como, outrora, Homero houvera podido cativá-lo tanto. Assim, ele encontra um "bom homem" e recebe sua doutrina: é certo que devemos preservar em nós de forma pura e saudável o ideal de tudo o que aparece, é certo que devemos submeter a natureza inquieta através do Espírito que reina em nós; porém, não podemos negar: mesmo nesta luta, nós contamos com a docilidade da natureza. Nosso Espírito não é encontrado, em tudo o que existe, por um Espírito aparentado e amigável? E um bom mestre não se encontra por detrás do seu escudo, mesmo quando ele dirige suas armas contra nós? Certamente, nós sentimos os limites de nosso ser, e a nossa força impedida resiste impacientemente contra as cadeias. Assim, algo há em nós que de bom grado se submete às cadeias, pois, não fosse o Espírito limitado por alguma resistência – se ele não sofresse – nós não teríamos o sentimento nem de nós mesmos, nem dos outros. E não se sentir a si mesmo é a Morte. Nós não podemos negar o instinto de nos libertarmos. Mas nós não podemos nos sobrelevar por sobre o Espírito que nos limita. O amor sintetiza esta contradição de instintos. E assim: que seja grande e puro e indomável o Espírito do homem em suas exigências, que não se curve nunca às forças da natureza! Todavia, ele aprecia a ajuda que lhe advém do mundo dos sentidos. Se o que levas em ti de verdade se te dá como beleza, guarda-o com gratidão, pois necessitas da ajuda da natureza. Mantém então teu Espírito livre! Nunca te percas a ti mesmo! Não te percas jamais no sentimento de tua precariedade!

Essas lições e recomendações, que abriam o romance naquela sua versão, anunciavam o tema cuja realização teria se dado na vida do herói. Mas a experiência amorosa do poeta em Frankfurt, simultânea à total ruptura interior com Fichte, parecem haver induzido a um adiamento do conteúdo e do plano da obra. Porém, mesmo quando da publicação da primeira parte do *Hipérion*, Hoelderlin concebia ainda este equilíbrio entre vontade e sensibilidade como o resultado último da evolução de seu herói. E na oposição entre Hipérion e Alabanda, seu amigo impetuoso, o romance vê crescer em si uma representação exterior de um dilaceramento interior: as duas linhas de vida, que o "bom homem" dos fragmentos propusera sabiamente à reflexão, tornaram-se ação, contradição viva e humana.

Quando atentamos para o fato de que, nos escritos de Hegel de 1797 a 1800, mais e mais aparecem os enigmas da vida pessoal do autor, em torno aos quais gravita o romance de Hoelderlin, publicado em 1797 – e não apenas eles, mas também os desenvolvimentos que nele se verificaram em Hoelderlin nos anos seguintes – então verificamos que, apesar de toda concordância de base, ocorre em cada caso um sentido e um conteúdo ligados inequivocamente às suas respectivas experiências pessoais; a explicação para tal se encontra no itinerário vital de ambos, que compartilharam de certas experiências comuns. Nos inícios de seus desenvolvimentos intelectuais, ambos atravessam um período em que "Homero" havia conquistado completamente seus jovens corações. Posteriormente, a filosofia kantiana-fichteana entra em suas vidas, percebida internamente como estranha, transtornando profundamente suas idéias "familiares e banais". A ambos aparece Schiller, entre outros, como aquele que, em suas *Cartas* sobre a estética os ajuda, vigorosamente, a se livrarem do poder exclusivo de Kant e Fichte; as *Cartas*, assim como um escrito, um pouco anterior, sobre a graça e a dignidade, exerceram sobre Hoelderlin uma influência essencial. Os escritos de Schiller parecem ter, em sua profundidade filosófica, sensibilizado menos a Hegel; não é tanto a superação de Kant que ele nelas encontra, mas antes a possibilidade que elas ofereciam, com a perspectiva de um terceiro Império adveniente, de uma reconciliação entre o antigo sonho de uma bela humanidade helênica e o rude orgulho subjetivo dos tempos modernos. Surgem novas questões a ambos. Questões imediatamente pessoais ao poeta: como conservar sua integridade na colisão de cosmovisões discordantes? Como corresponder à dura lei de Kant, sem perturbar a bela liberdade do jogo de Schiller? Como se abandonar a este jogo sem esquecer a severa lei da liberdade moral? Como amar o limite e o sofrimento sem negar o ato ilimitadamente livre? Para o filósofo, tudo se passou de forma mais lenta, em uma curiosa amálgama de uma pesquisa sobre a interpretação da história e sobre a formação de uma nova imagem do homem.

O sentimento que ele tinha em Berna era de desafio e ousadia. É certo que os primeiros sinais de humildade face ao destino são perceptíveis em seus mais antigos escritos, aqueles que datam do período de Tübingen. Mas a onda kantiana-fichteana varre este movimento simultaneamente com aqueles inícios, igualmente perceptíveis em Tübingen, de uma ética dos sentimentos e das inclinações. As *Cartas* sobre a estética de Schiller o impressionaram, como já visto, especialmente desde o ponto de vista de seu conteúdo de filosofia da história: a "totalidade", a unidade da vida, e, mais precisamente, da vida pessoal. Também Schelling formulou então, no escrito *Sobre o Eu*, o imperativo moral: torna-te Um, eleva a multiplicidade que existe em ti à unidade, ou seja, torna-te uma totalidade fechada em si mesma. Exatamente como na característica essencial da "organização simples das primeiras repúblicas", a unidade interna e totalidade do ser humano foi contraposta, por Schiller, à fragmentação fundada sobre a divisão do trabalho que se vê na sociedade moderna; renovar aquela bela unidade era a tarefa do futuro. Esta valorização do homem, mais próxima da alma bela que da ética em sentido kantiano, se insinua agora no último ano de Berna de Hegel, na articulação de sua então orgulhosa consciência da dignidade moral do homem, como uma nova força, que porém aparece inicialmente como algo estranho em um círculo familiar. Desde ainda antes do fim de abril de 1796, o ser humano cristão é caracterizado como "totalmente desprovido de unidade", enquanto o "republicano" tem o mérito de que "todo seu campo de ação" seja detentor da "unidade".

Ao mesmo tempo, Hegel reencontra, através de excertos da *História da Igreja* de Mosheim, certas idéias provenientes da mística medieval. Em uma dessas citações, Hegel sublinha especialmente a frase segundo a qual Deus engendra o Filho *sine omni divisione* – é possível que ele tenha visto ali o primeiro surgimento de uma significação cósmica da idéia de "unidade", até então reservada à alma humana. Mas, como já dito, estes pensamentos permanecem dispersos na massa de idéias que são as de Hegel de então. Pode-se mesmo perguntar se ele não destacou a frase antes por sua mística consciência da liberdade com relação à Escritura e ao "preceito", pela igualdade crística (*Christusgleichheit*) do homem "divino", do que em razão do sentimento metafísico do Todo que ela sugere. Pelo menos fazem assim supor algumas frases latinas com as quais se concluem as citações tanto em Hegel como em Mosheim. Nesta fase de sua vida, a personalidade de Hegel é excessivamente fechada ao mundo para que esta nova representação da "unidade" do homem possa se modificar ao ponto de se transformar em um sentimento da unidade vital entre homem e mundo. Onde ele outrora, como na poesia *Eleusis*, de agosto de 1796, procura tocar no sentimento "se abandonar à alegria" – "eu me dou ao imensurável, eu estou nele, sou tudo, simplesmente sou" – ali o deixa esta disposição estranha quase que no mesmo momento: "o pensamento que retorna a si estremece ante o Infinito". Ou, onde ele, em julho de 1796, em uma viagem no Jura, julga a respeito dos moradores dessa região que eles "vivem no sentimento de sua dependência do poder da natureza, e isso lhes dá uma calma submissão quando esta desencadeia suas forças destrutivas", ele imediatamente, na frase precedente, havia revestido de sarcasmo a físico-teologia (*Physikotheologie*) da época, que procurava assegurar ao orgulho humano pela idéia de que tudo foi feito para ele por um ser estranho, ao invés de se satisfazer "na consciência... de que é ele que, na realidade, deu à natureza todas as suas finalidades". E mesmo na folha de papel na qual ele havia anotado a passagem mística, ele anota com evidente concordância algumas frases extraídas das *Paisagens do Baixo-Reno* de Forster, onde os gregos, enquanto "homens capazes de responder por si mesmos", são louvados em oposição à nossa necessidade de auxílio externo; sabemos aliás da paixão republicana com a qual os textos do fim do período de Berna, que nós comentamos, descreviam a vida antiga e a produção ativa do Estado pelos indivíduos. Da mesma forma, em um manuscrito algo mais tardio sobre o Estado mosaico, ele deplora o fato de que o indivíduo "seja excluído do interesse ativo pelo Estado". A palavra "ativo", como já sabemos, tão decisiva nesta apreciação republicana, deve ter sido, pela pressa do escritor, apresentada como óbvia; mas, retornando ao seu texto, ele a coloca expressamente, o que indica claramente, a quem consulta o manuscrito, o que ele queria realmente acentuar. No mesmo espírito, ele dá seguimento à sua descrição dos judeus, propondo a equivalência entre a existência republicana e a atividade significativa: "a sua igualdade política como cidadãos foi o contrário da igualdade republicana, pois se tratava da igualdade na insignificância".

O trecho do qual provêm as frases anteriores traça a linha da história até o aparecimento de Jesus. Sejam aqui reproduzidas as últimas palavras – trata-se de ouvir a dimensão do testemunho pessoal:

Em um tal tempo, onde aquele que tem sede de vida interior (com os objetos que o cercam, ele não poderia viver em harmonia, ele teria de ser seu escravo, e viver em contradição com o melhor de si mesmo, ele não é tratado por eles senão com inimizade, e os trata da mesma forma), em um tal tempo, onde aquele que procura o melhor no que pudesse viver, é ofertada apenas a existência de uma vida fria e morta, e lhe foi dito que isto é vida; em um tal período, os Essênios, João, Jesus, criaram vida em si mesmos, e se levantaram em combate contra o eternamente morto.

O tom específico do sentimento do Eu (*Ichgefühl*) é facilmente perceptível através da interpretação da alma: o homem repelido por um mundo hostil, dirigido contra ele; toda "vida" está ao lado do homem, o mundo não é senão o "eternamente morto", o "combate" é a única resposta possível a este mundo. Fala novamente, de forma desimpedida, a disposição combativa e hostil a toda quietude, como a conhecemos nas cartas a Schelling, escritas em Berna: "elevai vós mesmos vosso andor, meus senhores!". Mas esta disposição fala aqui pela última vez com tal transparência; igualmente pela última vez aparece neste escrito a figura de Jesus como aquele que pura e simplesmente luta contra seu tempo: todo oposição, todo vontade de agir. A partir de agora se inicia um deslocar-se nesta imagem de Jesus, na medida que uma nova figura de Hegel aparece, e de sua própria relação com o mundo: um sentimento que, então – não imediatamente, mas pouco a pouco e por trilhas complicadas – atinge também as suas concepções sobre as relações entre homem e Estado, e as transforma profundamente.

Nós já referimos que Hegel se sentia profundamente infeliz em Berna; ele não cultivou posteriormente, ao fim deste período, com a família em cuja casa ele vivera três anos inteiros, a menor relação, o que é sintomático a respeito do modo de vida que ele devia ter levado entre os Steiger; mesmo os maus resultados escolares de seus alunos serão por ele imputados à sua família. Quando ele, após longa ausência, voltou ao lar, ele, que outrora fora sempre simples e de bom humor, e a quem a alegria, segundo Hoelderlin, nunca abandonava, pareceu à sua irmã taciturno, quase sombrio. Agora ele se encontra em Frankfurt, e acha na família que, graças à intermediação de Hoelderlin, o empregou, uma amigável recepção, e em Hoelderlin mesmo e em seu amigo Sinclair companheiros compreensivos. Podemos perguntar como tal circunstância influenciou no que diz respeito aos sentimentos de hostilidade ao mundo nos quais se havia condensado, ao longo dos anos, a confiança revolucionária dos primeiros tempos de Berna. Não seria impossível inferir a resposta das modificações sobre a compreensão do ser humano perceptíveis de seus esboços de história da religião. Mas, por feliz acaso, dispomos de um notável testemunho do próprio Hegel, datado do primeiro ano em Frankfurt. Encontra-se em uma carta a uma jovem, com respeito à qual o jovem de quase vinte e sete anos havia experimentado uma suave inclinação. "De Frankfurt me acomete" – diz ele, aludindo à vida interiorana que havia conhecido em Berna, nas propriedades dos Steiger – "a recordação desses dias passados no campo, e mesmo que eu não me reconciliasse comigo mesmo e com os homens no seio da natureza, ainda então eu fugiria aqui, freqüentemente, para os braços desta fiel Mãe, para, nela, me separar novamente dos homens com os quais eu vivo em paz, e sob sua égide me preservar de sua influência, e me guardar de com eles estabelecer algum pacto".

O inexplicável de sua vida pessoal se furta a uma abordagem analítica; ele quer, simplesmente, ser aceito; assim, a citada passagem é, para nós, uma fonte de primeira importância. Hegel vê, na sua relação com os homens do tempo de Berna, algo já passado. Tal já está deixado para trás. A cisão entre ele e o mundo que o rodeia, porém, permanece; ela é mesmo apenas agora suficientemente profunda, tornou-se incurável. Com efeito, não é mais o mundo que é culpado de tal fato; ele o acolhe de braços abertos e tira de suas mãos as armas com as quais ele, outrora, havia ameaçado o "eternamente morto". Mas agora é ele que desdenha a união, a aliança que lhe é ofertada pelo mundo. Ainda mais: ele o frustra e, fugindo do amigável, procura refúgio sob a égide da solidão – ele "quer descrever sua dor", podemos dizer utilizando suas próprias palavras tais como as tentou usar para exprimir esta sua constituição de alma. Este estado é sentido como dor, mas como uma dor contra a qual nenhum remédio, nenhuma luta existe nem pode existir, mesmo porque o ser humano quer a dor; ele procura permanecer incontaminado com relação ao mundo, procura preservar sua pureza, seu estranhamento, com relação a ele. As palavras com as quais Hegel procurou caracterizar a relação de Jesus com relação ao mundo – "ele não pôde viver em harmonia com os objetos em torno a ele" – ele as transmuta na revisão do manuscrito: "com os objetos em torno a ele, ele não se pode unificar". Certamente: quem "tem sede de vida interior" pode "viver em harmonia com o mundo" – disso Hegel se convenceu entre os homens com os quais viveu em paz; mas se "unificar" a este mundo amável, isto Jesus jamais poderia, segundo a nova consciência hegeliana de si e da vida. É evidente que Hegel elaborou, por seus próprios meios, um saber sobre a vida próximo àquele constituído, em Jena, por Hoelderlin-Hipérion, em oposição a Schiller e a Kant: "Conserva teu Espírito livre, não abandona o teu timão quando um amigável vento sopra tuas velas!". O tom é mais espontâneo, eu quase diria mais pessoal e improvisado na carta de Hegel. Ele não se confronta ainda com as profundezas abissais que se escondem sob esta consciência. Hegel não tinha então a menor idéia, como provará o futuro decorrer dos fatos, do que Hoelderlin projetava desde a versão fragmentada do Hipérion, da poesia dramática que, após a publicação da primeira parte do romance, no verão de 1797, ele começa a conceber, nem da evolução que o viria a conduzir à sua ruína interior. É muito progressivamente que este sentimento novo estabelece nele seu espaço de abrangência, que ele se modifica a si mesmo. Em relação ao Hegel de Berna porém, que nós já conhecemos, vemos agora um crescimento e uma profunda metamorfose: o sentimento próprio se interiorizou; a antiga energia propulsora desapareceu. Em troca, nada mais o une a um meio, a um mundo, onde existisse reação e resposta – tal se tornou uma significação universal, talvez a mais universal pensável, de uma separação do mundo, um saber trágico do isolamento necessário do homem interior para além de toda contingência do mundo circundante. Hegel mesmo diz, pouco antes da carta citada, que "o outro extremo da dependência com relação aos objetos (seria) temer os objetos, a fuga deles, o temor da unificação" – isto seria "a mais alta subjetividade".

Na evolução de Hegel, este não é senão um momento, mas, se não estou enganado, é o momento decisivo, de cuja superação ele emergiu humanamente maduro.

Continuemos a acompanhar esta evolução. Nós vimos, ao comentar a substituição da expressão "não viver em harmonia" por "não se unificar", quais os efeitos que esta nova consciência de si poderia ter tido sobre a compreensão de um Estado histórico da interioridade. Um outro deslocamento da mesma ordem se dá na medida que o sobrevôo da história judaica cede lugar a uma nova versão: a consciência dos Essênios não é mais caracterizada como "um combate contra o eternamente morto", mas é dito que ela considerava os objetos "seja com hostilidade, seja, ao menos, com total indiferença". A evolução da constituição da nova autoconsciência, do verão de 1797 ao verão de 1798, se nos aparece como que aureolada por uma espessa bruma onde, de tempos em tempos, o horizonte se abre – os fragmentos remanescentes da época, datáveis com segurança, são raros. É praticamente certo que os dois escritos políticos, tratados na seção precedente, datam de tal época; mas não é possível considerá-los como o prolongamento de um ponto de vista proveniente de Berna, mesmo que um deles seja, em termos de conteúdo, claramente proveniente do período de Berna. Em relação ao objeto que aqui estudamos, eles não nos mostram senão uma coisa: a referida mudança que afeta a vida do homem está longe de afetar o pensador político. Mesmo o filósofo não foi por ela, por longo tempo, afetado; apenas no fim do verão de 1798, apenas após a conclusão do escrito sobre a constituição de Württemberg, é aquela evolução madura o suficiente para não mais suportar junto a si o molde da convicção racional kantiana-fichteana, desafiando-a a um itinerário crítico. Do tempo intermédio não temos, portanto, muito a narrar; narremos o pouco de que dispomos. No texto mais próximo cronologicamente daquela carta de 2 de julho, aparece pela primeira vez o "destino", que anteriormente aparecia apenas no mais antigo manuscrito de Tübingen, geralmente como "necessidade", algumas vezes também como "providência" ou "destino". À época de Tübingen, assim se chamava o poder a que se devotava alegremente o homem da Antigüidade ou, também, o verdadeiro cristão; trata-se de uma antecipação intuitiva, destas que abundam neste texto de Tübingen, de pensamentos muito posteriores. Em Berna, esta idéia desaparece, como as outras. O "destino", como vem à luz agora em Frankfurt, significa uma coisa totalmente diferente: a potência desconhecida, que nada de humano habita, sob a qual o indivíduo sofre e à qual ele se opõe com grandeza, sob condição de ter consciência de sua pureza e de dispor de forças suficientes para suportar esta completa separação entre si mesmo e a causa de seu sofrimento, "sem se deixar subjugar ou encontrar algum tipo de unificação com ela, que não poderia ser, com um ser tão poderoso, senão uma servidão". Nesta concepção de destino, nada lembra "a piedosa deusa do destino" do fragmento de Hipérion redigido em Jena; antes, remete aqui à exposição pouco anterior de Schelling. O destino na tragédia antiga é, para Schelling, em oposição aos deuses próximos dos humanos, o propriamente sobrenatural. Assim, igualmente é aqui para Hegel "essa potência desconhecida, na qual nada de humano habita" algo de sobrenatural, por detrás de cujo escudo não se abriga, como naquela passagem de Hoelderlin, nenhum bom mestre, quando ele parece nos apontar as armas. Trata-se pura e simplesmente do destino, como o redator da carta de 2 de julho de 1797 teve de conceber para poder se evadir de todo e qualquer pacto com ele, para não se unir a ele. Mas é essa consciência do Eu que será abalada em seus fundamentos, e então o destino deixará de ser este elemento simplesmente estranho, sobrenatural e extra-humano. O fragmento que se segue imediatamente na ordem cronológica ao que nós citamos nesta passagem sobre o destino permite entrever em que sentido se dá este abalo e esta metamorfose da consciência do eterno solitário que se recusa a fechar um pacto com os homens.

Trata-se de um fragmento sobre o amor, que mostra plenamente desenvolvida a sombria densidade do novo estilo, já perceptível naquela carta. Este fragmento lembra Platão na sua ambigüidade sensível-supra-sensível da expressão do amor, porém, diferentemente de Platão, ocorre a introdução subreptícia do sentido supra-sensível não na figura da aspiração amorosa, mas na imagem da união amorosa. "Enquanto vivos, os amantes são Um". De um só golpe, é posto, no passado longínquo, aquele amor "inautêntico", cuja "essência consistiria em que o ser humano, em sua natureza mais profunda, é um ser oposto, autônomo, que tudo lhe é mundo exterior, que é tão eterno quanto ele mesmo"; nós sabemos de quem, aqui, *fabula narratur*. O amor "autêntico" é muito diferente. Ele procura unir tudo que é diverso, ele "aborrece a individualidade"; ele é "temor do que é próprio". Nós havíamos podido supor, com respeito à carta de 2 de julho de 1797, que a "subjetividade suprema", "temor do que é próprio", seria nada mais do que um momento no desenvolvimento de Hegel; poderemos ver, agora, a superação desta etapa. Logo o conceito de destino assumirá, ele também, uma coloração nova. Mas, no momento, estabeleceu-se no movimento do pensamento uma detenção. Os conceitos de vivo, de amor e, sobretudo, a nova valorização da "individualidade", do "próprio": tudo isto estava já suficientemente desenvolvido para forçar uma rigorosa apreciação daquilo que se havia constituído, até então, no elemento ético, e isso significou: a uma confrontação com Kant. Uma circunstância exterior ainda se faz presente: a *Doutrina do Direito* de Kant acabava de ser reeditada com importantes suplementos. Assim, Hegel, que há pouco havia concluído seu trabalho sobre a constituição de Württemberg, empreende um exame da doutrina kantiana dos costumes com base em seus novos conceitos. Nós conhecemos, em certa medida, o estilo desta crítica pela reprodução que se encontra nos fragmentos ligeiramente posteriores, assim como pelas indicações de Rosenkranz, que ainda dispunha do hoje perdido manuscrito. Este último continha igualmente uma crítica da teoria kantiana de Estado, que felizmente integra a única parte remanescente de todo o trabalho. Assim, é possível que tenhamos a oportunidade de verificar se as novas concepções já estão suficientemente fortes para abalar não simplesmente o individualismo ético em geral, mas o individualismo político e, de um modo geral, para deslocar essencialmente a concepção de Estado de seu ponto de apoio dos tempos de Berna. Como sabemos, tal não era o caso no escrito anterior sobre a constituição de Württemberg, bem como na tradução de Cart, que lhe é em poucos meses posterior. Tal não é, igualmente, o caso no fragmento a ser comentado, exceto em um ponto.

A crítica se refere à concepção kantiana de relação entre Estado e Igreja, que Hegel, de modo correto, porém excessivamente conciso, assim resume: "cada um deve deixar o outro em paz e não deve se ocupar senão de si mesmo". Um ponto de vista que reproduz, no fundo, a perspectiva já por nós bem conhecida de Hegel em Berna. Agora, porém, ele a combate, com a afirmação de que uma tal estrita separação não é possível. E isto, seja porque o Estado "detém o princípio de propriedade", seja porque "seu princípio (se constitui) em um todo acabado"; reconhece-se a distinção, estabelecida desde Berna, entre a moderna monarquia e a antiga república. Que, no segundo caso, no qual o Estado tem como princípio um todo acabado, seja impossível que ele e a Igreja sejam diferentes – pois o mesmo todo que determina o Estado é expresso, como um todo vivo, na Igreja, sob a forma da imaginação – esta imagem ideal da antiga pólis não nos é estranha desde Berna. O que, sim, pode nos surpreender, é que esta separação não seja possível nem mesmo no Estado moderno, pois aqui o homem "agindo no Espírito da Igreja, age não apenas contra leis singulares do Estado, mas contra o Espírito em sua totalidade, contra o seu todo". O motivo desta incompatibilidade é que aqui o Estado postula "muito incompletamente (o homem) enquanto possuidor de algo" (*als einen habenden*), enquanto a Igreja o postula "como um todo... (a quem) o sentimento desta totalidade deve ser dado e mantido". Aqui se manifesta uma nova concepção antikantiana de homem como uma totalidade indivisível, que recusa radicalmente tanto a divisão interna do homem, sua desintegração "em um homem particular para o Estado e um homem particular para a Igreja", e que por isso nega radicalmente a um tal homem "desintegrado" a capacidade "de afastar de suas margens a corrente ascendente da Igreja". Parece que estamos já distantes da ousadia retórica do escrito de Berna, que não se detinha na questão da possibilidade. Mas não temos uma solução nova para o tema do Estado. Pois, apesar da nova posição referente às questões do Estado e da Igreja, a visão da relação entre Estado e homem, neste que é o único fragmento de que dispomos, é ainda a antiga. Em Berna, a separação entre Igreja e Estado era possível e necessária em função da separação kantiana que perpassa o homem cristão moderno. Agora, em Frankfurt, ela é impossível em função da não-eticidade de uma tal cisão intra-humana. Mas, antes como agora, é o homem, cindido ou total, o ponto de partida do movimento do pensamento. A questão não é o que o Estado é para o homem ou qual a relação que o indivíduo entretém com este todo; o que se passa é, ao contrário, como anteriormente, um ajustamento à essência do homem de um Estado, e a questão do Estado é respondida a partir da essência do homem. Que "os indivíduos, as relações humanas (se dão) no poder do Estado", isto é para Hegel um simples fato que ele conhece, fato porém que nada significa para sua visão de Estado. Isto é muito claro ali onde ele adverte o Estado que pretende manter afastada das margens a corrente da Igreja: ele se tornaria "inumano e monstruoso". O fato de que o Estado não tem a obrigação de ser, sem mais, "humano" e "normal", passa despercebido do filósofo. O homem é ainda a medida do Estado. O que se passa é que, à época, o arsenal de idéias de Hegel era suficiente para uma crítica da doutrina moral de Kant, mas era ainda insuficiente para a edificação de uma nova concepção de Estado. Falta-lhe ainda o conceito através do qual se possa articular a correlação da idéia da unidade interior do homem com a idéia da união metafísica, a superação do "temor pelo que é próprio" através do amor. De certo modo, esta dissolução do "próprio" no todo do mundo se constitui num acontecimento que se dá entre as quatro paredes do Eu: a imagem do amor, pela qual o pensador tenta expressar o processo, bem o mostra. A abertura ao mundo e aos seus valores dava-se ainda na cega neblina do sentimento de si – um salto no mar. Ainda não era chegado o momento no qual o mundo contraporia ao homem uma forma nítida, em plena luz, forçando-o a mirar em seus olhos e a não temer sua grandeza "inumana e monstruosa". Ainda não estava desenvolvido o conceito que viria a permitir a compreensão do conjunto de idéias que viria abrigar a obra planejada de história da religião – um conceito para o mundo real em sua relação à nova consciência. A formação deste conceito está, porém, muito próxima.

Recordemos agora onde havíamos, pela última vez, encontrado a idéia de destino. Foi antes da grande efusão sobre o amor. Estranho e implacável, de uma impressionante grandeza, fonte desconhecida de seu sofrimento, assim aparecia o destino ao homem que, consciente de sua pureza, contrapunha-se poderosamente a ele, sem procurar nenhum tipo de união com ele. Vimos como a autoconsciência, à qual o destino tinha de aparecer sob tal forma, fora desenraizada de sua solidão interna, e como iniciara a pressentir a beatitude da "união". Havíamos então percebido uma renovação da figura do destino. Agora, no outono de 1798, ela irrompe, em um duplo aspecto.

Alguns esboços, já nossos conhecidos, sobre Abraão e o espírito da história judaica, são retomados por Hegel após mais de um ano, que lhes dará sua forma definitiva, determinada pelo conceito de destino. Tanto quanto se sabe, nos esboços referidos à conexão histórica de Abraão e do povo judeu era concebida mormente como identidade de caráter, como representação idêntica do divino; agora ela aparece a Hegel, de forma infinitamente mais profunda, como unidade do destino. O Espírito de Abraão é a unidade, a alma, que rege todas as destinações de sua descendência. É verdade que este destino, na forma particular que adota na consciência judaica, é definido aqui por Hegel segundo a imagem que ele associa a seu conceito: ele é a forma particular "das armas e do conflito", ou o modo como o homem "suporta os grilhões dos mais fortes"; mas a abrangência do conceito se amplia. Ele cessa de indicar apenas a relação do indivíduo à "causa de sua dor"; o destino torna-se a ligação unitária da história de um povo inteiro através do tempo. Assim, experimentamos como o espírito originário da nação – o Espírito da veneração de Deus de Abraão, que se esgota em servil dependência de um ser estranho e na violência hostil em relação ao mundo circundante, torna-se, para o povo, destino. Aqueles que eram inicialmente errantes se sedentarizam – eles sofrem o destino "ao qual se tinham oposto seus ancestrais nômades por tão longo tempo, não conseguindo, com esta resistência, senão a irritação do seu demônio e do demônio de seu povo". Novamente, seu destino lhes aparece como à época salomônica, na qual Hegel não vê um "declínio", mas um impulso; eles pressentem espíritos mais belos e servem a deuses estrangeiros sem poderem se tornar seus adoradores, mas apenas seus servos. Onde eles se sujeitam ao seu destino, à antiga aliança do *odium generis humani*, ali "revela-se novamente seu Deus". Quando o demônio nacional torna-se frouxo, o flagelo de seu destino volta-se, por suas próprias mãos, contra ele. É o "destino de Macbeth, que separa-se da natureza mesma, se liga a seres estrangeiros e, em os servindo, é conduzido a aniquilar e a assassinar tudo o que é sagrado na natureza humana, é finalmente abandonado por seus deuses e é destroçado em sua fé mesma". Deste modo é delineado aqui o destino de um povo: oriundo do espírito de um ancestral, ele acaba, como círculos concêntricos ocasionados na água pela pedra nela lançada, por dominar este espírito originário mesmo; lá onde ele quer seguir por seus próprios caminhos, ele obriga demoniacamente o povo a retomar o seu antigo caminho; um demônio irritável quando contrariado em seus desígnios, ele torna-se um Deus que se revela quando ocorre novamente a submissão e, pelo fanatismo desta submissão, ele leva a si mesmo finalmente ao abismo.

O primeiro grande exemplo da forma característica de compreensão da história de Hegel está ante nós: a primeira versão da arte de Hegel de articular em uma corrente de ouro as jóias do passado histórico. Por importante que seja este texto no que diz respeito ao conceito de destino, por possante que seja a orientação dada pelo vigor deste conceito à visão da história, a sua influência sobre as representações do Estado permanece, porém, insignificante, sobretudo no que nos interessa precipuamente aqui – a relação do indivíduo ao Estado. O que este texto contém a respeito disto não desvia nem um passo de caminhos antigos e por nós já conhecidos. A liberdade dos cidadãos é ainda a "grande finalidade" de uma legislação; as leis políticas são ainda atreladas às leis da liberdade; a república permanece o ideal de Estado, pois a introdução da monarquia em um Estado livre rebaixa todos os cidadãos ao nível de pessoas privadas; e, novamente, aparece em um escrito praticamente contemporâneo, assim como na ainda recente crítica de Kant, o juízo definitivo sobre o mau Estado, que é "um estranho, fora do homem" – "inumano", dizia Hegel na crítica de Kant. E, todavia, é no inverno que ora estamos que é preparado um último aprofundamento do conceito de destino.

No texto sobre os judeus, o conceito de destino era perpassado por um viés histórico. Em um outro manuscrito, cuida-se agora da vida pessoal e ética, o que virá a ter importantes conseqüências posteriores. Trata-se de uma retomada dos estudos sobre a história do cristianismo, aos quais aqueles sobre a história do judaísmo deveriam servir de introdução, e que o editor reuniu sob o título de *O Espírito do Cristianismo e Seu Destino*. Hegel vê-se novamente compelido a elucidar o conteúdo da doutrina de Jesus. Assim como em Berna ele havia feito de Jesus – essencialmente, como ele admite presentemente, o Jesus dos evangelhos sinópticos – o anunciador dos princípios kantianos, princípios que ele considera agora ultrapassados, ele agora introduz no Jesus de João o seu próprio ultrapassamento de Kant, bem como sua nova consciência ética. Perdão dos pecados – lê-se nestas frases afoitamente colocadas no papel – não é a suspensão da pena, mas o destino reconciliado pelo amor. Culpa e castigo devem articular-se "necessariamente" em termos mútuos; por isso, o ato é a pena em si mesma; tanto quanto eu ataquei, por minha ação, uma vida aparentemente outra, tanto é a minha própria vida que eu ataquei; a vida, enquanto vida, não pode ser diferente de si mesma. A vida ferida se me aparece como destino. Este destino pode ser reconciliado, pois uma separação que eu mesmo ocasionei posso eu mesmo reparar. Um pecador é assim – tomando uma formulação algo posterior – mais do que um pecador: ele é humano; crime e destino estão nele, e, quando ele retorna a si mesmo no amor, estão sob ele. Assim propõe Hegel no primeiro projeto – pois também a última frase da versão definitiva, que acabamos de citar corresponde a uma passagem deste texto – e assim apresenta ele aqui, portanto, o conceito de destino pessoal, que é uno com o agir humano, do qual o ser humano se aliena e com o qual novamente se reconcilia. Desta forma se transfere a imagem do destino para o âmbito da vida pessoal. Do destino que pairava frente ao homem desconhecido e estranho surgiu um ser que é aparentado com o mais íntimo deste homem. Aqui, como na figura anteriormente examinada do destino de um povo, destino e portador do destino estreitamente aproximados; aqui, como lá, a separação do destino é culpa, e a reconciliação é expiação. Qual dos dois significados do destino, o histórico ou o ético, é mais antigo, disto não oferecem os manuscritos nenhum testemunho. E também de um ponto de vista objetivo eu não ousaria tomar nenhuma posição a favor de um dos lados, dada a estreita correlação entre o pensamento conceitual e o pensamento histórico, que é característica do jovem Hegel. Aqui, como lá, o que aparece é aprofundamento do conceito de destino. No decurso do presente inverno, as duas tendências que haviam até então mobilizado a nova concepção de Hegel – a histórica e a ética – se articulam em um objetivo comum: passar da idéia de destino como conteúdo da doutrina de Jesus à questão de Jesus mesmo. É esta passagem que acompanhamos agora.

O esboço principal sobre o espírito do cristianismo, que acabamos de acompanhar, assim como outro, algo mais tardio, e mesmo as partes mais recentes do texto, não fazem nenhuma tentativa de aplicar o novo conceito de destino a Jesus mesmo. É verdade que se modificou, com a doutrina, a personalidade de Jesus. Sua essência não era mais – salvo talvez nas passagens mais antigas do esboço primitivo – auto-atividade, autodeterminação encarnada; ele não se define mais simplesmente através de seu combate contra a época e contra o mundo circundante. Ao contrário: Hegel se detém sobre certos traços da história judaica ou do texto evangélico que autorizam uma interpretação no sentido daquela postura que lhe é familiar, na qual o ser humano encontra uma dolorosa felicidade na preservação da influência de seus semelhantes e na recusa de toda aliança com eles. Assim desaparece da descrição dos essênios, agora, a oposição estrita de hostilidade ou indiferença aos "objetos" na qual se degrada a concepção primeira de uma seita em luta contra seu tempo; sem a menor dúvida, os essênios são aqui aqueles que não se deixam implicar no combate com o elemento judaico, aqueles que "não o combatem, mas o deixam de lado". E Jesus exige, agora, que sejamos nós mesmos, que recusemos toda dependência, todo pacto com os objetos, que não nos preocupemos com a aflição daqueles que, mesmo recusando todo o pacto com os objetos, são obrigados a concluir algum pacto. Deveria ser para seus apóstolos uma de suas alegrias ser perseguido pelo mundo com relação ao qual é necessário demonstrar sua oposição. Jesus arranca seus discípulos de todas as relações humanas, de todas as referências sagradas da vida. Estas são as novas exigências da personalidade.

Mas a totalidade da vida de Jesus foi apresentada por Hegel, ao início de seu esboço, ainda completamente no sentido de seus escritos mais antigos: "foi necessário que surgisse finalmente alguém que atacasse frontalmente o judaísmo, mas como ele, em meio aos judeus, não achou ninguém que o auxiliasse a contestar, em quem ele pudesse se apoiar, e com o qual ele pudesse derribá-lo, foi necessário que ele acabasse por perecer sem outro resultado imediato que a fundação de uma seita". Após a interiorização da idéia de personalidade que se configura ao longo deste esboço, e sobretudo após a renovação do conceito de destino sugerida aqui como no texto sobre o espírito do judaísmo, modifica-se agora a visão da vida de Jesus; nós temos o ponto de partida de tal modificação no mais antigo estrato manuscrito do texto que a escrita permite identificar. E é agora largamente desenvolvido o conceito ético de destino e de sua reconciliação como conteúdo da doutrina de Jesus, que já havíamos encontrado no esboço. Mas já aqui uma nova transformação aparece: "o destino provém ou da ação própria ou da ação do outro". Até aqui havíamos compreendido no destino apenas a superação do conceito de castigo, e tal em conexão com conceitos como pecado e culpa – ou seja, atos humanos. Agora ouvimos: o destino pode aparecer ao homem também no sofrimento. "Quem sofre um ato injusto, pode se defender e afirmar a si mesmo e aos seus direitos, ou não se defender; com a sua reação, ou de aceitação ou de luta, inicia sua culpa, seu destino". Com sua reação, de aceitação ou de luta! O novo conceito de destino estendeu seu domínio sobre aquela alma que – segundo palavras da carta de 2 de julho de 1798 – acaba de concluir um pacto com o mundo. Mesmo aquela "subjetividade suprema" e sofrente não consegue escapar da violência do mundo; ao não se sublevar contra o eterno e a morte, ao não resistir a seus ataques injustos, ela se torna culpada, e submetida a um destino. Renúncia dos direitos e luta pelos direitos – ambas são situações igualmente "não naturais". E então surge subitamente, em meio ao manuscrito, a idéia de um destino de Jesus, dos quais alguns apontamentos nos sugerem sua mais antiga redação:

destino de Jesus. Renúncia às relações vitais – a) burguesas e civis (*bürgerlicher und ziviler*); b) políticas; c) vida comum com outras pessoas – família, parentes, alimentação. A relação de Jesus com o mundo – parte fuga, parte reação, combate ao mesmo. Na medida e na extensão que Jesus não modificou o mundo, teve ele de fugir.

É evidente como o mais novo desenvolvimento do conceito de destino, segundo o qual mesmo a vida muda é culpada e faz surgir o destino, aparece já nestes apontamentos, sem que a concepção de Jesus como quem combate o mundo seja inicialmente abalada. Este caráter de transição do esboço se encontra no texto. A "renúncia às relações vitais" é posta à frente, porém o resultado do conjunto mostra como as duas concepções, a antiga e a moderna, são justapostas: "na medida que Jesus desdenha viver com os judeus, mas os combate continuamente com seu ideal as suas realidades, então – e não poderia ser diferente – Jesus teria de sucumbir a estes". A antiga imagem do lutador é ainda presente, e a ela corresponde totalmente que Jesus, nesta situação, "se exalta por um grande projeto". Pela última vez faz-se aqui visível a observação esclarecida da vida segundo um plano e uma intenção.

Pela última vez. Pois, ainda no mesmo inverno, quando Hegel enriquece seu manuscrito com uma primeira camada de importantes adendos e reescreve completamente longos parágrafos, passa-se aquilo que, poder-se-ia dizer, se deveria passar. Na primeira redação era sugerido um aprofundamento da idéia de destino, em que a culpa era percebida no próprio sofrimento e logo verá na mais elevada inocência a maior culpa, na elevação acima de todo destino exatamente o supremo, o mais infeliz de todos os destinos; agora, o conceito de destino, que se encaminha para sua maturação, passa a dominar paulatinamente de forma total e exclusiva a visão da vida de Jesus.

Empédocles, levado por sua natureza e sua filosofia ao ódio pela cultura, ao desprezo por toda ocupação determinada e por todo interesse dirigido a objetos diferentes, inimigo mortal de toda existência unilateral e, por isso, descontente, insatisfeito, sofrendo também com circunstâncias realmente belas, apenas porque elas são circunstâncias particulares...

– este é o início do primeiro plano de Hoelderlin referente à sua tragédia e, segundo este primeiro esboço, a raiz de sua trágica passagem da culpa ao destino. E estas são as palavras, com as quais Hegel introduz a nova visão do destino de Jesus na versão final do parágrafo:

Esta limitação do amor a si mesmo, a sua fuga de toda forma, mesmo quando seu Espírito sopra nelas, ou elas são oriundas dele, esta distância de todo destino, é exatamente seu maior destino; e aqui é o ponto no qual Jesus se liga ao destino, no sentido mais sublime, mas sofre sob ele.

Na concepção mais antiga do destino de Jesus, o "desdém das formas de vida" era justificado na idéia de que todas seriam, mesmo as mais belas, "maculadas", "impuras", "profanas". Mesmo esta justificação, como toda e qualquer justificação, desaparece agora; a "fuga" é válida para todas as formas, porque elas são, exatamente, formas. Não importa se elas são "impuras" em si: "para o amor", elas o são, simplesmente.

Tudo o que anteriormente tinha para Hegel efetividade e atividade na vida de Jesus é relegado agora a um segundo plano. Após o primeiro apelo de Jesus não haver obtido nenhuma resposta, ele deixa o destino de sua nação intocado. Na medida que ele não vê o mundo transformado – "não o havia transformado", constava no esboço primitivo, em uma expressão algo mais ativista –, ele foge do mundo. Sua ligação com o mundo consiste unicamente em permanecer no âmbito de sua jurisdição, e ele se submete às conseqüências deste poder sobre ele – sofrendo em sua consciência. Por esta ligação ao Estado, e porque ele sofre suas conseqüências, boa parte das relações vivas estão desfeitas. O que se perde de multiplicidade de belas e boas relações se ganha em individualidade isolada e na consciência estreita das especificidades. Todas as relações fundadas em um Estado estão, é certo, excluídas da idéia do reino de Deus, na condição de relações infinitamente inferiores à relação da aliança divina, e não podem, por esta, serem senão desprezadas. Porém, se havia o Estado e Jesus ou a comunidade não puderam suprimi-lo, então o destino de Jesus e da comunidade que lhe é fiel se constitui em uma perda de liberdade, em uma limitação da vida, uma passividade em relação ao jugo dominador de um poder estrangeiro. O destino de Jesus foi o de sofrer o destino de sua nação; ou bem apropriar-se dele e suportar sua necessidade e unir seu Espírito a ele – sacrificando sua beleza, sua ligação com o divino – ou bem afastar de si o destino de seu povo, conservando sua vida, mas sem desenvolvê-la e sem regozijar-se com ela. A existência de Jesus foi, assim, separação do mundo e fuga dele em direção ao céu, por uma parte como afirmação do divino e, deste modo, luta com o destino, como difusão do reino de Deus, e, por outra parte, como reação imediata contra aspectos do destino, na medida que eles o atingiam; mas, com relação àquele aspecto do destino que aparecia como Estado, e do qual também Jesus teve a consciência, ele comportou-se passivamente.

Podemos interromper neste ponto, pois não temos como objetivo empreender nenhuma apresentação completa deste escrito de Hegel. Assim, não acompanharemos como este destino de Jesus estabelece sua validade em torno a ele, como acaba por se tornar o de sua comunidade, e como ele se torna finalmente a essência histórica da Igreja cristã: o destino é que Igreja e Estado nunca poderão compor uma unidade. Detenhamo-nos nesta idéia, pois na última passagem citada aparece o ponto de torção da concepção hegeliana de Estado. O Estado como parte do destino! E destino na mais alta significação que esta palavra podia assumir à época para Hegel: o todo da vida, como ele se opõe ao indivíduo, um inelutável, ao qual não é possível escapar – pois não é somente uma "aliança" com o mundo que cria a "possibilidade de um destino"; também quem conduz a aliança em si, quem está acima de todo destino, é atingido pelo destino, e o mais elevado, o destino desta mais alta culpa, que consiste na mais extrema inocência: quem quer salvar sua vida, irá perdê-la. Este destino é assim algo inevitável, do qual o indivíduo não só não pode fugir, como não deve fugir. Isto é o que aparece neste texto, com todas as letras.

E o Estado é uma parte deste destino!

Este é o momento no qual cada visão que o indivíduo pode ter, enquanto indivíduo, face ao todo, torna-se impossível. Impensável que "destino", neste sentido extraordinário, possa ser um contrato. O Estado se desenvolve para além de toda dependência com relação ao indivíduo. E assim o pensador verá no Estado mais, e outras coisas, que a garantia dos direitos humanos; ele não considerará mais a justiça como o critério supremo de suas prescrições.

Imediatamente, após haver Hegel atingido esta vasta concepção, em cujo caminho o acompanhamos, no início de 1799, ele volta-se novamente à realidade do Estado que o envolvia. Como ela derivou dele? Um precioso fragmento do espólio permite respondê-lo.

O congresso de Rastatt está ainda reunido. O Império deve arcar com as despesas da derrota de sua hegemonia. Durante estes anos, o preceptor frankfurtiano teve a guerra muito próxima de si; ainda em 1797, Hoche havia avançado até Frankfurt. Menos de um ano antes, durante sua permanência em Mainz, Hegel havia experimentado o alcance da devastação e da destruição às margens do pacífico Reno: (não havia) "nenhuma vila às suas margens que não estivesse a metade em ruínas, onde o campanário e a Igreja ainda tivessem um teto além de muros vazios". Agora, então, ele dirige seu olhar, interessado pelas negociações Rastatt, àquilo que é seu objeto, o Império germânico e sua constituição. Deste escrito não temos mais que a introdução e uma única folha do corpo. Já na primeira página nos encontramos sob um céu totalmente diferente em comparação àquele, redigido menos de um ano antes, sobre a constituição de Württemberg. A segura vontade de melhorar o mundo cede lugar a uma profunda resignação. Uma indescritível aura de melancolia paira sobre estas páginas; uma gravidade que não mais se afasta de quem a percebe.

As páginas seguintes são a voz de uma alma que, a contragosto, despede-se da esperança de ver o Estado alemão elevar-se por cima de sua insignificância que, todavia, ainda uma última vez gostaria de remeter à vida seus desejos sempre mais débeis, gozar ainda uma vez da fraca fé na sua realização.

É neste estado de espírito que Hegel observa a mais miserável de todas as constituições, com exceção do despotismo, e da qual a guerra, encerrada por negociações de paz que ainda duram, demonstrara com a maior clareza os defeitos. Um de seus pensamentos preferidos, que ele traz igualmente no escrito da constituição de Württemberg e no grande trabalho teológico, encontra-se aqui novamente comprovado: uma revolução tem lugar quando o Espírito emerge de uma constituição. Desta vez, sob o peso de sua crença no destino, ele reflete a essência de uma tal situação e não, como anteriormente, as procuras e aspirações que dela surgem.

O edifício da constituição alemã é obra da sabedoria dos séculos; ele não é sustentado pela vida dos tempos atuais; o destino inteiro de mais de um milênio está contido nele; a justiça, a bravura, a honra e o sangue, o sofrimento de gerações ainda o habitam... ele subsiste, isolado do Espírito do tempo, no mundo ("es steht isoliert vom Geiste der Zeit in der Welt").

Quem assim escreve aprendeu a gemer sob o peso da história. O Eu cercado de muros, cujas escuras profundidades haviam sido o alvo central de reflexão nos meses anteriores – estas reflexões que não deixaram nunca de atrair, durante estes anos, a atenção da jovem escola romântica, e que, na proximidade pessoal de Hegel, assumiam a forma da tragédia de Empédocles –, este Eu fornece as nuances que deveriam servir para a descrição da natureza histórica fundamental da constituição alemã:

> A lenda da liberdade alemã chegou ainda até nós, de um tempo em que, na Alemanha, o indivíduo singular respondia por si mesmo sem necessidade de referência a um universal, e sua honra e seu destino repousavam somente nele, em que, segundo seu desejo e seu caráter suas forças fracassavam contra o mundo ou eram moldadas a seu prazer – onde o indivíduo singular, por seu caráter, fazia parte do todo, mas sem sofrer sua influência em seus empreendimentos e ações, em sua reação contra o mundo, limitado apenas por seu próprio desejo, sem temores nem dúvidas.

Mas sobre este indivíduo que não "sofre" sob este todo, este universal – lembremo-nos da carga deste termo "sofrer": trata-se da palavra que indica a relação da bela alma, da mais alta inocência, com o mundo circundante – sobre este indivíduo, o "universal" reina, ou ao menos deve reinar; é pelo fato de que tal não se deu no Império alemão que aqui os indivíduos conquistaram por si mesmos seus direitos, não os tiveram distribuídos "pelo universal, pelo Estado como um todo", e, por isso, o fundamento jurídico original do direito público alemão é um direito privado. Estas são as origens de uma situação desesperada. E este poder do universal sobre o indivíduo, do Estado sobre o homem, é agora a idéia afirmada de Estado que permanece aquém de todas as recriminações, descrições e censuras. Na luta entre a parte e o todo, que parecia, ainda no verão, estar decidida em favor da parte, foi finalmente vencida, após os deslocamentos do pensamento nos últimos meses, pelo todo.

A soberania é o "caráter necessário" do Estado. Em nome da justiça, Hegel havia, há pouco, exigido o aperfeiçoamento da constituição de Württemberg; "discite justitiam moniti" aparecia ao início de sua publicação sobre a violentação dos velhos direitos do país de Vaud pela aristocracia de Berna. Agora, ele tem sob os olhos uma concepção de Estado que toma a aparência de completa, pois "cada direito de participação no poder do Estado é claramente definido", uma constituição cujo princípio, cuja alma, é a justiça. Porém, a visão das tristes conseqüências de uma tal constituição, onde toda a edificação do Estado repousa sobre a manutenção dos direitos invioláveis de cada estado (*Stand*) de se separar do todo – faz com que o enunciado "a justiça é o princípio, a alma da constituição", que ainda há poucos meses seria expressão da mais alta admiração, seja agora expresso com a voz amarga da derrisão. Frente ao Estado, reconhecido como "destino" do indivíduo singular, o critério da justiça desaba.

Nós não sabemos quão longe esta primeira redação do trabalho havia avançado, e também não sabemos se ela havia se contentado com a descrição de uma situação ou se ela teria conduzido a pensamentos reformistas, como se dará mais tarde, quando Hegel a retomar. É de qualquer modo provável que Hegel tenha planejado um tal fecho – gozar ainda de uma fraca crença na consecução de suas esperanças – mas é igualmente provável que ele tenha muito depressa renunciado a tal objetivo: ele suprimiu, com efeito, o parágrafo que exprime tal intenção, sem dúvida antes mesmo que o recomeço da guerra o tenha obrigado a deixar estas páginas de lado. A única página remanescente da continuação pergunta: "a Alemanha não deveria, em seu itinerário, encontrar-se ainda no cruzamento dos caminhos, entre o destino da Itália e a união em um Estado?"; e se refere a "duas circunstâncias" que indicam a segunda solução, sem que possamos inferir que circunstâncias seriam estas que "podem ser consideradas uma tendência oposta ao (seu) princípio desagregador". Porém, a forma como Hegel introduz a questão faz reconhecer novamente a que ponto ele estava afastado de toda disposição reformadora: se o instinto que incita ao isolamento é "o único princípio motor no Império germânico, então a Alemanha se encontra em vias de tombar irresistivelmente no abismo de sua decomposição, e uma repreensão a respeito viria certamente a testemunhar ardor, mas igualmente a loucura de um esforço inútil". Este não é mais o homem que gostaria de conduzir do "medo, que deve" à "coragem, que quer". E a concepção dominante de Estado como destino admite em contracorrente tendências e princípios motores agindo como potências imóveis no seio do Estado, como se depreende da relação entre destino e caráter; mas ela não está ainda em posição de reconhecer a este Estado uma vida própria, ilimitada, uma capacidade de transformação e de desenvolvimento transgredindo todos os "princípios" endógenos; ela não conhecia ainda a onipotência da história. Na nova imagem de Estado, ele configura antes a dimensão do Estado voltada ao ser humano. Somente o direito do Estado sobre o indivíduo singular estava nela sugerido ao longo destas páginas sobre a Constituição do Império; também na palavra "soberania" parece Hegel não acentuar ainda mais o poder do todo sobre suas partes, e não a autonomia, o poder deste todo sobre si mesmo e sobre o exterior a ele. No período que segue, Hegel digladia-se ainda com esta atitude de aceitação dolorosa frente ao mundo e à vida. Ele não havia terminado absolutamente, no plano da vida pessoal, com o "sofrimento" imposto pelo todo, pelo mundo, que aprendera a ver como culpa. A sua concepção de Estado ainda estava extremamente ligada à sua desorientação pessoal, à qual devia sua existência, e não podia ainda se referir solidamente a um objeto referencial claro; isto é o que mostra um manuscrito de grande importância, na medida que se constitui no único vestígio indubitável de que dispomos referente a um período de mais de um ano.

Trata-se do início de um texto sobre a Constituição do Império. Mas tal não aparece senão nas últimas linhas, pouco antes que o escrito se interrompa. O ponto de partida imediatamente político, que caracterizava a primeira versão do escrito, as negociações de paz de Rastatt e o resultado que se esperaria para o Império desaparecem quando a guerra é retomada. E também da guerra não se fala mais, mas da posição do indivíduo na época atual, em uma apresentação densa e muito sombria, que desemboca, por fim, em um reposicionamento súbito, no objeto propriamente dito do texto: a Constituição do Império.

Hegel esboça novamente os grandes traços, que já conhecemos bem, esta situação na qual o Espírito não se sente mais confortável em sua forma antiga. A atenção do pensador se dirige desta vez à posição do indivíduo em um tal Estado de coisas. Ele localiza contemporaneamente, na surda aspiração das massas e dos indivíduos em ebulição à mudança e na nostalgia da "vida" dos espíritos movendo-se na luz da Idéia, um esforço comum de aproximação. Uns procuram se libertar do real e se aproximar de uma consciência clara; outros se esforçam na realização do percebido em Espírito; assim encontram-se ao meio do caminho. Trata-se da oposição que tomou corpo na figura dos dois amigos do romance de Hoelderlin: Alabanda é um revolucionário aristocrático, fortemente instintivo; Hipérion é arrebatado para este universo por aquele que o atrai por um amor tocante, pela nostalgia de uma imaculada pureza. A característica oposição destas duas figuras parece ter dado a Hegel o que pensar. Hipérion caracteriza como segue, no romance, a relação:

Ele, arrancado pelo destino e pela barbárie humana de seu lar e atirado em meio a estranhos, desde sua primeira juventude penetrado por amargor e revolta, e, todavia, com o coração cheio de amor e de desejo de romper sua rude crosta para aceder a um mundo mais amigável; eu, tão profundamente separado de todas as coisas, tão extremamente estranho e solitário entre os homens, as mais secretas melodias de meu coração acompanhadas pelos guizos do mundo de forma tão ridícula; eu, a antipatia de todos os cegos e paralíticos, e todavia excessivamente cego e paralítico ainda a meus próprios olhos, importuno a mim mesmo por tudo o que me liga ao que, ainda distantemente, é aparentado com o sábio e o racional, com o bárbaro e o engenhoso – e assim repleto de esperança, cheio de expectativa de uma vida mais bela.

O manuscrito de Hegel trata, de um modo estranhamente próximo de uma confissão, de naturezas ao estilo de Hipérion (*Hipérion-Naturen*), daqueles que "elevaram em si a natureza como Idéia"; elas "não podem viver sozinhas, mas o homem é sempre só, mesmo quando ele se representa sua natureza, que ele faça desta representação sua companhia e que ache a felicidade nela; ele necessita que o representado seja para ele algo vivo". Eles não podem viver "solitários"! Foi dado o passo que conduz para fora da consciência de culpa da "mais alta subjetividade". Pois Hegel havia permanecido, no inverno 1798-1799, prisioneiro daquela consciência de culpa. Sem dúvida, a solidão interior, a "subjetividade suprema", que ele expressara na carta de 2 de julho de 1797, estava definitivamente negada, mas esta negação não conduzia adiante; ela permaneceu como dolorosa submissão a um destino que tem sempre razão em relação ao sofrimento humano – pois "jamais a inocência sofreu, todo sofrimento é culpa". Ela demonstrara que o Estado é uma parte deste destino eternamente justo e necessário e lhe confere o poder de dominação sobre o homem; ela conservara assim alguma coisa de doloroso – não se tratava de uma alegre submissão ao destino do mundo, de um *amor fati*, embora o *fatum* seja reconhecido e percebido como a única coisa legítima. E, todavia, permanecia propriamente na corrente interna destas idéias que o passo em direção à alegria, em direção à plena reconciliação do homem com o mundo, já havia sido dado; já então estava o destino reconciliado consigo mesmo, pela conciliação do homem consigo mesmo, através do "amor". Mas tratava-se de um arranjo no interior dos muros do Eu e, de qualquer maneira, sem conseqüências exteriores. Agora, porém, se anuncia uma reconciliação que verdadeiramente transcende o universo do Eu; o homem cessou finalmente, aqui, de querer recalcar sua aliança com o mundo, ele não quer mais "ser solitário", ele deseja encontrar a natureza nele representada como algo vivo, sua própria natureza "elevada à Idéia". O impulso e a vontade de um pacto com o mundo, desdenhado por tanto tempo, é agora revelado a nosso pensador, e se tornará a força determinante de sua vida.

Trata-se porém, neste ponto, somente de impulso e vontade. E vemos aqui esta vontade ainda insegura, duvidando de si mesma, e incerta, sobretudo no que se refere ao ponto no qual ele deveria apoiar sua alavanca. É apresentada a situação cindida do ser humano "que a época enviou para o interior de si mesmo". A posição deste homem pode ser ou – no caso em que ele pretende se manter no seu mundo interior – "uma morte perpétua", ou "quando a natureza o conduz à vida, um esforço para subsumir (*aufheben*) a negatividade do mundo existente, para achar-se nele e gozar, para poder viver". Hegel caracteriza aqui como "morte perpétua" o impedimento de estabelecer um pacto com o mundo, que lhe pareceu outrora como a mais elevada vida; e a este termo da alternativa ele opõe um outro, a saber, a passagem da idéia à vida. Mas mesmo esta segunda alternativa parece infinitamente difícil ao homem, em função da clara consciência do destino ao qual ele é subordinado: "o seu sofrimento é ligado à consciência dos limites que o fazem desdenhar da vida tal qual ela lhe é disponível e oferecida". Mantém-se nele assim, sempre vivo, o impulso de "permanecer" no seu mundo interior, seja este o que for. Sua lucidez o impulsiona sempre novamente a si mesmo; "ele quer seu sofrimento", diz Hegel a respeito dele – as palavras com as quais tentamos sintetizar anteriormente a disposição daquela confissão epistolar de julho de 1797. Como tudo é, porém, mais fácil para aqueles que uma marcha impetuosa conduz de uma coerção que "os mantém cativos" na direção do desconhecido que eles "inconscientemente procuram"! Lembremo-nos da descrição que Hegel deles faz, das palavras proferidas pelos companheiros de Alabanda, ao procurar introduzir Hipérion na irmandade secreta:

nós estamos aqui para limpar a terra, na medida que nós arrancamos a erva daninha com suas raízes, para que ela torre ao sol. Não que quiséssemos realizar a colheita, pois nosso pagamento chegaria muito tarde; a colheita não é para nós. Nós preferimos ousar a refletir. Nós jogamos com o destino, e ele nos tratou bem. Nós cessamos de falar em sorte a azar. Nós não mendigamos mais a adesão dos homens. Pois nós não necessitamos de seu coração ou de sua vontade. Não é nossa culpa se ninguém quer morar na casa que construímos. Eu disse a mim mesmo muitas vezes: tu sacrificas à putrefação, e eu apenas fazia, na realidade, meu trabalho.

Eis, novamente, o que diz Hegel destes homens aos quais os impedimentos internos daqueles outros, antes descritos, permanecem estranhos: seu sofrimento é "sem reflexão sobre seu destino", e, assim, "sem vontade" – a saber, sem a vontade de "sofrer", que obstrui o caminho de gente do gênero de Hipérion. Eles honram o "negativo", a força negadora e revolucionária de seu ser próprio, sofrendo surdamente, inconscientemente, nos liames do destino. Os limites que existem para aqueles que vivem na Idéia, que querem seu sofrimento, considerados como alguma coisa de inexpugnável, não são tomados pelos outros como em si mesmos invencíveis, mas simplesmente exteriores: eles são considerados simplesmente "sua forma de existir de fato e de direito", e podem assim acreditar na possibilidade de afastá-los – mais uma vez em clara oposição aos homens do Espírito, que reconhecem no destino, ou seja, nas "limitações", algo "absolutamente" necessário, "insuperável", situado para além de todo direito e de todo poder inscritos em um poder contingente. Eles, em troca, tomam como absolutas suas próprias "determinações", sua pessoa, portanto, e suas "contradições"; e, em função disso, eles são dispostos a tomar para si tarefas pessoais que eles representam como absolutas, sem se preocupar em saber se elas se referem a seus "instintos", ou seja, à sua vontade contingente e passageira, à sua necessidade afetiva de sacrificar os outros e a si mesmos. O Alabanda de Hoelderlin, como o Marquês de Posa de Schiller, serve-se assim da amizade de Hipérion para seus próprios projetos revolucionários e, depois, sacrifica-se por ele. A posição hostil de tais pessoas em relação à sociedade existente é inflexível. Elas agem, e reconhecem e assumem as conseqüências de seu agir, mesmo que elas "firam seus instintos". Mas como pode ser possível ao homem dominado pelo Espírito, cuja natureza conduz à vida, a supressão do que existe? É verdade que, para ele – como para o revolucionário cego por seu heroísmo, que "prefere ousar a refletir" –, o mundo circundante é o que existe de hostil à sua natureza, "negativo"; mas, ao mesmo tempo, seu Espírito claro o obriga interiormente a reconhecer este mundo que o limita: este mundo lhe é "positivo com relação à vontade" – pois, em realidade, ele "quer" seu sofrimento. Ele sabe perfeitamente que, no que lhe concerne, não se pode suprimir os objetos exteriores através da violência, nem sua, nem a de algum outro. O que pode significar a violência para sua vontade! Ela seria a revolta do homem contra o destino, e revoltar-se contra o destino se constitui por si só na máxima culpa e, por outro lado, um eterno recomeço sem esperança – pois o destino "permanece o que ele é" se a violência o ataca desde o exterior, não fazendo senão substituir a antiga limitação da vida por uma mais recente e, com ela, um novo sofrimento. E se a violência é a revolta de quem a sofre contra o destino, então é igualmente sem esperança, pois "o entusiasmo de alguém submetido é para ele mesmo um momento terrível, no qual ele se perde". Do mesmo modo, Hoelderlin havia tomado de Fichte o dito, bastante anti-fichteano, segundo o qual somos conscientes de nosso eu apenas na medida que somos conscientes de nossos limites; já vimos como esta idéia fora valorizada na versão do *Hipérion* citada ao início desta seção. A explicação de Hegel é semelhante: o entusiasmo da submissão é um momento terrível porque o submetido não mantém a consciência de sua personalidade senão no âmbito dos limites que lhe são determinados por seu destino, e assim ele aniquilaria sua vida mais alta, se ele se levantasse contra estes limites; apenas quando ele se lembra das determinações simplesmente esquecidas da sua personalidade é que ele reencontra seu eu, perdido na sua rebelião.

Que esperança, então, resta ao desejo de vida de sua natureza espiritual, uma vez que os caminhos da violência permanecem interditos àqueles que "querem" o sofrimento? Hegel dá uma nova resposta: o destino precisa transformar-se, "a vida existente (precisa ter perdido) seu poder e toda sua dignidade", estar abandonada por tudo que a fortifica, por tudo o que induz ao respeito. O destino não é mais reconciliado desde um Eu, através do amor, mas desde si mesmo e através de si mesmo: o destino torna-se história. A história ganha para Hegel, neste momento, a significação moral, até mesmo religiosa, que ela terá para ele ao longo de toda a vida; ela é o grande banho no qual o homem se purifica de toda culpa, a corrente na qual o indivíduo se deve precipitar, precipitação que significa para ele dever e beatitude. Os muros do destino, entre os quais o homem espiritual se via prisioneiro sem esperanças, desabam por si mesmos. Esta é a nova e definitiva resposta de Hegel.

Que agora o presente, no qual Hegel se vê, seja uma tal época histórica, "onde a satisfação não mais se encontra na antiga vida", e que esta época foi bafejada por "uma vida melhor", isto lhe mostram "todos os fenômenos deste tempo", que ele passa em revista através de um vasto painel. Não nos surpreende, após o que dissemos, que "a natureza em sua vida real" seja "o único ataque contra uma vida pior, ou sua única refutação", que esta refutação não seja "objeto de uma atividade intencional", e que "refutação" "natural" seja precisamente o influxo da história nas atividades das pessoas singulares. O indivíduo não pode senão tomar como vida existente aquilo através do qual seus pudores intelectuais eram inatingíveis – a "verdade", a "dignidade", a "honra", todas coisas que "intimidam" "a exigência dos instintos entrando em conflito com a vida existente", como se eles entrassem em contradição com relação à "consciência moral". O direito intrínseco, que "reivindica" por si a vida antiga, deve lhe ser retirado e atribuído à vida almejada. Assim, no Império germânico – é aqui que a introdução anuncia o objeto do texto – a tarefa de quem aspira à "vida" é demonstrar como a dignidade reivindicada não se encontra mais nas diferentes partes da constituição, que o poder imperial, por exemplo, não é mais o verdadeiro "universal" do Estado, que ele está, ao contrário, isolado, que ele se transformou em "particular", e que, por conseqüência, "ele não mais existe senão como idéia, e não como realidade efetiva". É nesta exposição polêmica da questão em curso que se interrompe a introdução, no meio da página e da frase.

Nós procuramos mostrar como neste procedimento se encontra igualmente uma convicção, e como esta convicção é conseqüência do desenvolvimento pessoal de Hegel. Desapareceu a renúncia desesperada face aos limites impostos por um destino esmagador que domina o fragmento da introdução do escrito sobre a Constituição do Império de inícios de 1799, e que era proveniente de uma visão de Estado então completamente nova. Esta disposição é acompanhada aqui até suas últimas conexões psicológicas e históricas e depois, reconhecida e refletida, é abandonada. Uma nova porta se abre; no "destino" dá-se um movimento, o metal rígido se funde e se põe em fluxo, e reconhecer este fluxo e segui-lo, tal é, para o homem ansioso por sair do reino da Idéia para mergulhar na vida, a saciedade de seu desejo, o motivo de sua ação. Isto que, aqui, é fruto de riscos e dúvidas pessoais, esta nova valorização filosófica da história, era motivo de exposição científica – talvez ao mesmo tempo – por Schelling, em seu *Sistema do Idealismo Transcendental*, em articulação com o pensamento de Kant. Também para Schelling é a história a libertadora do labirinto da doutrina moral. "O que há de mais sagrado não pode ser confiado ao acaso", escreve Schelling, ainda imbuído do orgulho ético de Fichte, para fundar sua posição filosófica. Não se pode constatar se Hegel, ao escrever aquelas páginas, tinha já conhecimento do escrito do velho amigo. A escrita pessoal, o trabalho com conceitos e imagens, cujo sentido só podia ser decifrado por conhecedores dos esboços hegelianos mais antigos, isto sugere a inexistência de influência; pode-se mesmo perguntar se ao escritor daquelas frases era consciente a sua significação geral para a visão da história – de tal forma estão elas repletas da experiência pessoal dele.

A nova posição do Eu, esta última e completa conjugação (*Einschmelzung*) da "mais alta subjetividade" de 1797, alcança aqui rapidamente seu termo fundamental. Em setembro de 1800, Hegel conclui um grande trabalho, que se costuma, desde Dilthey, considerar como a primeira versão de seu sistema de filosofia, a partir de dois fragmentos conservados. Não se pode deduzir, a partir do que foi conservado, se o Estado mereceu neste trabalho uma atenção especial. É mais provável que o trabalho inteiro tratasse do conceito de religião. As frases conclusivas deste trabalho sugerem a figura da nova autoconsciência que as páginas recém analisadas permitem esboçar. Elas descrevem, em conexão literal com um escrito de Fichte, o ponto de vista do Eu que "paira sobre toda a natureza, e depois, em uma reviravolta final, o desqualificam em favor da nova visão de mundo: "assim a beatitude na qual o eu se opõe a tudo e a tudo mantém sob seus pés... é o que há de mais digna e mais nobre, se a união com a época fosse indigna e desprezível". Se ela fosse, mas ela não é! Esta frase reproduz novamente de forma condensada o início e o fim da evolução interior da qual fomos testemunhas na presente seção, e nomeia seu resultado: "união com a época (*Zeit*)". Hoelderlin, que tinha, segundo Hegel, proscrito a época a um mundo interior, havia publicado aqueles versos onde ele exprime sua vã procura de um caminho na direção do "deus desta época", do qual seus impulsos se desviam estremecidos: "procuro na caverna salvação de ti e gostaria, eu, insensato, de achar um lugar onde tu, que tudo fazes estremecer, não estivesses". Ele também iniciava, exatamente como Hegel, a procurar este caminho de outro modo, e, todavia, de maneira muito semelhante. Após haver reconquistado, pelos gregos, a liberdade por eles perdida, seu objetivo maior será, nos anos que se seguirão, tornar-se patriótico. O "livre uso" daquilo que nos é mais próximo, o mais próprio, eis o que é mais difícil e mais elevado. "O mais proibido, como o fruto do loureiro, é a pátria. Dela cada um goza por último". Assim, ele encontra a reconciliação, senão com "esta época", pelo menos com a "pátria" cuja "terra sagrada" devém para ele garantia de futuro que já murmura no coração do presente, esta pátria que vive nos hinos novos que ele agora canta. Esta reviravolta que caracteriza os últimos anos de criação do poeta corresponde exatamente àquela de Hegel em 1800. O momento presente lhe oferece a garantia de que o solo da pátria irá prover o amigo cujo caminho se separou do seu. Sua intenção é "achar novamente um meio de intervenção na vida do homem", escreve a Schelling. A realização desta intenção o conduz a Jena onde, pouco depois, ele indica, em um epigrama intitulado *Resolução*, o que foi o resultado de seus anos em Frankfurt, a vontade de vida que havia conquistado:

> O filho dos deuses pode ousadamente empreender o
>   combate confiante no seu cumprimento
> Rompe com a paz em ti, rompe com as obras do mundo
> Inclina-te, experimenta mais que o hoje e o ontem:
> E assim tu não serás melhor que o tempo,
> Mas o tempo mesmo, perfeitamente

"Rompe com a paz em ti!". Eis, de forma lapidar, o objetivo contrário àquele de 1797: "separar-se dos homens e evitar estabelecer pacto com eles". A bússola da alma dirigiu sua agulha na direção contrária, a "mais alta subjetividade" de outrora cedeu lugar à aspiração à mais extrema objetividade; a estrela que a agulha agora indica é a "época". "Ser perfeitamente ela", unir-se a ela, é a nova fórmula mágica, e logo veremos como esta disposição da personalidade, fortemente conquistada, dará igualmente à imagem de Estado a sua forma definitiva, para além da idéia de um Estado-destino (*Schicksalstaat*).

E seja feita ainda uma observação aqui, onde a vida de Hegel passa dos anos de formação à época da maturidade. Ele colocou sua angústia pessoal na imagem da época inteira e descobriu um esforço de aproximação mútua entre aqueles que, após o reino luminoso da razão, inclinam-se à vida, e aqueles que, após o opressivo cativeiro no real, aspiram à consciência espiritual, e finalmente encontrou na "união com a época" a solução mais pessoal à angústia mais pessoal – tudo isto nos reenvia à nossa descrição introdutória da relação entre o homem e o Estado na Alemanha do século XVIII. Lá, havíamos procurado representar o duplo rosto da concepção de Estado deste século, as disjunções das empresas racionais ou empíricas que foram aquelas dos pensadores do Estado. Indicamos que a fusão destes modos de percepção opostos constituiu a atividade dos grandes pensadores do Estado do século XIX alemão. Se nos recordamos disto, ver-se-á que as questões e respostas de Hegel, uma vez liberadas da moldura em que as retêm a vida individual, adquirem uma significação histórica universal.

Sétima Seção
JENA (ATÉ 1803)

Quando Hegel, muito mais tarde, esboça para a parte psicológica de suas preleções uma espécie de filosofia das eras da vida (*Philosophie der Lebensalter*), ele explica, a respeito da passagem da juventude à idade adulta, que se daria então a necessidade de "(n)o desenvolvimento completo da individualidade subjetiva, recusando-se a se perder na universalidade e na objetividade, combater um desejo de permanecer em si, de se instalar em uma subjetividade vazia, uma hipocondria"; e observa ainda a respeito:

esta hipocondria dá-se geralmente em torno à idade de 27 anos, ou entre esta idade e o trigésimo sexto ano de vida; ela pode passar freqüentemente despercebida, mas dela não escapa ninguém, e quando este momento surge posteriormente, se manifesta por sintomas preocupantes; mas como é... de natureza essencialmente espiritual..., esta disposição pode se dividir e se estender pela superfície trivial de uma vida que não se retirou a si mesma, nesta interioridade subjetiva.

São experiências muito subjetivas que transparecem nestas frases de aparência tão objetiva; a notável insistência na idade de 27 anos nos comprova seguramente esta observação, pois conhecemos a confissão epistolar de 2 de julho de 1797. E podemos acrescentar ainda um outro testemunho pessoal, que se encontra em uma carta de 1810 e que descreve a emersão desta "hipocondria", até os anos de Jena. Ele escreve, agora, não mais segundo a generalidade daquele modelo de desenvolvimento humano, porém antes segundo sua própria situação:

eu conheço por experiência própria esta disposição do ânimo, ou melhor, da razão, quando ela se imiscuiu no interesse e, com seus castigos, em um caos dos fenômenos e... não chegou ainda a uma clareza e detalhamento do todo. Eu sofri desta hipocondria durante alguns anos, até perder as forças; cada homem tem, provavelmente, um ponto de mudança na vida, o ponto noturno de contração de seu ser, através de cuja estreita passagem ele é forçado, e é levado à solidez da segurança de si mesmo, à segurança banal da vida do dia-a-dia, e, quando ele se tornou incapaz de ser por ela satisfeito, é levado à segurança de uma existência interior mais nobre.

É esta última segurança que Hegel havia agora conquistado; seu desenvolvimento propriamente pessoal está completo. Extraída da fornalha da vida vivida, a Idéia é agora forjada a grandes golpes de martelo sobre a bigorna do pensamento filosófico. De agora em diante, não há nada que, proveniente da vida interior, possa determinar a corrente das idéias; os obstáculos que doravante o redirecionarão ou dividirão são dificuldades da coisa mesma de que trata.

A compreensão precoce e quase instintiva das conexões entre a vida cultural e a sociedade nacional não conduziu – como se poderia supor – a uma concepção de Estado derivada destas conexões; uma forte consciência da "dignidade do homem" (*Würde des Menschen*) foi a base do primeiro pensamento político autônomo de Hegel, e interrompeu aquela tendência inicial; desta consciência provém um ideal duplo de Estado, para os antigos e para os modernos: para aqueles era a construção do Estado fruto de sua atividade livre, o apogeu da existência;

para estes, o Estado é fruto do acordo de todos para a proteção dos direitos naturais de cada um, especialmente a liberdade de consciência. Para chegar ao Estado "vivo" do presente, o caminho dos modernos não é mais curto quando se parte do ideal "moderno" do que quando se parte do ideal antigo. O nervo da inclinação à liberdade, que perpassa estas duas concepções de Estado, extinguiu-se em Frankfurt: no "Estado como destino" estava posto o fundamento para uma nova visão que não partia do ser humano individual, mas do Estado mesmo. Assim, o centro de gravidade do pensamento sobre o Estado encontra-se definitivamente deslocado. A vontade de "união com a época", fundada sobre a crença na determinação racional da história, levou a uma apreensão intelectual do Estado do presente. O que, absolutamente, não desapareceu, foi a concepção fundamental de história universal, haurida de Gibbon e Schiller, segundo a qual o republicano antigo, por um lado, e o homem do Estado romano ou da monarquia moderna, por outro, são diferentes – de onde procede o duplo ideal de Estado. A idéia que ocupava outrora os mais antigos esboços de Tübingen – a idéia de afinar em uma bela melodia o ser inteiro do povo, sua vida religiosa, privada, pública – isto, ouvimos agora ao término do período de Frankfurt, é apenas possível

quando se trata de povos cuja vida está tão pouco quanto possível cindida e deslocada, ou seja, quando se trata de povos felizes... os infelizes devem se preocupar em preservar, na separação, um dos termos. Seu maior orgulho deve ser manter firme a separação e preservar a unidade.

Com tais palavras é expressa em setembro de 1800, nas páginas nas quais é apresentada pela primeira vez a solução da "união com a época", a moderna autonomia do Eu. A separação do indivíduo singular do todo, mantida para além de todas as necessidades de uma interioridade sob tensão, e a visão deste todo como "destino", cuja veneração é dever ético do indivíduo, isto irá estimular a elaboração continuada da idéia de Estado e se constituirá, igualmente, no material temático da composição contrapontística. A vontade consciente de ser "não mais perfeito que o (seu) tempo, mas ser este tempo mesmo, perfeitamente", propõe agora as diretrizes do trabalho: eliminar da idéia de Estado os últimos restos do vivido originário que visivelmente atrapalham ainda sua concepção como destino, e conformá-lo na figura de uma objetividade estabilizada, oferecido à observação. Da vivência do Estado como destino advém o reconhecimento: o Estado é poder. Este deslocamento inicia nos agora retomados esboços de uma crítica da Constituição do Império, durante o inverno de 1800 a 1801.

Nós já os encontramos várias vezes. As primeiras versões remontam à época logo antes do encerramento do congresso de Rastatt, que não apenas a Hegel tornou evidente que o fim já há tanto tempo profetizado do milenar sacro Império romano-germânico agora realmente adviria. O reinício da guerra arrancara então a pena da mão de Hegel. Apenas uma vez, ao que saibamos, ele retornou, antes do outono de 1800, a esta questão, naquelas curiosas páginas sobre a época e a posição que nela ocupam os homens de Espírito; ainda o fizera desde um ponto de vista completamente geral, sem conexão, em sentido estrito, com os eventos políticos do tempo. Agora, no final de 1800 ou início de 1801, após o último retumbar das armas nesta guerra, ele retoma este trabalho, e não o perderá de vista por um ano e meio. Uma questão se nos apresenta, a nós que acompanhamos Hegel até o limiar desta empresa: o tratamento de um objeto assim tão evidente engendrado pela época não deve deixar nele transparecer, de forma mais explícita do que o fizemos, as influências da época e do meio? Nossa exposição, até este ponto, progrediu segundo a matéria-prima de fontes imediatas e pouco se desviou da escrivaninha do preceptor frankfurtiano. É agora ou nunca o momento de examinar se, ao nos limitarmos às evoluções interiores, conseguimos corresponder ao nosso projeto, ou se, servis adeptos do *quod non est in actis, non est in mundo* (o que não está nos autos, não está no mundo), ele nos escapou.

Tentemos, a partir de agora, propor a moldura no interior da qual o interesse de Hegel na Constituição do Império se deve ter movido, para além daquilo que nos é conhecido em termos de seu curioso desenvolvimento interno. Nós o encontramos pela primeira vez ocupado com a preparação do escrito em Frankfurt, na proximidade imediata da fronteira com a França, fora do teatro de operações da guerra. Aqui, na antiga cidade das coroações, o cercavam ainda vivos sinais e lembranças da magnificência passada; há poucos anos, havia ocorrido a última coroação imperial. Estava-se aqui ainda afeito ao Império e à antiga Constituição; o frenesi de sua vizinha Mainz em 1792 não a havia atingido. Ainda anteriormente, conhecemos as origens suábias de Hegel. Pois na Suábia o Império ainda era, no século XVIII, uma grandeza viva. O Ducado estava crivado de incontáveis territórios, cidades livres ou Estados de cavaleiros, imediatamente próximos do Império. Durante a Guerra dos Sete Anos, o duque postou-se no lado do imperador, em contraste assim com os sentimentos protestantes da província. A singular luta levada a cabo pelo poder provincial contra o duque contribuiu para assegurar à idéia de Império uma grande vitalidade com relação àquela, mais recente, de Estado – provavelmente mais do que em qualquer outro dos grandes territórios alemães. Para o século XVIII alemão, o Império representava, não sem razão, uma potência protetora contra a vontade de poder dos príncipes de corte (*Sultansgelüste der Kleinfürsten*). Ainda mais, a Suábia entretinha com o antigo Império relações de um tipo singular. No falar do povo, a palavra "Império" designava essencialmente as regiões da Suábia, da Francônia e da Renânia. E a memória do papel da Suábia na época brilhante do antigo Império havia sido recentemente revivida. Desde os anos de 1780, Till, Conz e Reinhard, precursores da futura Escola poética suábia, cantavam a época de Staufen. A facilmente inflamável paixão lírica de Schubart saudava a coalizão principesca com desbordamentos de alegria e esperança, nos quais se mesclavam o romantismo da época imperial e o fervor pró-prussiano. Também a ciência política tomou aqui uma direção patriótica de feição imperial, pelo menos no que se refere aos dois Moser; o filho procurou, em seus escritos, desenvolver um trabalho de educação política; o pai, porém – por seu lado, talvez o mais influente teórico do Estado da Alemanha de então –, que recolheu com infinita paciência os documentos do direito imperial, como afastasse qualquer idéia de compreendê-los conceitualmente como sem "utilidade real", permaneceu bastante isolado na ciência de seu tempo.

Com efeito, os trabalhos dos especialistas em direito público alemão seguiam em boa parte as diretrizes de Moser, no sentido de antes expor e compreender os documentos existentes do que analisar o direito efetivamente existente. Mas a Escola de Göttingen, cuja representatividade científica era consensualmente admitida, colocava por sua parte novamente a velha questão doutrinal da natureza do Império no que se referia ao direito público. Não necessitamos, aqui, analisar esta querela entre Escolas. É suficiente saber que, ao fim do século, na Alemanha, era hegemônica a visão de Pütter, segundo a qual o Império seria um Estado de Estados. Simultaneamente com Hegel, em 1802, o velho Pütter definia o Império alemão como "regnum divisum in plures respublicas plane diversas, quae tamen adhuc unitae sunt in modum republicae compositae"*. Que esta concepção de Império tenha sido unanimemente adotada pelo Império é motivo de estranhamento, quando se sabe que a teoria geral do Estado não simpatizava absolutamente com a noção de *civitas composita*; esta teoria permaneceu antes referida, no que se refere ao terreno da soberania do Estado e em estrita conformidade com o direito civil (*Völkerrecht*), à noção de *systema civitatum*, desenvolvida à sua época – justamente com referência ao Império – por Pufendorf; e isto ainda quando se reconhecia, como no caso de Schlözer, que esta federação de Estados sem chefe nem di-

* Um reino dividido em numerosas repúblicas nitidamente diversas, ainda que agora estejam unidas como repúblicas compostas. (N. da E.)

reito da maioria, no qual o Império alemão, segundo Pufendorf, dever-se-ia transformar "irresistivelmente e por si mesmo", seria insustentável no terreno da realidade. Foi ainda Pütter que se esforçou, com os três elegantes volumes de seu *Desenvolvimento Histórico da Constituição Política do Império Germânico*, por suscitar a tomada de partido, pelas camadas cultas, em favor do patrimônio político nacional. Foi a partir exatamente desta obra que Hegel hauriu boa parte de seu conhecimento, mas apenas conhecimento e nada mais; ele não pôde se apropriar da tranqüila confiança na força- vital e natureza insubstituível da tradição que se exprimia, em Pütter, em uma homenagem a "Joseph, Georg e Friedrich Wilhelm"; do mesmo modo, enquanto aqui se remetia seriamente, com respeito ao futuro do Império, à Providência divina, que "até agora tem claramente velado sobre nossa nação", Hegel não podia senão ironizar este recurso a uma "especial providência divina". É necessário que se mantenha à vista o quadro aqui esboçado da ciência contemporânea do Estado; é necessário haver lido os manuais da época que comentam, ainda – em uma época na qual o Império já se encontra em agonia – seus direitos sobre a Borgonha ou o reino de Arles, ou a supremacia do imperador com relação a outros príncipes da cristandade –, sem consagrar senão uma pequena referência, no fim do livro, à constituição da guerra: é necessário que se tenha tudo isto no espírito, para que se possa perceber a acuidade penetrante das palavras com as quais Hegel desejava abrir seu escrito: "a Alemanha não é mais um Estado", e se possa compreender o que significava o fato de iniciar tratando do exército, antes mesmo do usual parágrafo sobre o território.

Porém, seria certamente um erro se quiséssemos colocar o escrito de Hegel em uma relação estreita com o pensamento acadêmico de então a respeito do Estado. Este escrito não cessa de dispensar "os" professores de direito público; ele se oferece como libelo e pretende ser reconhecido e julgado como libelo. O texto de 1798 sobre Württemberg foi o único a referir francamente a raiz do mal, durante as negociações de paz; este não é o caso do presente texto sobre a Constituição do Império. Com efeito, não falta franqueza às declarações públicas quotidianas durante o período entre o congresso de Rastatt e o *Reichs deputationshauptschluss*. Este texto de Hegel se distingue claramente dos escritos especializados, através de sua isenção, de sua recusa ao jurisdicismo, e dos libelos que consultei, através de seu maior rigor científico, no melhor sentido do termo, e por sua riqueza em comparações históricas e conexões de ordem geral. No que se refere às proposições de reforma nele contidos, estas ocupam, no que posso julgar, um lugar incomparável. São aqui muito menos perceptíveis as influências de textos de ocasião, de estilo jornalístico, do que as oriundas de literatura especializada. Esta dupla demarcação não impede, porém, de forma alguma, a determinação do tempo, a presença da contemporaneidade viva, que o gênio penetra em sua corrente antes que ela se petrifique em fórmulas acadêmicas e antes que ela se esgote no vasto campo de comentários do dia-a-dia. Com isto retornamos ao nosso ponto de partida, à vida pessoal de nosso pensador, da qual nos havíamos separado na ocasião em que ele decide se unir à sua "época", de ser "não mais perfeito que o tempo, mas este tempo mesmo, perfeitamente". Falta-nos agora narrar como esta união se efetiva no âmbito da idéia de Estado e como, igualmente, nos últimos ecos de uma visão, altamente pessoal, de Estado como destino, a qual oportunizou o aflorar de sua nova concepção, não pessoal, de Estado, reverbera ainda no edifício sólido do Estado como potência.

Não partiremos, em nossa narração, do que se intitula "Conceito de Estado" na versão definitiva, mas da versão primitiva daquele parágrafo que data ainda do inverno em que Hegel troca Frankfurt por Jena.

Hegel está convicto de que a Alemanha havia perdido o direito de intitular-se um Estado.

Um grupo de homens só pode ser chamado de Estado se este grupo se uniu em função da defesa comum de sua propriedade... A instituição prevista para tal é o poder do Estado; ele deve, por um lado, dedicar-se a combater os inimigos internos e externos e, de outra parte, cuidar de conservar a si mesmo.

Neste momento – muito mais do que por ocasião da versão definitiva, quando ele se satisfaz com a simples constatação de que o Estado é potência e em princípio nada mais que potência – Hegel está às voltas com a dificuldade oriunda da relação do indivíduo a este Estado e a seu objetivo enquanto Estado. Certamente: "cada indivíduo deseja... viver na segurança de sua propriedade garantida pelo Estado"; mas um tal desejo está longe da percepção de que isto depende agora do indivíduo e de sua modesta contribuição: "a potência do Estado é algo que existe fora dele, ele deixa esta entidade situada fora dele velar por seus próprios negócios como ele mesmo vela pelos seus". O Estado, então, deve "manter-se contra o instinto de isolamento de todos". Uma forte frase que visa atacar a "volonté de tous" de Rousseau. Assim, Hegel propõe inicialmente o Estado como poder contra os indivíduos singulares; o conceito de Estado como poder deixa transparecer novamente as suas origens, já nossas conhecidas. Então, após uma rápida revisão sobre a significação da manutenção da justiça internamente e a insignificância de tal esforço no que diz respeito à vida exterior dos Estados, aos tratados firmados entre eles, Hegel se dirige ao que importa: o poder do Estado de preservar-se frente a outros Estados, o "poder de guerra e o que o acompanha". Com relação a isto, todo o resto da vida do Estado passa a segundo plano. "Nenhum outro ramo da ligação a um todo, nem a constituição jurídica, nem a religião etc., conecta-se tanto à essência do Estado como a defesa coletiva, a aptidão de conservar sua independência com relação a Estados estrangeiros". Em uma vasta exposição é demonstrado, a partir da realidade política da Europa, que, em última análise, é indiferente para um Estado se nele vigora uma unidade jurídica, se as diversidades locais ou sociais presidem os encargos públicos, ou se existem em seu seio ainda outros beneficiários de impostos; a constituição feudal mostra como o Estado pode ser muito potente sem dispor de receitas públicas, e que lhe é possível subsistir financeiramente, sob certas condições, de recursos próprios de seus domínios; esta última situação constituía o direito geralmente admitido da região de origem de Hegel. Finalmente, as poderosas monarquias austríaca e russa, ou a Inglaterra, com sua província de Gales, mostram que, em nosso tempo – contrariamente à época das Cidades-Estado – é indiferente se "(existe) uma conexão fraca, ou mesmo se esta é inexistente... no que se refere aos costumes, ao modo de vida, às línguas etc.".

Aqui se interrompe nosso esboço e podemos, assim, suspender por um instante nossa investigação. Não é difícil denominar o que acabamos de observar. É o Estado do século XVIII que se nos apresenta, com sua fresca vontade de potência, com sua indiferença no que se refere à tarefa de estatuir até o fim a unidade do Estado, com sua subestimação dos impulsos nacionais e sua falta de compreensão dos novos poderes espirituais que se desdobram na vida nacional. "Poder, poder, e mais uma vez poder" encontra-se talhado sobre o portal deste edifício; ante a luz deste sol, desaparece frente ao ofuscado olhar do pensador toda a variedade da vida do Estado, toda a fonte espiritual da vida nacional. Ele parece não ter a menor idéia daquilo que ele conforma, quase no mesmo momento, como uma doutrina filosófica; que esta diversidade, aqui tão friamente deixada de lado, é o coração que pode irrigar de sangue quente as artérias do Leviatã. O projeto de "união com a época" parece perfeitamente realizado. Talvez muito perfeitamente, pois a época estava já prenhe de jovens idéias políticas, que extravasavam das antigas formas e deveriam reconstituí-las em nova forma. E seria errôneo acreditar que, em se esforçando por se tornar senhor da "época", Hegel ter-se-ia detido naquilo que já estava nela totalmente maduro; ele descobre também o fermento das idéias de liberdade que dominaram quase sozinhas sua primeira visão de Estado, e lhes dá igualmente um espaço na nova concepção de Estado. Por certo tem ele menos sucesso na tentativa de articulá-las internamente ao conceito de Estado como poder. O antigo e as exigências do moderno convivem, desunidos como no coração da época. O filósofo se comporta como espelho fiel desta situação confusa – pelo que ele é, para o pesquisador que observa desde épocas posteriores, uma testemunha valiosa.

Não é de surpreender que nada mais permanece da antiga redução do Estado à função de protetor dos direitos do homem. Mas o discurso ainda trata destes de maneira muito pormenorizada. Hegel conecta estas considerações à idéia de não-essencialidade de tudo aquilo que não afeta a essência do Estado como poder, na medida que ele envia à oposição entre sua concepção de Estado e aquelas "teorias do Estado de pretensos filósofos e professores de direitos humanos, que foram parcialmente realizadas, em nosso tempo, em monstruosos experimentos políticos". Nestas doutrinas,

tudo o que temos excluído do conceito necessário de poder do Estado – com exceção do mais importante, língua, cultura, costumes, religião: todo o resto é diretamente submetido ao poder do Estado supremo.

Contra quem se dirige esta invectiva? Os monstruosos experimentos políticos designam evidentemente o despotismo administrativo do novo Estado francês. Quando fala de "pretensos filósofos e professores de direitos humanos", o jovem filósofo tem um objetivo mais próximo. Uma comparação com expressões semelhantes no texto, escrito antes de julho de 1801, intitulado *Sobre a Diferença dos Sistemas de Fichte e de Schelling*, permite que se chegue à conclusão que Hegel não visa aqui nada menos que Fichte, que acabava de deixar Jena. Este, no *Direito Natural*, havia esboçado os contornos de um Estado racional no qual, em uma passagem sublinhada por Hegel, lê-se que "a polícia (deve saber) precisamente onde se encontra cada cidadão a cada hora do dia, e o que ele está fazendo". Hegel escarnece em uma longa observação das precisas sugestões de Fichte a respeito do câmbio e da moeda. O conceito de Estado do libelo experimenta, através deste aspecto polêmico, um deslocamento do conceito de Estado; a predominância do poder, a indiferença frente a tudo o que não o beneficia de forma tangível, recebe um novo sentido. Aquilo que, até agora, parecia sem importância, assume relevância; no Estado-poder circunscreve-se uma região livre de Estado.

O poder do Estado deve "deixar à liberdade dos cidadãos... aquilo que não é necessário à sua destinação – conservar e organizar o poder – nem à sua segurança interna e externa"; nada pode lhe ser "tão sagrado como... permitir e preservar a liberdade de agir dos cidadãos em tais domínios, sem considerações com relação à utilidade, pois esta liberdade é sagrada em si mesma". Parece que se está a ouvir o jovem Humboldt. O indivíduo singular se volta contra a vontade de poder do Estado e não parece haver previamente proclamado a indiferença do Estado com relação à vida interior da nação, senão para melhor poder afirmar igualmente a indiferença frente a esta vida interior do Estado, sua liberdade. Este conceito de liberdade contém, em relação à concepção de Humboldt de 1792, algo mais e algo menos. Um menos: ele não possui o brilho espiritual com o qual o conceito de Humboldt era aureolado; a hostilidade de Hegel contra o "preconceito elementar, segundo o qual o Estado é uma máquina com uma só competência", tem antes um tom satírico-moral: ele acusa este Estado, cuja mãe ele localiza, juntamente com a república francesa, principalmente na Prússia, de "ciúme servil", "mania inautêntica de crítica"; ele acusa o desejo de que "no Estado inteiro cada bocado de alimento, do solo no que é produzido até a boca que o consome, siga um trajeto linear, que é investigado, contabilizado, retificado e ordenado pelo Estado, pela lei e pela administração". E algo mais com relação a Humboldt: na medida que Hegel circunscreve no Estado um domínio fora do Estado, não permite que o Estado aja em seu próprio âmbito apenas como não mais que um mal necessário, mas o considera com um grande e sereno reconhecimento. Não é de se admirar, assim, que o indivíduo livre não se mantenha em perfeita separação com relação ao Estado – o que, aliás, caracterizaria a situação de "barbárie" – mas que participa da vida do Estado, senão em função de seus próprios interesses, pelo menos em função dos interesses do Estado.

A participação de todos os indivíduos é, certamente, um ideal completamente impossível, devido ao "tamanho dos Estados atuais". Poder tolerar tranqüilamente a auto-administração "dos sistemas e corpos subordinados" – "estado (*Stand*), cidade, aldeia, comunidade" – é um privilégio da antiga monarquia hereditária. E se também o Estado deve proteger e respeitar esta liberdade, na medida em que esta não o prejudique, "sem nenhuma preocupação de contrapartida de utilidade", ele encontra nisso sua própria vantagem: certos encargos administrativos lhe são poupados na medida que são assegurados por setores particulares que podem, diferentemente do Estado, ocupar várias posições de forma honorífica. O fluxo de dinheiro provém unicamente dos participantes diretos, o que evita facilmente despesas inúteis. Por fim, a participação da vontade autônoma nos negócios de todos engendra vitalidade, satisfação e "auto-estima, livre sentimento de sua dignidade". O povo não deve sentir-se tratado simplesmente "racionalmente e segundo a necessidade", o que, ademais, seria certamente conseguido de forma mais segura através do auto-governo do que através da sabedoria governamental que o tutelasse, mas, acima de tudo, o povo deve ser tratado com "crédito (*Zutrauen*) e liberdade", pois confiança (*Vertrauen*) gera confiança.

A diferença é infinita entre uma situação na qual o poder do Estado é constituído de tal forma que tudo com que possa contar esteja em suas mãos, e que, por isso, ele não possa contar com nada além disso, e uma situação na qual o Estado possa contar com a livre adesão do povo, seu sentimento de dignidade e seus próprios esforços, um Espírito todo-poderoso, invencível, que esta hierarquia perseguiu e que só tem vida onde o poder supremo do Estado delega tanto quanto possível aos cuidados dos cidadãos.

Sentimo-nos subitamente transportados, do universo das "idéias" do jovem Humboldt, ao mundo da reforma prussiana. Quando observamos, porém, mais acuradamente, percebemos a distância. É certo que Hegel percebe muito bem que o Estado, sustentado pelo Espírito "mais livre e liberado de pedantismo" do povo, pode se tornar "imensamente forte". Mas ele não parece suspeitar que o indivíduo singular, ao participar do Estado, possa ser não somente "feliz", mas também – utilizando os termos do Humboldt maduro –, possa "moralizar-se, conferir um valor mais alto às suas atividades e à sua vida individual". Este aspecto mais ético do que político da relação parece lhe escapar, se não sentimos nas palavras "respeito de si que cuida livremente de si mesmo" uma vibração na mesma corda.

A nós, que conhecemos a gênese pessoal desta concepção de Estado, impõe-se a questão do contexto geral no qual ela se situa do ponto de vista de história das idéias. Para o primeiro conjunto de idéias do esboço, aquela veneração do poder em si, nós procuramos as fontes na idéia de Estado do Absolutismo; devemos recordar que Hegel conhecia Maquiavel e que ele cita Frederico, o Grande, no que diz respeito ao caráter não compulsório dos contratos entre Estados; e pode-se recordar igualmente de Hobbes e Spinoza. A dimensão liberal de sua concepção de Estado nos envia aos anos de Berna, mas, diferentemente de então, a liberdade do indivíduo não é mais, agora, que uma limitação, e não objetivo do Estado. Remonta igualmente ao período de Berna, segundo Rosenkranz, o interesse duradouro de Hegel pelos escritos de Benjamin Constant. As influências de Constant não aparecem nos escritos de Berna por motivos cronológicos; mais tarde, a tomada de posição de Constant hostil à restauração da monarquia pode haver fortalecido suas convicções republicanas que perpassam os dois escritos políticos de 1798. A idéia diretriz do primeiro período político de Constant – legalidade, não arbitrariedade – cuja defesa conduziu finalmente à sua expulsão da França e que está no princípio de sua vocação histórica de mediação entre Rousseau e o liberalismo francês do século seguinte, esta idéia acha em Hegel sua contrapartida: pode-se ler, na última versão de seu libelo, que, entre a personalidade do monarca e os indivíduos, intervêm as leis; o ato individual do monarca, na medida em que todos, e não o indivíduo singular, são concernidos por ele enquanto lei, não oprime o indivíduo. É esta "vontade de todos" que legitimava, em Rousseau, a "vontade geral"; agora Hegel, de forma semelhante mas, não obstante, diversa, propõe, em relação à vontade que procede de "todos", a lei que se dirige a "todos". A legitimação do Estado com relação ao indivíduo é assim fundamentada por ele: "A contradição entre o fato de que o Estado é o poder máximo e o fato de que o indivíduo não pode ser oprimido por ele é resolvida pelo poder das leis". Quanto aos argumentos de Hegel em favor da auto-administração local, inscrevem-se parcialmente nas trilhas abertas por Montesquieu; seus desenvolvimentos indicam que ele sonha, de um modo geral, com a situação da Europa pré-revolucionária, sem referência exclusiva à Inglaterra: jurisdições de nível inferior, direitos de administrações municipais, Igreja, socorro aos pobres – tudo o que o Absolutismo havia permitido, em certa medida, que subsistisse. Eis o que se pode dizer a respeito das conexões nas quais se encontra em Hegel, no presente contexto, o pensamento de liberdade no Estado.

Mais difícil é a questão da origem da fusão entre as idéias do idealismo alemão e o Absolutismo jacobino, tal como ela se dá, assumindo importância histórica, à época da reforma prussiana. Naturalmente, os Estados de Württemberg não contam aqui. Pode-se pensar antes no interesse de Hegel pelo parlamento inglês. Interesse, como se sabe, não isento de crítica, e que não era exclusividade de Hegel na Alemanha de então. Basta citar os nomes de Rehberg e Brandes. Também Spittler, o compatriota de Hegel, admirava a constituição inglesa;

nela via, que aos poucos "passou do sistema feudal à feliz constituição civilizada de um povo livre", a realização de um Estado de direito como produto do desenvolvimento histórico. Hegel havia igualmente tomado de Montesquieu a dedução do sistema representativo a partir da época das "florestas da Germânia" e por mediação do feudalismo, não sem repelir o sarcasmo de Voltaire a respeito. No entanto, quando se põe a questão de saber se a visão da Inglaterra pôde suscitar, ao longo destes anos, a concepção de uma interdependência da liberdade e do poder, é-se obrigado a responder negativamente, sobretudo quando se leva em conta que este foi um tempo de pesadas tensões internas. Ao termo é necessário supor que Hegel – o que é muito difícil de provar em detalhe –, como os reformadores prussianos, sofreu de algum modo, apesar de sua rejeição do novo Estado francês, a influência desta combinação de política nacional de poder e de idéias e refrões de liberdade, que atingiam então na França seu apogeu. Para nós, que acompanhamos desde o interior o desenvolvimento de suas idéias, estas questões algo arbitrárias sobre "influências" gerais e exteriores apresentam um interesse limitado.

É do exame das fontes mesmas que obtemos, também aqui, esclarecimento mais aprofundado. É notável como é frágil a relação entre os dois conjuntos principais de idéias, o do Estado-potência (*machtstaatlich*) e o liberal (*freiheitlich*). Mais notável ainda é como o pensador avança na direção do século XIX político, sem porém adentrá-lo; o Estado-potência está ainda privado de sua alma nacional; o indivíduo singular obteve, é verdade, acesso ao Estado, mas em função do interesse deste último; a significação ética da aliança entre Estado e indivíduo é ainda, na melhor das hipóteses, fraca. Aqui como lá estava Hegel ainda muito fortemente – e muito conscientemente – sujeito à sua época. Ambas as sujeições estavam provavelmente internamente conectadas: em ambos os casos era a alma, do povo como do indivíduo, que ainda não havia conquistado o caminho na direção do Estado. Apenas lentamente e, diga-se desde já, nunca completamente, que este caminho é aberto na doutrina hegeliana do Estado. Ele se esforçou, ao longo dos próximos anos, em um trabalho difícil em termos de observação e reflexão, na abertura deste caminho; ele se apoiou, nestas etapas, em figuras de grandiosidade e estranheza por vezes chocantes. É justamente pouco após a primeira redação da crítica da Constituição do Império que aparece, incidentalmente, o testemunho inaugural deste esforço de edificação de uma concepção de Estado internamente unitária e direcionada ao Espírito do tempo (*Geist der Zeit*). O trabalho impresso de julho de 1801, ainda antes da habilitação, com o qual ele se introduz no ambiente filosófico de Jena – *Sobre a Diferença dos Sistemas de Fichte e de Schelling* – deixa transparecer um ideal pessoal de Estado, nestas críticas endereçadas ao ideal de Estado de Fichte de 1796.

Segundo Hegel, Fichte, fundando a comunidade dos homens na autolimitação dos indivíduos, teria "aniquilado... todas as interações da vida verdadeiramente livres, ilimitadas e infinitas por si mesmas, quer dizer, belas". Pois "a comunidade de uma pessoa com outras... não deve ser considerada como uma limitação da liberdade verdadeira do indivíduo, mas como sua extensão". Ecoam aqui os primeiros escritos de Hegel, à época em que o jovem seminarista de Tübingen explicava que o espírito do povo grego encontrava na multiplicação dos elos que o ligavam à natureza não uma limitação, mas um alargamento de seu ser. Apenas que então não se pensava em termos de Estado, mas na união da vida cultural. Agora, porém, Hegel dirige seu olhar para a comunidade Estado, e a próxima citação revela com propriedade o mote de filosofia do Estado dos anos vindouros: "a comunidade suprema é a liberdade suprema". Eis aqui em germe a idéia através da qual Hegel procurará tornar ético (*versittlichen*) o Estado, outrora destino, agora poder. O que significa, porém, para ele, a liberdade? "Através de uma comunidade verdadeiramente livre de relações vivas, o indivíduo renuncia à sua indeterminação (ou seja, liberdade)". Ele chama de indeterminação a liberdade em nome de cuja proteção Fichte – como ele mesmo, anteriormente –, dão ao Estado o direito de recorrer à força coercitiva! "Na relação viva", segue Hegel, "só existe liberdade propriamente dita se ela incorpora a disponibilidade de se superar a si mesma (*sich selbst aufzuheben*) e de entrar em outras relações" – uma frase que se esclarece quando se recorda da segunda introdução frankfurtiana ao escrito sobre a Constituição do Império, que partia das duas insatisfações do presente. Lá, a redenção do homem da Idéia (*Menschen der Idee*), que reconhecia ser insensato o impulso de abordar o destino desde fora, se dava na transformação do destino em si mesmo; a história tornara-se então o instrumento, ou mesmo a essência da liberdade. O mesmo é agora de se compreender, quando a liberdade das relações vivas é vista como a possibilidade de que a relação enquanto tal pode ser ultrapassada no todo (*als ganzes aufgehoben werden*), que ela pode se transformar. Estamos aqui às voltas com um conceito de liberdade muito sutil, muito próximo, no que se refere a seu significado científico, do conceito histórico-filosófico de ação "nem livre, nem não-livre, mas *absolutamente* livre e, por isso mesmo, necessária", conceito desenvolvido por Schelling em 1801, e que Savigny viria a integrar, algo mais tarde, nos fundamentos da Escola histórica do direito. Mas Hegel dá aqui o passo que Schelling não houvera dado então e que, em breve seguido por Schelling mesmo, provavelmente veio a influenciar decisivamente o conceito de povo de Savigny: onde Schelling havia visto apenas uma relação entre homem e história, Hegel introduz o Estado, que para o Schelling de 1800 só era divisável no distante crepúsculo da história, sob a forma kantiana da "universal constituição jurídica". Hegel considera a ação de Schelling "nem livre, nem não-livre, mas *absolutamente* livre" já realizada na relação do indivíduo com o Estado, na sua incorporação não-arbitrária à "relação viva", na essência ética geral do Estado se transformando livremente em si mesma. O Estado é "a verdadeira infinitude de uma bela comunidade", na qual "as leis (se tornaram supérfluas) pelos costumes, os desregramentos da vida insatisfeita pela alegria sacralizada e os crimes de força desenfreada pelo possível agir por grandes objetivos". E, caso ainda tenhamos dúvidas de como devemos nomear esta figura do Estado, então vem nos assegurar a frase onde Hegel caracteriza a "autoconformação de um povo" como a "mais perfeita organização" que poderia ser concebida pela razão, e exige deste povo que este se constitua no "corpo orgânico de uma vida rica e comunitária". Temos aqui a primeira tentativa hegeliana de fundir intimamente os elementos da imagem do Estado dispersos no texto sobre a Constituição do Império em um conceito de organismo nacional de Estado. E novamente ressalta ele, também aqui, de forma abrupta, a dignidade suprajurídica deste Estado e combate o *fiat justitia pereat mundus* tido em tão alta consideração por Kant, princípio segundo o qual o direito se deve fazer presente mesmo quando confiança, prazer e amor sejam violentamente aniquilados.

Da última frase citada podemos retornar facilmente àquela crítica da Constituição do Império, tão sóbria no que se refere ao seu conceito de Estado. A luta contra a violação da idéia de Estado em nome do direito privado é praticamente o tema recorrente. Já a introdução do grande manuscrito de 1801-1802 – que data provavelmente dos inícios de 1801, sendo assim muito próxima de *Sobre a Diferença dos Sistemas de Fichte e de Schelling* – sugere-o fortemente. Ela retoma, modificando-a, a introdução redigida em Frankfurt. Coloca a questão do "princípio característico" do direito público alemão e considera – como já naquele projeto de inícios de 1799 – natural o fato de que os professores modernos de direito público hajam renunciado a compreender a Constituição do Império e se contentem em descrever o direito imperial. Este não poderia ser seriamente apreendido senão em termos históricos, a partir do caráter alemão, de seu "instinto de liberdade", de sua "perseverança no particular". A colorida representação deste caráter, que Hegel havia derivado no primeiro esboço da fonte ainda viva de um sentimento persistente e exaltado de um Eu sofrendo em sua solidão, com consciência e vontade, reaparece quase sem modificações na nova versão. Apenas o fato de que, entrementes, Hegel se havia libertado destas obscuridades interiores, ocasiona que a tragédia da relação do homem com o mundo se atenua e o "sofrer" pelo Todo se degrada em "ser limitado". Do caráter original e de seu agir obstinado surgem "círculos de poder que se constituem uns por sobre os outros... com menos dependência daquilo que se chama poder do Estado (*Staatsgewalt*)", e finalmente o Estado atual, em que o direito público nada é senão "o registro dos mais diversos direitos privados", ou, pelo menos, dos "direitos públicos estabelecidos segundo modelos do direito privado", onde o Império germânico entretém com seu direito a mesma relação que "o reino da natureza com suas produções, insondável em termos amplos e inesgotável em termos microscópicos"; onde sua constituição representa "a soma dos direitos que as partes individuais subtraíram do todo"; ou, ainda, onde "a justiça... vela ciumentamente para que não reste ao Estado nenhuma parcela de poder". Assim, por exemplo, "a forma infeliz como a guerra foi conduzida" esteve perfeitamente conforme o direito público alemão. *Fiat justitia pereat Germania* – assim ironiza Hegel mais uma vez seu odiado ditado – deveria ser a divisa deste edifício jurídico, deste "sistema de direito contra o Estado". Após estas análises sobre o Estado e o direito, Hegel desejava que se seguisse o já nosso conhecido capítulo sobre Estado e poder, de confecção mais antiga, para demonstrar, através do exame aprofundado das diferentes partes constitutivas do poder do Estado, que este não existe mais na Alemanha, que a Alemanha "não é mais um Estado". Demorar-nos-íamos excessivamente se fôssemos seguir detalhadamente estes desenvolvimentos. A idéia diretriz não é outra senão o divórcio entre direito formal e poder real. Todos os meios que possam expor este divórcio são mobilizados pelo autor do libelo: exposições históricas da relação entre a situação atual e o caráter original do povo, desenvolvimentos conceituais sobre a incompatibilidade entre a idéia universal de Estado e a manutenção obstinada dos direitos particulares, ironias ferozes. Assim passa ele sucessivamente em revista a série completa: a armada imperial, as finanças, a conseqüência das guerras imperiais após 1648, a organização jurídica, a situação religiosa em seu desenvolvimento desde o cisma, o feudalismo e os Estados.

Quanto mais Hegel se aproxima das proposições de reforma que deveriam constituir a conclusão de seu texto, mais precisamente podemos acompanhá-lo. Após haver ele reconhecido no sistema feudal, este fruto precoce da constituição representativa, o novo princípio "político" que traz a Alemanha ao mundo, pergunta-se sobre o resultado da decomposição da constituição feudal, que não se transformou no Estado moderno, no Império germânico, e inicia o discurso sobre a soberania nacional (*Landeshoheit*). Seu suporte não é o direito, mas a potência, não a dela própria, mas a estrangeira. "Richelieu teve a rara felicidade de ser considerado o grande benfeitor tanto pelo Estado, ao qual ele doa as bases reais, como por aqueles, às custas dos quais se dá tal doação". É sobre ele, o grande criador do Estado e sua obra, que Hegel agora discute, mas – o que é característico para a forma de considerar o passado – sem todavia ceder à idéia de que faltou à Alemanha precisamente um tal homem. Hegel toma as coisas como realmente se passaram, e não como poderiam ter sido: Richelieu leva a Alemanha, como na França, "à maturidade plena os princípios internos segundo os quais ambas se constituíram", aqui monarquia, lá a construção de um grupo de Estados. Após o contra-exemplo francês, Hegel toma o exemplo italiano; após Richelieu, o *Príncipe* de Maquiavel: o destino conduziu a Itália a um desenvolvimento ao qual a Alemanha ainda não chegou. Guibelinos e Guelfos correspondem para os alemães, no século XVIII, aos partidos austríaco e prussiano. A confusão de múltiplos Estados independentes, que se estatuem fora do alcance do poder imperial, provoca a vontade de conquista das potências; assim experimentaram o destino da "culpa que assumem os pigmeus quando eles, colocando-se ao lado de colossos, se fazem pisotear". Os Estados maiores evitaram, por algum tempo, através de uma semi-submissão, a submissão completa, que acabou, porém, por acontecer ao final. Da percepção profunda desta situação, "um homem de Estado italiano concebeu, com uma fria circunspecção, a idéia necessária da salvação da Itália através de sua unificação em um único Estado", um homem que sabia que "não se cura membros gangrenados com água de lavanda": Maquiavel. Hegel cita as palavras com as quais este exorta o príncipe a "assumir o papel eminente de salvar a Itália", e segue: "pode-se observar que um homem que se exprime com tal seriedade não poderia possuir nenhuma baixeza de coração ou leviandade de espírito". Não, sua obra "permanece um grande testemunho que ele lega a seu tempo e à sua própria convicção, segundo a qual o destino de um povo que ruma na direção da sua ruína política pode ser salvo por um gênio". Entende-se que estes golpes visam tanto o julgamento moralizante sobre o livro *O Príncipe*, especialmente o "exercício de escola" de Friedrich, como a visão de uma intenção irônica da obra. É ainda de se notar que toda esta passagem se constitui na retomada de uma interpretação de *O Príncipe* de Herder, interpretação que foi vitoriosamente defendida por Ranke no século XIX. Herder havia sido motivado, nesta interpretação, pelo desejo de compreender as épocas passadas desde seus próprios critérios. Hegel é conduzido a ela através da sólida percepção da essência do Estado que "não tem dever mais elevado do que o de conservar-se a si próprio"; o que resta nele de consciência liberal é apaziguado por ele quando proclama que "a liberdade não é possível senão em uma relação fundada sobre a ligação de um povo ao seu Estado", e que se trata, portanto, de, inicialmente, fundar (*schaffen*) este Estado. As circunstâncias históricas devem, a seguir, legitimar os meios recomendados, pois o livro de Maquiavel não deve ser tratado como um compêndio de princípios político-morais válidos para todas as situações. É da história da Itália... que é necessário partir imediatamente, na leitura de *O Príncipe*, e ele aparecerá não somente justificado, mas como uma grande e verdadeira concepção de uma autêntica cabeça política marcada pelo mais alto e nobre dos Espíritos.

A Alemanha participa do destino da Itália, mas desta se distingue pelo fato de que, constituída mais tardiamente, deve se decidir mais rapidamente – pois o presente não tolera pequenos Estados. Assim, a massa "não permaneceu ali por longo tempo fragmentada, senão que se constituíram novas sementes, em torno às quais as partes se organizaram em novas massas". E, com isso, Hegel passa das considerações sobre o que é às possibilidades que repousam no seio do existente; o libelo alcança aqui sua maior agudez. O que colocará ele em jogo? Quatro sistemas políticos se estabeleceram na Alemanha durante a última guerra, através da qual "evidenciou-se mais verdade na relação entre os Estados": o sistema austríaco, o imperial, o neutro (Baviera, Baden, Saxônia) e o prussiano. A Áustria, em função do "número infinito de direitos a observar" relacionados à coroa imperial, está em desvantagem frente a Prússia, que não carrega tal peso. Mas a antiga herança desta magnificência e o "princípio de majestade" de sua política, que autoriza a "generosidade", conferem-lhe também uma certa vantagem em relação ao porvir da Prússia. Os estados (*Stände*) alemães encontram seu lugar a meio caminho entre estas duas potências; os dois motivos, que haviam conduzido anteriormente os menores dentre eles a se alinharem com a Prússia, não existem mais. O interesse protestante não tem mais objeto desde José II, bem como o medo dos Jesuítas. E a idéia de uma monarquia universal – contra a qual Johannes von Müller havia julgado necessária a Liga de Príncipes da Prússia – permaneceu sempre uma expressão vazia de sentido. Em sua vontade de expansão, "a Áustria e a Prússia estão ao menos iguais, e pode ser que a segunda leve mesmo uma certa vantagem". E assim decide-se Hegel pela Áustria, que se dirigiu novamente "ao interesse maior do povo". O desprezo de Hegel pela Prússia não era então generalizado; ao contrário, fala-se naquela época freqüentemente sobre a provável supremacia prussiana. O motivo de sua tomada de partido é de qualquer modo notável: é certo que, através da revolução, a opinião pública tornou-se desconfiada contra o "grito de liberdade" (*Freiheitsgeschrei*), contra a "anarquia", mas "enraizou-se nela profundamente a convicção de que o povo deve participar dos negócios mais importantes do Estado". "Nenhuma liberdade é concebível" sem um "corpo representativo" que "deve alocar ao monarca uma parte dos impostos públicos (Staatsabgaben), e especialmente dos impostos excepcionais", corpo que possui "a maioria dos Estados alemães". Este princípio tornou-se "parte do senso comum". E como as províncias austríacas possuem estados provinciais que apenas recentemente alocaram ao monarca, em função da guerra, créditos extraordinários, então o interesse desta liberdade alemã – "esta" em oposição à antiga "liberdade" (Libertät) – procura proteção em um Estado que repousa ele mesmo sobre este sistema. A Prússia, síntese do despotismo, "Estado do tédio e da ausência de Espírito", caracterizada por sua "falta total de gênio científico e artístico", esta Prússia "cuja força não se deve aquilatar segundo a energia efêmera que um gênio individual soube oferecer por um determinado tempo", não pode tomar para si a proteção de "interesses verdadeiros, sempre presentes e especialmente claros neste período". "Nenhuma guerra da Prússia pode mais... se passar por uma guerra em favor da liberdade alemã".

Como, porém, vencer o particularismo da pluralidade de Estados que já se incrustou, por toda parte, no espírito do povo? É necessário provocar o interesse dos estados provinciais pelas questões da Alemanha, permitindo-lhes a participação em decisões e ações – "dever-se-ia franquear às províncias algum tipo de co-participação ativa nas questões gerais". Aqui passa Hegel a sugestões práticas; antes de tudo, algo se impõe com urgência: um "poder de Estado dirigido por um chefe supremo (*Oberhaupt*) com a participação de todos", de tal modo que "o povo alemão venha a restabelecer sua relação com o imperador e com o Império". Para a efetivação desta idéia, Hegel leva em conta a renovação radical e a cuidadosa manutenção daquilo que, já existente, lhe parece merecer preservação. Tudo o que diz respeito aos militares deve ser submetido à autoridade do Imperador, aos príncipes, em sua condição de generais por nascimento. As despesas deveriam ser anualmente contabilizadas pela Assembléia geral das províncias, que não pode, porém, ser estabelecida a partir dos estados provinciais já existentes, uma vez que algumas províncias não possuem estados, e as menores não podem nem ao menos arcar com as despesas de um deputado; esta Assembléia deveria ser estabelecida a partir da nova divisão militar que se criaria, em termos de circunscrições específicas, independentemente das fronteiras existentes, segundo a proporcionalidade do número de habitantes. Trata-se, assim, de uma proposta de grandes proporções pois, na medida que ultrapassa as fronteiras dos Estados, ela avança mais em direção de uma unificação nacional que a própria Dieta bismarkiana. Estas Assembléias provinciais seriam então – e aqui percebe-se a referência ao historicamente existente – articuladas ao Colegiado da Dieta imperial; a desproporção que adviria do direito de voto das menores cidades imperiais seria anulada pelo alargamento do direito de voto às regiões circunvizinhas. Os cantões senhoris enviariam seus deputados ao Colegiado de Príncipes. Este e o Colegiado dos Eleitores se transformariam, a seguir, em uma espécie de Câmara Alta segundo o modelo inglês, na qual os príncipes deveriam se fazer presentes pessoalmente ou representados por seus súditos mais notáveis, e onde eles deveriam tomar a palavra e votar – uma idéia que exerceu um certo papel no que diz respeito a Frederico Guilherme e, em 1870, ao príncipe herdeiro; "o talento e o brilho dos representantes... garantiriam um alto nível a esta Assembléia principesca".

Segue-se a estas proposições de reforma uma passagem que dá todo o sentido ao texto. A profunda compreensão da efetividade (*Einwirken*) da história permite a Hegel, muito antes das exortações que Fichte dirige ao tirano no sentido de uma conversão à germanidade (*Deutschheit*), expressar inequivocamente que mesmo "se todas as partes ganhassem com o fato de que a Alemanha se tornasse um Estado e se... a preocupação fosse sentida de forma profunda e determinante", ainda assim apenas a força, e não a reflexão, conduziria a um tal resultado. "Conceito e compreensão provocam a invectiva de uma tal desconfiança, que necessitam ser legitimados pela força: somente assim os homens se lhes submetem". O poder de um conquistador deve fundir em uma única massa "a multidão do povo alemão" com seus Estados provinciais animados unicamente por um espírito particularista e obrigá-la a se "perceber como parte da Alemanha". Este "Teseu" deveria "dispor de magnanimidade" no sentido de "garantir a participação... nos negócios de todos" do povo que ele criou. Ele deveria dispor de um caráter suficientemente vigoroso para "suportar o ódio que se voltou contra Richelieu e outros grandes homens, na medida que eles destroçaram os particularismos e individualismos humanos". Assim se completa o arco que vai de Richelieu ao *Príncipe* de Maquiavel: na exigência pela qual Hegel afirma verdadeiramente – como havia suspeitado seu primeiro biógrafo – sua intenção de tornar-se o Maquiavel alemão. Pois também sua voz, como a de Maquiavel, permaneceria "sem ressonância", pelo menos em termos imediatos, e também ele não seria reconhecido como o profeta da unidade nacional a não ser pelas gerações vindouras, que veriam com seus próprios olhos sua promessa realizada.

A convicção incondicional de alguns pensadores políticos os levou por vezes a clamar com certa rapidez por tiranos magnânimos. Já Platão esperava a realização de seu Estado ideal através do filho de um tirano. Também segundo Maquiavel, o renascimento de uma república cujas formas estão vazias de conteúdo só pode provir de um poder ditatorial. Corria nos sangues do século XVIII a ansiedade por déspotas esclarecidos. Todavia, o pensamento de Hegel se diferencia destes modelos, do qual está aparentemente próximo, a partir de sua situação histórica. Esta torna-se explícita quando se recorda que, alguns anos mais tarde, Hegel recorre ainda a esta mesma concepção para se opor a um Estado fundado sobre contrato. É necessário conceber a prevalência, ao longo de todo o século XVIII, da idéia de contrato, mesmo no que se refere aos precursores da concepção histórica de mundo; é necessário igualmente recordar que tanto Kant quanto Fichte recorrem igualmente ao contrato no fundamento de suas filosofias do Estado. No crescente coro da contradição que se levanta de diferentes partes contra uma tal forma de pensar, tão longamente inconteste, Hegel levanta sua voz. A solução inédita de Hegel é a seguinte: o grande homem que é obedecido à força por todos, em lugar do estabelecimento livre do contrato, é obedecido exatamente porque tem em si a vontade inconsciente de todos, a vontade que um dia terão. Quando, em 1857, Haym – e tal explica algo da posição de sua tomada de posição ao longo do decênio que segue – não entende neste apelo da reflexão à força, da vontade particular da multidão ao gênio prático do grande homem, senão a desconfiança de Hegel contra o valor de suas próprias proposições, é porque estas não são compreendidas por Haym em toda sua abrangência. Não é a falta de confiança no valor de suas idéias que impele Hegel a invocar sua realização pela força, é a ausência de confiança na capacidade do compreender, de se realizar por si mesmo. É totalmente falso não considerar esta reviravolta final senão como um tipo de adjunção, um "anúncio de desespero" (*Auskunft der Verzweiflung*). Se foi possível questionar o Maquiavel italiano sobre a seriedade de seu capítulo final, tal não é possível no que diz respeito ao Maquiavel alemão; pois ele permanece, sempre, adepto rigoroso do ponto de vista do poder do Estado, o qual conforma o coração de suas propostas de renovação. E é desta essência do Estado como poder que procede a lógica interna do apelo derradeiro à força, ao poder.

E a quem é dirigido este apelo? Pois, quando procuramos alocá-lo em meio ao movimento das concepções da ciência política – como acabamos de fazer – isto não significa de forma alguma que se lhe negue toda inserção imediata nas condições e perspectivas da época. Abordamos agora uma questão que não era posta pelas interpretações anteriores do texto. Dilthey foi o primeiro que ousou aqui lançar uma suspeita, no sentido de que o conquistador e magnânimo Teseu corresponderia ao Cônsul Bonaparte; mas o que Dilthey simplesmente suspeitou é desde então dado como certeza, porém incorretamente. Já as duas únicas menções nominais a Napoleão neste escrito contradizem a idéia de que Hegel atribuísse ao corso, mais do que a força de um conquistador, aquela outra qualidade que, segundo ele, deveria corresponder estreitamente a esta qualidade de força, e que ele atribui expressamente à política alemã da Áustria – na medida que achava a França "totalmente calculadora": a generosidade. E sobretudo: como poderia Hegel haver recomendado a remissão, para a execução deste objetivo, a uma potência com a qual a Áustria estava ainda em guerra havia pouco tempo, e cujos desejos apontavam tão pouco na direção de uma Alemanha unida e forte como à época de Richelieu, aliás evocada e amplamente analisada anteriormente exatamente sob este aspecto? Não; se é necessária a sugestão de um nome, que se o procure no campo austríaco, do lado dos conquistadores que asseguram sua supremacia alemã. Não havia senão um homem em que Hegel poderia haver pensado: o vencedor de Amberg e de Würzburg, de Stockach e de Zurique, o qual, após Hohenlinden, dirigiu a Áustria na chancelaria de Estado e no Alto Conselho de Guerra, e se anunciava como futuro ministro todo-poderoso. É ao arquiduque Carlos que se dirigem, nestes últimos anos, as esperanças dos patriotas; ele permaneceu, na Alemanha do sudoeste, o único grande herói nacional e popular. É para ele que o ativo e empreendedor Dalberg havia revindicado, em 1799, a posição de um "ditador" dos Círculos mais avançados do Império; foi planejado, à época da Dieta Imperial de 1800 e novamente mais tarde – precisamente em 1802 – erigir em sua honra um monumento de herói nacional.

Hegel parece haver hesitado por um momento em qualificar o irmão do legítimo chefe supremo de "conquistador"; em seu manuscrito, ele havia excluído esta palavra dura e depois, guiado por seu sentimento de realidade política que o fazia ver na Áustria futura um Estado como os outros em face dos Estados alemães, ele a havia reintroduzido. Quanto a Napoleão, não cabia nenhuma hesitação em chamar-lhe conquistador, mesmo se lhe atribuísse toda generosidade que se quisesse. E se Hegel houvesse pensado em 1802 em um "conquistador" estrangeiro, então ele não teria declarado em 1805 – após a manifestação de "indiferença dos súditos com relação a seus príncipes e de indiferença dos príncipes em serem príncipes, quer dizer, em se comportarem como tais" – que a "tirania" que ele invocara outrora para a Alemanha era "supérflua". Com efeito, neste entretempo o jovem Império hereditário austríaco havia começado claramente a tomar distância com relação às questões alemãs ao tempo em que um violento *ruere in servitium* eclodia nos países da futura Confederação do Reno. A situação estava agora ainda mais madura para uma intervenção francesa. Os alemães, Hegel acrescenta – provavelmente mais tarde, em 1806 ou 1807 – haviam desaparecido como povo, porque não puderam suportar nenhuma tirania: isto indica claramente que ele, em 1802, só poderia ter cogitado de um conquistador nativo. Assim, se é possível avançar uma suposição algo mais fundada, apenas com relação ao arquiduque Carlos poder-se-ia supor o papel de "Teseu" em 1802.

Seja referido aqui algo de caráter mais geral. Não expressamente, porém de fato, Hegel apenas completa verdadeiramente, em sua conclusão, a idéia de Estado da introdução. Na introdução, o Estado, reconhecido embora como potência, flutuava ainda, de certa forma, no ar; fazia-se sentir facilmente ao leitor, embora dificilmente expressável, uma certa indiferenciação na cadeia conceitual: não se conseguia divisar o solo sobre o qual assentavam estas figuras constituídas simplesmente de poder e de nada mais. A seção final põe fim a este sentimento de incerteza. Com mão firme, Hegel posiciona o Estado no mecanismo da história. Certo, não é ainda o filósofo do Estado (*Staatsphilosoph*) que expõe suas idéias, elas ainda não estão sedimentadas com a matéria-prima do conceito de Estado; provisoriamente, é o panfletista que tem a palavra final: "conceito e compreensão devem ser justificados pela força, e então o homem se submete a eles". Conceito e compreensão, aqui segundo o entendimento do escritor e, mais tarde, para o filósofo, conceito e compreensão enquanto tais, devem ser legitimados pela força: eis o código desta nova doutrina de Estado que deve ensinar às novas gerações a ver, na história universal, a ponte de ligação entre o reino do Espírito e o do poder, do conceito e da força.

Esta nova concepção de Estado, porém, exigirá um sacrifício: a paixão da visão histórica paralisa a ação de quem observa. A profunda penetração da enorme massa do curso da história retém o pensador exilado na posição de observador, mas não como o porta-voz de uma geração mais nova, da qual a visão histórica do mundo se tornou de tal forma posse, que não é mais capaz de compreender a paixão dos primeiros descobridores: Hegel permanecerá resignado com a miséria do presente através de uma serena contemplação. Tais auxílios, que gostariam de tornar compreensível o ímpeto interno desde ação e reação de forças externas, são inúteis. Porém, a versão mais tardia da introdução – de que se serviu Haym – deixa reconhecer claramente a relação real de Hegel para com suas sugestões de reforma: a resignação interior às coisas existentes, referida por Haym, não é dominante. Isto mostra a comparação com a versão mais antiga, em parte retomada na versão posterior. O ânimo profundamente doloroso que penetrava aquele escrito de inícios de 1799 – a voz de um espírito que "desejava ainda uma vez gozar de sua fraca crença em sua completação, antes de se separar completamente de suas esperanças" –, este ânimo desapareceu; já no projeto, as frases recém-citadas foram excluídas. Naquele inverno em Frankfurt é certo que Hegel sentia o que via como um peso que o afetava pessoalmente, e do qual ele, sem dúvida, tentou escapar através do refúgio no mundo dos sonhos de suas esperanças; agora, porém, tudo mudou. Se ele anteriormente não conseguia dissociar seus "desejos sempre mais débeis" da idéia de que o princípio da separação não seria talvez a única perspectiva do Estado alemão, ele agora posta-se muito longe de uma esperança semelhante em um caráter inalterável que determinaria para todo o sempre a história do povo. Ele sabe que, quando um tal "princípio" histórico é "levado à sua completa maturação", a história mesma pode engendrar o novo a partir de seu próprio seio. Assim, o mundo não mais o oprime; ele aprendeu a tratá-lo desinteressadamente. É este Hegel que a nova introdução nos revela.

A Alemanha não é mais um Estado. Na última guerra ela experimentou tal verdade. Refletir sobre o "Espírito" de tal experiência é

tarefa digna daquele... que, em lugar de se abandonar ao que se passa, conhece o acontecimento e sua necessidade; que se distingue, por um tal conhecimento, daqueles que não vêem senão o arbitrário e o acaso, sob efeito de uma vaidade que os persuade do fato de que eles, por sua parte, teriam conduzido tudo o que sobrevém com mais inteligência e bom humor.

O valor de um tal reconhecimento não residiria no fato de que se aprenderia através dele "como seria de se agir no futuro; pois aqueles que agem nos grandes acontecimentos de forma como se os estivessem conduzindo, são muito poucos; os outros, porém, devem agir, com seu entendimento e compreensão, segundo sua necessidade". Pois quem pratica erros devido a "suas próprias fraquezas internas e insipiência", através da experiência não consegue senão transformar em hábito sua habilidade em cometê-los; quem, todavia, é capaz e, encontrando-se postado "em uma posição exterior", pode tirar proveito da compreensão dos erros cometidos por outros, ele detém já uma inteligência dos fatos que "pode faltar ao pensamento de um indivíduo privado (*Privatmann*)". É assim aos indivíduos privados, e não aos dirigentes, não a "Teseu" mesmo, que Hegel endereça seus textos, diferentemente de seu modelo florentino. São os indivíduos privados que ele quer convidar a "compreender o que é", a servir (aos) acontecimentos "com seu entendimento e compreensão, segundo sua necessidade" – que não se olvide de que violentos "acontecimentos" se trata –, que esperam, segundo ele, "a multidão do povo alemão, bem como seus Estados provinciais". Mais do que em outros lugares, predomina na Alemanha o defeito que consiste em interpor seus próprios conceitos e objetivos "em meio aos acontecimentos e sua livre compreensão". O Império, este Estado ideal – tal a definição predileta do manuscrito – é particularmente induzido a uma tal acomodação mútua de conceitos mortos com acontecimentos vivos. Pois aqui as leis perderam sua antiga vida e o Novo não se consubstanciou ainda em lei, ou, antes, vida antiga e nova seguiram cada qual seu caminho, cada uma fixou-se em si mesma, "e o Todo se desagregou, o Estado não existe mais".

Uma impiedosa denegação da vontade face à irrefreável seqüência de fatos – isto é a relação de Hegel com seus próprios desejos de reformas. Ele está convencido da correção de suas proposições, ainda mais: ele pensa não fazer mais do que preparar os espíritos ao que, com toda certeza, virá. Pois, no "que é", ao que ele convida à compreensão, não se inclui apenas o sombrio antigo Império, mas também a "nova vida", da qual o esboço de 1799 nada sabia, as "novas sementes", os dois grandes Estados, um dos quais herdará as ruínas do Império – e, finalmente, inclui-se a exigência dos povos em participar do Estado. O escrito de Hegel pretende preparar para esta evolução. A "compreensão do que é" tem já, em sua boca, algo daquele tom revolucionário que se expressará no "dizer o que é" de seu grande discípulo, o fundador da social-democracia alemã. O tom dominante é, também para Hegel, não a tranqüila detenção nas antigas condições, mas uma ilimitada confiança no decorrer da história, na sua força capaz de engendrar o radicalmente Novo. O indivíduo singular, assim – Hegel inclusive – retrai-se em silêncio ante a potência deste movimento, não se sente chamado a colocar a mão na massa; mas não são às forças do passado que ele relega o presente, e sim às forças capazes de impor o futuro: a história mesma e o grande personagem histórico.

Não que Hegel estivesse assim tão seguro ante o perigo de uma união com a época referida unicamente ao já acabado. Agora que, sem ter à vista uma realidade tangível de Estado, se dedica à exposição de seu ideal de Estado, ele é confrontado com o fato de que o futuro que, pelo menos no que diz respeito a seus princípios, se lhe aparecia claramente, vela-se novamente. Com as luzes da nova ciência, e sobre a base de uma concepção de um organismo de viva beleza, Hegel glorifica um modelo de Estado que as tempestades dos próximos anos virão a aniquilar ou, ao menos, abalar profundamente, onde quer que ele se encontre: o Estado absolutista fundado em uma sociedade organizada em estados (*Stände*), tal como mostra a Alemanha setentrional e protestante, sobretudo a Prússia. Este Estado, e não, como se pensa, a pólis – nem a historicamente existente, nem a platônica – é a realidade que percorre as obscuras e pesadas estruturas de pensamento do *System der Sittlichkeit (Sistema da Eticidade).*

Sistema da Eticidade é a denominação de um manuscrito redigido por Hegel, provavelmente como preparação para suas lições sobre o direito natural do semestre de inverno 1802-1803, já nas férias do verão anterior. Trata-se da primeira versão conservada daquela parte do Sistema que, mais tarde, Hegel denominará "Espírito objetivo" e que, mais do que nenhum outro, franqueia o acesso, em termos de conteúdo, ao dito Sistema, uma outra terra filosófica para o movimento idealista. Mais tarde nos ocupará a questão de se o manuscrito corresponde apenas a esta parte do Sistema. O texto se constitui em três elementos, que por sua vez correspondem a três níveis evolutivos, segundo a concepção conhecida, introduzida por Kant como subdivisão lógica, relevada por Schiller como esquema de articulação da história, retomada por Fichte como procedimento de desenvolvimento lógico e preenchida por Schelling de conteúdo efetivo, em detrimento de seu dinamismo interno e vivo. Na medida que Schelling se constitui na referência metodológica geral deste manuscrito, o decorrer do pensamento para Hegel, aqui, não é acompanhado pelo movimento das coisas; ele as percorre como se faria ao longo de quadros bem dispostos em um museu, por vezes comparando-os, outras vezes observando um novo – sem que estas imagens fixas se animem sob seu olhar, sem que possam descer de seus cumes e entrar na dança. Nós devemos, para chegar ao objeto de nossa preocupação, seguir o caminho do filósofo até o Estado, sem que a forma de proceder de Hegel possa ser indicada.

A exposição da eticidade (*Sittlichkeit*) levada à completude no "povo" repousa sobre dois estágios prévios. O primeiro abrange as relações humanas que têm na "totalidade ética" (*sittlichen Totalität*) completa – o povo – apenas seu fundamento oculto, como, segundo Schelling, a natureza em Deus, enquanto o homem individual e separado se manifesta aparentemente de forma livre neles, tal como a natureza existe, aparentemente, sem Deus. Devido a esta analogia, Hegel chama de "natural" a eticidade neste primeiro nível. A eticidade natural inicia pelo despertar primeiro do Eu que deseja, com o "sentimento" – necessidade e satisfação no prazer –, a que se seguem o trabalho mais simples e seu produto, juntamente com os meios que crescem simultaneamente ao trabalho do homem: o ferramental (*Werkzeug*) e o discurso. Para aquele que se eleva pela linguagem por sobre o instante, aparece o trabalho, doravante não mais apenas servil à necessidade do instante, assim como seu ferramental, a máquina. Assim como lhe aparece a linguagem no nível mais baixo da economia, aparece no presente o ferramental espiritual de uma economia superior: o reconhecimento jurídico da posse na propriedade, sua movimentação no intercâmbio e, de forma ainda mais universal, no contrato. Um passo adiante, e o homem chega à economia monetária do comércio. É aqui que surge a relação de dominação e servidão que não é considerada senão segundo sua forma – "sociologicamente", como se diria hoje – e no qual, diferentemente do que se passa no caso do Estado, permanece ainda sem fundamentação interna a questão de saber quem é o senhor e quem é o servo. Na família, esta relação e tudo o que a precede torna-se ético (*Versittlichung*), torna-se a necessidade interna já possível neste mundo da "eticidade natural" (*natürliche Sittlichkeit*); também ela está, é verdade, conectada por fortes laços no escuro solo do natural, e também para ela a verdadeira vida ética da comunidade do povo não é senão um segundo plano íntimo. Com relação à profundidade da eticidade, a família não passa de um fenômeno de superfície; em todo o caso, estando na base da eticidade, ela está mais próxima desta que qualquer elemento anterior. Ela é uma estabilidade na eterna sucessão de gerações, como o é a vida ética do povo enquanto tal.

Singularidade e particularidade foram, até agora, as determinações dominantes; o universal, o todo, foi apenas uma raiz secreta, invisível a todos. A aniquilação da singularidade será, agora, a determinação fundamental do segundo nível. Também aqui o "geral" (*allgemein*) não irromperá sob forma plenamente visível, como acontecerá mais tarde no Estado. O mundo da "eticidade natural" se lhe assemelha no que diz respeito ao fato de que também ele se constitui em uma multiplicidade de relações humanas, ainda que desprovidas de unidade. O segundo nível, intitulado "o negativo, ou o crime", antecipa o Estado, na medida que aniquila a particularidade auto-satisfeita, sem pretender com isso elevá-la a uma vida ética superior. Aqui desenvolve Hegel ainda uma vez a articulação frankfurtiana da vida, do crime, da consciência moral e da reconciliação – porém, diferentemente dos tempos de Frankfurt, também a justiça vingadora obtém seu espaço. O crime, partindo do furor sem sentido, passando ao estágio do delito consciente, orientado por seu objetivo e cometido contra a propriedade, chega até o assassinato, que afeta verdadeiramente o todo, e culmina no duelo, e finalmente no duelo supremo, aquele das totalidades éticas: a guerra.

Estamos aqui, com o "crime", à entrada da eticidade absoluta. Se, conforme a intenção hegeliana, indicamos o ponto extremo de cada nível, podemos dizer: o filósofo constrói a essência do Estado a partir da família e da guerra. A família é a fornalha de sentimentos que ultrapassam o indivíduo, mas que a ele retornam; a guerra é a aniquilação de todo ser particular do indivíduo: sobre ambas eleva-se a "idéia da eticidade absoluta", cuja "intuição" é o "povo absoluto" – e não uma nação absoluta. Hegel entende por "povo" uma nação politicamente existente, em oposição à "nação" que significa, para ele, uma nação culturalmente existente. Esta prática terminológica erige uma ponte entre o conceito de Estado da crítica da Constituição do Império e aquele do *Sistema da Eticidade*. Em ambos os textos, o Estado não repousa sobre a "nação" – capaz de sobreviver ao povo e ao Estado –, nem sobre o "Espírito do povo" da Escola histórica, mas sobre o "povo". A força da idéia política subordinou o "Espírito do povo" de Tübingen, desconfiado com relação ao poder interventor do Estado. E, como no caso da crítica da Constituição do Império, este Estado repousa sobre armas. Assim, as duas partes que antecedem sua aparição no Sistema se completam, no fragor da guerra: "a igualdade, ante a qual... desaparece a dimensão (*Seite*) do direito, é a guerra", com sua "inquietude absoluta", na qual o "desertor" Marte "passa constantemente de um lado a outro", até que, em paz, os adversários se afastam novamente um do outro. Guerra, constituição militar, existência ou não de virtudes guerreiras, determinam o plano desta edificação do Estado.

O povo, a comunidade política, é todavia – diferentemente do caso do texto sobre a Constituição do Império – mais que uma simples "multidão" (*Menge*), que "constitui uma defesa coletiva e um poder do Estado". Naquele texto, Hegel tentara mostrar que o Império, mesmo em seus mais modestos requisitos, não podia mais ser considerado um Estado, e se esforçara em definir o Estado ou, ao menos, aquilo que podia ainda assim ser denominado. Aqui – como já indicado na publicação de 1801 – ele esboça a figura do Estado perfeito. Ele rechaça de saída, como Aristóteles e Cícero, o conceito de simples "multidão". O povo não é "uma multidão desarticulada nem uma simples pluralidade", mas "a relação de uma multidão de indivíduos". Como simples "multidão", ele seria "estranho" aos indivíduos, em lugar de "ter realidade para sua consciência, ser um entre eles, e ter poder e coação sobre ele"; como mera "maioria", ele seria apenas uma multiplicidade que se perderia no indeterminado, em lugar de se constituir em um círculo fechado. E neste povo não há nenhuma igualdade entre os indivíduos, "igualdade de cidadania (*Bürgerlichkeit*)"; a igualdade que aqui reina propõe-se como unidade – "identidade" – de todos no todo articulado, no qual não se perdem, mas se encontram. Esta igualdade se evidencia exatamente na "consciência da particularidade". Esta vida ética, "este Espírito vivo e autônomo, que aparece como um Briareus a uma miríade de olhos, braços entre outros membros, em que cada um é um indivíduo absoluto", por conseqüência, é realizada no Estado perfeito. Hegel agora casa o Estado e a alma individual. Aquilo que apenas se sugeria no texto sobre a Constituição do Império – que o cidadão poderia, pelo Estado, alcançar "o respeito livre por si mesmo" – é aqui recolocado em posição central. E é com tal poder que toda eticidade extra-estatal é desvalorizada. A doutrina das virtudes aparece no *Sistema* apenas na moldura da doutrina do Estado: o conteúdo da moral (Moral) "encontra-se totalmente no direito natural". Face à vida ética que se manifesta no Estado, as "virtudes" do indivíduo são algo transitório.

O que diz respeito à "vida ética" é realizado pelo "povo". Cada uma das três modalidades pelas quais a eticidade pode se propor com relação às virtudes singulares deve doravante "organizar-se em si mesma, ser um indivíduo e tomar sua forma": o "povo" se articula em estados (*Stände*), a vida ética, tal como a natureza configura um reino de formas. É evidente que esta comparação domina o trabalho de Hegel, o que se pode inferir a partir das objeções que ele endereça a si mesmo. Na natureza, reconhece-se a necessidade de uma tal singularização, porque se admite a incompletude de cada fenômeno singular. Mas, na ética, cada indivíduo deve ser um todo, e não simplesmente uma parte que não pode constituir um todo a não ser que se una a todas as outras partes. A resistência é profunda. É em nome justamente da pluridimensionalidade e da totalidade internas, propostas como objetivo, que os espíritos mais nobres da Alemanha desta época recorrem à estrutura do velho aparelho de poder, fundado sobre os estados. Hegel se propõe agora como tarefa filosófica, exatamente, a fusão da plenitude interior da personalidade e da natureza de poder (*Machtnatur*) do Estado – dimensões que, à época do escrito sobre a Constituição, ele simplesmente justapunha uma à outra. Como irá ele explicar a divisão em estados particulares? Eles não são separados uns dos outros, assim escreve ele, no sentido de que, sendo cada um incompleto, não apareçam constituindo um todo senão ao observador que contempla seu conjunto; pelo contrário, cada estado é "totalidade" e porta "os outros... em si mesmo"; não se relaciona simplesmente com uma parte do todo, mas com o todo mesmo em toda sua riqueza. Somente a modalidade e a significação são diferentes de acordo com cada estado, e não o conteúdo desta relação. Diferentemente de Platão, Hegel não fala de virtudes particulares adequadas a cada um destes estados; ele postula diferentes ordenações internas do mesmo conjunto de virtudes – trata-se antes de um nível ético de conjunto que se diferencia de virtudes éticas distintas, constituídas em função da divisão do trabalho. Parece tratar-se, assim, antes de efeito colateral, e não, como em Platão, de sua raiz. O indivíduo singular é "excessivamente pobre" para "apreender" a eticidade "em toda sua realidade", e encontra sua completação ética "através de sua pertença a um Estado"; apenas então se constitui ele em "um verdadeiro indivíduo e em uma pessoa".

Hegel concebe assim a articulação do Estado (*Staat*) em estados (*Stände*) de forma totalmente nova, tanto na relação de tais estados ao indivíduo como ao Estado mesmo. É somente o questionamento que permite pensar aqui em Platão ou em Aristóteles, e nunca sua resposta. Do mesmo modo, estamos muito longe da visão de um Estado organizado sobre a base de uma sociedade dividida em estados, no qual se havia inspirado Frederico, o Grande, para governar sua Prússia, e que repousava sobre a idéia de divisão do trabalho, mais no sentido de Platão que no de Hegel. A riqueza de vida do novo Espírito filosófico oferecia aqui possibilidades de compreensão muito mais profundas. Porém, na mesma medida que a forma e o sentido desta teoria do Estado e dos estados (*Stände*) são oriundos da época de Frederico, seu conteúdo corresponde quase inteiramente ao então ainda subsistente Estado do grande monarca.

O Estado de Hegel compreende três classes (*Stände*): nobres, burgueses e camponeses. Na nobreza, a "classe absoluta", incorpora-se realmente a eticidade do Estado. Ela não é o conjunto de todas as virtudes, mas o elevar-se por sobre toda virtude particular. Não é "o amor pela pátria, pelo povo e pelas leis" que é o mandamento deste Estado, mas "a vida absoluta na pátria e para o povo". A condição de elevação por sobre toda "determinação" encontra sua expressão na "bravura", e seu trabalho na aniquilação de um ser vivo particular: o inimigo – esta nobreza é uma nobreza guerreira. Não é toda e qualquer luta, como, por exemplo, a odiosa "guerra de família contra família", que se constitui em um ato "absolutamente ético"; mas, como o elemento ético propriamente dito é o "povo", o inimigo não pode ser "senão um inimigo do povo e, ele mesmo, somente um povo". Em uma tal guerra, o ódio não pode ser senão impessoal, e o furor guerreiro não é mais que exaltação passageira. "A morte penetra no universal da mesma forma como sai do universal... a arma de fogo é invenção da morte... impessoal, e é a honra nacional que a impulsiona, e não a lesão sofrida por um indivíduo singular". Esta classe deve estar postada acima de todo trabalho singular, ligado às coisas. Somente lhe convém o trabalho da guerra, que destrói o singular, e a formação de outrem com esta finalidade. Tudo o que ela necessita lhe é fornecido pelas duas classes inferiores. Em troca, ela lhes é "útil", e "do modo mais eminente": pela sua existência, ela lhes assegura a intuição da mais elevada vida ética e, assim, a única participação nesta vida que é possível a elas; pois sua própria participação – a verdade de que esta classe que se lhe aparece de forma sensível na nobreza é a sua própria "essência interna absoluta" – lhes resta interdita. E, se esta é a mais "elevada maneira" pela qual a nobreza é "útil" aos burgueses e aos camponeses, isto não impede que esta lhes seja útil igualmente – como Hegel expressa, com seco desprezo, "ao seu modo": na medida que protege seus bens e propriedades e os dispensa da virtude da bravura – pelo menos no que concerne ao segundo estado, os burgueses.

Examinemos agora esta classe dispensada de bravura. Ela se constitui "no trabalho das necessidades, na posse, no ganho e na propriedade" – tudo coisas que não se podem tornar, para o indivíduo singular, o conteúdo de sua vida particular, e sim que implicam em relações de dominação e servidão desprovidas de sentido ético. Mas, quando o Estado absorve em si a economia, submetendo-a ao direito civil, ela recebe uma "realidade" ética, e seus esteios, os proprietários, assim tornados classe, "reconhecidos como universalidade", não abandonam mais toda sua personalidade ao jogo de forças econômicas. Legalização (*Rechtsschaffenheit*) é a forma sob a qual as virtudes do indivíduo aparecem a esta classe, assim como a bravura à precedente. Ela cria o direito, mas reserva lugar também à eqüidade; reserva o mais alto valor à manutenção da "existência empírica" do indivíduo, e cuida dos recursos da família, proporcionalmente à sua classe, e vela por seus concidadãos. Mas tudo o que ela empreende tem um limite; como, para ela, a vida pura e simples é o mais alto bem, ela pode bem ser desinteressada, sacrificar-se, mas não pode ceder "nem a posse inteira, nem a vida". De qualquer modo, ela alcança uma espécie de nível ideal ali onde ela se sacrifica, seja na contribuição para suprir a necessidade da primeira classe, seja para as necessidades dos indivíduos pobres e sofredores; falta porém ao sacrifício "universal", a vitalidade, e ao sacrifício "mais vivo" pelos indigentes a "universalidade". Esta é, assim, a classe "da vida ética relativa", que "não é capaz de bravura".

Finalmente, a "vida ética bruta" (*rohe Sittlichkeit*) dos camponeses. Também eles, como os burgueses, dependem do trabalho e do ganho; mas, em lugar da dependência impessoal, na qual o burguês conduz seus negócios, a relação dos camponeses é de dependência patriarcal. Sua atividade não se dissolve nas engrenagens da vida econômica, como a dos burgueses, mas se constitui em "uma totalidade maior e mais abrangente"; ela visa ao vivo propriamente dito e abandona à natureza uma parte do trabalho. "Confiança" é a forma de aparecimento de suas virtudes. O indivíduo "não pode ser posto em movimento através do entendimento – pois teme com razão ser, através deste, enganado –, mas através da inteireza da confiança e da necessidade, através de uma impulsão externa que se dirige, igualmente, ao todo". O direito civil não se aproxima do camponês; os conflitos são, ao fim de contas, mediatizados "através da paixão e da dissuasão". E, por sobre a base da confiança, ele é "também capaz de bravura, e pode, através deste trabalho e no perigo de morte, unir-se à primeira classe", pois a esta dedica ele sua confiança, em virtude da afinidade de seu modo indiviso, da "totalidade" que lhe é própria como ao nobre.

Esta é, então, a estratificação social que encontramos no Estado hegeliano. Uma nobreza, que não paga impostos nem empreende negócios próprios dos burgueses, porém ocupa as altas funções militares; uma classe camponesa que, em um esquema de relação de dependência universal e patriarcal, segue as ordens do oficial oriundo da nobreza nas guerras, e que é por ele exercitado, em tempos de paz, nos assuntos de guerra, estranhos à vida burguesa fundada sobre o direito, cumprindo seu trabalho na obediente confiança, ou obrigado por castigos que "visam ao todo"; uma burguesia, vocacionada a adquirir, pagando impostos, dispensada de obrigações militares, estritamente separada das duas outras classes, em posição de pura observadora da vida do Estado, com uma ética independente deste. Temos aqui um quadro facilmente reconhecível de uma situação, em seus grandes traços, familiar a Hegel, desde sua ocupação, em Frankfurt, com o direito nacional prussiano.

Pode surpreender, à primeira vista, que aqui o filósofo perenize um modelo de Estado que é o mesmo cuja atividade sem alma o redator do libelo condenara definitivamente. Mas já nos recordamos que, pelo sentido que imprime a esta estrutura social, o filósofo rompe definitivamente com o universo intelectual do século XVIII. Certamente, o modelo daquele que ele aqui reproduz existia já no Estado prussiano, mas sem que fosse sentido e compreendido, e por isto sem vida, e, assim, enormemente distante desta sua reformulação. Do mesmo modo, Hegel, em seu escrito sobre a Constituição, havia reconhecido, em toda sua nudez, o Estado-potência (*Machtstaat*) do século XVIII, com uma franqueza que rechaça todos os pequenos recursos à justificação e que o pensamento do século anterior nunca poderia, por ele mesmo, haver atingido – mesmo que o grande rei, que viveu igualmente para o Estado e o Espírito do século, tivesse finalmente reconhecido – com gestos de resignação – que Maquiavel tinha razão. E, de forma semelhante, Hegel encontra aqui acentos de enaltecimento do antigo Estado, acentos aos quais ele nunca recorreu à época de plenitude de suas forças. Ao novo Espírito falta ainda seu objeto, porém ele era já o Espírito novo. A realidade teve ainda de se transformar, a fim de que este Espírito viesse a encontrar um objeto que lhe fosse adequado.

É visível a convergência entre as idéias de Estado do libelo e do *Sistema* no que diz respeito a um ponto: que o Estado é essencialmente Poder. O texto sobre a Constituição propõe tal idéia conceitualmente e articula suas propostas de reforma a partir de tal idéia; o Sistema vai adiante, até as particularidades da estruturação social. No caso do libelo, os conteúdos e objetivos da vida burguesa são propostos como indiferentes a esta dimensão de poder do Estado. No caso do *Sistema*, uma alta muralha separa a classe na qual o poder do Estado se organiza com fins guerreiros das classes de aquisição industriosa, burguesa e camponesa; uma muralha que a terceira classe, capaz de bravura, ainda que uma bravura meramente submissa, pode ser novamente rompida, mas que, para a burguesia, com seus objetivos e intuições característicos, permanece solidamente erigida. Em seu texto sobre a Constituição, Hegel reconhece ocasionalmente uma posição especial no que se refere à nobreza, mas isto sob a condição de que ela realmente dê conta de suas obrigações para com o Estado e não se contente com o gozo de seus privilégios como a nobreza francesa, sobre a qual, por este motivo, precipita-se a Revolução.

Eram fracos os elos que ligavam o poder e a liberdade no libelo. Quando, agora, Hegel empreende a sua fusão, tal se dá essencialmente em termos da via que ele já havia percorrido na publicação do verão de 1801; ele vai, porém, além de um conceito de liberdade de validade universal, que consistiria na simples participação no desenvolvimento do povo. Em acorde com classes da essência ética, a liberdade se reveste, aqui, de novas tonalidades, conforme a classe à qual se refere. Na primeira, ela se torna libertação autenticamente ética de todo medo terrestre (*Angst des Irdischen*); na terceira, assume validade aquele conceito suave de liberdade, válido para todas as classes, sem um acréscimo específico para esta classe em particular; na classe burguesa, enfim, o valor absoluto da "existência empírica" do indivíduo torna-se liberdade coletiva da vida do povo. E aqui estamos muito próximos da esfera não-estatal do libelo, mas de uma forma mais autêntica, dessacralizada: doravante, no reino da vida ética, ela não se constitui mais em uma exigência universal, mas em uma particularização efetiva em uma classe e em seus costumes. E esta é a ligação de fato entre os dois escritos. Pois, ao mesmo tempo que uma reivindicação visando aos cidadãos em geral, no libelo, transforma-se em ideal de Estado, em virtude da necessidade de nosso filósofo de dar forma, de "individualizar", as reivindicações democráticas que o escritor do libelo, com uma abertura de espírito e permanecendo surdo às demandas do filósofo, capta em sua época, são integradas no *Sistema*. Não se ouve uma palavra sobre a participação do povo na legislação e no voto dos impostos, presentes no libelo por uma exigência do Espírito do tempo (*Zeitgeist*) e constituintes dos alicerces do Estado futuro. Mesmo assim, subsumidas no *Sistema*, as reivindicações democráticas não desapareceram. Elas apenas se transformaram, do mesmo modo notável como se passou com o Estado do libelo em seu todo. A participação indireta de todos transmutou-se em "totalidade" orgânica do todo, à qual ninguém permanece estranho, na medida que a "vive" – a primeira classe – ou que a "intui" – as classes inferiores. Junto ao Estado que ainda mantém sua validade do Libelo, aparece o Estado ideal do *Sistema*. Na simples asseguração de sua idéia de poder, em sua adesão totalmente natural e pouco necessitada de teoria às forças existentes, tanto ao Estado singular vivo como ao desejo ardente da opinião pública de participar da política, o texto sobre a constituição apresenta uma afinidade real com a obra de Bismarck, que se deixa ler até mesmo como uma realização da profecia ali contida. O Estado ideal do *Sistema* é, por seu conteúdo, a transfiguração de uma situação destinada a extinguir-se; porém, na claridade projetada sobre este processo de declínio, encontram-se forças revitalizantes de um espírito político em ascensão que, no futuro, viriam a preparar e a conduzir a obra de Bismarck. Entre as exigências do libelo e a obra de Bismarck encontra-se uma concordância à primeira vista surpreendente e todavia quase devida ao acaso: da figura de Estado do *Sistema* se estabelece, com a Igreja de São Paulo, em 18 de janeiro de 1871, uma linha subterrânea de desenvolvimento.

Nós vimos até agora o Estado do *Sistema da Eticidade* apenas do ponto de vista de sua configuração social; ao que tudo indica, Hegel havia originalmente planejado separar esta parte – "Constituição do Estado" – de uma segunda parte – "Governo". Uma contraposição que, então ainda incomum, tornar-se-ia, através de um deslocamento de sentido, corriqueira no século XIX, sob o nome de "Constituição e Administração". Hegel a herdou, de forma pessoal ou através dos escritos, de Majer, especialista em direito público de Tübingen, que a tomara, por sua vez, da obra jurídica principal sobre o Império de Pütter. A ocupação de Hegel com a Constituição do Império teria assim, provavelmente, influenciado o *Sistema*. Esta divisão originalmente planejada opunha a estrutura dos Estados, o "sistema da vida ética em repouso" enquanto "constituição do Estado", ao "governo" que põe em movimento o sistema em repouso, hierarquiza as classes (*Stände*) entre elas e em relação ao todo, permite que apareçam em suas particularidades e constitui, assim, a vida propriamente dita do Estado. Mas a mudança de sentido da palavra "constituição" ocasiona mal-entendidos no que diz respeito a esta divisão; Hegel reconheceu que aquilo que passa a significar a palavra "Konstitution" e começava a exercer uma gigantesca influência no pensamento político, deveria ser compreendido não no sentido de "constituição" (*Verfassung*) em termos da distinção de Pütter e Majer, mas como "governo", pois esta realidade não se reportava, efetivamente, a um Estado de repouso do povo no interior do governo e, sim, se constituía na lei segundo a qual o Estado se opunha justamente a este repouso. Assim, ele intitulou ambas as partes "a constituição do Estado", e nomeou a primeira parte, à qual tinha inicialmente reservado o nome de "Constituição", como "A eticidade como sistema, em repouso" – o que trai seu embaraço em assumir um conceito técnico da ciência política. O governo "é a verdadeira *Konstituition*", se ele mostra, por sua natureza, a inteireza do Estado, o que compreende as tarefas que ele articula, e se ele o faz não apenas em virtude de seu poder, mas em virtude de seu Espírito. A melhor Constituição seria assim, segundo Hegel, uma ordem administrativa satisfatória. Ele recusa, por conseqüência, o "caráter bruto" do conceito neofrancês de constituição que vê o Estado agir diretamente, enquanto tal, sobre o indivíduo. Isto, segundo já o libelo, seria "ausência de forma e supressão (*Aufhebung*) da liberdade", pois a liberdade "está na forma e consiste no fato de que a parte singular é um sistema subordinado do organismo inteiro e é por si mesma... auto-ativa". O governo deve então se articular, e isto "segundo a necessidade". Ele se desintegra em torno ao centro imóvel deste movimento e em torno aos suportes mesmos deste movimento: governo "absoluto" e "universal".

O "governo absoluto" não é uno com a primeira classe. É necessário reconhecer com precisão os limites nos quais esta última deve distender sua "aniquilação" às classes inferiores. "Mas um tal conhecimento é a lei". O governo absoluto não pode, por conseguinte, pertencer a uma classe, mas deve ser justamente a liberdade "empírica" de todas as classes, incluindo a primeira, que deve ser aniquilada pela lei limitante. "Esta manutenção absoluta de todas as classes deve ser o mais alto governo"; e assim consiste este mais alto governo naqueles "que por assim dizer abandonaram o ser real em uma classe e vivem absolutamente em um Estado ideal, os anciãos e os padres, os quais são ambos a mesma coisa".

Os anciãos e os padres, elevados a nível superior ao da vida e de sua particularidade – uns por sua natureza, à qual eles vão em breve regressar, e os outros por Deus, a quem unicamente são consagrados – "são unicamente capazes de conservar... o Todo"! Toda a afinidade com o mundo moderno parece aqui se desvanecer, e a influência da Antigüidade parece dificilmente contestável. Não estava Haym em certa medida certo, quando ele afirma que este Estado hegeliano ideal fora concebido "não somente segundo o modelo, mas até mesmo como cópia do Estado platônico"? Não é possível descurar aqui de um certo tom arcaizante. Mas este caminho deve ser igualmente "platônico"? Haym está, evidentemente, pensando na célebre passagem da necessidade de os filósofos se tornarem reis e os reis se tornarem filósofos. Pois apenas aqui, se em algum lugar, é exigido talvez por Platão um poder estatal sobre as classes, mesmo as dominantes. Certamente isto seria uma significativa semelhança, mas ainda mais significativa seria a diferença. Platão exige o "homem que seja sábio e real (*königlich*)", pois somente o filósofo detém um saber verdadeiro que, mesmo colocado por sobre as leis existentes, é capaz de indicar a direção justa aos instintos desordenados dos homens. Para Hegel, porém, corresponde a este lugar de seu Estado não um sábio ou a verdadeira "eticidade", mas, como ele mesmo diz: aqui, no mais elevado ponto, onde se trata da preservação do todo, "parece dever a eticidade refugiar-se... na natureza, na inconsciência". Não é o filósofo que constitui o centro estável do movimento da vida do Estado, mas o ancião sacerdotal, elevado não por sua vida ética, mas por Deus ou pela natureza, por sobre as particularidades da existência ética, por sobre os Estados. Em Platão, uma alta vontade ética deve dominar a má naturalidade da vida, se lhe impor; para Hegel, um saber puramente natural se eleva por sobre a alta eticidade existente e "pressuposta" da vida, um saber por natureza capaz de conhecer esta eticidade da vida existente – "um tal conhecimento é a lei" – e, assim, de velar por sua conservação. Os filósofos de Platão são condescendentes ao oferecerem, a um mundo mau, uma boa lei; os anciãos de Hegel conservam e desenvolvem a melhor Constituição, a efetivamente existente.

Deste modo, esse pensamento, aparentemente perdido fora do tempo, pode vir a se inscrever na moldura de sua época. Hegel tenta, com efeito, resolver um problema ao qual toda a teoria política do século precedente, na Alemanha como na França, havia consagrado seus esforços: proteger e desenvolver a constituição pela constituição, ajuntar aos poderes constitucionais um "pouvoir constituant" (poder constituinte). As constituições revolucionárias, na medida que tinham como objetivo introduzir os ideais do direito natural na realidade do Estado, haviam evidenciado as dificuldades da relação entre constituição escrita e vida não-escrita; procurava-se por fórmulas e instituições que pudessem manter o equilíbrio entre estas duas potências. Tal conduziu ao direito, apenas em 1793 reconhecido, de modificação da constituição, que já havia sido proposto em 1789 e 1791, direito que, segundo a versão de Condorcet, fundava-se sobre a convicção de que nenhuma geração pode submeter às suas leis as gerações que a sucedem. Chega-se, assim, na Convenção (*Konvent*), ao pensamento de Condorcet, de renovar constitucionalmente a constituição a cada vinte anos – de, de certo modo, transformar o transcurso caótico da história em uma peça musical estritamente rítmica. Chega-se finalmente, em 1795, em referência ao "tribunal" de Rousseau, que deveria manter as forças do Estado em equilíbrio, à idéia de uma autoridade própria, ao projeto de Sieyès de um "tribunal constitucional" (*Verfassungsgerichtshof*), que deveria servir simultaneamente as duas forças que a estrutura de um povo, tal como a de qualquer organismo vivo, traz em si: a conservação e a evolução. Sieyès conseguiria finalmente realizar esta sua idéia predileta no "senado constitucional" (*Erhaltungssenat*) da constituição consular. Examinando o caso da Corte Suprema imperial (*Reichskammergericht*) de Wetzlar, chamou a atenção de Hegel esta particularidade da constituição consular, assim como o projeto do tribunal constitucional de 1795; é provável que ele tenha pensado então nestas idéias e experimentos franceses durante a elaboração do *Sistema*. Ele evoca expressamente a perspectiva autoritária concebida por Fichte para assegurar a proteção de seu Estado racional, as "Éforas", assembléias de "velhos homens maduros", cuja competência única e "puramente negativa" consistia em que poderiam, a qualquer momento, emitir o "interdito" (*Staatsinterdikt*) pelo qual o governo era obrigado a comparecer ante o tribunal do povo soberano. Esta concepção, "em seu sentido negativo", Hegel chama de "totalmente vazia". A "vigilância sobre o governar em todas as suas particularidades" caracteriza este poder que deve comandar, agir de forma totalmente potente e, "ao mesmo tempo, enquanto potência, não ser mais que um nada". Esta não é uma potência – que é tudo e nada –, que pode representar um governo absoluto, mas, ao contrário, é uma potência que pressupõe a diferença de classes que Hegel chama originalmente de "constituição", que constitui o governo absoluto de Hegel,

que legisla, que ordena, onde relações, que intenderam organizar-se por si mesmas, se desenvolvem, ou onde um aspecto insignificante e que não sofreu, até então, de limitação, desenvolve-se pouco a pouco e principia a tornar-se potente. Sobretudo, tem de decidir nos casos em que diferentes direitos, oriundos de diferentes sistemas, entram em conflito, e aos quais o presente impossibilita sua existência positiva.

Ela constitui assim, podemos dizer, um poder que, de um lado, conserva a ordem política fundada sobre os estados (*Stände*) e, de outro lado, garante a unidade do todo da vida do Estado frente à vida própria dos estados. Ela conserva a constituição na medida em que a renova. O contraste com a Éfora fichteana – e, ao mesmo tempo, a distinção entre as concepções fichteana e hegeliana de Estado – torna-se evidente: a Éfora fichteana é o poder que detém incidentalmente os governantes e que apela à lei racional eterna do povo soberano; o governo absoluto hegeliano, por seu turno, auxilia, ao contrário, o movimento histórico, o "presente", em seu direito face às formas da ordem política fundada sobre as classes, as quais repousam no seio da razão ética. Para aquilo que Fichte denomina "comuna popular" (*Volksgemeine*) não existe nenhuma justificativa posterior; mas esta instância suprema do Estado de Fichte não intervém senão em último caso, em caso de injustiça. O governo absoluto de Hegel, igualmente sobrelevado sobre toda responsabilidade, atua em cada momento; a vida do Estado decorre ininterrupta. Ambos os poderes estão postados sobre toda responsabilidade, mas o de Hegel está também para além de toda fundamentação e de toda garantia. Ele pode ser assim porque não refunda a Constituição, como no caso do povo de Fichte, cujas expressões assumem sempre a força de uma lei constitucional, mas conserva a Constituição "pressuposta": eleições populares, disposições legais, poder militar, não iriam senão despossuí-la de seu "caráter sagrado". "Ela é o sacerdócio imediato do Sumamente Alto (*allerhöchsten*), em cujo santuário ela delibera e recebe suas revelações", ela é "divina, sancionada em si mesma, incriada". É neste píncaro absoluto que se condensa o Estado hegeliano; ele não recebe seu direito e sua fundamentação, como o Estado revolucionário fichteano de 1795, da lei moral absoluta que repousasse à sua frente como critério eterno, junto a si ou mesmo à sua frente como visão perpétua; mas ele é nele mesmo absoluto. Surgido da ordem ética da vida em repouso das classes no Estado, eleva-se o cume natural, através do qual o todo adquire, propriamente, "realidade" (*Realität*). O Estado, que é ordem ética interior, devém, enquanto constitui um todo, um ser natural no mundo, acompanhado de uma violência que não é alvo de questões nem aporta respostas: apesar de todos os esclarecimentos metafísicos, este Estado permanece o que ele era no libelo – o Estado como potência (*Macht*).

Mesmo se a monarquia parecesse receber, aqui e ali, seus favores, o Estado-potência (*Machtstaat*) do libelo era indiferente à forma de governo. O mesmo se passa com o Estado da vida ética absoluta: a democracia, a monarquia, a aristocracia podem ser "formas de um governo livre". Se o são, isto depende do fato de que a oposição entre governo e governados é "apenas superficial" e a sua "essência é a mesma" – o que não é o caso das formas não livres da oclocracia, da oligarquia e do despotismo. Entre as três constituições livres nas quais a "realidade" (*Realität*) natural do ético, representada pelos Anciãos sacerdotais, que se encarna em um, em vários ou em todos os indivíduos, uma delas recebe a pior apreciação; e, curiosamente, trata-se daquela que parece mais próxima do absoluto: a aristocracia. Pode ser que tal corresponda ao ressoar das experiências de Berna: "ela se distingue da constituição absoluta pela hereditariedade, e ainda mais pela posse; e porque ela contém a forma da constituição absoluta, mas não sua essência, ela é a pior". Também a democracia é igualmente criticada, no que concerne ao fato de que o governo, constituído por "todos", não pode estar incólume à posse e, ainda mais, porque aqui não pode ser distinguida nenhuma "classe absoluta" (*absoluter Stand*). Neste conjunto, apenas a monarquia, que pode se dar ao luxo de dispensar a posse privada, está ao abrigo de toda objeção explícita. A constituição absoluta, ainda que seja uma espécie de aristocracia, parece a Hegel igualmente bem realizada tanto na forma da aristocracia como da monarquia.

Estas notas relativas à indiferença da Constituição absoluta face às formas específicas de governo revelam que Hegel esboça a figura de Estado que lhe parece ideal, sem se indagar sobre o trânsito da idéia à realidade. Também aqui é evidente a diferença com relação à doutrina de Estado de Fichte, de 1796, em todo seu espírito. Fichte expõe suas idéias com uma lógica tão atenta a cada detalhe, de uma forma a tal ponto incisiva, que o leitor é constrangido continuamente a pensar e a aprovar sua aplicabilidade. Não se vê em Hegel nenhum traço de tal vontade de convencimento. Em suas próprias palavras, a força da eticidade consiste na "força da intuição e do presente". E, todavia – ou talvez exatamente por isto – sua figura de Estado contém mais vida que nas audaciosas exigências de Fichte. As notas sobre o governo absoluto evidenciam-no perfeitamente; como vimos, este governo é melhor representado, na realidade, pela monarquia (*Königtum*). A monarquia, oriunda da primeira classe, tem realmente por tarefa situar-se por cima de todas a classes, conservar e renovar suas relações por sua criatividade legislativa e subordiná-las, todas, ao Todo do Estado. Ela se constitui, por nascimento, no ápice "natural" do Estado, "sancionada em si mesma, e não feita", a alma do movimento do todo. E, devemos acrescentar, trata-se de uma monarquia exatamente como a de Frederico. É necessário ainda ressaltar que um tal ideal de monarquia do século XVIII não poderia haver sido localizada, sob esta forma, no século XVIII; a nova sabedoria filosófica da "identidade" configurada pelo governo e pelo povo espraia por sobre a prosaica rudeza histórica seu aparecer de ouro. Aqui, o exemplo do grande pensador do século XIX alemão torna evidente como a fundamentação científica da nossa monarquia moderna procedeu, sem ruptura, da observação do Estado de Frederico, e como, também aqui, o espírito da filosofia clássico-romântica (*klassisch-romantisch*) serviu de intermediação necessária entre o século antigo e o novo.

O governo como causa e suporte – e não, como até então, como simples centro imóvel – do "movimento universal" é tratado por Hegel sob a rubrica "governo universal". Enquanto o "governo absoluto", comparável também nisto à monarquia hereditária, é o poder que assegura ao "povo" a coesão de sua vida ao longo das eras, a atividade do "governo universal" está voltada inteiramente na direção da "determinação do povo para este tempo", pelo trabalho em um ponto preciso de sua vida. Podemos já dizer: se a monarquia se perfila por detrás do "governo absoluto", o "governo universal" torna-se a imagem ideal do corpo de funcionários (*Beamtschaft*), como se a monarquia ilimitada houvesse se constituído em função de seus fins.

Caso se deseje subdividir o governo universal em três poderes e, ao mesmo tempo, com Kant, segundo as três premissas de um silogismo racional, então o geral deveria ser percebido no legislativo, a submissão "ideal" do particular sob este universal no judiciário e a submissão "real" do particular sob o executivo. Hegel mesmo lembra que Kant entendeu o legislativo como "premissa maior" do silogismo, mas entendeu os outros dois poderes de modo inverso: o executivo como "premissa menor" e o judiciário como "conclusão". Assim, é fácil de se perceber como, através do taramelar do moinho conceitual, se evidencia o sentido da subdivisão hegeliana no que diz respeito à ciência política. Para Kant, a sentença da justiça é a função do Estado; o poder executivo é, para ele, apenas a ligação entre o legislador e o juiz, como uma espécie de bedel. Hegel, porém, em concordância com seu conhecido desprezo pela justiça como ideal político, confere à sentença do juiz o lugar mais modesto; em seu Estado, que é potência, os outros poderes confluem no executivo. Com relação a si mesmos, cada um dos três poderes é pura abstração; a ação governamental combina constantemente nessa abstração as três atividades, e caso se procure, como ensinou Montesquieu, separá-los artificialmente sobre referências diferentes, então os representantes do poder executivo representarão necessariamente o governo e o que dele dependa para a atividade dos demais. A distinção entre uma atividade de Estado dirigida ao exterior e aquela dirigida ao interior parece, a Hegel, mais profunda que a divisão de poderes em Locke ou Montesquieu; mais profunda, porque abrange o Estado, em cada oportunidade, como "totalidade", seja do ponto de vista particular, de um Estado entre Estados, seja do ponto de vista universal, em sua relação aos indivíduos singulares. Todavia, Hegel recusa ainda esta distinção, que adotará mais tarde, com uma explicação muito significativa: a vida real do Estado é uma troca contínua entre duas atividades: uma "determinação", que parece concernir apenas ao governo exterior (*äussere Regierung*) torna-se "imediatamente a determinação própria do povo". Uma verdadeira subdivisão deve então produzir "sistemas orgânicos", "nos quais estas formas da interioridade e da exterioridade sejam subordinadas", de tal modo que cada um dos "sistemas" da atividade do Estado compreenda, em si mesmo, também a vida exterior do Estado, além de sua vida interior. Hegel estabelece a existência de três destes "sistemas": da necessidade, da justiça e da guerra; da educação, formação, conquista, colonização. É difícil reconhecer aqui o reflexo de uma ordem administrativa histórica, devido à idéia diretriz que a anima, de resto decisiva para a ciência política e histórica do século seguinte: sempre sintetizar, em cada atividade governamental, a determinação da vida exterior e interior do Estado. Esta idéia fundamental conduz à surpreendente aproximação – praticamente ausente posteriormente – entre guerra e justiça, conquista e educação, colonização e formação. Examinemos estes sistemas em sua ordem.

Hegel havia, em seu comentário extraviado sobre a obra de economia política de Steuart, validado a idéia de "vida" contra a tendência reificadora (*versachlichend*) das doutrinas mercantilistas. Pode-se entender, sem risco de erro, que ele também fora atraído pela nova doutrina que então iniciava sua marcha triunfal através da Alemanha. O que provavelmente o havia atraído em Adam Smith é o fato de que este não partia, como ainda faziam o Fisiocratas, da produção mercantil inteira, mas do trabalho de homens singulares. O que havia de morto no conceito de riqueza, que dominava a velha doutrina econômica, onde a "riqueza" não era entendida senão como aquela do Estado, parecia haver sido substituído na obra sobre "a riqueza das nações" pela imagem viva de um todo econômico nacional, e depois mundial, movendo-se em seu próprio equilíbrio, e procedendo naturalmente de uma multiplicidade de necessidades particulares. É desta figura que, agora, parte Hegel, e edifica esta primeira parte de sua filosofia do Estado sobre a "necessidade", como indica seu título – o que bem caracteriza o traço individualista de sua nova concepção. Mas – e isto não é menos característico de sua teoria econômica – diferentemente da teoria de Smith, tal como ela é geralmente compreendida –, ele nunca toma simplesmente o homem singular como ponto de partida, antes dirigindo a questão para além, sobretudo no sentido da posição ocupada pelo indivíduo singular neste todo de necessidades, sem dúvida harmônico em si, e encontra este indivíduo indefeso em face de "um poder estranho sobre o qual ele nada pode". Assim se apresenta ao governo a tarefa de dominar este "destino inconsciente, cego". Ele pode fazer isto, pois ele está em condições de reconhecer quais são as necessidades do todo e quais são as do indivíduo. Devido a este reconhecimento, o governo intervém no equilíbrio precário da vida econômica, regulando-a, ligando os espaços e os tempos – pois, se ele abandonasse a vida econômica à produção natural do equilíbrio, então tanto os indivíduos indefesos como classes (*Stände*) inteiras pagariam o preço da inconveniente confiança do Estado na teoria. Eis um caso que já encontramos amiúde neste escrito: novamente, o pensador se apropriou de uma nova idéia como idéia, e depois, a partir da base desta nova idéia, ele justifica uma política antiga. Hegel exige a intervenção reguladora do Estado na vida econômica, tanto para o bem do Estado como para o do indivíduo indefeso. Steuart demandava já do "homem de Estado" que ele garantisse ao trabalhador o *physical necessary* (materialmente necessário), e a prática mercantil tinha igualmente perseguido este objetivo. Hegel não pode ter haurido esta idéia, em uma tal generalidade de princípios, de Smith. O olhar sobre o passado é, todavia, menos intenso aqui do que em outros locais; Hegel se contenta em fazer do Estado um regulador, de acordo com o que propugnava um mercantilismo moderado, representado por Steuart, seja quando este separa "economia" de "governo" (*Regiment*), seja quando ele distingue, no "homem de Estado", o intendente e o mestre. Hegel não pretende constituí-lo em senhor ilimitado e instigador último da vida econômica nacional, como pretendia o mercantilismo autêntico em teoria e prática.

Se, por este trabalho de regulamentação, o Estado exerce um dever de ordem "contingente", que aparece caso a caso, a diferença perpétua (*ewig*) necessária de pobre (*Arm*) e rico (*Reich*) lhe impõe uma tarefa de maior profundidade, particularmente ali onde esta oposição alcança suas maiores dimensões: na "indústria" (*Gewerbe*). A classe industrial, ela mesma dividida "em várias classes de indústria, e estas por sua vez em classes de diferente riqueza e felicidade", engendra, como já se teve oportunidade de aludir e como Steuart havia ressaltado, relações de dominação nua, sem base em idéias (*ideenlos*): de um lado, o indivíduo extraordinariamente rico, de outro, as massas despossuídas, decaídas, pelo trabalho mecânico "inorgânico", na mais extrema brutalidade, na "bestialidade do desprezo de tudo o que é elevado". Assim, "o que é sem sabedoria", a riqueza, transforma-se na essência de todas as coisas e "a ligação absoluta do povo, a ética, desapareceu, e o povo foi decomposto (*aufgelöst*)". O que deve, então, fazer o governo? É necessário que "em sacrificando uma parte desta classe no trabalho mecânico e fabril... conserve o todo em toda a vitalidade que lhe é possível. Mas tal se dá... pela constituição intrínseca da classe mesma". O remédio hegeliano face aos perigos que o sistema fabril (*Fabrikwesen*) representa para o Estado e a sociedade é a regulamentação corporativa que inclui empregadores e empregados, e na qual uma relação viva de ser humano a ser humano substitui a dependência impessoal – "uma conexão ativa internamente, que não é a dependência física". Fazer da classe industrial um tal "universal vivo" e tornar os indivíduos, é certo, "parcialmente dependentes, mas de modo ético, na confiança, estima etc.", tal não é tarefa do governo, mas deve advir "da constituição intrínseca da classe", que deve proceder de sua própria natureza. Se esta "relação viva" existe, "o rico é imediatamente obrigado" a suavizar "a relação de dominação, e mesmo a suspeita de tal dominação, através da possibilidade de uma participação mais ampla (*allgemeines Teilnehmenlassen*)" – neste ponto, uma nota, à margem, lembra a lei ateniense da liturgia –, pela personalização desta relação, na qual a vontade não se dirige mais, simplesmente, ao ganho em Estado bruto, mas "existe como totalidade viva", e "a tendência mesma à riqueza infinita é extirpada".

Hoje em dia ocorre a tendência de superestimar a significação destes desenvolvimentos, nos quais se mesclam conhecimento profundo e esperança utópica, para o todo da concepção hegeliana de Estado. Assim, não é sem utilidade indicar, desde já, que Hegel os relega, posteriormente, a um segundo plano, sem que desapareçam totalmente em seus detalhes. Já nos anos seguintes é possível observar um recuo progressivo dos aspectos mercantilistas de sua filosofia econômica. Se o político sente, no *Sistema*, de forma tão intensa, a necessidade de um equilíbrio social, tal se deve certamente ao interesse manifestado, em Frankfurt, pela situação dos trabalhadores ingleses e pelos debates parlamentares sobre os impostos para indigentes (*Armensteuer*), que tiveram lugar de 1795 a 1797. Ali ele pôde tomar ciência da existência das *friendly societies* (sociedade de socorro mútuo), estas associações locais de assistência nascidas no seio do mundo operário (*Arbeiterschaft*), e que antecipam, sob muitos aspectos, os futuros sindicatos. Mesmo que Hegel tenha tido em mente estas novas formações inglesas, parece antes, porém, que ele, na idéia de suas associações fabris, que deveriam associar empresários e trabalhadores, pensava realmente nas antigas corporações que outrora ele mesmo havia recusado, e nas quais o poder absolutista realmente achava algo de pré-existente à sua ação, oriundo da "essência orgânica" da classe e que tinha de ser apenas observado e conservado. Mais uma vez, imagens arcaicas se sobrepõem a um olhar que havia sabido reconhecer a miséria tão especificamente moderna da vida do Estado.

O Estado participa imediatamente da vida econômica na medida que ele mesmo tem necessidades – é desta forma que a administração das finanças ocupa o fim do capítulo. As necessidades do governo são, para Hegel, manutenção do Estado de guerra, pagamento do funcionalismo e necessidades da totalidade do povo – em estrita correspondência, pelo número, modo e sucessão, com a célebre determinação de Smith das três funções do Estado: *defence, justice, public works and public institutions* (defesa, justiça, serviços e administração públicos). Hegel coloca, após os objetivos do Estado, a teoria de seus meios, como Adam Smith, e também seguindo o princípio de sua divisão. O governo não pode, na condição de "universal", trabalhar; ele não pode senão "se apropriar imediatamente e sem trabalho dos frutos maduros", através dos impostos. Se ele mesmo adquire, tal não se pode dar senão em função do aluguel de propriedades, "para que a aquisição e o trabalho não lhe incumbam diretamente, e sim sob a forma do benefício, do resultado, do universal". Na medida, então, que Hegel se apropria de uma sistemática de argumentação com a qual a nascente economia política combatia toda forma de propriedade de domínio (*Domänenbesitz*) e de monopólio do Estado – o Estado, enquanto universal, não pode nem deve adquirir nos quadros da economia privada –, ele justifica, exatamente com esta fundamentação, a propriedade de domínio, sob a forma de arrendamento, tal como efetivamente se dava ante seus olhos. Esta forma de proceder, cujo uso freqüente por Hegel tem sido por nós ressaltado, é ainda mais explícita na doutrina da fiscalização. Fundamentalmente, com exceção da isenção fiscal que beneficia a primeira classe, a reivindicação é aquela já formulada pelo liberalismo em termos de política fiscal: a imposição "deve assumir a forma da universalidade formal ou da justiça". Mas na vida real desemboca "o sistema de impostos imediatamente na contradição", segundo a qual ele deve ser justo, mas não pode sê-lo. Pois o que seria "absolutamente eqüitativo" corresponderia a que "cada um deve colaborar em proporção às suas posses; mas essas posses não são algo imóvel, fixo, mas antes, no processo de aquisição (*Erwerbsfleiss*), um infinito vivo, um incalculável". Seria "formalmente possível" atingir este "infinito vivo" através da imposição de impostos, mas não seria possível na realidade, como Hegel, seguindo Adam Smith, explica a seguir, pois ganhos (*Einkommen*) não são "algo objetivo, cognoscível e reconhecível", como o são os bens imóveis. Ele chega então, por fim, à exigência da coleta de impostos do "objetivo", dos bens imóveis, sobre a base de seu valor médio. Mas – o que se constitui em uma objeção contra a "taxa única" da doutrina fiscal dos fisiocratas – como este modo de taxação não poderia atingir igualmente a "aptidão" enquanto tal, seria necessário acrescentar uma segunda forma de taxação, que a atingisse através "do que ela dispende (*ausgibt*)" – pois tal "efetua o recolhimento através da forma de universalidade... torna-se mercadoria". Para não desequilibrar a economia, este imposto de consumo deve então se estender "à maior particularização possível" das mercadorias, o que forneceria ao governo um meio detalhado de regulação da vida econômica.

Assim, o princípio prévio da "justiça absoluta" desemboca finalmente na justaposição de um imposto fundiário (*Grundsteuer*) e de um imposto sobre o consumo, afetando duas populações distintas. Aqui Hegel é fiel até os detalhes à argumentação de Adam Smith que, partindo, também ele, do princípio de um imposto sobre os ganhos, recomenda finalmente, por sua impossibilidade prática, o estabelecimento de um imposto fundiário e outro sobre o consumo; a nova doutrina e a antiga realidade com seu tributo e seus acisos mostram a Hegel a mesma face. É notável o fato de que ele, não obstante, ressalte exatamente aqui a "contradição" entre ponto de partida e resultado. Em comparação com suas idéias propriamente políticas, que em vários sentidos permanecem no *Ancien Régime*, há, nestas concepções econômicas, uma marca fortemente moderna. Adam Smith demanda e obtém o acesso ao Estado hegeliano.

Comparativamente, Hegel trata o "Sistema da Justiça" de forma mais breve. O que, no sistema de necessidades, era posse fortuita, torna-se aqui propriedade juridicamente reconhecida. A justiça deve agora "ser qualquer coisa de vivo, e visar a pessoa". É certo que a lei, enquanto "o direito sob a forma da consciência", é necessária; porém, é indiferente com relação à justiça viva. O governo poderia deixar as classes votadas à aquisição industriosa (*Erwerbstände*), concernidas pelo direito civil, entregue a seus vãos esforços de "recolher no infinito" uma simples posse ocasional do direito, por uma "integralidade" tão completa das "leis civis... que o juiz tornar-se-ia puro órgão... sem vitalidade e sem intuição do todo". Mas o governo faz melhor em suprimir esta falsa aspiração "através do orgânico da constituição", na medida que organiza a justiça em segundo os princípios da liberdade, ou seja, da "identidade" entre o governante e os governados. Com esta finalidade, o defensor (*Rechtsuchende*) deve reconhecer seus pares no tribunal que lhe fazem face: "a mesma classe, a igualdade de nascimento permanecendo sob a mesma cidadania" são desejáveis; e, de resto, a "abstração da lei" não deve dominar, e sim "uma compensação que tenha em vista a satisfação das partes, a sua convicção e o seu consentimento no que diz respeito à eqüidade, quer dizer, que envolva sua totalidade enquanto indivíduos". O reconhecimento da necessidade da lei escrita, posteriormente defendida por Hegel contra Savigny, conecta-se aqui de modo singular com as concepções liberais (*freirechtlich*) de direito. No que concerne à composição dos tribunais, reencontra-se a interpenetração de uma realidade antiga e de um ideal novo: o foro pessoal é justificado pelo recurso à grande idéia moderna segundo a qual governantes e governados devem ser um.

O objetivo do direito é a pena, a qual, nos procedimentos civis, é a restauração de uma "determinação" prejudicada, e nos procedimentos penais atinge a personalidade mesma; a sua terceira forma de manifestação, porém, é – segundo o princípio de unidade da vida interna e externa do Estado sob cada "sistema" – a guerra. Na guerra, o "povo" é condenado, tanto como personalidade como na condição de proprietário; comparável, portanto, tanto ao criminoso como ao réu civil. Para a primeira classe, que "vive no povo", a guerra é realmente a forma adequada na qual o direito se dirige a ela. Uma afirmação que Hegel, mais tarde, dirigirá apenas a respeito do Estado mesmo: "sobre Estados não existe pretor algum".

No terceiro "sistema", enfim, o governo age através dos indivíduos sobre o povo como um todo: educação, formação, colonização. A "conquista" que o plano introdutório anunciava para este local, não aparece nesta parte do texto que foi, a bem dizer, apenas esboçado. A educação – detalhadamente, "talentos, invenções, ciência" – tem pouca significação; a verdadeira formação é aquela que o povo, este "povo que se cultiva, conferencia, é consciente", se dá a si mesmo. Diferentemente da "polícia", que pode exercer a disciplina em termos singulares, a verdadeiramente "grande" disciplina se constitui de "costumes universais, e a ordem, e o treinamento para a guerra, e o pôr à prova da veracidade do singular nela". Na colonização, enfim, o Estado realiza de forma consciente e planejada em direção ao exterior o que se passa no interior pela procriação: o povo "se objetiva em si mesmo", produz "um outro povo". Nestas indicações, pelas quais o ideal projeta na estreita realidade da vida alemã de então uma luz mais clara do que qualquer outra até então, acaba-se a exposição. O que segue são as já comentadas frases referentes à forma de governo, assim como algumas outras relativas à relação entre as formas de governo e a religião, que ainda examinaremos.

Iremos agora examinar o importante ensaio *Über die wissenschaftlichen Behandlungsarten des Naturrechts* (Sobre as Formas de Tratamento Científico do Direito Natural), redigido por Hegel no inverno 1802-1803, e podemos, para este exame, recorrer de diversas formas ao recém-examinado *Sistema*. Pois o texto pressupõe a parte central do *Sistema*, mesmo que ele já contenha, em suas linhas sistemáticas, as primeiras indicações de uma saída futura dos moldes daquela forma de sistema. A primeira parte do texto julga a forma de tratamento "empírico" do direito natural; com estes termos, Hegel indica praticamente todas as tentativas que precederam aquelas de Kant e de Fichte, que ele examina no segundo capítulo, e a sua, evidentemente, que ele retomará na última parte da obra. O "modo de tratamento empírico" isola um dado de realidade, seja um Estado, seja um impulso humano ou um desejo, destaca-o da plenitude do real e o erige como base fixa. Para combatê-lo, Hegel lança mão do Estado de natureza de Hobbes. O sentido da oposição hegeliana torna-se evidente na passagem em que ele esclarece que não se trata, em verdade, de achar a transição do caos de um Estado de natureza à majestade do Estado de direito, pois, na verdadeira eticidade, são "Estado de natureza e vida ética... pura e simplesmente idênticos". Percebe-se já, nesta notável transvaloração do Estado de natureza na idéia de natureza ética, uma certa complacência do filósofo para com o traço "empírico" no conceito de Estado de natureza. Isto é ainda mais evidente quando ele caracteriza, imediatamente após, o maior defeito deste antigo direito natural em sua "conseqüência". A "inconseqüência" pode, apenas, reparar "a violência infligida à intuição", e este elogio é seguido, muito conseqüentemente, de uma vigorosa defesa da pura empiria, "antiga e realmente inconseqüente". Encontra-se aqui, pela primeira vez, em sua pureza de origem, a equivalência entre efetivo e racional:

uma grande e pura intuição permite... exprimir o que é verdadeiramente ético na arquitetura pura de sua exposição, a qual não oferece à visibilidade a conexão da necessidade e o domínio da forma; comparável a um edifício, que exibe sem palavras o espírito que de quem o concebeu, sem que sua imagem... seja ela mesma exposta.

A apreciação é muito menos positiva com Kant e Fichte, os representantes do segundo modo de tratamento. É verdade que também neles Hegel reconhece "um lado grandioso", a saber, a idéia de que "a essência do direito e da obrigação coincide com a essência do sujeito pensante e volitivo". Mas Kant e Fichte não permaneceram fiéis a esta idéia grandiosa da identidade essencial entre o conteúdo e o suporte da eticidade. Eles a destruíram através do divórcio fatal entre legalidade e moralidade que encontra sua formulação filosófica na separação da ética em doutrina do direito e doutrina da virtude em Kant, e em direito natural e doutrina moral em Fichte. Ante a possibilidade da unicidade entre consciência e dever, a moralidade (*Moralität*), oferece-se proporcionalmente a possibilidade de que esta unicidade não se constitua, a legalidade (*Legalität*); e com isto se opõe ao sistema da liberdade um sistema da coerção (*Zwangsystem*). É

Fichte mesmo que viu a pressuposição do sistema da necessidade no fato de que "a fidelidade e a fé" se perderam, o que tornou impossíveis "a interioridade, a restauração da fidelidade e da fé perdidas, o ser-um da liberdade universal e da liberdade individual, e a vida ética". A idéia diretriz do ataque hegeliano é, assim, aquela de que constitui um contra-senso querer manter a liberdade através da coerção (*Zwang*). É daqui que é conduzida a crítica principal contra o já nosso conhecido "Eforado" (*Ephorat*). O seus membros não têm nem o poder de se opor a um golpe de Estado – Hegel lembra os acontecimentos do Brumário –, nem garantem a segurança de que, através deles, a verdadeira vontade universal se expresse – garantia que não oferece certamente o povo convocado por ele, esta "plebe, que... não foi de modo algum formada para agir segundo o Espírito do todo, muito antes pelo contrário". A liberdade ética não reside em uma decisão de agir de tal ou qual modo; ela está para além da possibilidade de tais decisões. O "indivíduo" (Individuum) livre não pode mais ser "forçado" (gezwungen), porque ele se "esforça" (bezwungen ist). Esta verdadeira liberdade compõe agora o objeto do capítulo, e a polêmica se esvai ante a demonstração.

Folheando esta terceira parte, encontra-se velhos conhecidos – os desenvolvimentos sobre o direito e o juiz, muito próximos daqueles do *Sistema*, e, principalmente, sobre as classes (*Stände*) que nos são familiares: eles são os mesmos do *Sistema*. Agora se percebe, porém, uma ligeira aproximação às classes de Aristóteles e Platão: a terceira classe é mais ou menos compatibilizada com a segunda e a primeira; enquanto classe de homens livres, é nitidamente distinta das outras duas, inferiores na condição de classes de homens não-livres, embora não se cogite aqui de escravidão. Os escravos não constituem, para Hegel, classe alguma; em uma classe propriamente dita, o indivíduo é livre; a ausência de liberdade diz respeito apenas à totalidade da classe, "na qual o trabalho visa a singularidade e não inclui o perigo de morte" – pelo qual, aliás, a terceira classe, que, na guerra, "amplia a primeira segundo a massa", separa-se novamente da segunda. No conjunto, a tripartição de classes, tal como ela corresponde à realidade contemporânea, permanece dominante. A relação ao presente é especialmente ressaltada, diferentemente do caso do *Sistema*.

Entre os povos modernos, a classe (*Klasse*) industrial cessou paulatinamente de exercer o serviço da guerra e a bravura se consubstanciou, purificada, em uma classe (*Stand*) particular... a qual pôde, assim, ser dispensada da aquisição industriosa e pelo qual a posse e a propriedade são, pelo menos, algo contingente.

E a forma moderna de eticidade absoluta é claramente distinguida da sua forma grega na medida que é indicado o traçado da linha histórica que vai de uma a outra. A nítida separação entre os livres, que "vivem no Estado", e as naturezas servis, que remetem aos Estados platônico e aristotélico, desaparece no momento em que Hegel, desde 1796, localiza a grande ruptura na história universal na passagem do Estado livre (*Freistaat*) ao Império Romano. "Na perda da eticidade absoluta e com o rebaixamento da classe nobre, as duas classes particulares de antanho tornam-se iguais entre eles; e com a cessação da liberdade cessou necessariamente a escravidão". O que apareceu em seguida não foi a nova divisão entre as classes tal como a conhecemos, aquela "referida mais acima" (*obengesetzte*), e ainda menos a forma verdadeiramente ética desta divisão, na qual apenas existe dependência ética de classe com relação a classe, e não de indivíduo com relação a indivíduo. O que substitui a pólis, na qual os não-livres dependiam, em uma relação de escravidão pessoal, daqueles que formavam a classe de homens livres, é a mescla geral de classes. É ainda Gibbon que fornece ao filósofo os meios de sua descrição de uma situação em que, no fundo, "o povo se constitui apenas de uma segunda classe", e onde, por conseqüência, o direito privado devém a força dominante da vida. E, uma vez tais condições estabelecidas, e fixada a dominação do direito privado – que Platão caracterizava como a condição patológica de um povo –, não há senão uma saída:

"que este sistema seja conscientemente aceito, reconhecido em seu direito, excluído da classe nobre e que, para esta, seja criada uma classe própria como seu Império". Esta é a concepção de eticidade absoluta do ponto de vista da filosofia da história, como exige a época moderna, em oposição à época da pólis. Se, no *Sistema*, a articulação entre as classes parecia ainda ser extraída, sem grandes reservas, das condições concretas do século XVIII, não é o que aqui se passa: a história universal lhe fornece a infra-estrutura. Ainda mais perceptível do que neste aprofundamento histórico, a importância desta observação consiste no fato de que ela se estabelece como centro imutável de referência, em torno ao qual a filosofia do Espírito vai se conformar. Os deslocamentos internos que esta parte maior do sistema deve sofrer nos anos seguintes têm todos sua origem na questão com relação à qual a estrutura de classes de 1802 representou uma primeira proposta de solução, a questão da relação entre o homem político e o homem da economia, entre Estado e propriedade.

O individualismo político e o econômico podem parecer, a uma observação filosófica, mutuamente dependentes; mas a história não confirmará uma tal interdependência incondicional. Assim, para o século XIX alemão, até 1878, a combinação de liberdade socioeconômica e de estrita concentração estatal não constituem senão uma "tendência", no sentido de Ranke. Seria provavelmente de pouco proveito pretender explicar uma tal associação de forças por generalidades conceituais. Será suficiente uma aproximação deste fenômeno onde ele é ainda apreensível do ponto de vista científico: na história intelectual de um grande homem.

Quando Hegel, em seus manuscritos do tempo de Berna – não há testemunhos mais antigos – fala de direito político "fundamental" à propriedade, quase se pode imaginar, em seus lábios, um sorriso de desprezo. Ele sabe muito bem que o Estado, na modernidade, garante aos homens o "direito de propriedade e sua proteção", mas ele se recusa colericamente a considerar as constituições que "não garantem senão o direito à vida e à propriedade" como as melhores. Esta é a infeliz herança dos tempos do Império Romano, cujas conseqüências nós ainda sofremos: a vida privada geral sem participação no Estado, sem "idéias morais", com uma religião que, "sem dignidade própria, verdadeira, autônoma", "remete todas as expectativas ao além". Desde os antigos tempos de Frankfurt, Hegel é dominado pela idéia de que o Estado e a propriedade entretêm uma relação não necessária, praticamente imoral. Esta idéia se exprime no sarcasmo constante em uma anotação da tradução de Cart referente à opinião de que a constituição de Berna era boa pelo fato de seus cidadãos não pagarem impostos. No outono de 1798, Hegel louva a sabedoria das leis de Sólon segundo as quais, dado que a aquisição de uma propriedade poderia colocar em perigo a igualdade entre os cidadãos, mantém a igualdade nas partes da herança. Esta concepção de propriedade está em correlação evidente com a grande idéia política deste primeiro período: toda a constituição de Estado deve referir ao sagrado princípio da justiça, a saber, sobre a igualdade. A justiça não tem consideração pela propriedade, o Estado governa segundo a justiça, e ele deve subordinar a propriedade, se ela se constitui em obstáculo ao objetivo superior da justa igualdade.

Mas, assim como, no decurso do inverno 1788-1789, desaparece este conceito político da justiça, transforma-se também o conceito político de propriedade. Ao início, parece que o fosso que separa o Estado da propriedade inicia a se alargar ainda mais. É justamente no texto sobre o destino de Jesus, texto que marca a grande virada na concepção de Estado, que a concepção de uma comunidade política ideal parece elevar-se por sobre toda conexão com a propriedade. Hegel fala, por exemplo, daqueles que "nunca foram ativos em uma tal união, que nunca usufruíram desta aliança e desta liberdade, especialmente quando a relação política civil atinge preponderantemente a propriedade". E, mesmo na mais antiga introdução ao texto sobre a constituição, aquela de 1799, vê Hegel na propriedade civil "um universal apenas em termos de seu aspecto jurídico; como coisa, porém, é apenas algo isolado, privado de toda relação". É assim a partir deste pressuposto da "privação de relação" (*Beziehungslosigkeit*) da propriedade privada que ele vê na essência jurídica privada da Constituição do Império a raiz da miséria alemã. Esta base conceitual viria a ser eliminada das versões posteriores do manuscrito. Com efeito, a idéia de destino, pela qual Hegel reconhece as potências do mundo, estende mais e mais sua esfera de influência, até alcançar e transformar, nas últimas versões do grande manuscrito teológico, o conceito de propriedade mesmo. Leiamos as frases nas quais, pela primeira vez, o conceito de propriedade é como que invadido por um novo sentimento de mundo:

> O apelo... de libertar-se das preocupações da vida e de desprezar as riquezas... não necessita ser comentado. Trata-se de uma litania que só pode ser tolerada no âmbito de uma pregação ou em versos, pois uma tal exigência não tem sentido algum para nós. O destino da propriedade tornou-se excessivamente poderoso para que reflexões a respeito de sua separação com relação a nós sejam suportadas.

Assim, a propriedade assume aqui a mesma forma como, anteriormente, o Estado: ambos são destino para nós, não podemos nem devemos pensar na possibilidade de deles nos separarmos; a oportunidade que estes conceitos, até então estranhos um ao outro, podem assumir em termos de mútua aproximação, está aberta. Não que Hegel não mais sinta a dificuldade do problema; muito antes pelo contrário. Na segunda introdução do escrito sobre a constituição, esboça a "vida antiga" do século XVIII alemão, onde o Espírito novo não pode encontrar sua "satisfação"; tratava-se de uma "limitação a um domínio ordenado da propriedade, contemplação e felicidade de seu pequeno mundo inteiramente servil e, ainda, uma aniquilação de si que se reconcilia com esta limitação, e elevação, em pensamento, aos céus". Esta mentalidade burguesa, encontrando sua satisfação na vida privada e apaziguando todas as aspirações que a excediam na vida pietista (*pietistischer*), é agora abalada em seus alicerces pelo movimento do mundo; a limitação do homem ao domínio ordenado de sua propriedade, que ele de certa forma transformava em seu "absoluto", cede espaço à má consciência que nasce desta redução da vida à posse; o ser humano deseja mais do que isto. E, todavia – assim lemos em setembro de 1800 –, a "necessidade da propriedade" constitui o "destino" inultrapassável do homem. Aqui é tratado como ele, na religião, pelo menos em espírito, eleva-se por sobre este destino. Mas, na vida mesma, o destino se une àquele que não é ele mesmo, e que é ainda destino – ao Estado: a terceira introdução ao texto sobre a constituição aporta alguns esclarecimentos sobre este ponto. Pode-se ler ali que "um grupo de homens não pode ser chamado de Estado a não ser que se tenha reunido em função da defesa coletiva de sua propriedade": a propriedade, que o pensador, anteriormente considerava como algo estranho ao Estado, e mesmo danoso ao Estado, acha seu caminho na direção para a própria determinação conceitual de Estado. Todavia, como estamos aqui, neste libelo, às voltas com um conceito que não visa ao Estado ideal, mas àquilo que pode ser "ainda denominado" Estado, podemos inferir que esta ligação que Hegel estabelece de múltiplas formas entre propriedade e Estado é muito grosseira; e pode-se então esperar que Hegel não a integre, neste formato, à figura de Estado de seu Sistema. Mas, como ela é, não obstante, o resultado mais profundo de seu pensamento neste momento de sua evolução, onde não se encontram, absolutamente, separados o cume da planície, o fenômeno da idéia, este Estado encarregado de proteger a propriedade dos indivíduos não será negado no Sistema. Hegel fundamentará, de modo mais profundo, a proteção da propriedade na essência do Estado, e não mais no "desejo de cada indivíduo de viver na garantia de que sua propriedade será defendida pelo Estado". Ele abandona esta justificativa, sem dizer palavra, já no libelo de 1802. É certo que o perfil da nova figura do povo que se encontra no escrito do verão de 1801 não testemunha nenhuma tentativa ainda de fazer concordar "autoconformação (*Selbsgestaltung*) da razão em um povo" com o destino da propriedade. Mas o sistema de 1802 empreende já esta tarefa, e com isto inicia o desenvolvimento que deverá encontrar seu termo apenas na separação entre "Estado" e "sociedade civil".

A vida econômica é tratada, na primeira parte do *Sistema*, sem nenhuma ligação com o Estado, em uma espécie de história dos estágios econômicos. Após o homem econômico ser introduzido no *Sistema*, e após o crime, na parte subseqüente, o haver arrancado de sua quietude satisfeita, o Estado aparece na terceira parte, em armas, um Estado guerreiro, aparentemente sem ligações econômicas. Elas se manifestam, a seguir, no conteúdo de classe deste Estado, em sua "pressuposição" (*Voraussetzung*) social, e de forma marcada no primeiro capítulo, sobre a atividade do governo. Se nós já pudemos constatar, como no "sistema da justiça", uma notável indiferença do Estado com relação a tudo aquilo que, no direito e na economia, se refugiava sob suas asas, mesmo se este *laisser-faire* (*Gewährenlassen*) era ainda prudentemente limitado, agora, no momento da publicação de seu texto sobre o direito natural, o filósofo já tomou consciência da necessidade científica de reconciliar esta indiferença de seu Estado em relação ao indivíduo econômico, com o grande pensamento da "identidade" do Estado e do homem.

A articulação em classes (*Ständegliederung*) é o ponto fixo de referência, a partir do qual a infra-estrutura do sistema é recorrentemente transformada: em lugar de referir à "eticidade natural" e ao "crime", o Estado de classes (*ständische Staat*) se refere, em nosso texto, a um "sistema de necessidades" e a um "sistema de justiça", que não são simplesmente opostos um ao outro, como, no manuscrito do *Sistema*, a eticidade natural e o crime. As "necessidades" são elevadas a um patamar mais alto na "justiça", aproximando-se e se integrando, tanto quanto possível, da e na eticidade absoluta do Estado. As classes são então explicadas como reflexos, em seu nível mais elevado, desta infra-estrutura, da qual a filosofia do Espírito é a consistência: o camponês representa a economia puramente natural, pré-jurídica e infra-estatal; o burguês representa a economia no interior do Estado, a vida privada juridicamente garantida, com o Estado se abstendo de intervir; e o nobre encarna a vida ética absoluta, a "vida no Estado" propriamente dita. Mas esta explicação dedutiva não deve nos induzir a erro; sabemos perfeitamente que a organização em classes é, em verdade, mais antiga que a nova sistemática geral. O sistema de 1802 detinha ainda aquele estranho eco da preocupação frankfurtiana em torno do enigma do Eu, segundo o qual o "crime", enquanto filosofia da personalidade, achava-se intercalado entre a vida ética "natural" da economia e da família e a vida ética "absoluta" do Estado. Isto desapareceu agora. A questão da possibilidade, para o homem individual ocupado com seus negócios, de aceder ao Estado, ocupa agora a estrutura inteira. Entre o Estado e a vida infra-estatal, ali onde se dava livre curso à violência desimpedida do crime, assume agora lugar um reino intermediário de relações que não são concebíveis nem sem o Estado, nem sem o homem pré-estatal (*vorstaatlich*). Assim é estabelecido o esquema do sistema da filosofia do Espírito até 1805 e da filosofia do Estado definitiva de Hegel.

Podemos aferir plenamente o que Hegel inaugura em sua sistemática quando tomamos conhecimento do modo como ele interpreta para si mesmo o sentido desta proeza filosófica, que arranca a doutrina das classes (*Ständelehre*), com sua cisão entre eticidade política e econômica, de seu isolamento, e a ancora metafisicamente: a articulação em classes não é "senão que a representação da tragédia na ética, que o absoluto joga eternamente consigo mesmo, e que se... abandona eternamente ao sofrimento e à morte, e se eleva, de suas cinzas, ao sublime". E Hegel encontra uma imagem para esta tragédia "mais precisamente determinada para o ético" na "saída daquele processo dos Eumenidas". Apolo, o deus da luz pura, originalmente indivisa, lançou o homem, pela ordem que lhe deu, na ação e na culpa, colocando-o sob o poder dos Eumenidas, as potências do direito inflexível. O "povo" de Atenas reconhece "humanamente, na condição de Areópago de Atenas", a igualdade em direito do deus luminoso, por quem o homem fora enviado em missão, e das forças vitais obscuras e multiformes, em cuja teia ele penetra; "mas, de forma mais divina que a Atena de Atenas", a divindade do Estado, este povo o devolve ao deus da luz e reconcilia os partidos beligerantes, através do ato de assegurar aos poderes do direito honras divinas e a residência na cidade, "de tal forma que sua natureza selvagem goze da contemplação de Atena em seu trono sobre as alturas da cidadela, em frente ao seu altar, erigido em nível mais baixo, na cidade – e que assim se apazigúe". A eticidade sacrifica assim uma parte dela mesma, "separando de si como um destino e se pondo face a ela" sua natureza inorgânica, "a fim de não se confundir com ela". A propriedade torna-se destino do Estado, que este põe conscientemente ante si mesmo para "purificar sua própria vida". Assim, entra em vazante a maré que em Frankfurt se anunciara montante. Antes haviam sido ambos, o Estado e a Propriedade, "destino" do homem, aos quais este se deveria verter, quisesse ou não: ele não podia ou deveria permanecer "sem-destino" (*schicksallos*). Agora, o Estado evadiu-se da esfera desta consciência do destino, e conduz sua vida em seu próprio domínio, com orgulho e satisfação; mas a propriedade permaneceu destino. Porém, não mais destino do homem, e sim do Estado, e não um destino que contamina inexoravelmente o Estado, mas um destino no qual o Estado se preserva "purificado", concedendo-lhe – ao destino – um âmbito próprio de existência, opondo-se a si mesmo "enquanto objetivo". O destino volta a ser o que ele era no decurso do inverno 1798-1799: algo, no fundo, estranho, "objetivo", contraposto (*Gegenüberstehendes*). Ele perdeu sua onipotência sobre a mais alta vida, que agora é a vida no Estado; esta se eleva por sobre ele, e é preservada em sua pureza – "sem-destino", poder-se-ia dizer, caso esta palavra, remanescente do tempo de Frankfurt, não houvesse, neste meio-tempo, assumido uma nova significação, como ainda veremos.

O ensaio sobre o direito natural conforma definitivamente um dos aspectos da idéia hegeliana de liberdade. A idéia de um setor não-estatal no Estado moderno, que animava os manuscritos políticos do tempo de Berna e ressurgira no conceito de Estado do texto sobre a Constituição do Império, agora não mais de teor idealista, como em Berna, mas em tonalidades burguesas-liberais – indiferença do poder do Estado com relação à vida privada de seus cidadãos – esta idéia é agora metafisicamente fundada. Entre a ética econômica e a ética política, é erigido um muro. O Estado vê no direito privado sua constante contraposição, que ele, por certo, integra em sua esfera de domínio, mas para reconhecê-lo, para "honrá-lo divinamente". O grande erro de Rousseau – assim escreve, por esta época, o historiador Heeren, de Göttingen – consiste em que ele "não considera os membros da sociedade civil senão como homens, e não como proprietários". Edificar o Estado a partir dos proprietários livres, colocar a seu serviço o indivíduo economicamente liberado, suas forças supra-econômicas, espirituais – tal é a aspiração comum dos reformadores prussianos, que se transmitiu ao partido que funda o Império. Hegel incorpora esta idéia de Estado, aqui, em um novo Estado, que, na segunda classe (*Stand*), deve prover a manutenção da "autonomia", da "liberdade" do indivíduo, como forma inferior, mas necessária, da vida ética, a par da manifestação absoluta da eticidade no Estado guerreiro. Se o Estado desejasse tornar-se uma "polícia perfeita", "penetrar inteiramente no ser do indivíduo e... aniquilar assim a liberdade civil", ter-se-ia o "mais puro dos despotismos", e uma tal ingerência do direito de Estado na vida privada seria tão recusável como aquela ingerência do conceito privado de justiça na vida do Estado, manifesta na doutrina dos acordos inter-estatais, e na supervalorização da força coercitiva dos tratados internacionais, ou como o imiscuir-se da moral no direito internacional, no direito público ou no direito privado. A delimitação de um setor não-estatal (*staatsfrei*), que aparece aqui sob a forma de articulação entre Estados, fora expressa de forma mais direta e sóbria no texto sobre a Constituição, porém o sentido é o mesmo.

No texto sobre a Constituição, a vontade de liberdade do homem individual havia reconhecido, no Estado, outros pontos de apoio que aquelas duas formas de existência, referidas de forma bipolar da primeira e da segunda classe, do setor extra-estatal e da "vida no Estado". Sabemos como já em julho de 1801 Hegel entendia "liberdade" como o abandono inconsciente do indivíduo ao movimento do todo desenvolvendo-se desde si mesmo. Seguimos, desde seu nascimento, esta idéia de liberdade que casava curiosamente história e alma individual. Ela é também objeto de um tratamento detalhado no texto sobre o direito natural, no qual se articulam tantos aspectos, até então dispersos, da concepção hegeliana de Estado.

Para Hegel, a "eticidade absoluta" (*absolute Sittlichkeit*) não é nem aquilo que os filósofos seus contemporâneos chamam de moralidade (*Moralität*), na qual ele percebe, antes, a vida ética "do *bourgeois* ou do homem privado", ou seja, da segunda classe, nem pura e simplesmente "eticidade do indivíduo singular"; sua essência consiste em "ser costumes" (*Sitten zu sein*); ela só pode se constituir em alma do indivíduo, se ela é "Espírito de um Povo". O que Hegel aqui entende por Espírito de um Povo torna-se claro no que ele diz sobre educação, legislação e culto. A essência da educação é que a criança "seja alimentada no seio da eticidade universal..., que ela a compreenda sempre melhor e assim aceda ao Espírito universal". Vale aqui o que um pitagórico respondeu à questão sobre a melhor educação possível para seu filho: quando o fazes cidadão de um povo bem instituído. Se a educação fornece à ética "seu singular... corpo nos indivíduos", a ética se apresenta como "sistema de legislação", "na forma da universalidade e do conhecimento" –

de modo que este sistema expressa completamente a realidade ou os costumes vivos disponíveis: de modo que não se passe, como muitas vezes é o caso, que o que em um povo é justo, o que é realidade efetiva, não seja reconhecido em suas leis; esta inaptidão de dar forma de lei aos costumes verdadeiros, assim como o medo de pensar estes costumes, de considerá-los seus e de evocá-los como seus, são o signo da barbárie.

Não sabemos em que povo o autor de libelos Hegel via encarnado esta cisão entre a realidade e as leis. A análise da legislação indica perfeitamente o ponto de discórdia que sinalizará posteriormente a oposição entre o Espírito do Povo hegeliano e aquele da escola histórica. A espiritualização dos costumes nas leis não é suficiente; é necessário, em última instância, que a unidade entre ambos assuma também uma figura sensível, "institucionalizada e adorada como deus do povo, e esta intuição... deve ter sua atividade e alegre movimentação em um culto".

Costumes, leis, religião – é nestas três formas ascendentes da eticidade absoluta que Hegel vê o Espírito de um Povo. Uma passagem do manuscrito do sistema evidencia como o Espírito do Povo, entendido como unidade cultural nacional, se comporta em relação ao Estado. Ali, Hegel descreve o governo supremo como um governo "negativo", quer dizer, como potência animando o corpo do povo, e acrescenta: "a alma positiva absoluta do vivo repousa no todo do povo ele mesmo". "Positivo", contraposto assim ao "negativo", como o movido ao movente, o vivo ao que vivifica. E, correspondentemente, Hegel utiliza de bom grado a expressão "totalidades éticas" (*sittliche Totalitäten*) para designar os povos. O Espírito do Povo não lhe aparece, como em Tübingen, na condição de raiz, mas na de flor; não como o segredo da vida nacional, mas como revelação totalmente visível: costumes, leis, culto. Não é sem razão que Hegel evoca aqui a "obra imortal" de Montesquieu. Este havia, com efeito, concebido o *esprit general* (espírito geral) como um fenômeno global, e é sua figura que lembra o acento da legislação, e não a doutrina romântica do povo. É ele, gualmente, que é evocado na referência à "totalidade da imagem ampliada" (*Totalität des ausgedehnten Bildes*) servindo para a justificação de um detalhe histórico. Ali onde o "Espírito do Povo" dos românticos extrai a vida visível da nação e do Estado do seio escuro do ser, age, para Hegel, uma outra potência: o "governo absoluto". Ele, a alma viva da totalidade do povo, recebe imediatamente a "revelação" do "Ser Supremo" (*Allerhöchsten*). A ampla comunidade polêmica não se deve enganar a respeito do fato de que se enraíza aqui o antagonismo político que atravessará, a partir dos anos de 1820, em Berlim, tanto as alturas da ciência quanto o seio do governo: Hegel contra Savigny, a sabedoria absolutista e esclarecida do corpo funcional contra as disposições "liberais-corporativas" (*ständische-liberale*) de Frederico Guilherme IV ou do jovem Bismarck.

À época, o inverno de 1802-1803, Hegel não podia ter ainda consciência disto; a luta se dava contra o individualismo político do século XVIII tardio, contra Kant e Fichte. Sua análise se ocupa com a posição do indivíduo no "povo" e, ao mesmo tempo, com a posição do "povo" na história. Sabemos a que ponto ambas as questões são, em certo sentido, entrelaçadas e, na medida em que o são, como a alma do povo e a do indivíduo se dirigem, em um caminho comum, na direção do Estado.

A tarefa que o texto sobre o direito natural atribui à história não é sem analogia com aquela que, no sistema manuscrito, cabia ainda ao "governo absoluto". A história torna as esferas diversas da vida do Estado sensíveis às suas mútuas dependências e referências. Ela restaura assim, sem cessar, o equilíbrio sempre corrompido do Todo; ela mesma, o "Espírito do Mundo" (*Weltgeist*), é o que permanece, o que "se comprazeu, em cada povo, sob cada totalidade de costumes e leis...

consigo mesma". Não é ousadia exagerada assumir que este "Espírito do povo" é exatamente o "Ser Supremo" que se revela através da boca do "governo absoluto". As últimas páginas de nosso ensaio expõem a forma como a história desenvolve sua tarefa no povo. Elas significam simultaneamente ainda algo diferente: nelas, ele se despede de seus planos de libelos políticos. Com efeito, neste início de 1803, ele insere, a título de exemplo, uma figura da Constituição do Império que ele havia planejado originalmente como um texto separado. E é perceptível a que ponto a aparição, na Alemanha, de uma nova concepção histórica do mundo e do Estado estava associada ao espetáculo do declínio do Império.

Todo presente do povo está votado ao declínio: "segundo a necessidade... cada elo da corrente... deve desaparecer, e outro assumir seu lugar". Tal se dá da seguinte forma: algumas esferas da vida emergem fortemente, enquanto outras recuam. Esta divisão, "em que certas coisas amadurecem em uma nova vida mas onde outras, fixadas no nível de uma determinação, permanecem imóveis e vêem a vida lhes fugir", conduz a conseqüências que a segunda introdução de Frankfurt ao escrito sobre a Constituição descrevia já em termos muito semelhantes: "a forma da lei dada ao costume determinado... confere-lhe a aparência de um ser-em-si (*Ansichseienden*)"; e a força consciente de uma tal lei "tem um grande peso sobre a inconsciência da nova vida que aspira a emergir". Se não há mais, "no presente do todo", "coerência e necessidade absolutas", se a lei não é explicável senão a partir da vida passada, historicamente, então ela não é mais justificável para o presente. Ao contrário, conclui o discípulo das Luzes, em um ataque inconsciente à futura escola histórica do direito, "este conhecimento histórico da lei, que apenas pode evidenciar seu fundamento em costumes perdidos e em uma vida extinta, testemunha justamente que agora o entendimento e a significação lhe faltam"; assim, o poder que ele detém é "impudente" (*schamlos*). E o mesmo se aplica a leis nulas que, como aquelas do Império, parecem conter um conteúdo de verdade – são, com efeito, leis de decomposição de um "povo decomposto" – mas que, em realidade, alienam as partes do todo. Dada a íntima "inverdade do todo", encontrar-se-á igualmente, em um tal povo, "pouco de verdadeiro... na ciência da filosofia... na eticidade e na religião". Assim, a filosofia kantiana, com sua crença de que "a razão nada conhece e nada sabe e estaria apenas na liberdade vazia... no nada e em sua aparência", representa a exata projeção do Império agonizante, de sua "legislação negativa", cujo conteúdo e essência consiste em que ele "não se constitui em nenhuma lei, em nenhuma unidade, em nenhum todo". Mas o tempo já está maduro e um pequeno "golpe" será suficiente para a emergência da nova forma. Porém, a filosofia sabe certamente que cada forma é passageira. A ela cabe a tarefa de planejar, por sobre toda a realidade, a figura daquela concordância, como Hegel mesmo o sabe, nunca alcançada entre o Espírito absoluto com sua forma. "Mas, para esta forma absoluta, ela não pode se refugiar no cosmopolitismo sem forma, nem no vazio dos direitos da humanidade" – Fichte – "ou na vacuidade semelhante de um Estado supranacional e de uma república universal" – Kant e, ainda em 1800, Schelling –, "senão que ela deve reconhecer para a alta idéia da eticidade absoluta também a mais bela forma".

A mais bela forma: o traço estetizante desta expressão é freqüentemente ressaltado. Mas, neste envoltório alberga-se um núcleo político; o caráter fechado da obra de arte é, como mostram os conceitos referidos em termos de oposição, a forma sob a qual o filósofo apreende o caráter fechado do Estado nacional e o apresenta, não como estágio prévio ou limitação, mas como o ideal propriamente dito. No caminho que conduz a este objetivo não-alcançado, a nacionalidade cultural e seu Estado caminham lado a lado, a história de um é a história de outro: é isto que mostra o aventuresco cruzamento entre a crítica kantiana da razão e a Constituição do Império alemão. A mais alta "verdade" interior da cultura corresponderia à mais bela forma de Estado.

Hegel parte da história e de seu movimento e toca aqui a solidariedade entre nacionalidade e Estado, o mesmo movimento histórico que lhe tinha permitido reconciliar liberdade pessoal e ordens existentes; e nele se abre finalmente o caminho em direção ao Estado, mesmo para este caso determinado da particularidade pessoal. Com efeito, nas grandes personalidades histórico-políticas – "um Epaminondas, Haníbal, César e alguns outros" – mesmo as virtudes, ou seja, características pessoais exacerbadas, que Hegel normalmente não reconhece como éticas no sentido mais elevado, são por ele reconhecidas. Não são mais, de nenhum modo, virtudes naquele sentido rechaçado; elas se "individualizaram" novamente; tornaram-se, "apesar de estarem no interior da eticidade absoluta", "igualmente figuras singulares e vivas". Da mesma forma, a propósito de Richelieu, o texto sobre a constituição definia o gênio político pelo fato de que "o indivíduo se identifica a um princípio". O homem que "combina sua individualidade com o destino" lhe confere "uma liberdade nova". Trata-se da quarta forma que a liberdade ética do indivíduo assume neste Estado. Já havia a liberdade fora do Estado do "bourgeois" vivendo de seus negócios, "suporte" da moralidade de Kant e de Fichte; a liberdade do Estado guerreiro em relação a todas as referências terrestres de posse e da ordem do direito (*Rechtschaffenheit*) que configuravam, para o "bourgeois", o conteúdo da liberdade; e finalmente a liberdade do indivíduo singular, aquela de se alimentar no seio da eticidade universal. A estas três formas vem agora acrescentar-se uma quarta, a liberdade do grande homem de Estado. Além da atividade fora do Estado do "bourgeois", reconhecida e protegida pelo Estado na classe (*Stand*), a especificidade pessoal do grande homem de Estado é a única reconhecida como ética, como tal, no Estado hegeliano. Mas ela apenas é reconhecida porque, e na medida que, ela se "combina com o destino". Ela não tem seu fundamento de direito em si mesma, mas apenas no todo mais amplo, no Estado e em sua história.

Não é fácil, hoje em dia, poder compreender uma mentalidade que pretende somente reconhecer a especificidade humana como valiosa na sua subordinação ao movimento necessário do todo. É conveniente relembrar, contudo, como esta crença, em certo sentido negadora da personalidade, era compartilhada pelos melhores, à época. Gneiseneau a definiu como "a visão histórica universal da época contemporânea"; o *fert unda, non regitur* de Bismarck configurava a convicção íntima e a força ética motriz dos círculos reformadores prussianos. É-se tentado a invocar o exemplo destes homens mesmos que, em uma autêntica solidão heróica, afrontaram, com seu testemunho, a grande maré da história, segundo a qual o indivíduo apenas poderia ter valor enquanto representante de seu tempo, da história – testemunho que eles, aliás, renegariam. Aquilo que, em sua doutrina, parece ser contradito por sua vida, foi para eles um sentimento de existência dominante e profundamente enraizado. E, temos ainda a acrescentar que este sentimento, enquanto teoria da personalidade histórica, domina o século que inicia, aquele de Ranke. Esta época, que considerava o "herói" como o único homem "representativo", não esteve em condições de perceber o valor da especificidade humana enquanto tal, sem relação a um todo histórico que a ultrapassava. O século conheceu a personalidade do número, dos membros, personalidade desprovida de valor em si mesma, porém moralmente a ser louvada como livre, desta "grande multidão que é para nós a mais digna de respeito", segundo a bela fórmula de Kant; e conheceu também a especificidade do grande homem histórico que não possuía valor a não ser em sua relação com o todo, com a referida multidão. Ambas estas visões de personalidade acharam lugar na teoria hegeliana do Estado, uma com a segunda classe (*Stand*), a outra com o grande homem de Estado. Mas também um outro sentimento se faz ouvir, um sentimento que refluirá no decurso do século vindouro, aquele da originalidade individual, na qual o valor é provado em sua pureza, sem relação significativa com o todo. E é extremamente notável a forma como tal se dá. Se a relação do Estado com a liberdade burguesa empreendedora, com a autonomia dos sujeitos, estava simbolizada, para o filósofo, pela tragédia na ética, sua relação ao homem em repouso em sua especificidade pessoal, ao homem elevado por sobre o Estado, em seu sentido mais nobre e mais interior, é representado pela forma da "comédia".

A comédia do ético se distingue da tragédia na medida que ela é "sem destino", que seus personagens não são mais do que "sombras", não levados a sério por poetas e espectadores. A comédia antiga e a moderna, a de Aristófanes e de Molière, a comédia de fantasia e a comédia de caracteres, são tão diferentes entre elas como a vida antiga se distingue da vida moderna no que diz respeito à relação do indivíduo com o Estado; devendo "moderno" ser considerado em um sentido mais abrangente, cobrindo o período que se desenrola entre a época do Império Romano e a nossa, do nascimento da vida determinada pelo direito privado até o declínio do Estado que sacrifica o direito público aos poderes do direito privado – de Júlio César ao imperador Francisco. A antiga comédia mostra, em primeiro plano, a ação de indivíduos libertados, como que em um sonho, mas este jogo é impotente face à "divindade estrangeira" apresentada em segundo plano em "absoluta convicção". Na vida grega corresponde a isto a calma certeza de si com a qual a pólis, consciente, com Platão, de sua "possante e admirável natureza", "expõe com absoluta leviandade alguns de seus membros para a obtenção de um determinado preço... sem considerar absolutamente a perda, segura de sua absoluta maestria sobre toda originalidade e toda extravagância".

Uma tal organização ética irá, por exemplo, conduzir, sem medo, sem perigo, sem inveja, alguns de seus membros aos extremos do talento nas artes, na ciência, na competência, fazendo assim deles algo de especial: segura por elas mesmas que tais monstruosidades divinas não danificam a beleza de sua figura, que elas são, ao contrário, traços cômicos que podem divertir um momento de sua figura. Como tais serenas elevações de traços específicos, para indicar um povo determinado, podem ser vistos Homero, Píndaro, Ésquilo, Sófocles, Platão, Aristófanes etc..

Raramente foi proposta uma explicação assim tão esdrúxula do gênio, que se atém a seu aspecto estritamente cômico. Em uma concepção de mundo centrada em torno ao político, a grandeza apolítica do homem não encontra melhor lugar que na "monstruosidade divina". E é de se perguntar se é legítimo reconhecer esta grandeza no seio do Estado, mesmo em uma tão modesta posição. Pois mesmo na Grécia, com efeito, o "jogo de sombras" transformou-se logo em seriedade funesta; já a "multidão pululante e a alta energia de individualizações emergem simultaneamente", ou a "particularização" ainda mais grave de um Sócrates, e mesmo o arrependimento dos atenienses após sua morte, são sinais indicando que a pólis, há pouco ainda presa no "jogo de sombras", deveria reconhecer "um destino a caminho da onipotência".

Outra é a posição do homem na comédia moderna. Aqui, ele não faz uma representação serena; só o espectador o percebe de forma cômica, enquanto ele mesmo, com a maior seriedade, toma seu pequeno ser singular e acidental por absoluto, caindo assim entre as mãos de uma ordem no seio da qual o contingente reivindica uma validez absoluta, o universo do direito privado; e nele ele se encontra agora "constantemente enganado e deposto". A comédia é uma representação da vida deste tempo, no qual o indivíduo crê em sua estabilidade e segurança no interior de sua particularidade, até que outra coisa lhe seja ensinada "através da próxima mudança ou mesmo através do despertar do Espírito da terra"; como no caso dos heróis da comédia, uma vez "devastadas suas posses bem adquiridas e mais bem asseguradas por princípios e direitos", resta-lhe a escolha entre se persuadir "que são os seus próprios esforços se elevando, pela razão e pela vontade, por sobre o destino que... produziu tais transformações; ou exaltar-se sobre todo o inesperado e inconveniente, e começar por invocar todos os deuses contra uma tal necessidade, acomodando-se a seguir a ela". Uma ímpia e grandiosa concepção da nulidade da individualidade! Hegel havia descrito, no texto sobre a Constituição, as potências que movem a espécie humana – política, religião, necessidade, virtude, violência, razão, astúcia – e como cada uma delas se comporta como poder absolutamente livre e independente, "sem consciência de que todas se constituem em ferramentas nas mãos de poderes mais elevados, do destino primevo e do tempo que triunfa sobre tudo, estas potências que riem de toda liberdade e autonomia". É o mesmo "riso" que ressoa na comédia. Hegel captou a atmosfera deste riso nas tempestades que, alguns anos mais tarde, se abaterão sobre a Alemanha do Norte.

Ele teve de ir muito longe, mais longe ainda do que se dá ao fim da seção precedente, deste sentimento da vida que foi o seu nos primeiros anos de Frankfurt, para poder escrever estas páginas sobre a comédia da ética. O que agora é comédia para ele, o fechamento em si mesmo, o "temor pelo que é próprio", é o que ele provara, quatro anos antes, como uma tragédia pessoal, e que ele havia representado como a vida trágica de Jesus. A "ausência de destino" fora outrora uma expressão compartilhada com Hoelderlin, repleta desta tragédia até as bordas – também o poeta encontrou ali a fraqueza da época e deu ao tempo a tarefa de "poder decidir algo, ter um destino" –, a ausência de destino: a expressão será utilizada por Hegel como título da comédia da ética. Eu não sei o que poderia representar melhor a revolução do pensamento, como do sentimento, entre 1797 e 1802.

Com as figuras do setor extra-estatal, do Estado político, da educação na escola do Espírito do Povo, do grande homem de Estado e da comédia da ética, o ensaio sobre o direito natural fecha o círculo de idéias concernentes à relação entre o homem e o Estado: naquilo que é reconhecido ou recusado se anuncia o novo século.

Oitava Seção
JENA (A PARTIR DE 1804)

A seção precedente acompanhou o devir da idéia hegeliana de Estado até o ponto em que, pela primeira vez, seus traços característicos se tornaram claramente evidentes. Ao longo de três fases sucessivas, pudemos acompanhar o desenvolvimento desta idéia. A primeira fase, o "conceito de Estado" do libelo, não foi elaborado sistematicamente e não pretendia se constituir absolutamente em um ideal filosófico. A publicação de 1801 nos apresenta, pelo menos de forma aproximada, o que dizia respeito a isto para Hegel à época. Em seus amplos desdobramentos, o manuscrito de 1802 nos propõe enfim um sistema de filosofia do Estado. O texto sobre o direito natural, de inícios de 1803, testemunhava uma nova fase alcançada pelo sistema em comparação com o manuscrito. É aqui que retomaremos nossa investigação e seguiremos, a partir de fontes muito ricas – ainda que com lacunas – a evolução ulterior da filosofia hegeliana do Estado, tal como ele a ensina em Jena a partir de amplas anotações de preleções.

Até aqui, havíamos situado o núcleo de sua concepção de Estado na doutrina dos três estados (*Stände*) que, tal como ele a expõe, apresenta-se como a imagem sublimada da situação da Alemanha setentrional no século XVIII, notadamente da Prússia. Nesta articulação em classes, a oposição da ética pessoal e da ética comunitária, da esfera extra-estatal e da "vida no Estado", perceptível desde o fim do período de Berna na justaposição das figuras antiga e moderna de Estado, encontra sua forma sistemática e, com isto, seu ultrapassamento. Isto tornou-se possível pelo fato de que, em Frankfurt, os pontos centrais das duas figuras ideais de Estado, o homem individual e o Estado como um todo, achavam-se reunidas na idéia de Estado como destino, de um modo extremamente pessoal. Não se trata mais de uma contraposição ou de uma mera justaposição. Estado e homem eram mantidos sistematicamente separados, sistematicamente unidos. A articulação em classes, que não representa em 1802 senão uma parte – "constituição" – junto à qual, como outra parte, postava-se a teoria do "governo", parece constituir todo o conteúdo da teoria de Estado de 1803; é igualmente a partir dela que se transformou o fundamento do sistema. Como segundo nível preliminar do Estado, não é mais o "crime", que em 1802 se constituía no último e único eco sistemático das idéias da época de Frankfurt, mas o mundo do direito. E, enquanto em 1802 a "eticidade natural", primeiro nível preliminar do Estado, abarcava o domínio inteiro da economia e do direito, com exceção de sua relação com o Estado, constitui-se uma distinção em 1803 entre os fenômenos pré-jurídicos e pré-sociais e os fenômenos jurídicos e sociais: os primeiros ocupam a primeira parte do *Direito Natural*; os últimos, a segunda parte. O problema da esfera extra-estatal, seja da disposição de espírito da burguesia como classe, que, no sistema de 1802, determinava apenas a estrutura de classes, domina em 1803 o conjunto do plano sistemático, e não encontra sua solução última e definitiva a não ser no Estado mesmo, através da referida estrutura. Esta primeira mutação fundamental que o sistema experimenta entre 1802 e 1803 indica a significação central que o problema assume no pensamento político de Hegel; a gênese desta significação foi o que tentamos examinar nas seções precedentes.

O ensaio sobre o direito natural fornece poucas indicações suplementares sobre os dois primeiros níveis. Ele chama o primeiro de "realmente prático" (*reell Praktische*) e lhe reconhece, como conteúdo, a sensação ou necessidade física e gozo, trabalho e posse; o segundo é caracterizado como "direito" no que é possível no contexto do "realmente prático", ou seja, do primeiro nível: trata-se do esclarecimento da eticidade absoluta do Estado no reino de certa forma pré-ético do "real prático". Pode-se supor que Hegel concebia este reino intermediário entre a vida infra-estatal e o Estado como uma simples repetição desta vida, mas, a partir de agora, em suas relações com o Estado. Esta suposição torna-se quase uma certeza quando, agora, examinamos a versão seguinte, entre as preservadas, do texto sobre o direito natural.

Ela se encontra em um manuscrito *in quarto*, provavelmente redigido com vista às preleções. As partes que nos interessam aqui não foram redigidas antes de 1804; é possível que tenhamos, aqui, um trabalho que data do período em que Hegel não ministrou cursos, o semestre de verão deste ano. Pode-se mesmo supor que o primeiro sistema de Jena, do qual o *Sistema da Eticidade* constitui uma parte, é igualmente um produto do semestre de verão de 1802.

Com exceção do início, que falta, este manuscrito contém a totalidade de uma filosofia da Natureza, seguida imediatamente, no meio da página, da filosofia do Espírito; esta última aparece como terceira parte, de forma que, como já em 1802, pode-se supor a existência de uma lógica que, em um manuscrito que precedia a este, ocupava a primeira parte – um plano geral que é confirmado pelo programa universitário das preleções de Hegel. As subdivisões da filosofia do Espírito fazem aparecer uma distinção, já presente no ensaio sobre o direito natural de 1803, porém desconhecida no âmbito do sistema de 1802, entre uma esfera infra-estatal e uma outra esfera, superior, na qual a vida da primeira esfera, sem ser ela mesma Estado, faz seu aparecimento no interior do Estado. Esta primeira esfera é também chamada "existência formal" da consciência, e se estrutura nos três níveis: da linguagem, do ferramental (*Werkzeug*) e da propriedade. A linguagem não está mais, como em 1802 e ainda em 1803, em ligação estreita com as mais elementares relações práticas do homem; ela aparece, ao contrário, conectada a uma psicologia da inteligência: sensação, imaginação, signos etc. A psicologia da consciência prática – "desejos animais", "trabalho" etc. – é tratada simultaneamente com o ferramental. Na doutrina da propriedade, Hegel introduz o casamento, a relação entre pais e filhos, o patrimônio familiar, a colocação em jogo da vida pelo reconhecimento da propriedade – este último aspecto sendo objeto de detalhamentos extremos, justificados pelo fato de que a teoria do "crime", de 1802, entretempo abandonada, é aqui parcialmente reintegrada ao corpo do trabalho. É justamente a contradição segundo a qual o todo da vida é colocado em jogo em função de uma particularidade, representada pela propriedade, que abre uma segunda esfera, aquela do direito privado, já concebida, assim, como a existência da consciência no povo. Na medida que o conceito de "povo" aparece aqui desde o segundo nível, e não, como em 1802, apenas no terceiro nível, a doutrina geral da eticidade absoluta é abordada neste ponto. Não se sabe com certeza a forma como Hegel havia planejado o seguimento; nosso manuscrito não subsistiu inteiro. Parece que ele havia planejado ligar de forma mais estreita a segunda parte e a terceira parte da filosofia do Espírito, ou seja, retomando o vocabulário de 1803, o direito e a eticidade absoluta, talvez na pretensão de que esta seção se constituísse na parte principal em relação à primeira parte. Em todo o caso, o texto evidencia claramente que ele introduz um corte entre a esfera do direito de 1803 e a esfera do Estado; a esfera do direito é tratada por ele como o devir do Espírito a partir de sua existência simplesmente "formal", descrita na primeira parte, enquanto a esfera do Estado é considerada como o absoluto gozo de si do Espírito. A "orientação do Espírito contra sua natureza inorgânica" se realiza de tal modo que ele a deixa subsistir, porém marcada pelo caráter da universalidade. Esta operação é efetuada sucessivamente nos três níveis da "existência formal" do Espírito – linguagem, ferramental e família – que apenas adquirem no povo "existência real". A linguagem não devém linguagem autêntica a não ser no povo. Da mesma forma, apenas no povo o trabalho imediato, instintivo, visando a satisfação de uma necessidade específica, torna-se trabalho "universal"; torna-se trabalho aprendido, e a ferramenta se faz máquina; entre as necessidades do indivíduo e sua satisfação intervém o trabalho de todo o povo; divisão de trabalho, embrutecimento do trabalho singular, economia monetária, independência geral: o homem, submetendo-se à natureza na condição de espécie, coloca-se mais e mais em sua dependência por sua condição de indivíduo.

A necessidade e o trabalho, elevados a esta universalidade, constituem assim, em um grande povo, um gigantesco sistema de relações comunitárias e de dependências mútuas, uma vida do morto movendo-se em si mesma (*ein sich in sich bewegendes Leben des Toten*), que se movimenta a esmo, cega e elementar em sua consciência, e que necessita, como um animal selvagem, ser constante e severamente dominada e domada.

E, como a linguagem e o trabalho, também a propriedade torna-se assim no todo de um povo "um universal em sua singularidade"; devém propriedade jurídica. O indivíduo não mais empenha o todo de sua personalidade natural no reconhecimento da posse, como na situação prévia ao direito; a posse não é referida senão à personalidade jurídica. Aqui se interrompe a última folha conservada do manuscrito.

Para nós, sua importância reside essencialmente no fato de que Hegel aqui, pela primeira vez, faz a tentativa de descrever, de forma circunstanciada, o reino intermediário entre o Estado e o homem pré-estatal, que ele mais tarde designará como "sociedade civil" (*bürgerliche Gesellschaft*). Ele não procura, ainda, atribuir-lhe uma articulação própria, porém – o que evidencia que esta é realmente uma primeira tentativa – repete simplesmente a articulação da esfera pré-estatal e a afeta "com o caráter da universalidade". Desta forma, ele é conduzido a uma curiosa posição dupla da linguagem como linguagem em geral e como linguagem do povo, posição que ele não retomará ulteriormente. Do ponto de vista do conteúdo, o manuscrito não traz muito de novo; a visão da economia é ainda a mesma, aquela de 1802, proveniente de Adam Smith: é sobre ela que se funda a necessidade de o Estado dominar e apaziguar o "animal selvagem" da vida econômica. Temas que, em 1802, se encontravam, parcialmente, na primeira parte do sistema, como o conceito de propriedade e o trabalho mecânico, e parcialmente na parte conclusiva, como o embrutecimento das massas operárias e o sacrifício do indivíduo à harmonia da economia, são reagrupados neste novo reino intermediário.

A nova versão do manuscrito que acabamos de referir é a versão seguinte do sistema da filosofia do Espírito, a quarta a contar do sistema de Jena. Ela diz respeito, essencialmente, à primeira parte. A tripartição linguagem-ferramental-propriedade é substituída por uma bipartição – consciência teórica e consciência prática – já sugerida na versão anterior; o "Espírito de um povo" surge agora da fusão destas duas formas de consciência. Mais uma vez, o caráter fragmentário dos manuscritos conservados não permite inferir com certeza se Hegel pretendia inserir esta bipartição na primeira parte ou se pretendia que ela se constituísse na primeira e segunda partes do escrito inteiro. O tom dos acréscimos sugere a segunda possibilidade; a doutrina daquilo que Hegel chamará, mais tarde, de "sociedade", viria então introduzir a parte conclusiva do sistema. Fala claramente a favor da primeira possibilidade – a bipartição no interior da primeira parte – a conformação da versão do sistema que agora examinaremos.

Trata-se da última forma apresentada pelo sistema em Jena. Pode-se localizar seus inícios, com bastante segurança, no ano de 1805. Aqui temos finalmente, pelo menos no que diz respeito à parte do sistema mais importante para nós, um material completo. Pelo que podemos depreender destas páginas, esta é a teoria do Estado que Hegel ensinou ao fim de seu período em Jena. O conjunto das versões do sistema que examinamos até aqui continha lacunas, seja na redação propriamente dita do texto, seja no que permaneceu até nós; também o sistema de 1802, o mais completo em termos proporcionais, perdia-se, ao seu final, em formulações aforísticas. É apenas a partir do presente manuscrito que podemos tentar responder a certas questões levantadas a propósito das versões anteriores do sistema, questões que haviam sido deixadas em aberto.

A bipartição do primeiro capítulo da filosofia do Espírito em uma parte teórica e em uma parte prática, a "inteligência" e a "vontade", proposta inicialmente no manuscrito anteriormente examinado, encontra-se igualmente aqui. O parágrafo "vontade" abarca, da maneira já examinada, o trabalho simples, o ferramental, as relações naturais da vida familiar, e a individualidade reconhecida como livre e se afirmando no combate (*Kampf*) – e, finalmente, a pessoa em sentido jurídico. Com ele, os limites da primeira parte são ultrapassados, e nos encontramos já à entrada da segunda parte: "Espírito efetivo" (*wirklicher Geist*). "O Espírito não é efetivo nem como inteligência, nem como vontade, mas como *vontade* que é *inteligência*... a posse transmuta-se... no direito... o trabalho... torna-se obra e felicidade de todos – e a diferença entre os indivíduos devém um saber do bem e do mal – direito e não-direito (*Recht und Unrecht*) *pessoais*". Desenvolvem-se em seguida o trabalho mecânico, o contrato, o crime e a pena, todos relativos inicialmente apenas à pessoa. Por detrás deles emerge agora o reino da "lei portadora de autoridade" (*Gewalt habenden Gesetz*), e os conceitos recém referidos são retomados uma segunda vez, e agora em relação com este reino, mas em uma ordem nova. Vê-se, nesta complexificação da seção inteira do escrito à qual é submetido o "Espírito efetivo", em contraposição à "existência real da consciência", que representava na versão precedente do sistema simplesmente a articulação do primeiro nível, a que ponto cresceu a significação autônoma deste reino intermediário. Sob a expressão "lei portadora de autoridade" encontramos inicialmente a família, não mais como fenômeno natural, mas como elo jurídico e religioso entre as pessoas, e, além, o patrimônio familiar transmissível como herança. Com a saída dos filhos da família parental aparece uma nova esfera sob a "lei portadora de autoridade", cujos limites coincidem aproximadamente com aqueles da "sociedade civil", introduzida em 1820 entre a família e o Estado. Na medida em que é reservado à "pessoa" seu mundo próprio no interior do "Espírito efetivo", o que ainda não era o caso em 1804, a posterior autonomização do direito no interior do "Espírito objetivo" é encaminhada. Assim, já se anuncia, em 1805, com a separação entre a família e a esfera supra-familiar, um traço essencial da versão definitiva. Mas, em 1805, Hegel tinha para esta esfera supra-familiar apenas um lugar próprio, e não uma denominação própria. Em 1803, como em 1804, ele a compreendia apenas como reflexo do Estado no reino do ético-natural (*Natürlichen-Sittlichen*), ou como o devir do Estado a partir deste reino, assim que ele tem para este ser (*Dasein*) entre família e Estado apenas o nome "Estado": enquanto os indivíduos constituíam na família a parte autenticamente viva, o "ser" (*Dasein*), aparece aqui a "lei... que se estabelece agora, enquanto ser (*Dasein*), como...: *Estado*". Este reino, onde o todo exerce sobre o homem, em "dura necessidade", uma "tutela inconsciente", se articula em três mundos: a economia (*Volkswirtschaft*), a justiça (*Rechtspflege*) civil e a justiça penal. As concepções econômicas de Hegel já são por nós conhecidas. As conseqüências antiéticas da divisão de trabalho e do trabalho mecânico são descritas como em 1802 e 1804; não se fala mais das corporações, que em 1802 deveriam providenciar auxílio. Apenas a política econômica do Estado deve aqui entrar em jogo: "o poder do Estado intervém e deve cuidar para que cada esfera seja conservada, exerça papel central, procurar saídas, canais de vendas em outros países etc. – dificultar o exercício de uma esfera, se ela prejudica as demais". Mas, e aqui é muito evidente o efeito, já perceptível em 1802, da nova teoria econômica: "liberdade de empreendimento industrioso (*Gewerb*), a intervenção deve ser tão discreta como possível; pois ela é campo da arbitrariedade – a aparência de violência deve ser evitada – e não se deve querer salvar o que não se pode salvar, e, sim, deve-se ocupar as classes (*Klassen*) que sofrem de outra maneira". Apenas a partir de uma "visão geral de conjunto" o governo está aparelhado a tutelar, até certos limites, os indivíduos. Também na doutrina dos recursos do Estado se experimenta, em relação a 1802, uma atualização. É certo que Hegel concorda com Adam Smith, em 1802, a respeito da teoria fiscal; e continua agora a polemizar explicitamente com os fisiocratas. Mas, enquanto ele, em 1802, em uma atitude semelhante a muitas outras, leva em conta a realidade efetiva do Estado, havia reconhecido os impostos sobre domínios fundiários (*Einkünfte aus Domänen*), escreve agora, de forma radical e apenas discordando de Adam Smith em termos de fundamentação da tese:

a riqueza do Estado deve provir tão pouco como possível dos domínios, e sim de impostos; os domínios são propriedade privada, e contingente, expostos à dissipação, já que ninguém parece perder com isso, mas ganha ou espera ganhar; os impostos, cada um os sente e quer saber se são bem utilizados.

Nada lemos de novo, ou pelo menos de importante para nossos propósitos, no que diz respeito à justiça civil. O Estado é a *potência do direito*, ele obriga e deve cuidar para que, a quem compete, possa fiar-se completamente no "curso do processo", que é "quase mais essencial do que as próprias leis". Na administração do direito penal, a rigor, o Estado mostra seu verdadeiro rosto, na medida em que ele pode fazê-lo já neste nível: ele é "poder de vida e morte" e, no perdão, ele pode eliminar do mundo a realidade (*Wirklichkeit*) – "o fato é... como se nunca se houvesse passado". Desta forma é o Estado "mestre sobre o mal" (*über das Böse Meister*), e Hegel acrescenta, retomando claramente as diretrizes de Frankfurt: "como a vida pura"; da vida, que, como destino, curou no indivíduo a ferida que ele mesmo havia causado em si, era dito então o que agora é dito a respeito do Estado.

"Esta potência sobre todo ser (*Dasein*), sobre toda a propriedade e sobre toda a vida" – sintetiza Hegel – "e também o pensamento, o direito, o bem e o mal, é a comunidade, o povo vivo". Enquanto "riqueza", o Estado, friamente, deixa tanto quanto possível em paz o indivíduo dedicado à aquisição industriosa – este o reconhecimento instintivo da liberdade reconhecida de empreendimento industrioso. Enquanto direito civil velando pelo respeito, o Estado sustém no indivíduo a fonte de opinião que ele tem de si mesmo como pessoa digna de respeito; enquanto poder de vida e de morte, enfim, que pune e perdoa, o Estado intervém na vida extra-estatal dos indivíduos. Tais são "seus poderes", ainda não ele mesmo, ainda não sua existência. Esta, ele apenas obtém na "constituição".

Enquanto foi possível acompanhar, em sua mutação progressiva, a construção geral do sistema da filosofia do Espírito, de 1802 a 1805, tal acompanhamento não é possível no que tange à estrutura interna do sistema em sua parte principal. Somente o ensaio sobre o direito natural nos oferece, em certa medida, uma visão dela, em 1803, mas as fontes são quase inexistentes para o período que segue. Pudemos, de qualquer modo, chegar à conclusão de que importantes parágrafos da doutrina da eticidade absoluta de 1802, pelo menos os relativos à doutrina do "governo universal", passaram, já em 1803 e com certeza em 1804, da parte conclusiva ao centro do sistema, este nível intermediário que constituirá, mais tarde, a teoria da sociedade. Nós encontramos agora, em 1805, a confirmação de nossas conclusões na terceira e última parte da filosofia do Espírito, intitulada "Constituição".

O último sistema de Jena é, diferentemente de 1804, totalmente livre das cadeias do método de Schelling. Isto se evidencia até mesmo na linguagem utilizada que, se já testemunhava sem dúvida, desde 1804, uma forte marca hegeliana pela valorização do conceito de consciência, não traía menos uma relação estreita com o sistema de 1802, na armadura exterior das "potências". Em 1802, a construção de cada "potência" se dava segundo sua relação com "conceito" e "intuição". Conforme a diretriz mesma deste primeiro esboço dirigido à "intuição e ao presente", os níveis da eticidade se edificam a partir de elementos puramente cognitivos. Em 1804, se é que é possível afirmar tal coisa em vista do material faltante, este trabalho realizado em meio a dados fixos, "conceito" e "intuição", deu lugar a uma compreensão mais viva dos diferentes níveis singulares como figuras da consciência. Mais tarde, na *Fenomenologia do Espírito*, obra que fecha o período de Jena, Hegel intentará aplicar universalmente este modo de compreensão do mundo. Aquilo que a reorganização do sistema de 1804 já havia iniciado, a cisão generalizada da consciência em inteligência e vontade, domina inteiramente a estrutura do sistema de 1805. Como havia Hegel trabalhado em 1802 com conceito e intuição, ele o faz agora com a inteligência e a vontade: elas são as forças fundamentais cuja relação mútua regula a posição sistemática dos fenômenos singulares do Espírito. O caráter cognitivo do sistema de 1802 é descartado em proveito de um maior equilíbrio filosófico entre inteligência e vontade. Isto não exclui que o historiador possa perceber, como sempre se dá no caso de Hegel, que, a despeito deste procedimento conciliatório, uma disposição de fundo, tanto pessoal como histórica, domina inteiramente: a paixão do conhecimento. Inteligência e vontade, separadas uma da outra, sendo que a vontade representa um nível superior, constituem agora o conteúdo da primeira parte da filosofia do Espírito. A vontade "que é inteligência" ocupa, como "Espírito efetivo", a parte central, que não é mais a vontade "abstrata" do indivíduo, mas que se exerce na estrutura da comunidade. A "constituição", enfim, mostra como a vontade não reina sozinha no seio da comunidade espiritual, mas como ela, enquanto vontade do indivíduo singular, está em estreita conexão com a vontade da comunidade espiritual ela mesma, como ela constitui, com esta, uma unidade. Se Hegel, desta vez, introduz sua filosofia do Estado por um parágrafo introdutório sobre a vontade geral, tal está, como veremos, em estreita relação com a direção geral desta fase de sua filosofia do Espírito, e qualifica, ao mesmo tempo, o instante em que Hegel finca o fundamento filosófico de sua construção definitiva de Estado.

A relação entre a vontade individual e a vontade coletiva é descrita segundo uma divisão em três momentos: o indivíduo aliena (*entäussert*) sua vontade em favor do Todo; faz-se ele mesmo parte integrante essencial da vontade coletiva, e, por fim, reconhece a liberdade da vontade coletiva como reconhece a sua própria liberdade. Dito de outro modo, o Todo é, com relação ao indivíduo, "senhor, poder público e soberano". Isto será a seguir examinado.

Comecemos pelo "senhor". O que significa que o todo comande a vontade do indivíduo singular, que o todo seja, como Hegel diz com Aristóteles, "anterior às partes"? A doutrina do Estado como contrato procura esclarecer isto, e assim propor "o princípio do Estado verdadeiro, livre". Hegel a revoga; a teoria do Estado como contrato pressupôs aquilo que ela gostaria de esclarecer: a obrigação dos indivíduos, o conteúdo de validez geral das vontades particulares. Cada indivíduo tem o direito de "afastar-se e estabelecer acordo com outros sobre outra coisa", mas a teoria exige que ele não exerça tal direito. A vontade geral não pode ser, assim, concebida como produto de vontades individuais pré-estatais, mas unicamente pode postar-se ante elas como "poder que as obriga". Esta contradição inexplicada na teoria do contrato entre a vontade natural dos indivíduos e a vontade coletiva faz ressurgir a doutrina, que nós conhecemos desde a crítica da Constituição do Império, do tirano espiritual impondo um Estado: "Assim, todos os Estados foram fundados pelo poder sublime de grandes homens, não pela força física, pois muitos são mais fortes do que um só". É neste sentido que o ensaio sobre o direito natural se recusou a deduzir a passagem do Estado de natureza ao Estado de direito a partir da sujeição dos mais fracos pelos mais fortes. O elemento espiritual da teoria hegeliana do Estado como potência torna-se aqui eficiente: não é a "força física" que explica o sucesso do grande homem de poder (*Machtmensch*), e sim o fato de que ele

tem em seus traços alguma coisa que permite aos outros nomeá-lo seu mestre; eles lhe obedecem contra sua vontade: contra sua vontade, sua vontade é sua vontade; sua vontade imediata é sua vontade, mas sua vontade consciente é algo diferente; o grande homem tem cada um a seu lado e eles são obrigados, mesmo quando não o desejam. Esta é a precedência do grande homem, saber a vontade absoluta, exprimi-la; todos se reúnem em torno à sua bandeira, ele é seu deus.

Como exemplo Hegel toma Teseu, e também Pisístrato, que fez com que "os cidadãos se apropriassem das leis de Sólon" – legitimando assim, pela força, o conceito e a compreensão! E evoca adiante o "terrível poder" de Robespierre: "Tirania, pura dominação execrável, mas... necessária e correta, na medida em que... constitui o Estado e o mantém". O poder é "mau em si", ensinará mais tarde um grande historiador, contradizendo fortemente a atmosfera espiritual de sua época; Hegel que, com outros, esteve na origem desta atmosfera espiritual, vê diferentemente as coisas. Seu Estado não conhece "nenhum conceito de bom e de mau, de vergonhoso e de infame, de perfídia e de fraude; ele está por cima de tudo isto, pois nele o mal está reconciliado consigo mesmo". O elogio da potência como bem em si, acompanha-se de um louvor a Maquiavel e de um rechaço à "teimosia dos alemães": eles "geralmente detestaram tais teorias, e maquiavelismo exprime o que há de pior, precisamente porque é esta a doença de que sofrem e pela qual morreram".

A tirania torna-se por si mesma supérflua; ela é apenas "formação para a obediência". Por isso, o tirano que certamente deveria renunciar, mas não o faz, pode e deve ser deposto. Com isto, porém, o Estado cessa de ser apenas "senhor", mostrando às pessoas uma nova face: "poder público e soberano", domínio da lei. Não mais a auto-alienação (Selbstentäusserung) da vontade individual em uma obediência inconsciente, mas a confiança em reencontrar a vontade própria na vontade do todo que é doravante a alma da relação entre Estado e indivíduo. Esta relação, "positiva" em comparação à relação precedente, pode tomar duas diferentes formas, como se deu na história. Governo e governados podem ser, exteriormente, a mesma pessoa: "é o mesmo que provê a si e à sua família, trabalha, fecha contratos etc., e da mesma forma trabalha ele para o universal, tem a este por finalidade; sob o primeiro aspecto, ele se chama *bourgeois*, sob o segundo *citoyen*". É certo que, mesmo na democracia, a unidade da vontade individual e da vontade coletiva não pode ser completamente realizada; ocorre a possibilidade de ser reduzido ao silêncio pela perda das eleições. A necessária autonomia do executivo, a imprevisibilidade das urnas, desvalorizam também aqui a vontade do indivíduo; mas esta foi, de qualquer modo, "a bela, feliz liberdade dos gregos, que foram e são tão invejados; o povo dissolve-se em cidadãos e, ao mesmo tempo o indivíduo único, o governo; ele interage apenas consigo mesmo". Mas esta unidade viva "genial" entre homem e Estado, o reino da antiga eticidade, é passado, e teve de passar: "é necessária uma abstração mais alta, uma contradição maior, um Espírito mais profundo" – não é suficiente que, como na pólis e em sua imagem mais íntima, o Estado platônico, o indivíduo renuncie à sua particularidade, mas ele precisa entender "este" seu Eu (*Selbst*) como a "essência" do Estado. Isto se dá na segunda forma que a relação "positiva" da "confiança" entre Indivíduo e Todo pode tomar: na monarquia moderna.

Trata-se do primeiro reconhecimento da monarquia, em termos de princípios, que encontramos em Hegel. É verdade que já o libelo de 1802 encontrava na monarquia moderna, ou seja, naquela associada à representação popular, a verdadeira garantia da liberdade pessoal; é precisamente neste texto que Hegel intenta pela primeira vez a construção de um esquema da história universal a partir da sucessão do despotismo oriental, da cidade-Estado grega e da monarquia germânica de classes, esquema este que ele utilizará, duas décadas depois, nos fundamentos de suas preleções sobre a filosofia da história. Mas, a par desta nova filosofia da história que aparece ocasionalmente, a antiga permanece, aquela oriunda de Rousseau, de Schiller e da vivência do soberbo nascer do sol de 1789, aquela compartilhada com Hoelderlin e Schiller. Para ela, o presente não era compreendido como completação, mas como uma época de passagem do mais profundo declínio, aquele do Império Romano e da monarquia absolutista, a um futuro mais belo. E, com esta filosofia da história, que estava no fundamento do ideal de Estado de 1802 e 1803, como demonstra claramente o ensaio sobre o direito natural, a concepção mais antiga, republicana, de construção do apogeu do Estado permanece pelo menos no primeiro sistema de Jena. Aqui foi o governo absoluto descrito como um corpo aristocrático e não hereditário, de Anciãos sacerdotais. E, mesmo que Hegel admitisse que esta aristocracia ideal correspondia, na realidade, à pior constituição possível, uma oligarquia hereditária, como ele conhecia de Berna, e que a monarquia se aproximava mais, na prática, deste ideal, este reconhecimento não passava, à época, de uma observação anexa. Apenas agora encontramos a monarquia mesma integrada, sem hesitação e reservas, no ideal de Estado, e na explicação de Hegel convergem diversas tendências mais antigas de seu pensamento.

Já na descrição dos Anciãos, em 1802, uma idéia singular se espressava: o organismo ético deveria culminar em um ápice extra-estatal, de certo modo natural; sua vida deveria lhe ser garantida, em realidade, pelo fato de que, neste ponto, o humano se entrelaçava, no curso dos acontecimentos, com o supra-humano e o infra-humano – o divino e natural. Já havíamos ressaltado, então, como estava aqui, em preparação, uma teoria da monarquia hereditária. O que à época se anunciava faz-se agora realidade. O príncipe representa, na comunidade, "o imediato, o natural": "aqui a natureza se refugiou". Ante o Estado, a família é considerada como "devendo ser abandonada", como uma comunidade pré-estatal e sub-estatal; somente a família do príncipe – é de se recordar de certos aforismos de Novalis – constitui-se, com relação ao Estado, em uma grandeza constante, "positiva", que não desaparece nele. Qualquer outro indivíduo não vale "senão na medida que se faz", como educado (*gebildet*). Somente o príncipe já é nascido para o que ele vale enquanto tal, é "vontade imediata, decisão absoluta". Estas reflexões sobre o significado político do príncipe hereditário são completadas por uma outra idéia: para a comunidade, a personalidade do príncipe importa tão pouco como a individualidade dos cidadãos: "a comunidade (*Gemeinwesen*) é fechada em si mesma", príncipe e cidadão "podem se constituir como quiserem".

Também o cidadão. Este é o outro lado desta teoria da monarquia, pelo qual ela se abre à teoria posterior da soberania do Estado. Confluem à idéia monárquica forças que, em 1802, haviam se revelado eficientes não no governo absoluto, mas na doutrina das classes (*Stände*). Na articulação destas últimas, a idéia de liberdade do Estado assumia uma forma muito singular. Já vimos como a justaposição da eticidade política e da vida privada se destaca já em 1803 da doutrina das classes e devém a idéia central da sistemática do direito natural. Ainda veremos como, em 1805, mesmo se a doutrina das classes não sofre modificações consideráveis de conteúdo, ela perde de certa forma o forte acento ético que possuía em 1802 e ainda em 1803; a idéia ética que nela toma corpo, fora o fato de impregnar o conjunto do sistema, tem aqui sua morada própria; na doutrina do monarca.

A evolução histórica da pólis ao Estado moderno destroçou a bela, "genial" unidade do homem grego, mas ela criou um "princípio mais alto... que Platão não conhecia", uma "cisão mais elevada", que consiste no fato de que "cada um... conhece seu Eu (*Selbst*) propriamente dito como a essência, chega à obstinação do ser absoluto... ainda que separado do universal". O "universal" não é mais, como na democracia, composto de indivíduos, mas "livre do saber de todos". Assim, ele é livre por ambos os lados: com relação ao indivíduo moderno seguro de si, que perdeu a liberdade exterior, porém "manteve a interior, aquela do pensamento"; e com relação à idiossincrasia (*Beschaffenheit*) do soberano, que não é mais do que o "nó vazio" no qual se encontram os fios do Estado vivo. Monarquia hereditária e liberdade de pensamento correspondem uma à outra; elas são apenas os pólos exteriores, o "extremo" da vida do Estado; a "ligação espiritual" que as une não deve ser procurada em uma participação imediata do povo no governo – Hegel não sustenta senão uma auto-administração local e corporativa –, mas na "opinião pública"; ela é "o verdadeiro corpo legislativo... a expressão da vontade universal". Como órgão desta "opinião pública", Hegel indica aqui o funcionalismo (*Beamtentum*):

os funcionários pertencem a este Espírito; governa-se e se vive de forma diferente agora em Estados cuja constituição é ainda a mesma, e ela se transforma pouco a pouco com o tempo; o governo não necessita postar-se do lado do passado e protegê-lo obstinadamente – mas ele deve, por assim dizer, ser o último a ser convencido e a mudar.

O Estado de 1802, aristocrático e organizado em classes, transformou-se em um Estado monárquico e burocrático; certamente, uma mudança em acordo com a mudanças da época. A passagem que acabamos de referir sobre a opinião pública e os funcionários se constitui, a julgar pelo manuscrito, em um adendo posterior, provavelmente de 1806. Algo, porém, não podemos esquecer: o aristocratismo (*Aristokratismus*) de

1802, como o burocratismo (*Bureaukratismus*) de nosso manuscrito, são apenas envoltórios, sob os quais vive uma idéia de Estado não modificada em sua essência, e com os mesmos problemas, como já a conhecíamos de toda a época de Jena. A grande visão do Estado autocrático, a integração da personalidade individual, interiormente livre, neste Estado que não quer mais se contentar unicamente com a obediência exterior, mas faz apelo à interioridade, à "vontade" do homem – estes temas permanecem aqui fundamentais. Mas aqui, diferentemente de 1802, estes elementos não estão imbricados uns nos outros de modo a formar um cosmo político intuitivo; tudo tornou-se mais aberto, exteriormente múltiplo, menos monumental. É significativo que, agora, as notas preliminares, não-sistemáticas, com as quais nos ocupamos, contêm praticamente mais conteúdo político do que o tratamento sistemático, do qual elas não deveriam ser mais do que o prelúdio.

Esta parte sistemática traz muito de já conhecido. Lembremo-nos de que o título do capítulo conclusivo inteiro da filosofia do Espírito é "Constituição". Em 1802, este termo significava para Hegel apenas a articulação em classes (*ständische Gliederung*), e o governo era dela distinto. Agora, a articulação em classes constitui apenas a primeira seção do capítulo; as classes são divididas, como já em 1803, em dois grupos, as "inferiores" e, contraposto a elas, "o estado de universalidade" (*Stand der Allgemeinheit*), os funcionários – e não mais, como em 1803, a aristocracia militar e proprietária. Camponeses e burgueses são, mais uma vez, apresentados com um humor algo devastador; que a realidade moderna se constitui aqui no protótipo da apresentação, tal é menos fácil de descurar aqui do que no sistema de 1802. Por sobre os camponeses e burgueses se eleva agora uma classe distinta, a dos comerciantes (*Kaufmannstand*), cuja atividade é de certo modo percebida como uma emancipação do trabalho referido à terra e a um local específico, em suas configurações camponesa e pequeno-burguesa. Também aqui serve como modelo ao pensador a realidade social de sua época: no direito territorial alemão, a distinção entre classe (*Stand*) burguesa superior e inferior era muito importante. Com os comerciantes, a aquisição industriosa alcança a sua possibilidade própria de "universalidade", mostrando sua verdadeira face em uma disposição própria de Espírito, caracterizável aqui como "ausência total de misericórdia" (*gänzliche Umbarmhertzigkeit*), correspondente às disposições dos camponeses – confiança – e dos burgueses – retidão. Apenas o severo direito é válido; "o contrato (*Wechsel*) deve ser honrado, custe o que custar... fábricas e manufaturas fundam sua existência exatamente sobre a miséria de uma classe (*Klasse*)". Por sua mobilidade, o comerciante se constitui como passagem sistemática na direção da "classe de universalidade", o funcionalismo; a divisão é a mesma, como já em 1802 na seção do "governo universal": administração das finanças, administração da justiça e polícia, correspondendo ao sistema de necessidades, da justiça e da cultura.

A força do governo repousa em que cada sistema se constitua livre e independentemente, como se fosse um só... e a sabedoria do governo consiste em modificar ao mesmo tempo cada sistema segundo sua classe... como as artérias e nervos se acomodam aos diversos órgãos, e se moldam e dirigem conforme eles.

Todavia, não é sem significação o fato de que agora Hegel evoca estas coisas no quadro de caracterização do funcionário no que respeita à sua classe. Como na abordagem marcadamente psicologizante das classes em geral, ele não esboça aqui, como em 1802, um quadro monumental e objetivo do organismo do Estado, mas antes uma sistemática moral e psicológica da disposição de alma emergente no seio do Estado. Hegel expõe em detalhe como as classes devem ser diferentemente tratadas em termos de fisicalidade e de justiça civil e penal, a partir das condições alemãs realmente existentes. A palavra "polícia", decaída de sua alta significação grega para designar a preocupação com a segurança pública, é encaminhada principalmente à vigilância da indústria, do comércio, das relações de serviços, das corporações. A disposição espiritual do funcionário é que ele "faça seu dever", que ele veja, "em sua atividade determinada, o absoluto". Em sua atividade determinada: pois também a atividade do funcionário, ainda que visando o objeto verdadeiramente universal, o Estado, não é ela mesma universal; "seu trabalho é... muito dividido, trabalho mecânico". Assim, o funcionário está postado no limite entre a eticidade impessoal e a verdadeira "disposição moral": "o Espírito se elevou sobre o caráter" – a saber, sobre o caráter determinado da classe.

Com isto, penetramos na seção central do capítulo "Constituição". Hegel não lhe havia aposto título no manuscrito, o que não aconteceu por acaso: ele hesitou muitas vezes sobre seu conteúdo, como o manuscrito evidencia. Inicialmente era sua idéia, ao que parece, descrever na primeira parte a articulação em classes e ação do governo no que concerne a estas classes e, na segunda parte, a disposição de espírito própria a cada classe, sua "consciência de si", sua "elevação" espiritual por sobre sua mera existência. Assim, na primeira parte, apareceria a "eticidade" em sentido antigo como um dos elementos fundamentais também do Estado moderno e, na segunda parte, a moderna "moralidade" (*Moralität*), na alta significação dada a este termo por Kant e Fichte, porém fazendo dela, diferentemente dos dois grandes pensadores, um elemento fundador e fundado da vida humana em comum, como uma parte da "constituição". No decurso do trabalho, tal se modificou; a primeira parte trata, em conjunto, da classe e da disposição própria da classe; para a segunda parte restou tratar das esferas da vida nas quais a disposição de espírito deveria ser livre de toda preocupação tal como a conhece o burguês, o camponês e mesmo o funcionário: as esferas do "sábio" (*Gelehrter*), do "soldado" e do "governo". Permanece, porém, a diferença de disposição de espírito, tal como previsto no primeiro projeto. Todo o percurso da primeira parte por nós observada é, considerado a partir da segunda parte, a autolimitação incipiente do Espírito em relação à "vida de um povo". É, agora, notável o fato que Hegel propõe aqui, de forma muito evidente, uma moralidade (*Moralität*) individualista de tonalidade kantiana-fichteana por sobre mesmo a "eticidade" das classes articuladas e da máquina burocrática. Com relação a 1802, tal parece praticamente uma inversão dos acentos valorativos, na medida que Hegel vê na elevação do Espírito, por sobre a disposição de classe, à "moralidade", uma tarefa necessária: o Espírito "é a vida de um povo em geral, e deve dela livrar-se". Mas, por agora, o contraste não pode ser estabelecido de forma tão aguda; pois, como em 1802, a "moralidade" permanece aqui, pelo menos no curso da exposição, afeita às classes; ela permanece ancorada em pontos firmes da vida comunitária. De qualquer modo, conjugada à insistência incomumente acentuada da liberdade de pensamento pessoal como essência fundadora do Estado moderno, esta relativa desvalorização do valor ético da vida social é surpreendente, e com conseqüências também para o desenvolvimento posterior do sistema, no qual a articulação em classes, na medida que ela não é atuante na representação popular, acabará por ser totalmente expulsa do Estado, na direção da sociedade, em conformidade com a idéia de cidadania (*Staatsbürgertum*) da época. Teremos de atentar para este ponto para que possamos compreender o conteúdo político da seguinte grande obra de Hegel, notadamente da posição deste último com relação à figura de Napoleão, e então, retrospectivamente, poder compreender finalmente, em seu todo, os elementos aqui examinados.

No que diz respeito ao conteúdo político particular da parte central, o "sábio" é adjunto do funcionário, na medida que este último é "também, em parte, sábio". Neste sentido, na medida que ele conhece o universal no dever particular que exerce em seu posto, o funcionário tem já em seu trabalho a liberdade que é própria do sábio. Mas, por sobre a atividade livre do sábio, que não é senão uma doação intelectual ao universal, repousa a essência ética da classe militar, na qual o "mesmo efetivo" devota-se ao "todo individual existente", ao "povo". O que Hegel acrescenta a propósito da naturalidade que caracteriza as relações entre as classes, a propósito da "eterna enganação" dos tratados firmados entre elas, é-nos, em sua maior parte, já conhecido; também sua recusa da idéia de uma paz perpétua não nos surpreende. Uma importante diferença com relação ao sistema de 1802 é que, agora, a classe militar não é mais identificada com a aristocracia fundiária; é de se notar que a aristocracia não é evocada senão uma vez, rapidamente, a respeito do perigo que seus privilégios fiscais representam para ela mesma; os ares da época napoleônica são perceptíveis aqui, como em outros pontos; no lugar da primeira classe, ocupado em 1802 e 1803 pela classe fundiária, encontra-se agora o funcionalismo. E, em um traço mais significativo, a diferença, aguda em 1802, entre burgueses e camponeses – os primeiros inaptos à bravura – não é, desta vez, referida. Com relação ao camponês, é referido o fato de que ele compõe, na guerra, a massa, e do camponês nada consta no que diz respeito a questões militares. O funcionário, que ocupa em 1805 o lugar do nobre, estava certamente prefigurado no "governo universal" de 1802; porém, enquanto ele se constituía então, em sua íntima relação com o "governo absoluto", um órgão seu, constitui-se agora em classe, tem sua própria visão de classe (*Standesgesinnung*) e, como ele é, em parte, "também sábio", ele é mais que uma classe, tendo o mesmo valor que os oficiais e o governo supremo. Se reencontrávamos os funcionários, em 1802, na descrição do "governo universal", tais como estes eram por este velho governo monárquico considerados "servidores" e a este afeitos, os funcionários de 1805 são de um novo tipo, também em razão da relação estreita em que se encontram com a "opinião pública", que eles justamente constituem. Não diferem, em termos de atividades, daqueles de 1802, mas elevam-se a um Estado superior devido à sua pertença à sua classe, pelo maior significado atribuído à sua formação erudita, pelo fato de sua conexão com a "opinião pública", "verdadeiro" corpo legislativo e vontade universal; trata-se de um ideal de funcionalismo, tal como Hegel acreditava ver realizado talvez no Conselho de Estado (*Staatsrat*) napoleônico, e, certamente, mais tarde, na Prússia.

O estímulo mais imediato para este reagrupamento das classes e sua nova denominação, em relação a 1802, parece provir de um ponto muito fácil de determinar. A república italiana havia sido, por graça de Napoleão, dotada de colégios eleitorais, dos quais, como na França, eram provenientes os pseudoparlamentares destas constituições. Na Itália, porém, diferentemente do modelo francês, a estrutura destas instituições não era democrática, mas fundada sobre a estrutura das classes existentes: havia um colégio dos *possidenti*, um dos *merchanti* e um dos *dotti*. A distinção dos comerciantes como classe própria, o abandono da conexão entre propriedade fundiária e aristocracia militar e, sobretudo, a curiosamente deliberada insistência acerca do fato de que os "funcionários" são ao mesmo tempo "sábios" – *dotti!* – torna provável que Hegel tenha levado em conta esta realidade constitucional; não que ele a tenha acompanhado de forma exata, mas ele, sem dúvida, remodelou a articulação de classes de 1802 com inspiração nela. É em maio de 1805, por ocasião da coroação italiana de Napoleão, envolta na máxima pompa, e da renovação e modificação das leis constitucionais que a acompanham, que a Europa espantada assiste ao espetáculo deste teatro de sabedoria política napoleônica em recepções, discursos e banquetes; Hegel mesmo, mais tarde, associou a articulação de classes à constituição de 1805, embora esta não houvesse sido ainda redigida.

É na guerra, em que tudo é sacrificado ao Todo, que "o governo se completa"; exatamente aqui, onde os indivíduos estão desconectados uns dos outros, onde dispõem de sua "liberdade absoluta", o governo mostra sua força como Espírito livre, "certo de si mesmo" (*seiner selbst gewisse*). Mas este não é ainda o último nível do Espírito; o Estado não se completa ainda – ele não o faz senão "na arte, na religião, na filosofia" – terceira seção do terceiro capítulo da filosofia do Espírito, intitulado "Constituição". As últimas cinco folhas de nosso manuscrito são dedicadas a ela; e, assim, chega-nos às mãos, finalmente, material muito valioso para uma resposta à questão deixada até agora em suspenso: como pensava Hegel então a relação do Estado com as questões últimas?

Comentamos, por ocasião da referência à crítica de Hegel de agosto de 1798 à *Metafísica dos Costumes* de Kant, uma passagem sobre o Estado e a Igreja. Contra a exigência kantiana de separação entre Estado e Igreja, que ele mesmo compartilhava no período de Berna, Hegel afirma, em 1798, que uma tal separação se constitui em uma impossibilidade intrínseca: a Igreja, na medida que abrange o ser humano em sua totalidade, transpõe continuamente fronteiras artificiais criadas com a finalidade de lhe interditar toda influência sobre um Estado que, como é o caso do Estado moderno, não reivindica para si senão uma parte do homem. Este fragmento crítico não permite conhecer a forma como Hegel mesmo concebe esta relação. A questão apenas pode se propor a ele, em todos os seus aspectos, quando ele vê no Estado – inclusive no Estado moderno – um mundo que entende o homem em sua totalidade, como o faz a Igreja, a saber, quando o Estado torna-se "destino" para o homem. No verão, ele havia ainda afirmado o ser-um (*Einssein*) de Igreja e Estado na cidade-Estado antiga, que pressupunha a unidade interna do homem, seu produtor. A Igreja representava então, para a imaginação intuitiva, exatamente o mesmo que o soberano no Estado. O Estado, havendo se tornado, desde o inverno, "destino", simultaneamente potência superior e necessidade vital para o homem, o enigma histórico da relação da Igreja cristã com este Estado, sendo ambos reconhecidos igualmente como éticos em sua exterioridade, assume agora, para Hegel, uma posição de primeira grandeza. A conjunção das duas potências na pólis – Atena (Athene), como Hegel gostará de dizer mais tarde, a um tempo

Estado e sua divindade. Mas o princípio de uma hierarquia interna, a superioridade da Igreja, ou melhor, da religião pessoal, sobre o Estado, que Hegel admitia em Berna, e ainda no verão de 1798 – quando ele atribuía ao Estado a função de proteger, dentro e fora da Igreja, a liberdade de consciência religiosa –, não convinha ao novo sentimento de Estado. Agora, porém, ele não pode considerar esta relação entre Estado e Igreja cristã senão como uma dissonância irresolvida: é assim que ele a qualifica ao fim do grande manuscrito teológico-histórico de Frankfurt. Queremos agora retomar este texto no ponto em que o abandonamos anteriormente.

A "culpa" de Jesus era inerente à sua separação das relações da vida, ao seu comportamento sofredor face às potências do mundo; e é destas potências justamente, das quais ele foge, que emerge seu "destino" – seu destino como destino de sua própria obra. A pedra lançada à água cria anéis concêntricos que, expandindo-se, cobrem finalmente toda a superfície do lago: assim se dão estas análises críticas de Hegel. Partindo unicamente de uma compreensão da consciência de Jesus induzida por sua própria experiência, ele passa, em círculos mais e mais abrangentes, ao cristianismo e à Igreja primitiva. O destino de Jesus, transformado internamente apenas através da multiplicidade de seus portadores (*Träger*), transforma-se no destino de sua comunidade; também ela, que "mantém-se, fora de toda aliança com o mundo exterior, no amor, em sua pureza, parecendo haver escapado de todo destino", é atingida pelo destino: seu ideal de um amor circunscrito à sua própria esfera, que não pôde mais ser satisfeito, com um sentimento verdadeiramente vivo, no processo de alargamento desta esfera, fixa-se na adoração do fundador, no dogma. Agora, este destino torna-se tal que

seu centro era a extensão de um amor que fugia a todas as relações uma comunidade; ele se desenvolve mais, em parte devido à extensão da comunidade mesma, em parte se encontrando, por causa desta extensão, com o destino do mundo, tanto na medida que abrigou em si, de forma inconsciente, muitos aspectos dele, como pelo fato de contaminar-se sempre mais ao combatê-lo.

A Igreja – e é a ela que estas linhas fazem alusão – é assim o ponto de encontro entre o destino interior do cristianismo e seu destino exterior. Esta é a verdadeira novidade na concepção hegeliana. A passagem do sentimento ao existente, a divinização pela distância sempre maior do que ela era originalmente, no amor imediatamente humano e presente, este destino interior torna-se "caráter essencial" da Igreja cristã. Sua história se dá no amplexo que significa a oposição entre Deus e o mundo. É contrário a este seu caráter essencial "encontrar o repouso em uma beleza viva e impessoal; e é seu destino que Igreja e Estado, culto e vida, piedade e virtude, agir temporal e espiritual, não possam nunca se fundir em uma unidade".

Hegel compreendia assim a luta entre Estado e Igreja como uma necessidade histórica interna, ou seja, como um "destino". A exigência de outrora, relativa à separação entre ambas as potências, cuja impossibilidade já fora reconhecida no verão de 1798, torna-se agora não mais reivindicação de sua coexistência, mas necessidade reconhecida de seu antagonismo. O ponto de partida do tratamento sistemático da relação, que se daria nos próximos anos, fora alcançado.

Os elementos restantes do "sistema" frankfurtiano, terminado em setembro de 1800, mostram Hegel neste ponto. Aqui torna-se efetiva uma outra força que também determinará a relação nos tempos que se seguirão: a imagem do presente em termos de filosofia da história. Se Hegel vê na época histórica, desde o surgimento do cristianismo, a segunda ou a terceira era do mundo (*Weltalter*), se o cristianismo se constitui, aos seus olhos, em uma simples etapa, ainda que decisiva, da história do mundo, ou o solo de que esta não mais poderá abandonar por toda eternidade, em cada caso a oposição entre Igreja e Estado aparecerá necessariamente sob uma luz diferente. Dizendo-se desde já: a solução definitiva desta questão de filosofia da história não é encontrada por Hegel senão após o período de Jena. À época, 1800, ele era ainda dominado pela visão mais antiga, aberta ao futuro, segundo a qual a época cristã representa, após a vida e a beleza da pólis grega, uma fase de declínio da história mundial. É neste sentido que o *Fragmento de um Sistema* descrevia com entusiasmo a beleza de um culto no qual a vida natural inteira, transfigurada, é integrada, "uma elevação da vida finita na vida infinita, de forma... que reste tão pouco do finito quanto possível". É certo que também aqui ele reconhece que, no presente, como já sabemos, esta "completude perfeita" não tem lugar, não sendo possível senão a povos cuja vida "é tão pouco deslocada e dividida quanto possível, ou seja, povos felizes; os infelizes não podem alcançar este estágio; seu... maior orgulho deve ser a manutenção... da separação (*Trennung*)". Para o presente, então, de qualquer modo, é válido permanecer sobre o terreno da "separação", e Hegel procede a tal em uma curiosa análise histórica redigida no inverno 1800-1801, ou seja, imediatamente após a conclusão do *Fragmento* a que referimos, análise na qual ele retoma novamente, pela terceira vez ao que saibamos, seu texto sobre a constituição do Império.

Trata-se de algumas folhas *in quarto* com o título de "Religião", que deveriam posteriormente servir de base a uma parte dos comentários sobre a situação da Igreja no Império. Hegel explica que a divisão das Igrejas no decurso do século XVIII leva a maior parte da responsabilidade pela desagregação do Império alemão; na medida, porém, que a religião desagrega o Estado, teria contribuído igualmente para uma outra divisão e "fornecido assim vigor a alguns princípios que são as condições necessárias para a existência do Estado". Com efeito, a "intrincação" dos direitos religiosos protestantes no Estado postulava o princípio "contra o qual se tinha de fato agido, (e) segundo o qual um Estado é possível a despeito da diversidade religiosa"; e, com isto, a independência do Estado fora "não estabelecida, mas já preparada". Como condição necessária para a existência do Estado caracterizava ele, então, a independência em relação à Igreja, e, na segunda versão, de 1802, ele qualifica esta independência, com algumas reservas não significativas, como "princípio dos Estados modernos". Se a religião fora na Alemanha praticamente o único elo de ligação, faz-se necessário, agora que este elo se rompeu, que o Estado exerça tal papel – "unir-se exteriormente sobre as coisas exteriores, condução da guerra etc.". Este reconhecimento simples do princípio moderno está bem de acordo com a interpretação, que aparece pela primeira vez neste texto, da era cristã como época em vias de acabamento, como completação histórica. Mas, com esta irrupção da nova construção histórica, a antiga não é destituída; o primeiro sistema de Jena, cujo esboço chegou até nós, é o campo de batalha onde se desenrola praticamente uma luta das tendências que repousam na base de ambas as concepções de história.

Conhece-se as múltiplas ligações que unem em todas as direções o ideal de Estado expresso neste sistema com o conceito de Estado que fora aquele do libelo e o Estado alemão tal como ele realmente existia. Neste sentido, o texto hegeliano sobre a constituição era também uma tentativa que pretendia unir o ideal à "época" (*Zeit*). Se isto pode passar despercebido, tal se deve em parte à posição que o pensador do Sistema atribui aqui à idéia de Estado. Quando se lê que na eticidade absoluta do Estado "a visão filosófica... segundo a qual todas as coisas repousam em Deus... é realizada perfeitamente pela vida empírica", quando esta eticidade é descrita como "verdade absoluta", como "cultura absoluta", como "a mais alta beleza e a mais alta liberdade", "sem sofrimentos e feliz", como o "ente absoluto, divino, real, sem nenhum envoltório", é-se levado a crer que, neste sistema, Hegel determina ao Estado a posição de absoluto. Não se deveria ter nenhuma reserva considerável a respeito das quatro pesadas expressões de sentido, segundo as quais o Estado realiza, mas somente "para a consciência empírica", a visão filosófica de que todas as coisas são em Deus; já estas quatro palavras deveriam poder conduzir à via adequada. Mas sabemos que Hegel via aqui o Absoluto no Estado – e é verdadeiro que as expressões citadas anteriormente lembram em parte, verdadeiramente, as palavras da metafísica aristotélica do deus imóvel. E, se isto é verdade, é não somente lícito, mas também de acordo com a concepção hegeliana da diferença entre Estado antigo e Estado moderno, qualificar a concepção de Estado de 1802 como renovadora da prática e da teoria antigas do Estado. Com isto, não se impediria senão a compreensão de aspectos secundários. Inicialmente, seria incorreto tratar este sistema, tal como dele dispomos, como um todo fechado; já vimos como a seção sobre o governo assume, perto do fim, um caráter de simples esboço. É certo que uma seção sobre a religião fora prevista, mas esta apenas aparece em algumas indicações na conclusão do manuscrito. Que esta seção estava prevista, e desde o início do manuscrito, provam-no algumas frases antecipadoras, na primeira parte do sistema. A idéia de que Hegel houvesse pura e simplesmente renunciado a tratar da religião em um sistema filosófico não só contradiz frontalmente sua evolução, tal como a acompanhamos até aqui, como é inaceitável quando observamos os esboços praticamente contemporâneos de seu libelo, assim como seus ensaios publicados no *Jornal Crítico de Filosofia*. Quando se escreve, em um texto político, que a religião, da qual o Estado é considerado independente, é "o mais interior do homem" (*Innerste des Menschen*), "o mais pessoal", dificilmente poder-se-á recusar a ela um lugar em um sistema filosófico que pretende a universalidade. Trata-se agora de saber qual será realmente este lugar.

Algo parece de início seguro: este lugar se encontra em uma posição no sistema, sistema que interdita em sua progressão qualquer espaço vago, após os níveis que conhecemos – o que significa em termos do método hegeliano: sobre os níveis que conhecemos, sobre a constituição e o governo. Isto permite suspeitar que a religião, como mostra o sistema de 1805, deveria ser integrada à terceira parte, que é a terceira sub-seção conclusiva do todo do sistema. Como veremos, o conteúdo presumido do capítulo sobre a religião de 1802 corresponde melhor a esta suposição do que seria o caso em 1805. Pois o filósofo, parece, havia tido em 1802 a intenção de tratar a religião essencialmente em termos de sua relação com o ideal de Estado.

Hegel conecta imediatamente a questão do Estado e da religião a seus comentários sobre as diferentes formas de Estado. Quando ele evoca a democracia, tem em vista apenas a democracia antiga. Quando ele atribui a ela o status de "absoluta religião", o que ele quer dizer é que a divindade foi aqui conformada em uma forma humana. Esta idéia permite o aparecimento de um esquema de história das religiões ao qual Hegel se refere constantemente, porém especialmente em 1806: o verdadeiro germe do cristianismo não seria o judaísmo, mas o helenismo (*Griechentum*), e não em termos da filosofia grega, mas – surpreendentemente – da arte (Plastik) grega. Assim, Hegel esclarece, neste texto de 1802, que não é propriamente a religião grega, aquela, por exemplo, de Homero, na qual os deuses ainda eram representados como forças da natureza, que é "ética" (*sittlich*), mas a "imaginação" desta religião, as artes plásticas. É no dogma cristão da encarnação de Deus que esta "separação" entre a ética e o natural, originalmente real nas estátuas de deuses gregos, se completa, separação iniciada com os crimes e fraquezas humanas em Homero e tornada "absoluta" na morte de Cristo. A aristocracia e a monarquia se constituem, aos olhos de Hegel, nas constituições modernas. A primeira, ligada às lembranças de Berna, é qualificada como a pior de todas as constituições e rapidamente descartada. Mas, à monarquia, ele dedica uma importante investigação. Ela é, como sabemos, a forma de Estado apropriada à "segunda" Era definida na primeira filosofia da História de Hegel. Esta grande época histórica, que começa com o Império Romano, e cujo termo coincide com o processo de decomposição do Império Germânico, é caracterizada, como não mais ignoramos, pelo fato de que o monarca não conforma uma verdadeira e essencial unidade com o todo – e, em conseqüência, permanece, junto a ele, um lugar reservado à religião. Quanto mais a verdadeira unidade interior do "povo" se estabelece, mais a situação que Hegel tanto se esforça em desvendar na sociedade e no Estado que constituem seu ambiente torna-se verdadeira, e mais é necessário que desapareça a posição autônoma da religião ao lado do Estado, mais "o povo absorverá, nele, o divino". Esta reconciliação do mundo cindido no cristianismo na verdadeira comunidade do Estado conduz inicialmente à "falta de imaginação (*Phantasielosigkeit*) da irreligião e do entendimento"; é manifesto o fato de que Hegel vê este futuro já no presente, mas dirige no *Jornal Crítico* no sentido do combate a estas "faltas de imaginação". Porém, esta fase de esclarecimento se constitui apenas em um fenômeno acessório e passageiro; o que se seguirá não é dito por Hegel neste ponto. Não é audácia excessiva supor, todavia, que ele espera uma unificação do cristianismo e do paganismo, a verdade dogmática da "religião absoluta" tomando a forma de um culto engendrado pela vida nacional. Vários elementos tendem a confirmar esta hipótese; já os fios de ligação que o ligam aqui ao jovem Schelling, como ao último Hoelderlin, mas, antes de tudo, algumas páginas reproduzidas por Rosenkranz e que, segundo este último, subsidiaram as preleções proferidas por Hegel ao início de seu período de Jena. Não é possível comprovar as informações de Rosenkranz, mas motivos intrínsecos indicam a datação destes manuscritos em termos dos primeiros tempos de Jena ou do último período de Frankfurt.

Neste texto, Hegel articula de forma muito clara a história universal da religião em três níveis, dos quais o primeiro, a "religião natural" (*Naturreligion*) do paganismo, culmina na forma ideal de uma "bela mitologia". Após os romanos haverem "destroçado a individualidade dos povos, caçado seus espíritos, destruído sua eticidade", aí, nesta "dor infinita" do Espírito que havia perdido seu abrigo na natureza viva, o mundo havia amadurecido o suficiente para uma nova, uma segunda religião. O cristianismo, nascido desta dor infinita, tinha por conteúdo originário a razão mesma desta dor, a des-divinização (*Entgötterung*) da natureza, o desprezo pelo mundo e, como complemento necessário a certeza de que um homem, nesta infinita separação, porta em si a confiante segurança de ser um com o Absoluto. Estas duas forças, o sentimento de separação e a crença na reconciliação, tornam-se agentes na história do cristianismo, que atinge seu apogeu interior no catolicismo medieval, a bela religião. Aqui se dá, tanto quanto é possível no cristianismo que tem na separação sua essência, o momento de retorno do divino à natureza.

A todos é dada a nova consagração. A autoridade soberana do monarca é consagrada a partir da religião: seu cetro contém um fragmento da Santa Cruz. Cada país é provido de enviados particulares de Deus e caracterizado segundo seus traços... A todas as coisas, relativas ao mais alto como ao mais baixo agir, é concedida a consagração que haviam perdido. A antiga maldição que sobre tudo pesava é desfeita, toda a natureza é apreendida em graça e sua dor é reconciliada.

Mas, certamente, esta consagração vem apenas do exterior; a natureza é santificada, mas não por um Espírito que lhe é próprio. Assim, a essência do cristianismo, como religião da separação e da dor, aparece plenamente apenas em sua última forma histórica, o protestantismo. O protestantismo aboliu a poesia da consagração, a natureza é nele apenas "santificada na *condição de pátria*" (*vaterländisch geheiligt*), na medida que "a pátria religiosa e a manifestação de Deus soam mais uma vez expulsos de sua própria pátria, na direção de destinos longínquos". Havendo perdido a "vitalidade, a confiança e a paz da reconciliação" do catolicismo, não é de surpreender que o protestantismo acabe por desembocar no Esclarecimento comum (*gemeine Aufklärung*) através da "infinita nostalgia" do pietismo, daquele medieval "*sabbath* do mundo" ao "vulgar e profano dia de trabalho". Mesmo quando Hegel vê no protestantismo uma fase de decadência do cristianismo, em relação ao catolicismo, ele o considera simultaneamente a forma mais elevada já atingida na história universal das religiões, pois precisamente nele se dissolve o cristianismo e se anuncia a terceira religião, a religião do futuro. Nenhuma ponte liga a fuga dos românticos em direção ao seio da velha Igreja, que iniciará em breve, e estas idéias do jovem *Privatdozent* (docente não pertencente ao quadro de professores regulares da universidade) de Jena: "como esta beleza já é passado, ela não pode retornar nem ser pranteada; apenas a necessidade de sua desaparição pode ser conhecida e as coisas mais elevadas, às quais ela abre caminho e que devem ocupar seu lugar, podem ser pressentidas". O protestantismo preparou este caminho, na medida que ele "retirou" do mundo a "consagração" que lhe havia sido conferida do exterior, como algo estranho, pelo cristianismo católico – agora, "o Espírito pode ousar sacrificar-se enquanto Espírito em sua figura própria e ocasionar a reconciliação originária consigo mesmo", no sentido efetivo do paganismo clássico, "em uma *nova religião* na qual a infinita dor e o peso todo de seu oposto são integrados, porém dissolvidos na pureza e na limpidez". E este momento, no qual o sentimento de fundo do cristianismo é integrado por certo em uma nova religião, porém é inteiramente dissolvido nela, é chegado quando o ideal de Estado do sistema se torna realidade: "quando houver um *povo livre* e a razão haja visto renascer sua realidade na condição de um Espírito ético capaz de ousar tomar para si, desde sua própria majestade, sua pura forma em seu próprio terreno". A terceira era já se anuncia, e a filosofia está à sua porta.

Tal é a visão do presente, do ponto de vista da filosofia da história, na qual é possível situar o primeiro sistema de filosofia do Estado de Hegel. Ela é também apresentada nos primeiros anos de Hegel em Jena; eu lembro o grande capítulo final de *Fé e Saber*, ensaio publicado no *Jornal Crítico da Filosofia*; o texto de Schelling, correspondendo perfeitamente ao esquema de Hegel, *Sobre a Relação entre a Filosofia da Natureza e a Filosofia em Geral*; o uso característico da palavra "protestante" em uma passagem do ensaio sobre o direito natural. De um modo geral, a avaliação positiva do catolicismo medieval, que chega praticamente à construção filosófica da veneração de Maria, é um traço do Hegel destes anos apenas. É extremamente importante manter à vista, para compreender o que era então sua concepção de Estado, a seguinte realidade: o olhar de Hegel encontrava-se então inteiramente dirigido ao futuro. O Hegel destes anos está penetrado de uma espécie de consciência apocalíptica do presente de tal potência, que talvez apenas em Nietzsche encontre paralelo. Ele acreditava estar vivendo o ocaso de uma era de dezoito séculos, e estar revestindo com sua filosofia a nova era de roupagens vivas. A unidade do Estado e do "divino", que deveria se tornar realidade nesta época que se anuncia, já havia existido na pólis grega, mas eram então um outro divino e um outro Estado que estavam unidos. Tratava-se então para Hegel de, com a Igreja e o Estado, trazer estas formas produzidas pela segunda era à altura da terceira era. Não as belas formas dos antigos deuses, mas a religião do sofrimento, "da sexta-feira Santa", e não o Estado constituído por escravos e cidadãos "vivendo (livres) no Estado", mas aquele dos tempos modernos, articulado em classes (*Stände*): estes eram a religião e o Estado que, na era adveniente, deveriam se unificar interiormente e tornar-se assim "absolutos".

Mas é precisamente aí que se revela ao observador contemporâneo uma cisão interna que viria a estimular o pensamento de Hegel no que diz respeito às grandes questões de filosofia do Estado, notadamente sobre a relação entre Igreja e Estado. Não é sem razão que pudemos considerar o sistema de 1802 como o campo de batalha onde se afrontam duas figuras da história. O sentido dirigido ao futuro, ao qual fizemos referência, tomou os elementos que ele pretendia transplantar no futuro da vida do presente; já o sistema de 1802 nos permitia entrever, sob a forma de categorias filosóficas intemporais, o Estado e a sociedade do século XVIII alemão. Hegel havia já avançado muito no texto sobre a Constituição do Império. Ele reconhecia, sem reservas, a monarquia constitucional e a liberdade do Estado em relação à Igreja, e este reconhecimento da monarquia constitucional não se referia, de forma alguma, a algum Estado futuro. Pelo contrário: Hegel, em estrita concordância com Montesquieu, fazia remontar à Antigüidade germânica as raízes desta forma de Estado, e a compreende como a adequada, em termos de passado e de presente, à Europa romano-germânica; uma concepção que, para Hegel, deveria tomar a forma de compreensão desta Europa germânica, no presente e no futuro, como uma "terceira" época da história universal. Ainda que este novo plano da história do mundo, que aqui aparece pela primeira vez, não passe de uma elaboração rápida, elaborada em função dos objetivos do libelo: este plano, assim como o reconhecimento da monarquia constitucional que ele deveria fundamentar do ponto de vista da filosofia da História, impõem-se progressivamente no universo conceitual hegeliano, contra a concepção anterior. Inicialmente, esta concepção anterior domina ainda, como o provam tanto o sistema de 1802, com seu "governo absoluto", como as preleções e ensaios publicados no *Jornal*. Mas já expusemos como esta antiga articulação da história continha em si a tendência a perpetuar imediatamente ela mesma o presente, contra sua própria pretensão. Ao esquema posterior, que tal fazia de forma consciente, estava praticamente assegurado o triunfo final. Todavia, haveria de decorrer longo tempo, até que esta vitória se concretizasse plenamente.

No sistema de 1805 – as fontes nos faltam no que diz respeito ao período intermediário – oferecem-se duas importantes posições à nova concepção do presente. Já tratamos do doravante ilimitado reconhecimento da monarquia; é-nos necessário aqui tratar ainda do reconhecimento sistemático final da justaposição entre Estado e Igreja e, correlativamente, de um deslocamento da posição do Estado no sistema.

O fim do manuscrito de 1805, a partir da seção intitulada "Arte, Religião, Ciência", distingue-se fundamentalmente de todos os textos anteriores de Hegel referentes aos mesmos objetos, ou, ao menos, no que se refere à arte e à religião: com efeito, a relação ao Estado, ao "povo", não se constitui doravante no único ponto de referência da análise. É certo que ela ainda exerce um papel importante, é certo que a inserção desta seção no capítulo "Constituição" indica que se conservou um importante vestígio da versão primitiva do sistema, tal como a devemos conceber no que se refere a 1802; na lógica da exposição. Porém, contradizendo o edifício sistemático, é praticamente decidida a autonomia dos domínios que serão posteriormente reagrupados no "Espírito absoluto", e, especialmente no que nos interessa aqui, em favor da autonomia da religião. Já no conjunto da construção da doutrina do Estado, notávamos um forte traço individualista; sobre a "eticidade" (*Sittlichkeit*) das classes postava-se a "moralidade" (*Moralität*), superior a todas as classes. Esta linha alcança agora seu ponto culminante na nova concepção de religião. A vida religiosa não é mais concebida a partir do culto do "povo", nem da auto-intuição (*Selbstanschauung*) de sua existência política no serviço comum dos deuses populares, mas a partir da alma crente individual. O que, no Estado, apenas o governo como tal possui, a autodeterminação moral absoluta, a elevação por sobre toda eticidade limitada de classe (*Ständesittlichkeit*), isto também possui o indivíduo como tal na religião. Nela, "eleva-se cada um a esta intuição... sua natureza, sua classe, perdem-se como uma imagem de sonho, como uma ilha distante aparecendo como uma pequena nuvem de neblina na linha do horizonte; ele é igual ao príncipe, ele tem ante Deus tanto valor quanto qualquer outro". E esta refundação do conceito de religião permite a suspeita de que assoma a absolutização do cristianismo em total benefício do protestantismo, sem que tal seja dito expressamente. Somente algumas notas marginais permitem entrever que Hegel integrou o catolicismo medieval em seu curso. Não é relevante saber se ele teria já empreendido por si mesmo esta modificação do conjunto de sua história universal da religião, com a qual nos confrontamos, um ano mais tarde, na *Fenomenologia*; de qualquer modo, o filósofo da religião havia concluído um acordo sincero de paz com o presente, que ele não mais romperá. Mas somente o filósofo da religião – pois o pensador do Estado, se é verdade que reconhece sem reservas o Estado do presente como forma superior à pólis, não o faz senão ao preço de uma colocação em questão do alto posicionamento ocupado em sua visão nos primeiros anos de Berna e novamente mais tarde, como veremos. Uma colocação em questão que se anuncia pelo crescimento da livre mentalidade sobre a eticidade ligada à classe e também, provavelmente, que facilitará a emergência da religião fora da esfera da política. Desta reavaliação da monarquia no plano da filosofia da História, embora já perceptível no libelo de 1802, Hegel ainda não tirou a conseqüência, como o testemunha ainda a *Fenomenologia*. Todas estas forças impulsionadoras ou inibidoras da situação biográfica do pensador convergiram no tratamento da relação entre Estado e Igreja.

"A Igreja tem sua oposição no Estado" – assim inicia agora a exposição. Aquilo que o filósofo se representava outrora, em 1799 e 1800, quando ele evocava estes elementos pela primeira vez, como um resultado último, a resignação dos "povos menos felizes" a um destino histórico, é agora assumido tranqüilamente como ponto de partida do todo: "o homem vive em dois mundos". Mas é evidente a diferença do período de Berna, no que diz respeito à posição destes mundos um com relação ao outro. À época de Berna, ele havia combatido apenas o conflito externo, sem reconhecer sua necessidade interna. Isto é o que ele agora faz – ele interpreta as coisas de tal modo, que Igreja e Estado são, ao fim de contas, de mesma essência: "ela é ele, elevado ao pensamento (*Gedanken*)". É aí que ele enraíza agora a oposição. Esta interiorização do problema não teria sido possível enquanto ele, como fora o caso nos primeiros anos de Jena, houvesse recusado ao período protestante, e, de forma mais geral, a toda época cristã, a "identidade" interior última entre Igreja e Estado, reservando-a a um futuro ainda por nascer. Se a unidade da essência de Igreja e Estado, que não tinha validade para ele, até então, senão para o passado antigo e os povos livres do futuro, pode agora ser reconhecida no mundo cristão presente, isto se dá porque a força da disposição espiritual (*Gesinnung*) se manifesta agora em ambas as realidades. Até então, ambas as potências encontravam-se, em sua grandeza não mediatizada, postadas uma ante a outra; agora encontram em sua relação ao homem individual um ponto de contato íntimo. No Estado, o homem tem "sua realidade"; na Igreja, "sua essência"; lá ele deve se sacrificar, aqui ele está seguro de sua "conservação absoluta". Mas o eterno (*Ewige*), que ele deseja adquirir através de sua renúncia ao Estado em favor da Igreja, tem "sua existência" (*Dasein*), sua realidade terrestre efetiva, no Estado, no "Espírito do Povo" (*Volksgeist*). E, assim, ambos têm razão: o Estado, que impõe sua essência efetiva tanto contra o "fanatismo" da Igreja, quando ela pretende estabelecer o reino dos céus na terra, como contra a consciência moral do indivíduo, que ele não tem a obrigação de respeitar – e sua soberania vai a tal ponto, que ele pode constranger a religião a servi-lo, pode "utilizá-la" na medida que, privada de efetividade, ela tem "necessidade de existência, de efetividade imediata". Contra este Estado porém, e em um sentido que parecem ser reencontradas as políticas religiosas de Frederico e de Napoleão, o homem de Igreja tem também razão, o homem que, em sua obstinação interior, "sacrifica sua existência e se dispõe a morrer por suas idéias".

A Igreja e o Estado podem assim se opor, mas este não será o caso na medida que ambos forem "perfeitos". A reconciliação aqui esboçada por Hegel não toma mais o aspecto de uma face do futuro; trata-se de uma possibilidade presente e, ao mesmo tempo, o primeiro assomar de uma idéia que exercerá doravante um poder decisivo sobre suas concepções. A Igreja não pode querer instaurar o reino celeste sobre a terra, pois deve ser o Estado que se deve constituir na efetividade deste último; a ela corresponde a grandiosa tarefa de permitir que o Estado torne-se tal para o indivíduo, de promover "no pensamento", ou seja, na consciência do homem, a reconciliação entre o Estado e o reino dos céus; assim, ela se torna a "segurança interna absoluta" do Estado. O homem não cumpre mais seus deveres para com o Estado na limitada eticidade da consciência de classe, mas a partir de um certo tipo de "autopensamento" (*Selbstdenken*) – a partir da "religião". A religião pode apenas executar esta tarefa quando ela, em si mesma perfeita (*vollkommen*), age no Estado perfeito. O Estado de Hegel tornou-se cristão. Não no sentido que ele seria de alguma forma orientado religiosamente ou refratário à religião, mas no sentido mais interior, no qual ele recebe das mãos da religião sua garantia última, sua ancoragem na consciência do indivíduo singular. E com isto se passa, contudo, algo no sistema que indica um rebaixamento do Estado, por mais enfaticamente que Hegel ressalte sua supremacia (*Selbstherrlichkeit*) que é o "Espírito da realidade"; a "interioridade subjetiva" – para utilizar um termo criado por Hegel –, que havia já na doutrina de Estado feito valer seu vigor, desborda efetivamente, com a religião tratada alhures na "constituição", o Estado. A doutrina inteira da "constituição", tal como Hegel mesmo a sintetizou, não atinge senão a autoliberação do Espírito libertando-se da "vida do povo", ou seja, do Estado, progredindo da eticidade ligada às classes "naturais" à liberdade das classes "morais", e chegando ao final à arte, à religião, à ciência. A alma atinge assim uma posição que, se não é hostil ao Estado, está para além dele, pois é interiormente livre. A partir desta convicção de base, Hegel procederá ao desenvolvimento da figura da história universal e à decifração da confusa face do presente. Quando Napoleão entra em Jena, esta nova obra estava completa. Hegel sabia, ao vê-lo passar a cavalo, que o destino deste homem, sua ascensão e seu declínio, estavam consignados em seu manuscrito.

A *Fenomenologia do Espírito* – pois este era o referido manuscrito – não pertence, como um todo, à série das fases nas quais o sistema de Hegel se desenvolveu; trata-se de uma obra singular em seu gênero. Isto é testemunhado tanto por afirmações do autor como, especialmente, pela circunstância de que ele, no semestre de verão de 1806, ensina ao mesmo tempo, de um lado, a fenomenologia e a lógica e, de outro, a filosofia da natureza e a do Espírito, estas últimas a partir do caderno que chegou até nós. A fenomenologia foi pensada por Hegel como uma espécie de introdução ao sistema. Antes de fazer desfilar sob seu olhar de soberano filosófico universal as essências do céu e da terra em longos cortejos bem-ordenados, ele mergulha de certo modo em sua alma mesma, e não sob o aspecto daquele preciso momento em que elas avançam em grupos bem estruturados, mas quando elas acorrem, de todos os cantos do mundo, ao local de reunião. Ele se instala na vida interior, na "consciência" de todas estas essências, procura expressar de maneira pura a figuração do mundo tal como ele se imprime em suas almas, o mundo tal como "ele é para a consciência". Mas, por sua própria inquietação, ele é continuamente deslocado desta consciência onde havia principiado a se aninhar a um novo círculo de existência interna, até que, de fenômeno em fenômeno, de figura em figura, de consciência em consciência, este movimento encontra por fim seu repouso na mais alta figura que se apresenta neste caminho. Esta, porém, tomando lugar no trono que lhe é preparado, não se soma ao cortejo, mas o deixa passar ante si: é a Filosofia, o "Saber Absoluto" mesmo. Eis o movimento do todo.

Em detalhe, a lei deste movimento, da sua procissão e de seus reagrupamentos, segundo os quais as figuras atingem seu lugar de reunião, não é assim tão fácil de conhecer. Durante meio século, repetiu-se continuamente o julgamento segundo o qual a *Fenomenologia* seria "uma psicologia levada à confusão pela história e uma história levada à ruína pela psicologia". Na verdade, trata-se do seguinte: a *Fenomenologia* viaja através destas "figuras da consciência" que a filosofia crítica havia ensinado a serem consideradas como tais, estas faculdades "psicológico-transcendentais" pré-conscientes pelas quais a realidade vivida é transformada em realidade necessária e universalmente válida, constituída em "natureza" no sentido kantiano. Dali ela passa então aos seus sentimentos práticos, ainda não-conscientes no sentido habitual do termo. Ela se torna de algum modo uma psicologia da vida primitiva, e, plenamente pertinente, um conjunto de concepções primitivas-afetivas do mundo constitui a conclusão deste capítulo, concepções que, se aparecem envoltas em figuras históricas – estoicismo e ceticismo antigos, catolicismo medieval – não estão por isto referidas expressamente a seus suportes históricos, devido ao seu caráter pré-espiritual, sentimental, afetivo; elas podem, ao contrário, surgir sempre e em qualquer lugar. Assim como, no fim da primeira seção, a "natureza", em sentido kantiano, foi "constituída", ao fim desta segunda seção de certa forma o é a "necessidade metafísica" no sentido de Schopenhauer. Com isto, a *Fenomenologia* abandona as esferas da obscura vida instintiva para se lançar aos ares mais livres do ser espiritual consciente. Três grupos de figuras aparecem aqui, e já se anuncia um outro no horizonte: a alta figura da rainha Filosofia em pessoa, visível. As formas do grupo anterior são as representantes das tendências nas quais o homem moderno, revelado a si mesmo, põe em exercício sua jovem consciência de si; exploração da natureza, descoberta e desenvolvimento de si da alma na alegria ilimitada e ação incondicionada – e, nesta fusão, está presente o Fausto do fragmento de Goethe – e, finalmente o grande anúncio kantiano da liberdade ética incondicionada. Aqui culmina a ambição do Eu de dar ao mundo a lei, e é então que se aproxima o grupo seguinte. Poder-se-ia dizer que, da mesma forma que na evolução do Espírito moderno, o século marcado por uma concepção "histórica" do mundo sucedeu aos séculos marcados por uma concepção "individualista", o grupo que agora avança inclui as figuras históricas nas quais, segundo a visão hegeliana de então, a razão havia encontrado, e encontrava ainda, direito de cidadania na realidade efetiva. É neste capítulo, e não antes, que a *Fenomenologia* faz um passo na direção da filosofia da História, e é com este capítulo, acima de tudo, que nos temos que ocupar.

"Espírito" – assim Hegel nomeia aqui, em sentido estrito, esta consciência que faz a experiência da história do mundo e com a qual a fenomenologia se vai agora identificar. Suas figuras não são, como era o caso até aqui, formas somente da consciência, mas "*efetividades* autênticas" (*eigentliche Wirklichkeiten*) – "formas de um *mundo*". Ao chamarmos estes espíritos por seus nomes – "o mundo ético, o mundo cindido em aquém e além e a visão moral do mundo" – reconhecemos imediatamente que esta filosofia da História de Hegel irá ainda remontar à fascinação da consciência hegeliana de outrora, marcada pelas Cartas sobre a estética de Schelling; pois não é no mundo do Oriente que ela toma seu ponto de partida, mas no "mundo ético" da pólis grega. Conhecemos a imagem ideal que Hegel esboça a partir dela; o que aqui, sobretudo, é novo e, na seqüência, é sistematicamente fecundo, é o tratamento do indivíduo. Há longo tempo Hegel via na absorção do indivíduo na vida do Estado o traço essencial da pólis ao tempo de seu esplendor. Por outro lado, o filósofo do sistema acabava de conferir uma posição mais segura ao indivíduo "moral" em oposição ao Estado: assim, na nova descrição da pólis, a questão do indivíduo é posta no centro da análise, de forma mais séria do que no passado. Mas, devido a uma filosofia da História que ele não pode simplesmente aplicar à pólis, o referido problema irá tomar uma configuração particular: não é o homem individual como tal que avança na direção da pólis mas, ao contrário, é o homem enquanto membro da família, o mundo ético da mulher que irá na direção daquele do homem. Hegel põe mais tarde família e Estado em estreita aproximação sistemática. Os profundos comentários da *Fenomenologia* sobre a vida ética familiar e do Estado como elementos conciliados ou discordantes da vida da pólis estão na origem desta sistemática. O conflito entre a lei divina e a lei humana na *Antígona* de Sófocles é retomado nestes desenvolvimentos com uma arte tão consumada que os traços reais da tragédia de Sófocles são dificilmente discerníveis do tecido de idéias do filósofo alemão. Não necessitamos analisar mais estas questões. É suficiente saber que o mundo harmonioso da eticidade deveria necessariamente desaparecer porque era belo, porque ameaçava uma existência natural, quase se poderia dizer uma existência vegetal. Seu destino é o destino de tudo o que é natural.

Como anteriormente apenas Penates pereciam no Espírito do Povo, agora perecem os Espíritos vivos dos povos, do fato de sua individualidade, em uma comunidade universal na qual... a universalidade é privada de Espírito, morta, e na qual a vitalidade é o indivíduo singular enquanto singular.

Nós sabemos que Hegel pensa no Império Romano e em seu direito civil. Ele não o propõe aqui, como antes, como início da segunda era mundial, mas como fim da primeira, expressamente separada, porém, enquanto "outra" figura, da "figura ética do Espírito". A anexação dos césares à pólis e não mais ao *Ancien Régime* é agora necessária, pois a monarquia fora entretempo reconhecida como a forma ideal de Estado do presente e do futuro; era necessário igualmente que as formas não-ideais de cesarismo (*Cäsarentums*) de Tácito e Gibbon sejam relegadas à etapa anterior à magna separação de épocas históricas. Como a monarquia não tem mais no Império Romano seu modelo descritivo, Hegel pode ressaltar mais fortemente as épocas históricas, a igualdade jurídica universal e a deposição universal dos direitos em proveito do Uno, do "mestre do mundo", cujo modelo é fornecido aproximadamente por Heliogábalo. O indivíduo, cuja formação não era ainda plenamente acabada na pólis, aparece no Império Romano, mas aparece, ou como personalidade jurídica vazia, "formal", ou como "excesso monstruoso" e completamente vazio. Dá-se assim uma cisão no mundo. A personalidade advém, mas ela não encontra o espaço de vida e de ação que lhe convém, ela é e se sente interiormente vazia; a personalidade global viva da pólis desagrega-se para que possa surgir a pessoa individual; mas, uma vez advinda, falta-lhe justamente esta pátria ética perdida de que ela dispunha outrora cá embaixo. A segunda Era do Espírito começa: "o Espírito tornado estranho a si mesmo: a cultura".

Os acontecimentos mundiais após a queda do Império Romano constituem assim a única e longa pré-história da grande transformação revolucionária francesa situada ao fim desta época e que se apronta, como explica Hegel erigindo a ela, com uma serenidade tranqüilamente segura do futuro, um monumento funerário, para aplicar sua lei de ferro ao último Estado alemão não vencido. Como Hegel irá integrar a este movimento os acontecimentos históricos, sobretudo o devir do Estado moderno? O mundo do Espírito tornado estranho a si mesmo (*entfremdet*) é dividido em dois sub-mundos, em um reino sem deus da realidade e em um mundo do além, da fé, desprovido de realidade. Hegel acusara há muito tempo o homem cristão de não ter "nenhuma unidade", e esta acusação havia sido reiterada, ainda que em menor extensão, ao homem medieval. Ele domina ainda a descrição do espírito medieval e moderno em seu conjunto. Não se pode determinar se há uma divisão nítida entre a Idade Média e os tempos modernos; em um movimento praticamente imperceptível, passamos da esfera da realidade à da fé, através da tênue linha divisória entre as duas épocas. Hegel chama de "cultura" a essência fundamental do novo "mundo da realidade" e da existência individual nele. Ele fornece a esta jovem palavra, que os primeiros românticos haviam carregado de conteúdo de grande peso, uma ampla significação histórica. Ele chama de cultura a produção, fruto da consciência dedicada, do mundo universal do Espírito. Para o indivíduo singular, cultura significa, por conseqüência, que ele não se torna o que é para seu mundo senão através do sacrifício do seu "eu natural". Cultura, em ambos os sentidos, é o que faltou ao velho mundo; ela faltou ao "mundo ético", pois ele não conheceu em absoluto o indivíduo singular, e os batimentos de seu coração não eram alimentados pelo Espírito individual, mas pelo "Espírito familiar" da comunidade e da família. A cultura faltou igualmente à situação de direito, pois o indivíduo singular, embora fosse reconhecido, não valia pela sua cultura, mas apenas enquanto pessoa vazia, em sentido jurídico. À "comunidade" e à "família" do reino da vida ética não correspondem, no mundo da cultura, estes "espíritos familiares", estas potências existentes para além do indivíduo, e sim forças que este último cria e utiliza conscientemente, "o poder do Estado e da riqueza". Esta nova oposição no seio da cultura não é senão aquela que encontramos em todos os esboços do sistema hegeliano, entre o Estado e a propriedade, entre a vida pública e a vida dirigida à produção industriosa, e, mais tarde, entre o Estado e a sociedade. Mais claramente do que em qualquer outro momento, ela é aqui dirigida à história e historicamente delimitada. Nem o mundo antigo da eticidade, nem o mundo da situação de direito (*Rechtszustand*) a conheceram; o grande antagonismo histórico que se desenrola no mundo antigo é de ordem muito diferente. Quanto ao Império Romano, sua caótica monotonia esterilizou completamente a força vivificante de um tal antagonismo. Somente o Espírito da história moderna, na medida que este age no mundo da efetividade (*Wirklichkeit*), deve ser completamente compreendido a partir destas duas potências, de sua luta, de seu equilíbrio, de sua troca de papéis. Não necessitamos seguir detalhadamente o modo como as atitudes características da consciência irão se desenvolver na relação com estas duas potências vitais, o modo como irão se organizar nas classes, pelo que podemos inferir a partir de nosso conhecimento da história do sistema: "massas organizadas" e "sempre prontas para a rebelião" enquanto o poder do Estado ainda não se tornou "poder do Estado efetivo", "governo", e, finalmente, submissão ao Estado. A monarquia absoluta francesa é agora objeto de descrição. Os pensamentos que mais tarde grandes historiadores reconhecerão na pré-história da revolução são aqui antecipadamente desenvolvidos de forma altamente característica: a idealização literária, na qual o poder ilimitado da época de Luís XIV e da tragédia clássica é levado a seu acabamento interior; o "heroísmo da adulação", a linguagem do elogio do poder do Estado, que prefigura diretamente a "linguagem da cisão" na qual se exprime o espírito decomposto do século XVIII e onde sua verdadeira natureza vem à luz. O *esprit classique* de Taine aparece aqui em sua constituição essencial. É igualmente surpreendente a concepção segundo a qual a *Royalisierung* da nobreza francesa é efeito de uma transformação interior da essência do poder do Estado: ela se torna "riqueza" e passa das mãos da monarquia às mãos da nobreza. Note-se que esta interpretação da pré-história da revolução é bem anterior à obra de Tocqueville, sendo praticamente contemporânea da própria revolução.

É assim que o Estado, o mundo exterior, se encaminha, por sua própria maturação, à revolução. O mundo interior segue um desenvolvimento que visa a mesma finalidade. A fé, face à realidade (*Wirklichkeit*) desdivinizada, é condenada a fugir do mundo, entrando assim em contato e em luta contra o outro habitante das regiões supramundanas, a "intelecção pura". Hegel desenvolve aqui análises extremamente obscuras e difíceis; é possível pensar que ele vê, na intelecção pura do primeiro racionalismo alemão, o prelúdio das Luzes do século XVIII. E é a estas que é consagrada toda a seção seguinte, ao seu combate contra os dois mundos, da fé e da realidade, que ela vence porque une sob sua bandeira os dois derradeiros frutos espirituais dos mundos combatidos por ela, a força do racionalismo sério e a frivolidade e brilho do "jogo de raciocínio e das conversas espirituosas" (*Räsonieren und Schwatzen*). Mas as Luzes cumpriram seu verdadeiro trabalho edificando sobre as ruínas da antiga existência seu próprio ídolo: a utilidade geral (*allgemeine Nützlichkeit*). Nesta sua idéia suprema que foi seu ideal, de certo modo o ideal da completa ausência de ideais, foi-lhe finalmente possível reunir as duas esferas que pareciam definitivamente separadas na vida antiga, aquela do mundo sem Deus, do mundo da existência, do mundo da cultura, e aquela da fé e do pensamento puros, desprovida de efetividade. "Os dois mundos são reconciliados e o céu é transplantado sobre a terra" – eis como é concluída a seção. Este sonoro toque de trompete assinala que a descrição atingiu a "magnífica aurora" do ano de 1789. Aqui começa a última parte do capítulo consagrado ao "espírito tornado estranho a si mesmo", com o título: "a liberdade absoluta e o terror".

Na idéia de "útil", a transferência absoluta do além ao aquém permanecera sempre um ideal; torna-se agora figura, sujeito agente histórico: a "vontade geral" de Rousseau – "não a idéia vazia da vontade, expressa no consentimento tácito ou manifesta na representação, mas a vontade realmente universal, vontade de todos os indivíduos enquanto tais". Ela "eleva-se ao trono do mundo", herdeira única do inteiro "sistema que se organizou e conservou pela divisão em massas". Ela apenas pode executar um "trabalho inteiro". Em sua liberdade absoluta, "todas as classes, que são as essências espirituais em que o todo se articula, são destruídas". Após uma subsunção de tal magnitude do passado inteiro, esta vontade geral permanece fiel a si mesma, nada pode criar de positivo, pois tal teria de ser sempre e necessariamente algo de singular e de determinado. E aqui, pela primeira vez nesta representação da Revolução, Hegel expõe uma objeção significativa. Pois esta vontade, se ela deseja renunciar ao vazio do modelo de Rousseau e constituir-se em um edifício ético, constituir-se-á exatamente no modelo de vontade que ele assentou nos fundamentos do Estado. Se a liberdade absoluta pudesse se "dar consciência", tornar-se "obra" (*Werk*), ela se dividiria em "massas espirituais existentes e nos membros dos diversos poderes", em "coisas-de-pensamento" (*Gedankendinge*) dos três poderes e nas "essências reais" das diversas classes. Mas esta vontade geral não pode, justamente, individualizar-se; ela "não se deixa impedir em termos de efetividade pela figura da obediência às leis que ela mesma se impôs... nem por sua representação na legislação". E como a liberdade universal não pode produzir obra positiva, "não lhe resta senão o agir negativo", dirigido contra o único objeto remanescente após a erradicação de toda organização existente, contra ela mesma, contra a vontade individual contida em sua vontade geral. Assim, ela se torna "terror" (*Schrecken*), e sua única obra é a morte – "sem mais significação do que cortar um pé de couve ou engolir um gole d'água" – esta é toda a sabedoria de um governo que não passa do partido incidentalmente vencedor, e ante o qual tornar-se suspeito tem de ocupar o lugar de ser culpado. Mas, na medida que a vontade geral se esgota, tornando-se "fúria da eliminação" (*Furie des Verschwindens*), "terror da morte", ela revela sua verdadeira natureza, desconhecida por Rousseau: que ela não é uma simples síntese das vontades individuais, mas também sua aniquilação. Assim, a liberdade absoluta da Revolução atinge seu terceiro estágio em que, novamente, ela reconhece conscientemente a idéia da "nulidade" do indivíduo e, ao mesmo tempo, o princípio de "organização das massas espirituais", das classes que se reconstituem. Os indivíduos, "que sentiram a ira de seu senhor absoluto, a morte... experimentam novamente a diferença, ordenam-se sob as massas e retornam a uma obra dividida e limitada". A nova monarquia – não há dúvida de que é a ela que a descrição de 1806 se dirige – está instaurada.

Mas o que pode significar este grande tumulto no qual o Espírito parece lançado "ao seu ponto de partida, ao mundo ético e real da cultura"? É esta realmente "renovada e rejuvenescida através do temor do mestre que penetra novamente nos ânimos"? Trata-se de um "ciclo de necessidade" que é necessário sempre novamente percorrer? É Hegel mesmo quem propõe estas questões. Apenas agora estamos no ponto decisivo de toda esta filosofia da História: aqui é ela interpretada pelo presente. Hegel responde negativamente à questão proposta. É certo que o Espírito deve repetir incessantemente o desenvolvimento da Revolução, conduzida, pelo Império, à quietude, se o fruto de todo este movimento viesse a se constituir na renovação do velho mundo da "cultura", do *Ancien Régime*, ou se sua obra consistisse em convencer mais profundamente o homem da necessidade de ordenações que o ultrapassam, ou mesmo que o excluem. Mas ele não é assim. Alguma coisa completamente nova apareceu no mundo com a "liberdade" absoluta da Revolução, e, porque nova, alguma coisa destinada a conduzir ao futuro: a Consciência ligada puramente ao seu Eu e reenviada a ela mesma. Tal é a "última e sublime" figura que o espírito humano pode atingir, a autonegação, não mais, como no mundo da cultura, com vistas a adquirir algum bem terrestre ou celeste, mas, para utilizar uma expressão kantiana em se tratando de um argumento kantiano, a autonegação do caráter empírico em função do caráter inteligível, o Eu que dá livremente, a si mesmo, a Lei. O mundo ético da Antigüidade pereceu na "pessoa" atomizada do direito romano, e esta pessoa constituiu para si seu novo mundo, o mundo desdobrado da "cultura". Da mesma forma, na Revolução Francesa, este mundo da cultura foi destruído em uma *volonté générale* única que não admitia a seu lado nem forças mundanas, nem forças extramundanas. Esta vontade geral irá se constituir em pedra de toque e fundamento do Terceiro Império, mas não enquanto *volonté générale*; esta destruiu a si mesma quando se tornou, na França, realidade efetiva, o antigo Estado e a vida antiga havendo emergido renovados e rejuvenescidos do caldeirão revolucionário. A liberdade absoluta abandona agora este país no qual ela se destruiu ao tentar se efetivar. Ela vai na direção de "um outro país" onde, em sua "irrealidade" (*Unwirklichkeit*) – encerrada na autoconsciência – "tem valor de verdade". "Surgiu a nova forma do Espírito moral". A terceira Era se anuncia; seu solo é a Alemanha, e o novo sentimento de si e da vida da filosofia kantiana-fichteana e do primeiro romantismo é o conteúdo histórico universal que ela tem tido até aqui. Seu acabamento vindouro é a religião absoluta do cristianismo, que forma unidade com a filosofia absoluta – aqui, a *Fenomenologia* abandona adequadamente o grupo de figuras históricas do capítulo "Espírito", e penetra em uma esfera situada para além da filosofia da História.

Hegel não havia nunca se distanciado, e nem haverá de se distanciar, tanto da estatização (*Verstaatlichung*) do ético como neste panorama histórico. Os princípios observados no sistema – elevar a "moralidade" (*Moralität*) sobre a "eticidade" (*Sittlichkeit*) –, encontram aqui, pelo menos em sentido de filosofia da História, sua plena realização. Isto não deve ser interpretado como se Hegel representasse subitamente a terceira era histórica como uma época sem Estado, puramente individualista e animada unicamente pelas forças da religião e da filosofia. Pensar tal coisa seria subestimar fortemente seu sentido do real. Mesmo neste período pós-revolucionário, o Estado não cessará de ocupar seu espaço na existência humana e, exatamente como no sistema de 1805, é este um Estado que, tendo atravessado a Revolução, conserva ou restaura, na medida em que encarna a vontade geral na figura do monarca, a articulação pré-revolucionária da sociedade em termos de classes. Este último ponto é especialmente notável. A *Fenomenologia* mostra, sem ambigüidades, que a monarquia napoleônica se constituía, aos olhos de Hegel, na restauração em marcha da velha ordem de estamentos sociais (Gesellschaftschichtung). Sua própria sistemática política, que conhecemos, e a articulação em classes (*Stände*) que ela comportava e que havia sido modernizada em torno a 1802, conduziram-no sem dúvida a ver aí a importância do novo Império, com sua nova nobreza, sua burocracia renovada e sua falsificação (*Verfälschung*) da idéia revolucionária de ultrapassamento de distinções de classe presentes no serviço militar obrigatório. Aquilo que, ao que parece, produziu nele uma impressão muito forte, foi a constituição napoleônica da Itália e seus três colégios eleitorais compostos em função das classes existentes; esta constituição é sem dúvida a primeira tentativa oriunda da Revolução de colocar o velho princípio de representação por classes a serviço do novo poder, de criar colégios, segundo as palavras do próprio Napoleão, "où nous avons reuni les différents éléments qui constituent les nations" (onde reunimos os diversos elementos que constituem as nações). E caso se pense como, pelo menos durante a primeira metade do século, esta idéia não é abandonada, então se compreende os termos do discurso pronunciado pelo porta-voz dos *possidenti* em Milão, ante o Imperador: esta instituição, explicava ele, substituindo as antigas e "frívolas" distinções de classes por distinções melhor fundadas e mais justas, aumenta a força de todo o povo e irá marcar época na história. Foi nisto, pelo menos, que Hegel acreditou.

A *Fenomenologia* testemunha novamente que ele acreditava, em 1806 como em 1802, que o Estado do futuro, da terceira era do mundo, seria idêntico, ao menos quanto à sua forma, àquele da segunda época, pré-revolucionária, e que somente o espírito que animaria este corpo seria diferente. Por outro lado, a significação deste Estado para a vida geral da terceira era reduz-se consideravelmente. Hegel não posterga o momento de sua completação, como outrora, até o ponto "em que haja um povo livre", mas ele percebe seus sinais desde agora, imediatamente, nestes tempos da vida espiritual alemã. O Espírito da História abandonou a França, onde havia construído o Estado e a vida social do futuro com matéria-prima do passado, e se estabelece na Alemanha, onde inicia o trabalho dos novos, supremos tempos: primeiro, recolocar o homem sobre suas próprias bases, sobre si mesmo, como "espírito moral"; após, a partir desta preparação, completar o processo: tornar-se religião absoluta, saber absoluto. E isto não em termos de um futuro longínquo: a religião absoluta não é doravante alguma coisa a advir, uma recriação ultrapassando a religião grega da beleza e a religião cristã da dor através da unificação de ambos em um "povo livre" do futuro. Já o último sistema nos havia mostrado que a filosofia se havia reconciliado com o cristianismo, notadamente em sua versão protestante. A *Fenomenologia* avança um passo mais, altamente significativo neste contexto, e nos mostra que a filosofia da História conduz, no quadro da história religiosa, a um esquema construtivo que ele recusa ainda para a história em seu conjunto: que o cristianismo representaria a fusão histórica final da "religião natural" do Oriente antigo e da "religião da arte" dos helenos. A religião absoluta é então, desde agora, o homem histórico, portador do "Espírito", pois este adentra sua maturidade – trata-se apenas de estender-lhe a mão.

E o Saber Absoluto? Hegel conclui seu curso de verão de 1806 com as seguintes palavras:

tal é, meus senhores, a filosofia especulativa, no ponto em que a atingi de sua elaboração. Considerem-na como um início do filosofar ao qual os senhores darão continuidade. Estamos em uma época importante, em uma efervescência onde o Espírito deu um salto, abandonando sua forma anterior e adquirindo uma nova forma. A massa inteira de representações, de conceitos, que foram até aqui as conexões do mundo, dissolveram-se, e desaparecem como uma imagem de sonho. Prepara-se um novo soerguimento do Espírito. A filosofia deve por excelência saudar sua aparição e reconhecê-lo, enquanto outros, a ele resistindo impotentemente, permanecem atrelados ao passado, e a maioria constitui, sem o saber, a massa de seu aparecer. Mas a filosofia, que reconhece este surgimento como eterno, deve render-lhe as honras.

A tal ponto enfática é agora a autoconsciência do pensador. Ele olha no fundo dos olhos de sua época. Ainda mais: ele fala com ela, e ela com ele. Ele tornou-se realmente disposto e capaz de penetrá-la – "sê-la". Ele ultrapassou o meio do caminho da vida de que fala Dante. As estações de vida tornam-se agora para ele épocas do mundo. O eflúvio do pensamento rompeu os limites do rio e se derrama por sobre os sedentos campos do tempo.

SEGUNDO LIVRO
ERAS DO MUNDO
(1806-1831)

Nona Seção
NAPOLEÃO

Em 9 de março de 1802, Goethe escrevia a Schiller sobre a Revolução Francesa, que havia novamente atraído sua atenção por um livro de memórias relativo à época de Luís XVI:

> No todo, oferece-se a visão gigantesca de riachos e torrentes que, segundo as necessidades da natureza, devindo de vales e montes, embatem-se uns contra os outros, e acabam por criar um grande rio, uma inundação que arrasta tanto os que a haviam previsto como os que dela não tinham idéia. Vê-se nesta gigantesca empiria (*Empirie*) nada senão natureza, e nada daquilo que nós, filósofos, tanto gostaríamos de chamar liberdade.

Estas palavras merecem ser rememoradas, caso se queira saber o que esta época e seus "filósofos" percebiam como ausência no turbilhão dos acontecimentos, e qual a lacuna que Napoleão – não o homem de ação, mas a figura que se imiscuiu nos espíritos, não o gigante propriamente dito, mas a sombra do gigante – preencheu nesta geração ansiosa pela contemplação da Idéia. Pois Goethe, após haver reconhecido no caldeirão de feiticeiros da revolução apenas "natureza" e nenhuma "liberdade", continua: "Nós queremos ver se a personalidade de Bonaparte continuará a nos contentar com sua aparição magnífica e dominadora". Seria inadequado avaliar este julgamento de outro ponto de vista que o do observador. Goethe havia posteriormente aprendido a ver no Corso mais e outra coisa que uma aparição magnífica e dominadora da liberdade humana em um mundo de necessidades, e havia provavelmente reconhecido na sua obra a duração histórica; então, quando o curso dos acontecimentos o convenceram – de modo suficientemente eloqüente – de que a história universal ultrapassava este homem, ele retorna à sua opinião anterior. Napoleão não aparece mais, ao Goethe maduro, como o portador da vida histórica, e sim, separado de sua obra particular, como um símbolo de tudo que está ao alcance do poder humano. Goethe então o perfila com aqueles que os demônios encarregaram de nos seduzir, Shakespeare, Rafael, Mozart.

Ocorre, como veremos, uma evolução análoga da imagem de Napoleão no que concerne a Hegel. É certo que desconhecemos a forma como ele acompanhou a ascensão do jovem general; e não seria adequado trazer aqui, a título de complemento, aqueles versos que escreveu seu companheiro frankfurtiano, com o espírito já obnubilado, sobre o herói de Arcole e de Lodi, que o poeta deveria deixar intocado "como o Espírito da natureza". Exceto uma rápida menção no texto sobre a Constituição do Império – cuja promessa final de um "conquistador", como mostramos, não se refere a Napoleão – é necessário esperar por 1806 para ouvir Hegel chamar pelo nome do "omninomeado". Tal se dá, porém, com a plena percepção de que este nome, mais do que a um homem, se refere à história. Tudo o que Hegel havia até agora pensado e observado com relação ao Estado se reúne ante esta imagem. A imensidão desta figura o obriga, como a seus contemporâneos, a anunciar suas cores; a ninguém é permitido permanecer à margem – as mais profundas forças de seus sentimentos de Estado devem ser reveladas pelo indivíduo.

Dois dias antes de Jena, escreve ele: "vi o Imperador, esta alma do mundo, sair a cavalo pela cidade para reconhecimento; é realmente um sentimento extraordinário ver um tal indivíduo que, concentrado em um ponto preciso, sentado sobre um cavalo, domina e submete o mundo". O Imperador, alma do mundo! O que poderia tal significar? Pois trata-se de mais do que um exagero admirado, mais ainda do que uma generalidade vazia, e certamente não seria nenhuma dignificação exaustiva deste paradoxo, quando se quer, como Haym, inflar-se de indignação patriótica. Nesta fórmula concentra-se uma visão muito específica de passado e presente, de mundo germânico e romano, e da relação entre Estado, religião e filosofia. É esta concepção que deve ser agora compreendida. Apenas após esta compreensão é que se pode ou deve indignar-se, se for o caso.

Fichte colocara, nos núcleo dos seus *Discursos*, cuja intenção era ensinar que um povo lançado ao solo deveria aprender novamente a fé em seu futuro, a idéia segundo a qual a Europa românica havia dado ao povo alemão os grandes impulsos – Renascença (*Renaissance*) e Revolução – a partir dos quais este "povo da humanidade" tornar-se-ia, na reforma alemã e no idealismo alemão, determinado à constituição das experiências propriamente dominantes do gênero humano. Fichte, o orador da nação alemã, e Hegel, que, no decênio seguinte, desfraldará todas as velas nas trilhas de Napoleão, e que saúda agora, alegremente, a queda da Prússia – é uma situação muito inesperada encontrar ambos em um só e mesmo caminho da filosofia da História. Todavia, é o que se passa. Vimos, na seção precedente, a forma como Hegel entendia então o significado histórico universal do momento presente. A revolução francesa se constituía, aos seus olhos, na conclusão de uma era histórica que se havia iniciado com a derrocada do Império Romano e que, com o conceito de Vontade universal, uma vontade que não vê senão ela mesma, sua própria realização, introduziu no mundo uma idéia simples e nova, que deveria fazer explodir este mundo edificado sobre antagonismos – poder de Estado e riqueza, fé e razão, aquém e além. Mas o mundo liberado de contradições, que constrói por si mesmo o novo pensamento, não pode ser o mundo do Estado. Neste, a vontade universal aniquilou-se a si mesma, quando pretendeu assumir a forma do "terror"; o antigo Estado ressurgiu rejuvenescido da Revolução. Porém, o Espírito vive sua vida própria doravante não mais no Estado, nem, de um modo geral, no mundo da cultura, do qual este Estado era uma parte; ele "transferiu-se a um outro país" – Hegel mesmo declarou explicitamente que ele, com esta expressão, tinha realmente um país em mente – um outro país, no qual ele "tem valor de validade" na negação revolucionária de toda realidade autônoma fora dele, o que deveria fracassar no mundo do Estado: a vontade geral de Rousseau transmuta-se no Eu de Fichte, e a partir deste inicia-se imediatamente o movimento que conduz à filosofia absoluta e à religião do futuro. O coração da história, que pulsava no Estado moderno, levado a seu acabamento por Luís XIV, baterá doravante no corpo da filosofia alemã; o "Espírito" transferiu-se do aquém ao além, do Estado à Filosofia, da França à Alemanha. Napoleão pode ser para Hegel, portanto, apenas o príncipe do aquém (*Diesseits*). Mas é exatamente por ele ser tal que dá-se sua significação em termos de História Universal; ele restabeleceu o Estado, essencialmente o Estado antigo, ainda que, em sua monarquia – diferentemente do que acontecia com Luís XIV –, não é o poder do Estado que se opõe à riqueza, mas é a "vontade geral" que se incorpora por sobre as classes (*Stände*), como no sacerdócio dos Antigos do sistema de 1802. A grandeza de Napoleão é esta, e esta é igualmente a razão pela qual ele cairá; neste sentido se refere Hegel em 1814 a esta passagem da *Fenomenologia* como a uma predição do que se passaria posteriormente. A grandeza de Napoleão consistiu no fato de que ele conservou o Estado; mas exatamente aí cessa o Estado de ser o ponto central da existência humana. A queda de Napoleão é assim necessária, segundo os termos de Hegel comentando a si mesmo em 1814, e isto em um sentido muito mais profundo que o de outros políticos que salvaguardaram o Estado pela instauração de um poder tirânico. Destes últimos – por exemplo, um Robespierre – é dito que caem não por serem tirânicos, cruéis, mas porque se tornaram "supérfluos"; Napoleão, porém, não se torna supérfluo apenas em sua individualidade, mas é sua obra mesma que se torna, em seu sentido mais profundo, supérflua. Por agora, todavia – encontramo-nos no ano de 1806 – este "homem extraordinário", que Hegel vê passar a cavalo, é ainda o ponto central da história universal, a alma do mundo, o indivíduo que, sentado sobre um cavalo, "domina e submete o mundo"; ele segura ainda firmemente as rédeas, ele é ainda o "grande professor de direito público em Paris".

O que poderia haver ensinado imediatamente aos filósofos este grande professor? A última síntese do pensamento sobre o Estado, no sistema de 1805, oferecia já uma visão de conjunto da qual haviam sido excluídos os aspectos arcaicos de 1802, e que correspondia aproximadamente à realidade e à aparência do Estado napoleônico. Especialmente o tratamento da opinião pública e do corpo de funcionários em suas mútuas referências pode ser considerado reflexo da variante napoleônica do despotismo esclarecido, ainda que seja imperioso deixar aberta, para então, a possibilidade de que a passagem em questão do manuscrito seja um adendo posterior, datando talvez do período posterior a Jena. A hierarquia das classes (*Stände*) do sistema de 1805, assim como a convicção que testemunha a *Fenomenologia* designando às classes seu papel no Estado contemporâneo, parecem-nos derivadas diretamente da influência das constituições italianas de Napoleão. E, no que diz respeito à visão da vida interna do Estado e à passagem do ideal aristocrático ao ideal burocrático, a filosofia hegeliana dirige-se à realidade napoleônica. Todavia, nos anos que seguem, o filósofo não percebe, ou não quer perceber, a vontade de estabelecimento de um Império mundial, na qual tanto os contemporâneos como a posteridade acreditavam ver a marca própria da realidade napoleônica. A descrença a respeito da possibilidade de um tal modelo de Estado estava excessivamente arraigada no todo da essência de seu sistema para ser abalada agora pela ameaça de realização efetiva de um tal modelo. O Estado deveria ser um singular para poder corresponder à sua natureza fundamental de autoperduração guerreira. São efeitos da nova concepção de Hegel a respeito do Estado e da história as novas tarefas que ele pode, ou deveu, atribuir ao Estado, atribuições que subordinaram a essência do poder a um objetivo de formação espiritual. E foi igualmente em correlação com estas suas novas concepções que esta tarefa, em sentido próprio, apenas poderia ser exercida no Estado alemão, pois a vida espiritual do mundo vindouro era a vida do Espírito alemão.

Em um Estado alemão – de forma alguma no presente Estado alemão. Se Hegel havia podido depositar suas esperanças, há alguns anos, num Estado nacional unificado, ao que parece tais esperanças se haviam agora esvaído totalmente. Ele já as abandona em 1805, sob a dupla impressão tanto da instauração do Império hereditário austríaco, geralmente interpretado como renúncia, pelos Habsburgos, de sua política alemã, como pelo comportamento dos príncipes e das populações alemãs nesta época de preparação da Confederação do Reno. Mas, na essência de sua concepção filosófica de Estado, a equivalência entre este e a Nação nunca teve lugar. Assim, Hegel, ao deixar Jena, pode se voltar, sem que sua consciência seja abalada por isto, na direção de uma das satrapias napoleônicas da Alemanha meridional que abriam então suas portas a sábios proeminentes: a Baviera.

O novel reino esforçava-se em fundir seus habitantes de origem católica e o afluxo recente de populações em grande parte protestantes. Os registros devem permitir passagem à corrente, longamente impedida, de cultura norte-alemã, considerada herética. Montgelas, o "primeiro ministro alemão revolucionário", como foi chamado pelo seu homólogo prussiano Hardenberg, que lhe era próximo espiritualmente, dominava o país, não impedido por um rei que se contentava que o deixassem em paz. Mais importante era a atenção que devia dirigir ao todo-poderoso Imperador dos franceses, que lhe repassava ocasionalmente, por seu embaixador, algumas diretivas ou advertências. Pessoalmente, o ministro esclarecido apreciava ver-se cercado dos novos sábios protestantes e os protegia dos ataques do clero local, cujos representantes começavam a se sentir relegados a segundo plano. Schelling, Jacobi, Thiersch, eram os faróis da Academia de Ciências de Munique; o suábio Niethammer, amigo de Hegel dos tempos de Jena, deveria renovar o ensino superior protestante no sentido do novo humanismo; Paulus, igualmente suábio, e igualmente ligado a Hegel desde Jena, trabalhava como inspetor provincial de ensino no departamento administrativo de Niethammer. Hegel gostaria de ocupar uma cátedra em Würzburg, cuja universidade acabava de ser criada, ou em Erlangen. As dificuldades financeiras nas quais se encontrava o Estado, devido a circunstâncias externas incertas e à sua reorganização interna, abortaram rapidamente este desejo. Porém, Niethammer, que se constituiu, no curso destes anos, em conselheiro e amigo de Hegel, oferecendo-lhe conselhos e apoio tanto em questões quotidianas como em temas profissionais, desejava que seu jovem compatriota permanecesse, ao menos, no círculo de influência do governo bávaro. Hegel que, havendo gasto sua parte da herança paterna, encontrava-se na necessidade de prover seus meios de subsistência, aceita a direção do *Jornal de Bamberg*, um emprego muito bem remunerado.

O jornal – quatro pequenas folhas em formato *in quarto* – havia sido fundado há vinte e dois anos por um padre emigrado da França, e havia desde então trocado seis vezes de direção. Enquanto Hegel o dirigiu, ele aparecia todos os dias da semana, impresso pela manhã e vendido à tarde. Ele não era o verdadeiro jornal local de Bamberg, lugar ocupado pelo *Correspondente de Bamberg*. O *Jornal* abastecia Bamberg e o "distrito do Meno" bávaro com notícias sobre o Estado bávaro e, sobretudo, com informações sobre acontecimentos europeus. Neste sentido, ele não era, nas circunstâncias da época, assim tão desprovido de importância – o governo bávaro o havendo herdado da época em que Bamberg era ainda residência dos príncipes do Império. Aos olhos da população, o jornal fazia parte dos "privilégios concedidos há longo tempo à cidade e reconhecidos" pelo novo soberano em pessoa. Lia-se o jornal ainda além das fronteiras bávaras, ou pelo menos além do "distrito do Meno"; e os cidadãos se identificavam, também do ponto de vista econômico, com uma empresa que "atraía dinheiro estrangeiro ao país e principalmente ao distrito do Meno". Não é por não publicar ensaios – o que era uma característica dos jornais da época – que são sem fundamento as descrições que se lê após a morte de Hegel, segundo as quais se encontrava o "espírito profundo" do redator nos "pequenos ensaios claros, de uma inteligência aguda, penetrando em sua época". E, se é verdade que o jornal, sob a direção de Hegel, teria atingido "rapidamente a condição de um dos mais importantes jornais alemães", Hegel parece não haver notado isto: por um ano e meio, ele não cessa as queixas, em suas cartas, sobre a "mediocridade jornalística", sobre a pobreza espiritual de seu trabalho. Na verdade, sua atividade se limitava quase exclusivamente a organizar notícias. As fontes eram constituídas pela imprensa estrangeira e também correspondentes próprios, que Hegel procurava energicamente multiplicar a partir de suas antigas relações. Knebel, em Jena, e outros, foram solicitados e contribuíram em certas ocasiões, mas muito raramente, segundo considerava Hegel. O redator acrescentava às notícias, no máximo, um curto comentário para orientação do leitor. É certo que as matérias fornecidas pela história contemporânea não permaneciam ausentes mesmo em um pequeno jornal informativo. No momento em que Hegel assume suas funções de redator, ocorriam ainda as últimas ações da guerra franco-prussiana com o sítio de Danzig e Kolberg; veio então a paz de Tilsit, e Hegel, escrevendo de Jena, queixa-se sobre as agruras de um redator de jornal em tempos de paz, quando deveria se dar por satisfeito com a passagem de um marechal francês pela cidade. Não faltava movimento de tropas e de prisioneiros através de Bamberg, cujo registro foi feito com grande minúcia pelo *Jornal*. Da mesma forma, as festividades organizadas por ocasião do aniversário da rainha e do rei, como anteriormente a pomposa chegada de um príncipe bávaro, que havia escolhido residir permanentemente, com sua jovem esposa, na antiga residência episcopal, ou ainda – raramente – uma notícia a respeito de algum fenômeno científico a ser observado em Bamberg – um cometa ou um hermafrodita – ocupavam as colunas do jornal. No fim do verão de 1808 ocorreram finalmente os combates na Espanha, a serem noticiados com prudência, e simultaneamente as festividades de Erfurt; o redator teve novamente matéria-prima para seu trabalho. É bastante surpreendente observar o quão pouco aparece no jornal, ainda que como mera notícia, aquilo que agitava então o coração de Hegel: os passos que a Baviera dava na direção de um Estado moderno. Que "a introdução do *Code civil* e de formas constitucionais em vários Estados da Confederação do Reno estavam sendo debatidos" – eis realmente tudo o que os leitores do *Jornal de Bamberg* puderam ler a respeito. Nem o decreto real de 1º de maio de 1808, que anunciava a promulgação de uma constituição, nem a publicação no Diário Oficial (Regierungsblatt) de 25 de maio do texto desta constituição – que, aliás, nunca entrou em vigor –, ou algo sobre as reformas administrativas, é publicado. E, todavia, não obstante a mais extrema prudência, não faltavam choques com a censura.

Hegel havia vivenciado na vizinha Erlangen, logo ao início de sua atividade em Bamberg, um exemplo do que se poderia passar com um redator imprudente nestes tempos de guerra. O governador francês havia suspendido o Jornal de Erlangen e aprisionado seu diretor – como Hegel, um filósofo, Stutzmann – para "correção", bem como o próprio censor, pois eles "se haviam permitido difundir, em suas publicações, notícias falsas e comentários suscetíveis de perturbar a ordem pública". Hegel pôde assim compreender claramente a advertência. A censura jornalística se referia, na Baviera, a um Edito de Montgelas, datado de 1799, que não deixava de demonstrar uma certa magnanimidade no tratamento da imprensa para os padrões da época; ele permitia, de modo geral, a reprodução de informações publicadas no estrangeiro e se contentava com a limitação segundo a qual apenas "informações com vasto público e não inteiramente confirmadas" deveriam ter suas fontes precisamente indicadas. Este é o ponto suscetível a um eventual acionamento dos freios. A partir do afluxo de populações protestantes na Suábia e na Francônia, existia na Baviera, desde 1799, uma importante imprensa diária. O *Jornal Geral de Augsburg* e o *Correspondente da e para a Alemanha*, de Nuremberg, eram de fato lidos em toda a Alemanha; o último trabalhava já com um importante corpo de jornalistas permanentes. Ao início, parecia suficiente que as questões de censura estivessem sob a responsabilidade de um funcionário designado como censor pelo comissário do distrito, na condição de funcionário de mais alto grau. Mas logo vieram as dissensões com o estrangeiro. Napoleão, como um arrivista, sofria de uma neurótica superestimação da opinião pública, estranha ao antigo governo – Montegelas o dizia "ávido de elogios e com uma extrema suscetibilidade com relação a todo escrito injurioso" –, e esta disposição contra os jornalistas considerados nefastos o atingiu logo, desde seu ponto de origem, e também os governos dependentes. O caso de Erlangen não fora senão um prenúncio. No início de 1807, o governo suíço queixava-se, ainda que não oficialmente, através do embaixador bávaro em Berna, de um pequeno artigo de algumas linhas aparecido no *Jornal de Augsburg*. Esta foi a ocasião para Munique reforçar a censura – somente poderiam ser publicadas informações oficiais emanadas de fontes oficiais, "com a finalidade de evitar os desconfortos ocasionados pela publicação de informações falsas ou precipitadas por parte de jornais públicos". Dada a imprecisão do termo "oficial" – um jornal oficial existia então apenas na figura do francês *O Monitor* e de seu homólogo real na Westfália – tratava-se agora de poder, de fato, intervir a belprazer em qualquer exemplar de qualquer jornal. Mas não se tratava de ir além disto. Pois, mesmo que os altos funcionários provinciais não vissem com olhos amigáveis os jornais submetidos à sua censura, em razão do trabalho que lhes custavam, a importância econômica de alguns entre eles era muito grande para que pudessem arriscar sua extinção. Até então, outono de 1807, o jornal de Hegel não havia atraído a atenção do Ministério do Exterior, de onde provinham naturalmente todas as demandas de censura por parte de governos estrangeiros. Os "aborrecimentos" que lhe haviam sido ocasionados pelo presidente da direção provincial – seja por antipatia pessoal, seja por "excesso de zelo ou subserviência" – haviam permanecido sem conseqüências. Agora porém, no outono de 1808, a atenção do governo é atraída, involuntariamente, pelo redator do *Jornal*. É a época em que se prepara a sublevação austríaca. Chegam no verão notícias do fato, através do embaixador bávaro em Viena, a Montgelas, que as repassa a Napoleão. Logo após, Paris "convida" a Confederação do Reno "a manter-se alerta no sentido de rechaçar toda agressão". A Baviera reúne o conjunto de suas tropas em três postos de observação situadas a uma distância considerável da fronteira austríaca. Naturalmente era muito indesejado que a opinião pública fosse atraída por estes preparativos, embora esta movimentação de tropas pudesse haver sido vista, à época, por um observador atento; Hegel teve também sua atenção despertada quando ele ficou sabendo da saída simultânea do exército de Bamberg e da suspensão do campo militar francês das cercanias de Berlim, cujo marechal se dirigiu a Dresden. Tratava-se, portanto, de guardar um relativo silêncio. É então que seu jornal publica, em 19 de agosto, um infeliz artigo sobre as posições bávaras que compreende um certo número de indicações precisas sobre a disposição das tropas, provindas literalmente de ordem real naturalmente secreta. Hegel havia tomado despreocupadamente, de uma página destacada da cópia da ordenação, que um seu empregado – que alegava haver encontrado o material – havia lhe remetido. Em Munique, tal atraiu atenção. O Ministério do exterior ordena uma investigação para que seja determinada a origem do artigo, supondo evidentemente descobrir um vazamento noticioso no âmbito militar; o jornal foi ameaçado de "suspensão", caso não revelasse o nome do "militar" que lhe havia repassado o decreto. Hegel, que conhecia os casos dos jornais de Bayreuth e de Erfurt, sabia que o Ministério não hesitaria em proceder à execução de suas ameaças, mas pode contar apenas o que sabe. Ele procurou, em todo o caso, assegurar-se do apoio de Niethammer, que não se sabe se seria necessário. De todo modo, foi em vão a esperança de Hegel de que as questões políticas mais graves se tornassem mais agudas, ocupando mais da atenção dos altos senhores do Ministério, de tal forma que não tivessem tempo para se ocupar de um tal assunto. Na segunda metade de dezembro, Munique envia uma nova demanda a propósito desta "sórdida história", e Bamberg tem de, novamente, responder. A partir daí, nada mais sabemos sobre o caso. Mas a atenção do Ministério havia sido despertada, e logo Hegel viria a experimentar novamente, como por ocasião daquele caso, a "indignidade de sua situação". Em 1º de novembro de 1808, um decreto real é promulgado em Munique e dirigido a todos os comissários gerais do distrito, reforçando as disposições do ordenamento de 16 de março, segundo as quais apenas as informações oficiais emanadas de fontes oficiais eram admissíveis e – o que é novo – delega a responsabilidade pessoal da censura da imprensa às mais altas autoridades provinciais! E na origem deste decreto estava, ao que parece, ninguém menos do que o infeliz autor da *Fenomenologia*.

Em 26 de outubro, seu jornal publicou um artigo "de Erfurt", no qual, em uma tonalidade neutra e, por isso mesmo, de grande força, era descrita a forma que Napoleão tratava seus vassalos: "Em torno às dez horas, os hóspedes chegaram juntos à grande sala de audiência do Imperador. Mas demorou cerca de três horas até que o ocupado monarca se apresentasse ante eles. Cerca de 1 h ele chegou, sentou-se a uma mesa, comeu, bebeu, retirou-se, e a reunião teve fim". Adiante, o artigo fornecia algumas informações sobre rumores a respeito das jornadas de Erfurt:

que será constituída, sob a proteção de Sua Majestade, o Imperador Romano-Germânico, uma confederação nórdica; que todos os postos alemães retornarão ao príncipe de Thurn und Taxis, e que Erfurt permanecerá uma cidade livre que será declarada livre de impostos por dez ou, como dizem outros, por vinte anos". Não se pode depreender dos autos se o relato sobre o desjejum do governo de Munique foi escrito com más intenções; estes deixam antes transparecer que a tempestade teve sua origem apenas nos "rumores".

Um destes autos concernia particularmente aos interesses do Estado bávaro: aquele relativo aos correios. Com efeito, cerca de meio ano antes este Estado havia retirado subitamente e sem indenização o direito de administração dos correios da casa Thurn und Taxis, direito que ainda em 1806 havia sido confirmado pelo novo reinado a título de "concessão por parte do trono", e havia tomado para si a responsabilidade por esta lucrativa atividade. Motivo suficiente para entrever na seca observação do *Jornal de Bamberg* um pérfido ataque a um dos mais sagrados bens do reino bávaro. Hegel entendeu já em Bamberg, provavelmente através do comissário de distrito que era seu amigo, que acabara de cometer involuntariamente um novo erro ao imprimir as linhas em questão, e já no próximo número do jornal é publicada uma referência aparentemente acidental à publicação de rumores análogos em um diário parisiense, desmentindo o publicado no dia anterior por um jornal alemão e considerados "vazios de todo conteúdo e de nenhuma forma confirmados por alguma autoridade". Na sua ampla e "muito respeitosa" carta de legitimação de 9 de novembro, Hegel pôde invocar em sua defesa este pronto desmentido, assim como a fonte insuspeita que representava a imprensa oficialmente censurada da Confederação do Reino, ou mesmo aquela "submetida a Sua majestade, o Imperador dos franceses", não sem acrescentar ainda que ele "se esforçava muito cuidadosamente em evitar toda ocasião que (lhe) pudesse redundar em descontentamento por parte das autoridades supremas, respeitando escrupulosamente as ordens relativas à redação do jornal". Porém, uma vez caído em desgraça, não lhe foi fácil corresponder a esta promessa; ainda antes que ele houvesse podido enviar esta carta, teve de publicar, em 8 de novembro, uma retificação que lhe havia sido enviada de "alta instância", desta vez de Leipzig, por haver qualificado, em um comentário sobre o comércio de produtos de algodão, de ineficazes as interdições à importação de mercadorias inglesas: a administração de Leipzig empenhava-se muito, pelo contrário, em aplicar, com o mais extremo rigor, as leis destinadas à proteção contra o mercado inglês. Ao assumir, no fim deste mês de novembro, seu cargo em Nuremberg, o filósofo furta-se, felizmente, de enfrentar uma situação complicada. Rapidamente se decide a sorte do jornal. É certo que o último incidente, que havia levado Munique a intervir, havia se resolvido com o assumir da responsabilidade de Hegel e com a investigação que se seguiu até o Natal; mas, em 27 de janeiro de 1809, o encarregado dos negócios franceses em Munique refere como havia tido de lamentar freqüentemente as más intenções de certos jornais bávaros, especialmente os de Nuremberg e de Bamberg; e novamente foram duas edições do *Jornal de Bamberg*, aparecidas uma semana após a partida de Hegel, que haviam irritado extremamente Napoleão: uma, referente à notícia da península dos Pirineus, que parecia adequada "à relever les esperances d'un parti à la verité expirant mais à jamais incorrigible" (a reanimar as esperanças de um partido na verdade moribundo, mas sempre incorrigível); a outra – cúmulo do horror – na figura de um artigo, no qual era enaltecida a grandeza de alma de Frederico Guilherme III, que havia permanecido fiel a Alexandre após Eylau, apesar das promessas de Napoleão. O Embaixador "sugeriu" a suspensão do Jornal que havia provocado a forte "indignation" do Imperador, e acrescentou ardilosamente que o ministro não era forte o suficiente para impor suas opiniões e fazer valer suas ações na nova província. O Embaixador tinha motivos para falar assim tão diretamente: Napoleão o havia nomeado, em 16 de janeiro, pessoalmente, responsável de todos os artigos perigosos ou insidiosos que fossem publicados na imprensa bávara. No que diz respeito ao *Jornal de Bamberg*, o limite havia sido alcançado. A última gota, caso alguma ainda fosse necessária, proveio de uma queixa do Príncipe Hatzfeld, que o Embaixador repassou a Montgelas em Berlim. Tratava-se de um artigo publicado à época da partida de Hegel, ou seja, proveniente ainda de um de seus articulistas – um artigo, cujo veneno oculto, afirmado por Hatzfeld, somente poderia ser inteligível a alguém que conhecesse muito bem a situação em Berlim e seus protagonistas. Em 7 de fevereiro, foi ordenada a suspensão do jornal, e no mesmo dia tal decisão foi comunicada ao Embaixador francês. Não obstante o fato de Hegel nada ter a ver com o caso Hatzfeld, Montgelas reuniu as pessoas de ambos os redatores na figura de um só: ele reconheceu a "legítima indignação" do Imperador ante o comportamento "do" redator, ao qual se havia instado, por várias vezes, a uma maior "circonspection"; isto apenas se aplica, a se julgar pelos autos, ao antigo responsável pelo jornal, e não ao novo. Assim, Hegel, não sem razão, faz a si mesmo a reprimenda de que a suspensão que atinge seu sucessor se referia em verdade à sua própria direção, e seu amigo Niethammer apazigua sua consciência, a bem dizer, de forma indevida – e também suas preocupações.

Hegel era já havia três meses diretor e professor do Liceu Real de Nuremberg, quando os fatos referidos se deram. Oito anos – mais do que em qualquer outro lugar até então, com exceção de sua cidade natal – viveria ele ali; ali ele ocupou pela primeira vez uma verdadeira posição, e ali ele desposou sua mulher, da família Tucher – é ele mesmo que coloca ambos os fatos nesta seqüência. Ele pretendia suspender o anúncio de seu noivado até a obtenção esperada de uma cátedra em Erlangen, pois se perguntava se a herdeira de uma família patrícia, instalada em uma antiga cidade imperial, poderia, aos olhos do mundo, lhe estender a mão. Niethammer, porém, o tranqüilizou, chamando sua atenção para o fato de se encontrarem em uma época na qual mesmo os reis não eram mais obrigados a expor suas credenciais de nobreza para desposar as filhas de outros reis, e na qual o mérito pessoal e a posição conquistada por si mesmo enobreciam mais do que qualquer linhagem aristocrática. Niethammer encontra, por outro lado, o tom exato para sugerir em que se constituía o momento preciso em que Nuremberg se encontrava no curso de sua história quando Hegel faz sua entrada, perguntando-lhe se ele, na condição de professor e reitor do Ginásio em Nuremberg, não se julgava digno de "ser pública e solenemente acolhido em uma família que ocupara realmente uma posição prestigiosa ao tempo do passado esplendor da cidade imperial de Nuremberg". Pois Hegel chegara nesta respeitável cidade na condição de membro da nova administração bávara que, sem praticamente respeito por este passado, não via ali essencialmente senão uma comunidade arruinada e decadente. Ele, que acha a bela denominação "torta velha" para designar uma cidade que os primeiros românticos já haviam redescoberto, parece havê-la considerado como o comissário da cidade, chegado praticamente à mesma época que Hegel; este comissário, em um espesso relatório enviado a Munique, não cessa de comentar as vielas da cidade, desertas, mal traçadas, mal pavimentadas, e os becos ainda pior iluminados, as casas patrícias praticamente desabitadas, com um máximo de duas peças com calefação, sendo o espaço restante ocupado por "gigantescos vestíbulos, câmaras obscuras com piso de pedra e aparatosas cozinhas que ocupavam outras peças"; da "pomposa falta de competência" dos administradores dos estabelecimentos públicos; da situação das corporações necessitadas de uma profunda reforma; e dos cinqüenta e nove guardas-noturnos, que não se encontravam em mais nenhuma cidade do reino. A tarefa precípua de Hegel nesta "profunda reforma" da nova Nuremberg dar-se-ia em um domínio que, segundo as louváveis intenções do governo e retomando os termos do documento, "não deveria ser considerada como uma instituição local, mas antes como uma instituição distrital, e mesmo da totalidade do reino": a Escola Superior. Também esta se encontrava em situação miserável. Dois anos após a chegada de Hegel, não pôde ainda ter lugar o "canto dos estudantes do Ginásio em ruas públicas", porque a "perda de recursos que tal teria significado para o estabelecimento não poderia de forma alguma ser coberta". Hegel tentou fazer, em uma constante guerrilha, valer a boa vontade do governo com relação às carências locais, com a sustentação constante de um poderoso aliado, Niethammer. Este havia iniciado o conjunto da reorganização de todo o ensino superior na Baviera; tratava-se para ele, também neste ponto, da introdução da nova idéia de educação humanista-protestante na escuridão da "Barbaria" (Barbarias), como Hegel escrevia "Bavaria" (Bavária). A função do novo reitor era em princípio e antes de tudo de ordem organizacional: havia organizado o Ginásio unificando o que sobrara dos três estabelecimentos relativamente abandonados com os quais a cidade contava. Hegel deveria lhe assegurar uma existência decente, digna de uma tradição que remontava a Melanchton. No início do terceiro ano de sua estadia, o estabelecimento estava novamente ameaçado até mesmo de puro e simples desaparecimento, e o comissário da cidade teve de intervir pessoalmente junto ao rei para a preservação do Ginásio. As lembranças de antigos alunos nos instruem significativamente sobre a gestão competente, rigorosa e preocupada com os mínimos detalhes que foi a de Hegel, que cultivou, com o passar dos anos – a crermos no testemunho das autoridades – "a opinião do público local culto". O talento de administrador que nele repousava pôde se exercer, em certa medida, no decurso destes anos. Mas, ao lado do prático, o teórico retoma a palavra – é verdade que em um nível inferior de ensino – após a pausa de Bamberg. Sem nunca perder de vista seu objetivo de uma cátedra universitária, ele pôde, na condição de "professor de ciências filosóficas propedêuticas", apresentar a meninos e a adolescentes seu sistema, renovando-o ano após ano – sistema que ele havia ensinado pela última vez, a julgar pelo caderno de notas de 1805, no verão de 1806, ou seja, mais de dois anos antes de assumir o cargo em Nuremberg. Não apenas o público havia se modificado; também o mundo se lhe aparecia neste entremeio transformado. Especialmente um grande acontecimento, "destes que advêm uma vez a cada mil anos", separa este verão de 1806 do inverno de 1808-1809: a batalha de Jena.

A mais antiga versão do sistema de Nuremberg no que diz respeito à filosofia do Estado nos chegou apenas na forma destinada aos alunos das classes elementares; mas é certo que, no que nos parece ser o seu ponto mais notável, a explanação destinada aos alunos das classes posteriores concordava com aquela. A explanação para as classes elementares pode ser considerada, até certo ponto – ainda que, naturalmente, não em sua totalidade –, como a fonte do sistema da filosofia hegeliana do Estado nos anos de Nuremberg, pelo menos até o inverno de 1812-1813, e isto no que respeita ao seu ponto essencial, que examinaremos. Esta explanação divide seu objeto em doutrina dos direitos, dos deveres e da religião. Como em seu tempo a *Metafísica dos Costumes* de Kant, também ela integra a filosofia do Estado no corpo da doutrina do direito, mas, diferentemente de Kant, e ao contrário das próprias concepções hegelianas anteriores e posteriores, ela coloca a doutrina dos deveres (*Pflichtlehre*), ou seja, a "moralidade" (*Moralität*) sobre o Estado. No caminho que vai da eticidade

(*Sittlichkeit*) do Estado à completação do Espírito absoluto, encontramos agora – e apenas agora – o homem individual, moralmente livre, no Hegel sistemático. Já no último sistema de Jena havíamos julgado poder encontrar algumas tentativas tateantes neste sentido e, sob a figura de Napoleão, a *Fenomenologia* encontrou a fórmula de filosofia da História que manifesta fortemente um deslocamento de valorização, em detrimento do Estado e a favor da livre moralidade. Agora serão derivadas as conseqüências sistemáticas, ainda escamoteadas em 1805. Sobre o sistema de Hegel, paira no zênite o sol de Napoleão.

Não se trata, evidentemente, de considerar que o Estado seria aqui considerado por Hegel uma pura e simples instituição do direito; a relação do homem ao Estado é sempre tratada como uma relação ética, e os deveres com relação ao Estado configuram uma parte da doutrina dos deveres, ainda que não a parte mais eminente. Mas o Estado mesmo é concebido aqui por Hegel apenas como a realidade do "conceito de direito"; o homem tem deveres com relação a este Estado, mas o Estado não é, nele mesmo, o mais alto e perfeito dever humano. Um passo nesta direção era dado já pelo último sistema de Jena, quando Hegel – embora ainda sob o título geral de "constituição" (*Konstitution*) – pretende subordinar as classes (*Ständen*) e as disposições de espírito referentes às classes, às disposições de espírito absolutamente livres "moralmente", concebidas por sobre o Estado, destinadas à "auto-liberação do Espírito com relação à vida de um povo". Mas agora esta separação e hierarquização tornou-se muito mais clara. A antiga distinção entre deveres perfeitos e imperfeitos, que servia para diferenciar entre deveres jurídicos e deveres morais, pode ser agora, segundo Hegel, "igualmente invertida" – uma sobrevalorização da "disposição de espírito" (*Gesinnung*) em detrimento dos deveres que exigem "apenas uma necessidade externa", que é muito surpreendente aqui, onde Hegel trata do Estado no âmbito do direito. E ainda mais notável é o fato de que, quando Hegel designa como objeto do direito (e com isso também como objeto do Estado) apenas "a pura personalidade", a "liberdade abstrata", enquanto a realização deste "conceito puro", desta "pessoa abstrata", e mesmo a "determinação particular do ser-aí (*Dasein*) e o próprio ser-aí" não derivam senão da moral (*Moral*). É suficiente lembrar do tom que assumem no linguajar hegeliano termos como "abstrato" e "concreto", para perceber o que há de inusitado no fato de que Hegel envia o Estado ao homem "abstrato", não lhe assegurando senão uma força de interdição. Este aspecto tão surpreendente relega a segundo plano o tratamento dos detalhes.

Diferentemente de 1805, inicia agora – e, doravante, será sempre assim – o tratamento da "existência do direito na sociedade do Estado" pela família. A *Fenomenologia* reconheceu na pólis, inicialmente, na moralidade familiar, o solo de sustentação e simultaneamente o pólo oposto, duradouro, da eticidade do Estado. Temos agora à vista o resultado sistemático das penetrantes observações que se podem ler a respeito do conflito na *Antígona* de Sófocles. A família é a "sociedade natural", e o Estado é a "sociedade de homens submetidos a relações jurídicas, nas quais eles valem uns para os outros não em virtude de alguma relação natural particular, segundo suas inclinações e sentimentos naturais, mas enquanto pessoas". Mas esta oposição é agora, pela primeira vez, mediatizada por um conceito cuja introdução no sistema, em pleno domínio napoleônico, dá o que pensar, ainda que ela seja condicionada: entre família e Estado aparece a nação. "É uma grande sorte quando uma família se alarga em nação e o Estado coincide perfeitamente com a nação". Que se trata apenas de uma grande sorte, e não de uma condição necessária do Estado, isto é garantido pelo "esclarecimento" que segue: "um povo encontra sua coesão na língua, nos costumes, no hábito e na cultura, mas esta coesão não constitui de forma alguma, por si mesma, um Estado". E, suficientemente significativo: no mesmo parágrafo em que Hegel trata do fundamento nacional do Estado como algo de anexo – ele é realmente apenas "uma grande sorte", e "sorte" significa para Hegel, como bem o demonstra uma magnífica carta dirigida a sua esposa, muito pouco –, e nesta mesma frase, ele coloca limites às tarefas éticas e civilizatórias do Estado. É verdade que "moralidade, religião, prosperidade e riqueza são muito importantes para o Estado. Ele deve se preocupar igualmente pela promoção destas condições, mas elas não constituem para ele seu fim imediato, que é, ao contrário, o direito". Tanto a dimensão natural como a dimensão ética do Estado são colocadas por Hegel – a primeira de forma definitiva, a segunda ao menos por este momento – em segundo plano em relação à finalidade imediata do Estado: o direito. Já vimos que esta desvalorização do conceito de Estado – é disto que se trata, a partir do que sabemos da visão hegeliana do direito – se articula com a crença na importância apenas exterior da potência napoleônica. Na época contemporânea, o Estado não é mais o bem supremo; ele cedeu seu lugar, na hierarquia espiritual, à moralidade, que, segundo a representação hegeliana, deverá ceder, por sua vez, seu lugar à religião.

Este conceito essencialmente jurídico de Estado será desenvolvido nos parágrafos seguintes por breves comentários a respeito do Estado de natureza, do qual os homens devem sair para adentrar uma situação "na qual a vontade racional é que domina"; sobre a lei como "expressão abstrata da vontade universal"; e, finalmente, sobre o "governo", ou seja, o Estado como potência, que não se opõe ao Estado como lei, mas que é, ao contrário, a realização da própria vontade universal, na qual a "essência abstrata" era a lei. Hegel examina a seguir detalhadamente os poderes do Estado, assim como as formas constitucionais. No que diz respeito aos primeiros, ele se emancipa da tradição dos três poderes, ajuntando-lhe um quarto, o poder administrativo e financeiro, esquecido por Montesquieu, que havia subestimado notavelmente a autonomia da prática administrativa, influenciado que deveria estar pelo confisco parlamentar dos poderes administrativos, ainda vigentes na Inglaterra, através dos "private bills" (direitos privados). Hegel havia considerado já em 1805 o funcionalismo como um poder próprio na vida geral do Estado; o "quarto poder" – ele o coloca, a saber, na segunda posição – é uma nova tentativa nesta direção. A constituição do Estado é, a partir de agora, essencialmente derivada do nível e do modo de repartição dos poderes, enquanto a outra configuração, de tipo aristotélico, fundada pela tomada de posição dos cidadãos com relação ao domínio, é examinada apenas em segundo lugar, aliás, como de costume, dando preferência à monarquia hereditária moderada. A limitação da monarquia se dá através de leis que protegem os direitos dos cidadãos, e ainda através da delegação de parte do exercício de poder a "colegiados ou aos estados gerais", embora a referência a estados gerais se constitua, em relação a 1805, numa novidade que não é sem relação com os já conhecidos projetos e premissas constitucionais em curso na Baviera e, mais amplamente, na Confederação do Reno. Em 1805, o príncipe tinha ante si apenas do corpo de funcionários, aqui introduzidos sob a denominação de "colegiados", no qual, todavia, a opinião pública encontrava seu órgão. No interior do sistema, temos agora a primeira aparição da representação popular, cuja necessidade o Hegel jornalista havia reconhecido há muito. É a primeira vez que é sugerida, neste texto, a distinção fundamental entre direito público interno e direito público externo, que Hegel manterá doravante. No que respeita à posição do Estado entre os outros Estados e à significação da guerra, o que temos aqui é o que já conhecemos.

O aspecto ético da vida do Estado que Hegel estabelece com primazia sobre o direito e a moral, e mesmo como proclamação de representante de Deus sobre a terra, não mais aparece, como já referido, a não ser como parte da doutrina dos deveres. É apenas aqui que percebemos propriamente o que o Estado significa para o indivíduo, e o que este significa para o Estado. É verdade que, já no início do texto, é proferida a fria verdade, a saber, que o Estado "tende a poder dispensar a opinião de seus cidadãos", mas, por outro lado, reaparece neste contexto o conteúdo principal da antiga ética do Estado. Pois o Estado não pode "dispensar a opinião dos cidadãos", ele

não apenas submete a sociedade sob uma ordenação jurídica, mas intervém, na condição de uma comunidade moral verdadeiramente superior, para a configuração da unidade nos costumes, a cultura e a universalidade das formas de pensamento e de ação.

Mas tudo isto aparece aqui apenas no quadro da doutrina dos deveres, e não na doutrina da essência do Estado; e, acima de tudo, no interior da doutrina dos deveres não indica o termo acabado, mas simplesmente a passagem dos "deveres familiares" aos "deveres referentes a outrem". Pode-se acentuar o quanto se queira o fato de que uma tal propedêutica filosófica se dirija às capacidades de jovens meninos – o caso é que não se pode derivar absolutamente daí a causa de uma mutação tão fundamental no edifício sistemático.

Após havermos conhecido estas formulações algo abruptas, agucemos o ouvido à escuta de testemunhos imediatos das inclinações políticas de Hegel. Uma fonte fundamental se nos apresenta em suas alocuções escolares públicas. Como reitor, ele era encarregado de pronunciar, ao fim de cada ano escolar, por ocasião da entrega dos prêmios, discursos "com a finalidade de apresentar o balanço do ano recém-findo e de abordar o que for necessário para as boas relações entre o público e o Ginásio". Esta tarefa, que lhe coube cinco vezes de 1809 a 1816, ele a exerceu de uma tal forma que os ouvintes dificilmente viriam a esquecer que era um filósofo que lhes falava. E da filosofia da educação que ele expõe nos vêm alguns esclarecimentos muito significativos a respeito de sua concepção da comunidade em geral.

O primeiro destes discursos, de 29 de outubro de 1809, elogia a cultura humanista por seu conteúdo espiritual, "o qual detém valor e interesse nele mesmo e por ele mesmo"; este conteúdo educa "a alma a ele elevada no sentido de um núcleo de valores autônomos... que configura por si a base utilizável em função de tudo". No que segue, o Estado é subordinado a objetivos mais elevados, em uma medida que, mesmo após o já referido, não deixa de surpreender. Enquanto anteriormente Hegel atribuía ao Estado, por sua simples existência e sua ordenação ética, a evocação de disposições éticas entre os indivíduos, ele deve agora, a bem de sua própria manutenção, cuidar da cultura (*Kultur*) ético-espiritual do indivíduo para além de seu âmbito político específico: "esta preservação independente, esta interioridade substancial que é mãe da maestria, da ponderação, da presença e da vigilância do Espírito". Sejam aqui apenas por este aspecto geral observados os termos pelos quais ele não faz simplesmente alusão às derrotas austríacas do ano recém-findo, mas, principalmente, ao caso da Prússia:

não vimos recentemente mesmo Estados inteiros que, por haverem negligenciado e desdenhado o desenvolvimento e a manutenção de um tal sustentáculo interno na alma de seus membros, havendo-os dirigido apenas à dimensão da utilidade e, no que diz respeito ao espiritual, a considerá-lo como um meio, se encontrarem desamparados ante os perigos e naufragarem em meio aos seus muitos meios?

O Estado deve considerar o "espiritual" como um fim em si, como algo que, pairando sobre ele, deve ser preservado, deve "construir" o "sustentáculo interior" na alma do indivíduo. De sua parte, o Estado não repousa mais, visivelmente, neste sustentáculo interior – ele se tornou a simples fachada da vida interior.

É concordante com o exposto o fato de que a religião é para Hegel, agora, objeto de especial atenção; pois é nela que repousa, segundo suas atuais concepções, a possibilidade de futuro tanto da Alemanha como do mundo. "Pátria, príncipes, constituição etc., não parecem ser a alavanca adequada ao soerguimento do povo alemão" – escreve ele em janeiro de 1807 ao melhor de seus alunos de Jena – "a questão é saber o que se passaria se a religião fosse abordada". E ele está agora completamente decidido – já o sabemos desde o último sistema de Jena – a estatuir o protestantismo como portador deste futuro; um protestantismo, porém, muito próximo da filosofia, que corresponde praticamente, em boa parte, a um livre-pensamento. Devido a esta concepção de protestantismo, ele experimenta com relação à sublevação austríaca de 1809, apoiada por Friedrich Schlegel em sua atividade jornalística, um ódio primário, e se alegra que esta "nossa libertação e catolicização (*Katholisierung*) à moda de Schlegel tenha fracassado e que ele mesmo deve se considerar feliz quando o cadafalso permanece livre dele". Mas, como o ceticismo ante a Prússia, por um lado, e a confiança ante Napoleão, por outro, podem se conciliar com esta convicção protestante que agora se torna quase um receio dos jesuítas que ele havia ridicularizado à época em que suas propostas de reforma do Império o levavam a tomar o partido da Áustria? Uma carta a Schelling, de janeiro de 1807, traz alguma luz à questão. Segundo ela, "não é de se esperar do Espírito da Alemanha do norte... nada mais de positivo; a cultura formal parece abandoná-lo à sua sorte, e este serviço lhe parece ser destinado, cujos frutos um gênio melhor virá a aproveitar". O que isto significa, e o que significa especialmente em uma carta dirigida ao ainda então seu amigo Schelling, é evidente para quem conhece o pensamento e as formas de expressão de Hegel em Jena. A cultura formal, a cujo serviço a Alemanha do norte parece estar condenada, é o individualismo ético levado à sua culminância por Kant, Fichte e Jacobi, e é onde a *Fenomenologia* via o ponto de partida da passagem do Espírito da França à Alemanha. Com efeito, neste texto que Hegel se apressa em entregar à publicação, este individualismo não é senão o precursor da religião absoluta e do saber absoluto; e, na passagem da carta que acabamos de citar, um gênio melhor, o da Alemanha do sul – Hegel fala a Schelling! – é evocado a colher os frutos: a Religião absoluta e o Saber absoluto. Hegel tinha a convicção profunda de que o Espírito alemão era o único a poder pretender esta construção histórica universal;

temos disto uma prova cabal, pela qual, igualmente, a afirmação de 1814 – segundo a qual a *Fenomenologia* havia previsto a queda de Napoleão – é purificada da suspeita de se constituir apenas numa *vaticinatio ex eventu* (previsão sem fundamento). O mesmo que havia festejado na batalha de Jena a vitória da cultura e do espírito sobre a grosseria e a esperteza, e que havia julgado não poder estabelecer para a Prússia "nenhum outro prognóstico", este mesmo espera todavia – em 1807 – que os alemães, devido à pressão dos franceses, fossem "obrigados a abandonar sua indolência ante a realidade efetiva, ultrapassando talvez seus mestres, se na exterioridade se conserva sua interioridade". Por agora, porém, têm eles ainda muito a aprender. O grande professor de direito público de Paris irá preencher a sua missão histórica. Para além de toda admiração pessoal que Hegel reserva "a este homem extraordinário", trata-se aqui de sua convicção política. É surpreendente – mas não injustificado – que o temor da "catolicização" não lhe parece ter ocorrido; ele leva em conta o respeito de Napoleão ante a organização universitária protestante – e se vê uma vez mais a que ponto, para ele, cultura e protestantismo configuram uma unidade: a única autoridade no protestantismo é "a educação intelectual e moral de todos, e sua garantia são as instituições que Napoleão odeia mas... que ele aprendeu a considerar unicamente a partir deste aspecto e, por conseqüência, protegeu na Holanda, em Göttingen etc.". Se, no que diz respeito a este ponto – que é, a seu ver, o mais importante – Napoleão lhe parece inofensivo, e se a sua concepção de então, relativa à depreciação geral da idéia de Estado lhe permitia a crença em uma possível independência da formação espiritual com relação às "instituições estatais", então dá ele agora provas de uma confiança absoluta na questão do desenvolvimento constitucional, que não ocupa doravante senão um papel algo secundário em seu pensamento. Hegel fala completamente sério ao utilizar, para qualificar o Imperador, a espantosa denominação de "professor de direito público".

Se para ele, como sabemos, o Corso era o repressor da revolução, e aparecia assim como um poder da restauração, nem por isto lhe parecia crível a idéia de que a obra política interna de Napoleão se empenharia na restauração do antigo Estado, e especialmente das diferenças de classes (*Stände*). Ainda que a *Fenomenologia* pareça sugerir isto, na verdade Hegel viu em Napoleão o salvador das grandes idéias de base da revolução anteriormente às suas conseqüências – caso se queira: das idéias de 1789 em relação às de 1793. Falto de discernimento, acreditou poder divisar na aparência de parlamento que Napoleão permitiu que continuasse a existir na França, e nos Estados despóticos apoiados por ele, um conteúdo essencial de sua vontade política. É exatamente este deslumbramento que nos mostra a que ponto a sua concepção de Estado possuía tons de constitucionalismo. Isto é explicado até certo ponto através do fato de que Hegel, permanecendo fiel às suas impressões juvenis de Württemberg, considerava que a participação do povo no Estado podia ser obtida tão bem por colégios consultivos de funcionários como por uma representação popular eleita. Com o Conselho de Estado (*Staatsrat*), todavia, a monarquia napoleônica havia constituído um órgão que correspondia ainda mais – certamente mais do que o Senado e o colégio de tribunais (*Tribunate*), à exigência de Hegel. No momento em que ele esperava que chegasse de Paris a "decisão principal" para a Baviera e toda a Confederação do Reno, que, segundo suas esperanças, "não dirá respeito apenas às redistribuições territoriais externas, mas afetará também, para a saúde dos povos, a organização interna", acolhia com grande satisfação as palavras atribuídas a Napoleão, segundo as quais o Imperador havia dito ao ministro de Württemberg, a propósito da suspensão, por seu rei, das assembléias provinciais: "eu fiz de vosso senhor um soberano, e não um déspota". Seu "sentimento político inteiro" o fazia desejar ardentemente que o *Code Napóleon*, mas também que "os aspectos menos essenciais da constituição (*Konstitution*) francesa ou da

Westfália", fossem introduzidos. "Que isto seja a vontade dos céus, quer dizer, do Imperador francês!" – pois, com efeito, como acabavam de testemunhar os recentes acontecimentos de Württemberg, "os príncipes alemães ainda não compreenderam o conceito de monarquia livre, nem empreenderam sua realização – Napoleão terá de organizar tudo isto". Nas imitações alemãs dos franceses até então, a metade foi sempre deixada de lado, e exatamente a metade que "era a mais nobre, a liberdade dos povos, a participação destes em eleições, decisões, ou ao menos de trazer ao seu conhecimento todas as motivações das medidas governamentais" – em suma: aquela "publicidade" (*Publizität*), aquela "conversa do governo com o povo a respeito do interesse de ambos,... um dos maiores fatores da força dos povos francês e inglês". E assim pergunta ele, com urgência, ao seu amigo no governo de Munique, se a iminente reorganização da Baviera irá se constituir apenas na investidura de doze prefeitos, e não também "em um conselho de Estado, ou em uma representação popular" – em que se percebe novamente a confusão entre as idéias de um colegiado burocrático e aquela de um parlamento, ambos compreendidos como pilares-mestres da "monarquia livre". Ao fazer isto, Hegel concebe a posição do povo e do corpo de funcionários com relação ao governo central de modo bastante moderno, como que totalmente isento de tendências dualistas, o que seria compreensível em um suábio de nascença. Isto mostra – se ainda não nos é evidente – a fórmula segundo a qual ele compreende, como "momento principal da liberdade", aquelas limitações impostas ao governo supremo do Estado: "confiança em si do Estado que deixa atuar as partes que o constituem". Não é o governo que confia no povo, ou o povo que confia no governo, mas é o Estado que confia em si mesmo: um círculo fechado em si mesmo.

Mas, com tudo isso: o Estado não preenche o mais íntimo da vida, a julgar por estes testemunhos epistolares. É certo que a batalha de Jena se constitui em um evento que "não acontece senão em cem ou mil anos"; mas exatamente esta determinação apocalíptica do tempo mostra que Hegel vê mais na batalha do que um acontecimento político. É-nos bem conhecido que povo e que idéias esta batalha permite a irrupção na história, e não é sem significado que Hegel defina este acontecimento como "excessivamente grande" para o jornalista político. Não se trata de uma nostalgia de filistino pela paz, quando ele lamenta que esta guerra infeliz pode perturbar "o melhor, ou seja, as artes e ciências". E quando ele atribui exatamente ao Estado a tarefa de desenvolver o "sustentáculo interno" na alma de seus cidadãos, quando ele deseja que o jornal governamental bávaro possa dispor de uma rubrica de recensões literárias, à semelhança do *Moniteur*, devemos ver nestas manifestações sinais desta proposição do espiritual por sobre o Estado, do rebaixamento do Estado à posição de simples protetor de uma vida espiritual que não pertence ao seu mundo – em suma: aquele deslocamento que sabemos caracterizar verdadeiramente o período napoleônico de Hegel. Pode-se supor um retorno aos tempos do estudante e do preceptor revolucionário, quando se lê como ele se convencia a cada dia mais que o trabalho teórico contribuía mais para o mundo que o trabalho prático; "se se revoluciona o reino da representação, a realidade não resiste". Impressiona à primeira vista que seja exatamente sob efeito da onipotência napoleônica que Hegel pode chegar a esta sobrevalorização tão unilateral do pensamento contra a realidade. Motivos aparentemente contraditórios se combinam aqui, a alegre submissão ao grande homem de ação e de realidade, e a convicção da auto-suficiência, até mesmo da precedência, da vida espiritual em relação a qualquer realidade efetiva. Já vimos como estes entrelaçamentos de uma teoria fichteana e de um comportamento tão pouco fichteano podem culminar, e realmente culminam em um único nó de filosofia da História.

Mas a história mesma rompeu, com um golpe de machado, este nó artificial. Chegou o ano de 1813. Hegel – como não poderia deixar de ser – encontra-se de início imperturbavelmente incrédulo e depois, pouco a pouco, cada vez mais desamparado. Ele havia se aferrado de maneira muito rígida às suas concepções, para poder sair facilmente de seu círculo encantado. A palavra "libertação" aparece agora em suas cartas regularmente, com um tom irônico. Ele não havia compreendido a dependência em relação à França napoleônica como uma ausência de liberdade – já sabemos os motivos disso. Quando ele evoca agora a contribuição dos "cossacos, baschkires (sic) e outros excelentes libertadores", esta enumeração já mostra por si, na medida que ele inclui os patriotas prussianos, como lhe era difícil – semelhantemente a Goethe – conceber uma libertação através destes libertadores. Quando seu próprio Estado se junta aos Aliados, quando jovens de seu círculo próximo se engajam maciçamente, ele não sabe o que fazer, além de mostrar a um destes jovens amigos os "soldados" que desfilam e chamar sua atenção para "que tipo de sociedade ele viria a se integrar, se ele se engajasse como voluntário"; e, de forma mal-humorada, acrescenta à passagem do desfile: "se, *par hasard*, fossem vistos os libertados passando desta forma, eu, de minha parte, me poria também em marcha". Os primeiros frutos da nova liberdade que lhe chegaram na Baviera não podiam senão incitá-lo à ironia. Quando do caso do marechal-de-campo Wrede, nota ele: "o Imperador francês não se importou que potências menores... tivessem um marechal-de-campo; agora, porém, após esta formidável reviravolta das coisas, após tão brilhantes vitórias, cargas tão pesadas e tanto sangue derramado, temos, enfim, um". E sua desconfiança no sucesso dos Aliados não tinha nem de longe sido vencida. Pode-se perceber, em um comentário a respeito da última batalha da campanha de 1814, que ele julgava ainda não só possível, como também provável, uma derrota final dos Aliados. Porém, quando tudo estava decidido e Napoleão real e indubitavelmente derrotado, ele procura finalmente um significado para os fatos, e para si mesmo um ponto de referência. É o que ele faz na importante passagem da carta datada de 29 de abril de 1814, aqui citada em toda sua extensão – com ela, chega ao fim o episódio referido:

grandes coisas se passaram em torno a nós; é um gigantesco espetáculo assistir a um grande gênio se destruir a si mesmo; é o *tragikotaton* que existe. A grande massa da mediocridade, com seu peso de chumbo, pesa sem descanso ou alívio, de tal forma que o superior abaixa-se até o nível dela, ou ainda sob ela; o ponto de torção, a razão pela qual esta massa dispõe de força e, como o coro, permanece sozinho por sobre o resto, é que a grande individualidade mesma tem de autorizar isto, e, assim, consuma sua própria ruína.

Desta forma – se se quiser, dramática: indivíduo e massa, herói e coro – concebe o filósofo este grande acontecimento. Não se trata de uma luta entre forças de potência equivalente, como o historiador veria os fatos, e como Hegel mesmo, posteriormente, viria a interpretá-los; nem da Revolução em luta com as nacionalidades – mas, simplesmente, o Uno contra o Múltiplo. À primeira vista, parece quase como se Hegel desesperadamente tentasse evitar tirar conseqüências do acontecido, como se ele se refugiasse no campo estético, no "gigantesco espetáculo". Na verdade, com esta subordinação de Napoleão à trágica lei da história, é expresso algo que Hegel nunca havia anteriormente expresso, e mais do que ele mesmo supunha estar expressando aqui. Ele mesmo "honra-se" de haver previsto tudo isto na passagem da *Fenomenologia* que fundamenta nossas análises na presente seção, e nós não hesitamos em acreditar nele, na medida que tal é crível e que se possa crer, de um modo geral, em tal tipo de previsões – e ele, realmente, previu naquela passagem o correr dos fatos em suas linhas gerais. O que ele não previu, e não poderia ter previsto, foi o Estado de espírito com o qual ele acolheu os referidos fatos. Que o tirano, ao completar sua obra, se torne supérfluo, e desapareça em virtude de sua própria superfluidade, isto ele havia expresso já muito tempo antes; que a grande individualidade deve se dar a si mesma o direito de sua aniquilação, ou seja, a necessidade objetiva da vitória da Alemanha sobre a França, tal tinha sido expresso na *Fenomenologia* como um triunfo do Espírito sobre a força. Assim passou-se em 1813; mas, quando tal se dá, Hegel permanece cego ante este cumprimento de sua própria previsão, ele vê apenas "cossacos, baschkires e outros excelentes libertadores"; e que a aniquilação de Napoleão não se daria a partir do interior, através do Espírito, mas, como lhe parecia agora, através da massa dos medíocres com seu peso de chumbo – isto ele estava longe de supor em 1806. Isto o torna agora mal-humorado, e lhe dá oportunidade, ao tentar organizar os acontecimentos, de ter o sentimento de haver experimentado um drama.

Agora, porém – aqui temos de antecipar algo – no momento da realização de sua profecia, escapa-lhe a base sobre a qual ele a havia proferido. O fato, para ele seguro, de que a queda de Napoleão significava uma vitória da mediocridade sobre o gênio, e mesmo que a mediocridade apenas o havia superado porque o gênio – novamente no estilo da tragédia – havia lhe feito o favor de se destruir a si mesmo: esta visão, que recolocava o centro de gravidade dos acontecimentos históricos novamente no indivíduo, era inconciliável, a longo prazo, com a idéia de que o último quartel do século representava uma virada na história do mundo. A batalha de Jena não podia mais ser qualificada como um acontecimento "do tipo que acontece apenas uma vez em cem ou em mil anos", pois, sete anos após, houve Leipzig. O presente o lançou novamente, da luminescência apocalíptica da hora do nascimento de um Terceiro Império, à luz terrena do dia. Por mais que os acontecimentos que ele vivenciou tenham sido significativos para o presente, não se constituíam no grande ponto de torção da história universal; o que ele havia acreditado entrever da passagem da história do mundo do reino do Estado ao reino do Espírito foi varrido pelo vento dos acontecimentos. Ele dispunha outrora de um esquema histórico no qual o surgimento dos Germanos e de sua idéia de Estado se constituía na última grande virada no curso da história. Ele teve de rever esta concepção, cujo paralelo histórico-religioso ele já havia mostrado em 1806, na *Fenomenologia*. A crença de estar vivenciando, no momento presente, um início infinito, o início, de certo modo, de uma época meta-histórica (*überzeitliche Epoche*), um Império de mil anos – esta crença que havia alimentado seu pensamento político, e seu pensamento em geral, ao longo dos anos passados – deveria desaparecer. Permanece a convicção na potência da história. O reconhecimento de que "o coro permanece sozinho, por sobre o resto", havia para ele desdivinizado o momento presente. E se a história, como o coro, tem razão, então o seu conteúdo vivo não era mais, doravante, um presente que deveria se tornar futuro, mas um presente herdeiro de todo o passado! Os poderes da restauração, que eram também os poderes da cosmovisão histórica do século, podem estabelecer seu reino.

Décima Seção
RESTAURAÇÃO

Na Alemanha na qual agora Hegel se encontrava e tinha que viver, parecia que, segundo a disposição de cada um, tudo se poderia esperar e tudo se poderia temer. Em Viena, tinha lugar o Congresso. Tratava-se da mesma "Viena de Friedrich Schlegel", cuja completa catolicização Hegel havia temido poucos anos antes. O temor dos jesuítas, e mesmo da inquisição, habitava ainda seus pensamentos e o perseguia até mesmo em seus sonhos. Na notícia, de resto incorreta, segundo a qual o grão-duque de Mecklemburg se havia convertido ao catolicismo, é considerada por ele "também um sinal do tempo". E o anúncio – igualmente falso – de que o duque de Braunschweig havia investido, em uma espécie de golpe de Estado em miniatura, contra suas classes (*Stände*), é interpretado por ele como "um bom prenúncio". Ele se posta de uma forma muito cética ante os resultados do Congresso. Em uma única passagem parece ele expressar-se de uma forma esperançosa com relação ao Congresso como uma sempre memorável experiência que parece em vias de fazer os povos com relação àquilo de que são capazes os seus príncipes quando eles se reúnem entre si e deliberam pessoalmente, em espírito e ânimo, a respeito do bem-estar de seus povos e do mundo em virtude do nobre princípio expresso da justiça universal e do bem comum;

mas esta passagem, em seu contexto, pode ser compreendida se não como irônica, na medida em que se articulam imediatamente ao predicado "insuficiente" atribuído aos progressos das questões discutidas no Congresso. Se, neste tempo, algo se constituiu em sustentáculo interior ao político Hegel, isto foi aquela fé na história, da qual ele havia sido penetrado quando da queda de Napoleão, a convicção de que o "Coro" possui direitos face ao herói. Ela é expressa, sobretudo, nas estranhas cartas, nas quais se procurou, corretamente, uma chave para a posição política de Hegel nos tempos imediatamente seguintes.

Trata-se da resposta à queixa de Niethammer, segundo a qual a reação clerical na Baviera procurava aniquilar o seu trabalho de reorganização escolar. Niethammer vê os príncipes alemães elevarem barragens contra a luta dos povos pela liberdade política com os mesmos resultados negativos que três séculos antes, quando se tratava da questão da liberdade religiosa, e ele se pergunta cheio de angústia: "quem é que quer se afogar no lago que se forma?". Hegel, que não discorda do julgamento de Niethammer também a respeito da situação do momento, vê a oportunidade de "observações mais gerais", que o evidenciam, em contraste com as preocupações do amigo, como um duro otimista. Ele se refere ao fato de que

o Espírito do mundo deu a ordem de comando para que o tempo avance; ele o faz; o ser se põe em movimento como uma falange encorajada e compacta, irresistivelmente, e progride tão imperceptivelmente como o sol, passando todos os obstáculos, sempre para a frente; incontáveis tropas leves o cercam por todos os lados por ele ou contra ele; a maioria nem ao menos sabe do que se trata, e recebem o golpe sobre a cabeça, como que dado por uma mão invisível.

A reação pode haver, no máximo, "alcançado os cordões do calçado desse colosso, e sujá-los como algo de pó e detritos, mas não consegue desatá-los, e, menos ainda... calçar seus calçados divinos, de solas aladas, e muito menos suas botas de sete léguas, quando ele as calça". Hegel está agora tão profundamente convencido de que a marcha da história é lenta mas irresistível, o valor que ele atribuía alguns anos antes à "representação" contra a realidade efetiva está tão degradado, que a posição mais segura tanto no que se refere ao interior quanto ao exterior lhe parece ser, no momento, não "perder de vista" o gigante, ou seja, o tempo que "avança" sob a ordem do Espírito do mundo: "pode-se até mesmo permanecer ali e, pela edificação de toda a companhia (*Kunpanschaft*) ocupada e zelosa, ajudar a lambuzar de pez os calçados destinados a reter o gigante e, para seu próprio divertimento, contribuir para este grave empreendimento". Nestas ironias inquietantes ele havia constituído para si um refúgio pessoal, no qual ele pôde observar os fatos tranqüilamente. Apenas logo antes de sua morte um acontecimento inesperado o chocou ainda uma vez tão fortemente.

A disponibilidade que ele agora tem de acompanhar o andar da história, a qual ele aprendeu a reconhecer como potência dominadora sobre toda a vontade individual, lhe possibilita, finalmente, também uma determinada atividade – certamente ainda bastante apolítica – em favor daquele Espírito das guerras de libertação por tanto tempo recusado. No discurso inaugural que ele profere por ocasião de sua entrada em função em Heidelberg, ele define a nacionalidade como "o fundamento de toda a vida rica" que a nação alemã havia preservado para ela mesma. Não se encontra nada nesta retratação da grandeza da confissão com a qual Goethe havia feito a sua honrosa penitência ante a comunidade nacional, em um pedido de desculpas simultaneamente orgulhoso e humilde – Goethe, que bem sabia que, para além do mero acontecimento, um bem supremo nacional havia sido preservado, em si e em virtude de sua força de "pura sensibilidade", pela qual ele agora viu e reconheceu que aqueles que haviam gemido sob os grilhões, e que os haviam finalmente rompido, eram "maiores" que ele, pelo sofrimento que haviam experimentado. Ao contrário; Hegel se felicitou pelo fato de que a juventude que o escutava podia doravante se consagrar "com toda a calma" à ciência e à verdade; e se alegra pela vitória, no fundo, apenas pelo fato de que agora, após a nação haver "saído do pior", seria de se esperar

que a par do Estado, que absorveu nele todo interesse, se afirme também a Igreja, que ao lado do reino do mundo, ao qual se têm dirigido até agora todos os pensamentos e todos os esforços, se pense novamente no Reino de Deus; com outras palavras, que, ao lado dos interesses políticos e de todos aqueles que são referidos à realidade vulgar, renasça também a ciência, o mundo racionalmente livre do Espírito.

Aí estava presente ainda muito do ânimo do decênio que terminava, que havia submetido o Estado ao Espírito. Este ânimo se mostra claramente quando Hegel, imediatamente após a passagem citada, designa à nação alemã a tarefa universal de zelar pelo fogo sagrado da filosofia; agora – após Leipzig e a Belle-Alliance! – ele crê poder comparar seu povo, por sua glória e sua esperança, com os judeus, aos quais o Espírito do mundo reserva também "a consciência suprema", que ele retirará deles sob a forma de "um novo Espírito". Vê-se a que ponto Hegel concebia ainda sua nação sob a forma de um povo do Espírito, sem forma estatal, a qual lhe parece ínfima frente ao "Reino de Deus"; é possível que seja a ocupação com um dos mais recentes acontecimentos em sua velha pátria que pouco a pouco e de forma despercebida repropõe sua preocupação por tudo aquilo que se refere ao Estado.

Já faz tempo que vimos Hegel internamente envolvido com os acontecimentos do Estado de Württemberg. Desde que ele, no verão de 1798, havia pretendido interferir na disputa entre o duque e os estados (*Stände*), sem tomar partido de nenhum lado, mas movido por profundas desconfianças com relação ao duque, muitas coisas haviam mudado. O duque, após todo tipo de enganos, acabou por dissolver as classes, postando-se decididamente do lado de Napoleão e, por graça deste, havia conseguido, por ocasião da queda do império, uma considerável extensão do território de Württemberg, bem como a dignidade de rei do Estado "soberano" da confederação do Reno. Um esforço militar sem precedentes foi exigido do país nos anos subseqüentes; e, sob as bandeiras de Napoleão, os suábios poderão, após muito tempo, exercitar novamente sua velha virtude guerreira. No que diz respeito ao interior, o despotismo do rei Frederico, não mais indicado por nenhuma reação de classes (*ständischen*), providenciou o aparelho administrativo provincial do qual tinha necessidade, e procurou por todos os meios, principalmente através da cessação dos privilégios da Igreja protestante, unificar os territórios antigos com os novos; de resto, este gordo senhor providenciava a satisfação de todos os seus caprichos, com uma tal energia que empalidece até mesmo os piores tempos do século XVIII em Württemberg. Boa parte dos impostos que haviam anteriormente sido decuplicados desaparecia por este canal. Entende-se que o país sofreu fortemente esta pressão, após haver conhecido, na agitação dos anos de 1790, a atração do debate público e franco das mazelas políticas; mas Frederico conhecia meios com os quais calar seus súditos: a famosa ordenação de 1809 ao início da guerra contra a Áustria, que colocava sob punição qualquer conversa sobre questões políticas, é apenas o ápice de um amplo arco de medidas administrativas. Quando se travou a nova batalha de Hermann, o rei dos ubianos (*Ubierkönig*), contrariamente ao seu modelo kleistiano, procurou e encontrou a anexação aos vencedores, e encontrou sobretudo a confirmação de sua soberania européia, que era a seus olhos a mais preciosa conquista que lhe havia oportunizado a sua aliança com os franceses. As negociações do Congresso de Viena, porém, certamente o inquietaram, pois um forte poder imperial parecia se encontrar perigosamente próximo. Era, portanto, urgente prevenir tal situação, ainda mais pelo fato de que a possibilidade de realização dos sonhos de restauração do antigo Estado de direito principiava a enraizar-se. Assim, o rei publica, no início de 1815, um edito, segundo o qual ele prometia ao país uma constituição "com sua própria motivação e sem ingerência estrangeira". O resultado não foi o que ele esperava. Em lugar das aclamações aprobatórias com as quais o rei pensava poder contar, declararam as classes, reunidas em março, com profunda e fundamentada desconfiança, não poder adotar uma constituição exarada unilateralmente do rei, não se dispondo senão a combinar modificações diversas sobre a base única do antigo direito imprescritível, e isto somente pela via contratual vigente no antigo Württemberg. O rei, furioso, porém sob a imperiosa pressão de ter de chegar a um acordo com seu povo antes que o temido Ato federal o obrigasse a isto, procura manobrar as coisas, e concorda em aceitar as queixas das classes com relação ao seu governo; após, faz concessões a respeito de alguns pontos de litígio. As classes, porém, em uma atitude que combinava a fidelidade à herança dos ancestrais com teimosa irredutibilidade, aferram-se ao contrato e ao antigo direito; as grandes modificações, que tornavam impossível o retorno à situação constitucional de 1770, são por elas eliminadas com um simples golpe. O confronto torna-se mais agudo; em julho o rei adia os estados, e estes apelam aos governos estrangeiros, que outrora haviam, em um sentido protestante e antiaustríaco, assumido a caução européia da antiga constituição. Uma profusão de escritos e artigos a respeito da questão havia se disseminado pela Suábia, assim como pelo resto da Alemanha. A opinião pública liberal, que representava uma certa força naquele período incerto porém esperançoso no futuro que se sucede às guerras da libertação na Alemanha, segue sem reservas as classes, às quais os românticos conservadores não poderiam recusar o apoio, pois elas representavam a defesa do antigo direito. Em julho aparece, sob uma descuidada anonimidade, um escrito que, em tese, reconhecia a validade do antigo direito, porém que de fato postava-se, quanto à sua aplicação, do lado do rei. O autor era o curador da universidade de Tübingen, von Wangenheim. A atenção do rei se volta novamente a este antigo favorito que havia sido renegado por seu afastamento para Tübingen; as fórmulas incríveis de filosofia da natureza com as quais o conde de Wangenheim, aluno do schellinguiano Eschenmayer, enquadrava o absolutismo burocrático, cortesão e pseudo-constitucional, não pareciam inadequados para emprestar à política real uma pretensa aura espiritual. E Wangenheim, reabilitado pelo rei, obtém deste que ceda às classes no essencial, e que reconheça, quando de sua nova convocação em outubro, a manutenção da antiga constituição, e a necessidade de um acordo contratual. A questão parecia se encaminhar a uma solução. Mas a desconfiança com relação ao rei assentava muito fundo. As classes não se contentaram com reconhecimento de princípios de sua posição; ao longo de todo o ano de 1816, prosseguiu a polêmica em seu seio, em comissões e na imprensa, com relação a estes bens sagrados em que se constituía o antigo governo das classes, paralelo àquele do rei, com sua caixa autônoma e seu comitê (*Aussschuss*) permanente, e também com relação à idéia preferida de Wangenheim: uma câmara de nobres (*Adelskammer*). Então, em novembro, morre o rei. Novamente, como em 1797, parecia que uma nova fase do conflito entre soberano e assembléia provincial teria lugar, devido ao acesso ao trono de um novo príncipe. E, mais uma vez, como outrora, essa esperança provou-se falsa. O novo rei chama o já esgotado Wangenheim para a condição de seu ministro, e propõe às classes, em março, um projeto de constituição que corresponde, em boa medida, ao seus desejos, no que se referia às questões da caixa e do comitê. Porém, em suas relações pessoais com as classes, ele não consegue encontrar o tom certo para convencê-las; também permanecem, no que diz respeito a certos detalhes, divergências objetivas, sendo a mais forte a referente à Câmara dos nobres. E também aquela necessidade, agora fundamentalmente reconhecida pelo governo, do contrato, é concebida pelas classes em estilo mais jurídico e formal, enquanto o rei tinha dela uma visão fortemente militar. Assim, acontece, no verão de 1817, uma nova ruptura, análoga em suas formas àquela de dois anos antes. As classes apelam ao estrangeiro. O governo procura a adoção imediata de sua constituição pelos corpos eleitorais, sem passar pelas classes. O rei e seu ministro pretendem governar aplicando deliberadamente uma constituição rejeitada pelo povo, na medida em que isto fosse possível. Os inícios de um partido minoritário afeito ao governo, que apareceram pela primeira vez na votação final e decisiva das classes, desenvolvem-se de modo quase imperceptível sob o efeito desta hábil política. É neste momento – a polêmica escrita havia prosseguido com inabalável veemência – que, nos *Anais Literários de Heidelberg* de novembro e dezembro, nos quais, pouco antes, o teólogo Paulus, tomando o partido das classes, empreende uma radical demolição do escrito de Wangenheim de 1815, aparece um texto violentamente hostil às classes: "Avaliação dos atos publicados da assembléia das classes do reino de Württemberg em 1815 e 1816. Seções I-XXXIII". Não era nenhum mistério que o seu autor não era outro senão Hegel.

Hegel havia acompanhado participativamente as mudanças em sua pátria. Desde que ele, no verão de 1798, havia tomado aquela posição, em princípio unívoca, mas antes eqüidistante do que partidária – hostil ao duque por razões de princípio, e às classes em virtude apenas em virtude de sua inabilidade –, as suas concepções políticas haviam se modificado profundamente. Tal não poderia ser inferido simplesmente a partir da primeira nota que ele dedica novamente à situação de Württemberg. Em agosto de 1807, ele declara que os príncipes alemães ainda não haviam compreendido o conceito de uma livre monarquia, que Napoleão terá de organizar isto, e sua opinião se baseia no fato de que Napoleão teria dito, irritado, ao ministro de Württemberg, quando da suspensão das classes: "eu fiz de seu senhor o soberano, não um déspota". Mesmo que esta anedota não corresponda à relação real de Napoleão àquele acontecimento de Stuttgart, de qualquer modo é possível perceber que Hegel desaprovava então fortemente o regime despótico do rei Frederico. Da mesma forma, pode-se sem dúvida referir a sua nota, no essencial, a Württemberg, nota segundo a qual ele vê, na circunstância de que a Alemanha, em sua imitação política da França, havia deixado de lado "a parte mais nobre", ou seja, a participação do povo no Estado, e que esse abandono originou o fato de que a outra parte, a unidade rígida do Estado, tenha se tornado "alguma coisa de completamente insensato, arbitrário, brutalidade, grosseria, e, acima de tudo, dissimulação, ódio à imprensa, extorsão, dilapidação". Parece que Hegel não havia pessoalmente reatado com Württemberg senão à época dos fins de 1811 e inícios de 1812. Nesse tempo, Tübingen, já sob a administração do curador Wangenheim, negocia com o reitor do ginásio de Nuremberg com vistas ao preenchimento de sua Cátedra de Filosofia, mas as discussões não esmorecem. Quando Hegel chega a Heidelberg em 1817, e assume a redação dos *Anais Literários de Heidelberg*, entra em atrito com seu amigo de outrora e compatriota Paulus, devido à sua crítica a Wangenheim, que ele considera "*quoad personam* dissimulada... e *quoad ram* altamente filistina e de um nível do senso comum". O filósofo, que até agora havia concordado com o teólogo racionalista a respeito de certos pontos, especialmente na hostilidade com relação ao clericalismo, havia a tal ponto modificado sua atitude em relação à posição que ele mesmo havia defendido em 1807 na questão de Württemberg, que a trajetória do colega, que lhe havia valido a alcunha de "deus" das classes, havia se lhe tornado insuportável. Tentou-se perceber na posição de Hegel a expressão de ambição pessoal; disto não se tem porém nenhuma prova. Mas pode-se supor que a irritação com Paulus oportunizou a Hegel, por seu turno, a tomada da palavra, na mesma revista. Hegel se expressou sob forma de uma recensão, como era comum neste gênero de publicações. A oportunidade era oferecida pelo relato de prestação de contas dos debates de 1815 e 1816 que, com o adendo aparecido em setembro, abrangia todo o desenrolar da questão até o recesso de julho da Dieta provincial. Hegel não se ocupou do adendo. Tanto do lado dos partidários como dos adversários, ele foi acusado de não ter podido expressar certas acusações contra as classes se ele houvesse levado em consideração o seu comportamento na última sessão. Hegel replica, não sem sutileza, que a época que ele julga em termos de seus resultados se constituía em um "todo histórico" que encontra seus termos, por um lado na morte do rei, e, por outro, no acabamento do projeto de constituição das classes.

Não é por acaso que foi aqui ressaltado o contexto histórico suprapessoal no qual se deve compreender o projeto constitucional do rei Frederico. Pois trata-se de um sinal característico da visão de Hegel, em contraste com todos os outros pontos de vista que se expressam a favor ou contra o plano de Frederico, que ela fundamenta a ação do rei no pensamento histórico que sustentava realmente esta ação, e, com isto, assume um ponto de vista externo ao dos partidos e, sobretudo, para além do ponto de vista do governo. Tal se constitui no solo firme para a compreensão da intervenção hegeliana: Hegel havia deslocado a verdadeira causa, praticamente não declarada, do programa real de constituição, ou seja, a vontade de autonomia européia, de forma aberta e sem pudor nacional, ao centro da observação. Mas, na medida em que ele fazia isto, e na medida em que, como ainda veremos, ele conseguiu ser mais governamental que o próprio governo, teve, através disso, a possibilidade de percepção do ponto de vista do governo de forma politicamente mais profunda e ampla do que o próprio governo seria capaz e poderia vir a justificar, Hegel – no que diz respeito a certos pontos – se embrenha por caminhos perigosos. E passou-se mais de uma vez o fato de que ele fez confluir a um todo muito estreito a necessidade histórica e a esperteza pessoal de seu representante real. Assim, o escritor estava repleto tanto de brilhantes análises políticas como de árduas contorções sofísticas, e, por isto, poder-se-ia descrever apenas de forma muito parcial o julgamento de um historiador contemporâneo, segundo o qual tal escrito seria um dos melhores libelos que já teriam saído de uma pena alemã.

A forma externa do texto de Hegel é a da recensão. Ele se atém essencialmente ao andor dos acontecimentos tais como as "atas publicadas" os apresentavam; ele declara expressamente pretender deixar de lado qualquer investigação de eventuais aspectos psicológicos secretos. O que lhe interessa realmente é a tarefa da história e aqui, especificamente, a sua própria tarefa: "descrever a natureza e o andor da coisa substancial e dar a conhecer o caráter das pessoas agentes a partir do seu *agir*". Este decorrer da coisa apresentado é agora freqüentemente interrompido por digressões eruditas e polêmicas, e a parte do texto que é, de longe, a maior, é dedicada aos primeiros dias dos debates. E vê-se aqui a que ponto lhes são cativantes o movimento de forças antagonistas que estão em questão, bem como a oposição de fundo que se dá entre uma concepção arcaica e uma concepção moderna de Estado. Mesmo mudanças tão importantes como as concessões reais em novembro de 1815 são tratadas de forma surpreendentemente breve, e as lutas de 1816 são apresentadas apenas de forma resumida. Mas esta desproporção não contradiz os cuidados críticos da recensão. Dever-se-ia contribuir com um conjunto de razões objetivas, caso se quisesse afirmar que o texto não apenas significa uma tomada clara e conseqüente de posição na presente situação, mas também tem a pretensão de intervir deliberadamente em uma situação determinada: não se esconde, por sob o véu da recensão, um tratado político, mas sim um libelo dirigido ao momento atual. Seja-nos permitido, antes de retornar a esta questão, estabelecer claramente o conteúdo político do escrito.

A queda do Império, este acontecimento de dimensões mundiais, que influenciou, consciente ou inconscientemente, o conjunto da visão histórica de Hegel, fornece-lhe um ponto de referência para a compreensão dos acontecimentos de Württemberg. Após o Império "haver chegado a seu merecido e infamante fim, a ele adequado também na forma exterior", Württemberg emerge de suas relações jurídicas feudais, até então dominantes, e "assume o estatuto e a soberania de um Estado – um dos verdadeiros Impérios alemães, que toma o lugar disto que não tinha de um Império senão a denominação vazia". Este é o solo da nova realidade, que servirá doravante de referência a Hegel. Simultaneamente, porém, ele submete à sua demonstração uma concepção do antigo império que afinava perfeitamente com o coro da ciência política favorável à idéia de império no século XVIII. Os eruditos senhores do ambiente cultural de Göttingen estavam suficientemente penetrados pelo esclarecimento e pelo pensamento de um Estado de direito para poderem constatar, com satisfação, que, na Alemanha, os súditos podiam recorrer à justiça mais alta contra seus príncipes, e que assim tinha lugar, em Wetzlar, uma das principais exigências da época das Luzes. É recorrendo a esta idéia, que também outros utilizavam de forma análoga, que Hegel acha justificação para a política real. Não há mais império, e faz falta um juiz supremo entre o príncipe e os súditos, entre o governo e as classes. Uma conjunção e uma contraposição, tal como se encontrava no antigo Württemberg, com sua administração separada para finanças ducais e provinciais e com sua constituição apoiada em contratos, havia se tornado, desde 1806, simplesmente impossível. Contratos necessitam uma instância de poder mais alto que, em casos dúbios, decida sobre sua validade e aplicação; e é esta dimensão superior de poder do império que agora desaparece também juridicamente. O novo Württemberg é forçado, através da "tempestade" que varreu a proteção imperial que o acolhia, a ser um Estado, um Estado soberano, que não pode repousar sobre contratos entre duas potências autônomas em seu interior, mas que deve ser uno em sentido interno tanto quanto em sentido externo. Assim, não passou de um primeiro passo na direção de um Estado soberano o ato pelo qual o rei, em 1806, afastou as classes e constituiu aquele "poderoso governo ministerial" – assim descreve Hegel a época sem classes desde 1806; e agora não passa de um segundo passo nesse caminho o fato de que o rei faz vivificar, além da "potência", também a vontade do Estado, na medida que ele pretende fornecer ao Estado, que está sendo criado, uma constituição. Não foi necessária nenhuma promessa de constituição, tais como as agora feitas pelos príncipes a seus povos, para impeli-lo a este segundo passo, que traz em si uma necessidade mais alta do que a simples necessidade "positiva" de uma promessa: a necessidade de constituir o Estado monárquico "também na direção de seu interior". Pois, ao conceito de um Estado monárquico, pertencem necessariamente as classes – teremos ainda a possibilidade de examinar a razão disso. Mas, quando o rei quer evocar as classes e as caracteriza como um importante "elemento vital" do "organismo" do novo Estado, então se insurgem contra ele classes que não desejam reconhecer a força vital desse novo Estado, a unidade soberana; é verdade que elas se declaram assembléias de classes, "mas de um outro mundo, de um tempo passado", e exigem "que o presente se transforme em passado, que a realidade (*Wirklichkeit*) se transforme em irrealidade (*Unwirklichkeit*)". É conforme a isto que elas se comportam sobre as questões postas em suspenso, relativas à unidade interna do Estado. É verdade que a unidade da região é reconhecida por elas; mas não admitem que permaneçam em seu direito as vastas regiões incorporadas por Württemberg. Querem, pelo contrário, que a constituição antiga seja aplicada, enquanto o governo, ao contrário, vê aí a oportunidade de renovar a constituição unitariamente para todo o país. Elas, por sua vez, recusam a idéia de unidade administrativa. Colocam-se aqui como obstáculo as "representações, oriundas da antiga situação, de uma oposição entre o interesse do país e o interesse do Estado, entre uma caixa provincial (*Landskasse*) e a caixa do Estado (*Staatskasse*), representações, aliás, confusas, pelo fato de que a situação atual é totalmente diferente". Mas, sobretudo a idéia de que o povo e governo devem estar unidos no melhor e no pior ante o estrangeiro falta completamente às classes; quando Napoleão retorna de Elba, recorrem a esta "manobra" das antigas assembléias, "perniciosa, antipatriótica e mesmo criminosa no sentido forte do termo", que consiste em "querer... utilizar a pressão das circunstâncias políticas para tirar vantagem contra o governo, e suscitar simultaneamente dificuldades internas que se somam às dificuldades externas". Este ânimo mostra-se totalmente vergonhoso no apelo, de resto insensato, lançado às antigas potências garantidoras, um passo pelo qual um povo se rebaixa à "última humilhação de si mesmo".

É necessário reconhecer que nestes desencontros se dá verdadeiramente o núcleo diferencial entre o antigo Estado de classes e o novo Estado nacional (*Volksstaat*). A reivindicação de unidade entre povo e governo em suas relações recíprocas no que diz respeito ao interior, e face às potências estrangeiras, no que diz respeito ao exterior, é tão em desacordo com o Estado de classes como necessário para o novo Estado que provém, essencialmente, do absolutismo. Também o fato de que o "forte governo ministerial" se constitua no primeiro passo para uma constituição e uma representação popular no moderno sentido do termo, que estas signifiquem, por sua vez, a completação daquilo que o governo poderia apenas iniciar, ou seja, a execução do pensamento unitário no Estado, está aqui reconhecido de forma tão clara como em nenhum outro lugar na Alemanha de então. Pode ser lembrado aqui um homem cujas idéias políticas de juventude Hegel evocava, em suas notas, à época do *Stift*, ou seja, mais de um quarto de século antes: assim como Humboldt em seu grande escrito constitucional de fevereiro de 1809, Hegel atribui ao presente a necessidade de instituições parlamentares, como uma necessidade objetiva interna que se distingue da necessidade "externa", simplesmente "positiva", de satisfazer a promessa de uma constituição. Hegel expressa essa necessidade interna na medida em que a compreende como uma necessidade puramente conceitual, como parte indispensável de uma vida estatal monárquica, de forma aguda e concisa, na seguinte fórmula: não somente a potência, mas também a vontade do Estado. A idéia, segundo a qual a representação popular se constitui em expressão viva da vontade, quer dizer, da vontade do Estado: nisto se reúne tudo o que este herdeiro da Revolução, entre outros, pode, de sua parte, contribuir no debate do novo século sobre a herança revolucionária.

O que Hegel reprova nas classes não é, em primeiro lugar e acima de tudo, que elas falem, mas sim que elas não falem o suficiente, que elas sejam "mudas", pois um de seus objetivos essenciais, se querem ser modernas, deveria ser a introdução, na vida do Estado, da "publicidade", para retomar aqui um termo hegeliano mais antigo, e não redigir, ao modo dos advogados, petições jurídicas. Certamente seria mais fácil para um príncipe de estilo maquiavélico governar com as classes no sentido antigo. O "conselho mais pérfido" que se lhe poderia dar seria o de governar, como Augusto e Tibério, sob a forma da antiga constituição. Uma "ordem monárquica racional" teria sido então impossível; e seria de se agradecer ao falecido rei pelo fato de que ele mostrou saber "elevar-se por sobre a tentação deste engano". Mas as classes compreendem tão pouco de sua própria essência, que elas procuram tolher o esclarecimento público e múltiplo da situação no Estado, e, em lugar de suscitar em seu seio um partido de oposição vivo, entravam o seu desenvolvimento. E, todavia, o que legitima um verdadeiro partido de oposição parlamentar, do tipo inglês, é justamente a sua luta por assumir o comando, ao contrário deste rígido fechamento das antigas classes alemãs contra seu governo, tido agora pelas classes também em Württemberg como honroso. Sem a existência de partidos diversos, as classes são elas mesmas apenas um partido.

Como chegar à constituição de tais classes, no modelo aqui expresso como desejável? Hegel não renega o "princípio democrático" do direito eleitoral a igualitário, mas se declara, em uma crítica incisiva ao projeto real de 1815, como adversário dos limites de renda e de idade, os quais apenas circunscrevem o indivíduo como um "átomo", em lugar de valorizá-lo "no contexto da ordem civil". Dever-se-ia abrir mão destas "abstrações francesas", em favor das corporações (*Genossenschaften*), ligas (*Zünfte*) e comunidades existentes, e, através de um modelo eleitoral referido a uma determinada pertença, restituir a estas últimas "uma ordem e dignidade políticas, que reintroduzem no Estado como uma formação orgânica, unificadas de privilégios e injustiças". A legítima preeminência da propriedade seria mais bem assegurada, segundo Hegel, através da renúncia a abonos diários do que através do censo. É lamentável, e não corresponde ao novo conceito de Estado, que a elegibilidade da vida não seja a reconhecida aos funcionários; é exatamente neles, que não são mais servidores principescos à moda antiga, que pode ser encontrado o "sentido do Estado", e não nos obstinados advogados e escrivães que agora superaram as classes. De um modo geral, porém, os princípios abstratos, segundo os quais o povo parece estar decomposto em uma "multidão", o número, o patrimônio, devem ser não neutralizados, mas limitados, na medida que se propõem condições eleitorais para as camadas inferiores, da qual deve ser igualmente proveniente a nova assembléia provincial, como no antigo direito eleitoral municipal de Württemberg. Assim, naquelas condições "áridas", "exteriores", "insignificantes", não podem ser assim tão rigidamente "contrapostas ao alto interesse na participação (*Mitgliedschaft*) de classes". Apenas assim poderia ser evitado aquilo que não tardaria a se manifestar, ou seja, a indiferença de eleitores atomizados com relação ao seu próprio direito de voto. Aqui, penetramos no interior desta lógica argumentativa. Hegel, tal como todos então, não pode supor que, de direitos eleitorais "atomizados", possam se estatuir organizações de tipo corporativo que viriam a ocupar uma posição intermediária entre os eleitores e a representação popular. Explica-se através do fato de que em nenhum lugar se desenvolveu ainda suficientemente um sistema de partidos de representação popular, ao lado do sistema parlamentar, que espíritos vindos de direções muito diferentes se encontrem na exigência pela implantação de eleições organizadas a partir dos fundamentos corporativos existentes; não se suspeitava a possibilidade de corporações vivas a partir de bases puramente políticas, e assim se procurava caminhos para a inserção na organização social existente, ou mesmo da auto-administração local, no bem percebido vácuo ocasionado pela contraposição "rígida" entre representação popular e eleitores. É o que faz Hegel aqui.

Quando destacamos anteriormente que Hegel, apesar de sua inclinação por um direito "limitado" de voto, não pôde expressar, todavia, nenhuma relação pura e simplesmente negativa com relação ao "princípio democrático", então é preciso perceber que tal se deve essencialmente à sua concepção de representação popular no Estado com relação às potências real e aristocrática. Aqui ele nada na grande corrente que, provinda do absolutismo, expandiu-se como doutrina e reivindicação por toda a Europa, através da Revolução. E ele parte do princípio de que, nos grandes momentos políticos, o príncipe e o povo teriam de se unir contra a aristocracia, esta "classe intermediária" que "em vez de constituir a ligação entre os dois, como é sua determinação, aferra-se a seus privilégios e monopólios e entrava, e mesmo impede, a realização dos princípios do direito racional e do bem comum". Ele vê esta aristocracia, em Württemberg, em correspondências à nobreza e ao clero na antiga França, naqueles relacionados imediatamente ao Império e na "aristocracia burguesa (*bürgerlich*) dos escrivães". É especialmente aos últimos que se dirige a sua cólera, pois estes, através da administração, reduziram todo o povo à "dependência estrita" com relação a eles e, por sua preponderância desproporcional, rebaixaram a assembléia das classes ao nível de uma representação de classe. Também os direitos de nobreza na velha abrangência – sem falar que tais direitos poderiam ser fundamentados apenas no direito positivo do Estado – viriam a "contradizer todo organismo de Estado"; mas a constituição real de 1815 havia limitado esses privilégios em larga medida principalmente através do sistema unicameral e do menor número de votos pessoais (*Virilstimmen*) em comparação com os deputados eleitos (*Abgeordnetenstimmen*).

Quais são os direitos dessa representação popular? Quais são, de forma mais abrangente, os direitos do cidadão? Como se expressa esta "vontade" no Estado contra o "poder" nele?

A constituição real era muito generosa com relação aos direitos fundamentais do indivíduo. Ela não apenas correspondeu à ansiedade contemporânea com essa generosidade, mas também à concepção das antigas classes, tal como esta se havia desenvolvido sob a influência do direito natural em Württemberg. Encontra em Hegel um entusiasta. Os parágrafos no qual é referida "falam por si mesmos"; eles conformam "a base racional de uma situação de Estado de direito (*Staatsrechtlich*)". Ainda que estivesse, em parte, também contidas na antiga constituição, isso se dá de forma apenas acidental, e não "em função dos princípios" – e é de princípios que se trata. Dever-se-ia pendurar este "catecismo elementar" das bases do Estado em quadros nas Igrejas e ensiná-lo à juventude. Na realização desses esboços, em termos de uma legislação orgânica, as classes teriam tido um objeto adequado à sua atividade. Em lugar disto, elas se fixaram em direitos que, através da queda do antigo império, tornar-se-iam necessariamente caducos, que se esforçam por conquistar um poder em contraposição ao da coroa – poder que, no parlamento inglês, apenas permanece inofensivo em razão do sentimento geral de "honra nacional". E isto vale para o direito de isenção de impostos – um Estado soberano europeu necessita de "garantias completamente novas contra o egoísmo privado e as pretensões das classes" que, na tranqüilidade do antigo Estado feudal de Württemberg, não eram necessárias; as classes estão agora imersas "em um elemento totalmente novo, o político". O direito de isenção de novos impostos e a aprovação da elevação dos já existentes é, assim, uma grande e generosa concessão do governo, mesmo se as classes houvessem disposto desses direitos na antiga constituição, do que se pode fortemente duvidar. Tais direitos correspondem agora a "prerrogativas infinitamente superiores e mais autônomas do que anteriormente: a influência sobre guerra e paz sobre a política externa em geral, assim como sobre a vida interna do Estado". Adiante, Hegel declara ser o reconhecimento, escrito na primeira constituição real, da necessidade do consentimento das classes às leis relativas à liberdade, à propriedade e à constituição, assim como seu direito de propor livremente novas leis e requerimentos, "verdades universais de uma situação de tipo constitucional".

Em suma: é certo que a "vontade do poder" é uma grande palavra, mas exatamente por isso não é conveniente profaná-la. Da mesma forma que o mais alto cumprimento consiste em dizer de alguém que ele "sabe o que quer", os representantes do povo devem ser escolhidos entre os "mais sábios, pois não é o povo que sabe o que é a sua vontade verdadeira e efetiva, ou seja, o que é bom para ele, e sim seus representantes, que devem sabê-lo". Por isso é que aparece como "absolutamente justa" a exigência de que "um povo deve ele mesmo examinar a constituição que lhe é dada"; não se pode senão desaprovar absolutamente que os representantes do povo reclamem do rei "que ele aceite sem exame nem condição a constituição que eles mesmos e o povo desejam". A soberania popular (*Volkssouveränität*), e aqui se introduz uma palavra não utilizada por Hegel, é "revolucionária", apenas porque ela significa "um sair do organismo do Estado" que abrange povo e governo. É a idéia da unidade orgânica do Estado, ainda mais do que o desprezo pela incapacidade de compreensão do povo, que determina esta recusa hegeliana da "informalidade democrática".

Se o ministério procurou constantemente evitar a ruptura com as classes hostis e limitadas, Hegel lê a explicação de tal fato em uma intenção que ele lhe atribui e que lança uma última luz à sua idéia de constituição: o povo, assim como seus senhores, necessita da "educação política". Esta se dá através do trabalho político: trata-se da "educação através de si mesmo" – um caminho "ao qual, todavia, também as pessoas têm direito". Assim, a constituição tem, ela mesma, de efetuar o que se constitui realmente na condição de sua efetividade saudável: o desenvolvimento do sentido de Estado, que é um "sentido do governo e do obedecer". As classes devem ser levadas, de seu egoísmo, de sua tendência natural a uma neutralidade passiva, às grandes questões vitais do Estado. E, com isso, torna-se evidente o que é essencial na tomada de posição de Hegel sobre a questão maior que divide agora os ânimos, a saber, a questão pela validade do bom antigo direito. Não é, ao fim e ao cabo, porque a situação de Württemberg se modificou, ou porque abusos se enraizaram – pois foi através de seus "abusos" que a constituição inglesa se manteve – que o antigo direito deve ceder seu lugar, mas, sim, porque o direito histórico enquanto tal não poderia prevalecer sobre um povo que, até então, não havia possuído história, pois não havia possuído Estado. A última e profunda idéia deste escrito hegeliano conecta-se à primeira, da qual ela é proveniente: Württemberg tornou-se Estado apenas através de uma queda do império; é apenas agora que sua história inicia na condição de história de um Estado. Por isso tudo deve se renovar, e o antigo não tem aqui, como parece, o direito da história a seu favor, mas contra si. A história de um povo começa apenas onde surge o Estado. Hegel havia dado uma forma sistemática a esta idéia no texto de filosofia do direito que ele introduziu em sua *Enciclopédia das Ciências Filosóficas*. Assim, para ele, o Estado é a condição filosófica prévia da história. O mesmo é apresentado na recensão. A nova constituição irá, a partir de agora, desenvolver-se nessa história e através desta história; se mesmo as cláusulas anexas determinam que todas as leis mais antigas, na medida em que não são atingidas pela constituição, permaneçam com validade, isto não significa que a constituição não seja "algo estável, mas não simplesmente imóvel"; e Hegel conclui com uma grandiosa expressão barroca: "esta é a verdadeira cláusula geral que o Espírito do mundo inscreve para si mesmo em toda a constituição existente".

Procuramos, até agora, desentranhar conscientemente os elementos internos da teoria hegeliana da monarquia constitucional, à qual a crítica se refere, para, na medida do possível, evidenciar o ponto de vista do filósofo fora do campo de suas aplicações imediatas. Resta agora a segunda e não menos importante tarefa de recolocá-lo neste contexto. A primeira dimensão, devemos ao filósofo do Estado, e a outra ao político; e o tratamento em separado irá nos permitir decidir em que medida um ou outro fala. Mas é apenas quando ambos são considerados em conjunto que se tornará possível designar, ao episódio, o seu lugar na vida do homem, e compreender sua singular posição em um caminho que vai de Napoleão ao Estado prussiano.

Hegel aborda, em seu texto, quatro poderes da vida estatal de sua pátria: a monarquia, o ministério, a assembléia das classes e a opinião pública. Nenhum deles permaneceu, no período entre 1815 e 1817, uma grandeza estática; e Hegel mesmo não se refere quase nunca imediatamente ao presente, mas reveste suas concepções por meio de comentários de debates que, na sua maior parte, datavam já de mais de dois anos e meio, da primavera de 1815. Por isso, é relativamente difícil extrair de seu envoltório histórico as referências à situação do fim de 1817, ainda que, de modo geral, a referência do texto se estabeleça claramente com relação às classes da primavera de 1815.

O mais notável é a relação à monarquia. É dela que provinham, em seu tempo, todas as complicações; a idéia da constituição fora, no tempo em que Frederico a introduziu, sua própria obra. Já conhecemos o objetivo que movia o rei: o fechamento de seu Württemberg às eventuais tendências pan-alemãs (*deutschnationale*) que se poderiam temer, no início de 1815, de Viena, ou, ao menos, dos prussianos em Viena. Para tal objetivo, parecia adequada uma constituição; e é aí que encontra a calorosa concordância de Hegel. O Estado possuía, para o filósofo, tão poderosas raízes no sistema, que seria praticamente impossível subordiná-lo à idéia de nação: um povo sem Estado não tem história alguma. A idéia de que um povo, a bem da sua história e segundo as diretrizes de sua história, poderia providenciar para si mesmo o seu Estado, esta idéia, diretriz da sua política nacional posterior, era-lhe agora totalmente estranha. Para Hegel, no lugar de um império alemão, que não constituía um Estado autêntico, dever-se-iam estabelecer "impérios alemães", que não se constituiriam absolutamente em formações políticas híbridas, ou, na melhor das hipóteses, em Estados transicionais, mas, pelo contrário, seriam inteiramente Estados e, para ele, no sentido mais completo do termo. Aí se encontravam, em um ponto fulcral, o egoísmo territorial do rei, e seu medo de um futuro Estado nacional alemão, com o desprezo estatal do filósofo com relação ao império tal como efetivamente existiu e, com isso, contra qualquer novo modelo império alemão em processo de constituição. Aquilo que a raposa (*Fuchs*) real não podia evocar como fundamento de suas veleidades de liberalismo, o filósofo podia anunciar, como a ingenuidade de idealista, como o último e definitivo fundamento para a necessidade de uma constituição: Württemberg como um verdadeiro "império alemão", fechado ao exterior e ao interior. É altamente sintomático que Hegel ignore, em sua narrativa, as desesperadas queixas das classes em junho de 1815, quando Württemberg não subscreveu o ato federal (*Bundesakt*), queixas referentes ao fato de haver sido ignorado "o grande princípio segundo o qual todos os alemães são filhos de uma mesma pátria" – pois, o que importava a confederação germânica (Deutsche Bund)? É quase tocante perceber com que zelo a "refutação" em resposta a seu texto tentava defender uma constituição tão excelente "para a paz" ante as invectivas que Hegel dirigia, desde as primeiras linhas de seu escrito, contra o antigo império, e como tal "refutação" lhe lembrava a existência, aparentemente omitida por ele, da confederação germânica e do parágrafo do ato federal relativo às constituições provinciais. Certamente, se faziam aqui presentes, de todos os lados, as razões e os enganos históricos; no que diz respeito às classes, estas se aferravam à idéia alemã, ainda que, em parte, apenas em função de seus desejos corporativos, e como simples meio de pressão contra o rei; no que diz respeito ao rei, este forja, em contracorrente à história passada, a independência de seu país, independência que mais tarde impulsionará a nova Alemanha de Bismarck, também ela historicamente nova, e cria no interior a unidade fechada de um Estado nacional que permite em seguida, aos suábios, como etnia (*Stamm*) no sentido antigo, aderir a um verdadeiro Estado federal. Estes são, com efeito, os dois momentos que constituem a importância histórica dos Estados alemães após 1815, na medida que, por um lado, foram subtraídos à tradição imperial dos Habsburgos e, por outro lado, foram preparados para sair da república de príncipes (*Prinzenrepublik*) do antigo império para passar, ou retornar, à nova liga de dinastias e etnias. Por fim, Hegel tem razão em desconsiderar o ato federal de 1815 e ver nos Estados alemães particulares a forma do Estado futuro, ainda que ele aplique agora este promissor conceito de Estado à figura bastarda de Estado que tinha diante de si. É diferente quando o filósofo, movido pela admiração que ele costumava devotar sempre e em todo o lugar aos homens fortes em política, e pela desculpável tendência de identificar seu próprio ideal de Estado às concepções do rei, chega a defender este último, mesmo quando tal ato se constituía claramente em um avançar para além dos limites do razoável. Quando ele descarta, com um sorriso frio, a terrível incúria do decênio sem classes, agora exposta pelas queixas das classes; quando ele não sabe senão criticar, posteriormente, as classes de 1815 por não haverem aceitado, "por gratidão", o indecente esforço do déspota em assegurar, ao longo de toda a duração de seu reinado, impostos imoderadamente aumentados e utilizados essencialmente para finalidades da corte – falta nisto, ainda que a imputabilidade recaia sobre o rei falecido e a atitude com relação ao rei vivo permaneça digna – aquele respeito por si (*Selbstachtung*) pelo qual, pelo menos segundo os mais rigorosos padrões de hoje, o seu texto deveria se distinguir de um panegírico encomendado.

E foi este o caso? Esta é a segunda e, formalmente, incisiva questão que devemos nos colocar; sua solução decorre essencialmente da posição hegeliana a respeito da política ministerial. A alusão às despesas que as classes ocasionaram, sem reservas, através de sua longa reunião, ao país, ocasionou contra Hegel uma pronta resposta: uma refutação, elaborada por um membro eminente da assembléia recém-dissolvida, oferecendo a reposição, com juros, das despesas, e conferindo ao autor anônimo, enquanto ele assim permanecesse, "honorários". O texto de Hegel parece igualmente haver circulado como impresso especial em Württemberg, vendido a preço mais baixo do que aquele estipulado pelo editor, de forma que o governo pôde encontrar no texto uma arma bem-vinda na luta pela conquista da opinião pública. O rumor a que a resposta havia feito eco, segundo o qual o escrito teria sido encomendado, parece se haver realmente disseminado. O segundo biógrafo de Hegel refere uma informação segundo a qual o filósofo o havia redigido a pedido de Wangenheim, com a finalidade de atrair seus favores e vir a suceder o ministro no posto de curador da universidade de Tübingen; este biógrafo convenceu-se logo da não-confiabilidade de sua fonte, mas apenas retifica este dado, que ainda nos dias de hoje macula a personalidade moral de Hegel, em um texto publicado quase meio século depois de sua biografia, e ainda assim incidentalmente. Dados os fatos de que os rumores se desfazem a um exame mais acurado, que é raro que uma tal tomada de posição contra os mais humildes permaneça livre de tais suspeitas, e que o governo utilizou para seus próprios fins o texto de Hegel, nada permanece que permita inferir a respeito de suas motivações e do modo como foi concebido. Não nos resta, assim, senão analisar o seu conteúdo, para saber em que medida Hegel estava de acordo com as intenções do ministério, do qual, aliás, Wangenheim se demite no momento em que o ensaio de Hegel é publicado.

Algo precisa ser previamente ressaltado, a saber, que as gentilezas que Hegel dirigia ao rei, falecido há um ano, praticamente não são endereçadas ao ministro. O texto da refutação se dirige, com uma pressa quase cômica, ao único ponto que poderia, ainda que de longe, lembrar a argumentação do escrito programático de Wangenheim, de 1815. Trata-se realmente da única passagem em que Hegel deixa entrever algo do filósofo em relação ao publicista, na medida que ele opõe à teoria do Estado como contrato "a unidade originária, substancial", que repousa no fundamento da articulação entre príncipe e súdito, entre governo e povo; uma "articulação" que se constitui em uma "relação objetiva, necessária, independente do arbítrio e do capricho", que se constitui em um dever "do qual todos os direitos dependem", na medida em que um contrato autoriza arbitrariamente direitos opostos, "de onde derivam apenas então os deveres". Estes elementos são imediatamente apropriados pela refutação, que aí descobre, embora o texto não forneça a menor oportunidade para tal, a "'idéia' já admirada alhures pelos leitores" – o texto de Wangenheim chamava-se "Idéia de uma constituição do Estado" – ou a "firme e bem conhecida linha demarcatória, a idéia normal, o centro em suspensão", e tudo isto na frase atrás literalmente citada! Com tal pretensa concordância do uso das palavras não se pretende senão o mesmo que com a concordância das bases conceituais do pensamento e, para além, da concordância de todo o processo. A diferença é, apenas, que Wangenheim, como autêntico filósofo de ocasião, avança muito mais filosoficamente em seu escrito do que o professor de filosofia que faz política. Nesta "saída bem pouco especulativa", como escreve a Niethammer, Hegel evita claramente qualquer expressão técnica, e mesmo qualquer argumentação de estilo filosófico, privilegiando o recurso estrito à política e à história. Wangenheim, por seu turno, dedica-se a destilar o modo de expressão e de pensamento da filosofia da natureza de Schelling, perfeitamente adequada ao seu objeto, transferindo-a à opaca realidade político-histórica; pode-se ler, por exemplo, com a finalidade de fundamentar a necessidade filosófica do Estado cortesão (*Hofstaat*), que este último, como imaginário de Estado (*Staatsphantasie*), deve "integrar" as idéias do ministério, ou seja, a razão do Estado (*Staatsvernunft*) "aos ideais, e oferecê-las ao regente (a vontade de Estado), transformadas em ato entusiástico". É desnecessário lembrar o quão longe se encontra este modo de pensamento daquele do filósofo Hegel, mesmo que de um ponto de vista puramente escolar; o julgamento dos próximos decênios condenará Hegel e Schelling ao mesmo círculo do inferno, mas não havia agora nada de comum entre ambos, ainda vivos. Mas, acima de tudo, o ponto de partida político-histórico de Hegel é totalmente afastado da idéia diretriz de Wangenheim a respeito de um corpo de Estado harmoniosamente organizado em três patamares, de tal forma que, comparados a ambos os textos, não se pode absolutamente referir alguma recorrência de Hegel a Wangenheim.

Mas não se trata apenas de comparar um texto com outro, e sim de comparar um julgamento político com uma ação política, o que exige uma observação em separado. A confiança reconquistada por Wangenheim ante o rei, ao fim de sua cavalgada através da filosofia da natureza, ocasionou uma mudança fundamental na política real. Wangenheim, em concordância com seu texto e em contradição, de resto despercebida, com o ousado vôo de sua "Idéia", havia defendido com sucesso a validez interna do antigo direito, expressando apenas sua aplicabilidade externa falha. A constituição não deveria ser mais "outorgada", mas, em correspondência à exigência das classes, "dada à comparação". A mensagem que o reapresenta em 15 de outubro de 1815 às classes novamente convocadas propõe este princípio como nova base de negociações, e tal princípio não seria doravante colocado em questão. Esta é a grande contribuição de Wangenheim à obra constitucional de Württemberg. Ela não está disponível para Hegel. Ele se detém inquebrantavelmente, e com todo o peso de suas convicções filosóficas, no ponto de vista ao qual o governo havia renunciado já há dois anos. A fundamental recusa do antigo direito, a necessidade de constituir, para um novo Estado, uma nova constituição "de um jorro", eis o que lhe interessa. Isso explica o desproporcional detalhismo que é dedicado aos debates na primavera de 1815, uma época em que Wangenheim, afastado dos acontecimentos, encontrava-se em Tübingen; os detalhados comentários preenchem sozinhos cerca de nove décimos de todo o escrito. Isto explica igualmente esta "completa apologia", "parágrafo por parágrafo", da primeira constituição, retirada pelo próprio rei por instigação de Wangenheim – trabalho que lhe valeu reprovação, e que deixa entrever algo de forma praticamente indubitável: sua independência com relação a Wangenheim. Quando ele fala finalmente da mensagem de 15 de outubro de 1815, sublinha deliberadamente a garantia jurídica paralelamente expressa pelo rei, e, a respeito do essencial – o conteúdo do decreto imposto por Wangenheim, a retirada do projeto constitucional do rei e o reconhecimento fundamental do ponto de vista das classes – contenta-se com uma nota anódina. Em relação a esta grande questão fundamental, as demais passam a segundo plano. Entre essas, a mais importante refere-se à relação de Hegel ao sistema bicameral.

O projeto real, em fidelidade à antiga constituição, previa apenas uma câmara. Wangenheim, com pesadas fundamentações filosóficas e a bênção de Eschenmayer, havia, em um texto separado, exigido e constantemente defendido, em contraposição às classes, uma câmara dos nobres (*Adelskammer*), como "hypomochlion", o ponto central imóvel entre o governo e o povo, a partir do qual se expressaria a "natureza inteligível do Estado". Este foi um dos pontos ao qual se havia aferrado fortemente a maioria das classes em 1817. Hegel, em sua curta apreciação sobre a época desde 1815, não faz nenhuma menção a esta idéia favorita do ministro que era considerado seu mandatário. A única alusão ao sistema bicameral é feita a propósito do sistema monocameral da primeira constituição real, e é acompanhada pela débil recomendação de que este último sistema seja considerado como "possuindo efetiva autoridade devido à sua introdução geral e à sua antigüidade"; um eventual porta-voz oficioso de Wangenheim teria aqui se conduzido de forma diferente. Os dois pontos que Hegel critica na constituição de 1815 – a recusa da elegibilidade dos funcionários e a vaga e excessivamente igualitária forma do direito eleitoral – encontram-se sem modificações no terceiro projeto de constituição que Wangenheim havia, sem sucesso, tentado que as classes aceitassem durante o seu ministério. Não é, assim, uma vontade de preservação do ministério atual que se mostra. E, finalmente, Hegel não considera as últimas partes dos autos – uma desconsideração que não contava com nenhuma causa externa. Ele reconhece, em uma carta confidencial datada do fim de janeiro de 1818, que "não havia ainda estudado este segundo período" dos autos, e que dificilmente chegaria a fazê-lo; este "segundo período", que ele não havia estudado e não iria estudar, é exatamente a época do ministério de Wangenheim, seu pretenso mandatário!

Assim, a única razão pela qual o texto de Hegel poderia ser benquisto pelo ministério e, ao que tudo indica, por este difundido, apóia-se em dois pontos; por um lado o seu capítulo conclusivo, do qual ainda falaremos, um capítulo otimista, indicando uma futura conciliação, e, por outro lado, os extremamente enfáticos ataques contra as classes a partir de massivas convicções histórico-políticas. Um aliado assim tão rude deveria ser bem vindo pelo ministério, mesmo que ele seguisse seu próprio caminho com relação à sua base de convicções em certos detalhes; o ponto de ligação seria a inimizade comum. Vejamos agora, de forma mais precisa, como se posta Hegel em relação a este terceiro poder, a assembléia de classes.

As classes não constituem um conjunto compacto. Já em 1815 aparecem débeis sinais de um partido de oposição; o deputado Gleich representa até mesmo, fundamentalmente, o ponto de vista real, e desaparece rapidamente da assembléia devido a isto. O deputado Cotta expressa dissenso pelo menos com respeito à questão da caixa das classes. Graças aos esforços do deputado Griesinger, dá-se uma investigação rigorosa sobre a ordem dos escrivães, quando as classes cortam sua própria carne. Mas, em seu conjunto, o todo perdura até o ministério de Wangenheim. É apenas este que consegue suscitar, no seio da assembléia, os inícios de um partido, através da decisiva votação final, na qual, pela primeira vez, uma forte minoria de 42 votos permanece no lado do governo, conduzida pelo já antes hesitante Cotta e por Weishaar, até então intransigente. Seria de se esperar agora que Hegel, se quisesse vir a intervir decididamente na situação e no sentido do governo, viesse a assumir uma atitude pelo menos de proteção a esses partidários de Wangenheim e líderes de um futuro partido governamental, devido à sua recente conversão. Em lugar disso, constatamos que ele dirige as mais fortes repreendas não só a Weishaar, mas mesmo a Cotta, com referência a sua atitude durante os debates anteriores. O interesse teórico manifestado pela grande oposição das diferentes visões de Estado, que surge em 1815, o conduz a crescentes precauções. Apenas assim, de uma improvável distância interna com relação à situação atual, pode ser esclarecido o fato de que ele eventualmente elogia o líder da oposição, Varnbüler – o mesmo que, por ocasião da dissolução da dieta provincial, no último verão, havia devolvido ao rei pelo correio a chave de servidor da câmara (*Kammerherrschlüssel*) como "um objeto sem valor". Mesmo a altamente venenosa "refutação", que procurava em todos os lugares referências pessoais, não pôde esclarecer esta falta de consideração pela situação presente, senão através da suposição de uma enorme habilidade, que deveria sugerir uma aparência de imparcialidade. Pois dever-se-iam sentir mais atingidos, em primeira linha, aqueles 66 membros da maioria, também inflexíveis em 1817 como, ao início, quase a totalidade da assembléia. Ainda que não referidas ao seu comportamento recente, é a eles que visavam estas notas exageradamente ácidas a respeito das classes que, como os emigrantes franceses, "nada esqueceram e nada aprenderam" das convulsões ocorridas durante os últimos vinte anos e que, "durante sua longa e custosa reunião", não foram capazes de chegar à menor decisão a respeito de qualquer conteúdo que se estabeleçam como um tema relativo à constituição". Não é de admirar que Hegel, cuja autoria do escrito havia sido revelada, talvez por Paulus, opôs-se de forma cada vez mais acintosa ao seu círculo. É neste momento que ele é confrontado com a suspeita de haver recebido "honorários", que ele é alvo de ataques como só poderiam ser empreendidos por seu país natal, sob a forma de alusões ao pretenso fato de que os escritos "mais recentes" dos ideólogos não desejarem mais saber nada de contrato e de igualdade entre os homens, até mesmo uma amável rememoraração da festa que certa vez filósofos da Alemanha, então jovens mas neste entremeio envelhecidos e ultrapassados, haviam celebrado quando do anúncio da execução de Luís XVI. E a ele, que havia insistido nos intermináveis discursos lidos na assembléia e sobre a incapacidade de seus membros de falar sem ler, lança-se agora amarga ironia, sob a forma de solicitação em declinar sua identidade, para que qualquer membro da assembléia pudesse admirar seus talentos de orador – era notório o fato de que Hegel, em sua cátedra de Jena, era totalmente dependente das notas de seus cadernos.

A estes inevitáveis ataques e conflitos pessoais vêm se somar a ruptura com o velho amigo Paulus e, pelo menos, uma discordância com Niethammer, que era da opinião de que Hegel investia muita energia na defesa de uma má causa. Não obstante, o texto de Hegel aparece e é lido, e a opinião pública de Württemberg começa, como já há muito o resto da Alemanha, a se cansar de tal conflito, e a inclinar-se a se deixar convencer. Este é o último ponto que temos que investigar agora: qual a relação entre a recensão de Hegel e a criação inicial de partidos, tal como se dava no país? Como aparece a história dos partidos de Württemberg ao longo dos anos seguintes, quando os observamos desde o ponto de vista que Hegel assume em fins de 1817?

Em suas últimas páginas, como já citado, o escrito de Hegel lança pela primeira vez uma luz algo mais amigável sobre a Dieta provincial; no processo de elaboração de um projeto próprio de constituição – que era tão importante para Hegel que ele pôde interromper neste ponto sua exposição –, as classes exerceram "inconscientemente" sobre elas mesmas, e simplesmente pela necessidade de apresentar uma proposta coerente, um trabalho de educação política, de tal modo que, com isso, "ministros clarividentes... podiam mirar além dos acontecimentos passados em termos de personalidades, preconceitos, idéias invertidas, ódio etc.". Esta indicação de uma aproximação entre o governo e as classes é a única alusão de Hegel à estruturação de um partido minoritário favorável ao governo, que se torna visível por ocasião da última votação da assembléia, no verão. Através dos editos governamentais, por meio dos quais o governo, após a dissolução da Dieta, pôde conduzir uma série de reformas, especialmente da ordem dos escrivães e da auto-administração local, foi retirado o solo sob os pés dos partidários do antigo direito (*Altrechtlern*), que não obtêm senão uma débil representação na Dieta de 1819. Sua herança não foi simplesmente recebida pela minoria provinda da antiga dieta, senão que se constituíram dois novos partidos, um por membros daquela minoria e outro por partidários recentes do antigo direito. O mais forte destes partidos alinhou-se ao governo por ocasião do encerramento dos trabalhos constitucionais, e representou essencialmente os eruditos (*Gebildeten*) e os funcionários; qualificava-se a si mesmo de liberal. Os adversários enraizaram-se na população mais vasta, nos "cidadãos" (*Bürger*), como diziam; os liberais os denominavam "partido dos senhores", enquanto eles mesmos chamavam-se "amigos dos cidadãos". O essencial é que ambos os partidos haviam praticamente renunciado ao ponto de vista do "antigo direito" enquanto tal. Alguns restos significativos desta idéia de antigo direito, outrora tão ciosamente defendida, eram ainda encontráveis entre os liberais, mas estes atribuíam maior importância aos direitos do indivíduo, considerados, "tão antigos como naturais", e cuja salvaguarda constitucional eles julgavam muito necessária, ao contrário dos partidários do antigo direito; estes direitos individuais constituiriam mesmo os "imutáveis fundamentos do direito natural", a partir dos quais todo o direito histórico se deveria legitimar. Os liberais rejeitavam a idéia da soberania popular, mas mantinham a idéia do contrato constitucional, cujo princípio havia sido tenazmente combatido por Hegel; e algumas das reivindicações práticas dos partidários do antigo direito se encontram entre eles, muitas vezes, como aquela do Comitê (*Ausschuss*), enquanto a reivindicação de uma caixa das classes havia sido abandonada tanto por eles como por seus adversários. Reconhecem, como os partidários do antigo direito, os privilégios da nobreza, e se encontram em parte inclinados a admitir uma Câmara Alta. Sua natureza burocrática é testemunhada pela defesa do direito de voto dos funcionários; trata-se inteiramente do argumento de Hegel, quando agora ouvimos de Weishaar que o funcionário serve o Estado, ou seja, o governo e o povo, assim como seus representantes. Em luta contra os funcionários, os "amigos dos cidadãos" assumem a herança dos partidários do antigo direito. Mas esta luta contra os funcionários significa para eles, agora, diferentemente do caso destes seus predecessores, uma luta contra os "senhores" em geral, e sob essa denominação eles não entendem somente os funcionários ducais, mas também as corporações oligárquicas de magistrados e, acima de tudo, "os escrivães e seu séquito", esta "oligarquia burguesa" igualmente combatida tenazmente, e com desproporcional gasto de energia, por Hegel, e identificada pura e simplesmente, tanto por este como por eles, com os partidários do antigo direito. Entende-se que os "amigos dos cidadãos" recusem aquilo que constitui as colunas de sustentação do poder das antigas classes, o Comitê e a caixa. Mas a fundamentação que evocavam para legitimar a sua luta revela a sua grande proximidade da luta que conduzia o resenhador dos *Anais de Heidelberg*. Não é assim de surpreender que o jornal que representava o ponto de vista do novo partido reproduzisse a íntegra do texto aparecido nos *Anais de Heidelberg*. E, como essas idéias principiavam agora a se disseminar pelo povo, acharam agora também os seus poetas; aos tons elegíacos de Uhland, que louvava os tesouros afundados do bom antigo direito, respondiam as frescas e claras canções de luta de Justinus Kerner. Os "amigos dos cidadãos" partem, como Hegel, da idéia da unidade incondicional do Estado. Por isso, não existe direito à revolução, ainda que, sob certas circunstâncias, ocorra o seu dever moral. Pela mesma razão, uma constituição não pode ser imposta ao povo, pois, através de sua entrada em vigor, ela se torna, por ela mesma, "de certa forma bilateral"; mas o príncipe herdeiro, na condição de representante da unidade estatal, não está absolutamente em condições de "fechar contratos (no sentido comum do termo) com as classes, na medida em que isto redundaria em uma dualidade". Com esta recusa inequívoca da idéia de contrato, os "amigos dos cidadãos" se opõem radicalmente tanto aos liberais como ao ministério, assumindo assim a idéia central da recensão de Hegel. A defesa da unidade do Estado os conduz, como a Hegel, à idéia de uma aliança natural entre a monarquia e o povo contra a aristocracia, representada, em Württemberg, essencialmente pela aristocracia "burguesa" dos escrivães e dos magistrados. A sua oposição contra a nobreza propriamente dita é, ademais, ainda mais agressiva e enérgica que aquela dos liberais, pois eles não reconhecem o antigo direito como tal e, como Hegel, vêem em cada direito que se opõe à cultura em progresso um "não-direito". Uma burguesia, portanto, que se une, na palavra de seu poeta, "firmemente em torno à casa real", como outrora os cavaleiros; uma forte monarquia que, por sua unidade, mesmo que sob forma absoluta, é melhor do que um regime senhorial; um Estado que, através da liberdade dos cidadãos, é forte, e servi-lo é um honroso dever: estes são seus ideais. Entre suas principais reivindicações contam-se: a preservação de uma justiça popular (*volkstümliche Rechtspflege*), a auto-administração das comunidades e a organização dos direitos do Estado a partir dos direitos vigentes nas comunidades, através dos quais o indivíduo é preparado politicamente para o Estado; e ainda, de um modo geral, tanta vida comunitária quanto possível, nas corporações estruturadas e órgãos semelhantes. Também aqui os "amigos dos cidadãos", após se encontrarem com ideais e exigências de Hegel até em detalhe, não se separam dele senão na forma mais claramente democrática que assumem especialmente suas reivindicações.

Assim, algumas das idéias defendidas por Hegel são, em suas linhas gerais, vitoriosas em 1819, como a recusa da validade do antigo direito, o elogio da razão, a luta contra a caixa e o Comitê; outras passam a fazer parte do ideário de partidos diversos. O ramo burocrático-racionalista, a exaltação do funcionalismo estatal e a inscrição na constituição dos direitos fundamentais naturais do cidadão, é assumido pelos liberais; por seu turno, os "amigos dos cidadãos" assumem a idéia central de Hegel – a unidade do Estado, a recusa do contrato constitucional (*des Verfassungsvertrages*) – e, sobre esta base, a exigência de uma aliança entre a monarquia e o povo, a liberdade do indivíduo para o Estado na luta contra a aristocracia, especialmente a aristocracia "burguesa", a justiça livre e a liberdade das comunidades como fundamento dos direitos cívicos. Os "amigos dos cidadãos", a oposição de 1819, representa muito provavelmente, tanto em termos de pessoas como de idéias, a origem da democracia suábia. Assim, uma parte – até mesmo a melhor parte – deste escrito de Hegel desemboca, não no partido governamental, constitucional e moderado, mas na extrema esquerda da futura vida partidária de Württemberg. Passa-se aqui, em tamanho menor, um prelúdio daquilo que posteriormente irromperá na grande cena da história das idéias políticas da Alemanha: a cisão da escola hegeliana em uma "direita" governamental e naquela "esquerda" hegeliana, na qual a democracia mais radical irá forjar suas armas intelectuais.

Apenas um elemento importante do texto não encontrou lugar no arsenal intelectual dos partidos de Württemberg. Pois o princípio segundo o qual o poder do Estado, ao qual deveria estar vertida a liberdade do cidadão, é ele mesmo finalidade do Estado enquanto potência dirigida ao exterior, esta glorificação da política externa, permanece estranha também aos próprios "amigos dos cidadãos", que são capazes, de resto, de pensar conjuntamente a força do todo e a liberdade das partes. Para Hegel, isto se constituía, ainda sob a idéia da unidade do Estado, na mais profunda fundamentação de sua posição. Na vida partidária de Württemberg, esta idéia, ainda que se encontrasse historicamente no fundamento de todo o trabalho constitucional promovido pela ação real de 1815, teria sido desnecessária; tratava-se do resultado natural da essência altamente medieval do Reino de Württemberg, apesar das pretensões de Frederico, o fato de que esta idéia não encontra lugar na cabeça dos partidos e, assim, de certa forma, é mesmo excluída do Estado. O pensador a colocou no fundamento deste Estado e de suas necessidades, em concordância com as circunstâncias históricas, mas em contradição com a essência histórica dos fatos – vê-se, ao fim de contas, toda a impossibilidade interna inerente à sua tomada de posição. O glorificador de Bonaparte esperava ver introduzidas por um governo alemão as disposições liberais internas que ele esperava, em todo lugar, de Napoleão, em função das quais o havia louvado e cuja aplicação nos Estados alemães julgava impossível sem ele. Ele via com indignação "que danos imensos" às classes, em sua incorrigível obstinação, haviam infligido à "boa causa", aquela do Estado constitucional, em termos de opinião pública e dos governos. O seu escrito foi, assim, igualmente liberal e burocrático. Ele pôde louvar a sabedoria do governo ante a loucura da "plebe", descobrir nos funcionários a verdadeira consciência estatal e, simultaneamente, no comentário a respeito dos direitos do homem, perceber uma parte fundamental da constituição e expressar um ponto de vista análogo àquele das associações estudantis sobre a sublevação de 1813, quando a juventude alemã culta "verteu sangue com a finalidade de que as províncias alemãs obtivessem constituições livres, (trazendo) do campo de batalha esperança de trabalhar ainda em função do futuro, de agir efetivamente na vida política do Estado". Assim como a recensão, pelo seu objeto e pelas experiências políticas de seu autor, assumiu tonalidades liberais e burocráticas, confluía agora no seu ideal político e pelo desenvolvimento pessoal desse autor a força de uma outra visão de Estado; uma visão que afirmava simultaneamente o direito próprio e a unidade do Estado e seu livre crescimento a partir de círculos autônomos. Se o primeiro conjunto de idéias, de tonalidades bonapartistas, convinha ao Estado ao qual se aplicavam, o segundo, mais autêntico ao pensador, excedia aquilo que mesmo o partido de oposição, de resto concordante a respeito de pontos essenciais, poderia praticar: Hegel parecia não ter consciência do fato de que o Estado de cujo direito próprio e autonomia em termos europeus ele falava poderia, no máximo, pretender tais atribuições em termos formais. O que havia de equivocado na tomada de posição de Hegel com relação à questão de Württemberg consistiu no fato de que sua apologia de um novo Estado unitário independente favorecia um hibridismo, em última análise, sem futuro político. Propagando novamente a sua concepção de um direito próprio com relação ao exterior e de uma estrutura orgânica com relação ao interior, ele se afasta algo da relativa indiferença com relação ao Estado em que ele se constituía efetivamente súdito sob o signo de Napoleão. Ele projeta o seu ideal novo de Estado ou, melhor, o seu ideal de Estado pré-napoleônico, em um Estado que não se constituía, a rigor, em um Estado: este foi o erro. Ele deveria ter desenvolvido sua concepção a partir da realidade de um Estado verdadeiro de monarquia constitucional, vista do ponto de referência do todo do Estado e de suas competências exteriores. E, assim como o tríplice acaso da origem, do momento e das circunstâncias o haviam dirigido a um pequeno Estado, a vida iria conduzi-lo agora a um grande Estado, ao qual a sua doutrina tendia como a um objeto digno dela, disposto a conformá-lo e também disposto a se deixar conformar por ele.

Décima Primeira Seção
PRÚSSIA

Hegel e o Estado prussiano formaram-se um contra o outro. Tratava-se agora de uma outra Prússia em relação àquela cuja estratificação em classes o pensador político de 1802, instruído pelo direito civil, havia exaltado filosoficamente sem, todavia, equivocar-se em sua apreciação geral – de resto altamente disseminada e compartilhada pelos melhores analistas –, a respeito deste país "insípido e desprovido de espírito", que apenas um gênio individual havia elevado a uma "efêmera energia". Esta Prússia havia experimentado a sua derrocada em Jena, e Hegel apreciava com júbilo a vitória da cultura sobre a rudeza, do Espírito sobre o calculismo. Homens, em sua maioria de origem não-prussiana, colocaram-se o objetivo de construir, por entre as ruínas da antiga Prússia, uma nova Prússia, que deveria abrir largamente seus portais ao novo Espírito alemão, de tal forma que este forte aliado conduziria à vitória na guerra de libertação próxima. Nem o redator de Bamberg nem o diretor de Nuremberg tinham conhecimento deste novo ânimo que arrancava o Estado de sua estreita e unilateral obsessão pelo poder e o disponibilizava ao domínio do Espírito. Pois ele, ainda em 1809, descrevia, ante seus alunos e respectivos pais, com clara referência à Prússia de 1806, aqueles Estados "que haviam desdenhado e negligenciado o sustentáculo interno na alma de seus membros, dirigindo-os apenas à utilidade e ao espiritual apenas enquanto um meio" e que, por isso, "encontram-se desamparados ante os perigos e soçobram por entre seus muitos meios úteis". Ele nem suspeita de que, a estas alturas, já se encontravam na Prússia homens em atividade que teriam subscrito palavra por palavra esta crítica ao antigo Estado, e que, tanto como ele, procuravam um meio curativo na educação, através de um "conteúdo espiritual, que tem valor de interesse em si mesmo e para si mesmo", e que configura a alma como "o núcleo de valor autônomo... que constitui por si a base utilizável a bem de todos e que é importante plantar em todas as classes". Ele suspeitava tão pouco que, quando esta Prússia renovada desde seu interior inicia a luta pela Alemanha em 1813, permanece sem tomar partido e assume até mesmo uma posição hostil. Esta Prússia, que, naquele momento, estava mais próxima da Alemanha do que nos longos decênios que se seguiriam, se lhe aparecia como um Estado estrangeiro, não-alemão, que haveria de trazer à Alemanha, a pretexto da libertação do domínio estrangeiro, apenas "cossacos e baschkires". Ele havia perdido totalmente a esperança de um futuro desde a Alemanha do norte e sua cultura "apenas formal": a conquista interna do mundo do Espírito alemão, na qual ele acreditava, poderia, assim pensava em 1807, provir apenas do sul. Da primazia da Prússia no combate alemão não se seguiria nenhuma primazia alemã na ordem política; o Estado recolhia-se novamente em si mesmo, ainda que não como antes de 1806: as idéias, uma vez postas em movimento, atuavam em silêncio em muitos lugares e impediam que o grande corpo do Estado recaísse em decomposição; mas o conjunto de seu curso político recuava mais e mais no sentido de uma existência puramente prussiana. E, assim, não poderia escapar às cabeças esclarecidas da Alemanha, pelo menos ao início desta época, que a escolha entre a Prússia e a Áustria significava uma decisão a respeito do destino interior da Alemanha, e não apenas concernente à sua forma exterior; tratava-se, como expressaram os *Anais de Heidelberg*, então com colaboração de Hegel, do "dilema, entre cujos termos nosso tempo flutua" – permanecer no lado da Áustria, e o que havia sobrado de um "belo passado em vias de se desvanecer", ou esperar, com a Prússia, "um novo futuro".

Também Hegel havia outrora, em face de tal escolha, optado pela Áustria. Tal se deu à época em que ele desejava mostrar ao império germânico moribundo a via de uma ainda possível cura. Em parte, o que o levou a tal tomada de partido foi a desconfiança a respeito da rigidez interna do Estado prussiano; ele julgava que poderia esperar liberdade comunal e representação popular, que ele exigia para a Alemanha do futuro, antes da Áustria, que havia permitido a subsistência de suas antigas assembléias provinciais, do que da Prússia que, nesta questão, como em qualquer outra, havia procedido em termos de nivelamento e de forma mecânica. É possível que também concorresse aqui a necessidade compreensível de suavizar a dureza de suas próprias proposições reformistas, radicais e incisivas, na espera de sua efetivação, não através de uma Prússia ela mesma revolucionária por sua história e seu presente, mas por uma Áustria legitimada por seu enraizamento nas antigas tradições e determinada, por sua história mesma, à manutenção do existente. Este é o sentido de algumas passagens do texto sobre a constituição de 1802, no qual "a política oriunda do Espírito burguês" da Prússia, que havia acumulado seu tesouro através da acumulação de *pfennig* em *pfennig*, se opõe à riqueza antiga da Áustria, à qual se poderiam sem maiores preocupações se aliar as classes inferiores. Poucos anos depois, já não se encontra rastro desta esperança na Áustria. A razão disto não é apenas a derrota da Áustria pela França em 1805, mas também a mudança pela qual passou a concepção de Estado de Hegel. O Estado não se lhe aparecia mais, agora, como outrora em Jena, como uma – talvez a maior – forma de manifestação da vida espiritual; já a *Fenomenologia* havia desenvolvido a idéia, que manteve sua validade para Hegel sob Napoleão, de que o Estado não representa doravante senão uma ordem de existência exterior subordinada à autêntica vida vivida autônoma do Espírito na filosofia e na religião, e a época de sua mais alta significação havia sido ultrapassada pela aliança entre Napoleão e o idealismo alemão. Ele vê agora no caráter católico da Áustria a característica essencial deste Estado e, pelo fato de que, para ele, o futuro filosófico e religioso só poderia advir do protestantismo, julgando entrementes não dever temer a opressão da vida espiritual alemã protestante por parte de Napoleão, a vitória da Áustria lhe aparecia como o maior perigo. Em 1813, a Prússia se encontrava ainda completamente fora do seu âmbito de observação; ele não suspeitava que, aqui, neste entremeio, idéias sobre a relação entre Estado e Espírito haviam se tornado, por certo período de tempo, dominantes; idéias muito próximas de sua própria concepção, como ela se exprime em seu discurso de Nuremberg – um discurso contra a Prússia. A sua percepção da Áustria ainda era a mesma de 1809, e, desta forma, é compreensível a desesperança com a qual ele acompanhava os sucessos dos aliados. Ele não tinha mais elos com a Áustria, e ainda não os tinha com a Prússia; e o Estado deveria previamente conquistar sua igualdade, em termos de significação, em relação ao Espírito. Ainda no discurso de Heidelberg, por ocasião de sua retomada da via acadêmica, ressoa sua concepção de um caráter em última análise a-estatal, ou pelo menos supra-estatal, da vida espiritual. Mas, no comentário dos acontecimentos de Württemberg, assume novamente força própria a antiga tomada de posição política. Nos primeiros anos da Restauração, o Estado prussiano, de forma pusilânime ou talvez por uma necessidade superior –

quem ousa aqui decidir! – se subtraía às exigências do Espírito idealista e se recolhia a seus estreitos objetivos. Da mesma forma, Hegel reencontrava no mesmo momento o caminho de sua concepção pré-napoleônica de um Estado assumindo suas próprias tarefas não sob, mas paralelamente, ou mesmo por sobre a vida espiritual. Isto o reenvia à Prússia, àquela Prússia de 1815 que começava a se destacar de seu relacionamento supra-estatal com a nação em seu conjunto, sem contudo romper completamente estes elos de ligação. O discurso inaugural, por ocasião de sua ocupação da cátedra de Berlim em 1818, atesta que ele mesmo estava consciente desta relação.

Com mais amplitude e profundidade do que dois anos antes em Heidelberg, expressa ele aqui o reconhecimento daqueles "altos interesses da realidade efetiva (*Wirklichkeit*)", aqueles combates que haviam restaurado e salvo "o todo político da vida do povo e do Estado". Novamente chama ele a nacionalidade de "fundamento de toda vida vivente". No fato de que apenas "no Estado, a par do governo do mundo real (*Regiment der wirklichen Welt*), também o livre reino do pensamento floresce por si mesmo", vê ele a eficiência própria das lutas pela nacionalidade, após este "renascimento da Alemanha", como ele agora denomina os acontecimentos de 1813. Tal aparece como um eco daquela sua visão de história à época napoleônica, da vida espiritual autônoma frente ao Estado. Na verdade, é exatamente aqui que se mostra a transformação, quando se compara com a passagem correspondente do discurso de Heidelberg, dois anos mais antigo. Lá constava que se poderia de ora em diante esperar que "floresçam, junto ao Estado... também a Igreja..., junto ao reino do mundo... também... o Reino de Deus... junto... aos interesses políticos e outros relacionados à realidade cotidiana, também a ciência, o mundo racional livre do Espírito". Por ora, o reino político do "mundo real" e o Reino espiritual "do pensamento" não estão mais justapostos um "ao lado" do outro, mas incluídos ambos "no Estado". Assim, a percepção do grande Estado prussiano e seus cuidados conscientes pela vida espiritual, especialmente pela vida científica, obriga Hegel a associar as potências "autônomas" do Estado e do Espírito, o que estava mais de acordo com sua idéia pré-napoleônica dos poderes "independentes" Estado e Espírito. O filósofo atribui ao Espírito a precedência: o que tem valor deve necessariamente "justificar-se ante a compreensão e o pensamento". Mas o Estado prussiano subtraiu-se a esta justificação; pois é por sua preponderância espiritual que ele "assumiu o peso na realidade e na política, igualando-se em poder e autonomia a Estados que lhe seriam superiores por seus meios exteriores". Este é propriamente o Estado que é fundado "sobre a inteligência": "aqui, a cultura (*Bildung*) e o florescimento das ciências se constitui num momento essencial da vida do Estado propriamente dita". E ainda mais: havendo aprendido a levar em conta, pelo exemplo do Estado prussiano, a co-pertinência alternativa (*wechselweise Zusammengehörigkeit*) da existência estatal e da existência espiritual, ele chega finalmente a uma posição fecunda para seu pensamento no que diz respeito ao Espírito ético (*sittliches Geist*) da sublevação prussiana. Ele negou-se a admitir inicialmente a existência desse Espírito, e posteriormente se resignou a seus efeitos, interpretando-o, certamente sob a influência da juventude estudantil que o cercava em Heidelberg, como uma vontade de conquista de livres constituições. Vê agora este Espírito de outra forma e, podemos dizer, mais adequadamente. Com efeito, ele reconhece, no acontecimento histórico da sublevação na Prússia, além de uma aliança entre o Estado e a cultura, o segundo "elemento fundamental da existência deste Estado", a saber, uma aliança entre Estado e disposição de alma. Deve ser considerado "inestimável" o fato de que esse grande combate "pela independência, pela aniquilação de uma desalmada tirania estrangeira e pela liberdade" teve seu ponto de partida "na alma", o fato de que se constituiu "no poder ético do Espírito", que aqui "provou sua energia, ergueu sua bandeira e fez valer seu sentimento como um poder e uma força na realidade", o fato de que, por fim, a "geração atual viveu, agiu e edificou desde este sentimento", e de que o Espírito elevou-se "à sua dignidade". O "conteúdo substancial", assim conquistado pela época, conforma o núcleo no qual "o seu desenvolvimento em todas as direções, política, ética, religiosa, científica" eleva-se à altura de seu tempo. É assim que fala Hegel agora. Ele havia praticamente olvidado por anos ambos os "elementos fundamentais" espirituais da existência do Estado, o entrelaçamento interno deste com a vida superior da cultura, bem como o entrelaçamento com o poder ético da disposição do Espírito; a vida da cultura lhe aparecia, sob a impressão do domínio napoleônico, para além do Estado, quando este tem apenas de protegê-la e não se completar com ela; e os objetivos éticos então propostos pelo pensador não partem do indivíduo na direção do Estado, mas na direção da filosofia e da religião como os verdadeiros campos de sua atividade espiritual. Agora, o Estado havia reconquistado sua dupla relação à cultura e à disposição de alma. A efetividade do Estado prussiano reposicionou novamente o filósofo em seu próprio caminho original. A profissão de fé hegeliana na Prússia foi, talvez involuntariamente, uma profissão de fé de seu retorno ao Estado em geral (*überhaupt*).

O novo ministro prussiano da educação pública bem sabia por que havia nomeado, na virada do ano de 1817, para a cátedra de Fichte, um vigoroso suábio, junto ao distinto conselheiro privado Savigny, ao profundo e vivaz Schleiermacher e ao sutil Solger. Pode-se perguntar como Fichte mesmo, houvesse ele vivido mais tempo, haveria de se afirmar tanto com relação a seus estudantes como a seus superiores. Nas primeiras negociações, levadas a cabo por Niebuhr e Raumer em fins de 1816, que fracassa pela nomeação de Hegel a Heidelberg, são testemunhadas as inquietações dos responsáveis prussianos que se perguntam, quando a lembrança da sublevação ainda era tão presente, como canalizar e orientar na direção do futuro o ânimo de tal sublevação. Parece-nos algo cômica a observação de Raumer na carta que escreve a Hegel a respeito do fato do que talvez faltassem, àqueles jovens que lutaram e verteram sangue pelo Estado, os conceitos elementares de Estado. Havia, portanto, preocupação. Entre aqueles três professores da universidade Frederico-Guilherme dos quais um estudante berlinense com tais preocupações poderia aprender os "conceitos elementares" do mundo da moral e do direito, Schleiermacher parecia muito pouco simples e Solger excessivamente suave e sem autoridade, o que igualmente se aplicava ao distinto e distante Savigny. Fries, que um grupo de professores, sob a direção de seu amigo pessoal, o teólogo De Wette, havia pensado em chamar a Jena em 1806, parecia extravagante ao ministro, por suas fantasias políticas em seu *Julius e Evagoras*, e sua candidatura havia se inviabilizado por sua proximidade com as associações estudantis. Savigny, ainda preso à sua decepção frente ao filósofo do direito Fries, bem como Schleiermacher – ou seja, os dois que constituíam os antípodas de Hegel – haviam se empenhado, já na primeira convocação, em favor de Hegel e contra Fries. Em 1818, não foram mais consultados; o novo ministro agiu com iniciativa própria, após ele, por ocasião de uma visita a Heidelberg, haver tido a impressão de que Hegel, como ele escreve ao rei, "ensina sua ciência com calma e ponderação, afastado igualmente tanto dos sistemas paradoxais, extravagantes, insustentáveis, como de preconceitos políticos e religiosos". Com a completação de sua *Lógica* em 1816 e a publicação de seu compêndio sistemático em 1818, Hegel havia assumido um posto na linha de frente dos filósofos alemães; entre os vivos apenas Schelling era cercado de uma glória mais antiga e intensa, e dos primórdios do movimento kantiano, não restava senão Reinhold, retirado e semi-esquecido em Kiel. As outras celebridades filosóficas contavam-se, com exceção de Fries, entre os alunos de Schelling e aqueles que dele haviam sofrido influência. Hegel ocupava, desde a sua ruptura com Schelling, uma posição solitária, discípulo sem mestre, aspirando, todavia, à proeminência filosófica. É possível que Altenstein houvesse lhe acenado com outras possibilidades para o futuro do que aquela de professor, em um domínio de competência mais prático; em seu discurso inaugural berlinense, porém, o filósofo afirma uma pretensão à maestria teórica. Ele desejava anunciar, desde o "centro" – a capital –, a "ciência do centro" (*Wissenchaft des Mittelpunkts*). E foi através desta pretensão que ele conquistou paulatinamente o público berlinense. Pois a época favorecia um tal termo; não desejava a inconseqüência para a sua preocupação, por decênios, com as questões pré-filosóficas e fundamentais da filosofia. Agora, o mundo propriamente dito, o mundo inteiro, o "universo", para utilizar as palavras de Hegel, "deveria apresentar sua riqueza e suas profundidades... à coragem do conhecimento, oferecendo-os a seu prazer". Goethe que, com algo de observador e algo de complacência, acompanhava estes movimentos, e participava dos acontecimentos de Berlim através das assíduas descrições de Zelter, dava de certo modo sua bênção à orgulhosa pretensão do pensador, aprovando por sua parte a audaciosa fórmula a respeito do centro, que ele mesmo utilizara havia pouco, e pela qual Hegel pode ter feito alusão às pretensões centralizadoras do ministro. E, pelos dias em que vem à luz a *Filosofia do Direito*, o poeta, dirigindo-se ao filósofo e revivendo assim uma antiga relação, conclama: "é, com efeito, urgente que, nestes tempos espantosos, propague-se uma doutrina provinda do centro, que possa servir a vida de forma teórica e prática".

Hegel, no decurso dos treze anos em que ensinou em Berlim, reuniu em torno a si uma audiência estranhamente mista. Além dos estudantes, dos quais alguns eram estrangeiros na Prússia, provindos do resto da Alemanha, inclusive da meridional, assistiam a seus cursos velhos senhores, funcionários, e mesmo oficiais. Johannes Schulze, conselheiro privado do Ministério da Educação Pública, que imprimirá, por decênios, a sua marca hegeliana no ensino superior prussiano, acompanhou o conjunto completo das preleções. Através da intermediação do capitão von Griesheim, da mesma forma um ouvinte assíduo de Hegel e amigo de Clausewitz, é provável que elementos hegelianos tenham passado aos fundamentos da ciência militar alemã. E, para além dos ouvintes propriamente ditos, encontrava-se um círculo mais amplo, a sociedade berlinense. Hegel é, nos anos de 1820, uma das personalidades sem a qual a vida de Berlim não poderia ser concebida. Suas lições de Estética, planejadas muito antes mas apenas iniciadas em Heidelberg, e que ele expõe em estreita conexão com sua metafísica e sua filosofia da história, lhe vale uma zona de influência que ultrapassa a universidade. Quando do anúncio de sua morte, uma observadora distante irá dizer, ironicamente e com algum exagero, que o mundo cultivado de Berlim, e ainda mais o mundo inculto de Berlim, acabavam de perder seu filósofo. Não que ele houvesse cultivado conscientemente este lado de seu agir; ele estava muito longe de desejar brilhar em sociedade. Por ocasião de sua morte, uma dama queixou-se certo dia ao velho Zelter de que nunca havia chegado a ouvir de Hegel uma palavra realmente significativa, e teve de ouvir a grosseira resposta: a tarefa do filósofo havia sido falar aos homens. Mas foram estes modos de agir pouco afeitos a salões, esta separação, natural a seus olhos, entre a seriedade profissional e a confortável candura das horas de lazer, entre o homem que "falava aos homens" e os outros, que se dedicavam à insistente galanteria no encalço de belas mulheres, que poderiam irritar a quem não o conhecia; era este contraste tão pouco berlinense de seu ser que lhe assegurou seu lugar na Berlim dos chás estéticos e das frivolidades espirituosas. Os relatos a respeito da impressão suscitada por seu ensino costumam opô-lo a Schleiermacher. É mesmo difícil conceber uma oposição mais intensa do que entre estes dois: de um lado, este berlinense por adoção, um homem perfeitamente integrado à capital, a tal ponto que até hoje lhe são remetidos certos traços fundamentais do caráter tipicamente berlinense, um orador vivo e apaixonado; de outro lado, um lento nativo de Stuttgart, expondo suas idéias antes para si mesmo que para seu público, sentindo-se suábio ao ponto de oferecer a David Friedrich Strauss, ainda em 1831, seus mais espontâneos e calorosos sentimentos, ao saber que o jovem visitante vinha de Ludwigsburg. O elemento suábio, aquela honrosa cividade recolhida em torno ao gênio como um manto protetor, permaneceu a base de seu modo de vida e da condução de seus pensamentos. Apareciam em sua densa preleção, de forma meteórica, iluminando à frente e atrás a obscuridade do desenvolvimento dialético, frases que, com sua inusitada configuração, sua surpreendente profundidade, sua plasticidade, incrustravam-se na memória. Nele, o espiritual não se afastava nunca do súbito; permanecia sempre imprevisível quando, no deserto da abstração, seria alcançado o oásis da intuição, e tal certamente se daria – eis o que lhe garante a atenção de uma cidade, que já então nada podia indispor em relação a seus mestres espirituais senão o sentimento de haver completado o seu ensinamento. E a face da Berlim de então caracterizava-se de forma muito mais exclusiva por essa aspiração a se colocar sob uma autoridade espiritual do que será o caso nos decênios seguintes. Não se pode de forma alguma esquecer o quanto mais de "prussiana" a Prússia se tornou apenas a partir de 1848, e o quanto a incisividade e a aridez da *Märkertum* se encontravam diluídas no ar sereno da cultura humanista que soprava de Weimar. Uma geração inteira de oficiais e funcionários ainda se encontrava penetrada por aquele sentimento; apenas quando estes desapareceram surge aquela Prússia de onde procede a unificação da Alemanha, sem que estes novos prussianos percebam claramente o que se passa neles e por eles. Para que se possa compreender corretamente a posição de Hegel em Berlim, não se pode perder de vista que a Berlim de então se constituía na capital de uma outra Prússia, e que a característica união hegeliana em termos de uma forte relação entre o Estado e uma cultura historicamente abrangente podia se estabelecer, sem contradição interna, no interior dos muros desta cidade prussiana de então.

Permanece, porém, uma questão ainda em aberto. A imagem sedutora de uma comunidade nacional havia se oferecido à abordagem durante os meses de forte calor, e depois desapareceu rapidamente. Ao mesmo tempo, a juventude, que acreditava havê-la conquistado nos campos de batalha de 1813, não desejava perdê-la assim tão rapidamente. E é à Prússia que se dirigem suas reivindicações, à Prússia que se havia empenhado na luta nacional e que até cerca de 1817 havia experimentado uma simpatia secreta pelo movimento alemão no âmbito dos pequenos Estados. Mas a Prússia negava-se agora, por levar em conta a situação européia que impossibilitava tal ação, a satisfazer as aspirações de uma geração que principiava a perder o sentido da grande política e, sem a percepção das impossibilidades externas, mantinha o olhar fixo na necessidade interna. Era com essa disposição de alma que vivia a associação estudantil. Hegel havia estado próximo dela em Heidelberg, e dois de seus dirigentes locais o haviam acompanhado até Berlim, tentando conquistar para o mestre a simpatia dos estudantes, mestre, todavia, cuja doutrina do Estado, não obstante algumas frases do discurso inaugural a favor da potência política da "alma" entusiasta, deveria parecer, ao entendimento normal da associação estudantil, como suspeita de submissão ao príncipe; algum comentário benévolo de colegas dignos de fé não poderiam desfazer tal impressão. Ademais, os atentados de Sand e Loening não tardaram a responder às primeiras perseguições acontecidas após a reunião de Wartburg (*Wartburgfest*). Especialmente o caso de Sand ocasionou uma forte irritação nesta época em que o interesse político procedia de apreciações morais. Poderia, ou deveria, um tal ato, oriundo claramente de um ânimo puro e entusiasmado, ser condenado como um assassinato "vulgar"? O professor de teologia berlinense De Wette, amigo e discípulo de Fries, constituiu-se em porta-voz de um sentimento espraiado nos meios cultos, quando ele, em uma carta enviada à mãe de Sand com a finalidade de reconfortá-la, respondeu a esta questão com um claro "não". A carta foi descoberta no decurso da investigação à qual foi submetido De Wette em função de sua relação com a associação estudantil, e o rei, indignado pelo comportamento de seu professor, ordena sua destituição. Seguem-se medidas de cerceamento da liberdade universitária, no sentido da execução das decisões de Karlsbad. Pode-se explicar a importância atribuída a estas medidas por ambos os lados pelo fato de que a universidade, nesta época em que a vida parlamentar estava em seus inícios e acabava de surgir uma imprensa no sentido moderno do termo, julgava poder substituir ambas, e os governos, ao reforçar esta crença através de sua preocupação, fazem desta pretensão uma realidade significativa. Deste modo, a luta pela liberdade de ensino constituiu-se no ponto de conflito entre opostos políticos. Devido à justificação moral atribuída por De Wette à ação de Sand, Hegel, que havia, após o atentado, participado de uma reunião do círculo estudantil da associação com Schleiermacher e De Wette, foi obrigado a tomar claramente partido, pela primeira vez desde seu discurso inaugural, quando ele havia assumido uma atitude moderada. No início de 1820, ele havia sustentado em uma associação, contra Schleiermacher, o direito do governo na deposição de um professor, e condenara apenas que, no caso de De Wette, esta prerrogativa fosse aplicada – e havia mesmo participado, com uma soma considerável para suas condições, de uma coleta organizada entre os professores em favor de seus colegas desprovidos de recursos, ainda que, pela sua participação naquela reunião e sua relação com vários dos líderes da associação estudantil que já estavam sofrendo perseguições, pudesse parecer suspeito a algum inquisidor antidemagógico. Sua tomada de posição contra Schleiermacher deu azo a uma viva troca de palavras entre os dois homens – mas não, como queriam deixar transparecer a corte e a universidade, ao ponto do ataque físico. De qualquer modo, Schleiermacher qualifica a posição de Hegel, que lhe parece muito pouco adequada aos valores supremos e autônomos da liberdade de ensino, como lamentável; a seguir, ele solicita por escrito, e obtém, o perdão de Hegel. Era apenas o começo de uma tensão duradoura entre Hegel e o grande teólogo, o qual a oposição berlinense se havia acostumado paulatinamente a considerar seu líder espiritual, ainda que ele negasse tal estatuto. Para Hegel, que, com apenas uma exceção, não se havia distinguido de seus colegas nos conflitos entre a universidade e o governo, esta tomada de posição marca, como se disse, o início de sua tomada de posição política definitiva. Pois, por trás de De Wette, estava Fries; e quando Hegel o sucede em Heidelberg, esforça-se, como este mesmo, por enterrar a arma de guerra empunhada por ambos os lados em ácidas observações e debates. Fries tornou-se para o filósofo de Estado berlinense, por seu engajamento em favor do direito e do valor absolutos da "convicção" – que teria, segundo Hegel, seus frutos no ato de Sand e na defesa de De Wette –, a origem do mal político; ele toma agora como objetivo opor claramente a sua própria doutrina do Estado com a finalidade de enraizá-la aos olhos da vida contemporânea, a qual exigia uma tal obra. É assim que ele se engaja na marcha política que, mais do que qualquer outra atividade, permanece afeita a seu nome, já em vida, e que, por suas conseqüências, o lança, mais do que ele poderia ter suspeitado ao início, de forma estreita e incondicional, aos braços do governo prussiano: em lugar de polemizar, no prefácio de sua *Filosofia do Direito*, com idéias, ele se dirige contra seu representante, Fries, que havia sido obrigado a interromper seu curso em Jena desde o fim do ano anterior, por ordens superiores. Para uma "denúncia", que era a palavra utilizada, o ataque de Hegel chegou muito tarde. De todo modo, Hegel deixou-se exaltar nesta oportunidade por uma paixão inconveniente, que, não sem razão, pesa sobre sua memória. Para ele, que não entendia esta polêmica como uma questão pessoal, o ataque contra Fries era apenas uma indicação propagandística, e não constituía o conteúdo do prefácio e muito menos do livro. Ele estava ainda convencido de estar defendendo uma posição conquistada autonomamente, e não se via minimamente como o arauto incondicional do governo. Foi com satisfação que constatou que, em Berlim, onde ele, devido ao seu prefácio, viu "caras feias", havia incomodidade no sentido de se saber "em que categorias as coisas deveriam ser arranjadas", pois, assim pensava ele, "o que eu disse não pode ser colocado no assim chamado clã Schmalz (*Schmalzgesellnˈschaft*)". Assim, ele pensava que a autonomia e eminência do seu ponto de vista filosófico a respeito do Estado o protegeria da confusão com os seguidores dóceis e sem idéias do governo, entre os quais se contava como protótipo, desde sua condecoração com a Ordem da Águia Vermelha, o citado Schmalz, jurista capaz, porém de visão estreita. O filósofo havia superestimado os escrúpulos de partidos políticos quando se tratava de classificar seus adversários, e o que a ele parecia impossível aconteceu: seus escritos foram remetidos ao "clã Schmalz".

Não nos deixaremos agora desviar por isso, e tentaremos antes investigar o conteúdo em "vida e doutrina" que preenche o famoso prefácio. Assim poderemos compreender a multiplicidade, e mesmo as forças opostas que dão origem ao livro.

Após algumas notas preliminares sobre questões acadêmicas e a forma da obra, Hegel procura demonstrar a necessidade de uma doutrina científica do Estado, que satisfaça a este. Não seriam novas "verdades", tais como surgem e desaparecem diariamente – Hegel as chama irreverentemente "refeições requentadas" – , mas o "antigo verdadeiro", já há muito encontrado, que cumpre apenas "apreender", para falar como alguns versos pouco posteriores de Goethe: "sobre direito, ética, estado, a verdade é tão antiga como as épocas em que esta se formulou, e tornou-se acessível nas leis públicas, na moral pública e na religião". Para "justificar-se" ante o pensamento livre, esta antiga verdade necessita apenas ser "compreendida", "o seu conteúdo racional em si mesmo" necessita adquirir "também a forma racional". O filósofo vê, assim, como inimigo imediato, a concepção segundo a qual deveria proceder como se não houvesse havido "Estado algum e nenhuma constituição política no mundo, e não houvesse no presente, mas que agora – e este agora dura indefinidamente – se houvesse de iniciar novamente pelo princípio". Contra esta representação, ele refere a Natureza, em relação à qual normalmente se admite que a filosofia deve conhecê-la tal como ela é, que ela é racional em si mesma, e que o conhecimento deve investigar a sua razão efetiva (*wirkliche Vernunft*), e não se ater às contingências que se mostram em sua superfície – e esta contraposição da "razão" contida na Natureza e no Espírito poderia parecer estranha àqueles cuja metodologia contemporânea alimentou a reflexão, que julgarão talvez tocar aqui com as mãos o erro fundamental da doutrina de Estado de Hegel; e estes errariam igualmente, pois, como ainda veremos, Hegel assenta esta equivalência entre Natureza e Espírito sobre fundamentos muito mais profundos do que parece à primeira vista. No momento do prefácio em que nos encontramos, ele julga, ao que parece, haver advertido suficientemente seu leitor contra o "ateísmo do mundo moral", que remete ao acaso e à arbitrariedade; ele abandona esta linha de argumento para queixar-se que entre aqueles que têm conscientemente sua satisfação do Estado – pois inconscientemente "todos" têm esta satisfação – a filosofia tem caído em "descrédito", devido aos impulsos irresponsáveis dos aperfeiçoadores do Estado (*Staatsverbesserer*). Neste ponto, ele evoca o discurso ocorrido três anos antes, por ocasião da reunião de Wartburg, pelo "corifeu desta superficialidade", o "senhor Fries", e se indigna pelo fato de que aqui a rica arquitetônica do Estado encontra-se dissoluta na "amálgama do coração, da amizade e do entusiasmo" e que o trabalho milenar da razão "repouse sobre o sentimento". Pelo fato de que tais concepções ainda tomem a "forma da piedade" – aqui ele parece referir-se, além de a Fries e seus partidários estudantes, a De Wette e talvez também a Schleiermacher –, bem como pelo fato do recurso constante aos grandes termos Espírito, Vida, Povo, depreende-se a "má consciência". Mas o *Schibboleth* (palavra ou símbolo de reconhecimento; senha) que permite a "distinção dos falsos irmãos e amigos do assim chamado povo" é o conceito de "lei" (*Gesetz*), que estes políticos do sentimentalismo sentem como entrave. Hegel lembra que ele havia apontado isto em algum lugar de seu manual. É surpreendente, quando se localiza este lugar e se constata que a "denunciação" de Fries e dos liberais apóia-se no mesmo desenvolvimento de pensamento que, no livro, serve para o ajuste de contas com o teórico conservador que, nestes anos, havia sido elevado às alturas por certos círculos da corte: K. L. von Haller. Hegel considera a sua idéia de Estado tão fechada em si mesma, que acredita poder dirigi-la simultaneamente contra dois lados opostos. No prefácio são citados apenas Fries e sua tendência, e Hegel admite expressamente que o governo, em tempos recentes, "dirigiu finalmente sua atenção a um tal filosofar". Pois, enquanto uma tal "superficialidade" puder ser combinada com tranqüilidade externa e ordem, nada se lhe pode objetar do ponto de vista "policial"; mas o Estado não é apenas polícia, ele inclui em si "a necessidade de uma cultura e de uma percepção mais profundas" e, com o tempo, as doutrinas falsas arruínam também os fundamentos gerais dos quais provêm os atos. O Estado tem, assim, o direito e o dever de evidenciar o fato de que a filosofia, entre nós, não é uma questão privada como, por exemplo, entre os gregos, e sim que se constitui em "algo que tem uma existência oficial que afeta o público e diz respeito, principalmente ou exclusivamente, ao serviço do Estado". Os conflitos oriundos do contato entre a pseudo-filosofia e a realidade estatal se constituem em uma chance para verdadeira filosofia pois, através deles, os governos são conduzidos finalmente ao seu dever: proteger a verdadeira filosofia da indiferença com a qual pretendem tratá-la tanto as "ciências positivas" como a "edificação religiosa". E aqui finalmente, quando o filósofo repropõe a sua ciência e a realidade estatal como novamente dependentes em termos mútuos, ele retorna de sua digressão na política cotidiana à linha principal de seu pensamento, que ele tinha abandonado em função da equivalência problemática entre o mundo ético e o mundo natural.

Sendo a filosofia, como Hegel diz, a "penetração do racional", ela é também – não apesar disso, mas exatamente por isso – "a compreensão do presente e do real". E ele apresenta, agora, a fundamentação própria e, embora localizada em lugar bem visível, quase sempre despercebida, com relação à qual a compreensão do que se segue deve se referir. Ele lembra a nota, no livro, a respeito do Estado platônico, segundo a qual este não é um ideal vazio, mas essencialmente nada senão "a natureza da eticidade grega", ou seja, uma imagem purificada da pólis. Mas Platão, "na consciência da irrupção nela de um princípio mais profundo que, sob a forma imediata, não podia aparecer senão como uma aspiração insatisfeita, e, por isso, como sua ruína, teria de haver procurado nesta aspiração a ajuda de que tinha necessidade". O "princípio mais profundo", que "irrompe" na eticidade da pólis, é para Hegel, sem dúvida, o autodomínio do eu racional, referido a Sócrates e aos Sofistas. Por importante que seja para a pólis que nela, segundo o termo posterior de Hegel, "alguns" sejam livres, permanece dela bem distante a organização da liberdade de "todos", como, por exemplo, no Estado moderno, ou mesmo somente – dependendo ela da escravidão – querer tal coisa; assim, aquela exigência de que o eu racional, e por extensão universal, o ser humano como tal, deva se constituir na medida de todas as coisas, apenas age de forma desagregadora: esta exigência permanece uma "aspiração insatisfeita". Platão procura, porém, "nesta aspiração mesma", ou seja, na mesma tendência fundamental segundo a qual a razão deve ser medida e indicação da realidade – e o filósofo deveria ser o rei –, uma "ajuda" a ser prestada ao Estado grego ameaçado pela insurreição da razão crítica. Mas ele apenas consegue renovar esse Estado ameaçado em uma forma ainda mais rígida, ainda menos viável; ele procura a ajuda "em uma forma externa, particular, desta eticidade", a saber, em uma organização de classes (*Ständegliederung*) na qual mesmo a liberdade de alguns, que existia na realidade do Estado grego, é aniquilada em função da decisão irrevogável sobre a pertença social e a abolição da propriedade particular (Sondereigentum) e da família. Por esta forma particular externa da eticidade grega, através da qual "pensava dominar" a ruína, Platão "feriu profundamente" o impulso profundo – indicador do futuro – daquela eticidade, exatamente o reconhecimento, preparado pela liberdade de "alguns", da "personalidade livre infinita" do homem enquanto tal. Ele não pode aceder à verdade de que "todos" devem ser livres: esta verdade teve de "vir do alto"; ela teve de revelar-se ao mundo do cristianismo antes de poder ser apropriada e realizada por um novo povo da história mundial, o povo germânico. O que Platão não encontrou foi o medicamento para a cura do mundo doente; o que ele viu, tão bem como os sofistas, foi a doença; o que ele fez, ao contrário dos sofistas e de seus críticos desagregadores, foi convocar corajosamente a razão, não para criticar o presente, mas para a criação do Estado futuro. Este "princípio em torno do qual gira o caráter distintivo de sua idéia", e cuja exposição "prova que ele foi um grande espírito", foi o "ponto de apoio" em torno ao qual girou o tumulto que se anunciou no mundo antigo pelo cristianismo: a idéia de que a razão deve conformar a realidade efetiva (*Wirklichkeit*). "O que é racional é efetivo" – é exatamente após este comentário sobre a significação histórica do Estado ideal platônico que explode, como um tiro de pistola, a tão famosa expressão: isto não valeu de forma geral e eternamente, mas sim desde que, através do cristianismo e na idéia do reino de Deus sobre a terra, tornou-se exigência ética e medida de toda instituição humana. Desde então, porém, tem realmente validade; todo o agir se vê compelido à tarefa de realizar a razão do mundo e assim, por conseqüência, o conhecimento – desde este momento! – tem por tarefa perscrutar a realidade efetiva – posteriormente advinda! – para compreender como a razão se efetua nela. É apenas pelo fato de que o racional tornou-se efetivo – princípio da ação – e apenas por isso – princípio do conhecimento – que o efetivo é racional. A segunda metade da frase que, contrariamente ao uso de Hegel, é sempre citada como núcleo da idéia – "a afirmação de Hegel sobre a racionalidade do efetivo" – é, assim, apenas a conseqüência do expresso na primeira metade da frase, a idéia profundamente revolucionária da efetividade do racional. A conclusão que funda o conhecimento, que mostra como o Estado de nossa época deve ser conhecido, pressupõe as premissas que interpretam a história e que exprimem o princípio ético vital de um tal Estado.

E aqui se torna compreensível a equivalência metodológica já referida entre a Natureza e o Espírito. Nem sempre valeu para o Reino do Espírito a identidade entre razão e a realidade efetiva, entre o conhecimento e seu objeto, como é o caso para o reino da natureza. Época houve em que o reino do Espírito foi verdadeiramente "abandonado por Deus", para usar a expressão de Hegel. Apenas desde que o cristianismo emergiu no mundo, é que a razão tornou-se o fundamento do mundo espiritual, e que esta racionalidade tornou-se fundamento para o conhecimento deste mundo. Tal corresponde às preleções de Hegel a respeito da filosofia da história, pois nestas o Estado não é concebido como eticidade efetivada senão desde o advento da época cristã-germânica, enquanto ele tenta compreendê-lo, até esta época, a partir de conceitos estéticos, jurídicos e da filosofia da natureza. Tal corresponde igualmente à visão de história da Igreja que ele transmitia através de suas preleções de filosofia da religião, cujo único tema era a reconciliação entre Igreja e mundo, a "realização do espiritual em efetividade universal". E, acima de tudo, encontra-se esta concepção no desenvolvimento histórico universal do pensamento mesmo, nos grandes conceitos que construiu Hegel, em que não se trata mais, como no paganismo, da ética que triunfa sobre a política ou da política sobre a ética, efetivamente e com o assentimento do pensador, mas em que ambas, a doutrina da salvação e a doutrina da comunidade, a personalidade e a instituição, se imbricam mutuamente e, pelo menos segundo a vontade do pensador, nenhuma faz sombra à outra; uma mesma linha, partindo do povo santo da *Torá* e da mística paulina do corpo de Cristo, passa pela cidade de Deus de Agostinho e pela comunidade humana de Dante e desemboca, finalmente, na profunda máxima de Hegel.

Voltemos ao enunciado desta máxima. Após Hegel havê-la expresso, ele chama atenção rapidamente para o segundo termo, no que se refere à sua característica fundadora do conhecimento. A comparação entre o "universo" espiritual e o "universo" natural legitima-se agora no âmbito da filosofia da história; a "consciência subjetiva" cortaria o galho sobre o qual ela assenta, caso viesse a considerar "o presente como vão". Hegel retorna, imediatamente após, a esta fundamentação histórico-filosófica, ou seja, ao conteúdo do primeiro termo da máxima; opõe-se a que esta idéia possa ser concebida "simplesmente como uma idéia", e se reconhece, em contra esta visão, no mais decidido idealismo, no qual "nada há de efetivo senão a Idéia". Trata-se agora, novamente conforme o segundo termo de sua máxima, de "reconhecer, na aparência do temporal e do passageiro... o eterno, que é presente". Tal não é tão simples, pois – e aqui ele esclarece, como já em sua *Lógica*, o que entende por "efetivo" (*wirklich*) –

o racional... na medida que, em sua efetividade, na existência exterior, aparece em uma infinita riqueza de formas, fenômenos e figuras, e reveste seu núcleo com um colorido envoltório, no qual a consciência inicialmente se instala, e que apenas o conceito penetra para sentir a pulsação interior e senti-la bater também nas formas exteriores.

Estas "circunstâncias infinitamente múltiplas" não são, como Hegel explica contra a "super-sabedoria" (*Ultraweisheit*) de Platão e de Fichte, "objeto da filosofia". A filosofia pode mostrar-se nestas questões "liberal", e considerar como indigna dela este ódio que a "vaidade de saber mais" suscita com predileção com relação a certas instituições. Seu objeto é, antes, "compreender e explicitar o Estado como algo de racional em si mesmo". Ela não deve ensinar como o Estado deve ser, mas "como ele deve ser conhecido" – e aqui compreendemos finalmente esta definição de tonalidade kantiana como a forma metodológica de utilização da famosa equação dupla. Hegel esclarece várias vezes o sentido disto – de forma completamente não-kantiana – por uma inversão da filosofia da história: nenhuma filosofia, assim como nenhum indivíduo, é capaz de saltar por sobre o seu tempo; a essência da filosofia consiste muito mais em "compreender o seu tempo em pensamento". Que não se trata de uma união com o tempo no sentido de uma imersão morta e desespiritualizada, tal esclarece ele aqui, como se tal coisa ainda não houvesse sido suficientemente dita, através de um jogo audacioso sobre as palavras gregas de um provérbio: do "Rodes" do presente e seu Estado, onde a filosofia deve provar saber "dançar", Hegel deriva a "rosa" da razão, que a filosofia deve conhecer "na cruz do presente": reconhecer, na madeira sólida do sofrimento terreno, a bela flor da vida divina. O esforço por este conhecimento traz à filosofia a recompensa de uma reconciliação feliz e "mais calorosa" com a realidade efetiva; ela pode gratificar, por seu turno, a nobre "obstinação" da modernidade, que se constitui propriamente "no característico princípio do protestantismo", que não quer reconhecer senão "o que é legitimado através do pensamento", e auxilia assim o espírito a alcançar a liberdade através da qual ele se encontra no presente.

"União com o tempo", "não ser mais perfeito que seu tempo, mas ser este tempo mesmo, perfeitamente" – é assim que Hegel havia expresso, vinte anos antes, o seu ideal de vida, em um momento em que, após anos de hostilidade ao tempo e ao real, em uma vida timidamente fechada em si mesma, encontra o caminho do mundo, reconhecendo nele seu lugar e descobrindo em si mesmo o filósofo. Ele põe agora este ideal no cume da obra que coroa uma carreira iniciada então em Frankfurt. Ainda agora ele não quer ser "mais perfeito que seu tempo": o tempo é o rochedo de Rodes sobre o qual ele "dança", mas ele quer ser "perfeitamente" este tempo – não a cruz do presente, mas a rosa que ali se encontra, é o que ele se propõe a conhecer.

Conhecer! Nada mais. Conhecer e, com isso, contribuir por sua parte com a paz interior que ele deseja para o mundo tumultuado e que ele louva como a verdadeira liberdade do Espírito. Também aqui as raízes de sua posição remontam aos anos decisivos de sua vida. Nas obscuras páginas introdutórias de seu escrito sobre a Constituição do Império, que tratam de duas figuras características e opostas do investigador da liberdade, ocorreu-lhe a idéia de que a marcha da história mesma fornece ao homem a liberdade que ele deseja; ali percebe ele que a tarefa de um homem de sua estirpe consistiria em seguir, pelo conhecimento, esta marcha da história, e comunicar ao mundo a reconciliação à qual ele mesmo chegou através deste conhecimento. A outros caberiam outras tarefas – já conhecemos a doutrina dos heróis da história universal; a ele, ao filósofo, cabia o conhecimento. E assim se conclui este prefácio: com a idéia de que a filosofia – e somente ela – chega sempre tarde demais para ensinar como o mundo deve ser. "Quando a filosofia pinta cinzento sobre o cinzento, então uma forma da vida já envelheceu, e com este cinzento sobre cinzento ela não se deixa renovar, apenas reconhecer; a coruja de Minerva inicia seu vôo apenas com a chegada do entardecer".

Nossa tarefa consistirá, inicialmente, em descobrir a que ponto Hegel se encontra realmente imbuído desta disposição de espírito e desta visão, e em que medida esta potência da vontade, cujo influxo ele não desejava reconhecer sobre o seu pensamento e o pensamento em geral, não obstante o dominou, seja pelo fato de que o conduzia a se dedicar unilateralmente a um aspecto do presente, velando outros, seja levando-o a conjeturar sobre o futuro por sobre o presente. E é exatamente o conhecimento do devir de suas concepções e idéias que nos ensinarão a diferenciar entre o que lhe vem do presente imediato, a partir do qual ele escreve, e o que remonta à época anterior à Prússia de 1820.

A obra de Hegel trata o Estado no quadro de uma filosofia do elemento ético (*Sittlichen*). A eticidade mesma não lhe é senão apenas uma parte da filosofia do Espírito "objetivo", e esta, por sua vez, é uma parte da filosofia do Espírito. Espírito é o nome geral para a terceira e conclusiva parte do sistema, assim como a *Enciclopédia* de 1817 o desenvolve. Este sistema de 1817, que Hegel mantém sem modificações em suas linhas gerais em 1827 e 1830, apresenta o "Espírito" como unidade superior entre pensamento e objeto, entre lógica e natureza. Da lógica, ele tem autoconsciência, e, da natureza, a realidade efetiva (*Wirklichkeit*). O fato de que, no sistema, o Estado apareça no quadro deste "Espírito", que não é nem puro pensamento nem pura realidade efetiva, se constitui na primeira afirmação tácita de Hegel sobre a sua essência. Uma concepção naturalística de Estado deveria já aqui protestar. Hegel mesmo, por outro lado, fez, desenvolvendo a consciência de Jesus a partir do Estado, a experiência inversa de uma expulsão do Estado do Reino do Espírito; e é por esta experiência histórica que ele empenhou-se pessoalmente na afirmação da espiritualidade do Estado. Com esta aprovação, ele assume lugar no movimento idealista que remonta a Kant; nenhum destes seus predecessores imediatos, com exceção única de Schelling no *Programa Sistemático* de 1796, havia desejado desespiritualizar completa e fundamentalmente o Estado. Agora, no interior do todo sistemático que Hegel chama "Espírito", ele estabelece desde o início de sua sistemática que a doutrina da alma individual, do espírito "subjetivo", ou seja, da psicologia, constitui o princípio. Por algum tempo, Hegel distingue entre o conhecer e o querer, entre o Espírito teórico e o Espírito prático. Trata-se agora de considerar a eticidade e, após, o Estado, imediatamente no âmbito do Espírito "prático". A rigor, é isto o que se passou na filosofia prática de Kant, de Fichte e do jovem Schelling. Mas Hegel já havia avançado, desde seu primeiro sistema de Jena, seu próprio caminho. Das lutas de Frankfurt constituiu-se nele a percepção ética fundamental que o levou a compreender o mundo ético desde o Eu e não, como seus predecessores, o Eu desde o mundo ético, deste mundo que se constituiu em "destino" da alma. Assim, o primeiro sistema caracterizava já o homem individual agindo como simples célula-mater (*Keimzelle*) da vida do mundo ético, em um desvio fundamental com relação ao desenrolar do movimento idealista até então – ainda que em íntima empatia com este – e em intocada concordância com os teóricos do helenismo em extinção. Isto não mais mudará em Hegel; é o traço principal de seu pensamento sobre tais assuntos.

Mas, por sobre esta moldura de base, deu-se em Jena uma segunda mutação decisiva. O "Espírito subjetivo" era, a princípio, apenas o espírito prático; o Espírito especulativo havia sido tratado então por Hegel na metafísica que se seguia à lógica – provavelmente o último efeito da organização de disciplinas de Kant e de seus seguidores; já os projetos sistemáticos de 1804 mostram Hegel a caminho do conceito de "consciência", abrangendo a vida anímica, o conhecimento e a vontade, que irá constituir o alicerce da doutrina do mundo ético, correspondendo ao conceito originário (*Urbegriff*) de "destino", referente à totalidade do homem; e, em 1805, tal tendência chega à sua completação. O par conceitual do geral e do particular, que Hegel havia utilizado tão exclusivamente para seu desenvolvimento sistemático de 1802 que o conceito de vontade praticamente havia desaparecido sob o poder intelectualizante daqueles conceitos lógicos fundamentais, reúne-se agora àquele par constituído pelo conhecer e pelo querer. Os dois não constituem para ele opostos. Ambos situavam-se em um Eu único, e o mundo ético enraizava-se não na sua separação, mas nas suas mútuas implicações. A "vontade, que é inteligência", a vontade que, reconhecida como vontade singular por outras vontades singulares, as reconhece por sua vez, constitui já a condição anímica da vida comunitária pré-estatal; o Estado eleva esta vontade singular a uma concordância consciente com a vontade "universal" (*allgemeine Wille*). Assim se dava em 1805.

Com isso, um grande passo havia sido dado por Hegel. Em primeiro lugar, e já a expressão "vontade universal" o indica, o pensador agora maduro encontra em certo sentido a articulação com o conceito de Estado de seu tempo rousseauniano de juventude. Sabemos que ele, nem por isso, assenta a filosofia do Estado na equivalência rousseauniana entre "vontade geral" e vontade "de todos", como fazia Fichte na Alemanha. O mais significativo em termos de história espiritual na retomada hegeliana de Rousseau e do movimento jusnaturalista que levava a este foi exatamente o fato de que ela não podia se realizar em prejuízo do primado platônico-aristotélico do todo sobre a parte, do Estado sobre o indivíduo. Hegel chegara por seus próprios meios a esta visão "antiga" da essência do Estado, fato que mostrava agora os seus efeitos. Pois, enquanto os grandes pensadores gregos assentavam a personalidade do Estado sobre o solo de uma concepção de vida mais e mais referida ao conhecimento, Hegel o fazia a partir da resistência oposta à vontade pelo mundo, e assim podia insuflar uma vitalidade moderna em um pensamento de Estado que era idêntico externamente ao antigo. A vontade tornou-se, para ele, o sangue especial que fluía pelas artérias deste organismo estatal. Daí surge uma figura de Estado que, segundo a concepção de Hegel, distingue-se da concepção antiga em um ponto decisivo. A articulação rígida em classes, que através da obviedade da escravidão se constituía na condição de todas as configurações de Estado e de suas formulações teóricas na Antigüidade, mesmo nas formas democráticas de Estado, havia fornecido ao pensamento antigo o ponto de comparação mais evidente entre Estado e organismo. A doutrina moderna de organismo que, já em Leibniz e ainda mais em Kant, havia abalado esta representação grosseira da divisão de trabalho entre órgãos fixos e, em lugar desta, havia se esforçado na constituição de um conceito mais refinado de finalidade orgânica, autorizava tão pouco uma concepção da essência da articulação em classes fundada sobre o Espírito de castas como a idéia moderna de "profissão". Se Hegel tendia a compreender as classes, cuja existência permanecia incontestável, não obstante a revolucionária colocação em questão de sua significação política fundamental, como essenciais ao Estado, então ele deveria, em lugar de deduzir a sua necessidade a partir do Estado, deduzi-la da necessidade mesma a partir da qual ele concebia também o Estado.

Assim, a filosofia moderna não derivava o órgão do organismo, mas derivava o órgão e o organismo do mesmo conceito fundamental de orgânico, como a relação recíproca entre cada ponto e o todo; Fichte havia sido o primeiro a tentar explicar a relação de troca entre o cidadão e o Estado pelo conceito de organismo e, em 1802, Hegel principia a conceber as classes a partir do mesmo conceito fundamental do universal e do particular – "intuição" e "conceito" – a partir dos quais irá desenvolver o tema do Estado em geral. Permanecera outrora indecidida a questão de saber se ele concebia essas classes sob a forma de castas fechadas ou como classes profissionais modernas – tal não se dará mais doravante; o poder do indivíduo com relação à classe prova-se do ponto de vista sistemático pelo fato de que o conceito de classe que Hegel agora desenvolve refere-se à consciência de si particular do indivíduo no Estado. Aquela psicologia das classes que, em 1802, se constituía antes por acréscimo, e permanecia também exteriormente separada da construção propriamente dita, torna-se agora central: as palavras "classe" e "disposição de alma" (*Gesinnung*) aparecem já conscientemente articuladas no título do parágrafo. Hegel compreende agora que a unilateralização sofrida pelo homem através de sua classe profissional pode ser superada na medida que este homem torna-se "um todo em seu pensamento", que se associa ao trabalho diretamente determinando uma autoconsciência de alguma forma completa, um "conhecimento (*Wissen*) de sua existência e agir". Este homem pode assim, na "moralidade" (*Moralität*), novamente elevar-se "por sobre a classe", na medida que "empreende", junto de sua classe, "fazer algo pelo universal". Hegel reduz assim ao silêncio, através do seu conceito da autoconsciência individual completa, a queixa de Schiller e Hoelderlin a respeito da incompletude do homem moderno reduzido à sua profissão: aquilo que o cidadão íntegro (*Vollbürger*) antigo, e apenas este, detinha plenamente em função do conteúdo essencialmente político e supra-profissional de sua vida, o homem moderno possui universalmente na profissão que ele escolhe por livre vontade e que ele exerce plenamente por sua própria consciência.

A livre escolha profissional não aparece mais a Hegel como uma humilhação, mas exatamente como expressão de uma liberdade interior do homem e como uma conseqüência necessária da livre escolha profissional. Aqui, Hegel se contrapõe de forma contínua e deliberada aos antigos. Especialmente quando ele evoca o Estado platônico, faz questão de se referir a esta diferença decisiva. A escolha profissional livre permanece, para ele, a verdadeira jóia da coroa da liberdade pessoal no Estado; é exatamente o assumir sem impedimentos individuais de uma profissão que torna possível a indivisibilidade da autoconsciência, na qual ele vê exclusivamente a validez da forma moderna de liberdade, liberdade esta objetivamente equivalente em valor àquelas dos antigos, porém superior pelo fato de fundamentalmente não admitir exceções. Compreende-se como se lhe pareceu posteriormente tão importante a liberdade social que o Estado prussiano garantia a seus cidadãos desde Stein e Hardenberg, importante a ponto de o conceito propriamente político de liberdade perder em significação. Ele julga dever compreender a diferença fundamental dos modernos em relação ao antigo Estado não no conceito político de liberdade, e sim no conceito social de liberdade, na ressignificação moderna das classes profissionais. É neste sentido que ele pôde esclarecer que a criação da sociedade civil pertence propriamente ao mundo moderno.

A *Filosofia do Direito* de 1820 deixa assim transparecer, em um ataque contra o conceito antigo de Estado julgado decisivo por Hegel, a sua proveniência do conceito hegeliano de vontade. A vontade, "que é inteligência", constituía, para o Hegel sistemático, o acabamento do Espírito subjetivo, ou seja, a determinação suficiente da essência da alma individual. Este conceito de vontade, que significa a completação para a alma individual, é constituído por ele agora, correspondendo à essência de seu método filosófico, como o início da próxima posição, que leva a denominação tornada célebre de "Espírito objetivo".

O "Espírito objetivo" é para Hegel, desde 1817, a caracterização geral não como hoje, na língua culta, do conjunto da cultura, mas apenas daquela parte da vida humana que, situando-se embora além da vida individual – e, portanto, além do mundo, sintetizado no "espírito subjetivo" da psicologia – não chega a alcançar ainda a região da pura Idéia. O seu mundo estende-se entre a vida puramente anímica e a vida puramente espiritual; ele abrange aquela região da existência humana que encontra na comunidade dos homens a sua base, mas também a sua finalidade. A arte, a religião e a ciência pressupõem indubitavelmente a vida humana comunitária – Hegel está longe de contestar tal fato – mas o seu objetivo não é mais a comunidade. É verdade que elas, segundo a concepção de Hegel, concorrem para a elevação do espírito humano, mas esta humanidade que nelas se realiza encontra na comunidade apenas o solo necessário sobre o qual assenta. É através da demarcação desses dois lados, da vida anímica como da vida puramente espiritual, do Espírito "subjetivo" como do

Espírito "absoluto", que se determina a região do Espírito "objetivo". Hegel não viu sempre esta demarcação assim tão clara. Especialmente o limite superior, aquele do Espírito "absoluto", se estabelece para ele apenas através da época napoleônica de seu pensamento, caracterizada pela desvalorização do Estado. Até então, ou seja, ainda no sistema de 1805, ele tentou entender, sob o conceito superior de "constituição", a vida do Estado, bem como a religião e a ciência; e, em correspondência a este esforço, ele se aproximou muito da idéia romântica de uma particularização da religião e da ciência no Estado: "como uma justiça particular... uma ciência particular – religião – nossos Estados ainda não chegaram a esse ponto". Na medida que Hegel pensava então ainda parcialmente o Estado em uma relação recíproca com "a arte, a religião, a ciência", o Espírito "efetivo" de 1805, ao contrário de seu sucessor de 1820, o Espírito "objetivo", não abrangia senão a parte infra-estatal da vida comunitária, assim como a parte julgada pelo pensador inferior da vida do Estado, em oposição à articulação em classes da sociedade e ao governo supremo – administração pública da justiça, política econômica e financeira, direito – que será, de resto, mais tarde, integrado em um lugar totalmente diferente. Esta diversidade preenche em 1805 o espaço entre a alma individual e o Espírito libertado. Já referimos muitas vezes a importância que assume a configuração do sistema no que diz respeito à relação do Estado com as coisas últimas, e ainda teremos de nos ocupar dela. Seja aqui mencionada apenas a concatenação psicológica, e não a metafísica, na qual Hegel insere então o ser humano comunitário: pois, com efeito, na medida que compreendemos a emergência do "verdadeiro" espírito de 1805 desde a "vontade que é inteligência", alcançaremos igualmente a compreensão da emergência do Espírito "objetivo" de 1820.

A "vontade que é inteligência", ou seja, a personalidade individual integral que procura um mundo acima de si e cujo destino corresponde à penetração deste mundo, esta idéia já a conhecemos suficientemente como resultado da época de Frankfurt. O primeiro esboço do sistema de Jena, ainda intimamente tributário da conotação afetiva daquelas idéias da época de Frankfurt, desenvolve esta idéia postando o indivíduo em uma posição de confronto com um poder abrangente: o "crime" constituía então a parte central da filosofia do Espírito. Nas quatro versões posteriores do sistema de Jena, este desembocar da personalidade na comunidade se constitui em uma doutrina das formas inferiores da convivência humana; o Estado sempre foi sobrelevado a estas últimas, na medida em que ele, de alguma forma, é pensado como o lugar da reconciliação em que o indivíduo reencontra a si mesmo. As três versões do sistema nas quais toda a parte central é elaborada de forma puramente sistemática como uma repetição, indicada com o sinal "no povo", da primeira parte, mostram claramente a que ponto Hegel, através desta ordenação geral, procedia de forma estritamente conceitual, referindo-se muito pouco à vida realmente existente e ao material que ela oferecia. Também a última versão de Jena, quando faz a parte central confluir na descrição do Estado ainda não verdadeiro, do "Estado como riqueza" – tratando, todavia, já de um aspecto importante da doutrina do Estado, dos "poderes" – revela, por esta complexidade terminológica e sistemática, a mesma tendência à discriminação conceitual entre o perder-se (*Sichverlieren*) e o encontrar-se (*Sichfinden*) do ser humano na comunidade.

A distinção conceitual destas duas idéias, originalmente decisiva para o estabelecimento das subdivisões do sistema, é indicada claramente pela conexão estatuída por Hegel em 1805 entre as partes do sistema. Aqui, o Espírito, como Vontade que, como Inteligência, está sempre ligado ao conteúdo que lhe é estranho, adquire a sua própria forma. No mundo do "ser reconhecido" e da "lei com conteúdo de autoridade", o espiritual encontra um conteúdo múltiplo, que não lhe é imediatamente pertinente; apenas a "constituição" é, no interior do mundo da vontade, o lugar em que ele produz por si mesmo o seu conteúdo próprio. Esta livre produção dá-se conscientemente no "governo". O "governo" significa então, para Hegel, a plena realização da idéia de Estado, pois o reino da vontade edificado na constituição, e de resto na estruturação em classes, é tomado de forma consciente como jurisdição da vontade. O sentido do governo é que ele quer, e que fundamentalmente não existem mais, ou não devem existir, impedimentos, elementos estranhos ou insuperáveis pela sua vontade.

Pode-se dizer que Hegel apenas então – em 1805 – esclarece realmente a idéia do inverno 1800-1801, segundo a qual o Estado é potência. O Estado, porém, não se deixa entender como potência pura e simples, caso não se queira recair, em última análise, em uma concepção grosseiramente naturalista, e sim como vontade potente, que permite integrá-lo, sem abrir mão da idéia de poder, à concepção geral idealista. Esta vontade, que retorna em 1805, no Estado, a si mesma, trespassa previamente o mundo de conteúdos que lhes são desconhecidos: de início, o trabalho, não mais do indivíduo singular, mas na divisão de trabalho do sujeito ativo; após, o contrato, e depois o crime, ao qual se opõe, na punição, "a lei que porta autoridade". Também para a lei o indivíduo, a "pessoa", permanece em princípio como o verdadeiro objeto; mostra-se como ele sai da família e penetra no mundo das trocas econômicas; é apenas aqui que a universalidade da lei assume com relação ao indivíduo aquela força de "ser-aí" (*Dasein*), que anteriormente apenas ele mesmo possuía. Aqui, portanto, exatamente no meio desta parte central da filosofia do Espírito, passa-se a grandeza da transformação que sujeita a vontade individual a um todo; e é aqui que aparece, pela primeira vez, o nome "Estado". Não se trata ainda do Estado verdadeiro; é Estado apenas na medida em que o indivíduo nele desaparece, Estado que se constitui em uma "dura necessidade", constituindo-se ele mesmo em "tutela inconsciente" que se exerce sobre o indivíduo. É como tal que ele se manifesta na máquina econômica (*wirtschaftliche Getriebe*); Hegel o caracteriza pela primeira vez, e apenas a ele, tal como vemos, com a mais tarde tão importante denominação de "sociedade". Sua ação se desenvolve a seguir na justiça civil, com o poder judiciário, e finalmente com a justiça penal, a partir da qual Hegel, pelo conceito da graça (*Begnadigung*), opera a transição com o terceiro capítulo conclusivo da parte central.

Para este terceiro capítulo, Hegel reservou o título que significava para ele, em 1802 e ainda após, o ápice político e ético: "o povo vivo" (*Das lebendige Volk*). No poder do "povo" por sobre toda "existência, propriedade e vida", a tutela do Estado sobre os indivíduos cessa de ser inconsciente; a lei é aqui "vida autoconsciente", notando-se, porém, que se trata da lei em relação ao indivíduo, e não do indivíduo através da lei – nós nos encontramos ainda no reino do "Espírito efetivo", ou seja, da cessação da vontade individual no poder do todo. Esta esfera do "povo" havia tido para Hegel, em 1802, o significado ético mais alto; agora, em conformidade com o procedimento do caderno de 1804, ele a expressa em termos os mais elementares, sem que por isso o Estado mesmo seja abalado em sua posição nos círculos mais altos do todo, onde ele recebe até mesmo, pelo contrário, o título mais alto de "constituição". O "povo" assim circunscrito não pode abranger ainda as regiões da existência política nas quais o homem se constitui em portador da vida: nem a doutrina das classes nem a do governo. Porém, por outro lado, tudo aquilo que diz respeito à vida interna do Estado – o política econômica, administração do direito público e privado – já foi tratado na parte central do "espírito efetivo", sob a rubrica de "lei que porta autoridade", ou seja, o "Estado", segundo a terminologia de então. E, o que bem demonstra o inacabamento desta sistemática, Hegel não pode determinar conteúdo próprio algum a este "povo" inserido à força entre "Estado" e "constituição", pois ele reproduz o mesmo conteúdo, em forma de resumo de uma página do manuscrito, que ele havia já exposto ao longo de seis páginas, não mudando senão os índices sistemáticos: também o povo se manifesta nas três funções – economia, justiça civil e justiça penal. Trata-se de um paralelismo forçado da sistemática, do mesmo estilo daquele que ele havia inserido em 1803 e 1804 entre a posição, então explorada pela primeira vez, do "reino intermediário", e aquela do homem singular. Mas, se então a estrutura da construção emergencial havia servido para tornar evidente pela primeira vez uma posição importante do sistema de Hegel que não mais desapareceria, a "sociedade civil" posterior, agora, pelo contrário, o aspecto esquemático da exposição indica uma deficiência da sistemática. A relação do conceito de Estado ao conceito de Espírito não está ainda definitivamente esclarecida no plano de 1805, quando o Estado é ordenado, em parte, com relação à altura absoluta do sistema, e, em parte, na esfera inferior, a ele subordinada.

O ponto a partir do qual esta falta de clareza tornou-se visível, em termos de seus efeitos, na formação ulterior do sistema, não parece ser aquele recém referido, mas, em princípio, a relação entre Estado e "moralidade". Pode-se recordar ainda que, para Hegel, exatamente esta relação mostrava, no manuscrito de 1805, singulares oscilações. O decisivamente novo daquele sistema, pelo menos com relação àquele de 1802, é que a vontade singular, até então velada, torna-se novamente livre na "constituição". Com isto, esta vontade libertada dos indivíduos, levada à harmonia com a vontade do todo, entra assim em concorrência natural com a liberdade já prometida aos seus portadores pela "moralidade" no sentido de Kant e Fichte. Uma tal rivalidade entre as duas idéias poderia ter sido evitada, enquanto Hegel considerasse o Estado não como uma vontade chegando à sua completação na liberdade, mas como potência completa; a fundamentação comum na vontade das duas concepções amadurece o conflito ao ponto que ele possa explodir. Hegel, como sabemos, procurou dominar a dificuldade na "constituição", acentuando a liberdade individual da disposição de alma de cada classe; um passo adiante neste caminho se constituiu no fato de que ele concebe de tal modo a ordem dessas disposições, que ela apresenta uma progressiva autolibertação do espírito com relação à dependência da disposição de alma relativa à classe; uma libertação que alcança seu ápice na disposição de alma que se eleva completamente acima das classes, das três classes mais altas, "sábio, soldado, governo". De modo mais específico, todos os traços de tonalidade maquiavélica, com os quais ele havia adornado o governo, adquirem agora uma fundamentação especificamente moral. A elevação absoluta do governo por sobre o bem e o mal se torna assim, agora, o local no sistema onde a liberdade absoluta do homem, no senso de Kant e Fichte, encontra seu lugar – um entrelaçamento de idéias opostas excessivamente rigorosas para poder perdurar. Foi finalmente o último passo importante na direção indicada o fato de que ele reserva, na apresentação da religião, o maior acento ao dado de que, em seu âmbito, todo poder e ordem humana empalidecem e o indivíduo enquanto tal apresenta-se "igual ao príncipe". Já o sistema de 1805 tentava satisfazer as exigências da "moralidade" pelo Estado que, agora ele mesmo fundado sobre a vontade individual, não mais se pode simplesmente furtar a contentá-la. Mas as notas marginais de Hegel já avançavam ainda mais. Nelas foi esquematizada a parte conclusiva do sistema, em contradição com todas as visões correntes da ética de Hegel, na qual a "moralidade" acha seu lugar sobre o Estado e abaixo apenas da religião. Sabemos que, sobretudo a *Fenomenologia*, em 1806, e a *Enciclopédia* de Nuremberg, pelo menos até o fim de 1812, desenvolveram efetivamente estas idéias, e como se implicava nelas a concepção da significação histórica do momento presente – a era napoleônica. Mas também já sabemos como, com a queda de Napoleão, a figuração inteira da história universal do filósofo sofre um deslocamento definitivo. É, assim, na ordenação da história que deve ser procurado o eixo das demais modificações.

A história se constituía em 1805, assim como na parte conclusiva da *Fenomenologia*, considerada de um ponto de vista sistemático, como o início e fim da totalidade do sistema. Tal correspondia ao ponto de partida desde o qual Hegel percebia a visão geral de história universal, em que a história da Igreja não significava uma completação, mas apenas, de certo modo, uma dimensão intermediária, ainda que necessária: em última análise, portanto, não poderia existir nenhum poder para além da história. Agora, com a queda de Napoleão, estabelece-se a visão de que a época absoluta da história religiosa, que havia iniciado com o cristianismo, significava também a época absoluta, insuperável, da história universal. Deste modo, a articulação da história universal em Oriente, Antigüidade ocidental e mundo cristão-germânico, que até então tinha validade apenas sob determinados pontos de vista históricos, assume uma predominância incontestável, e todas as demais articulações passam a ter validade apenas sob determinados aspectos particulares. Mas, assim, a história perde o direito de ocupar a posição de termo do sistema; não era mais o elemento histórico que, doravante, significaria o mais elevado: o elemento extra-histórico, ou seja, a revelação cristã, transfigura-se nele de um passado superado a um presente dominante e imperecível. A história reconhece agora algo mais alto do que ela mesma fora. Com isto, o "Espírito absoluto" ou – na expressão da *Enciclopédia* de Nuremberg, que, não antes de 1813, mas provavelmente na sua versão posterior, inaugura este deslocamento –, "o Espírito em sua pura representação", encontra agora seu lugar definitivo. A região inteira, à qual em 1805 o Estado ainda era subordinado, mas também ordenado, onde o Espírito teria o espiritual e nada mais, e assim é completamente livre, a saber: livre daquela relação com algo não-espiritual, esta região inteira submetida à sua soberania suprema, encontra-se doravante elevada por sobre a história.

Com isto, desaparece o motivo, justificado nos moldes do sistema de então, pelo qual em 1805 a "moralidade" havia podido reivindicar um lugar por sobre o Estado. À vontade individual que, argumentando ser a pedra angular do Estado, exige em 1805 reconhecimento não somente no interior do Estado, mas também para além dele, podia ser respondido que a "auto-nomia" (*Auto-nomie*) que ela reivindicava lhe vinha na arte, na religião, na ciência; e apenas aqui é que ela poderia ser "si mesma" (*Selbst*), mas é em sua relação ao Estado que pode e deve alcançar o mais elevado, a "lei". Assim, e este é o segundo resultado que testemunha a última versão da *Enciclopédia* de Nuremberg, a "moralidade" pode se postar sob o Estado; ela é a sua pré-condição necessária, e ele é a completação que ela não pode alcançar por si mesma.

Na medida que o Estado é assim liberado das exigências da "moralidade" do indivíduo que exige um lugar sobre ele, ele pode suprimir a divisão não-natural pela qual, havendo contribuído para constituir do indivíduo a realidade suprema, ele se via conectado à arte, à religião, à ciência, mas que, por outro lado, lhe interditava encontrar seu lugar nesta esfera da liberdade moral, em termos que, para o homem, ele representava a comunidade como potência eminente, e até mesmo inapreensível. Após os poderes supra-históricos enquanto tais haverem assumido a sua posição no sistema sobre a história, o Estado, na condição de verdadeiro conteúdo da história, inscreve-se nesta no interior do sistema, a qual, como ainda veremos mais precisamente, se constitui na artesã de sua completação. Se era possível ler em 1805 que o "governo", e, de forma mais geral, o Estado, enquanto abordado sob o tema da "constituição", se constituía na "astúcia" da qual se servia a vontade singular inconsciente para aceder a fins mais elevados, agora, após o Estado haver abandonado o seu lugar no Absoluto, a "astúcia da razão" é que assume posição no lugar ocupado pela história no "governo" de 1805: uma forte expressão para a caracterização do deslocamento ocorrido.

O Estado como completação da liberdade moral, na medida que isto seja possível no campo de ação da história – no "mundo" –, e o Estado como potência dominante sobre a vontade individual, tornaram-se agora um só. Neste duplo sentido, ele inclui agora aquela parte do sistema que, em 1805, constituía o "espírito efetivo", mais tarde, em Nuremberg, chamava-se "espírito prático" e finalmente, desde Heidelberg, constitui o "Espírito objetivo". Neste duplo sentido, igualmente, a comunidade política se constitui na potência superior, na qual a vontade singular se encontra, caso se curve a ela; a esfera da liberdade absoluta, na qual o Espírito encontra-se verdadeiramente consigo mesmo, que é situada agora em nível superior ao da terra da vida histórica, na terceira parte, a absoluta (*im absoluten*), na filosofia do Espírito. Ainda neste duplo sentido, o Estado é um na condição de poder constritor que se exerce sobre a vontade singular, a moral e a lei que a vontade singular moral procura: é assim que aparecem no interior do Espírito objetivo, como seus dois primeiros níveis, as esferas das duas vontade singulares e já referidas, o "direito" e a "moralidade". Mostramos por que caminhos a "moralidade" pôde atingir esta posição ao fim do período de Nuremberg; falta-nos agora tratar do direito.

A relação de Hegel com o direito, após o seu retorno de Frankfurt, era de modo geral hostil; ele via no ponto de vista do direito privado a mais crítica oposição ao ponto de vista político. Os seus primeiros esboços sistemáticos sempre correlacionam estreitamente o direito e a vida econômica; em ambos, para Hegel, é o homem apolítico que exerce o papel de suportá-los. Já o esquema do sistema que apresentava em 1803 o ensaio sobre o direito natural via no "sistema de necessidades" e no "sistema de justiça", que se lhe conectava, as duas condições fundamentais do Estado. E esta estreita co-pertença entre economia e direito permanece válida a partir de então. Assim, ainda em 1805, todo o sistema do "espírito efetivo" – após a parte psicológica que o precedia haver desenvolvido as bases com a "posse", o "trabalho" e a "diferença entre os indivíduos" –, se constituía em um entrelaçamento de conceitos jurídicos e econômicos: as partes principais são "direito", "trabalho como obra e felicidade de todos", "direito pessoal e não-direito (*Unrecht*)", e cada um destes parágrafos se desdobra em subparágrafos relativos ao direito e à economia. A última versão da *Enciclopédia* de Nuremberg tenta desfazer esta trama. O direito assume seu lugar próprio na condição de um nível inferior do "espírito prático", enquanto a economia acede ao nível superior denominado então, em seu todo, "Estado".

Assim chega a termo um longo processo. Enquanto Hegel, em Frankfurt, nos inícios de seu pensamento sobre o Estado, havia tentado, de forma indiferenciada, negar o indivíduo, condenando-o então enquanto suporte do direito e da propriedade à mesma danação em contraste com o homem político ideal –, o político assume novamente para Hegel, como já longamente apresentado, suas relações com o egoísmo do proprietário. Em sua doutrina das classes, a propriedade lhe aparecia enquanto tal, de certo modo, como uma precondição negativa do Estado, o "bourgeois" apolítico se constituindo em base para seu homem político "vivendo no Estado". Esta reciprocidade e esta oposição, que Hegel sentia exatamente como a essência do Estado – "tragédia no ético" – se referia agora, em sentido próprio, apenas ao agente (*Träger*) da economia, e àquele do direito apenas na medida em que coincidia com este último. De certo modo, o filósofo vê apenas o homem industrioso (*erwerbenden Menschen*) de modo respeitoso; mas, se lhe ocorre cruzar com ele não no caminho dos negócios, mas no caminho do tribunal, dele escarnece como antes do fanático por processos (*Prozessfanatiker*). Esse tratamento diferenciado mostra-se agora frutífero do ponto de vista sistemático. Apenas o direito, como a moral, é banido por Hegel à antecâmara do Estado. A economia, porém, é reconhecida agora, enquanto tal e apenas enquanto ela mesma – não o direito – como uma condição necessária no Estado, sendo considerada em estreita ligação com este. Tal já é perceptível na última *Enciclopédia* de Nuremberg. Havendo separado a economia do direito, Hegel parece desejar conectá-la a tal ponto no Estado, que não procura reservar para ela um lugar especial, mas pensa tratá-la, por um lado, simultaneamente com a questão dos poderes e, por outro lado, com as classes da sociedade. Teria aquela oposição, exacerbada até a "tragédia", entre a mentalidade econômica e a mentalidade política, entre "bourgeois" e "homem vivendo no Estado", perdido totalmente o seu domínio exercido desde 1803 sobre o sistema? Não chega a tal ponto. É verdade que ele não pôde mais determinar o plano de conjunto do sistema da filosofia do Espírito; mas, em uma de suas partes principais, ele permanece em vigência.

O sistema da *Enciclopédia* de 1817, o primeiro a ser publicado e, como já referido, definitivo no que diz respeito ao essencial, cria, para a posição última do "Espírito prático", como para este mesmo, uma nova e final denominação: ali onde, no interior do "Espírito prático", o sistema de Nuremberg colocava o "Estado", o sistema de Heidelberg estabelece, no interior do Espírito "objetivo", a "eticidade" (*Sittlichkeit*). Estas duas novas denominações significam uma nova possibilidade da transformação interna de seus conteúdos. Em concordância com a elevação da "moralidade" sobre o Estado, em vigência no decênio inaugurado em 1805, a *Enciclopédia* de Nuremberg deduzia o "Espírito prático", no cume do qual estava entronizado o Estado, da psicologia da vontade singular; assim, foi abandonada a tentativa de 1805 de enviar esta psicologia da vontade à primeira parte e de introduzir a segunda parte apenas a partir de seu resultado – "a vontade, que é inteligência". Igualmente, a redação definitiva, que fazia o Estado desembocar na história, significa uma retomada da antiga tentativa: em 1817, a primeira parte é novamente constituída pela psicologia do Espírito teórico e do Espírito prático, e a oposição de ambas as partes é claramente expressa sob as denominações "Espírito subjetivo" e "Espírito objetivo".

Na medida que a essência "objetiva", ou seja, mundana, do nível intermediário é fortemente acentuada, a sua parte conclusiva, que era ainda em Nuremberg denominada, como um todo, "Estado", pode reivindicar – o que em 1817 ainda permanecia insatisfeito – uma conformação mais rica, mais mundana: o puro mundo da vontade do Estado verá se constituírem sob ele mundos mais pobres de vontade. Pois, embora este puro mundo da vontade permaneça o objetivo final, ele não mais se inscreve, como anteriormente, no devir da vontade, mas no devir do mundo da vontade, em correspondência ao seu decorrer na história. Com efeito, ele é deslocado do lugar no absoluto verdadeiro que, por parte de seu conteúdo, ele ocupava pelo menos desde 1805, e se constitui agora apenas na "completação do Espírito objetivo". Assim, a denominação "Espírito objetivo" encerra propriamente o que se havia iniciado através do deslocamento da história nos fins do período de Nuremberg. Agora o Estado pode, na condição de dirigente do coro em uma roda de mundos (*Reigen von Welten*), aceitar novamente a seu lado a vida econômico-social que havia por assim dizer engolido em Nuremberg, e, simultaneamente, fazer vir à sua proximidade um mundo novo que deve ser levado em consideração: a família. Com a família e a sociedade conjuntamente, ele conforma agora – retomando uma denominação antiga –, o reino da "eticidade", situado sobre os reinos do direito e da moralidade.

Sigamos agora o encaminhamento deste último elemento maior da articulação sistemática, a "família", até o ponto em que encontra seu lugar definitivo. Inicialmente, sem uma articulação verdadeira com o Estado, Hegel a havia colocado em parte no âmbito psicológico e em parte no âmbito jurídico-econômico do sistema. A visão segundo a qual a família se constitui na base do Estado permaneceu, para Hegel, em seus princípios de direito natural, sem conseqüências: a respeito disto, o discípulo de Kant e de Fichte havia tomado o conceito de ser humano individual livre de forma muito marcada. Parece haver sido uma reflexão histórica que preparou aqui uma mudança. A proximidade na qual se encontravam em 1805 o Estado e a "moralidade", que se expressou em 1806 pela depreciação histórico-filosófica do Estado, permitiu a Hegel perceber, na apresentação do Estado em geral, uma dificuldade que ele até então havia em parte recalcado e em parte acreditado resolver através da confrontação entre burguês (*Bourgeois*) e o homem de Estado na tragédia do ético. O caracteristicamente moderno desta oposição necessária entre o egoísmo econômico-social e o sentido político da comunidade foi mais acentuado do que nunca em 1806 por sua colocação em jogo histórico-filosófica na relação com o Estado de Luís XIV; mas, no mesmo momento, e pela primeira vez desde Frankfurt, o Estado se encontrava novamente abalado pelas pretensões do indivíduo. Assim, nesta investida geral do indivíduo contra o Estado, era necessário determinar o lugar da Antigüidade. E este lugar é situado pela *Fenomenologia* no conflito entre o Estado e a família representado em *Antígona*. Pois não é a família como tal que é aqui vítima do conflito, mas Estado e família, "*deuses supraterrenos e terrenos*" (*ober und unterirdische Götter*), é que são os invencíveis poderes entre os quais o ser humano é dilacerado. Se, como pensava então Hegel, e outros depois dele, a pólis se constituía verdadeiramente, para o homem antigo, na única potência legítima, a luta entre o homem e a comunidade não seria possível. Mas não é assim, como mostra a *Fenomenologia*. Esta segunda potência, que exige o homem em sua existência originária – a família –, fornece a possibilidade, sob a proteção de outros deuses, dos deuses "terrenos", de tomar posição contra os olímpicos deuses do Estado. Deste modo, aparece em 1806, a par da tragédia moderna do homem econômico no Estado – "tragédia no ético" de 1806 – a antiga tragédia do homem familiar. Numa, é o indivíduo do direito privado, e, na outra, o indivíduo da lei moral, que conquistam um lugar próprio simultaneamente no e ao lado do Estado, ainda que ao preço de um dilaceramento trágico.

Enquanto a relação do direito com o Estado não constituía para Hegel, desde 1799, motivo de dificuldades maiores, sabemos que a relação da lei moral com o Estado lhe é ainda problemática em 1805. Já a *Propedêutica* de Nuremberg aproximava Estado e família; mas mesmo a *Enciclopédia* tardia de Nuremberg, que pela primeira vez tratava direito e moralidade como níveis preliminares do Estado, não parece haver desejado, ao que se constata, tocar na fecunda ordenação que submetia a economia e a sociedade ao Estado, atendo-se à manutenção sistemática da distância do direito em relação ao Estado. Todavia, a relação aberta na *Fenomenologia* entre família e Estado não é nela abordada: enquanto a economia e as classes são consideradas simultaneamente com o Estado, como a face do direito privado voltada a este, a família permanece distante dele; ela aparece na seção "Moralidade". É como se Hegel não conseguisse ainda separar a nova idéia, segundo a qual a moralidade, protegida pela família, opõe-se ao Estado antigo, da representação da articulação entre Estado e moralidade no sistema, tal como ele a tenta elaborar após 1805. Quando abandona aquela articulação e reserva à moralidade um nível inferior ao do Estado, o pensador sistemático, contrariamente ao que havia feito no tocante ao direito em sua relação com a economia, não mantém a coordenação estrita, com o Estado, do aspecto da moralidade vertida ao Estado, a eticidade familiar, mas, ao contrário, faz depender o destino da família, no sistema, do destino da moralidade. Apenas a próxima fase do sistema, a *Enciclopédia* de Heidelberg de 1817, avança nesta questão: sem que a grande introdução – "Direito, Moralidade, Estado" – sofra alteração, agora a família é destacada da moralidade, assim como a sociedade é destacada do direito, e levada à proximidade imediata do Estado, que então constitui, com esses dois mundos que lhe são úteis em função de sua autonomia, o reino da "eticidade". É dificilmente reconhecível a forma como Hegel concebia em detalhe esta relação, devido ao caráter de esboço destas partes do sistema de 1817. Ao que parece, ele desejava então levar a família a uma conexão especial com a sociedade, na medida que ele inscreve a família na doutrina das classes sociais (*gesellschaftliche Stände*), na classe pública dos funcionários – "universal" – e na classe profissional "particular", a da "singularidade" (*Einzelheit*). No conceito "singularidade" ressoa ainda claramente a sua ordenação original na doutrina do "indivíduo" (*Individuum*) moral. Mas, três anos mais tarde, a sistemática estabeleceu-se solidamente. Família, sociedade, Estado – a família como noite escura, na qual a eticidade do Estado se constrói (*erzeugt*); a sociedade como o triste dia de trabalho, no qual o Estado adquire pelo trabalho os meios exteriores de sua existência; e o Estado como o claro dia festivo da vida ética.

Estes foram os caminhos pelos quais os diferentes domínios da vida ética procuraram seus lugares no sistema do período de 1817 a 1820, chegando até o Estado. Qual a imagem que agora, após haverem ocupado seus espaços, oferecem ao observador?

O sistema inicia com a Lógica como a doutrina do puro pensamento; passa então à doutrina daquilo que, segundo seu conceito, é inacessível a este pensamento puro, a filosofia da Natureza, e se eleva então, desde aí, como filosofia do Espírito, ao terceiro nível, no qual a resistência mesma ao pensamento, por parte da natureza, se constitui, por sua vez, em algo pensado. A consciência da inseparabilidade entre pensamento e ser é aqui tão fundamental como, nos níveis anteriores, a sua separação. Esta consciência de mútua pertença entre pensamento e ser se dá inicialmente apenas no conceito; é, dito de forma paradoxal, ainda inconsciente. Ela já é "espírito", e finalmente vontade, mas uma vontade que ainda não se derramou em um mundo, ainda não se condensou em múltiplas formas, que ainda permanece, solitária, na morna caverna do seu Eu (*Selbst*): "espírito subjetivo", objeto da psicologia, para além da natureza, porém desprovido da consciência desta liberdade; ele deve sair desta estreiteza, sua liberdade deve se tornar para ele um mundo de figuras da liberdade – assim o espírito subjetivo cede lugar ao espírito "objetivo". Encontramo-nos no estágio da realidade nua do Espírito (Blosswirklichkeit des Geistes), de certo modo no estágio de natureza no interior do Espírito. O Espírito subjetivo se constituía apenas na forma do espiritual; é verdade que o divino habitava nele, mas, exatamente por isto, não era ele mesmo; ele permanecia indiferente com relação aos seus conteúdos e, como sentimento, sensação, representação, pensamento, acolhia com a mesma disponibilidade o que há de mais elevado assim como o mais banal. O Espírito objetivo, ao contrário, é puro conteúdo; é verdade que o divino aparece nele, mas, como sua última verdade, o que se desvela a ele é exatamente o não-divino, o puramente terreno, a transitoriedade: a história. Inicialmente, o Espírito objetivo é o que ele se tornou – um mundo externo ao Eu (*Ich*), ou, mais exatamente, à vontade. Este mundo, em toda a sua exterioridade, é o mundo do direito. A subjetividade transformou-se aqui, todavia, em uma multiplicidade clara (*anschaulich*) de sujeitos, a vontade se transformou em uma variedade de "pessoas" que se reconhecem mutuamente, mas estes sujeitos são sujeitos apenas do direito; a sua liberdade é igualdade (*Gleichheit*) vazia. Neste primeiro mundo que o Eu (*Ich*) construiu para si, não existe nenhum conteúdo, não existe alma. Ante este vazio sujeito do direito, o Eu animado, o "coração", reivindica seu direito. Também ele constrói para si seu mundo, o mundo da moralidade, no qual resoluções, intenções, boa vontade, em suma: tudo o que habita a maior intimidade do ser humano, reivindica qualidade exterior. Mas estas particularidades, opostas enquanto eternamente outras em relação à universalidade do direito, degeneram em arbitrariedade, em subjetividade no mau sentido; apenas quando a particularidade se conscientiza (*sich besinnt*) de que ela é apenas a particularidade do universal, apenas quando o Eu moral subordina a sua liberdade, sem dela abrir mão, à ordenação do direito, e assim preenche de forma diversa o frio comando do direito com a riqueza da própria vontade singular, é que surge uma espiritualidade (*Geistigkeit*) que se posta em posição superior tanto à fria generalidade da lei como à ardente particularidade da convicção: o mundo da eticidade como concordância entre liberdade e lei. A "pessoa" indiferenciada, após haver passado pela "moralidade" autônoma, torna-se a "individualidade" ética.

Mas este ser humano ético não é ainda consciente de si mesmo, ele não deseja expressamente, neste nível, o seu próprio ser-um (*Einssein*) com a universalidade, antes ele já o encontra, ele o sente. Assim se encontra ele na família, que se mostra como o mundo, no qual o ético leva uma vida igualmente obscura e naturalizada, uma vida do amor, da piedade. Ele sai desta obscuridade original à plena luz da consciência; a sua relação com o universal deve lhe ser consciente e apenas consciente; a esfera da sociedade à qual ele pertence é o mundo que ele constrói para si mesmo, desejando e conhecendo coisas bem determinadas, particulares – o mundo cuja mais alta sabedoria é, do ponto de vista do indivíduo, a associação, e, do ponto de vista do todo, o arbítrio dirigido aos fins (*Zweckbewusst*) do Estado policial. Neste mundo constituído por comunidades de interesses egoístas, onde o ético parece, assim como antes na família, estar mergulhado no roldão dos meros sentimentos, ele se converte agora em seu extremo oposto, em excesso de consciência, em real nu, em ausência de sentimento, e, assim, em elemento não-ético. O elemento ético, em seu mais alto sentido, constituir-se-á assim em algo que inclui igualmente em si a pesada e sentimental (*dumpf-gefühlvoll*) naturalidade da eticidade familiar e a clareza consciente da eticidade social, tal como aparece na "corporação" (*Korporation*) que repousa sobre uma comunidade econômica de interesses; e esta associação se dá no Estado. Aqui, o indivíduo percebe a unidade de si mesmo e do todo, simultaneamente como co-associado do mecanismo social e como filho da terra natal. E, assim como apenas aqui as idéias éticas básicas de sociedade e família soam em acorde, igualmente apenas o Estado, como o mais alto broto da árvore da eticidade, é verdadeira unidade entre direito e moralidade. Apenas nele é que se reconciliam a constrição legal da vontade através do direito com a desejada constrição da lei através do coração; e apenas aqui se unem as formas exteriores dos costumes (*Gesittung*) com as formas interiores da consciência refletida (*Gesinnung*).

É assim que se dá, no sistema definitivo, a procedência do Estado desde a vontade. Deve-se considerar, a seguir, como se desenha para Hegel esta procedência sistemática em cada estágio individual, e quais as linhas que unem estas formas à realidade efetiva esboçada por elas.

Para Hegel, o direito – e agora, após havermos compreendido o sistema em sua gênese, iniciamos com o princípio do sistema – é o direito privado romano. A posição sistemática inteira que ele atribui ao direito refere-se a esta circunstância que, por sua vez, é naturalmente condicionada por sua época. A investigação científica do direito germânico iniciou, apesar de tudo, apenas com a grande obra de Eichhorn na primeira década do século XIX, não obstante o trabalho de compilação documental que se deu desde o século XVII, e especialmente a partir do século XVIII. O ponto de vista fundamental de Hegel a respeito da essência do direito encontrava-se então já estabelecido. Mas, mesmo que este não fosse o caso, aqueles inícios da compreensão do direito alemão não seriam capazes de abalar a concepção fundamental de Hegel. Pois estes inícios, com a única exceção de Jakob Grimm, que, porém, lhe permaneceu desconhecida, encontravam-se ainda sob o encantamento de um pensamento jurídico formado na escola do direito romano. O conhecimento aprofundado do caráter essencialmente corporativo e, portanto, de certa forma, público, do direito privado alemão, assim como a percepção do espírito originalmente público do direito romano, que hoje determinam fortemente a nossa concepção de ciência do direito em geral, provêm de data recente; direta ou indiretamente devem seu surgimento, em termos consideráveis, ao conflito que Hegel percebia entre o que ele concebia como sendo a essência puramente individualista do direito e as exigências éticas do Estado e que, na condição de filósofo sistemático, o inclinam na direção da submissão do direito ao Estado. Ao reconhecer o espírito do Estado como suprajurídico, por sobre o direito individualista, ele cria as bases para o futuro conhecimento da essência do direito a partir da essência do Estado.

Não se deve, porém, acreditar que Hegel, sob a influência da particularidade própria do direito romano, houvesse cometido o erro de absolutizar de forma consciente tal direito e de pretender purificar as formas jurídicas do presente pelo retorno à originariedade imaculada do direito civil "clássico" de Roma. O filósofo encontra-se muito distante de uma tal tendência, que florescia então no círculo de Savigny. Apenas no que diz respeito ao conceito de direito em geral, ele permanece afeito ao resultado maduro da ciência jurídica romana: ele inicia por uma dedução filosófica do conceito de pessoa, não sem o modificar de forma característica. Já aqui, e, de modo geral, em toda ordenação da ciência jurídica na filosofia, posta-se ele em oposição àquela recente escola histórica – uma oposição que também testemunha, outrossim, a expressão fortemente suspeita de "direito natural" que ele utiliza no próprio título de sua obra. Ele nega a sua concordância, em termos de conteúdo, com a tendência de Savigny sobre o reconhecimento do caráter essencialmente "positivo" do direito, na medida em que se reporta à "verdadeira visão histórica", que se constitui igualmente no ponto de vista "verdadeiramente filosófico", em referência a Montesquieu e não aos modernos. Ele se distingue claramente de Savigny quando considera a legislação "em relação com todas as outras determinações que constituem o caráter de uma nação e de uma época". Como já era o caso nos inícios de seu pensamento, o caráter do povo (*Volkscharakter*) vale para ele, diferentemente de Savigny, para o resultado, e não como raiz da legislação. Por outro lado, ao reconhecer o aspecto histórico do direito como sua verdadeira legitimação, ele se vê compelido a investigar a "origem" propriamente dita do direito, diferentemente de Savigny, que era dispensado disto pelo conceito místico original de espírito do povo; ele descobre esta origem da dedutibilidade dos conceitos jurídicos fundamentais a partir da filosofia. Não é em oposição ao direito positivo que o direito natural pode, segundo ele, ser pensado; como diz significativamente, este está em relação àquele como as Instituições em relação aos Pandectos.

Assegurada a necessidade de uma dedução supra-histórica do direito histórico, e não obstante o reconhecimento do elemento histórico, a conseqüência natural é uma outra avaliação da legislação do que aquela do círculo de Savigny. Quando o direito mesmo pertence ao conjunto das forças constituintes – "momentos", no dizer de Hegel – do caráter do povo, então a invocação do espírito do povo não pode estabelecer limites fundamentais à vontade legisladora. Em acordo com Thibaut, com o qual ele entretém relações de amizade desde Heidelberg, Hegel emite um conjunto de objeções, algumas muito irritadas, contra o manifesto de Savigny de 1814. "Negar a uma nação educada, ou à classe jurídica de uma tal nação, a habilidade de criar um código (*Gesetzbuch*)... seria uma das maiores injúrias que poderiam ser feitas a esta nação ou a esta classe". Estas concepções e também a sua justificação pela essência de qualquer explicação histórica, que não fazem senão evidenciar exatamente que tal ou qual instituição tornou-se inutilizável no presente, não provêm da confrontação com Savigny. Já em 1802 ele se havia pronunciado no mesmo sentido. De qualquer forma, ele se posta agora, através delas, em oposição ao festejado membro da Faculdade de Direito de Berlim. E existia um outro ponto de conflito, politicamente significativo, não com o chefe da "escola histórica", mas com o autor da *Doutrina da Posse*, no conceito de pessoa, que Hegel coloca no centro de seu livro e do qual ele procura deduzir a posse e a propriedade tanto como conceitos do direito privado como segundo suas relações em termos de direito público.

Hegel concebe a pessoa, da qual ele parte como a ciência jurídica romana, como vontade livre indiferente ao conteúdo, voltada somente a ela mesma, ou seja, à sua própria liberdade. Ele manifesta assim inconscientemente a sua oposição à determinação conceitual romana da personalidade jurídica – "o homem considerado segundo seu *status*, ou seja, enquanto é escravo ou livre". Quando ele agora se pronuncia em favor do conceito de igualdade de tudo aquilo que é portador de face humana (*Menschenantlitz*), no sentido do moderno direito natural e contra o conceito antigo da evidente (*selbstverständlich*) diversidade humana natural, ele se separa simultaneamente, nesta determinação conceitual, de forma consciente, também deste direito natural moderno, tal como foi constituído por Rousseau, Kant e Fichte. Segundo estes, o direito constituía a limitação mútua entre vontades livres singulares e, por conseqüência, entendiam por vontade livre singular o livre arbítrio contingente e individual como tal, de tal modo que apenas a partir da limitação recíproca desta vontade poderia ser derivado o conceito de vontade universal racional. Hegel, porém, na medida em que utiliza a vontade como pedra angular do espírito objetivo apenas após este se encontrar purificado de todo conteúdo contingente na doutrina do direito subjetivo, pode começar imediatamente pela "vontade universal" – uma vontade universal, portanto, que não é, como no caso dos pensadores antes citados, o resultado de vontades singulares e irracionais, mas que caracteriza, pelo contrário, a razão universal já existente, oculta na vontade individual. Isto se constitui, a um olhar detido, em um enorme aguçamento da idéia de direito natural. O indivíduo torna-se o portador (*Träger*) da comunidade, não mais enquanto tal, mas na medida em que é racional. Kant e Fichte, ainda que havendo superado Rousseau na condição de filósofos da moral, haviam permanecido no estágio deste, pois não haviam tomado como ponto de partida de sua filosofia do direito o homem eticamente livre que haviam descoberto, mas a arbitrária natureza instintiva; Hegel toma o seu novo conceito de liberdade moral e o integra também à filosofia do direito como conceito fundamental. Hegel formula, na condição do direito, a "prescrição jurídica" (*Rechtsgebot*) não de forma negativa, em termos de um conceito delimitador como na filosofia do direito de Kant, mas de forma positiva, em correspondência à formulação kantiana do imperativo moral: "seja uma pessoa e respeite os outros como pessoas". Este novo conceito da personalidade jurídica, todavia, teve conseqüências decisivas para a dedução do conceito de posse (*Besitzbegriff*).

Como Hegel havia de saída suprimido no conceito de pessoa as determinações contingentes do homem, a relação jurídica deste à coisa (*Sache*) não poderia mais ser, para ele, uma dessas determinações contingentes que ele havia exatamente deixado de lado, considerando como negligenciáveis do ponto de vista da filosofia do direito. Ele não pôde mais considerar a pessoa separada da coisa; a relação à coisa tornou-se para ele, de certo modo, uma característica necessária da pessoa, do ponto de vista da filosofia do direito. Assim, ele teve de abdicar da venerável distinção entre direito pessoal (*Personenrecht*) e direito real-material (*Sachenrecht*) que Kant havia podido admitir ainda sem reservas. Hegel distingue em sua classificação de 1820 a propriedade, o contrato e a injustiça. A "propriedade" era para ele o verdadeiro âmbito no qual a personalidade jurídica agia – "e o direito pessoal que é essencialmente o direito material". Por esta via se determina a sua doutrina de posse e propriedade. Pois, se a personalidade estabelecia, sem mais, a sua relação jurídica com a "coisa", então a posse, quer dizer, a relação natural do homem com a coisa, torna-se para Hegel necessariamente o que propriamente importa do ponto de vista jurídico – ao contrário de uma concepção segundo a qual na relação com a coisa não se vê senão uma característica que se ajunta à personalidade jurídica em todo caso já existente, em que esta relação natural da "posse" não poderia entrar nas relações jurídicas a não ser pela relação de "propriedade" criada pelo direito mesmo.

Assim, Savigny, em seu famoso primeiro escrito, apresenta uma tese que se tornou rapidamente dominante, segundo a qual a posse enquanto tal, na ordenação do direito clássico romano, não gozava de nenhuma proteção jurídica, e que o moderno desenvolvimento do direito dos Pandectos, que protegia o possuidor (*Besitzer*) diretamente e não através do proprietário (*Eigentümer*), significaria na realidade uma falsificação ocasionada por um mal-entendido. A significação prático-política desta idéia que, todavia, Savigny praticamente não leva em consideração, se referia às relações de propriedade complexas em diversos sentidos, tal como se desenvolviam sobre o solo germânico a partir do espírito do direito de empréstimo, especialmente aos agricultores. Aqui se torna realmente da mais alta relevância saber se se pode derivar da utilização, ainda que hipotecada, de uma porção de terra, um direito juridicamente autônomo a tal respeito, contra a clássica concepção do direito dos senhores de terra, o direito original, embora possa ter perdido todo o conteúdo na prática. Posse e propriedade, em última análise, uma concepção germânica e uma concepção romana do direito, o *usus modernus pandectarum* tal como claramente incorporado no direito fundiário geral e a vontade histórica retrospectiva de renovação dos conceitos jurídicos "clássicos", encontravam-se agora em contraposição. Hegel foi quem trouxe para o campo da filosofia e do direito esta contenda. Assim como direito civil geral (*allgemeine Landrecht*) reconhecia a apropriação (*Inhabung*) em uso-fruto (*selbstnützig*) como "posse incompleta", enquanto os romanistas clássicos (*klassizistischen*) reconheciam apenas ao "senhor" e não ao "detentor" (*Inhaber*) a condição jurídica de possuidor, Hegel considerava o detentor do uso-fruto como o proprietário puro e simples, e recusava a idéia de uma "propriedade sem uso" como "abstração vazia"; para as relações mais interessantes do ponto de vista político – "*dominium directum* e *dominium utile*, o contrato enfitêutico (*emphiteutisch*) e as demais relações entre bens hipotecados com taxas de herança e outras, tarifas de manutenção etc." – ele retoma precisamente a terminologia do código prussiano e, de resto, aqui também do austríaco, que designa ambas estas relações como "propriedade dividida" (*geteiltes Eigentum*). Aqui, dever-se-iam tomar "devido às responsabilidades" (*um den Lasten willen*) "dois proprietários", mas não uma propriedade comum. A um tal ponto havia ele afastado o conceito romano de propriedade de seu sentido clássico, transplantando-o ao cabedal da evolução jurídica, tanto em termos gerais como prussianos, no que diz respeito ao conceito de posse. O Estado da Idade Média pôde assim tornar-se para ele, aqui como em outros lugares – por exemplo, na equalização entre as classes medievais e as modernas representações populares –, como estágio preliminar das idéias de 1789. O conceito de propriedade como uma determinação incorrendo acidentalmente à pessoa cede lugar a um conceito novo, que afirma que a própria essência de "pessoa" consiste em que ela institua para si mesma uma esfera exterior de existência. Não é despropositado que vejamos em Hegel, discípulo de A. Smith em sua visão da vida econômica, aquele acoplamento tão cheio de conseqüências para a história universal entre "riqueza" e "trabalho", do qual partiu o grande escocês para fundar o individualismo econômico. É o uso ativo, e não a designação jurídica morta, que, para Hegel, constitui o homem como proprietário de alguma coisa.

E que, por esta visão de uma interdependência entre liberdade pessoal e liberdade econômica, Hegel se percebia ele mesmo como parte desta grande situação histórica, isto é demonstrado cabalmente pela frase com a qual ele caracteriza tanto as suas raízes mais antigas, ao início da época moderna, como a sua irrupção na mais recente contemporaneidade:

> Já faz provavelmente mil e quinhentos anos que a liberdade na pessoa iniciou seu florescimento através do cristianismo e se tornou, por uma pequena parte da espécie humana, um princípio universal. A liberdade da propriedade, porém, é apenas desde ontem, pode-se dizer, reconhecida aqui e ali como princípio. Um exemplo da história univer-

sal sobre a extensão do tempo de que o Espírito necessita para progredir em sua consciência de si – e contra a impaciência da opinião.

Na medida que ele, de forma totalmente consciente, através do seu conceito muito particular de vontade, introduz a idéia de liberdade individual na filosofia do direito privado e permite que ela se desenvolva ao ponto de se transmutar em um conceito de livre proprietário, Hegel, pela primeira vez no interior do movimento jusnaturalista (*naturrechtlichen*), alcança aquilo que se havia passado em metade da Europa na noite de 4 de agosto. Ele não o encontra em uma pálida generalidade, nem vê meramente a liberdade da pessoa, mas procura destrinchar os sutis liames conceituais entre esta e a liberdade da propriedade. Não é o edito prussiano da abolição da servidão de outubro de 1807, ornado de palavras grandiloqüentes, segundo o qual na Prússia haveria doravante "apenas gente livre", que o põe em movimento. Pode-se dizer que é, muito mais, a presença de tais palavras em um ato legislativo com vistas à libertação da propriedade (*Befreiung des Eigentums*) que se propõe a Hegel como exigindo ser levado em conta em suas pesquisas sobre articulações conceituais. O fato político fundamental com o qual o partido reformador prussiano contava desde 1807 encontra sua expressão clássica, de forma praticamente simultânea ao livro de Hegel, nas notas do chanceler de Estado, nas quais este postula o seguinte: "nós temos uma multidão de livres proprietários". Não é propriamente no surgimento por si só de livres proprietários que se encontra o absolutamente novo no universo dos reformadores prussianos, mas na imperiosa necessidade política de que eles sejam "uma multidão"; e é mérito de Hegel haver compreendido, em termos jurídico-filosóficos, a significação política de uma idéia que poderia parecer provir inicialmente do simples direito privado. Savigny estava muito longe de perceber este fundamento da nova Prússia; não se trata do político nele, mas do erudito historiador romântico, que não havia percebido aqui a relação pensada ao tempo vivo. E, não obstante, o nome de Savigny é mencionado já ao início de uma obra na qual o historiador genial rompe radicalmente com o ponto de vista consagrado desde Maquiavel e Montesquieu, segundo o qual a reforma agrária de Licínio era contrária ao direito. As referências à grandeza da política agrária prussiana transparecem claramente nas frases preservadas e fortes de Niebuhr em 1811. Hegel, muito embora mais hesitante quanto à relação do direito e ainda fiel ao espírito de Maquiavel e Montesquieu, que deveria haver parecido ao seu sólido sentido de Estado menos "terrível" do que o legalismo do frísio, adota, no fundo, a mesma posição da obra histórica de Niebuhr, quando ele vê neste episódio da história romana uma vitória da "natureza privada" (*Privateigentümlichkeit*) sobre a "natureza comunitária" (*Gemeinsamkeit*) da propriedade da terra. Permanece, de qualquer forma, significativo o modo como o amigo e o adversário de Savigny compreendem o fato de que a reforma de Licínio parece indicar a passagem de uma economia de domínios (*Domänen*) para uma economia privada: Niebuhr ressalta seu caráter legal; Hegel alegra-se pela vitória do "momento racional", que se deu ainda que "à custa de outros direitos".

Esta análise do conceito de propriedade está longe de esgotar as questões políticas aqui envolvidas. Permanece, sobretudo, a questão a respeito de como Hegel pôde evitar passar da idéia da necessidade da propriedade à idéia da igualdade necessária da propriedade. O fato de que a política prática não percorreu este caminho de uma economia individualista a uma economia socialista de Estado espanta menos do que o fato de que uma teoria política tão fortemente envolvida com o conceito geral de pessoa tenha podido dispensar esta passagem. A resposta a esta questão consiste no dado de que Hegel, embora se refira muitas vezes ao assunto, não expressa sua última palavra a respeito no capítulo dedicado ao direito. Hegel, ainda que considere o direito como uma das premissas fundamentais da "eticidade" autêntica, trata-o em um âmbito externo a esta, e subtrai completamente ao direito tanto a família como a sociedade – tão completamente que, desde 1820, recusa o conceito tradicional de um direito de família e trata o direito de sucessões na filosofia da família e não na filosofia do direito. É exatamente esta separação sistemática que lhe permite tratar o direito em seu direito (... *das Recht so zu seinem Recht kommen zu lassen*), e, todavia, mantê-lo estritamente limitado com relação às esferas superiores. Como já referido, é contra o espírito individualista do direito privado romano da era clássica que a antiga animosidade política de Hegel se insurge, e, assim, simultaneamente o reconhece e o inofensibiliza. Direito, que este espírito não possuía, uma vontade que desejava mais do que ela mesma, excedendo o direito e a vontade jurídica; aí se iniciava já então para Hegel o reino da "eticidade" – família, sociedade, Estado. O puro e simples proprietário livre se constituía, assim, em uma condição prévia deste reino do ético (*Reich des Sittlichen*); mas ele ainda não se encontrava aí – ele era "pessoa", não membro da família, não o homem com uma profissão, não o cidadão: não era um homem ético.

Se Hegel separa completamente a família de seu ambiente jurídico, tal se dá – como já vimos – em articulação com sua representação de que o direito de Roma constitui o direito típico como tal, e que, em sua essência original, teria uma orientação estritamente individualista. Esta representação, que via no poder do pai de família romano sobre os seus não tanto a expressão de uma organização social originalmente em termos familiares ou de clã, mas a expressão de uma plenitude jurídica ilimitada do indivíduo, ainda que de um indivíduo privilegiado, uma tal representação não era exclusiva de Hegel; ela dominava a generalidade da ciência de então. Repousava sobre uma antiga visão, que sabemos hoje errônea, da evolução do direito romano de sucessões, visão esta já combatida a seu tempo, por exemplo, por Gibbon e Montesquieu; segundo esta visão, teria havido no começo uma época de perfeita liberdade de testagem (*Testiefreiheit*), que havia encontrado sua expressão clássica em um enunciado da Lei das doze tábuas (*Satz der zwölf Tafeln*), de resto interpretado hoje de forma inversa. Na medida em que a evolução do direito de sucessões dos parentes em Roma era compreendida como mera correção de um conceito de propriedade originalmente puramente individualista, Hegel teve, já no que se refere a este único aspecto do direito patrimonial (*vermögensrechtlich*), de recusar o conceito de família que aparentemente fundamentava uma tal situação. Mas, como ele simultaneamente reconhece o conceito individualista do direito, até mesmo radicalizando-o em seu conceito de pessoa e da necessidade da propriedade, então lhe era necessário a família e seu direito, na elaboração que ele objetivava, da filosofia do direito, reservando-lhes um outro lugar no interior do sistema. Nós já vimos em que sentido ele havia escolhido a "eticidade" para constituir este lugar. Aqui ainda temos de examinar em detalhe o contexto histórico no qual se inscreve este conceito de família, em favor do qual Hegel recusa o conceito tão enraizado como aquele do direito de família.

A família havia sido concebida pelas Luzes, e especialmente por Kant, de uma forma estritamente jurídica, segundo o esquema de um contrato; isto correspondia à situação geral da época, na qual a solidez patriarcal tradicional da relação familiar coincidia com a necessidade de justificação racional, tal como era próprio do Esclarecimento; o casamento racional se constituía simultaneamente em regra e ideal. Foi em função da reação contra esta disposição da época, no fim do século, e da reivindicação dos direitos inalienáveis do coração, que a idéia de amor, nos tempos seguintes, retorna em uma conexão evidente com a idéia de casamento. Hegel, como sabemos, havia, em seus anos de Frankfurt, atribuído uma significação filosófica muito fundamental a este conceito romântico do amor; já então esboçava ele tentativas, sem mediações, de esquematizar, em termos de uma construção própria, as relações jurídicas familiares – tentativas que, como ainda veremos, atuam até na *Filosofia do Direito* de 1820. Mas não é diretamente por elas que o filósofo chega à sua avaliação definitiva da família; para tal, ele teve, também nesse ponto, de superar inicialmente e de forma completa a época romântica de seu pensamento. Já vimos como tal se dá, como especialmente na *Antígona* de Sófocles, Hegel adquire o conhecimento da vida da família como fundamento do Estado. A forma como a família aparece então no sistema de 1820 – uma potência ética própria em contraposição ao Estado, e, não obstante, um pilar, entre outros, sobre o qual esta repousa – constitui algo de inteiramente novo. É verdade que a Antigüidade já havia proclamado que a família se constituía no elemento fundador do Estado, e tal não foi de forma nenhuma esquecido no século XVIII; mas isto significa algo totalmente novo em Hegel. Aristóteles – este é que seguem todos os posteriores – não fala da família como uma comunidade no sentimento ético, mas da "casa", ou seja, de uma unidade jurídico-econômica. Assim se constitui para ele, e para os posteriores que dele tomam este conceito, de certa forma, o reconhecimento da família, da "casa", como um elemento da constituição do Estado. É, porém, exatamente este que Hegel recusa de forma totalmente moderna, na condição de homem posterior a 1789. A família – e isto é a essência de sua posição no sistema – lhe é uma figura extraestatal. Ela não é, enquanto organização, um membro do corpo do Estado; a sua relação com este esgota-se no fato de que ela é a oficina na qual se prepara o espírito dos indivíduos pressuposto pelo Estado. Se antes de Hegel a casa se constituía por ela mesma numa parte do todo do Estado, agora, com Hegel, é o homem educado na casa que constitui tal parte. Assim, Hegel não pôde, ainda que havendo constituído a família como um mundo realmente existente, renunciar ao sentimento, ao "amor". O lugar da família no sistema estabelece-se para ele pelo fato de que ela, repousando sobre o sentimento, do qual provém a disposição ética da alma, pode ela mesma se constituir em sementeira do sentimento. Aqui culmina o conhecimento da casa como potência ética autônoma frente ao Estado, haurido outrora da leitura de Antígona. O que se constituía para o poeta ático no conflito entre o caráter sagrado e venerável do direito, sobre o qual deveria repousar o verdadeiro Estado de cidadãos, e a violência bruta do "tirano", tal foi reinterpretado de forma não-intencional pelo filósofo moderno, ao qual o "tirano" não aparecia tão terrível e tão hostil ao Estado como se passava com um ateniense do século de Péricles. O direito do Estado – para o ateniense, cujo povo se propunha a pretensão de se constituir no mais piedoso entre todos os helenos, totalmente a favor da piedosa irmã – passou, para o discípulo do grande professor de direito do Estado, Maquiavel, de Robespierre e de Napoleão, de forma despercebida, para o lado de Creonte; o tirano representava para ele o Estado, a irmã representava uma ordem ética completamente diferente, embora igualmente legítima, e de uma legitimidade verdadeira exatamente frente ao Estado: a casa. A discussão de Hegel com o direito familiar em vigor procede desta concepção fundamental, segundo a qual a família se constitui em um corpo ético próprio com objetivo próprio, e não no Estado, ainda que para o Estado.

É desde o início claro que esta doutrina da família, por específica que fosse, tinha todavia, em última análise, certos pontos de contato com o direito vigente. O reconhecimento de Hegel com relação ao "sentimento", reconhecimento devido à mentalidade fundadora do Estado do qual provém, poderia se conciliar provavelmente com a tendência moderadamente esclarecida do direito civil (*Landrecht*) prussiano, e mesmo com o direito napoleônico, na medida que ambos reconhecem a idéia de contrato no casamento enquanto esta não viesse a afetar a ordem do Estado ou as exigências religiosas. Não obstante a qualidade externa e, ao fundo, fortuita, e as condições prévias completamente diversas deste encontro, este conduziu a uma série de precisas correspondências entre Hegel e a situação jurídica prussiana – correspondências que certamente podem, em parte, ter sua origem no fato de que Hegel, à época de seus estudos em Frankfurt, dedicou exatamente a este direito um cuidadoso estudo. Deste modo, a determinação pouco romântica da finalidade do casamento, segundo a qual ele "também se pode esgotar no amor e na assistência mútuos", corresponde completamente, em termos jurídicos, e, com exceção do característico acento de Hegel no "amor", quase literalmente, àquela expressão do código de Frederico que estipula que "um casamento válido também pode ser celebrado em função de uma mútua assistência". Seja por agora apenas citado o fato de que, no que diz respeito ao lugar da Igreja na celebração do casamento, Hegel concorda de forma muito exata com a prática de então sob Altenstein. Mas a questão do divórcio merece aqui nossa atenção mais detida. O direito prussiano não ia tão longe como o código napoleônico que, originalmente e em sua versão ainda em vigor na Alemanha, reconhecia o consentimento mútuo como suficiente; o direito prussiano não permitia ao juiz conceder o divórcio, pelo menos nos casos de casamentos com herdeiros, senão quando "segundo o conteúdo dos autos a aversão é tão violenta e profundamente enraizada que não resta a menor esperança para uma reaproximação e a realização das funções da situação matrimonial". O parágrafo hegeliano correspondente deixa-se ler como comentário filosófico deste texto, inspirado pela necessidade da "interioridade da disposição de alma e da sensibilidade subjetivas":

assim como não existe uma obrigação de contrair casamento, inexiste igualmente uma ligação jurídica exclusivamente positiva que permitisse a manutenção da união dos sujeitos quando estes se encontram em situação de oposição ou de atos e ânimo hostil. Mas é necessário requisitar uma terceira autoridade ética que mantenha o direito do casamento contra a simples presunção de uma tal disposição de ânimo contra contingências de uma situação simplesmente passageira etc., que diferencia esta situação do total estranhamento, e que, em constatando o último, apenas neste caso venha a autorizar o divórcio.

Os pontos de partida diversos expressam-se muito claramente quando se sabe que, em caso de casamento sem herdeiros, o direito prussiano admitia o princípio do consentimento mútuo. Aqui transparece o ponto de vista essencialmente contratual das Luzes, enquanto Hegel, devido à sua visão fundamental, não poderia, naturalmente, autorizar uma tal exceção facilitadora por razões de simples comodidade. Uma perfeita concordância a partir de pontos de partida diversos dá-se novamente na questão do impedimento do casamento em função do grau de parentesco. O direito prussiano assumia a tendência geral de suprimir os impedimentos previstos pelo direito romano e pelo direito canônico, indo assim além do código napoleônico e do código austríaco, e igualmente marcado pela influência das Luzes. Hegel parece haver desejado relacionar os parágrafos concernentes ao código prussiano a um ponto de vista relevante de sua própria visão fundamental, quando ele declara interdito o casamento entre parentes por que este só pode significar uma doação livre das personalidades envolvidas quando nenhuma conexão pré-existe a esta doação, ou seja, quando homem e mulher pertencem a "famílias separadas". Em realidade, o direito prussiano, com uma única exceção bem fundamentada, interdita o casamento apenas no interior da própria família, entre pais e filhos ou entre irmãos, ainda que não exista consangüinidade, ou seja, entre padrastos ou madrastas e filhos adotivos. Hegel se afasta da legislação prussiana no que diz respeito ao direito dos bens matrimoniais. Ele pressupõe, de forma exatamente inversa ao direito prussiano, uma comunidade de bens – "propriedade comum" – que apenas o contrato de casamento limitará. Especialmente quando se recorda as primeiras reflexões de Frankfurt sobre o "amor" que desemboca na construção da necessidade conceitual interna de uma comunidade de bens matrimonial, não é ousadia excessiva quando também aqui se percebe o surgimento de um conceito de família especificamente hegeliano, fundamentalmente oposto em relação à idéia de contrato. Pertence à oposição entre Hegel e o direito prussiano o fato de que este reconhece um "livre patrimônio" dos filhos, enquanto Hegel não atribui a nenhum membro da família uma propriedade específica. No que se refere à educação das crianças, Hegel acompanha a disposição do direito prussiano até praticamente a sua seqüência – "alimentação", "educação", "cuidados das crianças", "disciplina": cuidado, educação e ensino, disciplina dos pais, seguidos de três pontos não citados por Hegel, e, por fim, o dever das crianças de se ocupar dos serviços domésticos. Estes últimos, que o direito prussiano entendia limitados, no sentido da época pré-industrial, às tarefas domésticas e ao trabalho dos pais, Hegel reduz "aos que são necessários para a manutenção da família"; e, assim como o direito prussiano, que reconhece como fundamento jurídico da "disciplina parental" apenas a "formação" das crianças, Hegel igualmente recusa a "justiça" como fundamento das punições dos pais e reconhece, em uma circunvolução que lhe é comum – "elevação do universal... na consciência e na vontade" – a formação (*Bildung*) como único fundamento jurídico.

No direito de sucessão, enfim, Hegel, como já indicado, se associa decidida e conscientemente ao desenvolvimento moderno do direito. Talvez tenha ele consciência de representar aqui uma visão germânica em oposição a uma visão romana do direito. Pois, com efeito, Pütter havia desenvolvido, especialmente para a sustentação histórica do direito monárquico moderno, uma concepção segundo a qual a não-validade do testamento do direito alemão mais antigo se explicava em virtude do princípio germânico primevo da propriedade familiar comum. E já antes dele havia Thomasius louvado a exclusividade alemã da sucessão legal da herança em relação ao testamento romano. Também Hegel qualifica a herança como entrada na "posse individual" de um "patrimônio, em si, comum". Também aqui, naturalmente não na fundamentação, mas na coisa mesma, concorda ele exatamente com o direito prussiano, que igualmente, contra o direito comum (*gemeinen Recht*), bem como contra o código napoleônico e mesmo contra o código civil austríaco, se funda sobre a validez absoluta do princípio de herança, e não no princípio romano de aceitação da sucessão.

Todavia, a razão última dessa tomada de posição de Hegel enraíza-se ainda mais profundamente do que a sua fundamentação deixa transparecer. Isto se torna claro quando ele recusa categoricamente a subseqüente ampliação do caráter familiar e do direito de sucessão tal como se manifesta em relação aos bens familiares camponeses (*bäuerliche Anerbenrecht*) ou no *Fideikomiss*. Não se trata do "abstrato" da linhagem (*Stamm*), disto "que significa a família em geral", da família ampliada (*Grossfamilie*), e sim da família concreta, "particular e real". Apenas esta pode fornecer a ele o que ele exige; o espírito ético pode provir apenas da "sensibilidade para indivíduos contemporâneos e efetivamente existentes", que não é o espírito de um indivíduo ou de uma classe, mas se constitui na eticidade de todos, necessária ao Estado. Assim, o que necessita ser conservado através do direito de herança "não é esta casa ou linhagem, mas a família como tal". A necessidade da família, na qual, todavia, o indivíduo como tal não tem propriedade, é tão universalmente válida para o filósofo como a necessidade da propriedade para a pessoa. Sua tomada de posição em termos de direito de sucessão contra o livre testamento deve ser assim entendida como um compromisso intermédio entre essas duas necessidades universais. O indivíduo deve possuir propriedade, pois é somente através dela que ele se afirma como pessoa. Porém, através da liberdade arbitrária que este indivíduo detém no direito, cuja expressão mais grosseira Hegel vê na liberdade "romano-antiga" do teste (*Testierfreiheit*), se põe em perigo a universalidade da propriedade. É assim necessário suprimir a liberdade de teste para que se possa proteger a propriedade para a "pessoa", protegendo-a exatamente da "pessoa". Deste modo, será a propriedade ancorada na família, na qual o ser humano como indivíduo é reconhecido, sem que ele, através disso, seja "livre" em sentido jurídico-individualístico. O direito de herança da família, fundamentado em uma comunitariedade do patrimônio familiar, serve para manutenção da necessária ligação entre pessoa e propriedade, sem que o Estado e a sociedade tenham que se ocupar diretamente disso. Trata-se da primeira e decisiva linha limítrofe que separa a tese de Hegel da propriedade necessária a cada indivíduo do comunismo que, alguns anos mais tarde, na posição de Bazard, discípulo de Saint-Simon, irá reconhecer no direito de herança o seu verdadeiro inimigo. O texto subseqüente nesta direção, que Hegel escreve na seção "Sociedade", é apenas conseqüência do presentemente referido.

Sociedade civil (*bürgerliche Gesellschaft*) – se a expressão não provém de Hegel, é com ele que ela assume o seu característico significado. Nenhuma outra parte de seu sistema da filosofia do Estado mantém, através dos juízos mutantes a respeito do todo, o seu reconhecimento tão invariável; nenhuma outra teve, igualmente, um efeito externo tão amplo quanto esta. A expressão – iniciemos por ela – era já, em fins do século XVIII, especialmente através do livro de Ferguson, muito difundida. O mérito de Hegel constituiu em lhe atribuir, com plena consciência, um sentido altamente restritivo: ele chama de sociedade a vida humana em comum no interior de associações relativamente amplas, mesmo no Estado e para além dele, na medida em que ela não se constitui na vida do Estado mesmo, mas estabelece relações mais ou menos abrangentes com o Estado. Com isso, ele estabeleceu a possibilidade de acolher em seu sistema um conceito jusnaturalista da relação entre o homem e a sociedade, sem lhe permitir assumir a posição dominante. Ele, que já à época do colégio havia se subtraído à influência da obra de Sulzer, que era baseada sobre esta confusão, declara expressamente que o erro do direito natural havia consistido em confundir sociedade e Estado, na medida em que havia concebido o Estado "como uma unidade de pessoas diversas, que é apenas comunitariedade". Na sociedade civil tem vigência a visão que somente se interessa por indivíduos autônomos, conectados apenas "através de suas necessidades e através da constituição jurídica como meio de segurança das pessoas e da propriedade, e através de uma ordem externa como proteção para seus interesses particulares e gerais". Ela é o "externo", o "Estado do entendimento e da necessidade".

Sabemos como esta sistemática se desenvolveu em Hegel. A estrita separação, através da qual o direito do "mecânico" no interior de uma visão "orgânica" de Estado é garantida, impõe-se a ele pela aparente irrefutabilidade das teses fundamentais de A. Smith. A economia, tal como ela se constitui no início desta parte, é o seu conteúdo mais original. Ela determina inicialmente, tanto do ponto de vista biográfico como da história das idéias, o conceito de todo concebido por Hegel: o "sistema de dependência multilateral", fundado sobre o egoísmo de todos. Mas logo após se cristalizam, neste núcleo, outras funções externas do Estado, proteção jurídica e "polícia", no sentido mais amplo que a palavra possuía então – designando todo o âmbito da administração interna –, bem como seu oposto, a alta administração da "corporação". Um último elemento aglutina-se em 1820: a economia absorve agora uma parte da doutrina do Estado em si que o filósofo havia considerado, até então, como um elemento da "constituição do Estado", e que tinha mesmo inicialmente, em oposição ao governo do Estado, valido como o verdadeiro conteúdo da palavra: a doutrina das classes (*Stände*). Apenas assim que chega esta idéia do "Estado exterior" ao seu termo: não é simplesmente o homem gerindo seus próprios negócios, ansioso por direito de segurança, que pertence à "sociedade", mas, de um modo geral, o homem exercendo uma profissão, como membro de sua classe. Para o Estado ele não é – de forma imediata e em primeiro plano – nada disto tudo; assim como o Estado se distingue da sociedade, distingue-se o homem, na condição de suporte do Estado, da "pessoa particular", na condição de membro da sociedade. Na medida que este conceito de sociedade, de resto referido apenas ao "mundo moderno", é pensado até o fim, surge espaço para o conceito moderno do cidadão (*Staatsbürger*). Esta é a manifestação mais importante e, do ponto de vista biográfico, mais tardia do conceito hegeliano de sociedade.

A vida econômica – "sistema das necessidades" (*System der Bedürfnisse*) – é revista por Hegel com os olhos do clássico economista político ocidental; ele cita elogiosamente o arco Smith-Say-Ricardo. Ele assume a pressuposição pela qual esta escola havia assegurado quase um século de existência ao fundamento metodológico do direito natural, no plano da ciência econômica: a transformação do "egoísmo subjetivo" e o estatuir da "riqueza geral" desde este "entrelaçamento por todos os lados da dependência de todos". Mas, como já em 1802, ele acentua agora imediatamente que a possibilidade para os indivíduos de participarem do patrimônio geral é condicionada através de "capital" (*Kapital*) e "habilidade" (*Geschicklichkeit*). Porém, seria errôneo acreditar que ele extrai daí uma crítica do conceito fundamental da harmonia econômica; antes vê ele aí a justificação da desigualdade de riqueza entre os homens. Em sentido puramente econômico, ele concebe agora a necessidade das classes a partir das diversidades do trabalho. São ainda as três antigas classes de 1802. Mas elas trocaram de aparência. Já o fato de a sua articulação se dar por via econômica e não mais ético-psicológica caracteriza uma significativa mutação. A eticidade de classe é agora apenas o resultado, e não mais a pré-condição da classe. A livre escolha da profissão, reconhecida já em 1802 como princípio moderno, estabelece-se como o verdadeiro fio condutor através da compreensão puramente econômica da articulação em classes. Ambos, a livre escolha da profissão e o conceito econômico de classes, pertencem-se mutuamente.

Não obstante, o político reconhece também agora as diferenças entre as classes. Tal é evidente, caso se deixe provisoriamente de lado a organização da representação popular em função das classes, da qual se falará adiante, na singular justificação de Hegel com relação aos corpos de júri (*Geschworenengerichte*). É verdade que, no essencial, ele se apropria aqui do revolucionário fundamento sobre o qual repousam as instituições da província renana da Prússia, que havia sido desde há pouco elevada, pelos liberais alemães, à posição de uma de suas reivindicações programáticas: o conhecimento de um Estado de fato deve estar ao alcance de "cada homem educado", e se constitui em "direito da autoconsciência da parte interessada" saber-se julgada por seus pares. Mas, a esta idéia da confiança necessária da parte com relação ao juiz, se conecta uma outra: a confiança fundamenta-se eminentemente na igualdade das partes em relação ao que decide "segundo sua particularidade, classe etc.". Aqui, Hegel retoma a exigência antiga, mais germânica do que revolucionária, de um tribunal corporativo (*Standesgericht*), tal como ele a havia formulado, já em 1802, então provavelmente com referência ao direito civil prussiano. No que se refere a cada classe em particular: a primeira havia perdido já em 1805 a aparência de uma aristocracia de oficiais proprietários de terra para se revestir de traços fortemente burocráticos; a curta nota que Hegel agora lhe dedica mostra claramente que ele a percebe essencialmente como uma classe de funcionários profissionais; a especial relação que a primeira classe mantinha em 1802 com os camponeses desapareceu. O camponês, sem sair completamente de sua esfera – salvo em um ponto: desde pouco, a agricultura é gerida "também de uma forma refletida, como uma fábrica" – não é mais representado com o escárnio de 1802 e mesmo de 1805; ele trabalha no solo "apto a se constituir exclusivamente em propriedade privada"; a aristocracia rural lhe parece agora adventícia, enquanto constituía, em 1802, a primeira classe; não se fala mais de uma especial intermediação do poder de proteção jurídica estatal para os camponeses pela nobreza, o que em 1802 havia sido referido como adequado. O que ainda permanece é que o direito, não em termos de seu conteúdo, mas no que se refere à sua forma, ou seja, a jurisprudência, deve ser levado aos camponeses com uma outra forma, mais simples, do que no caso das demais classes; mas esta circunstância é agora correlacionada com as diversas ocorrências dos conteúdos da cultura e da crença das diversas classes. A classe burguesa ou, como caracteristicamente denominada, a classe industrial (*Gewerbestand*), é dividida em classe dos artesãos, classe dos fabricantes e classe dos comerciantes, conforme as premissas de 1805. Também com relação a ela Hegel não mais mostra aquela ironia com a qual ele havia tratado em 1802 aquela classe "dispensada de bravura", disposta entre a aristocracia militar e os soldados camponeses. Esta é a configuração das classes em 1820.

É a imagem de uma nova sociedade alemã que se reflete aqui em Hegel, e especialmente a figura da sociedade tal como se configurava no interior do Estado prussiano deste decênio. Tal se evidencia claramente aqui em comparação com as classes que o filósofo propunha como ideais em 1802, fortemente influenciadas pela intermediação do direito nacional, igualmente referidas fortemente às condições prussianas. As classes não são agora valorizadas simplesmente segundo a sua significação no quadro do Estado, mas como configurações econômico-sociais autônomas. Não ocorre mais – e isto é uma diferença muito decisiva entre 1802 e 1820, assim como entre a Prússia de então e a de agora – nenhuma diferenciação em sua significação militar; em 1802, tal foi praticamente a sua característica mais incisiva. A primeira classe é a classe do serviço do Estado, e não mais da nobreza agrária; o direito nacional entendia por "funcionários" também professores de escolas, clérigos, oficiais; e, assim entendida, se constituía esta moderna classe de funcionários, após 1815, na verdadeira "primeira" classe no Estado prussiano, e não mais a nobreza do direito civil nacional. A classe camponesa, em parte transformada, através da racionalização do negócio, em uma classe industrial – desde 1806 atuava Thaer em Möglin – em todo lugar instalada, sempre que possível, em suas próprias terras, vivendo conjuntamente em uma mesma comunidade de interesses com o proprietário da terra e não dependendo mais, no que se refere à administração da justiça, da nobreza agrária como tal – as jurisdições patrimoniais são designadas pelo proprietário, porém sem distinção de nascimento burguês ou aristocrático, e exercem apenas a função por delegação de parte da administração jurídica do Estado. A classe burguesa, finalmente, não se constitui mais em uma classe de pequenos burgueses medrosos: pelo contrário, seus representantes típicos são o fabricante, o comerciante e o artesão, os três característicos igualmente para a classe, sem que se possa notar no interior das classes uma diferenciação de interesses. Em contraste com o agricultor, cuja dependência dos desígnios da natureza favorecem facilmente a sua submissão em relação a pessoas, a classe burguesa se vê imbuída por amor-próprio, sentimento de liberdade e exigência de conquistar situações de direito. Constata-se: a diferença política entre a cidade e o campo não foi de forma alguma superada. Dormitam ainda na população urbana aquelas contradições internas que, posteriormente, a cindirão; já aparecem nesta população – mas não como elemento condutor e determinante – as modernas classes, o fabricante, o grande comerciante. Quando se abstrai das diferenças, por certo importantes, entre as províncias da Prússia de então, a crescente aproximação interna, nestes decênios, que o Estado estava em vias de promover entre camadas geograficamente separadas, mas socialmente próximas, no leste e no oeste da monarquia, aproximação que deveria mostrar seus efeitos nas lutas constitucionais dos anos de 1840, percebe-se que a descrição de Hegel corresponde tão exatamente a este quadro quanto é possível em uma exposição, ao fim de contas, filosoficamente generalizante. Esta correspondência é especialmente notável em um traço, através do qual a sociedade da Prússia – em não se levando em consideração tais diferenças, que se fundamentavam na história passada – mais claramente se diferenciava da sociedade da Inglaterra ou da França: não há ainda, enquanto classe, na Prússia, uma quarta classe, uma classe dos trabalhadores industriais, e uma tal classe não existe igualmente no sistema de Hegel.

Não como "classe". Pois o acontecimento mesmo não passou despercebido a Hegel. A sua atenção já havia sido atraída especialmente pela situação inglesa. Já em 1802 ele havia desenvolvido a idéia, da qual A. Smith se encontrava ainda muito distante e que talvez houvesse sido expressa pela primeira vez por Necker em 1775, segundo a qual a riqueza teria a tendência à "acumulação" (*Anhäufung*) em "alguns desmesuradamente ricos", e seria, portanto, associada necessariamente "à mais extrema pobreza"; e ele deduz desta teoria da acumulação do capital o perigo de uma dissolução moral da classe industrial, contra a qual o governo deveria "trabalhar muito intensamente". O meio para tal via Hegel então, sem ignorar a necessidade de que, em qualquer caso, uma parte da classe "seria sacrificada ao trabalho fabril (*Fabrikerarbeit*) e abandonada à brutalidade (*Roheit*)", em uma "constituição" (*Konstitution*) na classe: os agora inevitáveis elos de dependência econômicos teriam se personalizado e, assim, tornados éticos, por associações de tipo corporativo (*zunftartige Zusammenfassungen*) entre empregadores e empregados, em uma mesma corporação, sendo que uma maior contribuição por parte dos ricos para a subvenção das despesas públicas era igualmente prevista. Trata-se, portanto, de conferir à classe industrial um novo caráter social pela sua reorganização na era da grande empresa capitalista, que se iniciava. Estas idéias retornam totalmente em 1820, após haverem passado a segundo plano em 1805. Neste meio tempo, a evolução social, percebida tão espantosamente por Hegel já em 1802, havia avançado a tal ponto que, pelo menos na Europa ocidental, logo brotaria o tempo das primeiras grandes teorias econômicas socialistas. Hegel retoma em parte suas antigas idéias quando ele, agora, desenvolve uma abrangente teoria da "corporação" (*Korporation*), e se pronuncia a favor de uma renovação do antigo sistema corporativo, que, porém, deve associar trabalhadores e capitalistas em corporações conjuntas. À dissolução da constituição corporativa (*Zunftverfassung*) atribuía uma parte "não negligenciável" dos inquietantes fenômenos sociais da nascente era capitalista. Apenas uma parte; o motivo principal ele vê no surgimento da máquina e da disto proveniente alteração das relações de trabalho. Ainda que se abstraia desta aprovação, agora apenas condicional, da corporação como um remédio contra os danos sociais do capitalismo, dificilmente se deixaria hoje de lado esta idéia de Hegel como "reacionária", tal como se era inclinado a fazer na época do liberalismo econômico. Deve-se antes de tudo manter à vista a diferença decisiva que referimos entre a proposta hegeliana e qualquer outra forma de organização corporativa: já ao tempo anterior à guerra, quando os pensadores utópicos visavam ao "parlamentarismo de fábrica" e os políticos realistas a obtenção de convenções coletivas, poder-se-ia ver em Hegel, com relação a isto, um ancestral – para nada dizer a respeito da época atual.

Hegel vê na "mecanização" do trabalho a verdadeira razão da miséria social, como já referimos. Ele se refere explicitamente à situação inglesa, na qual tal condição se deixa estudar. Como em 1802, ele procura derivar a concentração de "riqueza" dos conceitos de necessidade, de prazer e de trabalho. O "isolamento e a limitação" do trabalho na época da máquina, por um lado, e as necessidades infinitas, por outro lado, fundam "a dependência e a carência da classe (*Klasse*) ligada a este trabalho, o que ocasiona a incapacidade da sensibilidade, do gosto e das demais habilidades, e especialmente das vantagens espirituais da sociedade civil". A partir daí, o processo segue sempre adiante por si mesmo. Hegel toca a relação conceitual entre teoria da pauperização, reserva industrial armada e lei salarial prévia, evidenciada pela primeira vez por teóricos franceses do século XVIII, quando ele, em um parágrafo sobre a "plebe" – a palavra proletariado ainda não era usada – diz:

a queda de uma grande massa abaixo de um certo nível de subsistência, que se regula necessariamente por si mesma para um membro da sociedade – e, com isto, conduz à perda do sentimento do direito, da correção e da honra de sobreviver por sua própria atividade e trabalho – ocasiona a geração (*Erzeugung*) da plebe, que, em contrapartida, traz consigo a maior facilidade de concentrar em poucas mãos riquezas desproporcionais.

A determinação conceitual psicológica da "plebe", que ele aqui fornece, indica já a razão que o conduz, plenamente no espírito da doutrina econômica burguesa do século XIX, a declinar *a priori* de auxílio do Estado: este auxílio seria "contra o princípio da sociedade civil" – ou seja, o individualismo econômico – "e ao sentimento de autonomia e honra de seus indivíduos". Hegel recusa igualmente o reconhecimento do direito ao trabalho: tal reconhecimento seria um mal ainda pior, pois repousaria exatamente sobre o excesso de produção e a falta de consumidores. E ele resume a situação em uma fórmula genial que compreende os fenômenos imediatos – "excesso de pobreza e geração da plebe" – totalmente no espírito do futuro socialismo científico, como a essência da sociedade em seu todo, e não como um Estado doente de algumas partes, curável por pequenos procedimentos: a sociedade, "apesar do excesso de riqueza, não é rica o suficiente". Apenas incidentalmente, e como atestado de seu ceticismo com relação a todos os meios "diretos" de uma política social caritativa ou reformadora, com exceção daquele destinado a criar as modernas organizações corporativas, é que ele menciona o meio "mais direto" que se "experimentou" na Inglaterra e, especialmente, na Escócia: "abandonar os pobres à sua sorte e os enviar à mendicidade pública". Pois ele mesmo sabe como a coisa se funda na essência da sociedade burguesa, conhecendo igualmente o remédio para tal, fundado também na essência ou na "dialética" interna destas sociedades, e atuando, conseqüentemente, na raiz do mal e não em seus sintomas: "esta dialética", ou seja, esses defeitos inevitáveis, fundados ao mesmo tempo que a essência da sociedade burguesa, levam a sociedade burguesa para além de si mesma. Inicialmente o comércio exterior, e, após, a colonização – coisas que ele antes ignorava totalmente neste contexto sociopolítico – ocasionam a transformação da sociedade civil, pela qual esta "por um lado, oportuniza a uma parte de sua população, em um novo solo, o retorno ao princípio de família e, por outro, oportuniza assim mesmo novos recursos e um novo campo de atividade laboral". Portanto, transformação do excesso da população industrial em colonizadores rurais e criação de novos mercados – esta é a significação sociopolítica do comércio mundial (*Weltmarkt*) e das colônias. Estas últimas, não ao estilo "esporádico" como se dava a imigração alemã de então, sem proveito para a mãe-pátria, mas em termos de uma política colonial consciente.

Com esta solução da questão social, Hegel deixa muito para trás a teoria contemporânea; assim como ele também, do ponto de vista da doutrina econômica de hoje, ultrapassa antecipadamente a teoria de Marx da mais-valia do capitalismo, teoria que repousa inteiramente sobre o pressuposto de um sistema econômico fechado. Na Alemanha, as idéias, nesta articulação, apenas se tornaram politicamente efetivas nos últimos decênios antes da guerra, e é curioso observar como Hegel, nesta situação, para acentuar o significado do comércio mundial para o caráter nacional, releva palavras portadoras de incisiva potência interior, de entusiasmo aberto ao mundo, tais como ocorrem, nestes decênios, ao arauto destas idéias, Friedrich Naumann, quando escreve: é o mar, é sua potência vivificante, que substitui, "pelo elemento líquido", "o aferramento à gleba que caracteriza os círculos limitados da vida burguesa do perigo e da derrocada", e como, por isso, "todas as grandes nações, interiormente animadas, dirigem-se ao mar".

Se Hegel, no sentido da tendência principal de seu tempo, houve por bem pensar a necessidade da livre propriedade sem se deixar conduzir pela idéia da propriedade necessariamente igual, tal foi possibilitado através de sua doutrina da ligação entre a propriedade e a família. Mas esta doutrina, e isto ele não ignorava, era ameaçada pelo perigo de uma nova aniquilação, por efeito de seu próprio conceito de sociedade civil. Com efeito, segundo sua própria dedução conceitual, a sociedade procede da eterna dissolução da família; o ato de sair da família faz de um membro da família um membro da sociedade civil. E apenas na classe camponesa se encontra propriamente a base natural de uma vida profissional ligada a uma propriedade familiar estável; na classe industrial, faltam tais ligações naturais. Aqui se afirma a doutrina de Hegel sobre a "corporação": dotada de uma certa auto-administração frente ao Estado, ela se constitui, para o indivíduo da classe industrial, numa "segunda família". Apenas aqui é assegurada a vida familiar. Muito mais fortemente do que no caso da questão da quarta classe, assoma aqui o que há de "reacionário" na doutrina hegeliana da corporação. É verdade que Hegel está longe de desejar renovar a corporação (*Zunft*) "medieval"; de forma alguma a sua corporação deveria possuir, como aquela, legitimidade própria frente ao Estado. Mas, do ponto de vista da doutrina dominante da liberdade de empreendimento industrial (*Gewerbefreiheitslehre*), tratava-se de um meio vigoroso; Hegel necessita disto para manter seu pressuposto fundamental – a necessidade da livre propriedade – sem que o conjunto de sua concepção seja afetado. A liberdade de indústria representava para ele, como para os seus compatriotas alemães, pelo menos os alemães do norte, uma exigência óbvia desde A. Smith: "no seu todo" a "relação correta" entre produção e consumo se estabelece "por si mesma". Mas ela torna o controle do Estado sobre a formação de preços, a qualidade dos produtos alimentícios etc., tão pouco supérflua como em 1802 e 1805, e isto devido aos mesmos motivos. E, se Hegel permanece aqui em uma concordância de fundo com a economia clássica da Inglaterra, na medida que limita a liberdade de indústria por corporações (*Korporationen*) ao estilo de corporações medievais, ele diverge de seus pensadores, Smith, Say, Ricardo. Pois, ainda que estes reconheçam, todos, na garantia do patrimônio familiar, uma condição prévia da para eles óbvia existência da propriedade privada, nem de longe o percebem com a acuidade de Hegel, e por isso não lhes parecia verdadeiramente necessário assegurar esta garantia por meios tão fortes como aqueles que Hegel julgava adequados.

Além desta sua significação, em sentido amplo, sociopolítico, surge da "corporação", assim como da família, parte da disposição de alma que o Estado pressupõe: o indivíduo sabe ser, aqui, "reconhecido como pertencente a um todo, sendo ele mesmo um membro da sociedade em geral, dirigindo seu interesse e trabalho à finalidade não-egoísta deste todo – ele tem, assim, em sua classe, a sua honra". A família e a corporação constituem juntos a raiz do Estado, não como toda a ciência social mais antiga julgava, na condição de organizações a partir das quais o Estado se constituía ou se edificava, mas como oficinas (*Erzeungsstätte*) desta disposição de alma que o Estado pressupõe. A corporação cumpre esta tarefa especialmente pela conversão ética (*Versittlichung*) da "sociedade civil", originalmente vertida totalmente ao egoísmo do indivíduo. Os costumes naturais-inconscientes da multidão ensinam o homem a se integrar a um todo; o trabalho consciente, visando a alcançar as necessidades de uma comunidade, lhe é ensinado pela corporação. Hegel mesmo, de modo muito sutil, refere a oposição entre a família e a corporação àquela entre a zona rural e a cidade, entre camponês e cidadão. O Estado se edifica por sobre ambos estes elementos; ele pressupõe ambas as disposições de alma, e ao mesmo tempo. O fato de que Hegel faça partir a sua filosofia do Estado do conceito da vontade, que se recuse a conceber esta vontade de forma unilateral como vontade formal da personalidade jurídica ou como livre arbítrio do homem moral, e que, pelo contrário, eleve a vontade do indivíduo ético por acima da vontade jurídica constringente e do sentimento moral – tudo isto conduz a um resultado decisivo. A construção do Estado de Hegel procura, para seu fundamento, o conceito de uma disposição de espírito de Estado (*Begriff einer Staatsgesinnung*).

O movimento moderno do direito natural, à proa do qual Hegel, com esta proeza científica, se posta, parte do indivíduo, como já elucidamos e ainda deveremos observar de mais perto, e procura, desde aí, chegar ao conceito de comunidade. No homem singular, Hegel conhecia certamente os impulsos de alma que, direta ou indiretamente, conduziam à comunidade, mas ele não suspeitava, no início, de uma vontade de comunidade, simultaneamente consciente e percebida como necessária. Ele não poderia saber nada disso, pois seu objetivo se constituía exatamente na construção do devir da comunidade a partir do homem singular pura e simplesmente isolado, cujos impulsos, mesmo quando tinham como objeto a comunidade, dirigiam-se conscientemente apenas às suas próprias satisfações. Constituía-se em mérito histórico do direito natural haver chegado a uma tal conclusão e a nenhuma outra. O valor próprio, ou, pelo menos, o direito próprio da comunidade, valia como conteúdo indubitável da revelação (*Offenbarung*). O direito natural, como ciência temporal, havia construído, no sentido deste século, algo grandioso, ao demonstrar a igualdade a partir de premissas puramente temporais, seja para ratificar a verdade revelada, seja para torná-la supérflua. Como uma tal premissa puramente temporal oferecia-se por si mesma o conceito de indivíduo egoísta, base do direito romano, e tal como a Igreja o propunha – o homem fora da revelação. Daí procedem as teorias de Estado de Grotius como de Hobbes, de Locke como de Rousseau, e é sob esta forma que o problema foi assumido, e resolvido, por Kant e Fichte. Mas, para os pensadores alemães, isto que para os seus predecessores se constituía em bom senso – partir do homem "natural" – era uma contradição em seu próprio sistema. Eles haviam, como os primeiros espíritos liberados da precondição dualista no âmbito da cultura cristã, proposto um conceito moral de homem que em nenhum sentido deveria se constituir, fosse como reprodução, fosse como oposição a um conceito de homem revelado. Em Kant e Fichte, pela primeira vez no mundo moderno, a razão moral havia reivindicado o direito de determinar por si mesma a lei da vida, sem a admissão prévia de outras fontes além de uma tal lei. Com isto, retirou-se, a rigor, a base de um direito natural à moda antiga. O dualismo de carne e espírito tornou-se puramente interior ao homem; a razão achou, em seu próprio seio, a si mesma e o não-racional, o inteligível e o empírico. Desta forma, a dedução da comunidade deveria se dar a partir do novo conceito de homem do idealismo, ou seja, o homem "por inteiro", e não o homem "empírico" em oposição ao homem "inteligível". Mas a influência da ciência do direito natural pré-idealista, e especialmente aquela de Rousseau sobre Kant e Fichte, era tão forte, que tal coisa, ainda que necessária, não se deu: tanto a doutrina de Estado de Kant de 1797 como a de direito natural de Fichte de 1796 partem ainda de um conceito de homem que significava, para ambos os pensadores alemães, apenas uma abstração científica, e não uma verdade científica; ainda uma vez chegou-se à construção da comunidade a partir do "homem empírico".

É aqui que a contradição de Hegel se estabelece desde o princípio. A sua polêmica no ensaio sobre as "Diversas Formas de Tratamento do Direito Natural" de 1802 distinguia Kant e Fichte de seus predecessores exatamente nesse sentido, que estes pensadores do direito natural anteriores haviam partido ingenuamente de certas determinações singulares do homem natural; Kant e Fichte, ao contrário, muito embora houvessem chegado, a se julgar por suas intenções, à grande idéia segundo a qual "a essência do direito e do dever e a essência do sujeito pensante e volitivo constituem simplesmente uma unidade", que haviam proposto por base, haviam, todavia, abandonado esta grande idéia e construído o direito natural como um "sistema de obrigação", ao contrário da ética, concebida como "sistema da liberdade". Hegel viu conscientemente, desde o início, sua tarefa de evitar uma recaída na ética pré-kantiana e na frutificação do âmbito jurídico-filosófico e da filosofia do Estado através daquela idéia, na qual ele então reconhecia o "grande lado" da filosofia de Kant e Fichte; também agora presta ele homenagem ao "pensamento da infinita autonomia" enquanto o "firme fundamento e ponto de partida" de todo conhecimento da vontade. Por outro lado, ele via também em Rousseau, tão bem como haviam feito Kant e Fichte, a coroação conclusiva de todos os esforços do direito natural. Para o filósofo alemão, o mérito do grande genebrino se constitui em haver feito da vontade, e da vontade consciente, o "princípio" do Estado. Que também ele haja permanecido, muito embora, fixado em uma concepção de tal vontade como vontade irracional, nisto ele reconheceu o "erro", do qual teria provido a revolução. Pois o que importava seria ter considerado a vontade como algo "racional em si e para si". O que, para Hegel, tal significava, acaba de ser exposto.

Esta concepção da vontade como "racional em si e para si" exige imediatamente que esta "vontade" não tenha validade apenas para a vontade do indivíduo. Pelo fato de se constituir em todo o seu ser como "racional", ela é tanto a ordem superior à qual o indivíduo se integra como este indivíduo mesmo. Ou, dito de outra forma: na medida que a vontade – tal como Hegel a concebe, opondo-a àquela do antigo direito natural – é reconhecida como conteúdo essencial do Estado, o Estado é, igualmente, reconhecido como conteúdo essencial da vontade. Portanto, a vontade tem sua realidade simultaneamente nos "costumes" de todos e na "autoconsciência" do indivíduo; nenhum pode ser pensado sem o outro: esta é a essência do Estado. A firme ligação com o "costume" desta vontade não deve turvar a clareza da consciência: já ao início é proposta expressamente, em oposição ao "sentir" ético dominante na família, a "piedade", o querer consciente do objetivo superior, através do qual a "virtude política" distingue-se daquela "piedade". A essência fundamental da vontade, da qual Hegel se utiliza para construir o Estado, é sua ambivalência, que a faz ser, a uma só vez, consciente e "racional", interior ao indivíduo e superior a ele, pessoal e suprapessoal. É por isso que Hegel, quando analisa inicialmente o Estado como figura isolada, ainda não como um Estado entre outros Estados, pode circunscrever mais precisamente este conceito de vontade como "patriotismo". É por isso, igualmente, que, quando ele passa ao exame do Estado segundo suas relações exteriores, reencontra esta ambivalência do conceito na conexão de soberania jurídico-estatal, em sentido interno, e de soberania estatal em sentido externo; e, finalmente, é por isto que ele pode, ao apresentar o Estado mesmo como membro servidor do todo da história universal, evidenciar a mesma vontade com duas faces, "efetiva" e "racional", naquilo que lhe aparece como essência da história universal: a efetivação (*Verwirklichung*) da necessidade histórico-universal – o que significa: a razão – através da história do destino dos povos (*geschichtlichen Völkergeschicke*), encontrando-se ambos no herói histórico que faz do necessário da história universal o objeto de sua paixão pessoal. O patriotismo, a soberania, o momento histórico universal – ou, de outra forma expresso: o cidadão, o príncipe, o grande homem –, estes são os pontos focais dos quais Hegel faz irradiar sistematicamente a essência do Estado como vontade, após haver estabelecido sistematicamente o advir deste conceito de vontade nas formas infra-estatais.

"Patriotismo" – é assim que Hegel denominou a unidade da disposição de Espírito política e seu objeto, e ele vê aí, como já dito, a base do Estado inteiro. Trata-se, como já sugerido, de um daqueles conceitos de reciprocidade que articulam uma disposição subjetiva e o mundo objetivo. Hegel designa, especialmente aqui, este mundo objetivo, no qual vive o patriotismo, como sendo as "instituições". No Estado, o "supremo direito" dos indivíduos coincide com o "supremo dever". Torna-se, neste ponto do sistema, significativo, que Hegel venha a fundar o Estado não apenas sobre a vontade jurídica, mas, igualmente, sobre a vontade "moral" – aquela vontade que deseja atuar igualmente a favor daquilo que interessa a ele, e, de forma mais geral, deseja encontrar sua "satisfação subjetiva" na realização do fim superior. Assim, instituição e patriotismo se exigem e condicionam-se mutuamente. Hegel rejeita expressamente a utilização do termo "patriotismo" apenas para ações extraordinárias: ele é, antes, "a disposição de Espírito político como querer tornado hábito" e, assim, "o resultado das instituições vigentes no Estado"; "a confiança e a disposição de espírito dos indivíduos" em favor do Estado repousam sobre esta firme base das "instituições" como "colunas-mestras da liberdade pública". Somente a "consciência que se prova no curso da vida corrente", que nelas habita, pode então "fundamentar a aplicação de extraordinário esforço".

As idéias que Stein e seus colaboradores haviam enraizado no renovado sistema estatal prussiano ecoam indubitavelmente nestas passagens que Hegel estabelece previamente a seu esquema de construção ideal do Estado. Os reformadores haviam sido unânimes em considerar que um espírito capaz de "extraordinário esforço", necessário pela iminente libertação da dominação estrangeira, só poderia assentar sobre a base de instituições livres. Hegel havia, ainda que mais tarde, dado testemunho da verdade desta idéia, em seu discurso inaugural de Berlim; quando ele agora a põe na base de sua descrição das "instituições", ele conecta a sua filosofia do Estado à grande época do Estado prussiano, referida ao passado recente – ele escreve em 1820. Pode-se, assim, perceber naquelas passagens a ressonância da atmosfera da contemporaneidade política, amortecida e prematuramente saturada. O "patriotismo extraordinário" recua à retaguarda do moderado *pro patria vivere*, que exige o "decorrer normal da vida", e no qual Hegel vê a disposição de espírito "essencial" ao Estado. Mas ele parece não levar em conta a possibilidade das tarefas que fariam novamente daquela disposição "extraordinária" algo "essencial". De qualquer forma: ele constrói o seu conceito de constituição sobre a interação recíproca entre instituição e disposição de espírito; esta interação recíproca, ainda que preparada através da totalidade do desenvolvimento da idéia de Estado de Hegel, especialmente na primeira *Propedêutica* de Nuremberg, na qual a tendência moralista-individualista ressoa claramente, torna-se apenas quando da transferência para Berlim o fundamento sistemático da doutrina da vida interior do Estado. Pois apenas então adquire esta idéia uma validade geral e visivelmente separada de todas as limitações de classe; é verdade que existe ainda a classe do serviço de Estado, bem como a diversidade, em termos gerais, das relações entre cada classe e o Estado; mas as classes tornaram-se figuras econômicas, e, como tais, relegadas do Estado à "sociedade". Não existe, para o indivíduo, disposições de espírito fundamentalmente diferentes, a partir das quais ele possa se sentir como pertencente ao Estado ou estranho a ele; existe apenas ainda aquele "segredo do patriotismo", através do qual cada um é ligado ao Estado, pois cada um, no Estado, tem "o meio de obtenção de seus fins particulares" – a instituição constitucional.

Esta igualdade de disposições de espírito é agora a única igualdade que Hegel reconhece para o Estado – mas não para o direito ou a moral. Apenas em relação ao "patriotismo" é que ele fala, sem maiores detalhes, de "cidadãos", no novo sentido supraclasses (*überständischen*) que o termo adquiriu no movimento do direito natural moderno. Afora a igualdade ante a lei e o direito da particularidade individual exigida pela moral, tal como exercido no mundo moderno pela livre escolha da profissão, Hegel apenas admite a igualdade dos cidadãos, no sentido suprajurídico, supramoral e supra-social, e apenas aqui, na forma de igualdade de disposição de espírito. Quanto ao resto, pertence justamente à essência do Estado, como também da família, que persistam diferenças em termos do conteúdo dos deveres e que, por exemplo, do membro do governo não se exige uma outra disposição de espírito, mas uma outra obra que aquela dos governados. Em termos de direito e de moral, cabe a cada indivíduo o mesmo; em termos de relações éticas, por outro lado, cabe a cada um algo diverso, e é exatamente desta diversidade dos direitos a serem cumpridos que se estatui, no Estado, como a suprema relação ética, o devir da consciência de "cidadão" ao "súdito", pela qual as três igualdades – do homem diante da lei, do indivíduo na escolha da profissão e do "cidadão" através da disposição patriótica – se encontram: direito à proteção de sua pessoa e de sua propriedade, direito à consideração de seu bem-estar particular e à satisfação de sua essência e direito, finalmente, ao sentimento de si enquanto membro de um grande todo. Assim conecta Hegel o conceito da consciência geral civil-estatal com a constituição articulada. "A disposição de espírito retira seu conteúdo determinado especificamente dos diferentes aspectos que apresenta o organismo do Estado". A sistemática que se erige a partir desta associação torna-se por si mesma a sistemática destes "diferentes aspectos"; o patriotismo permanece como a forma geral, quando Hegel procura agora apresentar os elementos individuais da constituição do Estado como uma conexão objetiva de instituições. Esta conexão pode ter valor ético apenas na medida em que repousa completamente, e em cada ponto particular, sobre a comunidade da disposição de espírito estatal e de instituição que constitui o seu pressuposto universal.

Por "constituição" Hegel havia inicialmente entendido, segundo o uso da linguagem do século XVIII, a articulação social tal como esta se oferecia como matéria-prima ao governo. Mas já em seus primeiros manuscritos sobre a questão, o novo e revolucionário sentido da palavra, segundo o qual é designado o "pedaço de papel" que paira sobre todas as ações governamentais, havia se imiscuído nele, este duplo sentido da palavra lhe oportunizou tratá-la de uma forma a tal ponto geral, que ela abrangia tanto o antigo como o novo significado. A constituição do Estado significava assim para ele, em 1802, tanto o regime das ações do governo como a estrutura social do povo. No mesmo sentido, ele havia intitulado, em 1805, toda a filosofia do Estado "Constituição", retomando, para seu próprio uso, a palavra francesa que, em 1802, designava para ele o inaceitável conceito revolucionário de constituição. Neste esclarecimento do conceito de Estado, que conduz, em 1820, ao conceito de cidadão e de sua disposição de espírito, o "patriotismo", e que pressupunha o deslocamento das classes na doutrina da sociedade, oferecia ao conceito de constituição um sentido novo e essencialmente mais próximo do moderno uso lingüístico. Ele não significa mais a unidade entre governo e povo, mas a unidade de homem e Estado, de disposição de espírito e instituição. A "constituição política" é doravante o "organismo" existente, da qual a disposição de espírito deve extrair o seu "conteúdo determinado", e ela é, por outro lado, o regime e a atividade dos "poderes" que constituem o Estado. Ela é assim, aproximadamente, aquilo que lhe aparecia em 1802 como "rudeza"; ou seja, com a palavra constituição não é designado, ou não é apenas designado, a estrutura da construção do Estado, mas uma relação imediata entre o Estado e o indivíduo, tal como o novo conceito francês de "Constitution". É exatamente esta relação imediata que ele agora reconhece como essência da constituição; é sobre ela que ele edifica a articulação do Estado. Que este conceito de constituição significa uma aproximação àquele conceito de "Constitution" rechaçado em 1802, tal é claramente demonstrado pela determinação que Hegel dava em 1807, no mesmo momento em que, também por ocasião da questão de Württemberg, a idéia de constituição escrita, no sentido moderno, se torna familiar: "a constituição", dizia ele então,

contém as determinações das formas pelas quais a vontade racional, na medida em que ela constitui em si a universalidade dos indivíduos, é compreendida e encontrada, e preservada em sua realidade, através da atividade do governo e de suas ramificações particulares, protegida tanto da individualidade contingente deste quanto do individualismo dos indivíduos.

Assim como já então – e pela primeira vez – a constituição significa para ele também em 1820 a relação entre o todo e a vontade individual, relação que se realiza na organização estatal. A *Enciclopédia* de Nuremberg havia já igualmente tentado circunscrever o conceito moderno de constituição; porém, como não havia ainda extraído claramente o conceito de cidadão da articulação em classes, havia circunscrito a constituição como "distinção e relação dos poderes do governo", e caracterizado como seu mais eminente conteúdo – não como, desde 1817, sua essência – os "direitos dos indivíduos em relação ao Estado e a extensão da sua participação". Esta separação entre administração e direitos individuais correspondia ao espírito da moderna organização francesa do Estado, tal como era dominante na Baviera à época em que Hegel escrevia a *Propedêutica*; o conceito de constituição definido por ele em 1817 e 1820 correspondia ao espírito da Prússia moderna, pelo menos como se dava entre os herdeiros do ideal de Stein: a edificação do Estado por sobre a base geral da relação do indivíduo ao todo desde o ponto de vista de sua disposição de espírito – expressando com palavras de Hegel: promover a "unidade de direito e dever". O que se releva nesta relação fundamental, o "organismo do Estado", permanece ainda em 1820 uma doutrina dos "poderes".

A relação de Hegel com este importante conceito da nova doutrina do Estado experimentou singulares reviravoltas. Em 1820, ele recusa, contra Kant, que também aqui assumia o movimento jusnaturalista, a clássica divisão entre os poderes judiciário, legislativo e executivo; e, ao elevar, por um lado, o ápice do Estado acima daquela região de divisão de poderes – constituindo-se assim, neste aspecto, em um precursor das teorias de Constant – e, por outro lado, ao tentar sintetizar naquele poder ou, como ele preferia dizer, no "sistema de governo", a política interior e exterior, ele articula a atividade do Estado em administração política e econômica, administração do direito e da guerra e política cultural e colonial. Esta tentativa, com sua excessiva ousadia de associar âmbitos tão distantemente situados, não pôde, apesar da significação do pensamento que a fundamentava, viger. O sistema de 1805 não tentava, em virtude de sua forte tendência moral-filosófica, estatuir uma organização estatal, mas se contentava em expor, junto às demais classes e suas respectivas disposições de espírito, também a disposição de espírito da classe dos funcionários. A *Propedêutica* de Nuremberg fala da "distinção e relação dos poderes do governo", tal como haviam sido estabelecidos na constituição; ela mostra assim que Hegel se havia novamente aproximado do conceito de poderes distintos de Locke e Montesquieu, ainda que – nas palavras "e relação" – não sem as reservas que caberiam ao antigo discípulo de Rousseau, defensor de Maquiavel e Robespierre e partidário incondicional da idéia da unidade interna do Estado. Também em 1820 se percebe naquilo que ele, em termos gerais, afirma a respeito da divisão de poderes, a grande experiência francesa que, a princípio, não o havia marcado assim tão profundamente, mas, aos poucos, no decorrer de sua vida, havia adquirido aquele peso decisivo tanto para ele como para a época inteira, o qual havia feito dela uma sempre disponível referência de medida de todo julgamento político:

> Com a autonomia dos poderes dá-se imediatamente, como se pode ver em termos gerais, a ruína do Estado, ou, na medida que o Estado se mantém essencialmente, a luta mediante a qual um dos poderes submete outro, através da qual age a unidade, qualquer que seja a sua natureza, e apenas assim salva o essencial, a existência do Estado.

Hegel recusa, portanto, em função da unidade do Estado, e porque à consciência do Estado não pode caber desconfiança, aquela "autonomia" e sua fundamentação liberal, que remontava a Montesquieu – a recíproca limitação e supervisão dos poderes. A relação entre os poderes não deve se dar em termos de equilíbrio, mas de "unidade viva"; cada um deve se constituir em uma "totalidade", ou seja: deve possuir os outros "ativos em seu interior". Uma disposição como aquela incluída na constituição de 1791, que impedia o acesso ao ministério por parte dos membros da assembléia legislativa e dos detentores de altas funções judiciárias, descreveria aproximadamente o que Hegel pretendia excluir com sua doutrina da divisão dos poderes.

No que diz respeito aos detalhes desta doutrina dos poderes, aos aspectos nos quais difere do tríptico de Montesquieu, isto se deixa reconhecer já a partir da objeção que Hegel, em sua própria doutrina dos "sistemas" de governo, dirige em 1802 a Kant, por haver este assumido a divisão de Montesquieu. Ele acusava então Kant de haver posto, como fecho conclusivo do Estado, o poder judiciário, e sustentava, por sua parte, uma vez aceita a legitimidade da divisão entre os poderes, que ao executivo cabia ocupar o lugar reservado por Kant ao judiciário. Permanece válida, para Hegel, aquela concepção do Estado como potência, que se havia estatuído contra a doutrina kantiana do Estado de direito; e quando ele, agora, empreende uma estruturação segundo seus "poderes", então é claro que o supremo poder seria o "executivo" de Montesquieu. A rica articulação sistemática do todo, na qual é garantido um tratamento próprio ao direito e sua administração pelo Estado, permite agora, em comparação com 1802, que o "judiciário" possa ser completamente deixado de lado em sua condição de poder especial. Por outro lado, a estrutura da seção consagrada à constituição, na qual a parte dedicada aos poderes não constitui senão uma subseção, prova que o ápice do Estado não intervém apenas na condição de um poder entre outros; o chefe de Estado somente pode aparecer aqui como um poder entre outros, ou seja, em sentido estrito da expressão: apenas em sua função "executiva", como a "última instância de decisão da vontade". Como Hegel mantém a disposição de Kant dos poderes segundo a ordem dos termos de um silogismo, para ele, como para Kant, ao poder legislativo é assegurada a mesma posição de premissa maior: "o poder de determinar e estabelecer o geral". Entre a conclusão e o primeiro termo do silogismo, que funda a generalidade, permanece espaço para o segundo termo, o qual deve "subsumir" (*subsumieren*) "os casos particulares no geral". Kant, para quem o poder judiciário correspondia à conclusão, havia relegado este espaço intermédio ao Executivo; Hegel, que não reconhece no judiciário um poder propriamente dito, vê aqui o lugar do "poder do governo", ou, como podemos escrever: a administração. Esta obtém, assim, a validação sistemática que Montesquieu lhe negava. O *pouvoir exécutif* francês havia sido acusado de não haver se dedicado senão à política exterior do governo, desconsiderando a esfera da administração interna; para Hegel, que traça uma imagem ideal da constituição inglesa de seu tempo, tal se pode explicar pela situação da Inglaterra de então, com sua centralização parlamentar da administração. Hegel, com a situação prussiana ante seus olhos, pode ver facilmente o que havia escapado à percepção dos franceses: que o funcionalismo como tal possui um poder político próprio, não anulável através de legislação. Assim, Hegel organizou os poderes na ordem em que se dá a ação do Estado no decurso normal da vida política: a lei fornece a norma, o funcionário a aplica, o chefe de governo dá a decisão formal. Mas, na sua exposição, ele inverte a ordem: inicia com o supremo poder de decisão. O motivo disto é claro, quando tomamos a definição própria de Hegel deste poder, em lugar da definição que temos utilizado: ele o chama, simplesmente, "poder principesco" (*fürstliche Gewalt*). Não se trata, para ele, de um chefe de Estado qualquer, que poderia ser expresso por um corpo constituído ou por uma decisão do povo, no qual a derivação construtiva hegeliana da vontade decisória como terceiro poder, na posição de conclusão, pudesse ser mantida; pois Hegel tenta desenvolver o caráter monárquico deste poder como filosoficamente necessário. Porém, o indivíduo não pode, pelo conjunto dos pressupostos do pensamento hegeliano, constituir-se no "último"; o "eu quero" singular posta-se, em termos sistemáticos, sempre apenas ao início, mesmo quando tem, no que diz respeito à sua atribuição, uma significação conclusiva. E assim inicia Hegel a sua doutrina da constituição, não com o conceito de chefe de Estado, mas com o de príncipe.

É necessário que se conceba o que isto representa. Nenhuma dedução racionalista da monarquia havia até então ousado propor, sem mais, a identidade entre o mais alto poder estatal e a personalidade do príncipe. Seja por motivos de oportunidade, seja pelo fato de que a dedução aqui derivava para sendas teológicas ou históricas: o fato é que a dedução racional seguia sempre apenas até o ponto do poder supremo em geral. Também Hegel havia, como lembramos, procurado esta dedução do ápice do Estado em termos de um corpo constituído, inicialmente, por um lado, em moldes republicanos, mas, por outro lado, também em moldes esclarecidos-monarquistas. Mas já então os motivos que ele utilizava para a elaboração desta curiosa figura teórica se constituíam de tal modo que poderiam conduzir facilmente a uma teoria da monarquia. Tratava-se, acima de tudo, da idéia de que o Estado, de resto racional, deveria possuir um ápice extra-racional, "natural". Hegel ainda não via este ápice como indivíduo (*Individuum*); tal não lhe era possível, porque ao indivíduo como tal, na figura do Estado de 1802, não era reservado nenhum lugar. Em 1805, a situação já era outra. Hegel havia então assentado inicialmente como base de sua filosofia do Estado o conceito de vontade, e a diversidade dos indivíduos contrapunha-se ao poder do príncipe, ao "indivíduo primeiro" (*das eine Individuum*) – e ambas, a diversidade como a unidade, não se constituíam elas mesmas no suporte do todo, o qual, antes, "conduz-se livremente, com relação a estes extremos... independente em relação ao conhecimento dos indivíduos singulares como da natureza do regente". O antigo Estado livre, no qual coincidiam povo e chefe de Estado, é precisamente, por esta razão, uma forma inferior de Estado: é apenas pelo fato de que povo e chefe de Estado estão separados, que é possível a liberdade, ou seja, a "autonomia" dos indivíduos. A vontade do chefe de Estado exige agora sua contrapartida. A dedução de 1820 difere essencialmente desta pelo fato de que a personalidade do príncipe não pode aqui ser de forma alguma deduzida em termos de um elemento do Estado, ou seja, a partir dos conceitos governo, povo, liberdade, mas como um membro da organização estatal. Tal não foi, em 1805, absolutamente tratado desta forma – o que é altamente significativo, pois a ordenação fixa das repartições e instituições não se submetia facilmente à nova idéia, pela qual o Estado se esclarecia a partir da vontade subjetiva. Em 1820, Hegel encontra então o caminho para a submissão também deste mundo ao conceito fundamental da vontade subjetiva, desenvolvendo-o a partir do conceito de poder principesco.

O príncipe se constitui para Hegel, desta forma, acima de tudo em personalidade. A doutrina inteira das formas de governo, tal como havia sido considerada anteriormente, encontra-se assim para ele *a priori* desqualificada. Monarquia, aristocracia, democracia, não se postam lado a lado como possibilidades igualmente válidas. Não é, a rigor, como Fichte havia julgado em seu *Direito Natural* e mesmo Hegel inicialmente, indiferente se "um só", "alguns" ou "todos" estão à cabeça do Estado. A "monarquia constitucional" moderna não pode, como a monarquia antiga, aparecer como uma terceira forma junto à aristocracia e à democracia. Estas três formas, também a monárquica em termos de sua "significação restrita", pertencem todas ao passado; elas pressupõem um Estado não-interconectado, algum domínio geral qualquer, que não importa quantos o exerçam. Ao contrário, o sofisticado Estado que Hegel se esforça em constituir deve crescer necessariamente deste germe da vontade pessoal e ser completamente preenchido por ela. Este crescimento dá-se conceitualmente em toda a dedução que conhecemos, e especialmente na formação da disposição de espírito do Estado (*Staatsgesinnung*) na família e na corporação social, disposição esta simultaneamente ingênua e consciente. A impregnação pela vontade pessoal é garantida na liberdade social, na escolha livre da profissão, que Hegel valoriza de forma tão extrema, que a caracteriza reiteradamente como a diferença principal entre o Estado antigo e o moderno. Até agora, não foi senão considerado o Estado em geral. Mas, na medida que este Estado, nascido da vontade e por ela nutrido, deve se constituir em organização, ou seja, em verdadeiro poder no sentido da antiga determinação conceitual hegeliana, então a personalidade como tal deve ocupar também aqui um lugar no mundo das instituições, para que se faça justiça à vontade pessoal. Assim, o príncipe, a bem de sua personalidade, se constitui em uma instituição estatal, um "poder" em sentido jusnaturalista; e, para fazer do mundo da instituição um mundo da vontade, ele deve ser concebido como a raiz de todas as instituições, como o "primeiro" dos três poderes.

Através deste complexo cruzamento de idéias, aparece agora, na figura hegeliana de monarquia, uma particular ambigüidade, que apenas encontrará seu completo esclarecimento para além do âmbito da constituição interna, no conceito de soberania externa. O príncipe, do ponto de vista sistemático, é a origem de toda atividade do Estado – "primeiro" poder – e simultaneamente, do ponto de vista prático, apenas a "vontade formal" conclusiva, praticamente despossuída de conteúdo, através da qual se dá a decisão nascida por via administrativa do governo e da vontade popular. E, na condição de um "terceiro" poder de tal tipo, ele é novamente, e exatamente por isso, na perspectiva do sistema, o poder supremo. Diz-se que, na acusação de que Hegel teria descrito a posição do rei apenas como a "colocação dos pontos nos ii", Frederico Guilherme teria exclamado: "e o que acontece se o rei não os põe?"; a esta resposta, o professor teria podido se sentir completamente bem compreendido pelo rei. E, todavia, é novamente o príncipe, na medida em que é o "primeiro" poder e origem de todo governo, apenas o indivíduo mais inferior, "simplesmente" vazio; o seu conteúdo, o "i" à espera de seu ponto daquela anedota, deve lhe provir previamente desde a necessidade histórica objetiva do Estado, para que ele possa provar-se eficaz e poderoso. Por um lado, liberdade e espiritualidade viva crescente constituem a essência do Estado – bem como a forma, o direito, a regra: estas duas forças opostas, mas concomitantes, condicionam a visão de monarquia de Hegel. Tal é particularmente visível na inversão de uma ordem que acaba de ser estabelecida na obra seguinte, fato muito notável no sistema hegeliano. Esta profunda oposição intelectual é que torna a concepção hegeliana de monarquia tão brilhante; e, apenas na medida que se constitui em uma oposição grandiosa, mas eterna, historicamente enraizada na essência do Estado – entre liberdade e forma, vida e direito, espírito e regra –, apenas então é que pode ser referida à situação de fundo da Prússia desta época.

O poder principesco, vontade no que diz respeito à sua essência mais interior e à sua realização mais exterior, articula-se de tal modo, que ele contém em si o característico de todos os três poderes, de forma semelhante como se dará posteriormente em relação aos outros dois poderes: tem uma relação com a lei existente, com a elaboração administrativa das particularidades, e está na posição da decisão última. Destes três "momentos", constitui-se, portanto, este último, com relação a ambos os outros – posição vis-à-vis à constituição e ao corpo de funcionários – em seu "princípio distintivo". O poder do príncipe é essencialmente "autodeterminação absoluta". Como tal, ele é determinado pelos três conceitos – soberania, personalidade e naturalidade. O primeiro destes se constitui, antecipadamente, no conceito de partida (*Ausgangsbegriff*) do sistema da "constituição interna do Estado", a "determinação fundamental do Estado político", aproximadamente como, no todo do sistema, o primeiro subconceito da primeira seção da primeira parte, o "ser", é o germe do todo. É assim a partir da soberania como determinação mais geral e mais vazia que se deve deduzir, segundo o modo de pensar hegeliano, toda a constituição. Hegel explica a soberania – trata-se inicialmente, note-se, apenas da soberania intra-estatal – como a negação subjacente, ao todo articulado, de sua própria articulação. Ou seja: embora o Estado se decomponha "em muitos negócios (*Geschäfte*) e poderes particulares", e embora estes negócios se encontrem nas mãos de algumas pessoas particulares, esta decomposição não pode nunca significar a decomposição do Estado, nem esta relegação a mãos particulares a sua expropriação. O Estado permanece sempre o universal dominante, segundo sua especificação em termos de coisas como em termos de pessoas; seus negócios particulares devem ser determinados "na Idéia do todo", e a pessoa singular deve assumir a função apenas devido às suas "qualidades universais e objetivas". Esta é a soberania, e, como expressa agora Hegel com um novo conceito, a "soberania do Estado".

Neste ponto de sua história, o conceito de soberania está estabilizado. Desde que a modernidade, segundo as condições da situação do século XVI, havia estabelecido este conceito de domínio na condição de determinação essencial do Estado, a questão que havia se colocado reiteradamente dizia respeito ao suporte desta dominação. Mas, exatamente porque o conceito de soberania designava o domínio como essência do Estado, desfazendo assim a divisão aristotélica entre essência do Estado e forma de governo, a questão pelo suporte da soberania converte-se constantemente na questão pelo suporte da autoridade pública última. Em lugar de uma teoria puramente formal do Estado chega-se assim a teorias altamente materiais do governo, culminando, com a oposição concebida exclusivamente como entre soberania do povo e soberania do monarca, no beco sem saída de uma luta política interna pelo poder. Hegel foi o primeiro que restituiu vigor científico ao conceito de soberania. Iniciando por desenvolver a soberania enquanto tal, ainda sem relação expressa com seus suportes humanos, cria ele o conceito de soberania do Estado. Este termo indica inicialmente nada menos do que a essência do Estado.

É altamente característico como Hegel procura agora compreender mais exatamente esta essência, em articulação àquela relação da soberania à especificidade da vida estatal. Nesta relação que, em tempos normais de paz, se constitui na construção inconsciente do todo através da vida própria das partes e da consciente automanutenção do todo através da reivindicação das partes, existe, segundo Hegel, uma comparação e um conceito genérico. O Estado é comparado à relação entre o organismo e seus órgãos; ele é ordenado à relação que se dá entre a livre vontade e suas decisões, na qual a vontade jamais deixa de ser livre – ela é simultaneamente "substância" e "sujeito", existência e vontade. E, à idéia diretriz consciente de Hegel, que consistiu em "elevar a substância à posição do sujeito", ou seja, revelar um mundo como determinado e penetrado pelo Espírito, correspondeu que, como na "livre vontade" em oposição ao "organismo" – o que é mais do que uma metáfora –, o Estado apenas seja "substância", apenas possua existência, quando ele é "sujeito", vontade. A soberania "substancial" do Estado se efetiva na personalidade "subjetiva" do monarca.

O monarca não é "soberano" – apenas o Estado o é –, mas uma pessoa. A personalidade que é atribuída ao Estado no conceito de soberania – soberania como livre vontade do Estado –, esta "personalidade" apenas existe "como pessoa". A "individualidade do Estado" – uma outra expressão para sua soberania – necessita de um "indivíduo", o monarca. O indivíduo é o que "tem seu ponto de partida simplesmente em si mesmo"; não é dedutível nada além disso, não é passível de ser constituído por partes – deve ser aceito tal como é.

Mas, exatamente por isso, o chefe do Estado tem de ser um indivíduo, de modo a que a vontade final no Estado possua esta originariedade indiscutível. Deve ser um indivíduo; mas com isso nada ainda foi dito sobre a natureza da origem de sua dominação. E Hegel refere aqui – e não, como se poderia esperar, com relação ao conceito de hereditariedade, posteriormente tratado – a idéia de monarquia fundada sobre o direito divino (*Gottes Gnadentum*) como a representação de sua essência "que mais se aproxima de sua verdade", ainda que dando oportunidade a incômodos "mal-entendidos". Talvez ele não esteja consciente que, através deste enraizamento do conceito, ele o desenraiza completamente. Quando, em 1802, em seu *Sistema da Eticidade*, ele diz, a respeito da mais alta autoridade, que ela ocupa lugar no Conselho Supremo (*Rate des Allerhöchsten*), e deriva esta divindade imediatamente de sua "naturalidade", de sua posição fundada puramente em seu envelhecer natural, o conceito de direito divino encontravase, embora Hegel ainda não fosse monarquista, mais próximo do que agora, quando ele se esforça por derivá-lo não mais da "naturalidade", mas da "personalidade" do príncipe. A representação segundo a qual o direito divino e a sucessão hereditária dão-se de forma articulada, encontra a essência da coisa, a monarquia "por direito próprio". Hegel, que procura compreender o direito divino a partir da necessidade de uma posição suprema, decisória e sem necessidade de justificação, no Estado, a apóia finalmente não sobre seu direito "próprio", mas sobre o direito do Estado. E quando se reconhece uma linha principal do moderno desenvolvimento das idéias políticas no fato de que o Estado visa a transformar todos os direitos autônomos em direito do Estado, então o deslocamento hegeliano da posição do direito divino inscreve-se neste movimento. Este deslocamento conduz de forma altamente conseqüente o pensador para a empresa que, de outro modo, poderia parecer absurda: procurar traços da idéia de direito divino na república antiga, por um lado no "primeiro homem", e, por outro, no papel político dos oráculos e dos signos premonitórios. E assim como Hegel vê no demônio de Sócrates o presságio da onipotência do "sujeito", que caracteriza para ele a era cristã, ele vê na incondicional pretensão decisória do eu o prenúncio da idéia monárquica. Passa-se em 1820 como em 1805: liberdade do príncipe e liberdade dos cidadãos, ambas estranhas ao Estado antigo, dão-se conjuntamente; enraízam-se ambas no mesmo conceito, desconhecido dos antigos, de livre vontade, que configura desde si o todo moderno do Estado, no qual ambas se dão conjuntamente.

O monarca não é soberano: somente o Estado o é. Mas a soberania é monárquica: o Estado soberano exige o indivíduo monárquico. Pelo fato de que este indivíduo decide, embora sem responsabilidade, mas com o Estado como pressuposto de suas próprias decisões sem responsabilidade, aparece agora como necessário, para Hegel, o conceito no qual a necessidade racional do Estado e a contingência não-conceitual da pessoa decisória coincidam; é o direito de sucessão por primogenitura que lhe aparece assim como conceito capaz de abranger a essência do poder decisório do príncipe e de exprimir a acuidade (*Zuspitzung*) da vontade soberana do Estado até o "último si mesmo" (*letzten Selbst*) pessoal. A "legitimidade" ou, como Hegel diz preferentemente, a "majestade" do príncipe, é assim a reintegração da pessoa no princípio contingente, "este indivíduo", na legalidade objetiva e racional do todo do Estado. A contingência do príncipe, sua "personalidade", se constituía em uma exigência política; pela "legitimidade" esta contingência é reconstituída em termos firmes, em uma ordenação jurídica superior a qualquer acaso. Apenas assim se assegura a unidade do Estado contra o perigo de "recair na esfera da particularidade, e de sua arbitrariedade, fins e opiniões", e ela pode "escapar à luta pelo trono entre as diversas facções". Hegel não mais necessita comparar a "personalidade" monárquica com o chefe da república. A família do príncipe torna-se um elemento necessário do ideal de

Estado. Hegel recusa qualquer fundamentação utilitarista da hereditariedade do trono a partir do "bem" do Estado ou do povo, qualificando-a como falsa e como uma lâmina de dois gumes. A passagem do conceito de poder do príncipe em geral para sua realização na monarquia hereditária dá-se antes com o mesmo rigor, de um modo que nenhuma idéia acessória relativa a fins vem interromper, que caracteriza, na prova ontológica da existência de Deus, a passagem do conceito de Deus à sua existência; Hegel tentou sabidamente, contra Kant, resgatar esta prova. Além disso, porém, permanece o fato de que o conceito de direito divino, em Hegel, não se articula à legitimidade, mas à função estatal do príncipe; a legitimidade é uma necessidade, mas não a partir de si mesma, e sim desde a essência do Estado. Quando Hegel conscientemente não a fundamenta "em um direito positivo", e sim na "idéia", permanece fiel à sua idéia principal: a dedução do Estado, em toda sua abrangência, a partir da vontade.

Os "três" momentos até agora vistos do poder do príncipe – soberania do Estado, contingência pessoal e investimento natural – apenas descrevem o poder do príncipe em relação a si mesmo, apenas em sua "autodeterminação". Segundo o conceito hegeliano de poder, porém, ele deve possuir, em si, uma relação aos outros poderes, o executivo e o legislativo. Esta relação se expressa no fato de que as mais altas instâncias consultivas devem disponibilizar ao príncipe as bases objetivas de suas decisões, e mesmo porque, cabendo apenas a elas a "dimensão objetiva da decisão", em contraste com o príncipe, cuja decisão é puramente "subjetiva", receberão do príncipe, a seu bel-prazer, esta dimensão. A outra relação do poder do príncipe, referida a "constituição e leis", nas quais o Estado preserva propriamente a sua "universalidade", repousa na "consciência moral (*Gewissen*) do monarca" e no "todo da constituição e das leis", as quais, dado o fato de que o direito do príncipe repousa sobre elas, fundam-se elas mesmas também sobre a existência do príncipe. Esta completa reciprocidade, o condicionar-se mútuo de liberdade pública e hereditariedade monárquica, constitui a base fundamental do Estado. "Amor do povo, caráter, juramento, poder" podem ser compreendidos apenas como "bases subjetivas", enquanto as "garantias objetivas" residem apenas nas "instituições". Assim se exerce o poder do príncipe através da esfera do todo da vida do Estado. O mesmo se dá com relação ao "poder governamental".

Esta denominação é atribuída por Hegel à administração. Já se disse como ele introduziu aqui, em contraposição a Montesquieu, algo novo, em termos de conteúdo, na ciência política. E não apenas em contraposição a Montesquieu e à doutrina do poder. É verdade que o conceito de "governo", em sua aplicação aos negócios administrativos, provém já do século XVIII, e Hegel o utiliza desde cedo neste sentido. Mas o século XVIII não viu e não poderia ter visto uma diferença fundamental entre a função estatal do príncipe e a função do "governo", tal como Hegel a estatui em sua doutrina do poder; a concepção dos funcionários como servidores do príncipe interpunha-se no caminho. Na verdade, tal concepção não dominava incondicionalmente, pelo menos na prática; assim, existia já na pátria de Hegel, por exemplo, indícios de um direito dos servidores, e, conseqüentemente, de uma posição autônoma dos funcionários com relação ao príncipe. Moser, o filho, havia lutado com toda a paixão de publicista contra o princípio que se lhe opunha com alguma ingenuidade segundo o qual, no caso de o príncipe vir a querer corromper seu país, o "servidor do príncipe" não tinha nem o direito nem a obrigação de o impedir. E, na Prússia, Stein havia tentado, já antes de Jena, constituir um ministério de Estado independente, mas fracassara. De qualquer modo, é notável o quão cedo Hegel se encontrou inclinado a reservar ao funcionalismo uma posição significativa em seu sistema político. Se sua atividade em 1802 se constituía apenas no simples exercício da vida do povo – uma visão que ainda em 1820 se encontra na determinação de princípio da administração como atividade de "subsunção" (*subsumierenden*) e não de decisão ou de organização –, é-lhe atribuída em 1805, ainda que sem conseqüências sistemáticas, uma valorização específica. E, em correspondência à idéia condutora que consistia então em mostrar a conexão, no Estado, das classes e das disposições de espírito que lhes são próprias, os funcionários são apresentados como constituindo sua própria classe. Da mesma forma, às classes assemelhadas dos oficiais e dos eruditos, e diferentemente das classes dos industriais não pertencentes ao governo, lhes é atribuída a moderna "moralidade", e tal significava a subscrição da liberdade de coligação em classes da vida ética. Em virtude desta associação, Hegel chegara então, em 1805, à idéia muito particular de que aquilo que se poderia chamar de opinião pública seria representado verdadeiramente na classe dos funcionários: tratar-se-ia do "verdadeiro corpo legislativo". Isto se deu de forma muito semelhante como ele, poucos anos depois, viria a postular em termos de igual valor os "colégios" administrativos e os "estados-gerais" (*Reichsklassen*) como mediação entre o príncipe e o povo. Pode dar-se que esta figura, esboçada em 1805, tenha sido planejada, por exemplo, no que diz respeito à associação nada óbvia entre funcionário e oficial, a partir do direito civil prussiano. Mas, no essencial, sobretudo na equalização entre a burocracia (*Bureaukratie*) e "vontade geral", assim como na caracterização da consciência de classe dos funcionários como "moralidade", ela se explica muito mais a partir da Prússia de 1820 do que de circunstâncias ou teorias das quais Hegel se encontrava próximo em 1805. Na realidade, a teoria de Hegel dos funcionários se distanciou posteriormente desta posição pré-prussiana e prussiana; pode ser que as experiências práticas da época bávara tenham contribuído com isto, mesmo que tenha sido exatamente na Baviera que Hegel tenha apresentado os funcionários pela primeira vez, de forma sistemática, como "poder do Estado" próprio. Do ponto de vista teórico, porém, é especialmente a idéia de auto-administração – superficialmente tratada no sistema de 1805, ainda que fortemente expressa no escrito sobre a Constituição do Império –, que em 1820 penetra na filosofia da administração e transforma a imagem do corpo dos funcionários. Em certo sentido, na medida que a auto-administração de 1820 figura como instituição particular no interior da administração, em correspondência com a auto-administração de 1805, em que se dava a equivalência entre "vontade universal" e administração, estabelece-se exteriormente à administração uma representação popular própria. E, na medida que a auto-administração, especialmente a das cidades, representava então na Prússia o complemento indispensável do funcionalismo estatal e tinha validade como tal, a única figura que se lhe adequa seria a imagem esboçada por Hegel em 1820, correspondendo realmente às condições prussianas.

A importância atribuída por ele à auto-administração se evidencia no fato de que ele inicia por ela. Ele situa seu objeto, em correspondência ao seu conceito de sociedade civil, em "interesses comuns particulares" que lhe dizem respeito, e deseja vê-la exercida pelas "comunidades... corporações e classes e suas respectivas autoridades, dirigentes, administradores etc.". Dado o fato de que sua "autoridade... repousa sobre a confiança dos membros de sua classe e de seus concidadãos", estes devem ser eleitos, embora permaneça reservado ao Estado a "confirmação e ratificação" do processo, assim como, em relação ao conjunto da auto-administração, a supervisão do Estado é indispensável. É sobre a auto-administração e sobre o "espírito corporativo" que, uma vez estimulado, transforma-se por si mesmo em "espírito de Estado", que repousa o "segredo do patriotismo" e, nesta medida, "a profundidade e a força do Estado que habita a disposição de espírito". É esta fundamentação interna da idéia de auto-administração que permite a Hegel tomar soberanamente a liberdade de, contrariamente à sua visão anterior sobre este aspecto da questão e em contraposição à visão dominante do tempo, ignorar a questão do ponto de vista de sua utilidade externa.

Ele não faz menção a uma apreciação então corrente e à qual ele mesmo havia recorrido: a questão de que tipo de auto-administração seria o mais justo; ele chega a recusar, como não-verdadeira, a avaliação de que ela permitiria executar o melhor trabalho. Não se trata simplesmente de uma questão de utilidade, mas de uma questão que ele agora, com um humor que se enraíza em profunda seriedade, assim expressa: "a trabalhosa ou irrazoável ocupação com tais questões sem importância se encontra em correlação direta com a satisfação e a opinião que daí se cria".

Após haver tratado da questão da auto-administração a partir da perspectiva dos funcionários, que em 1805 eram percebidos como sua relação à "opinião pública", Hegel examina agora a organização das autoridades propriamente dita. Ela repousa sobre uma divisão interna de trabalho. Os negócios inferiores, os "mais concretos", ou seja, que se referem à vida em seu todo, devem ser tratados e preparados por autoridades particulares, segundo os elementos "abstratos" nos quais se compõem – autoridades particulares estas que, por sua parte, "confluem novamente no mais alto poder governamental, em uma concreta visão de conjunto". Os postos de altos funcionários devem ser preenchidos em função de capacidades, e não de nascimento; cabe ao príncipe nomear e escolher, segundo sua vontade, entre os candidatos com as capacidades requeridas. Através dessa ligação com a soberania do príncipe, o "poder governamental" toma parte no poder "do príncipe"; caso a nomeação se desse ainda de forma "acidental" (*zufällig*), então a nomeação dos altos funcionários viria a possuir, apesar disso, um "direito que escapa à contingência". Ele não é nem um "cavaleiro errante", que serve sem obrigação o bem público, nem "servidor do Estado" – e aqui Hegel recusa esta denominação ainda vigente na Prússia – que "refere-se ao seu serviço apenas em função da necessidade, sem um dever verdadeiro, bem como sem direito". Como em todos os outros lugares, a essência da constituição consiste, para o funcionário, em que seu interesse particular, seu direito, constitui uma unidade com o interesse geral; a sua relação com o Estado não pode ser compreendida como um contrato de direito privado; ele antes deposita "o interesse principal de sua existência espiritual e particular nesta relação", tal como ele, por sua vez, encontra "libertação de sua situação exterior... em relação a toda outra dependência ou influência subjetiva". Assim atua nesta parte do Estado a "vontade" em sentido hegeliano, o todo da "existência espiritual e particular" do indivíduo.

O poder dos funcionários é impedido de se autonomizar em relação ao Estado e aos governados através, em parte, da hierarquia das autoridades e pelo autocontrole que lhe é afeito e, em parte, da autoridade das comunidades e corporações, e também, de certo modo, pela imediata intervenção da soberania onde o autocontrole degenera em espírito de corpo. O mais desejável, porém, é que "tornem-se costume a ausência de paixão, a retidão e a moderação do comportamento", e, para tal, contribui parcialmente a "formação moral e de idéias", que servem de "contrapeso espiritual" ao que se constitui necessariamente em "mecanismo" dos negócios, e também as dimensões espaciais do Estado, através das quais as "visões subjetivas" decaem e constrói-se "o hábito dos interesses, negócios e visões gerais". Deste modo – e aqui Hegel recorre novamente à idealização da classe governamental e da classe dos funcionários da época do sistema de Jena –, esta esfera "se constitui na parte principal da classe média, na qual se encontra a inteligência cultivada e a consciência jurídica da massa de um povo". O perigo de que ela viesse a se isolar sob a forma de uma "aristocracia" – Hegel o havia exposto três anos antes, ao se referir à "classe dos escreventes" de Württemberg e utiliza agora involuntariamente a expressão "Herrenschaft", típica de Württemberg –, este perigo é evitado "através das instituições da soberania provenientes de cima e dos direitos corporativos provenientes de baixo". A idealização de 1805 está aqui enriquecida com um novo traço, na medida que

Hegel atribui à classe dos funcionários o título honorífico de "classe média"; a expressão é então ainda recente e, na boca dos conhecedores da política aristotélica, é clara a conexão com o conceito de *mésoi*, sobre o qual o filósofo grego pretendia fundar o bom Estado. Aristóteles designa antes, desta forma, no sentido que foi recebido pelo liberalismo do século XIX, uma classe média econômica. Hegel – e é notável o fato de que exatamente o fundador deste conceito particular de sociedade expulsa do Estado as classes (*Stände*) aristotélicas, e não deixa entrever no Estado senão relações políticas – ignora completamente esta dimensão econômica e transpõe esta designação ao Estado dos funcionários, o "verdadeiro corpo legislativo" do sistema de 1805. Logo nos ocuparemos com os dados históricos da época.

O terceiro dos poderes é aquele a respeito do qual Hegel permanece alinhado no que diz respeito à palavra e, essencialmente, também no que diz respeito à coisa, com a linha Locke-Montesquieu: o "legislativo". No sistema hegeliano, apesar do tratamento exaustivo que lhe dedica o texto sobre a Constituição do Império, o poder legislativo é o mais recente. O príncipe já era contemplado pelo sistema em 1805 e, de forma mais obscura, já em 1802; o corpo de funcionários aparece como fator autônomo em 1805; a representação popular, problemática à época de Nuremberg, aparece incondicionalmente só em 1817. Não se deve exagerar a importância desta data mais tardia. Se o texto sobre a Constituição do Império aprovava fortemente, mas por pura concessão ao espírito do tempo que lhe era favorável, a existência de uma representação popular, tal mostra claramente o fato de que o filósofo sistemático, nesta época e ainda após, não sabia exatamente o que pensar desta instituição; a correspondência dos anos bávaros não deixa a menor dúvida de que o sistema concebido nestes anos não teria deixado de lado a representação popular, e ao menos a primeira *Propedêutica* de Nuremberg exige fortemente colegiados "ou" estados-gerais (*Reichstände*). As lutas internas de Württemberg haviam obrigado Hegel a empreender uma primeira investigação profunda da idéia de representação popular, ainda que formalmente não sistemática, mas que deixa aparecer claramente ao conhecedor de seu sistema, de forma mais evidente até do que a rápida apreciação no sistema de 1807, a articulação sistemática na qual ele a insere. Trata-se da idéia, claramente revolucionária em sua origem, de que apenas através da representação popular o Estado como potência completa-se em Estado como vontade. Na *Filosofia do Direito* de 1820, Hegel havia atenuado esta idéia a ponto de que o fato de referir fundamentalmente a unidade da potência e da vontade, da ordem e da disposição de espírito, a cada uma das partes singulares da "constituição", não o faz mais derivá-las, como era o caso em seu texto de Württemberg, da ação conjunta das partes particulares. Mas também em 1820 a representação popular mantém uma precedência e permanece em certa harmonia com o conceito moderno de constituição, quando Hegel lhe atribui uma relação toda especial também com seu conceito, algo antigo, de constituição. O poder legislativo é "ele mesmo uma parte da constituição", e a constituição é, por um lado, o seu pressuposto mas, por outro lado, é desenvolvida no próprio trabalho legislativo. Trata-se de uma relação mais estreita com a constituição do que se poderia dizer com relação aos dois outros poderes que não podem senão pressupô-la, sem que ela seja igualmente seu produto. Ainda aqui, o fato de que Hegel ressalte já no início a imperceptível mutação da constituição, evidencia a sua aversão característica pelo conceito revolucionário de uma constituição "escrita" superior a todos os outros poderes, e sua preferência por esta "cláusula geral" que o Espírito do Mundo (*Weltgeist*), como ele há pouco havia expresso no escrito de Württemberg, conecta-se a todas as constituições escritas. O agir conjunto dos três poderes em cada um deles, que Hegel toma como postulado fundamental, deixa-se desenvolver novamente aqui, ao contrário do "poder governamental", de forma muito fácil: o poder do príncipe toma a mais alta decisão, e o poder governamental tem a visão precisa do todo e assume a preparação das singularidades. Hegel nega expressamente na preleção a exclusão do ministério do parlamento, e elogia neste sentido o hábito inglês, segundo o qual os ministros são membros do parlamento; o órgão característico do poder legislativo permanece igualmente a representação popular, ou, como Hegel diz conscientemente: o "elemento de classe" (*ständische Element*).

Na forma com a qual ele fundamenta a necessidade deste "elemento", torna-se novamente visível a especial articulação sistemática que se dá entre o conceito hegeliano de constituição e exatamente esta parte precisa da constituição. Enquanto a interpenetração entre a instituição e a disposição de espírito permanece no poder do príncipe, como no poder do governo, antes como uma determinação acessória-efetiva, no que diz respeito ao poder do príncipe, na "personalidade" do mesmo e, no que se refere ao poder governamental, em parte da auto-administração e em parte na ética profissional dos funcionários – ela se constitui aqui, na representação popular, em verdadeira essência da coisa. Hegel recusa, de forma ainda mais resoluta do que no caso da auto-administração, toda justificativa fundada sobre considerações de utilidade. Não é o povo quem melhor compreende o que lhe serve da melhor forma; ao contrário, o povo é exatamente a parte do Estado "que não sabe o que quer". Com relação aos funcionários de mais baixo escalão, o controle das classes tem um certo valor prático, devido ao conhecimento perceptivo das condições vigentes; mas os funcionários de alto escalão podem perfeitamente governar sem classes, e devem atuar junto destas para realizar o seu verdadeiro trabalho. No que diz respeito à representação de que as classes detêm a melhor vontade, esta representação é "plebéia", pois poderiam ser supostos em seu meio motivos egoístas. Também a "garantia do bem público e da liberdade racional" não se dá em maior grau nelas, possivelmente até em menor grau, do que é o caso em instituições como a soberania monárquica, a hereditariedade do trono ou a organização judiciária. Como único elemento essencial, permanece antes a perspectiva de que, nas classes, "o momento subjetivo da liberdade universal... e da vontade própria desta esfera, que nesta exposição foi denominada de sociedade civil, vem à existência na relação com o Estado". Por isso, a publicidade de seus procedimentos se constitui em uma exigência absoluta.

A "liberdade formal" deve assim chegar politicamente à sua satisfação nas classes. Em 1807 Hegel havia explicado que, no que se refere às classes, ao poder do Estado se associava a sua vontade; e agora ele determina de forma mais incisiva o suporte desta vontade. O seu próprio sistema apresenta a ele o seu nome: a portadora daquela "vontade própria" que conduz à existência política é a "sociedade civil". Assim, este conceito, de enorme importância no sistema hegeliano do Estado, experimenta ainda uma dilatação de seu conteúdo. A sociedade civil teve de ser separada conceitualmente do Estado para que pudesse irromper a essência política do mesmo em sua forma pura. Agora, todavia, ela adquire novamente uma significação política. A sua articulação em classes fora outrora, nos inícios do sistema hegeliano, base e conteúdo do Estado em geral. Ao serem as classes e as suas disposições relegadas à esfera infra-estatal, completou-se então a crescente politização do Estado hegeliano. Mas este movimento, que deveria se ter conduzido por si mesmo à idéia de um Estado monárquico-democrático, sofre agora uma cessação. A sociedade faz valer as suas reivindicações ao Estado; se ela não pode, como outrora, no *Ancien Régime*, se constituir em base do Estado, deseja, pelo menos, exercer seu poder no único local ao qual ela ainda tem acesso. Não é assim um povo-nação (*Staatsvolk*), nascido na moderna idéia de Estado supra-social, que está em condições de ser suporte daquele "momento subjetivo da liberdade universal", mas, novamente, a mesma sociedade que Hegel justamente se vangloria de haver expulso do conceito de Estado.

O mesmo pensador que, no que diz respeito à fundamentação geral, havia pensado o Estado de forma muito moderna, recai assim, no seu desenvolvimento, no elemento infra-estatal, assim como todos os grandes espíritos da época – não apenas os conservadores, mas também os progressistas. E isto contra aquilo do qual ele mesmo se havia espiritualmente apropriado: a idéia de um Estado político, fundado sobre uma disposição de espírito política.

Estes desenvolvimentos sobre as classes não podem ser, todavia, compreendidos desde si mesmos. Surge da idéia fundamental apresentada uma outra idéia. É exatamente porque as classes não representam propriamente o "povo" como massa (*Masse*), que elas devem se postar como mediadoras entre a massa, de um lado, e o governo, de outro. Cabe-lhes, além disso, servir de intermediação, em colaboração com o governo organizado, entre o príncipe e o povo. Elas devem assim conectar "o sentido e a disposição de espírito do Estado e do governo" com os "interesses de esferas particulares e dos indivíduos". Devem se tornar tão pouco "um extremo" como o príncipe, devendo se sentir como poder intermédio; detectam-se aqui as reminiscências de Württemberg. Com esta segunda idéia, a teoria hegeliana da assembléia das classes (*Ständeversammlung*) encontra o caminho entre o *Ancien Régime* e a atualidade. Muito embora as classes representem a sociedade civil e não o Estado-nação, elas não devem se considerar representantes de seus próprios interesses de classe – como propunha a teoria conservadora, por exemplo no famoso discurso de Frederico Guilherme IV, na seção de abertura da primeira Dieta unificada, que a isto fazia referência expressa. Pois elas devem se postar "de modo a colaborar com o poder governamental", em função "do sentido da disposição de espírito do Estado" contra um tal "isolamento" dos interesses particulares das comunidades, corporações e indivíduos. Este caminho que vai do sistema de classes ao sistema representativo, para utilizar palavras de ordem oriundas do período imediatamente posterior, reencontra assim a idéia central: não apesar, mas exatamente porque as classes representam a sociedade, e não o povo-nação, é que elas são capazes de constituir o contrapeso contra um tal "isolamento" que culminaria, em seu crescimento, em uma "quantidade" e em "um poder massivo contra o Estado orgânico".

É sobre esta base singularmente intrincada de idéias que se dão os detalhes da argumentação. A assembléia das classes, devido à sua posição mediadora, deve engendrar a partir de si mesma "um meio-termo (*Mittel*) existente", assim como o príncipe necessita para objetivos semelhantes de um poder governamental autônomo dele independente. Daí provém a necessidade dos detentores de voto pessoal, os quais compartilham com o príncipe o privilégio da "naturalidade", que neste caso se traduz pela atribuição de uma cadeira hereditária nas classes. É por este motivo político que a instituição do maiorado (*Majorat*) – a independência de uma posse com relação a qualquer outra instância, incluindo o próprio possuidor –, esta instituição, recusada por Hegel na sua doutrina da sociedade, do direito e da família, deve ser mantida. Hegel se reencontra com as idéias comuns ao período posterior à revolução, e por ele mesmo expressas já em 1802 e 1805, de que a nobreza só poderia se tornar novamente viável em longo prazo através da politização. Juntamente com os votos pessoais, as classes se constituem por "deputados" que a sociedade civil delega "pelo que ela é", ou seja, segundo seus "agrupamentos, comunidades e corporações", que, por seu lado, assumem sua condição em "uma articulação política". Estes deputados devem ser também – e aqui irrompe novamente a moderna concepção – independentes daqueles que os delegam; não podem receber instruções ou mandatos; a assembléia deve ser algo "vivo, onde se instrui e se convence reciprocamente, e onde se delibera em conjunto". Novamente, percebe-se aqui a lembrança das classes de Württemberg de 1815, com seus discursos lidos e ausência de debates. A garantia de idoneidade repousa – e note-se aqui a limitação – especialmente em "disposição de espírito, habilidade e conhecimento das instituições de interesse do Estado e da sociedade civil e dos sentidos de autoridade e de estados que através deles os estatui, através da real condução destas qualidades por meio de repartições de autoridade ou estatais". Assim havia igualmente o filósofo julgado em 1807 a questão dos "escreventes" nas classes do Württemberg de então. Do mesmo modo, ele se coloca contra o senso comum já em 1817; se a posse de uma fortuna pode ser a condição de uma eleição com funções honoríficas, tal irá pesar por si mesmo em uma constituição das classes, na medida em que estas a tal procedem. Ele se comporta de forma cética com relação à idéia de eleição. Pois, na medida que o deputado é ele mesmo um membro da corporação eleitoral, o que é necessário tanto do ponto de vista da confiança como em função do conhecimento objetivo das coisas, então a eleição "ou se constitui em algo supérfluo, ou se reduz a um jogo menor de opinião e arbitrariedade". Os deputados não são, de modo geral, "representantes" dos "indivíduos", mas das "esferas". Também a razão já nossa conhecida de 1817, que o direito atomístico de voto conduz à indiferença dos eleitores e, com isso, ao poder "de alguns, de um partido", faz-se aqui novamente ouvir; que um partido pudesse vir a ser a organização não de alguns poucos, mas de muitos, isto é uma idéia desconhecida por Hegel, como já sabemos. Ele recomenda o sistema bicameral, em parte por motivos práticos, para estabelecer uma via de instância, e em parte – acima de tudo – para organizar de forma visível e efetiva o princípio de votos pessoais, a "intermediação" entre governo e povo. É muito notável o fato de que ele se apóia aqui sobre uma idéia de Wangenheim, proveniente de Eschenmayer, que ele, em seu escrito de Württemberg – que consta haver sido inspirado por Wangenheim –, não havia senão citado uma vez, rapidamente, e sem que se tratasse da justificação do sistema bicameral.

Hegel ajunta à doutrina da representação popular, oportunamente, alguns parágrafos sobre a opinião pública, a liberdade de imprensa e temas assemelhados. Exatamente porque a assembléia das classes lhe é muito mais essencial do que a opinião pública organizada, e porque, segundo seu conceito de constituição, apenas a disposição de espírito organizada aparece como mais importante do que esta, estas formas mais flexíveis da "subjetividade" no Estado não podem merecer de sua parte uma grande consideração. A opinião pública é tratada com uma particular combinação de seriedade e ironia, sendo que, a rigor, quem conduz a palavra é a ironia e até mesmo a grosseria: ela seria "a contradição existente", pois, ainda que contenha "os princípios... eternos da justiça, o verdadeiro conteúdo... de toda a constituição, legislação e da situação geral assim como as verdadeiras necessidades e ... tendências da realidade", ao mesmo tempo contém o contrário de tudo isto. Ela é assim, portanto, ao mesmo tempo *vox Dei* e *Volgare ignorante* e deve – pode-se pensar da distinção de Goethe entre *Volkheit* (especificidade do povo) e *Volk* (povo) – "ser simultaneamente apreciada e desprezada"; e associar praticamente ambos os aspectos se constitui, segundo um adendo da preleção, que hoje, após Bismarck, nós entendemos facilmente, no segredo do grande homem de Estado. No tratamento da liberdade de imprensa mesclam-se um certo otimismo próprio da era pré-jornalística e a preocupação em torno à liberdade da ciência, com a oposição de Hegel contra uma liberdade de se escrever o que se quer; pois não é permitido se fazer o que se quer. No seu todo, o parágrafo respira uma certa indiferença soberana: ele considera que a publicidade dos debates na assembléia das classes deixaria bem pouco a ser transmitido pelo meio dos jornais. Mas foi exatamente o contrário que aconteceu.

Como conteúdos da deliberação das classes, Hegel assinala, além da legislação e dos negócios gerais do Estado, a concessão de crédito. Com isto, ele declara considerar os impostos em dinheiro como a única forma de tributo compatível com o conceito moderno de Estado e de liberdade; com esta recusa dos serviços e imposto em termos de bens, tornada cada vez mais óbvia desde 1789, ele evita, no ano da fortemente contestada lei tributária prussiana, envolver-se mais profundamente na questão da fonte dos impostos, questão esta a que havia dedicado muita atenção outrora. Os serviços exigidos pelo Estado por seus cidadãos para a defesa contra inimigos são expressamente excluídos de consideração nesta parte. Poder-se-ia dizer que todo o conceito de constituição de Hegel ou da sua doutrina da assembléia das classes são postos em suspenso neste ponto que trata da divisão de bens. O exército não integra as questões internas da constituição do Estado; lá onde Hegel designa o patriotismo, a disposição do Espírito do Estado, como lado subjetivo da constituição, ele recusa expressamente que se entenda patriotismo principalmente como extraordinários esforços em circunstâncias extraordinárias; para ele, patriotismo é a disposição de espírito do cidadão, a qual se manifesta já em tempos de paz. Dado que a construção interna da ordem estatal, que é preenchida por esta disposição do Espírito, aparece a ele como uma formação articulada, então esta disposição pode e deve tomar formas diversas em lugares diversos. A indiferenciação democrática do patriotismo guerreiro não pode ser aqui tratada por Hegel; ela iria revolver completamente a sua engenhosa figura de constituição interna do Estado. Não é por acaso que ele havia lançado fora toda definição grosseiramente unilateral de Estado como potência em seu escrito sobre a Constituição do Império de 1801. À época, ele não havia podido escapar totalmente às conseqüências democrático-igualitárias de um tal conceito de Estado; tanto a fundamentação da representação popular como aquela da liberdade pessoal assentam sobre esta linha. Desde então, ele desenvolveu sempre mais aquela idéia antiga do Estado como formação em partes articuladas, até chegar ao conceito tão "substancialmente" racional como "subjetivamente" animado de "constituição" de 1820. Tratava-se de uma solução grandiosa, que ele agora, após vários ensaios fracassados, oferecia ao problema, ao tratar o Estado – e, exatamente, o Estado do "direito interno do Estado" (*inneren Staatsrecht*) – de forma dupla; por um lado, como "constituição interna para si", e então como "soberania com relação ao exterior". Em ambos os casos, trata-se do mesmo Estado, não ainda de um Estado entre Estados, tal como é tratado no capítulo que diz respeito ao "direito público internacional", mas do Estado sempre considerado em termos de sua pura singularidade. Mas, se até então ele era visto desde dentro, como um organismo ricamente articulado da "constituição", doravante ele é visto desde fora, como a simples soberania, sem articulação alguma. A soberania era já o conceito fundamental da constituição interna; mas lá ela havia significado a mútua ação confluente de todas as articulações do todo. O conceito toma agora uma feição mais estrita; ele designa de agora em diante a subordinação incondicional, e até mesmo o "desaparecimento", de todos os membros no todo. No "indivíduo" do príncipe concorrem ambas as formas de manifestação da "individualidade do Estado"; no Estado em tempos de paz, ele assegura o "desdobramento" e a "existência" dos membros singulares, e no Estado em guerra, ele incorpora a potência negativa em relação a tudo o que é singular, "vida, propriedade e seu direito". Em 1802, tanto no libelo quanto no *Sistema da Eticidade*, ambas as definições de Estado – como potência guerreira e estrutura ética articulada (*Sittliches gliederbaues*) – existiam paralelamente, mas sem ligação. Agora, elas são levadas a se articular sistematicamente tanto no conceito de Estado como "individualidade", que é variado e rico em direção ao interior e unitário e exclusivo em direção ao exterior, como também no fenômeno sensível do "indivíduo" do príncipe.

Como apenas agora o poder principesco é considerado em sua atividade propriamente absoluta, fora de toda a inserção em um quadro legal e constitucional, como instância à qual cabe "única e imediatamente comandar o poder armado, entreter com outros Estados relações através de embaixadores etc., declarar guerra, paz e outros tratados", é apenas aqui que aparece então o exército. E não aparece, para dizer mais uma vez, na moldura de uma disposição de espírito patriótica; Hegel deduz, pelo contrário, do rigoroso poder do Estado sobre tudo o que é "singular e particular", o dever dos indivíduos de sacrificar, pela independência de tal Estado, "seus bens e suas vidas, sua opinião e tudo... o que se compreende por si mesmo no âmbito da vida". Hegel, de forma conseqüente em termos do plano de conjunto de sua obra, não faz aqui nenhuma referência à disposição de espírito – esta pertence à "constituição interna"; trata-se aqui apenas de necessidade e dever. Uma necessidade universal – Hegel retoma suas frases de 1802 sobre a justificação filosófica da guerra em geral, que, todavia, não poderiam servir para a justificação de guerras particulares –, e um dever universal. Mas, em correspondência à natureza da coisa, aparece, junto ao dever universal, o dever particular, uma vez que o Estado de guerra é apenas uma face do Estado: a classe militar, o exército permanente; também sua legitimação não pode ser procurada em termos de considerações de oportunidade. O exército permanente não é, com efeito, utilizado senão para o controle de conflitos parciais; para a guerra, em contrapartida, quando "o Estado como tal, sua independência, é posta em perigo", e assim, de guerras defensivas se transformam em guerras de conquista, "quando o todo se tornou potência", o "dever conclama todos os cidadãos para a defesa do Estado". Assim se completa o conceito de Estado no exército e no príncipe que o conduz; a articulação historicamente perceptível das políticas interior e exterior prova, segundo Hegel, que não se trata simplesmente de um resultado externo, mas que realmente se constitui na mesma força a que vivifica o Estado de paz e o Estado de guerra. O filósofo do sistema antecipa o *Leitmotiv* do trabalho de toda a vida do maior dos historiadores.

Iniciamos por desenvolver a figura de Estado de Hegel de 1820, na medida do possível, apenas em sua articulação interna sistemática e biográfica; alcançamos agora o ponto no qual a descrição do Estado mesmo está concluída e, uma vez que a relação sistemática do Estado com a esfera infra-estatal, ou seja, a ética do Estado, também já foi considerada, resta apenas a metafísica do Estado. É assim aqui oportuno, já que o conjunto do material para a resposta está completamente disponível, tomar em consideração a questão do caráter prussiano deste Estado hegeliano de 1820.

Que um tal caráter está disponível, isto já foi sugerido, e ao leitor já terá ocorrido alguns de seus aspectos. Iniciemos pelo último ponto considerado. A constituição do exército descrita por Hegel é a prussiana e, mais exatamente, a prussiana de 1820, conforme a concepção dominante da época. O exército prussiano é caracterizado naqueles decênios entre Boyen e Roon pela coexistência de duas organizações constituídas sobre bases diferentes e até mesmo com finalidades diversas: a defesa territorial (*Landwehr*) e a linha (*Linie*). Enquanto a primeira repousava sobre a idéia do serviço militar obrigatório, tal como este se havia imposto sob as extraordinárias exigências da época da sublevação, enquanto nela se exprimia a afinidade interna da nova idéia de Estado com a da antiga democracia, a linha se constituía essencialmente do antigo exército permanente da época pré-revolucionária. Ambas as organizações foram mantidas separadas em termos de formação e de suas estruturas em tempos de paz. Mas o objetivo era que, na medida do possível, também em tempos de guerra esta diferença fosse mantida. A mobilização se dava separadamente e, enquanto o regimento de linha (*Linienregimenter*) já se postava ante os inimigos, apenas deixavam os regimentos territoriais (*Landwehrregimenter*) as suas guarnições. O próprio organizador do exército popular prussiano teve como objetivo – segundo as palavras de seu biógrafo – elevar à sua potência suprema a essência do *miles perpetuus* (soldado eterno), sua mobilidade e sua rapidez de intervenção. Por outro lado, ditava a concepção dominante, e novamente é ainda, sobretudo, o caso de Boyen mesmo, que os regimentos territoriais apenas poderiam ser utilizados em função de guerras de sobrevivência, ou seja, apenas para a defesa da independência do Estado; de tal modo que, segundo a sua posição política, cada um poderia constatar, com alegria ou desgosto, que o governo prussiano não estava em condições de desenvolver uma política militar em grande estilo – o que não parecia evidente ao povo em condições de ser mobilizado – pois disporia para tal apenas da linha. Vemos, traço por traço, a figura hegeliana, com exceção do fato de que Hegel suaviza as conseqüências democráticas da idéia de serviço militar obrigatório quando deduz a obrigação militar da moldura do "patriotismo" e da "constituição". Mas, no que diz respeito ao resto, coincidem exatamente. É verdade que Hegel já havia, em um discurso ginasial de 1811, feito o elogio do serviço militar geral e obrigatório, no sentido de uma formação universal em termos de algo que repousava "na natureza da coisa", progressivamente tornado estranho às classes inteiras. Mas, assim como sua posição em relação ao filho do amigo Niethammer em 1813 e a observação que ele dirige em 1815 a seus estudantes, que eles se poderiam alegrar em poder seguir seus estudos em paz, bem como segundo uma idéia semelhante que expressou em 1817, em seu discurso inaugural em Heidelberg, aquela recomendação de 1811, em que aconselhava sua classe superior de estudantes a seguir o curso de "exercícios militares", "supremamente recomendados", não saiu de seu coração sem dificuldades. Quando se acrescenta ainda que o sistema militar dualista postulado na *Filosofia do Direito* não existia então senão na Prússia, e era percebido em todo lugar, com temor, desprezo ou esperança, como a característica própria deste Estado, então se pode supor, na melhor consciência, a dependência do professor de Berlim em relação à Prússia de então.

Com relação a outros pontos, a coisa não é tão simples. No que diz respeito a detalhes do direito, especialmente do direito de família, já foi possível referir muitas vezes ao direito nacional prussiano. Mas o estudo de Hegel do Código de Frederico dá-se no fim dos anos de 1790, e somos obrigados a supor uma dependência parcial de sua imagem de Estado e do sistema de 1802, ou seja, à época de recusa decidida em relação ao Estado prussiano. Por outro lado, deu-se o enfraquecimento da idéia de classes de Frederico e a passagem da nobreza a uma posição secundária em relação ao corpo de funcionários no último sistema de Jena, antes mesmo que se desse a grande revolução da antiga Prússia.

O individualismo econômico e, de modo geral, a "liberdade social", no qual aprendemos, desde Treitschke, a ver como traço fundamental da Prússia de então, são também forças fundamentais da *Filosofia do Direito* hegeliana. Nós as encontramos efetivas em Hegel, muito antes de se tornarem dominantes na Prússia; vimos como aparecem simultaneamente com a origem de sua idéia de Estado. Constatamos como o desenvolvimento interior de seu sistema de Estado em Jena, em seu todo, viu-se estimulado pela investigação do problema de um equilíbrio entre a idéia de liberdade política e a idéia de liberdade social. As influências de A. Smith, sofridas por Hegel em 1802, tornaram-se dominantes naquele tempo também no corpo prussiano de funcionários e, mais tarde, no Estado; deste modo se esclarece o grande e fundamental elo de ligação de Hegel com o Estado no qual ele passa os seus anos de atividade mais intensa. Por outro lado, como contrapeso contra o individualismo econômico, deve-se especialmente perceber, no sistema de 1802, as esperanças de Hegel em uma "corporação" (*Korporation*). Não se podem combinar estas últimas com a reação prussiana ante a destruição das corporações medievais (*Zünfte*) por Hardenberg, mesmo porque Hegel havia procurado, desde o início e ainda muito claramente em 1820, uma saída aos impasses dos trabalhadores industriais modernos, que não haviam ainda praticamente aparecido à reação prussiana. O impulso, também perceptível em 1820, chegou a Hegel desde o outro lado do canal da Mancha. Tais idéias remontam provavelmente à sua ocupação, em 1799, com a lei inglesa sobre os pobres e a tentativa de reformá-la. O quão pouco Hegel se ocupava com as questões da "sociedade civil" do Estado ao qual ele pertencia, e quão pouco modificadas permaneciam suas antigas idéias em relação a este âmbito, que ele continua a divulgar, tal é demonstrado pelo fato de que ele, como já em 1812, apenas com uma fundamentação parcialmente nova, liberal, exige também em 1820 novamente tribunais criminais – que, na Prússia, existiam apenas nas províncias renanas, e que Gentz, pouco antes, havia qualificado de "axioma da revolução", o que lhes valeu serem unanimemente rechaçadas nas conferências de Karlsbad.

Passa-se algo diferente no que se refere às instituições da "constituição". É verdade que também aqui remontam os inícios do pensamento hegeliano, em tudo o que lhe é essencial, até a época de Jena; mas pelo menos os últimos retoques no quadro parecem haver sido efetuados apenas em Berlim. Mais do que no caso das questões sociais, Hegel deve ter-se sentido aqui constrangido a mostrar a relação entre seu pensamento e a realidade prussiana. Vejamos isto em detalhe.

A monarquia com seu absolutismo fundamental, que, todavia, praticamente se limita de fato, especialmente em tempos de paz, à simples aplicação dos projetos ministeriais, evoca pelo menos tanto, senão mais, a Carta francesa como aquela de Frederico-Guilherme da Prússia. É decisivo novamente aqui, porém, que Hegel haja formulado o mais marcante traço de sua figura de rei – o aspecto secundário da particularidade individual do monarca, perfeitamente dedutível da figura de Frederico Guilherme, e que ele caracteriza sempre como sinal de um Estado bem ordenado – já em 1805, em sua mais antiga dedução da monarquia. A liberdade de nomear ministros, a não-responsabilidade pessoal, o direito de conceder a graça, são tão franceses e ingleses como prussianos; o conceito de responsabilidade ministerial é até mesmo irrealizável na Prússia de então, e por isso não fora ainda levado em conta no direito público, ainda que sua existência moral fosse incontestável desde Stein e que sua manifestação houvesse se evidenciado de forma visível e praticamente pública na grande crise ministerial do fim de 1819. A polêmica contra o conceito de "graça divina" mostra o filósofo mergulhado em suas teorias; ele recusa, sem hesitar, uma fórmula julgada "errônea", a fórmula usada pelo rei da Prússia, como por todos os outros, na introdução de documentos oficiais.

No que diz respeito à descrição do corpo de funcionários, parecem irromper, à primeira vista, traços prussianos. Quando se pensa que Treitschke havia apresentado aqueles 25 anos entre 1815 e 1840 como a "Aristeia do corpo de funcionários prussianos", como a época em que uma geração de homens altamente cultos e de honra inatacável havia completado a tarefa da unificação interna e do fortalecimento do Estado polifacético, preparando para a tarefa maior de inscrição de Estado em uma posição de supremacia da Alemanha de então, é-se inclinado a articular aí a descrição hegeliana. Novamente, porém, posta-se a inflexível cronologia no caminho. É provável que a alta apreciação de Hegel, filho do funcionário das finanças de Württemberg, pelo trabalho administrativo, residisse já em seu sangue. Já o primeiro sistema havia, senão expresso, pelo menos pressuposto a idéia – de resto pré-hegeliana – que, melhor do que qualquer "constituição", é uma boa administração. O escrito sobre a Constituição do Império, que ironizava o governo de muitos, propunha já o ideal de funcionário semelhante àquele que será desenvolvido no sistema de 1805. Neste sistema, os funcionários se constituem no verdadeiro "corpo legislativo", e, do mesmo modo, na primeira *Propedêutica* de Nürnberg, é proposta a equivalência entre "colégios" (*Kollegien*) autônomos e estados-gerais. De forma semelhante, o escrito sobre a constituição de Württemberg polemiza vivamente contra a determinação do projeto de Wangenheim, que recusava aos funcionários a elegibilidade às classes; eles teriam, ao contrário, exatamente o sentido de Estado que faltava às classes. Uma característica nova que aparece, certamente provinda da observação da situação prussiana, é a remissão à importância da grandeza do Estado para a formação de um espírito grandioso entre os funcionários. De resto, já foi feita referência ao fato de que a alta apreciação dos funcionários expressa em textos anteriores, especialmente o de 1805, é algo moderada na *Filosofia do Direito* de 1820, essencialmente através da significação que Hegel, diferentemente que em 1805, atribui à auto-administração. Poder-se-ia aqui enviar à influência da organização municipal de Stein, não fosse o fato de que já o texto sobre a Constituição do Império contivesse aquele grande elogio à utilidade e à necessidade política da auto-administração – de forma que, em lugar de uma influência, deve-se perceber antes uma suscetibilidade à situação inglesa. Também em suas cartas bávaras, Hegel reconhece como necessária, como contrapeso contra a rígida unidade da administração, a livre atividade dos cidadãos, ao menos no que lhes diz imediatamente respeito; ele se queixa que, das duas conseqüências da revolução, apenas a primeira havia sido imitada pelos Estados alemães de então. Ele não se cala sobre o fato de que a auto-administração – que, por sinal, ele propõe, nas condições prussianas de então, não apenas para cidades, mas também para as comunidades em geral – se constitui em um notável privilégio da vida estatal alemã em relação à francesa.

No que diz respeito à exigência da assembléia das classes, foi sempre admitido que Hegel se encontrava num importante passo à frente da Prússia de seu tempo; no máximo, lamentou-se, desde um ponto de vista posterior, que ele não se tenha empenhado suficientemente nisso – mas sem se poder apoiar esta afirmação. Certo é que pertence incondicionalmente à concepção hegeliana do melhor Estado, desde os tempos napoleônicos, se não já desde 1802, uma assembléia de classes. No que diz respeito a seus detalhes, não se pode investigar as condições da realidade prussiana de então, mas apenas reter as esperanças e aspirações. Com relação a isto, é necessário dizer que algo da concepção hegeliana, segundo a qual a assembléia das classes deveria ser estabelecida sobre a sociedade politicamente organizada pela auto-administração, para possibilitar que a maior número possível de deputados viesse a passar por esta escola da vida prática pública, é encontrável de alguma forma em todos os planos constitucionais prussianos levados em consideração ao longo dos últimos anos antes de 1820. A idéia do tribuno Rotteck, de Baden – "nenhuma representação popular sem o estatuir prévio da auto-administração" – esta idéia, proveniente de Stein, havia sido expressa por Hegel anteriormente, já em seu projeto de constituição para Württemberg. Encontra-se igualmente nesse escrito a concordância com a idéia do voto pessoal da nobreza e do sistema bicameral. O que não é fundamentado, aparecendo de forma nova no conjunto do pensamento hegeliano em relação ao direito de família e de posse, é apenas a justificação do *Fideikommiss*. É possível que o ceticismo que Hegel demonstrava com relação às eleições possa se dever em parte à impressão que lhe causam as então vigentes condições parlamentares inglesas e suas paródias de eleições. É ainda na Inglaterra que se inspira a singular afirmação hegeliana, segundo a qual a única forma saudável de oposição entre assembléia de classes e governo teria sido a "partidarização em torno ao interesse puramente subjetivo, por exemplo, em torno às mais altas posições do Estado". A reserva com relação à questão das fontes dos impostos, que haviam sido estabelecidas por ele em 1802 segundo o modelo do Estado prussiano, deixa-se explicar pela insegurança geral relativa às prisões sobre a lei fiscal prussiana de 1820. Uma série de importantes questões relativas ao direito constitucional de Estado permanece irresolvida, tal como a do *budget* (*Budget*), pelo menos em 1820, bem como a da periodicidade e da iniciativa; porém, falta estranhamente também qualquer alusão ao direito de votação de "novos impostos", que constituía o limite da intervenção das classes na promessa real de constituição de 1815. Sobre todos estes pontos importantes em termos práticos exatamente para a Prússia, Hegel permanece em silêncio. O mais digno de atenção é o fato de que ele não diz nenhuma palavra sobre a questão real, agravada no problema das classes, da vida política interna do Estado prussiano: a questão da opção entre um Estado purificado ou "Estados" prussianos, entre estados-gerais (*Reichstände*) ou estados provinciais (*Provinzialstände*). É como se esse problema, que há muito já não se constituía mais em problema para a França e a Inglaterra – a partir do qual, porém, se torna inteligível a política constitucional prussiana destes anos –, simplesmente não existisse para o "filósofo do Estado prussiano". A posição que ele toma em relação a isto não deixa dúvida alguma quando a examinamos desde a perspectiva de sua idéia de Estado em geral e da dependência de sua imagem de representação popular em relação aos modelos ocidentais. Mas o seu silêncio absoluto sobre uma questão central da política interna prussiana naqueles anos dirige uma estranha luz à relação entre seu modelo de Estado e as condições prussianas. Deve-se supor que ele tinha temor de se expressar? Mas, nesta hipótese, deveria ele temer muito mais suas opiniões sobre o direito divino, contra Haller – que ainda examinaremos – e a firme tomada de posição em favor das classes. Assim, também neste ponto devemos nos contentar com uma resposta negativa a esta questão.

É, todavia, com relação a uma outra questão da vida política prussiana que iria progressivamente substituir aquela do Estado unificado, que Hegel toma posição, por oportunidade de sua investigação sobre o conceito de "soberania com relação ao exterior". Ele havia citado a nacionalidade como fator político apenas em uma passagem do sistema: no ponto em que ele explica as "comunidades familiares", através de "imposição senhoral ou pela união voluntária oportunizada pela ligação entre as necessidades e pela reciprocidade de sua satisfação". Aqui ele refere, junto a estas duas formas de surgimento do Estado – a guerreira-violenta, a única que ele entendia anteriormente valer, e a socioeconômica, que agora funda, de certa forma, o seu esboço sistemático família-sociedade-Estado – uma outra possibilidade: o tranqüilo crescimento da família na direção de "um povo – uma nação – que tem assim uma origem natural comum". A esta idéia da nacionalidade natural como base do Estado, que é concebida pelo menos como possibilidade, ainda que sem conseqüências propriamente sistemáticas, contrapõem-se agora os rudes limites de uma pura possibilidade, quando reivindica ante a soberania do Estado esta "autonomia", que se constitui na "primeira liberdade e mais alta honra de um povo":

aquele que fala de desejos de uma totalidade que corresponde mais ou menos ao Estado autônomo e tem um centro próprio – desejos de perder este ponto central de sua autonomia para, com outro, configurar uma nova totalidade – conhece pouco da natureza de uma coletividade e do sentimento de si que possui um povo em sua independência.

A referência à Prússia e à Alemanha é tão evidente, que dificilmente terá sido involuntária. Mas agora se pode, todavia, dizer – e ainda trataremos disso –, que seria impossível a Hegel, segundo o todo de sua idéia de Estado, falar de forma diferente. Não são as impressões da política prussiana de então que o constrangem a este particularismo estatal; três anos antes, ele já havia se expressado, ao se referir à "soberania" de Württemberg, em sentido igualmente incondicional. Não era seu mérito, mas igualmente não era sua culpa, que esta sua idéia de Estado fosse mais justificada pela Grande Prússia do que por seu país natal. Aqui, como em quase todos os outros pontos, prova-se falsa a suspeita superficial de uma relação legitimadora e imediata, e talvez involuntária, entre Hegel e o Estado que o empregava. A verdade é, antes, que Hegel e o

Estado prussiano são contemporâneos em termos de época e também, em certo sentido, em termos de idade e destino. A mesma tempestade global se abateu sobre ambos, o espírito receptivo e potente do filósofo e a vida forte e apta à regeneração do Estado "fundado sobre a inteligência". Assim, pode-se dizer que Hegel haja sido o filósofo do Estado prussiano, mas apenas à medida que se pode também dizer que o Estado prussiano de 1820 seria uma idéia da filosofia hegeliana. Uma coisa é tão válida e inválida como a outra.

O Estado como idéia da filosofia – com isto alcançamos a última parte de nossa apresentação da obra hegeliana de 1820. Acompanhamos inicialmente o surgimento do Estado desde a vontade através das formações comunitárias infra-estatais; vimos então como Hegel procura compreender a organização do Estado como uma efetivação deste conceito de vontade. Encontramos-nos agora no ponto em que o Estado como um todo, construído e conformado sobre e a partir da vontade, é convocado pela filosofia e confrontado com outros poderes espirituais.

O primeiro desses poderes é ele mesmo. Pois é característico do Estado que ele significa um fim (*Letztes*) para o homem, por sobre o qual o olhar deste, de certo modo, não pode avançar; mas ele é igualmente característico ser "individualidade", e, assim, novamente não se constituir em um fim. Tentemos inicialmente tornar isto claro sem recurso imediato à palavra hegeliana. Após o indivíduo haver abandonado a esfera da psicologia individual, do "espírito subjetivo", nós o encontramos novamente, enquanto ser sociável (*geselliges Wesen*), na esfera do "espírito objetivo". No "direito" – já sabemos que se trata, para Hegel, do clássico direito privado romano – encontra-se ele ante uma diversidade de iguais, mas não ante uma comunidade; sua vontade não pode pretender sua realização senão na medida em que reconhece a todos os outros a mesma pretensão. Na "moralidade" – que sabemos que tem, para Hegel, sentido kantiano-fichteano – esta relação se inverte em seu contrário. O indivíduo não deseja conhecer senão a sua vontade moral; esta vontade pretender configurar-se de tal forma que poderia se tornar a lei de uma comunidade. Ela não reconhece a seu lado a multiplicidade verdadeira de homens volitivos (*wollende Menschen*), mas a vontade de uma comunidade ideal, e mesmo esta não é reconhecida por ela a seu lado como vontade própria, mas como uma unidade com ela. Na primeira dessas esferas, o indivíduo pressupõe os múltiplos fora de si, e não vale por isto para si como um fim que não viesse a necessitar "reconhecimento"; na segunda, ele vale para si mesmo como um fim, mas apenas através da consideração da comunidade ideal, cuja vontade é posta por ele em termos de igualdade em relação à sua. Apenas na esfera que Hegel designa por "eticidade" (*Sittlichkeit*) é que o atrás referido se articula conjuntamente; o indivíduo reconhece na comunidade algo existente fora dele e, exatamente em função deste seu reconhecimento, quer ser reconhecido também por ela – ou seja, tanto o indivíduo como a comunidade são, um para o outro, um fim. Mas esta reciprocidade é inicialmente apenas uma reciprocidade condicional. Na "família", ela perdura apenas por um período, pois o indivíduo a abandona para penetrar na "sociedade civil". Com isso, ele não nega a família simplesmente – ele funda mesmo uma nova – mas ele nega a dimensão absoluta da relação que o liga ao grupo (*Haufe*) no qual ele nasceu e cresceu. Esta negação da família é o passo que o conduz à sociedade "civil", sob cujo conceito Hegel, como se sabe, sintetiza toda a vida comunitária exterior, não familiar nem estatal. Desta, o indivíduo não sai mais, permanecendo seu membro mesmo e na medida em que ele se torna um membro do "Estado". Desta forma, nela a reciprocidade da relação entre homem e sociedade se torna absoluta.

Mas este não é o caso aqui. O indivíduo não deixa a sociedade civil simplesmente porque ela apenas se constitui em comunidade na medida em que nela se formam continuamente comunidades econômicas, profissionais, associativas, nas quais ele se encontra necessariamente implicado; a sociedade como um todo não é uma comunidade para ele. Ela é, de certo modo, ilimitada ou, pelo menos, não possui a faculdade de se limitar a si mesma, e não entretém assim relação nenhuma com alguma essência da humanidade (*Inbegriff der Menschheit*). Após o indivíduo ter tido de deixar a família, porque ela se constituía apenas em "uma" comunidade, ele assume lugar em uma sociedade que não se constitui em verdadeira comunidade, mas apenas em um local onde se reúnem todas as comunidades. Assim se compreende como, outrora, a sua relação com a família em geral se constituía em uma relação absoluta, e apenas a relação para sua família de origem deveria ser rompida; agora, ao contrário, o caráter absoluto de sua relação com a sociedade se dá na pertença a uma comunidade específica, tal como a da profissão escolhida, e ele não poderá romper a sua pertença com relação à sociedade em geral simplesmente pelo fato de que esta não se constitui em uma verdadeira comunidade. Ou, para levar até o fim a dialética desses conceitos hegelianos: assim como a relação com a família singular, com aquela em que se nasce, e, após, como aquela que se funda, é uma relação necessária, mas a vida familiar em geral se constitui em comunidade última apenas para uma época da vida, a infância, do mesmo modo, mas inversamente, a entrada na sociedade em geral é, decerto, necessária, enquanto, ao contrário, tal lugar determinado no interior de uma de suas comunidades determinadas é simplesmente obra do acaso em termos de disposição ou de destino da vida, quando não apenas arbitrariedade. Visto pelo prisma que se queira: o caráter absoluto da relação entre o indivíduo e a comunidade ética nestas duas esferas se dá apenas em termos de uma dimensão, e não da outra.

O conceito de Estado se determina para Hegel pelo fato de que, no que diz respeito a este caráter absoluto da relação entre indivíduo e comunidade, este se dá em todo e qualquer aspecto que se tome. Com apenas uma comunidade desta espécie o indivíduo é confrontado; ele não pode, na condição de pessoa ética (*sittlicher Mensch*), abrir mão desta relação e, para ele, nenhuma relação ética é concebível para além dela, e nenhuma relação ética é tão completamente fechada em si mesma como esta. A sua relação com o Estado em geral e os deveres particulares que ele assume pelo seu lugar no Estado, são preenchidos pela mesma disposição de espírito, o "patriotismo". Ele não pode separar o "acaso" de sua posição especial da "necessidade" de pertencer a um Estado em geral. Assim, a relação entre Estado e homem é a relação absoluta.

Mas este caráter absoluto é o caráter absoluto de uma relação, e, com isto, tudo é novamente posto em questão. Uma relação, por mais estreita e necessária que se queira, tem sempre uma pressuposição que lhe é externa – os seus próprios termos (*Glieder*). O verdadeiro Absoluto deve ser Um. Se o Estado não possui outra base do que o homem, que existe enquanto vontade livre na conclusão do "espírito subjetivo", e se, por outro lado, a última relação humana é oferecida ao homem no Estado, então ambos, tanto o Estado como o homem, não são constituídos um desde o outro, sendo que sua relação consiste no fato de que cada um pressupõe o outro – o Estado pressupõe o homem real e o homem pressupõe o Estado real. Por isto, a filosofia deve disponibilizar o homem ao Estado, por assim dizer, pronto para uso (*gebrauchsfähig*), tal como ele é ao termo do "espírito objetivo". O mesmo não pode, ao contrário, dar-se com relação ao Estado, porque o sistema apenas pode ser apresentado em uma direção. Assim, antes que o Estado seja deduzido como "efetivo" (*wirklich*), como se dá com relação ao homem, ele é efetivamente pressuposto, e a filosofia, de certa forma, solicita a ele ser provisoriamente dispensada da prova desta efetividade – ela viria a efetuar esta prova posteriormente. O que acaba de ser dito a respeito do Estado vale igualmente para todas as esferas anteriores da vida ética, até o direito; também aqui a pressuposição de que existe efetivamente uma multiplicidade de homens não é provado filosoficamente. Mas apenas com relação ao Estado é que a questão se torna candente, porque, até então, cada uma das esferas do "espírito objetivo" pôde transferir adiante esta questão argumentando que a relação entre o homem e a esfera específica não achava em seu nível nenhuma solução final. Porém, em relação ao Estado, uma tal fuga não pode se dar – ele deve se constituir no lugar da relação humana absoluta. Por isso, sua efetividade (*Wirklichkeit*) deve ser filosoficamente concebida enquanto tal. Mas efetividade significa para o filósofo, com exceção daquela realidade suprema que o Estado, como relação, não pode ser, o mesmo que significa na vida prática: individualidade (*Individualität*). E, assim, o Estado deve ser, para Hegel, não apesar, mas porque é construído a partir da vontade livre dos indivíduos, ele mesmo, necessariamente, um "indivíduo" despreocupado desta vontade dos indivíduos – um Estado entre Estados.

Este é o fundamento sistemático da metafísica realista do Estado de Hegel (*realistischen Staatsmetaphysik Hegels*). Ele não é, ao fim, nada senão o que já acompanhamos desde os inícios de seu pensamento: a origem da idéia de Estado-potência (*Machtstaatsidee*) pela intermediação do conceito de destino desde o espírito de um tenso individualismo. Dois outros elementos se evidenciam ainda, que remontam igualmente, em termos biográficos, ao período de Frankfurt, e que, de certo modo, nos mostram, como uma contra-prova, que Hegel apenas poderia ter procedido assim em termos sistemáticos. Retornaremos a isso. Seja aqui apenas apresentado rapidamente como Hegel aperfeiçoa agora o seu conceito de Estado-potência (*Machtstaatsbegriff*).

Ele tenta desenvolver, no quadro de uma *Filosofia do Direito,* sua concepção já nossa conhecida de Estado como potência, da validade apenas relativa dos contratos entre Estados e do egoísmo estatal como único princípio moral justificado da política, a partir do conceito de um "direito público externo" (*äusseren Staatsrecht*) que é por certo válido, mas somente sob a forma de um "dever-ser" (*Sollen*), já que não existe "nenhum pretor" para Estados, e o direito não repousa, assim, sobre apenas uma, mas sim "sobre vontades soberanas diversas". O reconhecimento que cada um exige e obtém do outro no direito privado, deve ser necessariamente exigido, decerto, neste "direito público externo", o que chamamos de direito internacional (*Völkerrecht*), no qual os sujeitos de direito são Estados; mas que esta exigência seja satisfeita ou não "depende de seu conteúdo, constituição, situação, e o reconhecimento... repousa... sobre o julgamento e a vontade do outro". Hegel deriva daí algumas idéias fundamentais sobre política exterior, a maioria limitadas e determinadas pela sua época. Assim, por exemplo, na idéia de que cada Estado deveria exigir reconhecimento, mas nem por isso cada outro Estado deveria garanti-lo, encontra-se uma estranha posição de ambigüidade em relação ao princípio de intervenção (*Interventionsprinzip*), que não diz nem sim nem não. Hegel fala da "legitimidade de um Estado", que seria aquela de seu príncipe "na medida em que o Estado volta-se ao exterior" que, "por um lado", concerne inteiramente ao interior, mas, "por outro lado", deveria se completar através do reconhecimento dos outros Estados; a esta situação pertence a garantia de que o Estado reconheça igualmente os que o reconhecem. Ou seja: "por um lado", o Estado não deve se imiscuir nas questões de outro, porém, "por outro lado", o que se passa no interior deste outro não lhe pode ser indiferente – nós estamos no fim do ano de 1820, à época do Congresso em Troppau, e a divisão entre as potências européias parece se refletir neste parágrafo. A ambigüidade é ainda mais gritante pelo fato de que se esclarece, poucos parágrafos adiante, que não se deve conduzir uma guerra "contra as instituições internas". E, igualmente condicionada pela época nos parece também uma observação como aquela de que os contratos entre Estados se distinguem dos contratos privados através de sua "variedade infinitamente menor"; Hegel não suspeita que estes "todos que se satisfazem principalmente em si mesmos", como ele designa os Estados, se encontraram meio século, ou mesmo um século depois, pelo menos tanto na mesma "dependência recíproca segundo as relações mais variadas" como qualquer pessoa privada, e que os acordos comerciais internacionais poderiam rivalizar com qualquer contrato privado em termos de obscuridade e complexidade. De um modo geral, ele fala apenas muito superficialmente da comunidade dos Estados; a Santa Aliança é referida por ele em sua preleção de forma muito seca, associada ao projeto kantiano da "paz perpétua" – e isto apenas no fim dos anos de 1820, quando era perceptível que tudo explodiria.

Como o direito internacional permanece um "dever" e, portanto, o "todo ético", o Estado singular, é exposto às contingências "das paixões, interesses, objetivos, dos talentos e virtudes, da violência, da injustiça e do vício", então deve existir – pois se trata de um "todo ético" – um poder que possa subtrair seu destino a estas contingências. Após o Estado haver sido inicialmente confrontado com o próprio Estado, havendo nesta relação revelado a sua verdadeira natureza, Hegel se lhe sobrepõe um outro poder: a "história mundial" (*Weltgeschichte*) como "tribunal mundial" (*Weltgericht*).

Aqui, pela terceira vez no sistema do "Estado", encontramos, ao final, a equação da razão substancial e da realidade subjetiva. Na vida interna do Estado, a constituição racional era animada pela disposição de espírito subjetiva do patriotismo; o Estado, em sua atividade voltada ao exterior, repousava sobre a unidade configurada pela combinação da potência externa com a razão interna de sua constituição, tal como se dava no príncipe; agora, finalmente, é afirmado do Estado como um todo, sem diferença entre sua vida interior e sua vida exterior, que sua verdadeira existência, constituindo-se em um "indivíduo" volitivo (*wollendes*), constitui a manifestação imediata na ordem racional do mundo. A idéia central do Prefácio, que aparecia, naquelas duas outras formas, ao modo ético ou político (*realpolitisch*) – como unidade de disposição de espírito e instituição, de vida estatal interior e exterior – faz agora sentir todo o peso metafísico que a habita. A palavra que o jovem revolucionário Schiller havia lançado ameaçadoramente aos poderosos da terra é brandida pelo homem maduro Hegel como uma cabeça de Górgona na luta entre revolução e restauração, para que os grupos combatentes sejam transformados em pedra ante ele, o que conhece: a história do mundo é o tribunal do mundo.

Vimos como aquele princípio da unidade alternativa do efetivo (*wirklichen*) e do racional (*vernünftig*) apenas se apazigua no conhecer, não pretendendo minimamente retirar das coisas vivas o seu movimento. A forma que ele agora assume mostra isto claramente. Se a história do mundo é o tribunal do mundo, então o presente só pode receber sua sentença pelo fato de se tornar passado; quando cessa de ser efetivo, evidencia-se como abandonado pela razão; a equivalência entre razão e realidade efetiva torna-se apenas agora clara em sua aplicação. O tempo é a grandeza que se deve agora introduzir no duplo princípio de equivalência (*Gleichungsdoppelsatz*) para torná-lo aplicável, pelo fato de que o tempo avança apenas em uma direção e não retorna. Assim, da cisão dialética do pensamento (*Zweischneidigkeit des Gedankens*), segundo a qual apenas o racional é efetivo e apenas o efetivo é racional, surge o princípio inequívoco da história do mundo como tribunal do mundo. Lembremo-nos de que também o princípio do Prefácio em seu desenvolvimento e em suas significação na posição em que se encontra apenas se efetiva (*auftat*) quando delineamos a linha auxiliar do movimento histórico universal e compreendemos que é porque, e onde, o racional é reconhecido como aquilo a se realizar, que o efetivo pode e deve, por sua parte, ser conhecido como a efetivação do racional. E isto também no presente. É apenas porque a história do mundo é o tribunal do mundo, pronunciando suas irrecorríveis sentenças segundo a lei da razão, que o efetivo é racional.

A história universal é apenas agora propriamente, segundo o conceito de predileção de Hegel, a "pretora" entre os Estados: ela se limita a instruir o processo, e a sentença é emitida pelo tribunal que ela institui, tribunal constituído por cidadãos. Dito sem o auxílio de metáforas: a "história universal" serve-se, para seus julgamentos, dos Estados mesmos; um povo é "julgado" pela história universal na medida que é aniquilado ou suplantado por outro. Assim, Hegel pode aparentemente retomar aqui, fundamentalmente, a sua visão realista da vida estatal. O "espírito do mundo" permanece no pano de fundo da inconsciência (*des Unbewusstseins*); "justiça e virtude, injustiça, violência e vício, talentos e seus atos, as pequenas e grandes paixões, culpa e inocência, grandeza da vida individual e da vida do povo, autonomia, sorte e azar dos Estados e dos indivíduos, têm na esfera da realidade consciente a sua significação determinada e o seu valor". Da mesma forma, são reconhecidos como elementos acessórios necessários desta concepção, de certo modo como sua expressão exteriormente visível, a "existência geográfica e antropológica" de um povo, assim como sua ascensão, florescimento, decadência, bem como o fato de que "na culminância de todas as ações, incluindo as histórico-universais (*welthistorischen*)", encontram-se indivíduos. Porém, por detrás de tudo isto, aparece o segredo da história universal, a "astúcia (*List*) da razão", para utilizarmos a famosa expressão das *Preleções sobre a Filosofia da História*; assim, a aparentemente reconhecida historicidade da história é novamente degradada à posição de simples aparência.

Pelo fato de que a história mundial deve ser o tribunal do mundo, então é necessário que o aparente caos, toda a "colorida realidade", seja, na verdade, cosmos. Assim se desvela aquilo que é aparentemente o mero tribunal do poder, "necessidade irracional de um destino cego", como "desenvolvimento", como "explicação e efetivação do espírito universal". O princípio deste "desenvolvimento" é então o princípio do "espírito" em geral: que ele seja sempre mais ele mesmo e sempre mais puramente que ele mesmo, sempre mais espiritual e mais livre – um processo, que Hegel caracteriza com o nome de devir consciente (*Bewusstwerden*). As histórias dos povos devem, agora, se inscrever neste progresso da autoconsciência; um povo é um estágio deste processo e, enquanto ele for isto – o que significa, observado de fora: enquanto tudo lhe vai bem – ele tem o "direito absoluto", e ele mesmo e suas ações "mantêm a sua realização, felicidade e glória". O seu desabrochar consiste no fato de que ele alcança este nível, em que assume seu lugar na história universal (*weltgeschichtlich wird*), em que, por conseqüência, o historicamente essencial (*weltgeschichtliche Wesentliche*) procede dele; a sua decadência se dá quando ele se fixa nesse estágio, enquanto a história universal avança. Se ele desaparece, ou prolonga de alguma forma a sua existência – para a história universal, ele não tem mais interesse algum; ela escolheu, neste meio tempo, um novo povo como condutor. O destino de um grande homem é semelhante. Também ele, que vive aparentemente apenas para si, serve, na verdade, às necessidades de seu povo e, quando este povo se torna histórico (*weltgeschichtlich*), serve às necessidades da história universal, na condição de um "herói da história universal". Na figura de um grande homem, que já conhecemos desde 1802, a relação entre indivíduo e sociedade no sistema hegeliano toma uma última encarnação, ainda que deliberadamente apresentada como uma exceção. Seria possível derivar da *Filosofia do Direito* de 1820 e das *Preleções sobre a Filosofia da História* toda uma ética do herói; mas ela permanece ainda condicionada à moldura da história e é assim tornada inofensiva. Ela é uma ética dos tempos fundadores e das épocas de renovação do Estado. De qualquer modo, condensa-se pela terceira vez, em personalidade humana, a mútua penetração de "subjetividade" e "substancialidade", que domina toda a doutrina do "espírito objetivo": o herói se junta ao cidadão e ao príncipe.

Nós já acompanhamos o desenvolvimento deste conceito de história no sistema hegeliano. O grande acontecimento que marca o sistema de Hegel é o fato de que esta é afastada das alturas supremas e enviada à linha de demarcação onde se encontram o humano e o divino, a terra e o céu, o Espírito "objetivo" e o Espírito "absoluto". Reconhecemos como provável o fato de que esta transvaloração (*Umwertung*) da história represente em geral apenas um aspecto da transvaloração do presente forçada pela queda de Napoleão. Pois, na medida que Hegel abandona definitivamente a crença segundo a qual o momento contemporâneo significaria o início da época da última completação (*der Epoche letzter Vollendung*), e, em virtude disso, preenche sem hesitação o lugar que até agora pertencia ao presente com a entrada do cristianismo na história universal, ele subtrai o cristianismo e a Igreja de sua historicização (*Vergeschichtlichung*) anterior. Se eles se haviam constituído para ele até então em um simples elemento na construção do futuro, e por isto eram passado, agora se tornam, para ele, simplesmente presente. Com isto, porém, este presente vivo há dezoito séculos é elevado por sobre a esfera do histórico. A historicidade do mundo não pode mais se constituir no mais alto conceito do sistema, como era o caso em 1805 e 1806. Por sobre a sua historicidade aparece a sua espiritualidade, evidenciada de modo sensível no cristianismo. Ou ainda: o mundo, cuja dimensão mais alta se constituía na sua historicidade, no seu progresso, no seu autodesenvolvimento (*Sichentwickeln*), ordena-se no sistema por sob as esferas em que os conceitos de progresso e desenvolvimento cessam de designar a última essência e a última verdade das coisas. O mundo ético encontra – e não necessita nenhuma solução superior para sua insolubilidade – a solução que é garantida em sua historicidade; a existência do Estado pode ser chamada pelo pensador, com razão, "a marcha de Deus no mundo" – ele acentua "no mundo". Mas, por sobre o mundo ético, sobre a organização visível da eticidade, eleva-se o último reino, que não é mais organização alguma, o último repouso em si mesmo da alma, em que ela está só, como era só antes de se estender pelo mundo do "espírito objetivo" e onde ela, após percorrer este mundo, é solitária de uma forma diferente do que poderia ter sido antes. É a história que se interpõe entre estes dois mundos, o mundo da organização e o reino da solidão; e o seu conteúdo se constitui, igualmente, "na direção de baixo" (*nach unten*), na efetivação da organização ética, e, para "cima", na possibilidade de realização da vida da alma solitária na arte, na fé e no saber. E assim se dá que Hegel encontra agora, para o andor da história universal, novas fórmulas.

Nos inícios, quando ele pretendia perceber na filosofia da história um compasso ternário (*Dreitakt*) – paganismo, cristianismo e futuro – ele lhes atribui os conceitos de pura valorização do aquém (*Diesseits*), pura desvalorização do aquém e futura supressão desta oposição, em uma consciência que conhece a dor, a reconhece e a assume para superá-la. A primeira ocorrência da futuramente definitiva ordenação da história universal no escrito sobre a Constituição do Império operava de forma totalmente exterior com o despotismo, a república e a reunião de ambos em uma monarquia envolta por classes (*Reichständen*). A *Fenomenologia*, na qual o novo esquema histórico fora igualmente inaugurado com relação à história religiosa, fundia no cristianismo a religião da natureza, passiva e oriental, e a religião da beleza criadora, pois este contém na idéia de revelação o ser-subjugado (*Ueberwaeltigsein*) e no conteúdo da fé o Deus humano; a *Fenomenologia* construiu, simultaneamente, o seu plano geral da história do mundo no quadro ainda do delineamento original e com as idéias originais: aquém fechado (*ungebrochenes*), separação entre mundo natural e sobrenatural (*Überwelt*), unidade superior; apenas que ela aprende claramente este desenvolvimento como uma luta da idéia de Estado em função do seu lugar sistemático: na pólis, luta contra o indivíduo agente a partir da base da família; no Estado medieval-moderno, contra o indivíduo em processo de libertação tornando-se sociedade; no futuro, subordinação ao espírito. A *Enciclopédia* de 1817, de forma mais completa nos parágrafos conclusivos da *Filosofia do Direito* e, mais tarde, as *Preleções sobre Filosofia da História*, esboçam um outro esquema, no qual a história universal se constitui simultaneamente no devir da constituição política perfeita (*Staatsverfassung*) e da perfeição do homem singular. E isto se dá pelo fato de que Hegel – apenas agora – apresenta a história como o desenvolvimento na direção da "liberdade". Esta liberdade é, por um lado, efetivada na organização ética completa, e, por outro lado, condição da vida no "espírito absoluto". Na medida que Hegel compreende o espírito na história como realmente livre, permitindo-o "chegar a si mesmo", deixando-o fazer a experiência vivida, "progresso na consciência da liberdade", ele faz desta liberdade, em termos sistemáticos, ao mesmo tempo, algo para além deste progresso: sua vida, na história universal, é se desenvolver. É verdade que ela experimenta desenvolvimento também na arte, na religião, na filosofia; mas a sua vida consiste então em ser. Esta duplicidade do conceito de liberdade – segundo a qual a liberdade devém, mas não pode devir senão porque é – a torna apta a se constituir em suporte sistemático de uma história universal na qual a essência metafísica inclui o duplo sentido de ser simultaneamente "terra" e "elevação sobre a terra" (*Schemel seiner Füsse*). Até 1806, a história do mundo se constituía no absoluto propriamente dito; a conclusão da *Fenomenologia* podia falar indiferentemente de Espírito do mundo – o termo tardio para a história do mundo – e de Deus. Mais tarde, pelo menos a partir de 1817, tal não mais se dá.

Em função desta posição intermediária que a história agora ocupa, o conceito de povo, de nacionalidade, pode novamente ser objeto de um tratamento mais rico. Praticamente não se deu a sua fortificação em benefício do Estado – neste sentido, a *Filosofia do Direito* não assinalava nenhuma mudança, a despeito da promissora passagem dos discursos inaugurais de Heidelberg e de Berlim sobre a nacionalidade como fundamento da vida vivente (*lebendiges Leben*). Mas, na *Filosofia da História*, esta posição intermediária entre Estado e espírito abre a possibilidade de articular, de alguma forma, ambos os poderes, e para tal serve o conceito de Espírito do povo.

Tal se deixa compreender, do ponto de vista sistemático, a partir de um fundamento mais profundo. Os bens da cultura devem, é certo, ser apropriados pelos indivíduos; mas sua vida não cessa aí: eles são reais (*wirklich*) ainda sem isto. A *Madona Sistina*, a *Crítica da Razão Pura*, podem ser preservadas em museus e bibliotecas; mas não a família, a vontade moral ou a ética profissional (*Berufssitlichkeit*) – estas são efetivadas pelo homem, e não lhes é dada uma outra possibilidade de ser. É perfeitamente possível construir o Estado da mesma forma que os bens culturais; trata-se então de compreender um existente, algo como um povo em sua conformação característica de bens culturais, como seu suporte, e a ele mesmo apenas como uma forma de organização, ao fim e ao cabo sem significação, deste existente. Já se encontram na idéia de Estado nacional do século xix fortes impulsos nesta direção; ao início do século xx, tornam-se praticamente vitoriosos, na idéia do fundamento popular-nacional (*Völkisch*) do Estado. Hegel encontrava-se muito distante de tudo isso. Para ele, o Estado se constituía em organização ética, ou seja, em um existente em si mesmo, mas não fundado sobre seu ser, e sim na vontade humana. É apenas quando ele aparece no "direito público externo" como um Estado entre Estados, que se evidencia que também ele possui ser, não havendo apenas se apropriado das vontades dos indivíduos, incorporando-as; mas ele mesmo é o ser de uma poderosa vontade (*gewaltigen Willensmacht*), que procura impor deliberadamente os seus próprios objetivos; também aqui ele não pôde aparecer como ser puro, elevado por sobre toda a vontade. Ele se torna tal apenas imediatamente antes da conclusão desta doutrina de efetivações da vontade: na "história do mundo". Ali, todavia, o Estado é finalmente apenas um existente (*Seiendes*); a vontade egoísta que o preenchia na política exterior é aqui reconhecida como reflexo de um ser inconsciente – a saber, como a participação, como um de seus membros, do "espírito do povo" no "espírito do mundo" – na consciência do Estado. Assim, é alcançado aqui, a partir dos fundamentos hegelianos, um ponto em que Estado e cultura podem se encontrar.

Desde o início, ainda no *Stift*, Hegel, baseando-se especialmente em Montesquieu, compreende, no espírito do povo, a quintessência (*Inbegriff*) da manifestação da vida do povo. O Estado, a "constituição", se constituía em um domínio parcial; esta relação entre o Estado e os outros âmbitos da vida não foi posteriormente esclarecida. A posição próxima que o Estado conquista em relação ao "povo" na filosofia do Estado fez necessária uma nova construção, tornada possível apenas através do último sistema de Nuremberg. Ali, tal relação pôde ser desenvolvida na forma tal como será exposta amplamente na introdução do curso de filosofia da história. O Estado torna-se, agora, o pressuposto da cultura; e arte, religião e ciência descem de seus tronos celestes e se resignam em se acomodar na forma histórica da constituição de um povo. Elas abandonam o elemento puramente espiritual (*seelisches*) de sua verdadeira existência e se instalam em uma "realidade espiritual em toda sua abrangência de interioridade e exterioridade". A esta articulação tão ordenada – o Estado como forma, a cultura como conteúdo – Hegel chama Espírito do povo. Por isto, a história do mundo, o crescimento do espírito do mundo através das formas dos sucessivos espíritos do povo, é desenvolvida por Hegel apenas em função da vida ética do homem singular, tal como se completa na forma interior do Estado. No quadro da história mundial, Hegel não admite nenhum desenvolvimento próprio da cultura; ao contrário, ele propõe para cada forma de Estado, oriunda, por necessidade dialética, da precedente, a cultura que lhe corresponde, recusando-se a deduzi-la do seu estágio anterior, como, por exemplo, a arte da Grécia a partir da arte do Egito. Apenas em relação ao Estado é que os bens culturais – o Espírito "geral" ou "absoluto" de Hegel – se tornam realidade histórica. Que eles tenham, além disso, uma história, que cada domínio tenha sua própria história, e que, portanto, existe a história da arte, história da religião e história da filosofia, isto é uma outra coisa; não é pelo fato de terem uma história que esses elementos são essencialmente históricos. Eles apenas se tornam tal quando se transformam em conteúdo de um espírito do povo na forma de uma vida comunitária humana. Assim se esclarece o fato, de outro modo inexplicável, de que Hegel tenha podido tranqüilamente elaborar, simultaneamente à sua história mundial geral (*allgemeinen Weltgeschichte*) dos espíritos dos povos, as histórias especiais da arte, da religião e da filosofia, segundo uma articulação algo diferente daquela da história do mundo – o que não vale para a história da religião.

Não a história da religião. Aqui se revela, não por acaso, o último ponto de vista decisivo para uma compreensão interna da visão hegeliana de Estado. A história particular da religião apresenta a mesma articulação com a história geral universal, porque a história universal apresenta a mesma articulação que a história particular da religião. Conhecemos esta relação do ponto de vista biográfico. Com exceção da nota contida no escrito sobre a Constituição do Império, que permaneceu sem desenvolvimento no sistema, Hegel inicialmente absolutizou, na história da religião, o presente cristão, em detrimento do futuro pós-cristão. O cristianismo, com seu impulso no sentido de efetivar a razão, se lhe aparece como o proto-fenômeno da concordância entre realidade e racionalidade. Quando ele transpõe esta visão ao conteúdo da história geral universal, de que a *Enciclopédia* de 1817 fornece o primeiro testemunho, a concepção da forma do transcorrer da história universal havia já há muito se estabelecido, e não sofria fundamentalmente nenhuma modificação. Permanecia em vigor aquela visão historicista, segundo a qual um povo particular se constitui em apenas uma fase do progresso da história universal, o seu devir devendo ser compreendido como um crescimento neste processo, o seu desabrochar como a vida, o movimento e o ser que o habitam, e a sua desaparição, como queda desde si mesmo. Mas esta visão de uma mudança permanente do fenômeno histórico encontra agora, na visão da condição supra-histórica (*übergeschichtliche*) do cristianismo histórico, uma adversária perigosa. Este mundo europeu ou, como diz Hegel, germânico, dominado pelo cristianismo, não pode desaparecer; nenhum outro "povo histórico-universal" (*weltgeschichtliches Volk*) pode aparecer e desalojá-lo, tal como ele havia desalojado o mundo romano. Com isto, tem-se, na filosofia da história definitiva de Hegel, uma singular oposição. Enquanto os povos pré-cristãos significam, cada um, nada mais do que uma fase, e o desenvolvimento se efetua pela sucessão desses povos, dá-se no grupo de povos cristãos-germânicos um desenvolvimento em termos de uma progressão interna, na qual povos surgem e se retiram, em que a história não chega absolutamente a seu termo, mas a totalidade dos povos cristãos não desaparece, senão se desdobra em forma cada vez mais completa na direção da liberdade ética. Assim, Hegel chega a uma espécie de comunidade de povos supra-estatal e sem formas de organização do tipo estatal; a uma Igreja, se assim quisermos, cujo chefe invisível é a lei da história universal, o "espírito do mundo". E deste modo se distingue o "quarto reino do mundo" (*viertes Weltreich*) de Hegel dos três reinos precedentes, como aquele de Daniel: é o reino que não terá fim. Mas Hegel chegou a esta conclusão passando por uma especificação estrita dos Estados; a lei invisível, que articula essa comunidade invisível de povos, a lei de história universal, é a mesma que separa eternamente entre si os povos visíveis. A história só se desenvolve a partir do antagonismo entre os Estados autônomos, e apenas a história é a ligação que conecta estes "indivíduos" autônomos. E, por isso, hesitamos injustamente em nomear esta comunidade de povos "Igreja". Ela seria "invisível", em termos irônicos. Hegel mesmo lhe negou esta denominação. Com uma tal denominação, ele teria sugerido que, por sobre o Estado individual, paira uma lei ética para o homem; ele haveria subtraído à relação absoluta entre o indivíduo e seu Estado a sua condição de absoluta. Por isso, ele constrói o seu conceito de Igreja em sentido estritamente protestante, ou seja, em termos puramente intra-humanos e supramundanos, não conhecendo a comunidade senão como comunidade de santos ou de crentes. As inevitáveis relações desta Igreja com o mundo são mediatizadas pela alma singular.

É sobre isto que repousa a relação estabelecida por Hegel entre o seu Estado e a Igreja. É significativo o momento em que se constitui para ele o problema, em sua doutrina de Estado. Após haver desenvolvido, ao início da sua doutrina do direito interno do Estado, o conceito da "disposição política de espírito", o patriotismo, em sua conexão necessária com as instituições da "constituição", ele proclama, com base nesta oposição entre disposição subjetiva e ordem substancial, entre interesses especiais e gerais, a auto-suficiência espiritual do Estado: "o Estado sabe... o que quer, e o sabe... como pensado; ele age e trabalha, assim, segundo o objetivos conscientes, princípios conhecidos...". E aqui "é o momento de abordar a relação do Estado à religião". Está dada uma possibilidade de conflito. Pois o Estado não é nenhum mecanismo exterior e inanimado; ele apresenta exigências à disposição de espírito e "sabe o que quer". Ou, como Hegel, com toda a clareza, recusando decididamente a visão "medieval" do Estado como "leigo em si e para si", diz: também o Estado tem uma doutrina. Com relação a ele, a religião reivindica, por seu turno, com direito, que ela contém "a verdade absoluta", e exige assim também que recaia nela "o mais alto da disposição de espírito" (*das Höchste der Gesinnung*), e que, deste modo, "tudo... chegue nela à sua confirmação, legitimação a certeza". Como se soluciona este conflito interno, não ainda entre

Igreja e Estado, mas entre Estado perfeito e religião perfeita? Hegel propõe a solução que é, no essencial, aquela que ele havia esboçado já em 1805, e que havia fundamentado suas apreciações político-religiosas, especialmente no que dizia respeito aos tempos napoleônicos. De forma resolutamente protestante, ele declara que religião e Estado se constituem em diferentes expressões, em "manifestações complementares" que possuem o mesmo conteúdo espiritual; a religião, no sentido de que apenas nela o indivíduo enquanto tal alcança "a consciência... da mais alta liberdade e satisfação", onde o direito próprio do indivíduo, depositado na "moralidade", encontra sua fortaleza inexpugnável; o Estado, ao contrário, alcança, passando por este fundamento da disposição de espírito interior, também para ele indispensável, a realidade exterior, para se desdobrar aí "na verdadeira forma e organização de um mundo". Estado e religião não podem assim entrar em conflito, pois aquele se estabelece onde esta cessa, ou seja, na realidade efetiva, e porque cada um pressupõe o outro; o Estado pressupõe a religião, única que o pode completar "no ponto mais profundo da disposição de espírito" – como, já com a idade de 25 anos, ele havia explicado na inspiração do *Jerusalém* de Mendelssohn – e a religião pressupõe o Estado, que significa para ela "este gigantesco passo do interior ao exterior", o trabalho (*Hineinarbeitung*) "da razão na realidade", no qual "toda a história mundial se empenhou".

Disto resulta uma relação "simples", como diz Hegel, entre Estado e Igreja, ou, como ele diz caracteristicamente: entre Estado e "comunidade eclesiástica" (*Kirchengemeinde*). O Estado é obrigado a "garantir sua proteção e aportar toda a ajuda possível à comunidade para as suas finalidades religiosas"; e, por outro lado, na condição de corporação, a comunidade se posta sob seu "direito de supervisão policial e controle (*oberpolizeilichen Aufsichtsrecht*)", e o Estado deve "exigir de todos os seus membros que pertençam a uma comunidade eclesiástica". Poder-se-ia esperar, desde uma perspectiva teórica, que Hegel, no decidido protestantismo de seu ponto de vista sobre a relação entre Igreja e Estado, tendesse aqui a privilegiar o protestantismo, o único a reconhecer tão absolutamente o Estado secular como vontade de Deus como Hegel o exigia. Porém, como toda esta teoria se conecta ao princípio de igualdade política de todas as confissões cristãs, posto em vigor pela primeira vez na Prússia, mas em vigor, já desde 1820, na maioria dos Estados europeus, também Hegel declara, exatamente no sentido de Frederico, que "todas as *religiones* devem ser toleradas": o Estado deve "exigir de todos os seus membros que eles integrem uma comunidade eclesiástica – pouco importa qual, pois o Estado não pode se preocupar a respeito do conteúdo". Quanto mais organizado o Estado for, mais pode ele "conduzir-se de forma liberal" em relação a comunidades menores, "que não reconhecem religiosamente os deveres diretos com relação a ele", permitindo que "cumpram..." esses deveres "através de câmbios e trocas"; Hegel pensa na dispensa dos menonitas do serviço militar, em vigor na Prússia até 1868. Com relação aos judeus, o antigo leitor do *Jerusalém* de Mendelssohn defende a "concessão de direitos civis", tal como em vigor na Prússia desde 1811, contra as "vociferações" (*Geschrei*) que se elevavam – exatamente em 1819 a Alemanha se vira atravessada por um movimento anti-semita; com esta concessão, poderia se dar a "necessária harmonização das formas de pensamento e das disposições de espírito". Também aqui sustenta ele, aliás de modo adequado, "a forma de se conduzir dos governos", mas não em termos específicos da Prússia. Na questão do casamento religioso, ele assume o ponto de vista segundo o qual a "confirmação religiosa" tem apenas o caráter de acréscimo, estando o essencial na afirmação dos direitos de Estado, pois tratar-se-ia de uma "relação ética"; esta solução corresponde fielmente àquela do *Code Napoléon*, enquanto o direito civil prussiano fazia da celebração religiosa fonte da plena validez do casamento e o governo prussiano, ainda que não houvesse suspendido o casamento civil previsto pelo código para a Renânia em 1814, tenha imposto a celebração religiosa prévia; o direito que prevalecia na Baviera de Montgelas, segundo o qual o próprio casamento de Hegel havia sido celebrado, era semelhante àquele da Renânia prussiana. Porém, as tendências do governo prussiano se dirigiam à extinção geral do casamento civil, também na forma que vigorava ainda na Renânia, o que ia de encontro ao que desejava Hegel.

O mais profundo da visão hegeliana de Estado e Igreja aparece quando ele trata do cisma do século XVI. É uma sua idéia antiga, já exposta em 1802 e provavelmente desenvolvida em contato com a visão da Prússia de Frederico e com a teoria da relação entre o Estado e as "associações eclesiásticas" nele contidas, expressa no direito civil prussiano, e também, em parte, no contato com a situação do império: tolerância e liberdade de pensamento, bem como a moderna auto-suficiência do Estado, até então "leigo", remontam a este cisma. Ele estende agora esta idéia. A "unidade de Estado e Igreja desejada..." pelos românticos, se com isso se quer dizer mais do que a unidade de princípios e de disposição de espírito, realiza-se no despotismo oriental. Mas lá "não há Estado, não há, no direito, a livre vida ética e o desenvolvimento orgânico, de formação consciente de si, a única digna do Espírito". Porém, para que o Estado se constitua nisso, não é apenas suficiente que ele possua existência separada da Igreja; é necessário que se efetue a

sua diferenciação em relação à forma de autoridade e de fé; mas esta diferenciação apenas surge na medida que a Igreja, de sua parte, divide-se em si mesma; apenas então, por sobre as Igrejas particulares, o Estado conquista a universalidade do pensamento, o princípio de sua forma, e o traz à existência... é assim errado supor que a cisão das Igrejas seja ou tenha sido uma infelicidade para o Estado, pois é apenas através dela que podem ser a racionalidade e a eticidade conscientes de si, o que é a sua determinação. Da mesma forma, isto é a maior felicidade que pôde suceder à Igreja e ao pensamento, a cada um pela sua liberdade e sua racionalidade.

Embora Hegel faça expressamente da multiplicidade das Igrejas "o acontecimento mais feliz" para o Estado, a Igreja e a liberdade de pensamento, ele o prova apenas para o Estado e para pensamento, e não para a Igreja. Ele chega mesmo a retirar desta o ideal de sua catolicidade ainda disponível em seu protestantismo. A Igreja não deve ser una, nem ao menos na esperança. É necessário que hajam numerosos Estados e numerosas Igrejas e não que cada Estado possua sua Igreja, mas de tal modo, que cada Estado veja várias Igrejas ante si. Todas as forças propulsoras da idéia de Estado hegeliana confluem aqui: a auto-suficiência espiritual do Estado, que tem "também uma doutrina"; o caráter absoluto da relação ética do indivíduo com relação ao Estado; o ponto de vista segundo o qual sobre ele não pode existir senão uma organização, mas que não é nenhuma organização visível e que, por isso, não perturba a sua inteireza (*Geschlossenheit*) – o Espírito da história universal. O ideal de Igreja una e universal deve então necessariamente desfazer-se em pedaços, pois, caso contrário, nenhuma destas idéias poderia ser mantida. Apenas a Igreja destroçada (*zertrümmert*) em "Igrejas" deixa intocado o tripartido *character indelebilis* do Estado de Hegel – estrutura perfeitamente articulada, poder ético absoluto e autolimitação. Apenas a Igreja destroçada em "Igrejas" leva à conclusão daquilo que Hegel havia iniciado em sua definição do conceito de religião conformada, em última análise, no sentido da alma individual. E, vistas as coisas deste modo, então se torna claro o quão exatamente oposto o Estado hegeliano deveria ser para corresponder àquela definição individualista do conceito de religião. Os pilares do sistema hegeliano inteiro, o caráter absoluto do indivíduo e o caráter absoluto do todo, sustentam-se mutuamente. A vontade de salvação religiosa na alma individual oprimida pelo mundo e pelo destino exige o conceito do Estado auto-suficiente e eticamente auto-referido (*selbstherrlich-selbstsittlich*). Isto, porém, que agora reconhecemos no sistema completo como chave da sistemática, nós havíamos visto no sistema em construção como origem da idéia de Estado. O que outrora havia se passado em Frankfurt, a história interna que havia conduzido da confissão epistolar de um jovem de 26 anos, desejoso de superar a ligação com os homens, ao reconhecimento do Estado como destino, tal, antes sangue e vida, é agora obra acabada. O processo de um devir se fecha no círculo de um ser. No início, havia as dores do crescimento de uma alma humana; ao fim, existe a filosofia do Estado de Hegel.

O ser (*Sein*) cai na história da qual ele surgiu, e a história o dissolve novamente em devir (*Werden*). O direito natural de Hegel, em seu todo, teve efeitos apenas na Escola, e não na vida. A vida teve, primeiro, de explodir a unidade do pensamento, para reconstruir os fragmentos. Não existe uma segurança contra uma tal evolução, segurança à qual aspira naturalmente o pensador, a quem interessa o entrelaçamento (*Verflechtung*), e não os liames (*Fäden*). O pensador apenas se poderá defender contra as forças que ele conhece e crê haver integrado em seu pensamento, e não contra as forças desconhecidas que ele mesmo suscitou. Passado e presente podem se inclinar a ele, mas contra o futuro a sua vontade permanece impotente.

Os Scylla e Caribdis do presente, entre os quais Hegel procura manobrar, são a legitimidade e a soberania popular, aqueles dois conceitos que, segundo a expressão do grande contemporâneo francês de Hegel, St. Simon, devem sua existência apenas à circunstância de que se os contrapõe um ao outro. Esta expressão poderia ter sido escrita pelo Hegel da *Filosofia do Direito*. Evitando tratar ambas as direções ao mesmo tempo, ele procurou resolvê-las no mesmo lugar; Haller e Rousseau são objeto de um único parágrafo em Hegel.

O revolucionário era para ele o mais antigo inimigo, e também o mais perigoso, por que ele mesmo havia transitado em seu círculo e ainda, também, pelo fato de derivar suas idéias fundamentais conscientemente a partir dele, após se haver dele separado há muito. O primeiro sistema de Estado, de

1802, que provavelmente influenciou Schelling, não se separa realmente, apesar de traços antigos e republicanos, senão da "revolução", e não da "reação". Ao contrário, este último adversário desapareceu a tal ponto de seu campo de visão, que Hegel institui, sem a menor reserva, sua autoridade suprema, anunciadora do monarca de 1805, como um corpo sacerdotal concebido segundo o conceito de direito divino, postado "no Conselho Supremo". O ponto oposto à revolução, que ele procura evitar aqui como nas linhas gerais do texto sobre a Constituição do Império e nos sistemas de Estado posteriores, não é para ele a idéia legitimista, mas antes a prática burocráticas, a vontade de tudo determinar desde o alto (*Alles-von-oben-herab-bestimmen*), o não-respeito em relação à livre atividade da base. É possível que a equivalência proposta em 1805, entre o corpo de funcionários e a "opinião pública", possa ser compreendida tanto como uma tentativa de desburocratização do conceito de funcionário como sendo uma transvaloração (*Umwertung*) do conceito revolucionário de opinião pública. É apenas a partir de 1815 que, para Hegel, se dá a percepção do outro extremo da soberania popular, não na onipotência dos funcionários, mas no conceito de legitimidade. As suas cartas de então são testemunhas disto. O primeiro inverno em Berlim foi muito adequado para o fortalecimento desse ponto de vista. Foi então que iniciou a contaminação da sociedade berlinense, especialmente a do círculo do príncipe herdeiro, pelas visões do patrício de Berna, que queria entender o Estado como uma pura ordenação do direito privado, tendo o príncipe como seu proprietário, que possuía seu direito originalmente como qualquer outro no âmbito do direito privado, como direito do mais forte – e apenas isso significava "por direito divino" – e que disporia livremente do Estado, sem impedimento de obrigação pública alguma, limitado apenas pelos direitos opostos de "outras" pessoas privadas e pela moral geral. É dificilmente crível, mas o despeito ocasionado pelos recorrentes frêmitos revolucionários na Europa levou até mesmo homens como Gneisenau a uma admissão provisória dessas afirmações, que pareciam se constituir em um antídoto à revolução – um remédio cavalar (*Pferdekur*), e pior que o próprio mal. É Hegel que assume agora uma feroz polêmica contra o patrício de Berna – que ele possivelmente havia conhecido pessoalmente e cujos antecedentes "democráticos", então ainda não muito antigos, lhe eram certamente conhecidos –, numa invectiva que deixa muito para trás tudo aquilo que ele poderia ter dirigido a Fries, Schleiermacher ou Savigny. Acima de tudo, Hegel contesta o evidente naturalismo de sua idéia principal, seu ódio pelas leis, a sua tendência a degradar os deveres legais da condição de uma tarefa do Estado a um mero ato de beneficência, sua exaltação do direito de resistência e de emigração, o seu desprezo, à inglesa, por leis fundamentais do Estado escritas e pelo direito civil geral estatuído a partir do conceito objetivo de Estado. Ele reconhece o íntimo parentesco de Haller com seu adversário Rousseau pelo fato de que também este último vê na "singularidade dos indivíduos" o fundamento do Estado; mas, para Rousseau, trata-se da "idéia" desta singularidade, ou seja, a vontade, e ao grande genebrino faltou apenas fazer derivar diretamente desta vontade consciente a vontade coletiva – em lugar de, como Hegel mesmo, fazer derivar da vontade inconsciente do indivíduo a vontade consciente do todo. Para Haller, ao contrário, trata-se apenas "de singularidades empíricas segundo suas propriedades contingentes, força e fraqueza, de riqueza e pobreza etc.". Este antagonismo, doravante reconhecido por Hegel, com pertinência histórica, como o grande combate da época, deveria relegar fortemente a um segundo plano aquele antagonismo anteriormente acentuado por Hegel entre a soberania popular e a burocracia. É aquele impulso já perceptível em 1805, que se constituía em considerar a "soberania" do Estado passível de salvação ante a revolução e a legitimidade pela colocação do "governo" burocrático, detentor do "sentido do Estado"

(*Staatssinns*), no meio termo entre os dois pólos perigosos, que aqui se acentua. E assim se dá que se pode dizer desta figura de Estado de 1820, com relativa correção, que ela não é nem ultra-realista (*ultraroyalistisch*) nem ultraliberal (*ultraliberal*), mas ultragovernamental (*ultragouvernamental*).

O autor desta apreciação é o pensador que libertou o conservadorismo prussiano das cadeias já algo frouxas da teoria de Haller: Friedrich Julius Stahl. A energia necessária para tal ato hauriu ele, mais ainda do que poderia convencer a si mesmo, de Hegel; Schelling, a quem ele preferia referir, dificilmente poderia ser considerado independente de Hegel no que diz respeito à teoria do Estado do período em questão. Stahl considerava mérito de Hegel haver "eliminado a doutrina feudal do direito privado de Haller". Ele critica, de sua parte, os seus predecessores na posição de teórico do conservadorismo prussiano essencialmente desde um ponto de vista "schellingiano-hegeliano", da subordinação dos interesses e direitos privados ao Estado; como Hegel mesmo, ele se posta entre Rousseau e Haller: "existe... um terceiro termo superior ao erro da revolução e ao erro de Haller, e isto é... o caráter público do poder do Estado". Mas ele não apenas critica. Ele louva, em Haller, que ele haja trazido à consciência clara, estabelecendo observações, "o lado natural do direito e do Estado", que "pode se fazer frutificar contra a forma abstrata de concepção de que hoje sofremos". E este louvor a Haller é igualmente, como diz já a última frase, o ponto de partida para o ataque contra Hegel. Hegel teria, na medida em que faz derivar o Estado, como todo o resto, da articulação da criação divina, e, com a negação da divindade sobrenatural, o faz referir-se totalmente a si mesmo, oprimido ao mesmo tempo o "lado natural" do Estado. E assim se movimenta o ataque de Stahl, em que ele passa da crítica às bases do sistema à crítica da doutrina do Estado, essencialmente nos trilhos de Haller, ainda que com muito mais espírito e cientificidade. Assim como no sistema "panteístico" em geral de Hegel "a personalidade e a liberdade periclitam", da mesma forma não teria sido levado em consideração por Hegel que "em cada pessoa ainda permanecem muita vontade, possibilidade e dever, que não são determinados e realizados pelo Estado". A personalidade tem apenas em aparência uma grande importância para ele; na verdade, não lhe é absolutamente importante, por exemplo, na derivação da constituição representativa (*Representativenverfassung*), sendo por ele até mesmo negado que "A e B e C, todos que verdadeiramente vivem", têm, através da representação popular, a proteção de seus "reais direitos", ou ainda que determinada "relação x entre A e B" seja tratada justamente. Assim, ele não leva em consideração "o direito transmitido positivamente e os direitos adquiridos que nele se fundamentam", e esta é a razão de sua hostilidade com relação à constituição inglesa e à história romana, como de sua tomada de partido em favor do soberano alemão contra o antigo império. Vê-se que aqui se mostra, no fundo, apesar de todo o reconhecimento do "direito público", ainda a antiga rebelião de Haller em favor de – como Stahl mesmo o expressa – "vida, liberdade, personalidade e história"; e, caso se queira observar mais de perto este patético quarteto, assume ele os traços mais claros daqueles "direitos imprescritíveis, cujos detentores apenas podem ser levados ao que se refere à utilidade da comunidade (*Gemeinsam-Erspriesslich*) através de convicção interna: por detrás da teoria aparecem as formas dos Junkers, que, para a aceitação da reforma de Stein e Hardenberg, têm de ser antes levados à fortificação de Spandau; aparece também a figura de Frederico Guilherme IV e sua desconfiança em relação ao "liberalismo" de seus conselheiros privados que, para ele, que se concebia como muito mais liberal do que os Liberais, corporificavam os "velhacos do Estado".

Naquilo que ele reconhece, como naquilo que ele recusa, o conservadorismo de Stahl é igualmente importante para a compreensão de Hegel. Este último lhe impõe, pela mediação de Schelling, sua idéia de Estado e de povo; aqui, a superação de Haller por Stahl no Partido Conservador significa igualmente a vitória de Hegel sobre Haller. Mas não lhe foi imposto o assumir do significado da posição do Estado no sistema. A crítica de Stahl a Hegel significa, desde a perspectiva do sistema hegeliano, um renegar dos âmbitos sistematicamente subsidiários do direito, da moralidade e da sociedade em relação ao Estado. Todos estes reconquistam agora sua pretensão de autonomia, e a diferença em relação ao passado é apenas que o Estado, em sua auto-afirmação, tem agora, com relação a tais pretensões, uma melhor consciência do que no século XVIII. A crise torna-se completa quando, em acréscimo ao renegar interno, anuncia-se o inimigo externo – a religião, à qual Hegel reservava a função, em comum reconhecimento, de garantia mútua dos diferentes setores e de renúncia às suas pretensões políticas, rompe o pacto e prepara uma nova expedição de conquista (*Eroberungszug*). A idéia de Estado de Hegel venceu, mas a preço de sua auto-suficiência sistemática e de seu domínio sobre as esferas infra-estatais.

Hegel, em 1802, havia votado a Rousseau e Haller à mesma condenação, e apenas em função de seus amores de juventude reconhece em Rousseau o mérito de "haver proposto um princípio que, não apenas segundo sua forma... mas também segundo o seu conteúdo é um *pensamento*, e *pensamento* propriamente dito, a saber, a *vontade* como origem do Estado"; esta justaposição havia se provado agora, exatamente desde o ponto de vista de Hegel, historicamente validada. É verdade que, ainda que ele tenha posto "Rousseau", e não "Haller" no alicerce de seu edifício do Estado, são agora os herdeiros de Rousseau, e não de Haller, que se constituem em seus oponentes no interior de sua própria escola. Mas, no essencial, as objeções destes Jovens Hegelianos (*Junghegelianer*) liberais estão singularmente próximas daquelas do inimigo conservador de Hegel. A única diferença é que a sua crítica se dá, e pode se dar, como crítica de seus próprios discípulos, e que, em razão disso, estes pretendem representar o "verdadeiro"

Hegel, o Hegel "secreto" (*heimlich*), contra o Hegel público que não se compreende a si mesmo, invocando o primeiro contra o segundo, e conferindo assim à sua crítica uma certa legitimidade histórica, dada a referência real e consciente de Hegel a Rousseau.

Assim como Stahl, também os discípulos liberais de Hegel deploram nele a ausência de uma tomada de consideração necessária da vontade particular dos indivíduos particulares, e são também eles da opinião que Hegel não fala suficientemente de "A e B e C, todos que realmente vivem". Também eles desejam que seja levado em conta que, "para cada ser humano, muito permanece de vontade, possibilidade e dever, que não são satisfeitos e determinados pelo Estado". Também eles objetivam a representação popular não simplesmente como uma parte necessária do todo do Estado mas, acima de tudo, como a efetiva proteção dos "direitos reais" (*realen Rechte*). Mas quando eles, também como Stahl, reconhecem a verdadeira idéia de Estado – a saber, a soberania interna e externa do Estado – e, nesta medida, vêem em Hegel também aquele que superou cientificamente Rousseau, surge para eles, discípulos, uma necessidade estranha a Stahl: combinar, de algum modo, a crítica com o reconhecimento. Stahl pôde simplesmente afirmar que as "muitas e importantes verdades éticas e políticas", nas quais ele reconhecia "em Hegel um de seus primeiros ou mais importantes representantes", não possuíam "sua origem na dialética de Hegel ou em quaisquer outros princípios filosóficos", nem seriam condicionadas através de sua "cosmovisão panteísta". Para os discípulos, a questão não era assim tão simples. Eles tiveram de dissecar a idéia de Estado a ponto de fazer aparecer por detrás dela aquele que consideravam ser o "Hegel autêntico". Foi a origem rousseauniana do conceito hegeliano fundamental que oportunizou a possibilidade para isto. A vontade "universal" e, não obstante, "subjetiva", da *Filosofia do Direito*, que extraía de algum modo o metal nobre da universalidade a partir do minério bruto da vontade do indivíduo, metamorfoseou-se na *volonté générale* (vontade geral) do *Contrat social* que, de alguma forma, procedia, por uma transformação física, da substância quimicamente idêntica da *volonté de tous* (vontade de todos), como o gelo da água. O "tudo-todos" (*All-Alle*) do Estado orgânico transformou-se assim novamente no "Nós Todos" (*Wir Alle*) da concepção democrática de Estado. Em correspondência a isto, devêm a teoria da representação popular e da monarquia, sempre em articulação com as premissas hegelianas; cresce a significação da primeira enquanto suporte da "vontade universal", e o poder da segunda se reduz à "simples" decisão em última instância. O "protestantismo" do Estado é localizado por eles, assim como pelo Hegel dos últimos anos, em sua soberania; mas, exatamente porque eles democratizam ou, ao menos, parlamentarizam esta soberania, a expressão torna-se o aríete para romper as instituições "medievais" que Hegel havia preservado em seu todo ou sob determinadas circunstâncias, tais como a significação das classes (*Stände*) sociais para representação popular ou como os *Fideikommisse*. Eles estão convencidos, ou pelo menos dão a entender que estão, que conservam a essência da idéia hegeliana de Estado e não rejeitam senão a sua fenomenalidade condicionada pela época. Entende-se que isso se constituiu em um erro. Mas um erro historicamente condicionado, na medida que eles, sem o saber ou atribuir um valor a isto, retornavam às origens das idéias hegelianas. Trata-se de um caso em que a história da escola hegeliana revela a mais singular inversão. Em sua teoria do surgimento do cristianismo a partir do mito da comunidade primitiva, Strauss pôde conscientemente lançar mão de certas passagens isoladas e sem conseqüências da filosofia da religião de Hegel; mas o que ele não podia saber é que estas idéias, que aí não aparecem senão incidentalmente, haviam constituído outrora, para o jovem Hegel, o ponto central de uma ampla abordagem deste tema. Assim, aparecem mais de uma vez na escola as tentativas de deslocar a articulação histórica de Hegel, que absolutizava o cristianismo, em função de uma nova articulação histórica que iniciava apenas com o presente da época absoluta (*absolute Zeitalter*). Stahl assume isto já em 1847 como um dogma comum da esquerda hegeliana; também a conhecida esquematização histórica de Heine sobre Helenos e Nazarenos (*Hellenertum und Nazarenertum*) se dá nesta linha. Mas ninguém sabia, ainda que tal pudesse ser realmente depreendido de escritos antigos de Hegel, que o mestre mesmo havia proposto originalmente esta articulação, que cede lentamente lugar àquela outra, conhecida.

O fato de que os sucessores liberais de Hegel tenham procurado se manter próximos de um Hegel "autêntico" é a prova de que também eles, ainda que a contragosto e não sem remorso, fizeram o mesmo que o conservadorismo de Stahl: reconheceram a idéia de Estado, mas romperam o liame sistemático que unia a ela as esferas infra-estatais. Também para eles, como para os conservadores, as forças da "vida, liberdade, personalidade e história" rebelam-se contra o poder absoluto do Estado hegeliano. Sim, também a história, pois, por surpreendente que possa parecer ao reconhecimento superficial deste antigo conservadorismo, ainda oposto ao espírito do tempo – e, por isto, pleno de espírito (*geistreich*) – também Stahl havia censurado o fato de que ele se constituía em "um adversário do livre movimento que se forma a partir do desordenado e obscuro, conformando-se em ordem e luminosa figura". E se o anti-hegeliano conservador toma aqui a posição simples e clara do adversário, que, com elegância e inteligência, não se envergonha de aprender também com o contendor, a posição dos hegelianos de "esquerda" sugere uma desesperada irresolução, que era insustentável a longo prazo para naturezas francas e profundas. Não é nenhum acaso que a maioria deles, ainda que tardiamente, especialmente desde 1848, engajados politicamente, abandonam seja seu liberalismo, seja seu hegelianismo. B. Bauer e F. Strauss postam-se no lado dos conservadores, Marx e Lassalle se desembaraçam da poeira da sociedade burguesa e de seu liberalismo e Feuerbach, se é verdade que continua a divinizar o Estado, entende por Estado apenas a república. Para todos eles, o seu hegelianismo liberal teve apenas o sentido de uma fase do desenvolvimento político. O sistema hegeliano do Estado, que se situou entre os dois opostos "Rousseau" e "Haller", prova aqui, ante as duas potências suas conhecidas, a sua capacidade, a longo prazo, de afastar o estranho (*Fremde*), fosse na forma da aproximação do discípulo ou na forma da inofensibilização (*entwaffnen*) do adversário através do reconhecimento dos pontos comuns com ele. Atacado, ele mantém finalmente, muitas vezes aparentemente vencido – e todavia não "superado" (*überwunden*) no sentido em que entende este termo –, a sua posição, contra a sua esquerda e a sua direita.

A superação vem antes das forças contra as quais não se havia armado, porque elas, à época, ainda não constituíam em forças agrupadas e espiritualmente ordenadas. O conservadorismo e o liberalismo haviam ambos acreditado dever desarticular a coesão do sistema, antes de empreender a batalha corpo-a-corpo. Ambos os novos inimigos tomam o sistema como ele pretendia ser tomado: como um todo e uma unidade, seja em sua estrutura plástica, seja em seu princípio metodológico; eles capturam assim exatamente o elo de ligação do conjunto e tentam, em lugar de afundar o navio inimigo, capturá-lo.

O partido que se estabelece em 1848 e que se constitui inicialmente, durante o período de excitação de fevereiro e março de 1849, em uma coalizão (*Kartell*) passageira, o partido imperial 21 de março, o partido de Gotha dos anos de 1850, a união nacional dos anos de 1860 e, finalmente, o nacional liberalismo da primeira década do século xx – este partido espalha suas raízes largamente na vida espiritual alemã. Assim como ele se constitui a partir dos mais diferentes elementos, assim como seus membros provêm dos mais diversos lugares e o que os une não é senão uma idéia, a idéia nacional, e apenas através dela irrompe no momento da decisão nacional, assim também desembocam nele as mais diferentes tendências espirituais. Antigos liberais, ex-democratas, extremados particularistas prussianos, que vêem aqui o caminho para uma grande Prússia, simples devotos do ideal nacional, todos se unem aqui. Seus dirigentes intelectuais, o círculo que, desde 1858, os *Anais Prussianos* haviam reunido em torno a eles, haviam unanimemente – como seu porta-voz, o fundador dos *Anais Prussianos* – acreditado reconhecer em Hegel exatamente a encarnação da forma do Espírito prussiano que eles combatiam; e, todavia, reconheceram nele, pelo conteúdo de suas idéias, o grande teórico do Estado. Tal poderia aparecer como ainda mais surpreendente na medida em que, com relação ao ponto principal, a idéia nacional, Hegel nada lhes oferecia; a sua idéia de Estado era antes de tudo puramente política. Na *Filosofia do Direito*, ele havia dirigido duras palavras contra a "pretensão" da dissolução do Estado no interior de um todo maior. O máximo que lhes poderia ser oferecido como arma espiritual seria a apreciação, contida na *Filosofia do Direito* a partir do texto sobre a Constituição do Império, de que o único Estado verdadeiro seria o grande Estado – idéia que, em 1830, chega a tal ponto, que ele faz corresponder então a eticidade do serviço (*des Dienstes*) em um Estado insignificante a uma simples "moral privada". Mas, mesmo aqui Hegel não pensava, como já no escrito sobre a Constituição do Império, no grande Estado nacional, mas no grande Estado em geral.

Por outro lado, porém, a idéia nacional, sob a forma como aparecia exatamente nos círculos do partido da fundação do império (*Reichsgründungspartei*), não se alimentava, ou pelo menos não se alimentava exclusivamente, da visão romântica de uma nação alemã viva e animada por toda a sua história, como, por exemplo, era o caso do rei Frederico Guilherme IV. Esta idéia nacional estava antes penetrada de uma boa dose de pura vontade política; pretendia-se, no Estado nacional, acima de tudo o Estado e propriamente o Estado forte, de que o indivíduo necessitava em função de seu etos, como aquele que a nação necessitava para sua plena realização. E é este Estado que encontravam em Hegel. Eles foram os únicos que não caíram na tentação de compreender a "idéia de Estado" desde suas relações sistemáticas; pelo contrário, a integração das esferas infra-estatais da vida no todo do Estado, a cuidadosa delimitação e o daí derivado rigoroso enquadramento que em Hegel ordenavam a vida da sociedade na vida do Estado, a eticidade familiar junto à disposição de espírito do Estado, lhes parecia o mais valioso nesta doutrina. Toda a política que objetivavam os conduzia a tais relações, delimitações e subordinações. Não se tratava, para eles, como para os liberais e conservadores, de proteger a vida existente no Estado existente, mas de inserir a vida existente em um Estado futuro. Ali onde aqueles podiam se contentar em levantar muros de proteção, era necessário a estes ordenar e construir. Tratava-se de edificar o Estado desde as bases, pois estes homens, engajados na política interna, não poderiam valorizar a construção do Estado com mão guerreira desde cima, mas apenas com o trabalho pacífico desde baixo. E, como se tratava de partir da base, estes homens, e apenas eles, podiam realmente compreender aquele devir vivo do Estado desde suas raízes na alma, da vontade jurídica da pessoa, da vontade moral da personalidade e da vontade ética do homem e do cidadão, que Hegel havia desejado apresentar. Eles podiam recusar inumeráveis detalhes, tomar o "método" por morto ou degradado, mas, no etos desta política, eles reconheciam o que lhe era próprio. O livro de Haym de 1857, o discurso de Rümelin em homenagem a Hegel de 1870, o texto de Treitschke no terceiro volume da *História Alemã* expressam isto. Além disso, todos encontram aí também uma metafísica do Estado, a sua relação sistemática com os poderes superiores, tal como eles mesmos os concebiam essencialmente. Não é o caso ainda de Haym em 1857, mas os que se seguiram, que estavam sob a influência do surgimento de Bismarck, reconheceram no "direito público externo" de Hegel a fundamentação filosófica da dura natureza de poder do Estado voltada para o exterior – uma relação da história das idéias que não escapa à *Revue des deux mondes,* então sob o fogo da artilharia alemã. Percebe-se, na Alemanha prussiana desta época, um sentido novo nas passagens do escrito sobre a Constituição do Império que se referem à hegemonia austríaca, a respeito do "Teseu", que constitui "um Estado a partir de povos dispersos"; e julga-se, sob o efeito de Königgrätz e Sedan, que a história universal é efetivamente o tribunal universal. Também a idéia de que nenhum poder terreno organizado poderia existir por sobre o Estado pareceu evidente ao partido da *Kulturkampf*; e Treitschke, que via no "pensamento da imanência" o fruto indestrutível do movimento idealista de Kant a Hegel, sublinhou, no início dos anos de 1870, em seu exemplar da *Filosofia do Direito* de Hegel, a frase em que o filósofo recomenda ao Estado, como última palavra de sua sabedoria sobre a relação entre Estado e "Igrejas", o *divide et impera.* Já vimos como se expressa nesta frase o mais íntimo segredo da doutrina hegeliana do Estado; aquela *nota bene* escrita pelo lápis de Treitschke nos faz reconhecer qual o partido que herdará as jóias da coroa desta doutrina do Estado.

Tratou-se de uma herança sem imposições. O partido não foi de algum modo "hegeliano". Estava-se consciente de poder reconhecer as idéias de Hegel como suas, sem, com isso, ter de subscrever o pensador; julgava-se poder esgotar o "conteúdo" do sistema sem necessitar, para isso, aderir à "formalidade" do método. E dispunha-se do direito histórico para isso, pois, como impulso mais interno, estava-se de posse da idéia que havia permanecido realmente estranha a Hegel e que conferia aos seus portadores a capacidade de se apropriar do sistema hegeliano como um todo e não no sentido do filósofo. E a isto se chama superar o passado histórico.

Mas a apropriação do sistema não era a única possibilidade de superar Hegel. A estreita conexão que, em Hegel, unia sistema a método, abria ainda um outro caminho para a apropriação do todo, sem sujeição a este. A vontade de Estado nacional, estranha a Hegel, possuía, enquanto vontade, o poder de manter articuladas as partes do sistema praticamente na mesma estrutura de relações (*Lageverhältnissen*) que Hegel havia estabelecido através do pensamento metódico. Mas alguém capaz de tomar a ligação unificadora do método e investir energia não apenas de uma vontade, mas também, no fundo de uma concepção geral estranha a Hegel, este estaria à altura de dispensar a estrutura sistemática do conteúdo do mundo político de Hegel e de reorganizar o material; ele poderia, através de Hegel, ultrapassar Hegel e conquistar um novo território político. Este foi o carisma do fundador da social-democracia.

Na condição de jovem jornalista, Karl Marx, no início dos anos de 1840, teve de escrever um artigo para o liberal *Rheinische Zeitung* (Gazeta Renana) sobre o debate das classes provinciais renanas sobre uma lei relativa ao roubo da madeira. O jovem hegeliano, fiel ao mestre, que entendia o Estado como o único lugar onde, em termos naturalmente do liberalismo da época, a liberdade do indivíduo poderia encontrar sua realização suficiente, choca-se com a constatação da forma real como esta realização do ideal de liberdade poderia verdadeiramente se dar; em lugar do idealismo do cidadão do Estado, que ele procurava, transparecia desses debates um "materialismo pervertido, um pecado contra o espírito santo dos povos e da humanidade": cada classe não pensava senão em si mesma, e nenhuma pensava no todo. A pura representação de interesses, que feriu tão profundamente o idealismo político do liberal Marx, correspondia, porém, muito bem às idéias do conservador romântico que tinha então o destino da Prússia em suas mãos; era assim, e não de outra forma, que as "classes alemãs" se sentiam, como defensoras dos direitos que haviam adquirido, e apenas deles. Não foi por acaso que Stahl, com um certo reconhecimento das novas "teorias sociais" francesas, que "pelo menos poderiam se constituir em um impulso entre outros", referia que, assim como através do liberalismo os "proprietários haviam podido obter o reconhecimento de sua dignidade e de sua participação na sociedade comum", assim também os "não-proprietários" alcançariam "uma satisfação adequada de sua vida na medida que lhes cabe". A contradição fundamental vista aqui pelos conservadores contra a visão liberal de Estado com seu afrouxamento dos elos econômicos-sociais, simultâneo ao enrijecimento dos laços puramente políticos entre Estado e homem, substitui posteriormente em Marx a sua primeira indignação ante o "materialismo pervertido" da representação dos interesses das classes no Estado. Aquilo que ele em 1843 ainda estigmatizava, parece-lhe poucos anos após uma situação normal e desejável: o indivíduo deve impor os interesses de sua classe na sociedade. O horror ante a sociedade "burguesa"/"civil" (*bürgerlich*), que lhe era inerente na condição de colaborador do jornal liberal-burguês (*bürgerlich-liberalen*), abre os seus olhos para a existência de uma nova classe, uma classe que, pelo menos na Alemanha, ainda era pequena, desprovida de vontade, cega, mas que, de qualquer forma, lá estava – uma classe que apenas necessitava ser levada à consciência de sua posição e de seu caminho para que fossem alcançados os ideais de liberdade que Marx outrora julgara serem possíveis de alcançar no Estado político. Assim, atento a uma classe e não ao Estado, este hegeliano, que inicialmente postulava a *Filosofia do Direito* no centro de seu interesse e que caracterizava o seu novo ponto de vista em uma *Crítica da Filosofia do Direito de Hegel*, deve proceder ao deslocamento da idéia principal da sistemática hegeliana do "espírito objetivo". O fato de que era exatamente do destino da quarta classe/quarto estado (*vierte Stand*) que dependia o livre futuro da humanidade, este fato se constituiu inicialmente apenas na experiência pessoal de Marx, e deveria ser posteriormente fundamentado, não na filosofia da comunidade humana, mas na filosofia da história. Mas o fato de que doravante, após esta grande experiência do "proletariado", uma classe e não mais um Estado se constituía na instância em que se completaria o destino da humanidade, tal obrigou a uma transmutação do sistema.

Marx nunca completou esta transmutação em seus livros complexos e impetuosos; inicialmente, porque é provável que a urgência das idéias não lhe deixavam tempo, e, mais tarde, porque um confronto assim tão positivo com o leão morto teria sido anacrônico. Mas tal transmutação permanece doravante como a grande evidência que subjaz a todas as suas obras. No lugar que, em Hegel, o Estado ocupava, aparece em Marx a sociedade. Trata-se inicialmente da sociedade tal como Hegel a compreendia em articulação com a economia política clássica, as tensões e impulsos de finalidades egoístas, dos quais emerge espontaneamente uma situação de equilíbrio, para a qual o indivíduo inconscientemente colabora com seu peso e desde o seu lugar. Porém, enquanto Hegel admite aqui tranqüilamente a psicologia naturalista dos economistas ocidentais, pois ele edificava no Estado uma esfera superior, na qual se legitimava a sua ética idealista – ou seja, enquanto Hegel devia e podia permitir tranqüilamente a sobrevivência e mesmo a validade, no interior da eticidade, deste reino do não-ético, isto era impossível para Marx. Pois ele postulava a sociedade no lugar do Estado no reino da eticidade; ele exigia do homem a abnegação consciente que Hegel apenas requeria no Estado; ele postulava a "consciência de classe" no lugar da "disposição de espírito estatal". Por isso, ele não podia reconhecer a concepção materialista-individualista que Hegel tomara de "Smith, Say, Ricardo". E a experiência profética, a partir da qual ele filosofava sobre a comunidade humana – a face do proletariado se elevando desde a obscuridade – impunha que a necessidade ética do homem encontrasse sua realização na "sociedade", e não em algo como o Estado ou a família. Como resolver esse problema?

A solução vem através da filosofia da história. Quando a sociedade ocupa a posição do Estado hegeliano, ela se torna herdeira da sua relação com a história; ela, a sociedade, aparece agora como suporte do devir da história universal na direção da consciência da liberdade; o conceito hegeliano de sociedade se constituía na imagem especular (*Spiegelbild*), recebida da "economia política burguesa" de Smith, Say, Ricardo, da situação atual de uma sociedade decadente; o seu conteúdo – tal como é dito na profunda expressão segundo a qual, na sociedade, o excesso de riqueza não é rico o suficiente – pôde permanecer válido como expressão desta situação histórica, pela qual, aliás, Hegel mesmo compreendia a sociedade civil. Mas já aparecia a imagem do futuro; e esta futura sociedade livre recompensaria generosamente a abnegação do homem que se dedicava ao presente, como explorador ou explorado. Toma assim uma feição apocalíptica a imagem hegeliana da história. Trata-se da versão hegeliana, apesar da mudança que a sustenta; a quem agora a sustenta, a sociedade, foram transmitidas todas as nobres qualidades do antigo suporte, o Estado. Na sociedade historicamente progressista, o indivíduo encontra o seu mundo ético; na sociedade, as manifestações extra-societárias (*aussergesellschaftlich*) da cultura encontram a sua efetivação histórica. Estas manifestações constituíam-se em acessórios – reflexos – da única situação social com efetividade histórica e que se desenvolve a partir da sociedade precedente. A história encontra-se no limiar do grande momento logo antes da irrupção da última era, do "terceiro império" (*dritten Reich*), que se anuncia na consciência do pensador e que nenhuma vontade humana pode impedir ou desviar, devendo, antes, a consciência humana adaptar-se a ela – estas idéias do jovem Hegel, as quais ele mesmo, mais tarde, despojará de seu extremismo apocalíptico, a esquerda hegeliana havia já trazido à luz, sem a consciência de seu contexto histórico. A escola, porém, a conduz a uma dimensão de expressão de uma vontade, o que a aliena de sua origem. Apenas Marx permite que permaneça viva a força do "quietismo" hegeliano, a fé no destino. Assim, nenhum outro a não ser ele tem seus arrebatamentos fulgurantes, mas nenhum outro dispõe da força de uma concepção própria, como Marx na visão do "proletariado". Ninguém, a não ser ele, viu com seus próprios olhos onde, como e sob qual forma o tempo final se elevava no céu da história.

E nenhum outro, nem mesmo Hegel, pensou a tal ponto a idéia do caráter incondicionalmente terreno das relações éticas como este fanático representante do futuro humano. Hegel, por perceber no Estado a mais alta relação ética, pôde sobrepor no sistema o conceito de Igreja ao de Estado, mas, na realidade, teve de antepor ao Estado a multiplicidade das Igrejas, e por isso, teve de suprimir o conceito de Igreja. Marx, ele mesmo sem Estado, não foi embaraçado por tais dificuldades, colocando no lugar do Estado necessariamente limitado a configuração da sociedade que, como já no caso de Hegel, não podia ser circunscrita pelo Estado, uma sociedade se estendendo, pela economia, a toda a terra. Nele, a suprema eticidade do indivíduo desemboca em uma comunidade de abrangência realmente mundial. A nenhuma outra comunidade terrestre cabia reivindicar pretensões de tipo ético; nem a mais abrangente delas poderia ser tão abrangente como a sociedade do futuro. Deste modo, não há necessidade de suprimir a Igreja; a sua superfluidade é evidente. Apenas Marx levou o sistema hegeliano da comunidade humana ao ponto em que ele assume realmente a forma que Stahl havia atribuído já ao sistema original. Apenas Marx desenvolveu realmente o que Treitschke havia denominado o "grande pensamento da imanência". Mas é onde Marx termina, ou seja, na sociedade do cidadão do mundo, que, segundo a profunda parábola da grande poetisa cristã escandinava, a imagem copiada, cujo reino é apenas deste mundo, pode, na Igreja, ser levada à imagem original, cujo reino não é deste mundo.

Hegel havia visto a questão social assim como a questão nacional, e já muito cedo, em 1802. Mas nem na questão social nem na questão nacional ele pressentiu uma força capaz de constituir sistema e comunidade. Assim, crescem desde ambas estas idéias os sistemas de Estado e de comunidade que podem exercer seus plenos direitos na herança histórica hegeliana, ou seja, na posse plena desta herança, permanecendo seu senhor – o que deveria necessariamente fracassar para os sucessores de "Haller" e de "Rousseau", que Hegel havia expressamente excluído da herança, e que disputavam suas últimas vontades. Deste modo, as figuras dos diádocos, em parte visíveis, em partes ainda dissimuladas, que antes haviam lutado pela herança, circulavam em torno ao sistema hegeliano de Estado. Mas as coisas não haviam ainda chegado a tal ponto. Imperava ainda o espírito do pensador; a tudo ele dominava desde seu trono, com orgulhosa tranqüilidade. Veio então a Revolução de Julho.

Décima Segunda Seção
REVOLUÇÃO DE JULHO

A sublevação de três dias, no curso da qual os liberais parisienses, graças ao proletariado urbano, chegaram a destituir o rei legítimo e a entronizar um rei nacional, foi inesperada até mesmo para aqueles que dela participaram; ela teve, na Europa, o efeito de uma tempestade estival no inverno. Havia quinze anos que se via o demônio da revolução pintado nos muros com tanta freqüência que, ainda que ele se anunciasse novamente na periferia meridional, não se acreditava mais em sua existência real. Nesta época "alciônica"[1] (*halkyonischen*), repleta de arte refinada e vasta ciência, a revolução assumia algo do papel da múmia que era apresentada, segundo Heródoto, no decurso dos banquetes egípcios, para elevar ao máximo a alegria de viver e o sentimento de existência. E agora ela estava ali. Um comunicado especial – pois o Estado prussiano já possuía

---

1. "Época alciônica" designa, na referência de Ovídio, os sete dias de calmaria do Mediterrâneo em dezembro, período em que Alcione, filha de Éolo, transformada em pássaro, construía seu ninho e dava origem à sua descendência. (N. da T.)

uma ligação telegráfica ótica – anunciou prontamente aos berlinenses o grande acontecimento, enquanto os jornais, por três dias ainda, apenas relatavam as últimas medidas governamentais de Carlos X, que nada referiam em termos de revolução. Enfim, também eles puderam reportar os detalhes, e os curiosos se precipitaram às salas de leitura dos salões de chá Josty e Steheli. Era então realmente verdade. O engenhoso edifício da paz européia, com seus pilares cuidadosamente ordenados e harmoniosamente dispostos, a legitimidade da coroa, o sentido cristão dos monarcas unidos na Santa Aliança, povos cuja participação na vida pública era juridicamente regulada segundo suas características historicamente determinadas – este edifício, cercado de cuidados por uns, detestado por outros, que parecia ter sobrevivido até mesmo ao perigoso abalo da sublevação dos gregos contra o seu sultão legítimo, acaba por desabar. Arte, sabedoria e civilização, que encontravam proteção em seu interior, parecem novamente ameaçadas. Niebuhr vaticinou nada menos do que uma recaída na barbárie, uma nova Guerra dos Trinta Anos – apreciações que, do ponto de vista de sua geração, não eram desprovidas de pertinência. Pois a nova geração que agora surge, inimiga de Goethe à direita e à esquerda, parecia, com efeito, "bárbara" a um membro daquela brilhante távola redonda (*Tafelrunde*) do Espírito alemão que havia sido presidida por Goethe ao modo do rei na saga céltica; e a cadeia ininterrupta de revoluções e guerras até 1831, na qual esta nova geração arranja a Europa segundo sua própria vontade, encontra sua origem realmente na deslegitimação final da França que o ano de 1830 trouxe, e encontrou neste país da revolução estatuída em direito político o seu impulso sempre renovado. Também Hegel foi profundamente abalado. Após praticamente duas décadas e meia de tumultos guerreiros, que ele havia experimentado desde seus anos juvenis, também ele teria contado com tranqüilidade, pelo menos com tranqüilidade exterior, que permitiria que o Espírito do Mundo, que, como ele diz em 1806, tem estado tão ocupado com a realidade efetiva, pudesse voltar-se novamente para o interior de si mesmo e recolher-se a si mesmo. E eis que tudo agora é novamente posto em questão.

A existência de Hegel em Berlim, no decênio que segue a publicação de sua obra de filosofia política, seguiu adiante no caminho que ele mesmo havia preparado através de sua primeira intervenção. A relação com círculos estudantis mais amplos, que ele havia conservado ao longo dos primeiros anos, havia sido praticamente interrompida após sua intervenção contra Fries, embora ele tenha permanecido em ótimos termos com os dirigentes Carové e, principalmente, F. Förster. A relação com Schleiermacher não se tornou melhor após o apaziguamento do conflito; tanto em nível público como em nível privado, os rivais e adversários políticos seguiam se combatendo com todos os meios. Hegel perde terreno do lado liberal-romântico, e não ganha no lado do romantismo conservador. Savigny, que havia se postado contra De Wette através de seu primeiro proclama de Berlim, colheu com isto pouca satisfação. A polêmica impiedosa empreendida por Hegel contra as idéias fundamentais da escola histórica do direito, e especialmente contra a posição de Savigny em relação ao direito civil prussiano e à legislação em geral, não poderia ter senão exasperado o ditador da faculdade de direito. O fato de que Hegel, nesta polêmica, utilizou-se do curioso meio de confundir as fronteiras entre romantismo liberal e o romantismo conservador, insistindo em seu comum *Schibboleth* do "ódio contra a lei", não poderia senão provocar em relação a ele igual hostilidade de ambos os lados. Do mesmo modo, o fato de ele haver atacado duramente, nos primeiros parágrafos de sua obra, a Hugo, de Göttingen, que exerça o papel de pai da escola histórica do direito, não obstante sua tendência marcadamente pré-romântica, este fato pertence igualmente a este contexto. O velho professor, já algo senil, acusa o recebimento da crítica em uma "recensão", de fato apenas uma réplica, enormemente desprovida de espírito e dignidade, publicada nas *Göttinger Gelehrten Anzeigen* (Notícias dos Sábios de Göttingen). Este combate atinge o seu ponto culminante quando Hegel conquista como aliado, na pessoa do jovem berlinense E. Gans, um combatente ativo e brilhante contra os "históricos", e que ele tenta impor à faculdade, sendo Gans ainda judeu. Desenvolveu-se a partir desta tentativa um jogo completo de intrigas políticas, que acaba finalmente com a aparente vitória de Hegel contra Savigny; mas também o príncipe herdeiro, que havia iniciado desde os anos de 1820 o exercício de um papel no Estado, interessou-se por esta questão, tomando partido de Savigny, cuja derrota se deve apenas ao acaso da sua ausência. Hegel se encontrava assim definitivamente afastado dos favores do astro nascente, se tal fosse ainda possível após a diatribe da *Filosofia do Direito* contra Haller.

Assim, isolado em sua luta igualmente em direção à direita e à esquerda, Hegel foi levado a se fazer ele mesmo um partido, e tal significava: fazer escola. É o que ele deliberadamente faz, como se sabe. Este foi um dos meios; o outro meio consistiu em procurar apoio no único poder que ainda lhe era disponível. Apenas em relação ao governo ele não havia ainda caído em desgraça. Se é verdade que a *Filosofia do Direito* possuía valor em si mesma, havia também, pelos motivos apontados na seção anterior, uma afinidade eletiva entre ela e o espírito dominante das mais altas esferas da Prússia de então, o que fazia de uma aliança a melhor possibilidade. O sentido diplomático de Hegel lhe permitiu a preservação em relação aos conflitos e hostilidades que grassavam no seio mesmo do ministério da instrução. A sua tendência goetheana pela inextirpável potência dos sensatos e tiranos encarregou-se do resto. Ambos, a sensatez e a benevolente e tuteladora tirania, eram amplamente disponíveis na Prússia, ainda que não em grande estilo; o ministro que o havia convocado e protegido constantemente, um herdeiro em geral não-indigno de W. von Humboldt, possuía ambas as qualidades. Já na Baviera, e mesmo antes, Hegel havia pretendido a direção de um jornal crítico subvencionado pelo Estado, segundo o modelo francês. Mais tarde, professor em Heidelberg, ele justifica a demanda de licença solicitada ao governo de Baden pela possibilidade que se oferece a ele de sair da "situação precária em que se constituía ensinar filosofia em uma universidade", com a possibilidade que se lhe oferecia desde a Prússia, podendo vir a assumir um serviço de Estado propriamente dito. Esta indisposição com relação à cátedra, e mesmo com relação à profissão filosófica, desapareceu aos poucos com o crescente sucesso em Berlim; nos últimos anos, os seus próximos já não ouviam mais de sua boca a desanimada expressão "ai de quem é condenado por Deus a ser filósofo!". Mas este desejo de uma ligação entre a sua ciência e a autoridade governamental era agora cumprido, mesmo durante a "docência da filosofia em uma universidade". Não apenas pelo fato de que ele é responsável durante alguns anos pela comissão científica dos exames em Brandenburgo e o terem indicado como parecerista em relação a outras questões pelo ministério, ou porque, sob sua demanda, Altenstein admoesta serenamente o *Jornal Literário de Halle*, que havia ousado, em função da frase infeliz do prefácio da *Filosofia do Direito*, acusar o filósofo de haver tido intenções deliberadamente injuriosas com relação a Fries. O principal foi a existência, a partir de 1827, dos *Anais para a Crítica Científica*. Diferentemente do *Monitor científico*, que ele havia planejado outrora e havia ainda tentado efetivar em Berlim no início dos anos de 1820, a revista não era editada diretamente pelo governo, e também não era, de forma alguma, segundo a vontade original de Hegel, um simples órgão da Escola, pois, além dele, contribuía com ela um amplo círculo de colaboradores, entre os quais W. von Humboldt, Böckh, Bopp, A. W. Schlegel, Boisserée, Thibaut, Creuzer, Gesenius. Mas, de qualquer forma, o governo apoiava a empresa, que era compreendida por Hegel, com uma certa ironia, como um elemento da reconquista moral da Alemanha meridional, e assim limitada por ele às fronteiras da União alfandegária e do império de Bismarck que viriam – um interesse que ia até o apoio financeiro; e o caráter hegeliano da revista, ainda que Hegel houvesse querido realmente evitá-lo, impôs-se rapidamente, de forma completa.

E, assim como o governo de Altenstein o havia protegido por ocasião da questão do *Jornal Literário de Halle* e o havia favorecido a tal ponto que, por exemplo, Creuzer o faz porta-voz do ministro no momento em que se ameaça uma interdição da cidade de Heidelberg aos estudantes prussianos, também o filósofo se transforma em defensor do governo, especialmente nos anos que se seguem à publicação da *Filosofia do Direito*, anos caracterizados pelos desgostos das perseguições aos "demagogos". Hegel defendeu com muito menos escrúpulos a política do governo do que o sutil ministro mesmo, o qual não defende a liberdade da universidade senão com má consciência, e mais sob a pressão da política geral do que a partir de convicção própria. Recentemente tentou-se chegar, de forma eventualmente correta, a uma explicação deste ato tão pouco filosófico do filósofo, a partir da sua convicção sempre mantida de que a história do mundo seguiria seu irresistível progresso na consciência da liberdade, indiferente ao fato de que algum indivíduo, como ele mesmo, "colocasse pez nas botas de sete léguas" deste "colosso", de tal forma que também ele se poderia permitir isto, uma vez ou outra, "para a edificação de toda a companhia (*Kumpaschaft*)". Assim, especialmente em 1822, o ano em que a perseguição de Grano, Tzschoppe e Kamptz dirige-se contra Schleiermacher, certas declarações suas tangenciavam o espírito do "clã Schmalz" (*Schmalzgese ll'nschafft*), do qual ele se considerava completamente isento por ocasião do aparecimento do livro. Deste modo, quando ele se alegra de haver, com a *Filosofia do Direito*, infligido "duro golpe no povo demagógico", ou quando ele ridiculariza o fato de que "alguém" (*man*) – Schleiermacher! – caracteriza o presente como "tempos de opressão", ou mesmo quando ele, a um estudante estrangeiro que pretendia entrar na universidade prussiana e cumpria plenamente a condição negativa primordial de "não ser conhecido (por) maquinações ou opiniões demagógicas", escreve literalmente: "a atitude especulativa e a profundidade são, entre nós – ou seja, em uma certa esfera muito significativa – altamente desejáveis, em parte por elas mesmas, e em parte porque não escandalizam o mundo exterior e não oportunizam simplificações que derivam facilmente para mal-entendidos a partir de apresentações populares" – não se trata, também aqui não, do espírito do "clã Schmalz". Mas esta separação entre o conteúdo no interior verdadeiro e uma apresentação "popular", que ele caracteriza na carta citada como proteção contra "mal-entendidos", dá muito o que pensar, isto exatamente do ponto de vista do filósofo mesmo. Pois exatamente esta filosofia da unidade incondicional e da plena realização do Espírito não deveria suscitar tais distinções entre iniciados e profanos; o objetivo final não era a liberdade em geral, mas a liberdade de todos – eis o que ela assinalava com letras luminosas ao fim da história. E Hegel pressentiu, ainda que desde a perspectiva inversa, os perigos que se levantavam contra ele. Um ano antes daquela carta, havia ele dito a um alto funcionário que poderia, com espírito maldoso, provar que toda a filosofia especulativa sobre a religião tinha o ateísmo por conseqüência, antevendo assim o ressurgimento desta "palavra de ordem quase esquecida" em que Fichte havia outrora tropeçado em Jena. Mas não foi "ateísmo", e sim "panteísmo", a acusação que logo foi levantada contra Hegel; e ela não surgiu dos "demagogos, entre os quais, reconhecidamente, a piedade ainda viceja", não surgiu dos De Wette e Schleiermacher, mas dos círculos do Pietismo renovado, o partido conservador em formação, que lhe interditava assim todo acesso ao futuro soberano. Por mais que seus alunos ou ele mesmo houvessem zelosamente tentado demonstrar a concordância da sua filosofia da religião com o dogma, ele teve de reconhecer que o efeito de tal esforço, naquelas "altas esferas", ia apenas até "ao emudecimento"; não se acreditava no caráter inofensivo de sua "fundamentação especulativa da teologia".

Ainda na primeira metade dos anos de 1820 diminui a pressão européia sob a qual o governo prussiano havia enveredado para uma das políticas mais intensamente contrárias às grandes tradições da época das reformas e da sublevação nacional, tal como o evidencia a perseguição aos "demagogos". As cartas de Hegel em tempos imediatamente posteriores não fazem nenhuma referência a isto, pois as circunstâncias não as oportunizavam. Uma outra oposição se manifesta e parece haver atraído fortemente o interesse do político – tão fortemente que influencia amplamente a sua conduta quando da eclosão da Revolução de Julho.

Na apreciação que conduzimos na última seção sobre a relação entre a *Filosofia do Direito* e os partidos políticos do século XIX, não consta a abordagem da questão clerical. É possível que Hegel tenha, durante seus anos bávaros – anteriormente ele jamais havia vivido em uma região católica – conhecido o poder do clericalismo na vida do Estado e apreendido a temê-lo, e durante o Congresso de Viena, parte de suas preocupações e dúvidas se expressam neste sentido. Mas a estadia em Heidelberg e os anos em Berlim parecem haver reprimido tais impressões. A *Filosofia do Direito* de 1820 exige a multiplicidade das "Igrejas" no Estado livre, em concordância político-eclesial (*kirchenpolitisch*) com o direito civil e a política do governo; quando ela evoca a relação entre religião e Estado, ela refere apenas, em concordância com as primeiras manifestações do pensamento hegeliano, o cristianismo protestante. A verdadeira preocupação do político dirige-se aqui exatamente contra o cristianismo internalizado de forma semelhante ao que ensinava Schleiermacher, contra a piedade da convicção tal como esta "prosperava fortemente" entre os "demagogos". A *Filosofia do Direito* não faz nenhuma referência explícita ao catolicismo em particular, e o esboço de filosofia da história o trata como estágio superado do presente, dele excluindo assim, de certo modo, toda realidade, no sentido mais profundo da palavra. Se tal acontece em algum lugar, é aqui que se mostra a ligação do filósofo à situação prussiana. A Cúria, que acaba de retornar do seu recente exílio babilônico com forças renovadas e com novas possibilidades, havia adotado então um tom comparativamente tão modesto que, até bem entrados os anos de 1830, inclusive imediatamente após a eclosão do grande combate, no qual o futuro partido católico virá a se configurar, um historiador tão avisado como Ranke pode ousar – mesmo porque o observava desde Berlim – julgar como inofensivo ao protestantismo o poder da Igreja católica de então. Nos primeiros tempos, quando o papa se reinstalou no Estado Pontifício, Niebuhr, na condição de embaixador prussiano em Roma, julga poder afirmar que as armas espirituais do papado senil se encontravam enferrujadas. Hegel, segundo seu próprio testemunho, havia podido, aos inícios dos anos de 1820, entender-se perfeitamente com futuros líderes do partido católico, como Windischmann e Ferdinand Walter, e havia caracterizado, em tom amável e conciliador – tão pouco protestante como católico – os filósofos e, em certo sentido, também os governos, como pertencentes a uma "ordem sacerdotal" (*Priesterschaft*). Quando subitamente, a partir de abril de 1826, a sua correspondência torna-se repleta de invectivas contra os "curas" (*Pfaffen*) e, a partir de então, o problema da relação entre Estado e o catolicismo passa a ocupar o lugar central na sua esfera de interesse político, é provável que para isto tenha contribuído a prática hostil que havia sido dirigida pelos padres da Renânia e da Westfália contra o decreto real de agosto de 1825 a respeito dos casamentos mistos; mas a causa imediata parece residir em um incidente no qual Hegel foi pessoalmente envolvido.

Em março de 1826, ao tratar da idade média em sua preleção sobre a filosofia da história, ele havia apresentado a doutrina católica da Ceia caracterizando-a com expressões muito grosseiras, até mesmo depreciativas. Um ouvinte, vigário na Igreja de Santa Hedwiges, denunciou em função disso Hegel ao ministro, "por difamação pública da religião católica". Altenstein coloca confidencialmente o caso nas mãos de Johannes Schulze, amigo de Hegel e seu ouvinte assíduo, e Hegel, informado da questão, apresenta desde a cátedra uma vigorosa defesa de seu ponto de vista. O vigário se levanta e dirige a Hegel um olhar "fixo e ameaçador". Hegel replica que "não me afeta minimamente a forma como o senhor me olha"; e seu adversário abandona o recinto sob apupos gerais. A questão se conclui com uma orgulhosa manifestação de Hegel a Altenstein – em correspondência à manifestação oral anterior –, na qual o filósofo reclama o direito, para um professor que "se honra de haver sido batizado e educado como luterano, é luterano e assim permanecerá", o direito de, "em preleções filosóficas em uma universidade evangélica", e sob um governo "na direção do qual todos protestantes dirigem sempre seus olhares e vêem a sua sustentação essencial e seu constante ponto de referência", de poder declarar "que a doutrina católica da hóstia não é senão idolatria e superstição papista". Não era necessária nenhuma coragem excepcional para manifestar-se assim nestes assuntos, sem contar o fato de que as relações entre Hegel e Altenstein eram boas. Pois, como já referido, no curso do precedente inverno, a Igreja havia empreendido uma pequena guerra contra o governo em função da questão dos casamentos mistos na parte ocidental da monarquia e, acima de tudo, o rei havia expedido uma missiva de forte reprovação à sua meia-irmã, a Duquesa de Anhalt, por esta haver se convertido ao catolicismo, após haver o rei expulso da corte um seu meio-irmão pelo mesmo motivo. Dois dias após a sua justificativa, Hegel narra com satisfação a seu amigo, o professor parisiense de filosofia Cousin, as decisões do rei a respeito destas duas últimas questões, e é a partir de então, e não antes, que a correspondência entre eles é penetrada por uma série contínua de observações sobre o crescimento do clericalismo. Na França, na Holanda, na Inglaterra, vê ele esse crescimento, e seus correspondentes pressupõem que os efeitos negativos "que de tal advêm ao Estado" lhe sejam bem conhecidos. Aqui é uma concordata desfavorável, ali a emancipação política dos católicos em um Estado antes puramente protestante, lá a catolicização da filosofia neo-romântica: eis o que causa preocupação a cada momento. Um ano e meio depois da questão de Berlim, Hegel ainda lhe faz uma alusão humorística em uma carta dirigida à sua mulher; expressões hostis têm Windischmann como alvo. Mas é o tratamento da questão da relação entre Estado e religião na segunda edição da *Enciclopédia*, em 1827, que é testemunha destes novos traços de sua concepção de Estado.

As mudanças às quais Hegel havia procedido nesta segunda edição do livro originalmente aparecido em 1817 tinham como objetivo, em parte, no que se relaciona a temas tratados na *Filosofia do Direito* de 1820, reorganizar sistematicamente a doutrina ainda muito pouco desenvolvida de 1817 a respeito do espírito objetivo, segundo sua configuração na *Filosofia do Direito* de 1820; e, em parte, eram acréscimos relativamente vastos, em comparação com o caráter pouco extenso da abordagem, que tinham como objetivo evidente fornecer complementações à grande obra de filosofia do direito. Todavia, enquanto a maioria desses acréscimos realmente trata de questões que haviam sido deixadas de lado na *Filosofia do Direito* de 1820, como a teoria do Budget, a longa observação sobre Estado e religião, inserida no todo de forma algo brusca, parece antes pretender de certo modo substituir a ampla apresentação do problema na *Filosofia do Direito* do que completá-la. Parece tratar-se, como desde 1805 e também em 1820, de uma acentuação da necessidade subjetiva da disposição de espírito religiosa para a realização objetiva do dever estatal. Mas o conhecedor da *Filosofia do Direito* de 1820, a quem é familiar a contraposição entre um Estado e muitas Igrejas, e também aquela indiferença do Estado em relação aos conteúdos específicos da disposição de espírito religiosa, é subitamente surpreendido pela frase: "O que é religioso... não deve ser tomado apenas como disposição de espírito (*Gesinnung*)". A religião é mais do que disposição de espírito, ela é a "base" sólida do Estado, "... a fonte e o poder... que fundamentou e estabeleceu o Estado e sua constituição". E antes ainda que o leitor possa compreender o que possa vir a significar esta relação inequívoca entre religião, que não é apenas disposição de espírito, e Estado como a instituição objetiva – em lugar da relação, em 1820, entre piedade pessoal e disposição pessoal de espírito de Estado –, encontra-se ele já imerso em uma terrível polêmica contra o catolicismo, cuja "ausência de liberdade do espírito na religião" corresponde "...apenas a uma legislação da não-liberdade legal e ética". É com razão, diz o adversário tanto de Haller como de Niebuhr, que "a religião católica foi a tal ponto louvada, e ainda o é, como a única em relação à qual a estabilidade dos governos está assegurada – na realidade, governos que se fundamentam na não-liberdade de... espírito". Quando se revela no espírito dos governos de povos a "sabedoria de mundo... ou seja, a sabedoria sobre aquilo que, na realidade (*Wirklichkeit*)... é justo e racional", decorrendo assim uma discordância "entre as necessidades do direito e da ética contra a religião da não-liberdade", então de nada ajuda que "as leis e as formas de Estado sejam transformadas em organizações jurídicas racionais, se, na religião, o princípio da não-liberdade não é abandonado". A justificação desta idéia totalmente nova em relação a 1820, cuja frente de ataque se dirige essencialmente contra a exaltação legitimista do fundamento de "autoridade" assumido pelo catolicismo, é essencialmente a antiga: "os princípios de racionalidade da realidade" encontram "sua última e suprema garantia na consciência religiosa". Novo, porém, é o completo ceticismo oposto à potência da instituição, investida de tanta confiança em 1820, e mesmo em 1817, no escrito de Württemberg: tudo depende dos "indivíduos", e trata-se assim do "espírito de sua religião", e não do "sentido da legislação".

A co-pertença entre Estado racional e religião protestante permanece sempre em uma ligação, ainda que menos tensa, com uma mais antiga concepção da fé enquanto questão de consciência, e seu valor político como puramente referido a uma disposição de espírito. A novidade torna-se claramente perceptível quando Hegel, no desenvolvimento do seu parágrafo, empreende a renovação e a reformulação da história universal da relação entre razão e realidade efetiva (*Wirklichkeit*), tal como se encontrava na Introdução de 1820.

Ele parte novamente do Estado platônico. Como em 1820, ele percebe sua significação no fato do que aqui a filosofia havia tentado pela primeira vez fundamentar o Estado na idéia eterna do bem. E novamente ele reconhece o defeito de seu plano construtivo no fato de que ele não havia levado em consideração – e nem poderia tê-lo feito – a vontade individual livre e autoconsciente, porque foi apenas no cristianismo que este conceito chegou à humanidade. Mas, enquanto anteriormente ele havia captado o trágico da posição de Platão em sua unicidade histórica, ele a propõe agora como subsidiária da idéia geral de que Estado e filosofia, em seu desenvolvimento histórico, seguem sempre a religião – assim que o filósofo Platão não teria como haver antecipado a idéia de Estado do cristianismo. Dá-se assim, pelo fato de que a religião possui precedência, que o Estado não pode entreter com ela uma relação perfeita; ao contrário: necessariamente ele se desenvolverá, ao início, como "diferença" (*Unterschiede*) em relação a ela, e apenas quando esta época já houver transcorrido, pode chegar o momento da "reconciliação da realidade... com o espírito, do Estado com a consciência religiosa". Portanto, quando Hegel agora, e apenas agora, afirma a lei histórica segundo a qual o Estado deveria necessariamente chegar mais tardiamente do que a religião, ele rompe a visão simples de história universal da Introdução de 1820. Esta visão havia organizado o transcorrer da seguinte forma: realidade estatal grega, à qual corresponde o ataque de indivíduos sofistas a esta realidade;

defesa platônica que, embora provinda do espírito da razão e, nesse sentido, genial e promissora, ao ignorar o conteúdo justo do ataque sofista se constitui em defesa sem futuro; e, finalmente, a completação tanto da idéia platônica como da idéia sofística no cristianismo, que encontra nos germanos, e na sua idéia natural de liberdade, o povo adequado ao novo Estado. Agora, em 1827, o desenvolvimento ainda não chegou ao seu final; apenas se inicia a "corrupção" (*Verderben*) interna do cristianismo, porque inicialmente existe apenas a religião. Deste modo, o Medievo católico se configura como ponto central dessa construção: pelo mesmo motivo que Platão não pôde reconhecer o verdadeiro Estado, é também o catolicismo incapaz de suportar este verdadeiro Estado. A construção histórica que alicerçava as idéias fundamentais da *Filosofia do Direito* de 1820 tem agora como o único objetivo provar a incompatibilidade entre catolicismo e Estado.

O que Hegel havia ali feito publicar pela primeira vez, e ainda sob o revestimento de uma forma pesadamente erudita, ele retoma com uma notável simplicidade, aplicando diretamente às questões da vida no discurso latino que ele, como reitor da universidade, proferiu em 25 de junho de 1830, por ocasião do tricentenário da Confissão de Augsburg – um mês antes da nova revolução francesa.

As cerimônias não se deram sem dificuldades, pela sua relação a uma profissão de fé que afirmava a doutrina da separação do luteranismo não apenas contra os papistas, mas também contra os sacramentistas (*Sakramenter*), em um Estado fundado na união entre luteranos e reformadores. Hegel, ele mesmo luterano, desvia destes obstáculos, ao deixar de lado todo o propriamente dogmático e prestar homenagem à Reforma em seu todo como mudança da história mundial do ponto de vista de um não-teólogo. Pois, para ele, a significação deste dia não se constituía no estabelecimento do dogma propriamente dito, mas nas circunstâncias de que príncipes e cidades livres haviam declarado assumir o conteúdo de fé da *Augustana*, esta

"Magna Charta" da Igreja evangélica, havendo, com isto, disponibilizado, pela primeira vez, aos leigos, o precioso direito de se encontrarem por si mesmos em questões de fé. Com esta ligação, que ele estabelece no início do discurso entre o papel dos poderes do Estado na época da Reforma e a idéia de um corpo clerical geral, ele propõe o tema. Inicialmente trata ele do segundo ponto, a supressão da diferença entre pastores e leigos e seu sentido para a interiorização da fé, na forma que lhe é há muito familiar. É sobretudo deste modo que ele havia interpretado o sentido histórico universal da Reforma; é a este conceito de liberdade protestante que ele agora faz equivaler, sem mais, o moderno conceito de liberdade de espírito, a que se referiu o protestantismo desde suas primeiras épocas decisivas (*Protestamtentum seiner ersten protestantische Epochen*), o período napoleônico; foi apenas nesse sentido que ele havia, já antes da segunda *Enciclopédia*, concebido seu Estado como protestante. No momento, tal não é senão um lado da questão, cujo tratamento ele interrompe voluntariamente no ponto em que esta se torna complexa. O que agora o interessa é o outro lado: a influência que o cristianismo restaurado exerceu e exerce no progresso da constituição do Estado e da ordem civil. Por isso, ele passa rapidamente do louvor à liberdade e à interioridade protestantes à questão do papel que então exerceram os chefes nobres e burgueses do povo protestante: o seu mérito deu-se quando da libertação proveio uma liberdade duradoura e segura. A nova piedade exige um novo Estado. Pois, assim como ele não havia desejado já em 1827 limitar a religião ao âmbito da disposição de espírito, declara ele agora que a fé nunca poderia permanecer apenas no recôndito da interioridade, separada dos atos e da ordem da vida. Hegel deriva agora do protestantismo mesmo, e não, como em 1820, do cisma e da existência de várias Igrejas em um Estado, a unidade interna do Estado e sua autolegitimação; considera que se enganam profundamente, nos tempos atuais, os homens de espírito que desejam separar Estado e religião. Sabemos em que sentido Hegel mesmo, ainda há uma década, se constituía em um deles. Não; o acordo livre entre o Estado e a religião e, mais precisamente, a religião evangélica, que é a única a desejar um tal acordo: esta é preciosa herança de um grande passado tricentenário. Hegel compreende agora o verdadeiro Estado e a fé evangélica como absolutamente associados; não é mais de admirar que ele aplique à história e ao presente o princípio de que apenas sobre o solo da liberdade religiosa pode o Estado prosperar; desconsiderar este fato foi o erro, de terríveis conseqüências, de todos aqueles que, no passado, procuraram renovar em país católico o Estado e os costumes pela reforma ou pela revolução. Inversamente, a Prússia pôde, na condição de Estado protestante, e apenas enquanto tal, estender a liberdade, aperfeiçoar as leis, desenvolver a constituição de forma mais rica e liberal; libertação dos camponeses, liberdade profissional e regime municipal são os elementos nos quais pensa aqui o filósofo. E estas reformas, simultaneamente determinadas pelo espírito em seu progresso e requeridas pela necessidade, puderam aqui desde cima, desde os representantes do poder do Estado, através de sua inteligência e de sua disposição humanitária, serem completadas. O Estado que ele, na referência ao Estado de Frederico o Grande, havia festejado doze anos antes, em seu discurso inaugural, como o Estado que se funda na inteligência, e que lhe havia em seguida fornecido o modelo de uma organização da eticidade livre e profana postada por sobre a multiplicidade de Igrejas: ele fundamenta agora este Estado sobre uma fé protestante (*eine protestantische Gläubigkeit*). A "inteligência" se constituiu, como mostra a última frase do discurso, apenas em servidora de uma obra, e não mais em fundamento e origem. O Estado de Hegel tinha perdido sua alma profana, quiçá mesmo sua autonomia. Manifesta-se nele um novo espírito, que deve constituir para si mesmo um novo corpo. A relação incondicional e definitivamente ética entre homem e comunidade em 1820 encontra aqui seu acabamento adequado na relação entre um Estado particular e as múltiplas Igrejas. Retirar esta pedra de apoio significa fazer oscilar toda a arcada da construção. Hegel não sabia como tal se configurava, quando ele conclui aquele brilhante discurso e o coro dos estudantes, seguindo a batuta do maestro Zelter, lhe responde entoando as tonitruantes notas da tradução latina do *Lutherlied* (tradução). Cinco semanas após, por ocasião do aniversário do rei, o reitor tinha de anunciar os laureados das faculdades; ao abrir o envelope que continha o trabalho premiado pela faculdade de filosofia, lê o nome de um de seus ouvintes, Gutzkow, o futuro dirigente da Jovem Alemanha. Ainda na mesma tarde chegam as notícias precisas sobre o acontecimento pelo qual Hegel foi obrigado a deixar descer à arena a sua idéia de Estado, já algo transfigurada, para a luta contra os desafios daquela em relação à qual ele havia se gabado de haver sempre evitado, e até então sempre o fizera: a realidade efetiva (*Wirklichkeit*).

Ele acompanhou com preocupação, desde anos, as tensões internas na França, que conduziram finalmente à deflagração; a sua correspondência com Cousin, o apóstolo da filosofia alemã em Paris, mostra o quão exatamente lhe era familiar a política parlamentar francesa. O francês, a favor de quem Hegel havia tomado partido quando este havia sido considerado, por um alto funcionário, suspeito de "demagogia", e que, por sua vez, havia se tornado um guia diligente quando das estadias de Hegel em Paris, tinha plena consciência de que seus princípios políticos eram "um pouco mais recentes" do que aqueles do mestre venerado e amigo. Nem por isto deixa de lhe abrir seu coração liberal e moderado: ter-se-ia "invariablement attaché à la chose de la liberté" (invariavelmente ligado à liberdade), mas ninguém lhe poderia atribuir uma "folie" (loucura). Quando o seu partido sobe ao governo com o ministério Martignac em 1828, seu amigo berlinense toma conhecimento de que ele se encontra "nas proximidades da música do rebate da energia liberal a que fazem eco Paris, toda a França e Europa", e o imagina "radiante de satisfação pelas renovadas vitórias que cada dia de correio anuncia"; ele mesmo havia, por sua parte, e não obstante a amigável participação nos acontecimentos que contêm a possibilidade da realocação na cátedra que lhe fora retirada pela reação clerical, tomado uma determinada distância com relação à vitória liberal, ao se esforçar em limitar a sua participação pessoal naquela "satisfação" pela constatação de que um Professor de filosofia – Royer-Collard – esteja à cabeça da nova Câmara. Cousin percebe esta ligeira reserva e aborda em sua resposta, de forma detalhada, as preocupações apenas tangenciadas por Hegel: não se trata, como dava Hegel a entender, de uma reviravolta inesperada, ocasionada pelas eleições em seus acasos; ao contrário, é o antigo governo que colhe os frutos de sua incompetência; os resultados das eleições só a ele poderiam constituir surpresa. O novo governo assumirá uma política de centro, tanto em termos internos como em questões européias; a tarefa de Cousin consistirá em incitar cuidado, moderação, conciliação, de forma que será finalmente provado que ninguém necessita temer o liberalismo, nem pessoas privadas, nem governo, e que o liberalismo é capaz de tomar em suas mãos as rédeas do Estado; que Hegel confiasse de que se agiria racionalmente e que o futuro da França nada apontava de ameaçador – "soyez tranquille sur la France quoiqu'on vous dise et quoi qu'il vous semble de loin" (ficai tranqüilo a respeito da França, apesar do que vos disserem e do que vos pareça de longe). Percebe-se nesta carta o quanto, à época, a política interna dos diferentes Estados e a oposição liberal-conservadora eram percebidos como uma questão geral européia, e, particularmente, como se estava acostumado a ver em Paris o nascedouro das evoluções européias. Ao mesmo tempo, o modo pelo qual o liberal francês procura tranqüilizar o pensador alemão evidencia claramente a posição pessoal deste último. Ele aparece a Cousin como um incompleto aliado na luta contra uma reação inimiga do espírito, mas o francês pressupõe igualmente que Hegel tema a revolução enquanto tal e que ele não deseje progresso algum a este preço. Ao lhe assegurar do tranqüilo desenvolvimento que a França toma exatamente agora, após a vitória dos liberais, julga havê-lo conquistado para sua causa.

O temor puro e simples da revolução constitui o conteúdo das poucas cartas e declarações que se conhecem do período posterior a julho de 1830. É verdade que, nesta época em que o seu reitorado chega ao fim, Hegel não tem a menor dificuldade com o bom comportamento geral dos estudantes; o único incidente, que o afetou profundamente por alguns dias – um estudante havia caminhado por Berlim com um cocar azul-branco-vermelho – resolveu-se para satisfação geral: o jovem traidor declarou que as três cores pretendiam simbolizar o Brandenburgo. Mas o antagonismo crescente entre seus próprios estudantes o assustava; especialmente Gans aprova totalmente a revolução e chega a viajar a Paris para vivenciar, na proximidade imediata e no trânsito pessoal com dirigentes outrora seus amigos, as transformações em curso. O temor de que, assim como quarenta anos antes, o fogo não se limitasse ao seu nascedouro e o mundo fosse novamente mergulhado em suas chamas parecia ser procedente quando a revolução atinge a Bélgica em agosto, evolução igualmente saudada por Gans. A Prússia deveria sentir-se aqui diretamente envolvida, não apenas pela proximidade da província renana, mas, principalmente, pelo parentesco próximo de seu rei com o soberano do Estado dos Países-Baixos – sem falar no fato de que se constituía, para uma França revolucionária, em uma extraordinária possibilidade para a restauração da política de 1792. Uma nuvem de novas idéias revolucionárias parecia despontar no horizonte. A última frase do prefácio da nova edição da *Enciclopédia*, em setembro, deplorava a "algazarra da superficialidade e da vaidade"; mas Hegel escreve em meados de dezembro a um discípulo, com uma disposição de ânimo resignada, sobre como o "enorme interesse pela política" havia atualmente "devorado tudo"; a filosofia não pode se contrapor "à ignorância, à violência e às más paixões deste barulhento tumulto". Neste meio tempo, a situação belga se havia parcialmente resolvido. A Conferência de Londres de embaixadores dá à separação efetuada pelos revolucionários sua bênção; em janeiro, os fundamentos do futuro Estado belga foram postos pela Europa unida, precedida pela Prússia. Mas, enquanto isto, a insurreição polonesa havia derivado para um novo perigo de guerra. Constatando que "os fundos crescem" – até este momento haviam se mantido estagnados –, Hegel julga ainda, em 29 de janeiro, que não deverá esperar nenhuma "interrupção das condutas políticas pacíficas e da paz na fronteira leste"; mas ele não descura que "permanece uma névoa sobre estas relações"; ainda na noite do mesmo dia se sabe em Berlim, por cartas vindas de Varsóvia – os jornais não haviam podido passar –, da deposição dos Romanov. O que nesta notícia, ainda pela manhã, havia mantido a crença da guerra em Hegel, foram as "opiniões", surgidas por ocasião da questão belga na França, "que se deram a ouvir tão alto, plenas de amargor e de desejo de glória e de conquista, e contra a justa humilhação". E, em geral, o filósofo deve ter-se expresso a respeito do surgimento de uma Bélgica independente de uma tal forma que membros de seus círculos próximos puderam atribuir a ele um artigo publicado no *Preussische Staatszeitung* de 26 e 27 de janeiro, assinado com "H.".

Gostaria de me referir aqui a uma nota de Heinrich Laube em um panfleto de 1834, nutrido por fofocas escolares e sociais. A afirmação de Laube dificilmente é correta, embora apresentada de forma muito segura; a linguagem não soa propriamente hegeliana. Mas que a notícia se refere a ele, tal me parece altamente provável. Se se desconsidera a tentadora assinatura e o fato de que um tão detalhado conhecimento da situação belga poderia ser perfeitamente atribuído a Hegel, que havia permanecido por duas ocasiões no país, o conteúdo coincide exatamente com idéias que Hegel expressava então e que eram familiares, por sua própria boca, a seus conhecidos. Assim como ele há anos havia declarado a liberdade política unicamente possível sobre uma base protestante, e havia acompanhado, tomando partido, a luta que seu antigo discípulo van Ghert, na condição de conselheiro do ministério holandês da Cultura, travara em favor da influência do Estado na formação do clero belga – também o autor do artigo reconhece na passagem mais visível o perigo da fundação do novo Estado "sob a influência da hierarquia que se apodera das almas com o pretexto da pureza doutrinal, para estabelecer, sobre o domínio dos espíritos dos súditos, o domínio sobre o espírito dos governos". Opor-se a esta influência se lhe aparece como uma "questão européia".

Cada governo, independente da confissão de seu chefe, está ameaçado. A França não tem menos do que a Grã-Bretanha ou as potências alemãs interesse contra a disseminação de um fanatismo que objetiva, finalmente com aberta violência, conquistar contra o governo do Reino da Holanda a liberdade de desenvolver-se de forma desimpedida.

O artigo inteiro se resume nas palavras que realmente evocam estranhamente a Hegel:

É impossível que exista entre a Alemanha, a França e a Grã-Bretanha um Estado no qual a perpetuação da violentação das consciências, da intolerância e da ignorância seja um princípio condutor do governo em relação à grande massa do povo. Os nobres sentimentos que o bem-estar pacífico e o crescente discernimento das classes superiores tornam inevitáveis no país necessitam da sustentação de um governo independente da hierarquia, se não quiser degenerar de lutas infrutíferas em um poder cego que não compreende a si mesmo; e esta independência, na atual situação do país, só pode ser garantida pela ligação com um outro território cujo governo já se encontre firmemente assentado sobre a base da cultura geral.

Se esta idéia manifesta a real e profunda justificação da hostilidade do autor contra a Bélgica independente, e se este se dá ao trabalho de refutar ponto a ponto os argumentos que concorrem em favor da separação, a motivação imediata e mais conjuntural do artigo pode ser percebida nas primeiras frases relativas à importância, para a segurança das fronteiras alemãs, de uma Bélgica submetida à esfera de influência francesa.

De fato, também o Jura, os Vosges e os Ardennes constituem de forma tão incontestável as fronteiras naturais da França a nordeste, que a posse da Alsácia e do atual departamento do Norte, constituídos de territórios outrora holandeses, pode ser apenas considerado como fruto da supremacia política conquistada pela França desde a paz da Westfália, ou, antes, desde que ela controlou suas inquietações internas, sobre a casa da Áustria em suas linhagens alemã e espanhola. Mas, assim como não se foi tentado a arrancar do Estado francês estas posses antigas de um século e meio, mesmo no decurso da funesta crise dos anos 1814 e 1815, menos ainda deve também a França, por sua parte, considerar as disposições de defesa (*Vertheidigungsanstalten*) pelas quais a Alemanha se esforça em evitar outras reduções territoriais. *Disposições de Defesa*, por que a Confederação germânica não visa, por sua própria essência, senão a manutenção de sua existência; e porque nenhuma potência alemã tem qualquer motivo que seja para desejar a aquisição de territórios em detrimento da França.

Foi deste modo, apenas de forma algo mais enfática, que Hegel se manifestou na citada carta a respeito das disposições francesas, em um período em que a diplomacia francesa, e não apenas a opinião pública, expressava suas claras pretensões por uma parte da "fronteira do Reno". E foram exatamente estas frases do artigo que suscitaram a ira do *National* de Paris e o levaram a uma violenta réplica, contra a qual o *Preussische Staatszeitung*, a encargo de F. von Raumer, historiador berlinense e membro do Colégio Superior de Censura (*Oberzensurkollegium*), teve de se defender.

Ao longo do inverno, Hegel parece, apesar de todas as suas reservas, ter chegado, pelo menos em certo sentido, à convicção que a Revolução de Julho havia se constituído em um passo necessário e do qual não mais se poderia retornar. As lições sobre a filosofia da história mencionam incidentalmente a "dupla" deposição dos Bourbon, em 1792 e em 1830, que, assim como a dupla fundação da monarquia romana por César e Augusto e as duas quedas de Napoleão, vêm em apoio à lei histórica segundo a qual as grandes decisões devem advir duplamente para se legitimarem como irrevogáveis na consciência humana. Nos últimos momentos das preleções do semestre de inverno ele chegou a desenvolver uma crítica ao Estado da Restauração dos Bourbon, e caracterizou a relação entre o governo e o povo como uma "farsa de quinze anos". O motivo fora "a oposição entre disposição de espírito e desconfiança": "os franceses mentiram uns aos outros ao dirigirem petições plenas de devoção e amor à monarquia, repletas de suas bênçãos". E, retomando suas idéias ao longo dos últimos cinco anos, ele encontra também aqui a razão fundamental disto na impossibilidade geral de chegar a uma constituição racional com a religião católica, a qual separa o sagrado e o profano: "pois governo e povo devem se oferecer mutuamente esta última garantia da disposição de espírito e apenas podem combatê-la em uma religião que não se contraponha à constituição racional do Estado". Deste modo, portanto, durante os quinze anos da duração da "farsa", embora a *Charte* se constituísse na bandeira comum à qual ambas as partes juravam fidelidade, a "disposição de espírito de uma das partes era católica, e se fazia a ela o dever de consciência aniquilar as instituições existentes". Passa-se o mesmo que nos demais Estados católicos: o liberalismo, de modo contínuo, "permanece aferrado, pela servidão religiosa, à não-liberdade política". Dá-se em todo lugar o mesmo erro fundamental: acredita-se "que se possa desfazer das cadeias que tolhem o direito e a liberdade sem a libertação da consciência moral, que possa haver uma Revolução sem Reforma". E assim, ainda que "após quarenta anos de guerras e incomensurável conturbação" um "velho coração" pudesse se alegrar com a mudança de governo na França, ele nada espera deste governo, fundamentalmente em acordo com sua própria constituição, em termos de um fim persistente das conturbações e das guerras revolucionárias – com razão, como mostrou a história imediatamente posterior. O "princípio católico" permanece para ele a questão irresolvida, a "cisão" (*Bruch*) no futuro constitucional francês.

Mas esta não é a única questão. Outra se constitui para ele na essência do liberalismo propriamente dito: a exigência de que os indivíduos enquanto tais governem ou devam fazer parte do governo. A própria existência de um governo se lhe aparece, por esta exigência, que faz de súditos os comandantes, posta em questão. No parlamentarismo, pelo menos naquele que repousa sobre uma base democrática com sua instabilidade permanente – em que o governo, estatuído pela vontade de muitos, tem agora, enquanto governo, esta vontade de mundo contra si –, vê ele "a colisão, o nó, o problema ante o qual a história se encontra e que ela tem de solucionar em tempos futuros".

Há bons motivos para que as preocupações políticas de Hegel não se refiram apenas aos pressupostos católicos do movimento renovado desde 1830, mas também ao perigo em que este movimento se constitui nele mesmo, em sua essência puramente política. Pois se aproxima, para ele, o Estado que havia podido resistir com máxima pertinácia e sucesso a 1789, e este Estado, ainda que não fosse protestante em sentido alemão, nada tinha de católico-romano. Em 26 de abril inicia o diário oficial a publicação de um artigo sobre o *Reform Bill* inglês, e continua a publicá-lo nos dias 27 e 29; a promessa de "continua" ao fim da última sessão publicada permaneceu sem cumprimento, e assim a íntegra do artigo – cujo autor era Hegel – permaneceu, em vida do autor, apenas acessível a um círculo restrito, e somente após sua morte tornou-se publicamente conhecido. Trata-se da sua última obra política.

O duro governo *tory* ao qual fora conduzida a Inglaterra em função de sua posição contra a França revolucionária, havia experimentado alguns choques já nos anos anteriores à Revolução de Julho. O partido havia recuado muito, sob a direção de seu velho chefe Wellington, especialmente em relação à questão irlandesa e à questão católica que se conectava com aquela. As eleições de 1830, fortemente influenciadas pela Revolução de Julho, foram favoráveis à oposição e, no fim do ano, o gabinete Wellington cede lugar a um gabinete *whig*. Sabia-se que tal significava a introdução de uma lei de reforma das eleições.

Após o parlamento inglês, em fins do século XVII, haver assumido seu caráter oligárquico, havendo sido afastado o privilégio real da constituição de novas cadeiras parlamentares, iniciaram-se, aproximadamente desde meados do século XVIII, manifestações por uma alteração dos privilégios eleitorais existentes em função da nova estrutura da população, especialmente no sentido de uma melhor representação das "classes médias". O primeiro Pitt e posteriormente Fox assumiram esta idéia; mas a Revolução Francesa, em lugar de favorecer sua realização, acabou por reprimi-la por decênios. Foi apenas nos anos 20 do século XIX, especialmente quando, em 1829, caiu a posição privilegiada do alto clero e, com isto, uma das bases de poder da antiga oligarquia, é que a agitação foi retomada com mais objetividade e sucesso, e durante a campanha eleitoral do verão de 1830 atingiu ela sua máxima força.

Em 1º de março de 1831 o ministério, após cuidadosa preparação da opinião pública, requer ao parlamento a autorização para a apresentação de seu projeto. A reforma não afetava de forma mais profunda as bases corporativas do direito eleitoral, que reconhecia apenas comunidades, e não indivíduos, como eleitores, limitando-se a reduzir praticamente a distância exagerada entre o princípio de eleição das corporações e das pessoas: comunidades eleitorais com menos do que 2000 habitantes perderiam seu direito de voto, algumas cidades e regiões rurais até então não representadas e densamente povoadas assumiriam a condição de comunidade eleitoral, e o direito de voto seria determinado pelo modo de propriedade, na zona rural, e segundo um censo, na cidade. Este foi o projeto. Sob a pressão da opinião pública e do forte medo da revolução, atiçado pelos partidários da reforma, o projeto chegou, após calorosos debates, à segunda leitura em 22 de março, ainda que pela ridícula maioria de um voto. As perspectivas para a terceira leitura não eram más; não se considerava impossível que a maioria pudesse se ampliar até então. Quando da dissolução do parlamento, o ministério dispunha desta vez – o *slogan* claro aos eleitores – de uma arma contra a minoria que, enquanto o rei se mantivesse firme, não necessitaria provavelmente ser utilizada, mas apenas mostrada. E uma maioria fortalecida na Câmara Baixa pressionaria igualmente a resistência da maioria da Câmara Alta. Esta era a situação quando, em 30 de março, ambas as câmaras entram nas férias de páscoa. Mas a minoria não permanece inativa. Quando o parlamento reúne-se novamente em 12 de abril, ela aplica um golpe que atinge o governo em sua posição mais sensível: a maioria favorável ao muito modesto projeto de reforma repousaria sobre o apoio do líder dos católicos irlandeses, O'Connel, forte tribuno, que havia diplomaticamente posto em surdina suas reivindicações, que iam muito mais longe. Já antes das férias havia sido notado ocasionalmente pelos inimigos da reforma que o projeto do governo teria diminuído o número de cadeiras inglesas da câmara baixa em favor dos representantes galeses, escoceses e irlandeses. Mas este argumento não tinha exercido um papel maior. Agora o retoma, ao início da primeira sessão, um deputado em si não adversário da reforma, mas fanaticamente anti-irlandês, Gascoine; O'Connel respondeu imediatamente, mas Russel, o ministro que havia apresentado o projeto, talvez sob efeito da surpresa, deixa a Gascoine a esperança de que o projeto governamental pudesse vir a ser modificado no sentido do ministério, o que foi confirmado dois dias após pelo Primeiro Ministro Grey; porém, este acrescenta, para apaziguar as inquietudes dos partidários da reforma, que suspeitavam haver já o ministério desejado recuar na questão das competências eleitorais a serem suprimidas, na sua maioria ingleses, que em caso algum o governo abandonaria este ponto decisivo. Mas a desconfiança suscitada pelas aparentes hesitações do ministério não podia ser facilmente superada. Quando o governo, em 18 de abril, apresenta o seu projeto modificado, aparentemente segundo o ponto de vista de seu adversário Gascoine, mas em realidade no sentido de seu aliado O'Connel e dos católicos, modificação segundo a qual o número total atual de deputados deveria permanecer sem modificações, Gascoine submete ao parlamento uma "proposição aditiva" (*Zusatzantrag*), pela qual este número total em nenhuma hipótese pudesse ser obtido por um aumento, ainda que mínimo, dos deputados irlandeses ou escoceses. O ministério declara, novamente em atenção ao grupo de O'Connel, que aí se deveria perceber um ataque contra o essencial do projeto governamental. E, quando a proposição aditiva é aprovada no dia seguinte, com oito votos da maioria, os ministros exigem do rei a dissolução do parlamento; e sob os protestos acirrados da maioria desconsiderada do dia 19, que agora acusa abertamente o ministério de trair o país com os irlandeses e os católicos, o monarca faz uso, dia 22, deste direito real há longo tempo não mais exercido.

O texto de Hegel foi impresso no dia 25. Ele não fora iniciado antes do dia 7, momento em que os debates anteriores às férias de páscoa eram perfeitamente conhecidos em Berlim; Hegel não faz nenhuma referência aos debates posteriores a esta data, que poderiam ser conhecidos a partir do dia 26, inclusive os do dia 15. Seu texto comenta uma notícia de jornal do dia 14, sem referência à Inglaterra; uma notícia que, na noite do dia 23 poderia ser conhecida, ausente no manuscrito, é acrescentada no momento da impressão, como nota aditiva. Portanto, o manuscrito deveria estar concluído no dia 23, encontrando-se Hegel, no dia 14, em meio ao trabalho; o tratamento do material não avança todavia além do dia 30 de março, e seu conteúdo se constitui em geral nos debates parlamentares do mês de março.

A Inglaterra se constituiu desde sempre para Hegel, como sabemos, em um vivo alvo de interesse. O nativo de Württemberg acreditava ter, nas suas assembléias provinciais (*Landstände*), a cópia fiel do parlamento britânico. Hegel, todavia, desde cedo crítico destas assembléias, acompanhou a vida parlamentar inglesa sem grande admiração. Já em 1798, em uma das notas da tradução de Cart, fazia ele notar o fosso existente entre a maioria no parlamento e a vontade popular que ela pretendia representar, exatamente no sentido das reivindicações apresentadas pela oposição no parlamento inglês. Ele cita, em seu texto de 1798 sobre a crise constitucional de Württemberg, o grande discurso de Fox em favor de uma reforma parlamentar. Mais do que os problemas políticos da "representação incompleta da nação" que, aliás, diminuem fortemente na Inglaterra na época posterior, parecem havê-lo preocupado os inícios da questão social; o seu primeiro biógrafo pôde ainda consultar as suas notas sobre os debates parlamentares relativos aos impostos dos pobres, e encontramos numerosos traços desse interesse nos sistemas políticos da época posterior até 1820; é, além disso, reconhecida a influência, embora altamente duvidosa, das idéias inglesas de auto-administração e de representação popular no escrito sobre a Constituição do Império. Hegel nunca deixou de ser crítico. A forma inglesa de tratamento das dificuldades sociais antes lhe aparece como um exemplo dissuasivo. Por outro lado, é exatamente quando ele segue a influência inglesa, que ele normalmente, diferente do que acontece em relação à França, não chama o modelo pelo nome, de forma que somos aqui fortemente abandonados às nossas próprias suposições. No texto de 1817 sobre a constituição de Württemberg, refere ele que, no que diz respeito à constituição inglesa, ela teria se mantido exatamente através de seus "abusos". A *Filosofia do Direito* de 1820 também faz eventualmente alusão à Inglaterra, ainda que com relação a outras questões que a questão social; e tal se dá especialmente em acréscimos às suas preleções orais (*mündlichen*

Vorlesungszusätzen) do próximo decênio, segundo o interesse de seus ouvintes. Quando o *Reform Bill* foi deposto, Hegel foi tomado, segundo testemunhas confiáveis, de torturante inquietação. Foi para retomar a calma, assim julgam nossos informantes, que ele redige o texto para o *Staatszeitung*. O artigo de Hegel trata de apenas uma parte das agitações que se deram na Inglaterra por ocasião do *Bill*. Inicialmente, segundo seus próprios termos, deve-se reunir em conjunto apenas "os pontos de vista mais elevados que foram expressos até agora nos debates parlamentares", as modificações que pretende o *Bill* em relação às "nobres entranhas, aos princípios vitais da constituição e da situação na Grã-Bretanha". Na verdade, alguns pontos de vista faltam completamente; falta principalmente a ligação entre a reforma eleitoral e a representação parlamentar dos diferentes reinos reunidos no parlamento de Londres, e especialmente a questão da Irlanda, problemática filha adotiva da coroa da Grã-Bretanha, problema acentuado por seu aspecto confessional. Já vimos como esta questão, que fora alvo de atenção já antes das férias, recua a uma posição secundária nas primeiras sessões que se sucedem ao período de férias, em função do ataque de Gascoine. É provável que Hegel tenha ainda trabalhado em seu texto quando foi conhecido o teor desses debates ao longo dos primeiros dias de sessão, mas ele não o levou em consideração: é apenas como um dos pecados do governo parlamentar inglês que ele refere uma vez, com ânimo amargo, o tratamento da Irlanda; escapa-lhe a imbricação essencial, até mesmo decisiva, que articula a política irlandesa e a política geral da Inglaterra. Ele configura assim o seu tema de um modo totalmente indiferente a estes importantes aspectos da história da Inglaterra – mas importantes apenas para a história da Inglaterra –, de tal modo que apenas assume evidência aquilo que há de significativo para o conjunto da Europa. Tratam-se das grandes questões que foram inexoravelmente repropostas pela Revolução de Julho, as questões às quais ele havia dedicado sempre a sua reflexão política: a oposição entre o direito histórico e o direito racional e a relação dos poderes constitucionais entre eles. Hegel as retoma com o exemplo da Inglaterra; o texto, apesar de constantes menções ao *Reform Bill*, gira menos em torno da Inglaterra do que em torno ao problema político do liberalismo na França e, sobretudo, na Prússia. Mas, enquanto em outros locais nos quais se refere à França – e, supondo que o texto de janeiro do *Staatszeitung* provenha realmente de sua pena, à Bélgica – ele toma como ponto de partida para suas considerações a questão do catolicismo em sua relação com o liberalismo, questão esta que se lhe tornou central ao longo dos últimos anos, ele aborda aqui o tema do liberalismo como um problema puramente político, poder-se-ia até mesmo dizer: um problema técnico-político. O que até mesmo caracteriza propriamente o seu texto é que ele coloca em dúvida, para a Inglaterra, antes a aplicabilidade da reforma liberal do que a sua legitimidade.

Ele admite a legitimidade. Ele vê os impulsos à reforma no "sentimento de justiça", que se insurge contra as "atuais desordem e desigualdade" – no manuscrito consta: "as maiores bizarrias e deformidades" – do procedimento eleitoral; além disso, ele não ignora o poder das inquietações atiçadas pela Revolução de Julho e o desejo de satisfazer aquilo que ele admite ser a "voz unânime" do povo inglês. Ele louva o fato de que se aborda a questão por sua base, a saber, pela "instituição", e não se procure a resolução de suas questões por medidas isoladas ou por iniciativas morais. Ele assume a crítica formulada pelo parlamento com relação à situação existente, embora não no sentido de outrora, em 1798, quando julgava que a nação era insuficientemente "representada"; ele vê na promiscuidade generalizada da "sórdida vantagem pecuniária" nos negócios públicos um sinal preocupante, e reconhece, na reação suscitada contra esta corrupção escancarada, um bom sinal para o povo inglês. Não se ousou levantar, desta vez, a voz no parlamento em favor da manutenção dos vícios do direito público em vigor, nem através da tão apreciada "sabedoria dos ancestrais", nem pelos interesses financeiros ligados ao privilégio eleitoral. Também o tão recorrente argumento de que foram exatamente em razão destes vícios a serem suprimidos que numerosos talentos encontraram a entrada no parlamento e, a partir daí, no governo, também este argumento é recusado por Hegel, aliás em referência direta ao discurso de Macaulay, a título de pertencer ao domínio das "contingências". Ao mesmo tempo, porém, embora ele se aproprie da crítica exercida pelos partidários da reforma em relação ao estado de coisas atual, ele se encontra longe de aprovar a lei. Ele não ignora absolutamente que, na Inglaterra, um vasto campo para reformas sociais e políticas se encontra aberto. Mas não pode crer, como esperam ou temem os ingleses, que sua realização advenha da reforma do parlamento. Em um parlamento levado à efetivação através do direito eleitoral reformado, estas reformas necessárias constituiriam tão pouco uma maioria como no atual parlamento – eis a sua opinião, a partir das indicações oriundas do próprio parlamento, e que ele assinala pontualmente. Deste modo, a significação das planejadas reformas eleitorais se limitava à introdução de um novo "princípio" na vida constitucional inglesa. Enquanto até agora no direito público e privado inglês o "caráter positivo" havia dominado, e mesmo leis constitucionais como a *Magna Charta* ou o *Bill of Rights* traziam de certo modo o selo do direito privado, pela sua origem historicamente contingente, através do *Bill* esta "base formal do existente" é abalada, e todas as instituições são ameaçadas pela pergunta se são "em si e para si justas e racionais". É aqui, portanto, que Hegel vê o ponto decisivo. Mas qual a posição adotada por ele?

Poder-se-ia esperar, dada a sua crítica ao simplesmente "positivo" no direito, que ele não poderia senão saudar o fato do que doravante também na Inglaterra se anuncia a possibilidade da aplicação dos "princípios da liberdade real". Toda a sua crítica da situação inglesa gira realmente em torno a este ponto. Em constante comparação com as instituições continentais, especialmente dos Estados alemães, sobretudo a Prússia, ele assinala o atraso da Inglaterra. Nunca, nem mesmo no antigo império germânico, que se constituía "igualmente em um agregado informe de direitos particulares", haviam se evidenciado os sintomas de uma tal "degeneração" (*Verdorbenheit*) política, nem um tal "egoísmo que penetra todas as classes do povo (*Volksklassen*)". Ele desaprova a anglomania (*Anglomanie*) dos povos do continente, que "se permitiram por tanto tempo a imposição através das declamações da liberdade inglesa e do orgulho desta nação por sua legislação". Ponto e ponto, mostra ele que tudo aquilo que foi obtido no continente, em parte pela revolução ou, em parte – na Alemanha e na Prússia – já pela Guerra dos Trinta Anos e, mais recentemente, pela "cultura racional" e pela "grande disposição dos príncipes de fazer... do sentimento de uma justiça em si e para si a estrela-guia de sua atividade legisladora", tudo isso se encontra até hoje na Inglaterra em grande desordem, e que mesmo o *Bill* não chega a melhorar as perspectivas para uma tal reforma. A Alemanha conta para ele, nesta comparação, como o país-modelo, no qual as idéias que, na França, "penetraram apenas imbricadas em muitas outras abstrações e ligadas a conhecidos atos de violência", deram-se "de forma pura e desde há muito... tornaram-se princípios firmes da convicção interna e da opinião pública e operaram uma transformação real, tranqüila, paulatina e legal de tais relações jurídicas". Ele não espera, porém, do *Bill*, como já dito, nenhuma reforma desse tipo. Para ele – e assim se completa a crítica que desenvolve – ou o *Bill* vai longe demais, ou não vai longe o suficiente.

Não vai longe o suficiente, pois, se é verdade que ele rompe fundamentalmente com uma concepção de puro direito privado, que não considera uma cadeira parlamentar senão como algum tipo de propriedade privada, ele não conduz adequadamente a seu termo esta ruptura fundamental, pois se constitui em uma "combinação entre os antigos privilégios e o princípio geral de igual direito para todos os cidadãos", "lançando aquilo que provém simplesmente do solo do antigo direito feudal na luz muito mais penetrante da inconseqüência, como se todos os direitos em conjunto repousassem sobre um e o mesmo solo do direito positivo". Hegel chega mesmo a reproduzir uma grosseira suspeita pessoal do ministro responsável em relação à abrangência e aos limites desta "mistura", que havia sido citada como fofoca política por um correspondente londrino do *Staatszeitung*. Para ele, o *Bill* vai longe demais ao introduzir um direito eleitoral censitário – conhecemos a aversão de Hegel a este modelo – em lugar de um direito fundado de algum modo sobre as vivas diferenças de classes da sociedade moderna; ele gostaria de ver preservado o princípio dominante na Inglaterra até então, segundo o qual, de acordo com a exigência moderna, não são os indivíduos, mas os "diversos grandes interesses da nação" que devem ser representados, porém sem que sua execução seja, como na Inglaterra, abandonada ao acaso e à imoralidade da corrupção, e sim de tal modo que ele fosse conscientemente reconhecido e constitucionalmente estatuído. Opondo-se a um direito eleitoral que não assente sobre a tomada em consideração das classes (*Stände*), Hegel utiliza o mesmo argumento do qual lançara mão já em 1817, por ocasião da questão de Württemberg – aquele da indiferença dos indivíduos em relação ao direito que não lhes confere senão uma ínfima parcela do poder do Estado; e defende de uma forma quase sofística este argumento "de simples senso comum" contra um idealismo político que releva "as altas considerações da liberdade, do dever, do exercício dos direitos de cidadania, da participação nos negócios gerais do Estado". Dever-se-ia caracterizar Hegel, a bem dizer, como sofístico, quando ele procede a uma análise da idéia de uma extensão do direito eleitoral em geral do ponto de vista de um direito "original, inalienável"; ele funda, com o conceito de direito inalienável, a idéia de justificação contra a qual exatamente aquele primeiro conceito se voltava.

Não parece que o *Bill* venha oportunizar alguma outra via de democratização além daquela já indicada. Mas Hegel vê seus anúncios no contexto do discurso de Wellington na Câmara Alta logo antes das férias parlamentares. Pelo fato de que é retirada agora parte das vias costumeiras de entrada ao parlamento da esfera fechada das famílias dominantes igualmente em ambos os "partidos" até então, surge a "novos homens" a possibilidade de ingresso, e, com eles, princípios "heterogêneos" – ainda que tal signifique inicialmente apenas a substituição ou complementação de uma oligarquia por outra. Pois, abrindo-se a porta do parlamento aos homens novos através do abandono do princípio até então vigente dos direitos positivos como únicos válidos, então o resto se seguirá naturalmente por si mesmo. A oposição, que até então ocupava o mesmo terreno que o partido do governo, e lutava apenas em função do poder, e não de princípios – uma situação caracterizada por Hegel na *Filosofia do Direito* como exemplar – converte-se em um partido de oposição do tipo continental e; também a Inglaterra conhecerá a "oposição entre *hommes d'état* e *hommes à principes*". Isto não é, aos olhos de Hegel, uma infelicidade, pois a Inglaterra pode suportar um influxo (*Schuss*) de "idéias"; e, com relação ao círculo de contradições que habita a idéia democrática contra a necessária obediência, a Inglaterra, como se pode constatar apesar dos temores dos adversários da reforma, está assegurada pelo sentido prático de seus habitantes e através da ampla auto-administração que educa constantemente este sentido prático-político e o mantém. Caso um destes dispositivos de segurança se mostrasse ineficiente, então Hegel julga que a revolução seria inevitável na Inglaterra. Pois – e aqui se refere ele a um ponto que não pode ser mencionado na Inglaterra, já que toca um preconceito nacional, mas ao qual Hegel dedica praticamente toda a parte final de seu texto – na Inglaterra falta a instância mediadora que permite aos outros Estados "a passagem da legislação antiga, fundada unicamente sobre o direito positivo, a uma outra, fundada sobre as bases de uma liberdade real – uma passagem livre de tumultos, violência e espoliação": uma monarquia forte. A posição do rei é, para Hegel, o verdadeiro tendão de Aquiles da constituição inglesa. E isto não será mudado pelo *Reform Bill*; o princípio monárquico "não tem mais nada a perder na Inglaterra"; os privilégios reais são, pela posição do ministério – o que significa em última análise, na visão de Hegel, a posição do parlamento – "mais ilusórios do que efetivos". O rei na verdadeira vida constitucional inglesa e, segundo parece, em breve também o rei na França, ocupa seu posto como na constituição de Sieyès, ocupação caracterizada por Napoleão através de um juízo, como diz Hegel, "soldadesco", como estando mais próxima daquela de um porco de engorda. Esta dispensa do rei, que chega ao ponto de não se permitir que se faça menção pública à sua aprovação ou desaprovação da política governamental, faz agora do povo a única instância exterior a qual pode apelar um partido reprimido no interior do governo: assim aparece, por detrás da liberdade inglesa, e uma vez que a até então vigente homogeneidade interna da classe dirigente seja abalada pelo sucesso do *Bill*, o fantasma da revolução.

Estas últimas considerações constituem a parte final do artigo, que não foi publicada no jornal. A razão foi uma intervenção pessoal do rei: Frederico Guilherme, assim foi comunicado ao autor, julgava ser inadequado que uma publicação ministerial contivesse uma crítica à situação inglesa. O *Staatszeitung* havia, porém, adotado, em suas correspondências londrinas, uma posição favorável ao plano de reforma em seu todo; mas também a crítica de Hegel, embora preocupada com a reforma, não poderia ser considerada uma recusa da mesma, como se depreende de nossa apresentação e também da impressão que o artigo causou a quem o leu posteriormente, por exemplo, Stahl. Talvez se possa suspeitar que os desdobramentos seguintes da questão, que Hegel não pôde levar em consideração, tenham vindo a tornar desaconselhável a impressão da parte conclusiva do texto. Exatamente na época do surgimento do artigo, o jornal traz o relato sobre as sessões que precederam a dissolução do parlamento. Naquela prerrogativa real da dissolução do parlamento, que Hegel não menciona em nenhum momento, dava-se para a monarquia inglesa uma, e talvez a mais forte, possibilidade de intervenção constitucional nos destinos do Estado; estava disponível ao rei, especialmente naquela circunstância particular, a decisão livre de tomar partido do gabinete contra o parlamento ou do parlamento contra o gabinete. Pelo fato de se haver manifestado pelo ministério, o rei desferiu duro golpe no parlamento. Daí a dúvida muitas vezes expressa no *Staatszeitung*, se o rei ousaria um tal passo; daí a enorme excitação que se deu quando ele o fez. Seria altamente inadequado publicar simultaneamente a notícia desta impressionante manifestação de poder da monarquia inglesa e a descrição hegeliana de sua absoluta impotência, com o uso, por Hegel, da expressão napoleônica *cochon d'engrais* (porco cevado).

Mas, seja como for, a publicação do artigo foi censurada; a exaltada glorificação hegeliana da monarquia prussiana não encontrou nenhuma acolhida no jornal governamental da Prússia. Evidencia-se assim um singular destino que paira sobre os panfletos políticos e artigos de jornal de Hegel. A publicação sobre o país de Vaud e seu *discite justitiam** aparecera muito tardiamente para que os responsáveis ainda pudessem aprender a justiça. O escrito sobre a situação interna de Württemberg de 1798 permaneceu sem ser impresso, por razões desconhecidas. O grande texto sobre a reforma do império, que o ocupou durante quase quatro anos, permaneceu igualmente inédito, talvez devido às dúvidas do autor com relação ao seu objeto. Apenas as críticas de 1817 sobre as classes de Württemberg, o mais resoluto de seus escritos políticos, foi publicado e republicado e encontrou ecos favoráveis e hostis. E o seu artigo do *Staatszeitung* – deixemos de lado aquele arti-

---

* Aprendei os deveres para com os deuses. (N. da E.)

go sobre a Bélgica, cuja autoria é discutível – que se seguiu, e que se constitui na última publicação política de Hegel, foi interrompido. O seu destino é dos mais estranhos. Toda dificuldade da posição interna de Hegel encontrou nele expressão. Anunciava-se uma reforma, com cujo objetivo ele tinha que concordar completamente; um Estado de coisas deveria desaparecer, um Estado de coisas que, segundo ele, não poderia reivindicar mais direito à existência. Ao mesmo tempo, ele não encontra nem a coragem para dizer não à situação existente, nem a coragem para dizer sim à reforma. As relações teoricamente claras o abalam pelo medo de possibilidades práticas e perigos. O seu comportamento assume um traço hamletiano que lhe é estranho. No fundo, ele deve reconhecer a correção da tendência liberal, não obstante todas as reservas e objeções particulares que ele possa ter. Mas ele inviabiliza para si mesmo este reconhecimento, pelo fato de não conservar mais nenhuma confiança íntima no futuro. Assim, seu olhar oscila entre possibilidades diversas. O que ele deseja da reforma é que, no fundo, não fosse necessário realizá-la; ela deveria estar há muito já realizada; e, quando ela agora se propõe a resgatar o tempo perdido, isto o transforma em um adversário desconfiado. É aquele seu temor puro e simples da revolução que se torna crescentemente visível nas suas manifestações dos últimos anos; e este texto é uma expressão clássica disto. Ele continua a exaltar as idéias de 1789, mas, em 1830, essas idéias lhe são mal-vindas, mesmo onde elas não avançam em relação às de 1789. A 1789 seguiu-se 1793 e as guerras napoleônicas; em 1830, tal não pode acontecer de modo nenhum. Na verdade apareceu aquilo que ele expressou sobre si mesmo na última preleção do curso de inverno: um coração velho. Entre suas idéias e seu objetivo instalaram-se os perigos da revolução. Ele não tem mais condições de seguir sem temor a realização efetiva do racional. Passa-se com ele, pela primeira vez, aquilo que não se havia passado em quarenta anos: ele não consegue oferecer à muda indagação da realidade a clara e determinada resposta do Espírito. Aquele que havia, na condição de "secretário de espírito do mundo" (*Sekretär des Weltgeistes*), acompanhado passo a passo, compreendendo e aquiescendo, o desenrolar da Revolução, a ascensão e queda de Napoleão, a restauração da antiga sociedade de Estados, cobre agora sua face ante o novo "choque" da história; e ele como que o ouve, mas não pode mais vê-lo nem compreendê-lo. Em lugar dos acontecimentos, vê ele os "nós" em que se encontra presa a história; outrora havia ele, tal como um Alexandre filosófico, rompido tais nós da história universal com o machado do Espírito; agora ele relega à história a tarefa de resolver o assunto. Ele vê ainda a questão – mas, como resposta, tem ele apenas uma simples alternativa "ou-ou". Na ameaçadora confusão no mundo, ele dirige agora o seu olhar aos rochedos que parecem firmes: a Prússia e sua monarquia. Aqui as idéias liberais realizaram-se em instituições da verdadeira liberdade, graças à progressiva formação (*Bildung*) do povo, ao conhecimento e à boa vontade dos governantes. E então se dá que, quando ele pretendia pronunciar o elogio da monarquia prussiana, esta mesma monarquia lhe impõe silêncio. E como motivo para tal lhe é dito que não se quer ferir país estrangeiro através de uma crítica às suas instituições – suas instituições ante-monárquicas ou a-monárquicas! Sem querer, Frederico Guilherme, ou aquele a quem este designou para falar com o filósofo, negou assim a comunidade internacional de políticas interiores sobre cujo reconhecimento repousava a época passada: para preservar as suas relações estatais com a Inglaterra, o rei prussiano impediu o elogio da monarquia prussiana.

O autor do artigo colheu um vasto reconhecimento pessoal; pela divulgação do texto, que foi permitido, ele ouviu os maiores "elogios". Também a benevolência do rei, que lhe havia concedido pouco antes a então rara terceira classe da Ordem da Águia Vermelha – ao mesmo tempo que a Schleiermacher –, não foi diminuída pelo incidente. Mas o desânimo geral, cujos motivos já examinamos, parecem não haver abandonado o pensador. Fatos do mundo político alimentavam esta disposição de alma, especialmente a oposição inegável que seu juízo encontrou em parte de seus discípulos. Por ocasião de seu último aniversário, um de seus partidários mais ferrenhos lhe enviou um poema: na agitação geral que reinava na Europa, o mestre era conclamado a elevar com toda a potência de sua voz a palavra justa, capaz de exorcizar magicamente os espíritos caídos. Na resposta enviada ao fiel partidário, Hegel agradece por seu "convite à decisão em proferir palavras de ação para conjurar a todos, inclusive os amigos, que se revoltam até a loucura". Mas uma palavra a mais nessa tormenta não poderia somente aumentar ainda mais o infortúnio, que consiste exatamente em que cada um quer ouvir apenas a si mesmo? Porém, caso se desse um dia – o que há muito o tenta – que ele viesse apesar de tudo a "golpear", então aquele apelo lhe teria sido

> o empenho de ainda ousar
> com a esperança de que outros espíritos ainda lhe façam eco
> sem queda em vãs lamentações,
> que esta palavra seja levada ao povo, à obra!

Ele espera "ainda" que espíritos façam eco. De modo algum tem ele ainda o óbvio sentimento de certeza de outrora, de que a sua palavra encontraria seu lugar no tempo; ele ousa apenas ter a "esperança" de que ela chegue ao "povo", à "obra". Este não é mais o nome que entendia a si mesmo e a sua época em uma tal unidade, que ele aplicava a si mesmo a gigantesca exigência de "ser" sua época. A união com a época, sobre cujo firme solo ele edificou sua vida, esta união está rompida. Ele é agora – embora agora desde visíveis alturas, cercado por devotada juventude, e outrora um indivíduo desconhecido – o velho homem solitário, um "velho coração". E para quem, como Hegel, não se dava nunca a possibilidade de poder ser jovem, mesmo em sua juventude, e nem velho, no sentido de estranho à época, para tal homem é uma tal disposição de alma, em que se vê desabar sob seus pés o solo vital sobre o qual se havia vivido, em duras batalhas de desenvolvimento e apesar de todos os reveses do destino, o mensageiro do Hades, que convida à partida. Em 7 de novembro ele conclui o prefácio da edição revista do primeiro volume da *Lógica*, reconhecendo abertamente "a inelutável dispersão através da grandeza e da multiplicidade dos interesses no momento" e a dúvida "se o alto ruído do dia... ainda deixa espaço aberto à participação na desapaixonada calma do conhecimento puramente pensante". Sete dias depois, ele vem a falecer.

Décima Terceira Seção
CONCLUSÃO

> *... do pensamento...*
> *a ação*

Estamos no fim. O quanto no fim nós estamos, isto podemos perceber melhor hoje, quando desabou o século de Bismarck, em cujo portal se postou a vida de Hegel, assim como o pensamento precede a ação. Se levamos em consideração como esta vida se estende exatamente ao longo do período em que surgiu o *Fausto* de Goethe – de 1770 a 1831 – então se torna claro como esta vida e sua obra se inscrevem necessariamente na história do século XIX, muito mais do que a vida e obra do maior dos alemães da época. É verdade que os discípulos berlinenses de Hegel utilizaram a coincidência das datas para festejar o aniversário de ambos em uma única comemoração; mas, na verdade, a trajetória de influência histórica de Hegel é muito mais retilínea, e por isto mais breve, do que a do poeta vinte anos mais velho. Este último inscreve suas raízes profundamente no mundo espiritual do século XVIII – no mundo pré-revolucionário e pré-kantiano –, adquirindo uma independência em relação ao mundo novo que o levou, não obstante toda a sua abnegação ao seu mundo, para além do seu século; reparte-se igualmente o campo fecundo de sua vida pelos dois lados da grande cisão epocal que conhecemos como o momento clássico da história moderna do espírito alemão. Assim, esta vida, na memória histórica e, por conseguinte, na apropriação nacional, não é ligada unilateralmente nem à curva ascendente que leva a este cume, nem à descendente; nem à ascensão, como no caso de Klopstock, Lessing, e mesmo quase de Kant, nem à decadência, como no caso de Hegel. De modo algo semelhante à vida de Lutero, só se faz justiça à vida de Goethe quando se a observa no arco da história espiritual geral da nação. Hegel pode ser compreendido, pelo menos do ponto de vista de sua significação histórico-nacional – não em termos de sua significação universal – em uma moldura mais estreita. Em todos os domínios de sua atividade, e não somente em termos políticos, expressa-se, juntamente com suas tomadas pessoais de posição, no momento da libertação do círculo de influência do século que se escoa, uma idéia diretriz do século XIX alemão; todavia, nesta grandeza histórica do pensador repousa também o seu limite histórico, e de modo especial a sua limitação em relação ao próprio século XIX. Pois não podemos nem queremos dissimular, e indicamos freqüentemente ao longo deste livro, que o pensamento de Hegel não conduz a evolução inteira do século, que ele antes inaugura a sua marcha. Que o pouco que nos resta ainda a dizer sirva para mostrar os momentos em que as idéias do político Hegel permaneceram aquém das ações do século de Bismarck, servindo também para dar a perceber que havia uma necessidade neste permanecer, exatamente a necessidade de estabelecer domicílio na fortaleza de sua época.

Não foi exatamente na escola hegeliana – já o dissemos – que se completou o progresso das idéias políticas do século. O que se passou com as idéias ali foi, muito antes, o burilamento dos conceitos, em parte também sua inversão, do que o seu desenvolvimento. Exatamente em sua própria escola, as idéias do mestre, especialmente no caso mais importante, o de Marx, tomam caminhos laterais, que não reconduziram à estrada real da grande vida histórica senão após decênios. Ao longo desse período, os vigorosos viajantes que tomaram esta estrada real não pertenciam à escola, chegando mesmo a se entender em oposição mais ou menos clara a ela e ao mestre. Seja aqui mostrado, nos exemplos de apenas alguns pensadores principais do Estado, em que – não necessariamente em termos de oposição conceitual, mas em termos de opinião livre – as suas idéias de Estado divergem da de Hegel.

É o caminho indicado por Friedrich Meinecke, que vai de Hegel a Bismarck, que queremos seguir aqui. Ele passa pelo ano 1848-1849; Frankfurt e Berlim são os dois pontos de passagem. O liberalismo nacional do partido imperial-hereditário, o conservadorismo prussiano do círculo de Gerlach – é destas duas correntes que surge, reunindo-as contra elas mesmas, a obra de Bismarck. Três grandes textos teóricos sobre o ser e a essência do Estado caracterizam na história da ciência alemã estes passos do desenvolvimento nacional. A *Política* de Dahlmann significa a promissora tentativa de uma educação do liberalismo do *Vormärz* à maturidade da consciência de homem de Estado – uma tentativa cujo sucesso as discussões na Igreja de São Paulo constituem, apesar de tudo, um primeiro testemunho para os dois próximos decênios; a *Filosofia do Direito* de Stahl tira o conservadorismo prussiano da tranqüilidade do *Vormärz* e o conduz à ruidosa arena da nova vida constitucional, transformando assim o "círculo" cristão-germânico em um "partido pequeno, porém poderoso", do qual a ação bismarckiana pôde se originar; finalmente, Treitschke aparece como herói destas ações, pois suas preleções sobre política apresentam o seu resultado científico, ele que foi inicialmente discípulo e partidário fervoroso de Dahlmann, inclinando-se, porém, com a idade, na direção do partido de Stahl. Na medida que refletem a evolução política do século, as concepções de Estado desses três homens nos ajudarão a compreender a relação de seu termo com seus inícios, de sua ação com suas idéias; pois aqueles não saíram destes "como um raio das nuvens" – o caminho da história foi mais longo e paulatino do que sonhava a inspiração do poeta.

O Estado, esclarece Dahlmann, é "original", é "ordem sobre-humana, todo-poderosa"; o pensador recusa qualquer tentativa de transformá-lo em "criatura do arbítrio humano". Stahl funda a doutrina do Estado sobre a idéia do "reino ético", que não adquire sua existência e lei de sua perduração simplesmente "através da vontade dos membros individuais"; com relação àqueles que refundaram a "objetividade" platônica na doutrina do Estado, Schelling e Hegel, ele lamenta a ausência daquilo pelo qual o Estado, segundo ele, se apresenta como "reino ético": "a colocação em prática de ordens impostas"; e é exatamente nesse sentido que ele concebe o Estado como reino ético, como força de dominação "real e livre", "porém baseada em uma ordem eticamente inteligível"; e, em correspondência deste "porém", ele não hesita em encontrar nesta sua dominação um "elemento duplo": "a autoridade ou o poder do Estado, ou seja, o poder exercido pelos homens, e a lei". Fica claro neste "e", como naquele "porém", o que o separa da estritamente unitária dedução hegeliana do Estado como lei desde o Estado como poder, na dedução da ordem ética desde o conceito de vontade. Em lugar de uma dedução, Stahl propõe deliberadamente uma justaposição, que tem indubitavelmente sua causa última em uma visão de base religiosa, mas que, observada em termos estritamente políticos, faz com que apareça o que existe no Estado de forma similarmente poderosa às frases anteriormente citadas de Dahlmann. Finalmente, Treitschke, que sabia suficientemente que "o Estado é potência e pertence ao mundo da vontade", não se contentou com tais conceitos remissíveis imediatamente a Hegel; ele compreendeu o Estado como "o povo juridicamente unido", ou, como expressara anteriormente de forma mais vigorosa: "a vida do povo reunida em uma potência global". Salta aos olhos como esta dupla, a potência juridicamente edificante e o povo existente, não pode ser compreendida, no sentido de Stahl, como "elemento duplo", mas como, de qualquer modo, a vontade efetiva no direito e na potência, em lugar de se referir simplesmente a si mesma e à sua realização racional, refere-se a um ser (*Daseiendes*), a algo existente (*Bestehendes*) fora de si – ao povo. Com isto, torna-se agora clara a direção a que se dirigem inconscientemente, em Dahlmann como em Stahl, o acento no existente e o descarte da vontade: à fundação do Estado, não pura e simplesmente sobre sua vontade própria, mas sobre a nação existente fora dele e previamente a ele. Isto nos esclarece onde e quando o século pôde ultrapassar, e ultrapassou decididamente, a idéia de Estado de Hegel: aquela derivação do Estado a partir da vontade, à qual Hegel se aferra, se constituiu num motivo interno pelo qual a sua idéia de Estado não se tornou a idéia do Estado nacional, e o motivo pelo qual ele mesmo pôde estabelecer com a idéia nacional uma relação na condição de filósofo da história, e não de filósofo do Estado; o conceito de vontade teve de ser extraído da imbricação das raízes da idéia de Estado para que, nesta última, os brotos pudessem se abrir à luz da idéia nacional.

Hegel mesmo teve certamente consciência de que o conceito da vontade, na posição que ele lhe atribuiu na doutrina do Estado, se constituía em um produto do século XVIII, em última análise de Rousseau e da Revolução. Aqui tinham os discípulos razão, quando afirmavam que a doutrina de Estado do mestre havia sido fundida com o metal da liberdade; vimos como faltara a Hegel, exatamente em razão deste elemento "liberal", a idéia nacional. Este conceito de vontade estava, todavia, muito distante de Rousseau e Robespierre; enquanto vontade racional, ele nada tinha a fazer senão se subsumir, na figura da vontade individual contingente, no todo do Estado, e isto como vontade racional, e não como simples vontade geral. É sua racionalidade que o fazia soberano e não – como em Rousseau – a sua soberania que o fazia racional. Assim, o indivíduo singular foi convocado a penetrar no Estado; e aqui encontramos o elo que liga Treitschke e Hegel. Para ambos, o Estado é ainda um fim (*Ziel*), em direção ao qual Hegel conduz a vontade do indivíduo singular e Treitschke conduz a nação. Ambos, o indivíduo e a nação, podem apenas nele se tornarem o que são: o indivíduo verdadeiramente ético, a nação verdadeiramente povo. Ambos, indivíduo e nação, devem ser assim, de certo modo, sacrificados ao Estado – tanto o direito próprio do homem como o todo da nação devem ser imolados no altar do Estado divinizado. A terrível ruptura de 1866 deu-se nesse espírito e – o que aqui importa – foi suportada neste espírito. Somente uma época na qual o homem, após se constituir por muito tempo no "verdadeiro estudo", é considerado finalmente conhecido e julgado evidente, pôde submetê-lo assim tão impiedosamente ao objetivo distante de um Estado a ser criado; apenas após o povo ter-se tornado, graças ao trabalho dos românticos, uma grandeza corrente, que se pôde sacrificar, praticamente sem reservas de consciência, a unidade de existência desse povo em proveito da única necessidade – o Estado.

Deu-se assim que o Estado criado por Bismarck não foi simplesmente o acréscimo em relação ao Estado pensado por Hegel, assim como não foi simplesmente sua realização. Na sua base nacional, o novo império possuía algo de estranho, ou pelo menos de não necessário, ao ideal hegeliano de Estado, o qual, finalmente apaziguado, acabou por penetrar pela porta do Estado particular prussiano. Mas, mesmo que esta base nacional fosse condição de existência vital para este novo império, este teve de haurir sua força vital dos desígnios históricos, ainda que a preço da destruição de tal base nacional como totalidade. Assim, desde antes da guerra se elevam novamente, de forma paulatina, vozes que não queriam reconhecer na ação de Bismarck a autêntica realização da aspiração alemã; a separação entre Estado e nação parecia-lhes um indicativo daquela outra separação, que espíritos sensíveis já haviam captado, com temor, logo após 1870: entre Estado e cultura. Para os alemães, a dura necessidade da história internacional havia impedido que o Estado fosse estabelecido pela vida da nação, em virtude de uma necessidade interior; novamente agora, como outrora, o homem não encontrou, neste Estado, um lugar para si. Assim se fazem ouvir, desde o início do século, vozes familiares e distantes, daqueles que ansiavam pela vinda do Estado alemão; e este desejo estava mais próximo dos homens da geração de antes de 1914 que sua realização, que os envolvia. Este Estado que, em torno ao ano de 1800, aqueles nascidos em 1770, desencaminhados pelo Eu (*Ich*), haviam com tanta paixão tentado trazer à vida, este Estado trazia, na medida em que se constituía em reflexo daquele fervor, os traços não de um Estado, mas de uma nação. Talvez o homem o tenha chamado de Estado apenas na condição de homem solitário e em função de sua ansiosa vontade solitária; talvez a imagem da nação não se tenha constituído para ele em uma potência autônoma oposta a esta aspiração e procura pessoal; talvez o Estado tenha podido se revestir para ele, por algum tempo, com as feições de uma comunidade nacional e cultural, com a qual, mesmo após as ações de Bismarck, não se podia senão sonhar; talvez enfim, por todas as razões que se enumerou, aqueles que tinham esta esperança aninhada em seu coração não podiam prever a forma política de sua efetivação, tal como se deu através de Bismarck. É por isso que Hegel talvez nunca tenha chegado a conceder à nação o seu direito próprio e absoluto: ele sentia de modo excessivamente forte no Estado mesmo, ainda que no Estado não-nacional, a realização completa daquilo que o indivíduo singular poderia desejar, como a satisfação de sua vontade, de modo que ele não poderia reservar à nação nenhuma posição própria, aquela do conteúdo necessário do corpo do Estado. Apenas outros, posteriores a ele, recusando-se a inserir nas suas deduções do Estado a vontade do indivíduo singular no ponto de partida do pensamento, puderam conceder espaço à nação também no ideal de Estado. Mas não Hegel.

Naqueles anos do século que findava, em que se constituiu para ele, na proximidade de Hoelderlin, a nova idéia de Estado, repousam igualmente as razões que viriam a limitar o efeito e a abrangência histórica desta idéia de Estado já no século de seu surgimento. A história espiritual do novo império assenta aqui o seu começo, mas ela se afasta a seguir desses inícios. Quando, em 1831, o sonho encontra sua primeira grande realização histórica, quando "do pensamento advém a ação", ela não se dá, como esperara o poeta, de forma "inspirada e madura"; é verdade que apareceu e se revelou poderoso o esperado "gênio criador", mas não se tratava do gênio do "povo"; não se realizava ainda aquilo com que os jovens suábios haviam sonhado, simultaneamente à aparição do "gênio" e estreitamente ligado a ele, essa esperança de que

> nossas cidades agora
> iluminadas e abertas e vivas, repletas do fogo mais puro
> e as montanhas da terra alemã
> serão as montanhas das musas,
>
> como os magníficos de outrora, Pindus, Helikon
> e Parnaso, e que sob o
> céu dourado da pátria
> brilhe a livre, clara e espiritual alegria.

Este sonho permanece incompleto no caminho entre a queda do antigo império e a fundação do novo – de Hegel a Bismarck. Ao ser este livro iniciado, ele poderia parecer um sonho premonitório, um daqueles sonhos que permanecem vivos exatamente enquanto sonhos para tornar-se um dia aquilo que os sonhos podem se tornar: uma força criadora da história. Hoje, quando este livro aparece, cento e cinqüenta anos após o nascimento de Hegel, cem anos após o surgimento da *Filosofia do Direito*, parece que este sonho está em vias de se perder irrevogavelmente na espuma das ondas que assolam tudo o que é vivo. Quando a construção de um mundo desaba, são soterrados sob as ruínas também as idéias que o conceberam e os sonhos que o penetraram. Quem poderia ousar predizer o que trará o futuro distante, o que de novo, o que de inesperado, que renovação do que foi perdido? Desde a conclusão, que permaneceu praticamente desapercebida, do poema de Hoelderlin do qual, em dias melhores, havíamos extraído uma das primeiras epígrafes de nosso trabalho, luze uma vaga cintilação de esperança na escuridão que nos cerca. Uma cintilação apenas – mas nada impedirá o prisioneiro, em sua cela, de lhe dirigir o olhar:

> Certo, o tempo de nossa vida é muito limitado
> Vemos e contamos nossos anos
> mas as eras dos povos
> que olhos mortais as viram?

* * *

NOTAS

Foi mantida a sistematização original das notas, bastante diversa da atualmente utilizada. As palavras e expressões que remetem às páginas, geralmente não de forma literal, acrescentam dados, informações e comentários ao corpo do texto, seja no sentido de referências específicas, seja através de observações do próprio Rosenzweig ou de outros autores.

Abreviaturas:

Ros.: Rosenkranz, *Hegels Leben*, 1844.
Haym: Haym, *Hegel und seine Zeit*, 1857.
Dilthey: Dilthey, *Die Jugendgeschichte Hegels*, Berl. Ak.-Abhandlungen, 1905.
N.: *Hegels se for o* , ed. Nohl.
Ww: *Hegels Werke*, ed. G. Lasson.
WW: *Hegels Werke*, ed. Michelet et al.
p.: Remissão à presente obra (página).

Observações:

1. As cartas de Hegel publicadas em *Briefe von und an Hegel*, ed. K. Hegel, 2 vol., 1887, são citadas segundo suas datas.
2. Os manuscritos de Hegel em posse da Biblioteca Real de Berlim são citados segundo o número do volume, da folha e da página. Ex.: ms I 1a.
3. Não são acrescentadas as referências aos manuscritos às citações oriundas de textos publicados, a não ser em caso de divergência com a leitura proposta pelo editor.
4. Entre colchetes, antes ou depois dos termos e expressões, está indicada a página à qual se refere o comentário. O mesmo se dá para algumas remissões entre notas.
5. Em itálico, palavras, temas ou passagens objetos da nota.
6. Citações de Hegel entre aspas.
7. Números isolados indicam números de páginas de obras de referência das notas.
8. Publicações cit. em nota sempre em itálico.
9. "alfa", "beta", "gama": letras gregas correspondentes.
10. Pr.: parágrafo(s).

Livro I

- *pais*...[72]: Klaiber, *Hoelderlin, Hegel und Schelling*, 65 e ss. *Gymnasium:* Paulsen, *Geschichte der Erziehung*, 2. ed., II, 153 e ss; Klaiber, op. cit., 70-83; Documentos, in: Ros., Anexo, e, de modo mais completo, in G. Thaulow, *Hegels Ansichten über Erziehung*, III.
- *São conhecidos*...[73]: carta de 30 de maio de 1785. Hegel possuía, desde 1778, o Shakespeare de Wieland (Ros., 7); cartas de 22 a 24 de agosto, 27 de junho, 1º de julho e 1º de março de 1785. Sobre a relação entre liberdade republicana e a retórica do Pseudolongino, último capítulo. Ignoro se Hegel havia já lido Montesquieu neste momento (cf. *Tagebuch*, 1º de janeiro de 1787).
- *Tais*...[75]: Ros., 445 (Thaulow, op. cit., 30), 2 de julho de 1785 (Thaulow, op. cit., 33 e ss.), 31 de maio de 1787 (Thaulow, op. cit., 120 e ss.), 16 e 23 de agosto de 1787 (Thaulow, op. cit., 125-126).
- *Sulzer*[76]: 9 e 10 de março de 1787 (Thaulow, op. cit., 89 e ss.). *Prática de grego*: Ros., 11, 434; Klaiber, op. cit., 72, 81.
- *Conhecimentos de grego* [77]: Ros. 11, 434. Klaiber, op. cit., 72, 81.
- *Preleções*[44ss]: 10 de agosto de 1787 e 7 de agosto de 1788.

- *A proximidade com relação a a Montesquieu*...[78]: encontra-se esta mesma idéia na *Dissertation sur la politique des Romains dans la religion* de Montesquieu.
- *Reconhecimento "negativo" da história*[79]: cf. G. Rexius, *Historische Zeitschrift*, 107, 500 e ss. (cf. notas p. 33-35)
- *o colegial Hegel*...[81]: Thaulow, op. cit., 129-146 (31 de julho e 29 de setembro de 1788). Ros., 28, 32 e ss.,Klaiber, op. cit., 190 e ss. *Gênio cotidiano*: Ros., 28 e ss. (confirmado e completado por Klaiber, op. cit., 204 e 206); cf. também a carta de 19 de abril de 1817: "Nesta época... após um ano e meio de universidade, meu pai não podia estar satisfeito comigo". *Sobre a história da árvore da liberdade*, cf. *Aus Schellings Leben in Briefen*, I, 31; veja-se aqui uma dedicatória de Hegel do ano de 1793, reproduzida neste livro, III, 251: "Que viva aquele que faz o bem, pois a seguir enterra até os olhos o chapéu da liberdade alemã!". *Ainda em Berlim*...: Varnhagen, *Blätter aus der preussischen Geschichte*; 16 de julho de 1826; *Philosophie der Geschichte*, ed. Brunstädt, 552. *Peripécias revolucionárias*...: Ros., 34, carta de 24 de dezembro de 1794; Rousseau, *Contrat social*, III, 4.
- *As idéias*...[83]: Litzmann, *Hoelderlins leben. In Briefen von und na ihn*, 28 de novembro de 1791; Klaiber, op. cit., 208, 11; Goethe a Schiller, 23 de agosto de 1797; Ros., 40. Litzmann, op. cit., 26 de Janeiro de 1795; carta a Schelling de Janeiro de 1795.
- *Religião popular e cristianismo*[84]: datação N., 404; Influências filosóficas...: pode-se acrescentar o Livro XXIV do *Esprit des lois* que é citado por Hegel (N., 40).
- *Detenhamo-nos*...[85-86]: N., 4, 5, 6, 17,23,26,20, 37 e ss.
- *vida e doutrina* [86]: N., 26 (cf. Mendelssohn, *Jerusalem*, 1783, II, 95). "espírito do Povo, religião, grau de liberdade política": N., 27. "A história" é incluída (ms VII 37a). *Auto-atividade*: ms VII 38a.
- [50ss] Uma polêmica esclarecedora opôs de Brie (*Der Volksgeist bei Hegel und in der historischen Schule*, 1909) e Loening (*Internationale Wochenschrift*, IV, ns. 3 e 4). As conclusões de Loening coincidem, no essencial, com as de Landsberg (*Geschichte der deutschen Rechtswissenschaften*, III, 2, 213 e ss.). Ao descobrir as cartas de viagem de Savigny de 1799 e 1800, perdidas no programa do Lyceum Fridericianum de 1889-1890, Landsberg confirmou a hipótese de Loening, segundo a qual Savigny teria tomado conhecimento do sistema de Schelling de 1800. As notas desta publicação, que devemos ao Padre Stoll, contêm já o essencial, permitindo resolver a polêmica entre Brie e Loening. Recentemente, Kantorowicz (*Historische Zeitschrift*, 108) ressaltou, com a acuidade necessária, a importância das observações de Hegel de 1793, que Dilthey e Eber (Tese, Strasbourg, 1909) já

haviam comentado. No que diz respeito à apropriação, por Savigny, das idéias de Schelling, Loening e Landsberg se referem às lições de 1802 (publicadas em 1803) sobre o método dos estudos acadêmicos. É necessário notar aqui que este último texto aporta uma novidade na concepção de estado em comparação com o sistema de 1800. Esta novidade já é, provavelmente, conseqüência da influência de Hegel sobre Schelling, como pensa G. Mehlis (Tese, Heidelberg, 1906). Por conseqüência, caso se atribua à obra de 1803 parte da colocação em jogo das idéias de Savigny, como fazem Loening e Landsberg, é necessário que, subseqüentemente, se restabeleça – contra eles – a tese de Brie, e supor que Hegel, através do Schelling de 1803, haja influenciado indiretamente a formação inicial do conceito de povo de Savigny. Não se pode decidir a questão senão a partir do momento em que se possa determinar de que modo e em que época Savigny abandonou a idéia cosmopolita, ainda dominante nele em 1799 (cf. Stoll, op. cit., 5), em favor da idéia nacional-popular. O sistema de Schelling de 1800, sobre este ponto, e, mais generalizadamente, com respeito a tudo o que se refere à posição do Estado na filosofia da História, se inscreve ainda na perspectiva kantiana da "idéia de uma história universal do ponto de vista cosmopolítico"; são apenas as idéias de 1802 que ultrapassam este ponto de vista. Todavia, é razoável pensar que Savigny tenha tomado conhecimento das novas concepções de Schelling, objetos de uma publicação de 1803. De fato, é errôneo acreditar que não dispomos de nenhum testemunho relativo aos interesses filosóficos de Savigny no que se refere à época em questão. Em 1802, em cartas entusiásticas, ele se dirige a Fries, que lhe fora recomendado por amigos comuns, com questões de metafísica geral e de filosofia do direito, e se mostra visivelmente decepcionado pelas respostas. Na primeira destas cartas, de 3 de fevereiro de 1802 (Henke, *Fries*, 293 e ss.), formula ele sua visão no que diz respeito à filosofia do direito da seguinte maneira: "a separação do direito e da moral não me parece requerer maiores esforços do que aqueles consagrados até agora; o que é necessário é uma apresentação fundamentada da relação à política". Não será o caso de que ele se encontrava, a deduzir daí, penetrado pela décima "lição" de Schelling? É ainda de se notar que a presença da expressão "Estados-indivíduos" com relação ao Schelling de 1800, posta em evidência por Loening tanto quanto por Landsberg, não pode ser interpretada pelo sentido que lhes conferem estes autores; esta expressão tem, em seu contexto, uma significação estritamente contrária ao conceito romântico de individualidade estatal. Com efeito, os estados, na condição de indivíduos, são perecíveis, e o estado ideal não é, para Schelling, um indivíduo, mas um Estado universal. Na doutrina da "individualidade ética" dos povos, na qual Brie insiste particularmente, Hegel (cf. p. 206-207) conserva prioridade em relação a Schelling.

As nossas análises não puderam contemplar senão parcialmente os complementos e retificações pretendidos por Kantorowicz (op. cit., 108) em relação a Landsberg. A sua recusa em admitir a relação estabelecida por V. Ehrenberg entre Savigny e Herder e aquela estabelecida por Kunze entre os mesmos Savigny e W. v. Humboldt parece-me particularmente meritória. Ao contrário, a mais importante de suas teses positivas, aquela relativa à relação Savigny-Montesquieu (323), parece-me deficiente. Segundo Kantorowicz (296), a dependência do direito com relação ao Espírito do Povo está claramente exposta e explicitada por muitos exemplos no Livro xix do *Espírito das Leis*, tanto como exigência (capítulo 21 e seguintes) como dado fático (capítulo 23 e seguintes) – assim como a possibilidade de que a relação seja invertida (capítulo 27). Pouco tempo antes da publicação do texto de Kantorowicz, E. von Möller havia corretamente interpretado o Livro xix. A seu ver, Montesquieu não situa a "origem das leis no Espírito do Povo, ao contrário, são as leis convocadas entre os elementos constituintes que suscitam o Espírito do Povo e vão ao ponto de serem os únicos elementos a determiná-lo" (Entstehung des Dogmas von dem Ursprung des Rechts aus dem Volksgeist, em *Mitteilungen des Instituts für österreichsche Geschichtsforschung*, vol. 30, 30). Com efeito, para Montesquieu, não se trata absolutamente de "direito", mas da lei dada pelo legislador (cf. Landsberg, art. *Savigny*, em ADB, 439). Por outro lado, Montesquieu considera que, de modo geral, o recurso do legislador a todo tipo de condições naturais ou históricas não é senão concessão ou comodidade (cf. G. Rexius, *Historische Zeitschrift*, 107; as citações de Montesquieu apresentadas por Wahl contra Rexius – *Historische Zeitschrift*, 109, 135 ss. – podem ajudar a demonstrar a correção das teses deste último). Ademais, os capítulos 21 e 23 e seguintes, convocados por Kantorowicz em favor da "dependência do direito com relação ao Espírito do Povo" não estabelecem nenhum tipo de relação entre o direito e o Espírito do Povo, mas entre as leis e os costumes. Os "costumes", as "maneiras", são rigorosamente distintas no Montesquieu do "espírito geral", do "espírito da nação", do "caráter da nação". A relação dos costumes às leis é, segundo ele, uma relação entre duas "coisas", as quais constituem simultaneamente o Espírito dos Povos (cf. xix, 4). Montesquieu propugna a dependência das leis com relação ao Espírito do Povo apenas em uma frase do capítulo 5 (citada por Kantorowicz), a qual não pode ser compreendida a não ser no sentido indicado por Rexius, ou seja, como uma regra de prudência que se impõe ao legislador. Está-se bem longe da idéia segundo a qual as leis, ou mesmo o legislador, possam proceder do Espírito do Povo. Enquanto Kantorowicz, e, seguindo-o, Wahl (op. cit., 136) invocam contra Rexius a explicação fornecida por Montesquieu da citada frase ("pois nós não..."), parece que ele refere este "nós" ao legislador em lugar de relacioná-lo àqueles que se conformam à lei – o que permite, evidentemente, justificar sua objeção (sobre esta passagem, cf. von Möller, op. cit., 30). Mas dá-se que a dependência do caráter do povo com relação às leis é amplamente demonstrada no capítulo final, o principal da obra. Sobre esta mesma questão, Hildegard Trescher (*Hegel und Montesquieu*, Tese, Leipzig, 1918, também nos *Schmollers Jahrbücher*) toma infelizmente o caminho equivocado, pelo menos em suas afirmações preliminares. Ela se espanta, em suas análises posteriores, com o fato de que a "manifestação" pressuposta (por ela, não por Montesquieu) do "espírito geral" em todas as expressões vitais "não apareça em nenhum lugar da exposição". Montesquieu teria assim roubado sua alma ao todo do povo. Certamente! Mas não se vê como ele possa haver roubado aquilo que, segundo ele, não havia nunca possuído. Mas, ainda que não exista nenhuma afinidade conceitual entre os conceitos de Espírito do Povo de Montesquieu e de Savigny, não se pode excluir a possibilidade de um estímulo ao pensar, ou mesmo de uma efetiva influência. Não é raro, na história das idéias, que uma relação fecunda deva sua existência a um mal-entendido. Que tal seja aqui o caso, tal deve ser demonstrado antes de ser afirmado. Deter-nos-emos aqui unicamente à relação a Schelling, tal como a estabeleceu Landsberg. Sobre este ponto, Kantorowicz assume uma vereda equivocada ao colocar em relação a "natureza superior" de Schelling em 1801 e aquela de Savigny em 1814, sem estar disso plenamente convencido (op. cit., 314: "Não se vê exatamente em que sentido..."). Para Schelling, a "natureza superior" se opõe àquela da Filosofia da Natureza, ela é a história que se desenrola em conformidade ao estado jurídico geral, assim como ele verá posteriormente na ordem ética superior uma "segunda natureza" representada pelo Estado (em 1804, na *Filosofia da Religião*). Em Savigny, ao contrário, a "natureza superior do povo" (o "povo superior") é o povo enquanto unidade que ultrapassa todas as épocas de sua história por oposição ao povo do presente momentâneo. A doutrina da liberdade e da necessidade não é exatamente a mesma em Savigny e no Schelling de 1800. Não se pode, portanto, dizer que Savigny se contenta em retomar "fórmulas" de Schelling, ou que, nele, as concepções do Schelling de 1800 tenham "perdido sua significação profunda", ou que elas tenham sido "desprovidas de toda problemática". Há antes de se proceder a uma transformação das idéias de Schelling, tal como o fez Schelling mesmo a partir de 1802. Em 1800, Schelling não ensinava o devir inconsciente do direito, mas aquele de um estado ideal conforme ao direito dos povos. Para ele, os Estados não são os portadores desta evolução, antes pelo contrário, são aquilo que, por esta evolução, deve ser aniquilado. É preciso esperar 1802 para que Schelling faça coexistir direito e Estado e cesse de tratar a individualidade estatal como um fenômeno de transição na via da situação final cosmopolítica da história.

- *Montesquieu* [87], *Esprit des Lois*, XIX, 4.
- *Influências inglesas* [88]: Shaftesbury (cf. Schlapp, *Kants Lehre vom Genie*, 125, e, em uma abordagem geral, Weiser, *Shaftesbury und das deutsche Geistesleben*.
- *Razão!*...[89]: N., 20 e ss., 23, 28.
- *Quem conhece*...[90]: N., 28.
- *Ensaios de Humboldt* [91]: não é possível saber se Hegel conhecia ou não as partes então publicadas, e eu não posso deduzir nenhuma "influência".
- *Antes que*...[92]: N., 71, 36, 38, 48, 61 e ss., janeiro de 1795; Herder, *Ideen*, IX, 4 e 5.
- *Se o Estado é aqui*...[93]: N., 30-35, 41 e ss. (também 44 e 360).
- *Montesquieu* [94]: cf. N., 40; *Espírito das Leis*, XXIV; Rousseau, *Contrato Social*, IV; Gibbon: XV; Mendelssohn: *Jerusalem* (1783), I (cf. N., 44).
- *Schelling a Hegel* [97], 6 de janeiro de 1795 (em *Schellings Leben. In Briefen von und an ihn*). Resposta de Hegel, janeiro de 1795. Resposta de Schelling: op. cit., 4 de fevereiro de 1795 (conclusão extraída da carta de 21 de julho de 1795). Hegel, 16 de abril de 1795. "*Deus da terra*": cf. Mendelssohn, *Jerusalém*, I, sobre Hobbes. *Submissão ao "destino"*: N., 10, 20, 22,23, 29. "*Elevai vós mesmos...*": 30 de agosto de 1795; Hegel em Berna: primeira a Schelling, 16 de abril de 1795, a Hoelderlin, outono de 1796, a Nanette Endel, 2 de julho de 1797 (in Lasson, *Beiträge zu Hegel-Forschung*). *Positividade da Religião Cristã*: N., 139 e ss.; datação cf. N., 214, 403.
- *As questões de Tübingen...* [100]: N., 156, 163 (igualmente 162), anexo 5, 166. *Ein Interesse... hatten sie nicht*, como retoma Nohl, em lugar de *Kein Interesse...*, ms VIII 105a.
- *Esta parte...* [102]: N., 173, 177, 181, 192, etc.; 173 e ss.; 174 e ss.; 181-185 (cf. 187 e ss.).
- *O que é aplicável...* [102]: N., 166 (ms VIII 109 a); *kleinen* no manuscrito; *ist* antes de *ungerecht*, como propõe Nohl.
- *O Jerusalém de Mendelssohn* [102]: é ressaltado igualmente (I, 28) que o Estado detém um direito de coerção, o que não é o caso da Igreja. Não me pronuncio a respeito da questão de saber a que ponto Hegel haja podido ser influenciado pela tendência colegiada do direito canônico, que marca igualmente o texto de Mendelssohn e se encaminha ainda a uma larga difusão (cf. Landsberg, *Geschichte der deutschen Rechtswissenshaft*, II, 1, 308). Pfaff, seu primeiro seguidor rigoroso, ensinou em Tübingen. Sobre a

relação do Estado à moralidade e à legalidade (N., 175), cf. Mendelssohn, 26: "o Estado se contenta, em todo caso, com ações mortas" e assim não atinge (25) "desta forma que a metade do objetivo final da sociedade", pois "os incentivos externos não tornam *feliz* aquele sobre o qual agem" (o que é o mesmo o "objetivo final da sociedade"). Sobre Mendelssohn, I, 56 e ss., cf. N., 212; sobre N., 175 (impossibilidade de contradizer o dever moral), cf. Mendelssohn, I, 31 ss. No decurso de seu texto, Hegel retoma a idéia central de Mendelssohn de uma impossibilidade interna do contrato religioso: N., 191 ss. (especialmente 192, 195, 199, 204).

- *Assim, de forma...*[104]: N., 188 ss.; 198 ss.; 202; 212; 205, 207; 213, 211. Supressão de uma injustiça: N., 185 (ms VIII 132 a), *also* marcado com uma tinta diferente, sem que, infelizmente, seja possível estabelecer a datação.
- *Liberdade de se expatriar...*[105]: igualmente Uhland em seu poema sobre o "bom antigo direito": "O direito que a cada um deixa aberta / a partida em direção ao vasto mundo / que, sobre a terra natal / não nos retém senão pelo amor".
- *Teoria contratual* [105]: N., 191 (Rousseau, *Contrato Social*, I, 1, "eu ignoro").
- *Schelling* [107]: cf. *O Mais Antigo Sistema do Idealismo Alemão*, edit. Rosenzweig.
- *Últimos tempos da estada em Berna* [107 e ss]: N., 214 e ss. A datação tornou-se possível pela comparação grafológica com o manuscrito de *Eleusis* de agosto de 1796, conservado em Tübingen. O "A" que aparece três vezes em oito ocorrências em *Eleusis* não se encontra absolutamente nas doze primeiras folhas do manuscrito em questão, e após, três vezes (*Athen*, 177 a, *Auch*, 180 b, *Abneigung*, 186 a) – o que indica que está em vias de desaparição.
- *Gibbon* [107]: N., Anexo 4; Hegel cita segundo a edição de Basel de 1787. Suas próprias observações são inseridas no decurso dos extratos recopiados por Gibbon.
- *O objeto é o antigo...*[107]: N., 220-225, 227.
- A descrição da *situação político-social do Império romano* [108 e ss] corresponde ao segundo capítulo de Gibbon e ao capítulo 14 das *Considerações* de Montesquieu ("Le peuple romain qui n'avait plus de part au gouvernement, composé presque d'affranchis"); cf. igualmente o capítulo XIII. Não se encontra menção ao aspecto religioso da questão. "O absoluto, a prática autônoma": é assim que deve ser lido o ms VIII 179 b. Hegel tinha por hábito escrever com minúscula os adjetivos substantivados; ele mesmo suprimiu a vírgula entre *selbständige* e *praktische*.
- *Messias* [110]: da mesma forma Catão, que se dirige ao *Fédon* de Platão pelo fato de que "aquilo que tinha sido para ele até então a ordem supre-

ma das coisas, seu universo, sua república, foi destruído" (cf. N., 362, versão preparatória do texto).
- *Atenas e nós* [110]: N., 215; cf. N., 217: " A Judéia é a pátria dos Teutões?". (Igualmente N., Anexo 2, início).
- *"Vida e propriedade"* [112]: a frase à qual faço aqui alusão (N., 71) se inscreve neste mesmo contexto; cf. N., 222, 229, 230.
- *Tesouros "dissipados no céu"* [112]: N., 225. Hegel e os *Horen*: lista de subscrições para o primeiro ano; cf. igualmente a carta de 16 de abril de 1795 e N., 204.
- *Schiller...* [113]: cf. Walzel, vol. xi da *Säkularausgabe*, LXI ss. Particular concordância na Sexta Carta.
- *O impossível retorno ao helenismo* [113]: cf. Schiller, op. cit.: "eu vejo bem... admitir que a espécie não poderia progredir...".
- *No trecho acima...* [113]: N., 198 e ss (cf. 366), 199 (cf. 194).
- [114-115] N., 221-223 e N., Anexo 5. Schelling: ver nota da página 107 e ss.
- [117-118] Carta a Schelling, 16 de abril de 1795.
- *Cartas confidenciais...* [118] O título exato do texto é o seguinte: *Vertrauliche Briefe... Stadt Bern. Eine völlige Aufdeckung der ehemaligen Oligarchie des Standes Bern. Aus dem Französischen eines verstorbenen Schweizers übersetzt und mit Anmerkungen versehen*, Frankfurt am Main. In Jägerschen Buchhandlung, 1798. Deve-se a descoberta deste escrito a H. Falkenheim, que o noticiou nos *Preussischer Jahrbücher*, 138, 193-210.
- *Berna e o País de Vaud* [118]: Dierauer, Geschichte der Schweizer Eidgenossenschaft, vol. IV; Constant: Ros., 62.
- [120-121] *Introduzo aqui a polêmica* contra a interpretação de Falkenheim (op. cit., 204 ss.). Parece-me que este se engana igualmente quando menciona "não Rousseau, mas Montesquieu" como a autoridade teórica à qual Cart costumava se reportar. É verdade que Rousseau não é nomeado em nenhum lugar, mas é suficiente que se leia a Nona Carta (não traduzida por Hegel) ou mesmo apenas as suas últimas linhas para que se perceba a que ponto o espírito de Rousseau paira sobre o texto de Cart. Ainda ali as coisas se apresentam de tal forma que a doutrina da separação dos poderes não é senão um simples meio da polêmica de Cart, enquanto que aquela da soberania popular domina completamente. Creio poder estabelecer meu acordo com Max Lenz que, em seu breve esboço da vida de Hegel (*Geschichte der Universität Berlin*, II, 1, 189) situa a grande virada na evolução política do filósofo em época anterior aos seus dois textos de 1798.
- [122] *Do conjunto dos estudos preparatórios* à tradução do escrito de Cart restaram (1) ms XIII 57 a-b: extrato de *L'état et les délices de la Suisse par plusieurs auteurs*, Amsterdam, 1730, T. 1, capítulo XIII:

"Sobre o governo dos cantões". Este capítulo, como a obra inteira, contém um julgamento depreciativo sobre a situação política suíça e uma seção apologética que a denuncia. Estes extratos começam por "dans un" (216) e vão até "défie" (217), retomando a seguir de "presque" (217) até "proposent" (218), e depois de "A l'égard" (223) a "lieux". Sobre o termo "usage", Hegel anota à margem: "un abus, non pas um droit". Ao início deste pr., bem como dois pr.s adiante, ele refere simplesmente *zu XIII*: estas partes dos extratos deveriam servir às anotações da Décima-primeira Carta, a Décima-terceira no original de Cart, p. 194-198 da tradução. Os extratos retomam, na página 228, de "celui" a "inconnu" (com exceção da frase que vai de "ou" a "soit"). Sem dúvida, Hegel levou em consideração esta passagem na frase conclusiva de sua anotação n. 1 à Quinta Carta (81 ss.). Encontra-se a seguir um extrato que vai de "Les revenus" (255) a "sordide", sob a menção *zu XIII*, como já referido; após, da página 239 "O poder" à página 240 "gouvernement"; enfim, toma da página 241 as palavras "on ne peut pas dire que toutes les familles qui non (*sic*) part du gouvernement ne": o extrato se interrompe aqui, ao fim da página; a segunda folha é vazia. (2) ms XIII 59-60: extratos do *Système abrégé de jurisprudence criminelle accommodé aux lois et à la constitution du pays par Fr. Seigneux*, Lausanne, 1756 (não pude ter acesso senão à segunda edição de 1796; indico a paginação após aquela mencionada por Hegel). Encontra-se uma frase extraída do Prefácio x (VIII) que vai de "des juges" a (IX) "de la justice", seguida de "pág. 5 e ss." (5) "la Suisse" até "je pourrais" (12), sendo que a citação não é completa: Hegel anotou para este extrato *zu IV, p. 90*, correspondendo a página 54 da tradução a esta passagem do original. A anotação que se refere se encontra à página 58, e é feita a partir da primeira metade deste primeiro conjunto de extratos. A segunda metade é referida *zu p. 184*, o que corresponde à página 131 da tradução. O início da anotação n. 2, página 138, provém desta parte dos extratos. O segundo pr. de extratos compreende a passagem (18) "Les seigneurs" a "réservé" e, imediatamente após, "p. 20" [16] "le Souverain" a (17) "délégation". Este pr. é referido *zu VI*, 140, o que corresponde à página 91 da tradução; ele é utilizado no início da anotação n. 1 da página 116. Encontra-se a seguir o pr. (18 e ss.) que vai de "Je dois" a "coutumier", referido *p. 180*, ou seja, página 127 da tradução. Há uma anotação de Hegel que se refere a esta parte dos extratos, cujo fim é "p. 28" (23) "Fief et justice" até "sans juridiction" e pela nota sobre a "adjudication" (24), sendo que estas passagens não se constituem nem em referências, nem foram utilizadas por Hegel. (3) ms XIII 62 a-b: extratos de *Du gouvernement de Berne*. Em *Suisse 1793*, cap. 4: "Des contributions publiques", abrangendo da página 17, "les impôts" à página 18 "prospérité publique" e, da mesma página 18, "il n'en perçoit" até a página 20 "Hollande". A passagem da página 18, que não foi copiada, trata do preço do sal, ultrapassada em 1798 porque este preço havia aumentado em 1794. É neste capítulo que Hegel provavelmente pensava ao redigir a sua anotação indignada da página 81: "Que normalmente se responda, quando se questiona a má forma de governo do cantão de Berna, que os sujeitos praticamente não pagam impostos e que, portanto, sua sorte é feliz e invejável, mostra bem que se considera geralmente muito mais importante economizar anualmente alguns táleres do que exercer plenamente seus direitos de cidadãos". A anotação n. 3 da página 82 se refere a este conjunto de extratos.

- "*Ex providentia...*" [122]: Haym, 67.
- *Muller* [122] : *Vertrauliche Briefe*, 59. A história do infanticídio referida por Hegel à página 118 é tomada sem dúvida do texto *Schweizerreise* de Meiners. Meiners admirador do Estado de Berna: II, 162.
- *Observações de Hegel* [122]: 194 e ss., 83 e ss., 69 e ss., 118 e ss., 121, 82.
- *Recente estudioso* [123]: Plenge, *Marx und Hegel*, 36; conferir G. Lasson, Ww., VI, página IX. Inglaterra: 81; cf. Ros., 85. *O mensal...*: Europäische Annalen de Posselt, 1796, primeira parte, 42 e ss.
- *Spittler* [125]: Pahl, *Denwürdigkeiten*, 401 e ss.; Strauss, *Gesammelte Schriften*, II, 168 ss. O libelo de Spittler se encontra em *Werke*, v. 14, 168 ss. Tomada de posição hostil ao comitê desde 1794 (*Göttinger Gelehrten Anzeigen*, fascículo 70; Werke, 14, 490).
- *Os libelos do inverno 1796-1797* [126]: *Innbegriff von Wünschen, Winken und Vorschlägen 1797* apresenta uma boa síntese de seu conteúdo. *O direito de voto nos libelos*: aquele que Spittler exigia, pelo menos, a extensão de voto passivo ao Comitê. *Ataques contra o comitê*: *Etwas über die bisherigen landschaftlichen Ausschüsse* e *Freimütige Betrachtungen über die Organisation der landschaftlichen Ausschüsse*, ambos anônimos, de W. A. F. Danz. O padre Danz caiu em desgraça junto a Carlos-Eugênio em 1792, mas foi assessor em 1795 e conselheiro no tribunal da corte em 1797.
- *Questões republicanas* [126]: Dizinger, *Denkwürdigkeiten*, 1833, 29; Pahl, op. cit., 125; *Historische Zeitschrift*, 46, 407; Heigel, *Deutsche Geschichte*, II, 310; List, em *Württembergische Vierteljahresschrift für Landesgeschichte*, 1916, 522 e ss.
- *Hegel* [80ss]: Ros., 90-94; Haym, 65-68, 483 e ss.; Ww, VII, 150-154; ms XIII 64-66.
- *Mais categoricamente que nos outros libelos* [129]: ver, por exemplo, os dois libelos anteriormente citados.
- [131] *Fox*: *Europäische Annalen de Posselt*, 1797, fascículo 12, 278 – foi a única referência que pude encontrar.

- *Periodicidade* [132]: é isto que parece poder ser derivado da primeira frase de uma carta a Hegel cit. por Ros., 91. Uma frase da mesma carta permanece obscura para mim: "A dissolução das dietas provinciais, que o senhor propôs em termos gerais, não é nada menos que arbitrário". Parece-me igualmente pouco clara a observação de Rosenkranz, ainda que refutada por Haym, segundo a qual Hegel oscilava entre os princípios "da política de Rousseau... e aqueles da política de Platão, os quais fazem a distinção entre um estado (*Stand*) ideal e um estado real". É muito possível que Rosenkranz haja referido aqui à constituição de um "colégio de homens esclarecidos e retos, independentes da corte", separados do restante do povo e aos quais fosse reconhecido o direito do voto.
- *O realismo político francês* [134]: *Europäische Annalen de Posselt*, 1798, n. 6, 270, 300, 308 e ss., em parte já publicado no início do ano no *Moniteur*.
- [135] No que diz respeito à *datação do manuscrito frankfurtiano*, iniciamos por retomar as conclusões de Nohl (403, 405). Tratando-se dos manuscritos sobre o espírito do cristianismo, deste foi determinado o *terminus a quo* em 14 de novembro de 1797 pela via grafológica, e no mês de agosto de 1798 pela via biográfica, e seu *terminus ante quem* no momento em que Hegel tomou ciência do *Discurso* de Schleiermacher. No que se refere ao período de sua redação, ele deixou abertas "duas possibilidades": outono/inverno de 1798-1799 e verão de 1799, com exclusão do intervalo entre 19 de fevereiro e 16 de maio de 1799. Uma datação mais precisa, tanto em termos absolutos como relativos, a qual fundamenta a exposição, inscrita no texto, na evolução interior de Hegel neste período decisivo de sua formação, tornou-se possível pelo exame dos ms XIII 7-10, uma introdução à *Constituição do Império*. Dilthey (209) já presumia que a redação destas páginas, às quais ele se refere como pertencentes a ms VIII, fosse anterior àquela do ms I, que ele havia estabelecido que haviam sido escritas em Jena. Trata-se realmente do mais antigo fragmento remanescente dos manuscritos relativos à crítica da Constituição do Império. O exame grafológico permite deduzir como limite cronológico superior uma data frankfurtiana, 21 de novembro de 1800 ou 14 de setembro de 1800. A carta a Schelling de 2 de novembro revela, com efeito, uma grafia contínua do "sch",claramente diferenciável da precedente, que domina ainda o ms XIII 7-10. O surgimento deste novo "sch" pode ser constatado em suas numerosas ocorrências nos dois manuscritos datados de setembro de 1800, onde esta grafia coexiste com a antiga. Para o ms XIII 7-10, o limite cronológico inferior pode ser estabelecido em 14 de novembro de 1797, o que já autorizam os critérios grafológicos utilizados por Nohl. Um exame mais atento do manuscrito permite chegar a uma delimitação mais estreita. Nota-se à primeira observação, mesmo que superficial, a existência de dois extratos distintos: a versão primitiva,

redigida com tinta marron sobre a metade esquerda destas folhas dobradas ao meio, e numerosas adições em tinta preta. Nesta lógica, pode-se distinguir, segundo a cor das tintas, entre as correções apostas no decurso da primeira redação e aquelas intervenções que datam de reelaborações posteriores. Pode-se constatar que, após a questão introdutória (ms XIII 7a) as palavras "à época do Congresso de Rastatt" foram adicionadas à frase original "muitos patriotas alemães se demandaram". É possível supor que aqui o autor, através deste aditivo oriundo da reelaboração de seu texto, e, portanto, posterior ao Congresso de Rastatt, tenha pretendido remeter à situação do momento da redação mesma, uma época em que a questão patriótica ainda era atual. Esta suposição torna-se certeza quando se vê, anulada com tinta preta, a frase "a triste evidência que não se trabalha por nenhum tipo de objetivo superior encheu os patriotas de dor". Uma observação atenta permite perceber que o "u" de *wurden* foi substituído, com tinta preta, pelo "e" do *werden* original e, assim, que a primeira frase evocava o Congresso de Rastatt no presente, e não no passado. Da mesma forma, o ms XIII 7b faz menção à guerra "à qual os propagandistas da paz puseram fim". Deste modo, para o texto de base, escrito com tinta marrom, do ms XIII 7-10, como para o excerto ms XIII 5, que se pertence por seu conteúdo, papel, aspecto do texto e escrita, pode-se atribuir como limite cronológico superior o mês de março de 1799. O estabelecimento de um limite inferior aproximado se efetua por si mesmo no curso de nosso exame. Nós nos esforçamos em disponibilizar a primeira parte de nossas conclusões para poder tentar datar de modo mais fino os manuscritos sobre *O Espírito do Cristianismo*. O método de comparação alfabética, utilizado com sucesso por Nohl, mostrou-se aplicável à letra "z" em nossos manuscritos. As variações de forma desta letra permitem distribuí-los da seguinte forma: 1) aqueles nos quais o "z" de 1797 é praticamente igual em quase toda a sua extensão (quase toda, pois uma nova grafia aparece aqui ou ali na palavra "zu" e seus derivados); 2) aqueles nos quais o novo "z" apresenta uma grande freqüência na palavra "zu"; 3) aqueles onde este novo "z" inicia a se fazer presente em outras palavras além de "zu"; 4) e, finalmente, aqueles nos quais este novo "z" predomina. Segundo esta divisão, os fragmentos ms XIII 7-10 devem se situar entre as séries 3 e 4 e o folheto separado ms XIII 5 já fazia parte da série 4. A série 1 se assemelha ao *Grundkonzept* (N., Anexo 12) e os adendos à versão conclusiva da parte dedicada ao judaísmo (N., 243-360), na qual não aparece nenhum "z" novo no texto principal. Uma primeira versão do *Espírito do Cristianismo* se integra à série 2. A série 3 é constituída por um primeiro estrato de importantes adendos. A série 4 compreende um segundo e amplo estrato de adendos que emprestam ao manuscrito a forma com a qual Nohl a publicou. O volume considerável e o denso conteúdo dos manuscritos situados com certeza antes de ms VIII

7-10, assim como o fato de que Hegel empreende um novo trabalho em 19 de fevereiro, sugerem que se deixe aberto o máximo de tempo possível para estes manuscritos (N., 405), de forma que convém aproximar ao máximo o ms XIII 7-10 do limite cronológico superior. Assim, restam, para a localização cronológica da série 4 de nossos manuscritos, os meses de verão de 1799.

- *Hoelderlin* [138]: Zinkernagel, *Die Entwicklungsgeschichte von Hoelderlins Hipérion*. *Programa Sistemático de Schelling*: cf. nota xxx. "*Um irmão*": cf. a importante carta a Hegel, de 10 de julho de 1794. *Os versos*...: Ros., 78.

- [139] Esboços do *Hipérion*: cf. Joachimi-Deege em sua edição das *Werke*, II, 23 e ss, em contraposição à interpretação desta versão por Zinkernagel como recitação destinada a servir de enquadramento. Para o texto, cf. também 175 e ss.; somente a nota sobre "Homero" é retomada de uma versão mais antiga (ibid., 204). No que se refere a Fichte, Hoelderlin permanece deste completamente dependente no que se refere ao material conceitual, mesmo quando ele se lhe opõe no que diz respeito ao conteúdo. De qualquer modo, ele tenta combater com suas próprias armas; toda a teoria do limite, dos dois instintos etc., é fichteana (cf. carta de Hoelderlin de 13 de abril de 1795). Todavia, a singular insistência sobre o valor ético da passividade é estranha a Fichte. Poder-se-ia dizer, recorrendo a uma fórmula lapidar, que Hoelderlin se esforça por fazer valer a ética das *Cartas Sobre a Educação Estética* contra aquela do *Destino do Sábio* em meio aos conceitos da *Doutrina da Ciência*.

- *Humildade face ao destino* [142]: cf. N., 10, 20, 22 e ss., 29. *Schiller*: Sexta Carta.

- *Desde ainda antes do fim de abril de 1796* [142]: N., 210. A data, em N., 211 (ms VII 162 a), de "29 de abril de 1796" se refere ao que se lhe segue, como mostra o exame do manuscrito N., 366; N., 367; para a datação, N., 210. As frases citadas são extraídas da Bula contra Eckhart de 1329.

- "*Eleusis*"[93]: Ros., 78 e ss. A interpretação dada em nosso texto, diferente da habitual, encontrou entrementes plena confirmação pela descoberta do manuscrito: neste último – trata-se de um rascunho – toda a passagem que vai de *Der Sinn verliert sich* a *vermählt es mit Gestalt* foi excluída, mesmo exercendo um papel decisivo na determinação cronológica da evolução interior de Hegel por Dilthey! Por outro lado, seria demonstrar uma excessiva audácia reenviar, para dar conta desta dialética do panteísmo e do individualismo, à oitava das *Cartas Filosóficas* de Schelling, publicadas pouco tempo antes? Notar especialmente o quarto e último pr. "A intuição em geral...", julho de 1796: Ros., 482. 144 *Forster*, N., 367. *O estado mosaico*: N., 370 e ss. (ms XI 22a).

- [144-145] N., 371 (ms XI 22b).

- *Nós já referimos* [145]: carta datada do outono de 1796, Ros., 80; carta de Hoelderlin a Hegel, 10 de julho de 1794, Ros., 80 e ss.
- *Não seria impossível...*[145]: para Hegel, com efeito, a interpretação do homem e o sentimento de si estavam em relação muito próxima. Tal é ilustrado de forma excelente pela seguinte anedota (Köpke, *Tieck*, II, 70 e manuscrito de Varnhagen, Biblioteca Real de Berlim): Tieck acabara de completar uma leitura do *Othello*; Hegel teria feito algumas observações sobre o caráter de Iago, vendo ali a prova da alma insatisfeita do próprio poeta. E Tieck teria exclamado: "Professor, o senhor está com o Diabo?". Aquilo que Hegel pressupõe como referente a si em Shakespeare se aplica, efetivamente, à sua própria habilidade de caracterização, e a invectiva do artista poderia tê-lo abalado em algum sentido. Em uma carta...: 2 de julho de 1797 (Biblioteca Real de Berlim, publicado por G. Lasson, *Beiträge zur Hegelforschung*, n. 2).
- *Na revisão do seu manuscrito...* [147]: (ms XI 23b): anteriormente nas *Notizen zur letzten Fassung*, N., 373 e ss.; o "s" de "sich" é um s^2 (segundo a codificação de Nohl, N., 403). O *Hipérion* de Hoelderlin: citação, op. cit., 178, 180. *Pouco antes da carta citada...*: N., 376 (ms XI 5b); a vírgula colocada por Nohl antes de *subjetividade suprema* não se encontra no manuscrito.
- *Essênios* [148]: N., 373.
- *"O destino"*[148]: N., 377. Anteriormente, antes de 1795, Hegel havia tido a intenção de tratar expressamente o conceito de Providência (cf. carta de Hoelderlin a Hegel de 26 de janeiro de 1795). *Hoelderlin*: op. cit., 180; *Schelling*: na Oitava Carta sobre o dogmatismo e o criticismo (publicada em 1796).
- *Um fragmento sobre o amor* [150]:N., 378 e ss. As citações são todas extraídas da primeira versão, com exceção de "pranto pelo que é próprio" (no texto de origem encontra-se "pranto pelo que é mortal").
- *A crítica se refere...*[151]: Ros., 87 e ss.
- *No outono de 1798* [153-154]: cf. nota p. 134 e ss. "*O espírito do judaísmo*": N., 243. "*Ancestrais nômades*": N., 252; esta passagem faz parte dos adendos algo posteriores, mas N., 248 "Dem Schicksal..." lhe corresponde na versão original. "*Odium generis humani*", tal é "*a alma da nacionalidade judia*" (N., 257); aparição precoce do termo "nacionalidade" (cf. Meinecke, *Welbürgertum und Nationalstaat*, 1908, 141, n. 3).
- "*A Liberdade dos Cidadãos*" [155]: N., 255 (esta passagem faz parte dos adendos algo posteriores). As "*leis políticas, ou seja, da liberdade*": N., 255 (ms XI 40b); a equivalência é tão evidente para Hegel que ele pretendia escrever simplesmente "*leis políticas*". A república...: N., 258.
- "*O mau Estado*" [155]: ms XI 23a (falta em Nohl, Anexo 8, v). "*Os Evangelhos Sinópticos*": N., 289.

- [155] N., Anexo 12 (*Grundkonzept zum Geist des Christentums*). *O perdão dos pecados*: N., 393 (ms XI 59a, "daher" excluído por Hegel). *A falta e o castigo*: N., 392 (ms XI 57b). *O pecador... mais que um pecador*: N., 288 (ms XI 95b); nesta forma em lugar de ... *enquanto que pecado existente*; as frases do esboço correspondem a esta passagem, N., 392 e ss.
- Sobre a datação[156]: não posso dizer, em vista do manuscrito, se a introdução do *Grundkonzept* se apóia na conclusão do *Espírito do Judaísmo* ou se é o inverso que ocorre. Mesmo que se chegasse aqui a uma certeza absoluta, a questão não seria plenamente resolvida senão no segundo caso. As partes mais antigas do primeiro esboço: N., 386. *Era necessário que ao fim... os Essênios*: N., 386;
- *E Jesus exige* [157]: N., 398, 398, 396.
- *Vida de Jesus* [158]: N., 386. *Conceito de destino*: N., 283. *Destino pelo sofrimento*: N., 284 (ms XI 91b). *Destino de Jesus*: N., 305 (ms XI 115a). *Resultado conjunto*: N., 331.
- *Hölderlin* [160]: op. cit., III, 96. "*Esta limitação*"...: N., 324. *Na versão mais antiga*: N., 326 e 331. "*Mesmo o mais puro é para eles impuro*": N., 331 (ms XI 117b).
- *Tudo o que*...[160]: N., 325, 327-329 (ms XI 115b-116b, 146a-149a). *Esboço primitivo*: N., 305. *Igreja*: N., 342. *Conceito de destino*: N., 286.
- *No início de 1799* [162]: para a datação, cf. nota da p. 135. *Hegel em Mainz*: carta de 25 de maio de 1798, in : Lasson, *Beiträge zur Hegelforschung*, n. 2.
- *O Congresso de Rastatt*...[162]: Ww., VII, 137 e ss., 3 e ss., ms XIII 9.
- ... *remanescente* [165]: ms XIII 5, Ww, VII, 141 e ss.
- "*Fazia parte do todo, mas sem sofrer sua influência*"[164] originalmente MSXIII, 9.
- [166 e ss.] Ms XIII, 1-3; Ww, VII, 138-141. Dada a extrema dificuldade deste fragmento, nossas interpretações não podem se referir tão estritamente à literalidade do texto de Hegel como em outros casos.
- ...*Período de mais de um ano*...[166]: com efeito, até o outono de 1800. Esta data é estabelecida em função da persistência da antiga grafia do "sch" e da dominância do novo "z" (cf. nota anterior). Caso se deseje interpretar o paralelo em termos de dependência, contra o que explicamos, é necessário tomar como *terminus a quo* o mês de março de 1800. Perdeu-se um comentário da doutrina do estado de Steuart (Ros., 86), redigido no mesmo período, de 19 de fevereiro a 15 de maio de 1799.
- *Hipérion* [167]: op. cit., II, 50.

- "*Jamais a inocência*"... [168]: N., 284. O "*fatum*", única coisa legítima: em 1901 em sua tese de doutorado, Hegel defende ainda a posição segundo a qual *principium scientiae moralis est reverentia fato habenda* (Ros., 159).
- *Consciência do destino* [169]: aqui, "*destino*" e "*limite*" constituem um todo; o "*sem reflexão sobre seu destino*" se opõe à "*consciência dos limites*".
- *Hipérion* [169]: op. cit., 55 e ss. "*Que na forma de seu ser-aí*"...[ ]: o importante *que* (*nur*) não é retomado em Ros. 89.
- "*Que poderia significar a violência*"... [171]: cf. N., 284, "*A vida em luta contra a vida – o que se contradiz*". Hoelderlin-Fichte: cf. nota anterior; ver sua conexão, em nosso fragmento, com o duplo-sentido evidente de *determinação*, enquanto caráter e mundo, eu e limite – duplo sentido da qual depende parcialmente nossa interpretação.
- *Schelling* [173], *Sistema do Idealismo Transcendental*, 1800, 404.
- *Em setembro de 1800* [174]: N., 345-351 (sistema: cf. Nohl, N., 345). Fichte: *Destino do sábio*; Hoelderlin: op. cit., I, 126; carta de 4 de dezembro de 1801; *Obras*, Edição Hellingrath, V, 249, 185.
- [175] *Carta a Schelling*, 2 de novembro de 1800. *Resolução*: Michelet, *Wahrheit aus meinem Leben*, 87; o *Vossische Zeitung* de 16 de novembro de 1841, no qual Michelet retoma o epigrama, apondo *Brich denn* no início do segundo verso, em lugar de apenas *Brich*; a leitura de Michelet me parece preferível.
- [177-178] *Ms II 17b e 18a* (folhas não paginadas). *Na idade de 27 anos*: o "no" original ("in") foi posteriormente transformado em "em direção a" ("um")!
- [178] *Carta de 27 de maio de 1810* (Biblioteca Real de Berlim); a frase *Cada homem*... iniciava originalmente por *Eu sou*... – o que reforça ainda mais a referência pessoal. Cf., a respeito, a narrativa de Gabler (Biblioteca Real de Berlim, manuscrito), a que Hegel, em 1805, havia falado de seus "vãos esforços para atingir um conhecimento mais profundo" e de sua "hipocondria", termo, aliás, que, segundo Gabler, "ele tomava em seu sentido espiritual, fenomenológico, observando que todo homem que tivesse algo em si de superior deveria, uma vez na vida, passar por uma tal hipocondria, quando romperia com seu mundo anterior e sua natureza inorgânica".
- ... *No fim do período de Frankfurt*...[180]: N., 350 (ms XI 168a); como Nohl, *Glieder* ("membros" ou "termos") em lugar do singular *Glied*.
- [180 e ss.]*Os manuscritos* da crítica da constituição do império se encontram nos Vols. I e XIII do *Nachlass*. O fragmento mais antigo, ms XIII 7-10 (Dilthey, "ms VIII") já foi analisado anteriormente. No que diz respeito ao período que vai da retomada da guerra ao fim do outono de 1800, não se tem senão o fragmento de uma nova introdução (ms XIII 1-3), igualmente

comentado anteriormente. O fato de que Hegel retomou seu trabalho é evidenciado por toda uma série de esboços e extratos recopiados, todos situados, em função de sua grafia, entre setembro de 1800 e agosto de 1801, ou seja, após a retomada da *Positividade do Cristianismo* (ms VIII 78 e ss) de 24 de setembro de 1800 (pois neles aparece, como já na carta de 2 de novembro, o novo "sch") e antes da carta de 8 de agosto de 1801 aos irmãos Ramann (Biblioteca Real de Berlim, in Lasson, *Beiträge*..., n. 2), a qual mostra a nova grafia do "s". Fazem parte desta série a reorganização dos adendos marginais de ms XIII 7-10 ("Ms VIII" em Dilthey), ms XIII, assim como o conjunto dos manuscritos referidos por Dilthey, com exceção de "Ms I" e "Ms II". Encontra-se mesmo, aqui ou ali, no "Ms III" (ms I 47-57) e "Ms VI" (ms XIII 55-56), a antiga grafia do "sch". Entre estes manuscritos, o ms XIII 6 contém os extratos de Pütter mencionados igualmente na nota referente à p. 182). A obra de Pütter é citada igualmente nos ms I 52a e I 43b. Esta mesma folha ms XIII 6a abrange o esboço sobre os funcionários públicos nas Ww, VII, 149. O Ms VI contém, ao longo de três páginas, um estudo relativo à sessão sobre a situação religiosa, e, na quarta página, o fragmento de uma tradução francesa do último capítulo do *Príncipe* de Maquiavel, o qual deveria provavelmente ser integrado ao texto de ms I 33ª, parte inferior. O Ms IV (ms XIII 61) traz na parte frontal uma parte do esquema geral e, no verso, um extrato relativo a Gustavo-Adolfo na Alemanha. As folhas do ms I 1-4 de "Ms I" fazem parte desta mesma série. Por fim, uma quarta série se compõe de dois grandes manuscritos, ms I 5-46 (Ms I em Dilthey, porém sem as quatro primeiras folhas) sem XIII 11-50 (Ms II em Dilthey), bem como as folhas ms XIII 51-54. Estas últimas contêm os seguintes elementos: (51): extrato do voto dos eleitores de Brandenburgo à câmara imperial de "17-IX-02" (na verdade, 14 de setembro; de *bei der beispielosen Lage* a *concluso zu vereinigen*); ordenação dos plenipotenciários imperiais, 13 de setembro de 1802; voto dos eleitores da Boêmia, 14 de setembro de 1802; (52): decreto da comissão imperial, 5 de abril; (53): uma informação extraída de um jornal francês, *Nouvelles de Paris*, de 2 de novembro de 1802, referindo as palavras de Bonaparte sobre o campo de batalha de Ivry; algumas frases em francês extraídas do discurso parlamentar de Fox de 23 de novembro 1802; uma "carta do governo sobre o estado atual da República italiana" (em alemão); (54): decreto da comissão imperial de 7 de abril de 1801; carta das cidades imperiais a sua majestade o imperador, 8 de maio de 1801. As datas remetem por elas mesmas ao fato de que, pelo fim do outono de 1802, Hegel ainda trabalhava no texto projetado. Dilthey, situando ms I e ms II em um período que remontava "até a primavera de 1802", justificava sua datação propondo que as modificações radicais inseridas na constituição do império, ou ainda ignoradas por Hegel quando da redação do seu texto, haviam sido já suspensas. Ainda que tal seja exato (porém, cf. Heigel, *Deutsche Geschichte* v. II, 421 e ss.), não se poderia deduzir senão a data do mais antigo manuscrito, o ms I (e sem nenhum apoio no que se refere ao ms II); o resultado do exame grafológico vai igualmente nesta direção. Entre os manuscritos da série precedente, aqueles da quarta série se distinguem, ainda uma vez, pela aparição de uma nova grafia do "s" que não se encontra nem na carta de 1801 e nem naquela de 26 de março de 1802 (Biblioteca Real de Berlim, in: Lasson, op. cit., n. 1), mas somente na carta de 2 de julho de 1802 (ibid., n. 2), na palavra *denselben*. Suas ocorrências são ainda tão raras no ms I que eu hesito em fixar o 26 de março como *terminus a quo*, e é necessário manter a conclusão de Dilthey: "entre o outono de 1801 e a primavera de 1802"; por outro lado, a referência à república "cisalpina" (Ww, VII, 121, ms I 38 a) corrobora igualmente o *terminus ante quem* de Dilthey e sugere inclusive, se não ocorre erro por parte Hegel, recuá-lo um pouco. Por outro lado, o novo "s" aparece com uma tal freqüência no ms II que seria temerário supor uma redação anterior ao verão de 1802 (Ros., 161; o ceticismo manifestado por K. Fischer, *Hegel*, I, 62, não me parece fundamentado), ele teve largo tempo para se consagrar a passar a limpo seus próprios trabalhos – é assim que, com efeito, se apresenta o manuscrito (inacabado) – ao mesmo tempo em que se dedicava aos outros trabalhos inportantes realizados no decurso deste verão (cf. nota da p. 226). No que diz respeito à relação entre ms I e ms II e o *terminus a quo* para ms I, quanto ao seu conteúdo, refiro-me ao que diz Dilthey (208 ss.). É possível que Rosenkranz tenha tido em mãos uma parte mais significativa do texto; cf. Ros., 237 *Endlich fragte er...* e *Die Kriegsführung...*, 238 *Centralort... Mainz*.

- *Moser pai* [182]: cf. seu *Teutschland und dessen Staatsverfassung* (1766), cap. 27, pr.s 1, 4, 15.
- *A escola de Göttingen* [182]: cf. J.-J. Moser, *Neueste Geschichte der Teutschen Staatsrechtslehre*, p. 37. (*Natureza do Império Quanto ao Direito*): Giercke, *Althusius*; Brie, *Bundestaat*. Na literatura anterior Hegel menciona Conring e Hippolithus a Lapide como os que o haviam precedido na distinção entre direito romano e direito público (Ww, VII, 63), ainda que estes tenham feito esta distinção "mais em vista da desagregação do Estado do que de sua união". Pütter: chegou até nós uma folha inteiramente recoberta de excertos, copiados à mão por Hegel (ms XIII 6 a). O texto de Ms VI b, em baixo (trata-se das linhas relativas à "separação religiosa entre Estado e sujeito") representa uma reflexão de Hegel, ainda que inserida nos excertos. Na literatura mais recente, Hegel menciona *Darstellung des Fürstenbundes* de J. v. Muller (ms I 29 b) e *Vorschläge, wie das Justizwesen am Kammergerichte... zu verbessern sei... Wetzlar 1786-1788*, de D. F. Haas (ms I 52 a); parece que Hegel se apoiou sobre esta última obra em sua crítica do sistema judiciário imperial (cf. também o pr. 346, além do citado pr. 347). *Providência*

divina: Pütter, *Historische Entwicklung der heutigen Staatsverfassung des Teutschen Reiches, in fine*.

- *Manuais*: reivindicações [183]...: Häberlin (1794), parág. 14 (especialmente 54); Leist (1805), parág. 14, n. 9 *Supremacia do Imperador*: Häberlin, pr. 21, *in fine*, Leist parág. 16 a, II; Gönner (1804), parág. 99. *Constituição da guerra*: Leist, 249 e ss.; Schmalz, parág. 439 e ss.
- *Libelos* [184]: não existe exame de conjunto; para o julgamento do libelo de 1798, cf. W. Lang, op. cit., n. 3, 100. No que diz respeito à forma do escrito sobre a constituição do império, as apreciações de Guglia (em *Euphorion*, I, 415) e de Bitterauf (*Allgemeine Zeitung, Beilage*, 1904, 498) concordam com a minha; sobre o grau de inteligência política, como Treitschke, *Deutsche Geschichte* (1904), I, 194, o qual toma sua interpretação de Haym e contra Bitterrauf, op. cit.
- [184] *Ms I 47-48*; Ww, VII, 17-24; para a datação, cf. nota à página 180. Refiro-me ao estrato mais antigo do manuscrito (reordenado numerosas vezes).
- ...*Quase no mesmo momento*...[186]: cf. nota 193.
- [186]. *Tratando-se deste* segundo complexo de idéias, as coisas não são tão favoráveis como com relação ao primeiro. A conclusão faltante da versão primitiva que acompanhamos até aqui deve ser proposta a partir da versão definitiva redigida mais de um ano mais tarde. A estreita correlação entre a última redação e o fragmento do esboço do qual dispomos incita a referência também à redação mais tardia no que concerne ao conteúdo da parte perdida, e isto tanto mais pelo fato de que as idéias que Hegel defendia eram aquelas da época do esboço: 1. na passagem contemporânea em ms 51 a, Ww, VII, 144; a conclusão do pr. *Diese Sorge*...; em lugar de *schädlich* encontra-se *tyrannisch* e em lugar de *erscheint, ist*! 2. Em *Sobre a diferença*..., ensaio publicado em julho de 1801 (WW, I); cf. p. 114 e ss.
- [186-187] Ww., VII, 26; WW, I, 233 e ss.
- *O poder do Estado*...[188]: Ww, VII, 29 (ms XIII 24 a, em lugar de *gewähren zu lassen, zu achten*, 27 e ss (Prússia, 31), 70; *Humboldt*: cf. nota p. 91.
- *Auto-administração* [189]: Ww, VII, 26-32; *Humboldt: Denkschrift*, 5 de fevereiro de 1819.
- *Frederico o Grande* [190]: Ww, VII, 115, prefácio a *Geschichte des ersten schlesischen Kriegs*; *Spinoza*: Ros., 48; *Hobbes*: Ros., 159 (sobre a tese IX); *Constant*: Ros., 62; o ensaio publicado em francês em Rosenkranz (62, 532), sobre as transformações induzidas na arte da guerra pela passagem da monarquia à república é provavelmente uma coleção de extratos e não um trabalho pessoal. Assim como Rosenkranz, não cheguei

a poder demonstrar a paternidade de Constant. É de qualquer forma errôneo (Mayer-Moreau, *Hegels Sozialphilosophie*, 74-76) ver influência de Constant (1814) na idéia de uma especificidade do estado moderno em relação ao estado antigo; o autor não apresenta a mínima prova para sustentar a tese de uma primazia cronológica desta idéia em Constant e insiste até mesmo em sua presença em Hegel (op. cit., 41 e ss.), pelo menos no que se refere aos anos de 1801 e 1802; os outros testemunhos escaparam a sua atenção.

- *Auto-administração* [191]: Espírito das Leis, VIII, 6; a idéia segundo a qual ela é irrelevante (cf. Lehmann, *Stein*, II, 69). *Sem referência exclusiva à Inglaterra*...: cf. Ww, VII, 27 e ss., a respeito do socorro aos pobres. Cf. 126. *Florestas da Germânia*: Ww, VII, 93 (Montesquieu, XI, 6).

- *Fichte*... [193]: WW, I, 231 e ss; na ed. Michelet "indeterminação"; WW, I, 232; sobre a interpretação cf. WW, I, 258: "a liberdade caracteriza o absoluto quando é posta como um dado interno... seja considerada em oposição ao seu ser... e, assim, com a possibilidade de o abandonar e de se dar em um outro fenômeno". Este texto de Hegel convida à referência à segunda introdução frankfurtiana ao escrito sobre o império. *Schelling: Sistema* (1800), 437; cf. 86-89. WW, I, 233. "*Organização*" explicitamente contraposta a "*Máquina*". "*Alegria sacralizada*": cf. o antigo interesse, compartilhado com vários de seus contemporâneos, que tinha Hegel pelas festas nacionais. "*Autoformação de um povo*": WW, I, 236. "*Fiat justitia*"...: WW, I, 236 e ss.

- *A introdução*... [195]: Ww, VII, 7-16: datação, cf. nota 180 e ss.

- ...*Os professores modernos de direito público*... [195 e ss.]: cf., sobre este ponto, J.-J. Moser, *Teutschland und dessen Staatsverfassung*, 1766, 550. É possível que Hegel tenha ficado particularmente impressionado por Majer, que escreve, em *Teutsche Staatskonstitution*, 1800, 57-58: "Neste meio-tempo, as fontes da história alemã adquirem uma publicidade crescente. Abandonou-se pouco a pouco a disputa sobre a tão problemática constituição política alemã e os homens de estado se contentam finalmente em constatar que a prática pode abstrair deste ponto que é necessário considerar como uma pura questão doutrinária. Ao contrário, o estudo da história alemã torna-se mais e mais importante". É possível que tal seja atribuível a Majer e que Hegel comenta (Ww, VII, 15) a designação do imperador como "chefe do império", tão bem-quista pelos professores de direito público. *Caráter alemão*...: Majer ministrou em Tübingen numerosos cursos sobre a Germânia de Tácito; as considerações sobre o sentido da liberdade dos Germanos antigos fazia parte do conjunto de idéias comum à época. "*Sofrer*"/"*ser-limitado*": correção ms XIII 8 a.

- "*Registro dos mais diversos direitos privados*" [196]: texto de origem, ms I 2 a; sobre esta idéia, cf. Majer, op. cit., 51: "Os publicistas romanisantes... costumavam aplicar de uma forma altamente distorcida os princípios retirados do direito romano privado no que se refere às relações existentes no interior do Estado". Hegel desejava seguir...: a folha ms I 4 b acaba (ver Ww, VII, 16) com as palavras: ... *pode ser citado. Nós*, a que segue ms I 47a com o adendo: *vamos examinar os diferentes poderes que devem existir em um Estado*.

- *Richelieu*...[197]: Ww, VII, 107 e ss; cf. aqui J. v. Müller, *Darstellung des Fürstenbundes*, livro II, cap. 13.
- *A Itália* [198]: Ww, VII, 109-116.
- *Pode-se observar*...[198]: originalmente *percebe-se claramente* (ms I 33b). Maquiavel: ver, recentemente, Elkan, Entdeckung Machiavells in Deutschland zu Beginn des 19. Jahrhunderts (*Historische Zeitschrift*, 119, 427 e ss.).
- "*O interesse protestante*"...[199]: o qual, ao menos durante a Guerra dos Sete Anos, "aparece na opinião popular e não é inofensivo", estima o suábio (Ww, VII, 124). J. v. Muller: cf. nota da p. 182.
- *A Alemanha participa*...[199]: Ww, VII, 115-131, 31.
- *Como, porém*...[200]: Ww, VII, 132-135.
- *Estas proposições*...[201]: Ww, VII, 135 e ss. "*O conceito e o ato de compreender*": segundo Mollat. Um *Maquiavel alemão*: Ros., 236 245.
- ...*Alguns anos mais tarde*...[202]: cf. Ros., 195. Haym: 209.
- *As interpretações anteriores do texto* [203-204]: Treitschke, *Deutsche Geschichte* (I, 94) não a coloca. Dilthey: 150 e ss.; Mayer-Moreau, op. cit., 45. *Menções nominais de Napoleão*: Ww, VII, 110, 121. *Políticas francesa e austríaca*: Ww, VII, 122 e ss. A Áustria, "uma potência cuja política e generosidade incitam e tornam capaz de proteger sua existência" (aquela dos pequenos estados). A opinião geral atribuía todavia esta "generosidade" igualmente a Bonaparte: cf. Holzhausen, Literatur- und Stimmungsbilder, *Allg. Ztg., Beilage*, 1898, e, da mesma forma, *Der erste Konsul Bonaparte und seine deutschen besucher*; Hegel, Deutsche Geschichte, II, 399 e ss. Dalberg, *Bestimmung der Entschädigungsmittel für die Erbfürsten*, 1802, 40: "O homem extraordinário, cujo mérito de restaurador é ainda maior que aquele de vencedor, aquele que torna possível o que parece impossível, que edifica a ordem sobre as ruínas e os horrores da anarquia na França, que oferta a paz a seus contemporâneos, este homem extraordinário tem suficiente grandeza de alma para se elevar por sobre a categoria dos benfeitores das nações singulares, para tornar-se o benfeitor da humanidade e sustentar nos países constituições, calma, paz e concórdia".
- *O arquiduque Carlos* [204-205]: Gross-Hoffinger, *Erzherzog Karl*, 257; *Österreichische Rundschau*, XXXI, 427; *Dalberg*: Krämer, *Dalberg*, 28 e

ss.; Beaulieu-Marconay, *Dalberg*, I, 234. *Dieta do Império*: Hegel, op. cit., II, 429. Citado segundo o libelo de Dalberg supramencionado (p. 93), logo antes do ditirambo em favor de Napoleão: "O alemão honesto tem o direito de esperar... que Carlos, herói e salvador da Alemanha, será também quem a conservará". *"Conquistadores"*: ms I 46 b; *"Tirania"*: 1805 ms V 113 a.

- *O porta-voz de uma geração...[206]*: Haym, 75 e ss. *Todavia...*: Ww, VII, 3-7 (ms XIII 11 a – 15 a).

- *Indivíduos privados*[144]: Ww, VII, 5; I, 18 (ms XIII 13 a); após *als*, deveria constar: *Privatleute...* Na origem o ms XIII 15 a: *"noch" nicht... zu fassen gewusst "oder vielmehr"*. Compreender o que é: Lassalle (*Was nun*?), o qual se refere citando Fichte.

- *Sistema da eticidade* [209]: ms X 1-88, Ww, 419-503. este manuscrito se apresenta como a continuação de um outro, publicado por Ehrenberg e Link e contendo uma Lógica, uma Metafísica e uma Filosofia da Natureza (ms IX). Todavia, do ponto de vista da articulação interna, não se trata de uma continuação. Haym (170 e ss.) já mostrou procedentemente que existe uma diferença notável, no que diz respeito ao modo de tratamento científico, entre o grande e o pequeno manuscrito. O segundo, que é o que nos interessa aqui, aborda expressamente os conceitos filosóficos sobre os quais Schelling acabava de estruturar seu curso (a partir do verão de 1801) e seus escritos (*Exposição de Meu Sistema de Filosofia*, fins de 1801). Mas não ocorre a possibilidade do estabelecimento de uma cisão cronológica entre os dois manuscritos, como fez Haym. Hegel era um mergulhador inveterado nos pensamentos alheios; assim, na *Vida de Jesus*, que data do período de Berna, ele se havia apropriado da linguagem e do universo conceitual kantiano até se auto-alienar completamente. De mais a mais, trata-se da ocorrência, com Schelling, de idéias que este havia concebido em um momento de muita proximidade com Hegel, o qual, bom conhecedor de Platão, as haveria mesmo inspirado, se é digno de fé o que dirá mais tarde. É igualmente muito provável (cf. os artigos de J. E. Erdmann e Jodl, in: *ADB*), de um modo geral, que Schelling estava à beira de cumprir exatamente este primeiro passo verdadeiramente autônomo de sua prática filosófica – que se apoiava até então em Fichte ("depois que eu vi o dia filosófico", escreve ele em 1805 a propósito deste preciso momento) – pelo texto de Hegel de julho de 1801. A oposição entre Fichte e Schelling é descrita mais profundamente do que Schelling mesmo fora capaz de fazer por Hegel, interpretando este audaciosamente a filosofia de seu amigo, no sentido que este último desejava, nos últimos tempos, lhe emprestar – assim como o próprio Schelling havia feito em 1795 com o sistema fichteano. Deve haver algum motivo especial para que

Hegel venha a construir uma Lógica, uma Metafísica e uma Filosofia da Natureza que nada devem a Schelling, seja por sua forma, seja por seu conteúdo, enquanto sua Ética está sob inteira dependência, não em termos de conteúdo, mas em termos da forma e, muito particularmente, da linguagem. Lógico, metafísico, filósofo da natureza, Hegel toma lugar em um vivo movimento filosófico e, para ser compreendido, ele pode, ou antes, ele deve, utilizar instrumentos de linguagem elaborados por Kant, e ainda mais por Fichte, que Schelling havia também herdado. Nós nos encontramos submersos pela agitação do vocabulário de Fichte, apenas entremeado aqui ou ali por expressões hegelianas. É totalmente diferente no caso da filosofia do elemento ético. Hegel deveria se postar ali como um pioneiro: o que Schelling havia produzido neste domínio, antes de suas discussões com ele, era despido de originalidade e de abrangência assim que se sai das questões fundamentais. Quanto a Fichte como pensador da Ética, ele lhe parecia se manter a distâncias tão longínquas, considerado o terreno de seu próprio saber, que ele não se pode autorizar a se lhe referir, ainda que sob uma forma que poderia aparecer como puramente exterior. Além disso, Hegel estava longe de julgar a linguagem como algo puramente exterior. Ele foi o primeiro a introduzir no novo movimento filosófico a inclinação manifestada no século passado pela filosofia da linguagem, assim como ele trabalha tenazmente e com uma alta consciência de sua tarefa de "ensinar" a filosofia a "falar alemão", como consta em uma carta que ele endereça a Voss, tradutor de Homero. Desta forma, na medida que ele aprendia a explorar um domínio que ele considerava como lhe sendo o mais próprio, para ele estava fora de questão referir-se à linguagem existente, pois a referência à filosofia existente lhe era impossível. Ele se via constrangido a recorrer a novos meios de linguagem, e lhe era cômodo retomar a linguagem mais recente de Schelling, isenta que estava esta de qualquer traço de uma doutrina ética heterogênea, inevitavelmente inscrita na linguagem de Fichte. Mas tudo isto não passa de um simples conjunto de hipóteses. No que diz respeito à datação do manuscrito, o limite inferior pode ser determinado a partir da grafia do "s". O "s", cuja primeira aparição empresta toda a importância à curta carta de 2 de julho de 1802, é muito freqüente no nosso manuscrito (cf. 180 ss.). Sua redação não pode ser anterior ao verão de 1802. Desde Haym, costuma-se colocar este manuscrito em relação com o curso de direito natural do inverno 1802-1803. Contra K. Fischer (*Hegel*, I, 278), o qual julga não poder seguir Haym sobre este ponto, cf. Eber, op. cit., 67, 127. para chegar a uma certeza, é necessário esclarecer a ordem cronológica existente entre o nosso manuscrito e *Sobre as Maneiras de Tratar Cientificamente do Direito Natural*, o ensaio publicado no inverno. Se, e somente se, o primeiro é mais antigo que o segundo (o que nos forneceria o *terminus ad quem*), poder-se-ia ter por certo que ele se constitui em um estudo preliminar ao curso de inverno. Tal é praticamente assegurado. O ensaio contém, com efeito, um esboço do sistema ético que não corresponde àquele que se encontra no manuscrito (cf. p. 245 e ss.). Entre os esboços sistemáticos posteriores de que dispomos, aqueles do período de Jena, o período mais próximo cronologicamente (o que é demonstrado no capítulo seguinte), e que não foi redigido antes do fim de 1803, não se articula ao sistema do manuscrito, desenvolvendo antes certas indicações sistemáticas contidas no ensaio (cf. p. 261 e ss.). Por outro lado, a sistemática do manuscrito revela ainda relações evidentes com a metafísica ética de Frankfurt (cf. p. 245-246),, o que não é o caso do ensaio. Pode-se ter por certo que o manuscrito é mais antigo que o ensaio publicado em 1802-1803 – algo que já presumiam Haym (180) e Eber (op. cit., 119).

- *A exposição*...[210]: Ww, VII, 421-450. A idéia de níveis econômicos pode ser tão bem referida a Steuart, que Hegel havia ele mesmo trabalhado (cf. Roscher, *Geschichte der Nationalökonomik*, 592) como a Platão, fonte única segundo Eber (op. cit, 81).

- *Singularidade*...[211]: Ww, VII, 451-464. *Conforme à intenção*...: cf. Ww, VII, 464. Um "*povo absoluto*": Ww, VII, 419, "*absoluto*" é acrescido (ms x 1 b).

- "*Povo*" e "*nação*"[212 e ss.]: uma nação pode sobreviver como nação e ao mesmo tempo perecer como povo: "os alemães, desaparecidos enquanto povo, não constituem senão uma nação" (adendo marginal não datado ao manuscrito de fim de 1805, ms v 113 a); "se a Alemanha enquanto Estado... e a nação alemã enquanto povo... perecem totalmente", Ww, VII, 14. Uma nação pode também constituir um povo, como os Germanos de Tácito, sem ser um Estado (Ww, 7 e ss.), ou seja, politicamente organizada, mas não em um estado unitário. É igualmente significativo que Hegel traduza por *povo* (*Volk*) a polis de Aristóteles (cf. nota p. 250). O termo intermédio é aqui, indubitavelmente, o *populus* de Cícero. Já o jovem ginasial havia lido os fragmentos de seu livro sobre o estado. Em Ww, VII, 148 ("Em outros países... a nacionalidade, o Estado, venceram o deslocamento" – trata-se do cisma confessional). De 1800 a 1801 "nacionalidade" é associada diretamente, sem conjunção, a "Estado" – sem que seja possível estabelecer em que sentido.

- *O povo*... [212 e ss.]: Ww, VII, 466-470. Aristóteles: *plethos ou to tykon*; Cícero: *non omnis hominum coetus quoquo modo congregatus*.

- *O que diz*...[213]: Ww, VII, 473-475.

- *Primeiro estado* [215]: Ww, VII, 469-472, 475-477.

- *Segundo estado* [215]: Ww, VII, 472 ss., 477-480. ...*O conteúdo interno de sua vida...*: este é o sentido da frase *da die Einheit...* (Ww, VII, 477).
- *Terceiro estado* [150ss]: Ww, VII, 473, 480. *O camponês e o direito*: o terceiro Stand está no "interior do primeiro" (cf. nota 236) no direito civil (Ww, VII, 500).
- *Nós vimos até agora...* [221]:Ww, VII, 467-468, 480 e ss., 488-489. Pode-se derivar o primitivo esquema geral, Ww, VII, 467: "assim o repouso desta totalidade, ou a constituição do estado, em seguida seu movimento ou o governo". Sobre o que se diz de Pütter e Majer (cf. nota p. 195), cf. Landsberg, *Geschichte der deutschen Rechtswissenschaft*, 3, 1, 340 e 454 (e também Majer, *Teutsche Staatskonstitution*, 1800, p. 16: "na pessoa do soberano, o estado adquire vida e atividade".
- *O "governo absoluto"...* [222]: Ww, VII, 482-488.
- *Haym* [223]: 166-167. ...*O único momento, e ainda...*: cf., sobre este ponto, Zeller, 4ª edição, 2, 1, 901, n. 5. Hegel mesmo não via uma tal separação em Platão (*História da Filosofia*, 2ª edição, II, 247, e, a partir de 1802-1803, Ww, VII, 380). Em sua distinção, exposta no texto, entre os "filósofos" de Platão e os "Antigos", Hegel deriva uma diferença característica a respeito da natureza antiga e moderna do Estado: é o que mostra a *História da Filosofia*, II, 169-171, texto que possivelmente retoma um caderno de Jena.
- *Pressuposta...*: [223]Ww, VII, 486: "pelo único fato de que ele pressupõe a distinção dos *Stände*, o governo absoluto não é formal".
- "*Pouvoir constituant*"[224]: E. Zweig, *Lehre vom pouvoir constituant*; Hegel: Ww, VII, 67; cf. também Ww, VII, 306.
- *Mesmo se...* [226]: Ww, VII, 502 e ss.
- ...*Em suas próprias palavras...*[227]: Ww, VII, 359.
- *Governo universal* [289-229]: Ww, VII, 488 e ss.; sobre este ponto, Ww, VII, 497. Kant, Doutrina do Direito, pr. 45.
- *Comentário de Steuart* [230]: Ros., 86: "Com uma nobre ênfase... Hegel combatia o que nele (no sistema mercantilista) estava morto, esforçando-se por salvar, no coração da concorrência e no mecanismo do trabalho e da troca, a alma do homem". Isto deve ser posto em relação com o que sabemos do papel que exercia então o conceito de "vida" no pensamento de Hegel. Smith na Alemanha: Roscher, *Geschichte der Nationalökonomik*, 598 e ss.
- *Os Fisiocratas*[230]: teria Hegel sido influenciado por suas idéias? Pode-se, historicamente, presumir tal (Roscher, op. cit.). Em Berna, ele havia lido a grande obra histórica de Raynal (Ros., 60). O manuscrito rechaça expressamente a "taxa única" e não apresenta traços especificamente fisiocráticos, com exceção de uma reminiscência: ver nota às p. 233.

Hegel e Smith: Hegel partiu diretamente de Smith e não do manual de Sartorius (cf. Roscher, op. cit., 615) – é o que, me parece, é perceptível da doutrina das necessidades do estado, que Sartorius expõe em uma ordem diferente daquela de Smith.

- *Em seu comentário...*[230-231]: Ww, VII, 492-494. A necessidade: Roscher, op. cit., 928. O *physical necessary*: Steuart, cf. *Feilbogen, Steuart und Smith* (*Zeitschrift für die gesamte Staatswissenschaft*, 45, 236). É necessário igualmente mencionar aqui a proposta de salário mínimo apresentada por Whitbread. Ros., 85, refere que estes debates interessaram vivamente a Hegel. *Economia e governo* etc.: Steuart, Introdução ao livro I.

- *Se, por este trabalho...*[231-232]: Ww, VII, 495-497. Steuart: livro II, cap. 26. *Liturgia ateniense*: esta digressão, única menção explícita à situação da Grécia antiga, serve de esteio principal à tese segundo a qual o sistema da eticidade seria "uma descrição da vida privada, pública, social, artística e religiosa dos Gregos" (Haym, 160). A referência à "arma de fogo" (Ww, VII, 47) dever-se-ia constituir em um contra-argumento de igual valor, oponível a este tipo de demonstração.

- *As friendly societies*[164]: Brentano, *Arbeitergilden*, I, 100, 105-106. Eden, *State of the Poor*, 1797, fornece uma descrição detalhada.

- *O Estado participa...* [233]: Ww, VII, 497-498. Smith: v, 1, 1-3 e 2, 1-2. As necessidades do povo inteiro: "por exemplo, suas habitações etc., quer dizer, seus templos, suas ruas etc.". "Templos" remete à Antigüidade. Mas Carlos Frederico de Baden, *Visão dos Princípios da Economia Política* (in: *Fisiocratas*, edições Daire, 377) define assim o patrimônio público: "C'est ce dont tout le monde a l'usage et qui n'est proprement et exclusivement à personne: les chemins, les rues, les *temples*, les quais, les ponts, les rivières"(É o que todo mundo utiliza e a ninguém pertence, própria e exclusivamente: os caminhos, as ruas, os templos, os cais, as fontes, os rios). Esta explicação é citada nas *Lições Econômicas* de Mirabeau (Leser, *Begriff des Reichtums bei A. Smith*, 91). Sob a rubrica do terceiro dever do Estado, Smith o trata em conjunto com os meios de comunicação, da educação da juventude e (sob o título de "educação de adultos") da Igreja. Ele admite então que a Igreja seja sustentada pelo Estado, embora não veja aí uma necessidade.

- *Smith* [235]: v, 2, 2, 2 (1): Argumentos contra o imposto sobre os interesses do capital: "em primeiro lugar, a dimensão das terras possuídas por um indivíduo não é um segredo para ninguém, mas pode, ao contrário, ser avaliada precisamente. Mas o capital em dinheiro que um indivíduo possui é quase sempre um segredo e não pode nunca ser estabelecido com alguma exatidão". v, 2, 2, 4(1): "A captação de impostos, quando se a quer adaptar ao patrimônio e aos recursos dos contribuintes, se encontra quase sempre contaminada pelo arbitrário". v, 2, 2, 4 (2, início): " A impossibilidade de realizar uma captação de impostos... dos habitantes na proporção exata de seus bens parece ser a causa da invenção do imposto sobre o consumo". Cf., sobre este ponto, a apresentação simplificada que dá Sartorius, *Handbuch*, pr. 125: como todos os impostos existentes até então, com exceção da renda fundiária, eram todos mais ou menos desiguais... não restava senão... o imposto sobre o consumo. Todavia, Hegel pretendia ver este imposto sobre o consumo aplicado à "particularidade mais vasta possível" das mercadorias, e Smith o pretendia apenas para mercadorias de luxo. Contra o "imposto único": na medida que a "habilidade" não fora tocada, os produtos da terra não seriam sobrecarregados pelos impostos; com efeito, a quantidade de tais produtos colocados no mercado não se regra pelo seu valor de troca, como é o caso dos produtos puros da habilidade; sobre esta explicação, cf. Smith, V, 2, 2, 1, 1: a taxa fundiária (inglesa) não pode fazer obstáculo ao maior crescimento possível dos produtos da terra. Como esta taxa não tem efeito sobre a diminuição do número de produtos, ela não tem efeito sobre o aumento de seus preços. Ela não coloca, assim, nenhum obstáculo ao zelo industrioso do povo. No texto sobre a constituição do império (Ww, VII, 23), Hegel justifica, também ele, a diferenciação da imposição em função do Estado, encontrando razão para ela, "à parte tudo o que se pode chamar privilégio", no fato de que o trabalho não deve ser avaliado como "alguma coisa de subjetivo"; e como não é possível compreender "o lado natural" daquilo que deve ser submetido ao imposto, a taxação deve se ater àquilo que existe objetivamente, ou seja, ao "produto" do trabalho; notemos ainda que seria insensato pretender aplicar um imposto igual para todos, dada a diferença muito profunda entre os produtos do trabalho de um habitante da cidade, de um camponês, de um padre, de um nobre. A argumentação é semelhante daquela do *Sistema da Eticidade*: ela admite o princípio da igualdade fiscal mas apenas para reconhecer imediatamente que sua aplicação é impossível, tentando assim legitimar a situação existente, marcada pelas diferenças entre as classes.

- *O* "sistema da justiça"... [235]: Ww, VII, 499-501.
- *Foro pessoal* [236]: mais tarde, Hegel funda a legitimidade da justiça reparatória no mesmo quadro argumentativo; é pouco provável que tal seja, já aqui, o caso; a classe (Stand) camponesa, pelo menos, encontra-se "no interior do primeiro Stand no direito civil".
- *No terceiro*...[236-237]: Ww, VII, 501-502.
- *Iremos agora* [237]: Ww, VII, 342-343. Cf. Schelling, Ww, I, 5, 315-316.
- *Folheando*... [239]: Ww, VII, 374-383. *Os escravos não constituem um Estado*: Ww, VII, 475 (cf. 381). Cf. Schelling, Ww, I, 5, 314. Gibbon: capítulo 2.

- *Quando Hegel...* [241] : N., 365, 371; ms XI 23 b (omitido N., 374); 271.
- *Mas, assim como...*[242]: N., 327; ms XIII 9 b; passagem destacada com tinta preta (Ww, VII, 11); N., 273; Ww, VII, 140; N., 349; ms I 47 a (Ww, VII, 17).
- *Múltiplas formas...*[244]: cf. por exemplo o Padre Majer de Tübingen, *Autonomie des Reichsfürstenstands*, 1782, 137: "...pois, com efeito, a associação no estado foi instituída precisamente por ela (a propriedade) e sua segurança".
- *1802...*[244]: Ww, VII, 17, onde ele repete quase literalmente esta definição, com a diferença (que se encontra, aliás, já no rearranjo anterior de um esboço primitivo) de que "são unidos" – que evoca muito a antiga concepção contratual – desaparece em proveito de "ser unidos".
- *A articulação em classes...*[245]: Ww, VII, 378 e ss.
- *Podemos aferir...*[246]: Ww, VII, 384-385, 416; Atena de Atenas: cf. Ww, VII, 467.
- *O ensaio sobre...*[176]: Ww, VII, 406, 388 (cf. também 393-394), 416.
- *Heeren* [248]: *Kleine historische Schriften*, 1805, II, 240.
- *Para Hegel...*[249]: Ww, VII, 392 e ss, 395-396. "*Espírito de um Povo*": sobre este ponto, citação (Ww, VII, 393) de Aristóteles, *Política*, 1253a, 25-29.
- *Costumes...*[250]: Ww, VII, 485, 406, 411, 409, 487, 406.
- *A tarefa que o texto...*[251]: Ww, VII, 409.
- *Todo presente...*[252]: Ww, VII, 411-416.
- *A mais bela forma* [253]: cf. Schelling, Werke, I, 5, 312 (O estado como obra de arte).
- *Hegel parte da história...*[254]: Ww, VII, 395, 108; Ros., 190.
- *A comédia...*[256]: Ww, VII, 385 e ss., 74.
- *Também o poeta...*[258]: *Werke*, ed. Hellingrath, v. 258.
- [259 e ss.] Cf. nota sobre o *System der Sittlichkeit*. [p.209] As partes do *Nachlass* que são aqui alvo de atenção se ordenam nos volumes V e XII. Mollat publicou, em anexo ao *Sistema da Eticidade*, um capítulo do volume V tratando da filosofia do Estado. Enquanto o vol. V é corretamente ordenado, com exceção de uma só folha, o vol. XII (com exceção de algumas folhas desajeitadamente arranjadas em um volume diferente) apenas se encontra adequadamente ordenado na medida em que podemos contar apenas com a numeração do texto em letras gregas minúsculas, efetuada por Hegel mesmo. A parte que se segue imediatamente no manuscrito contém justamente a Filosofia do Espírito, redigida claramente em um só episódio, encontra-se na mais completa desordem. Além do número limitado de letras do alfabeto grego, tal desordem se deve ao fato de que Hegel procedeu a rearranjos nesta parte, inserindo no texto antigo fo-

lhas inteiras identificáveis pela cor diferente, azulada, do papel. Por esta razão, e também pela presença de adendos marginais e entre as linhas, em escrita microscópica, esta parte do manuscrito, que contém, além disso, inumeráveis abreviaturas e uma grafia muito cursiva, representa um dos fragmentos mais difíceis de decifrar do *Nachlass*. Na versão reordenada definitiva, a ordem das folhas, partindo das últimas páginas da Filosofia da Natureza, é a seguinte: 84 b (letra sigma), 108 a (letra tau), e após, sem interrupção, o que vai do fim da Filosofia da Natureza até 114 b, onde inicia a *Filos. do Espírito*, referida por um "3" romano pouco legível, semelhante a um "2" romano. A folha 115, referido à 114 por um símbolo preciso (duas barras transversais cruzadas por duas barras longitudinais), compreende um esboço do sistema inteiro, assim como a continuação de um adendo da folha 114 b. A folha 116 contém o início de um esboço da *Filosofia do Espírito*, destinada a explicitar uma outra, esboçada na folha 115 b. segue-se a folha 117, que é necessário completar pelas folhas 94, 95 e 96 até *Luft*, 96 b, linha 5. Após a folha 99 a da versão primitiva, até *Familie*, linha 15, que é referida, pelo símbolo citado acima, a 96 b, a partir de *Für den Standpunkt*... É necessário seguir até um outro símbolo (linha vertical com duas perpendiculares horizontais) que se encontra na folha 97 a, que se liga, pelo mesmo símbolo, a 97 b. é necessário, em seguida, retornar a 97 a (5ª linha a contar de baixo; 1. *Potenz*) e, daí, retomar a versão primitiva: 99 b a 102, 103 inserida, versão primitiva de 104 até 104 b, linha 14, onde se insere (sinalizada pelas duas barras transversais cruzadas por duas longitudinais) 105; após, novamente o texto de base: 104 b, a partir da linha 14, 85, 98, 86 a 93 – onde o manuscrito se interrompe. A ordem correta da estrutura do manuscrito seria, então: 84, 108 a 117, 94 a 96, 99, 97, 100 a 105, 85, 98, 86 a 93. A versão primitiva a que fazemos referência neste livro, p. 173-175, se encontra nas folhas 114, 117, 99 a 102, 104, 85, 98, 86 a 93. As folhas suplementares (cf. nosso texto à p. 175) são as seguintes:115, 116, 94 a 97, 103, 105; todas tratam do conceito de consciência. No que diz respeito à datação: o "s" utilizado pela primeira vez na carta de 2 de julho de 1802 (cf. notas às páginas 109 e ss. e 132 e ss.), e ainda freqüente na carta a Schelling de16 de novembro de 1803 (Biblioteca Real de Berlim), aparece apenas (página 2, linha 10, *sogl.*) em uma outra carta a Schelling, de quatro páginas (Biblioteca Real de Berlim), de 27 de fevereiro de 1804, e em um trecho do *curriculum vitae* redigido em setembro de 1804 (Biblioteca Real de Berlim). Na parte de nosso manuscrito referente à Filosofia do Espírito, perto do fim, a freqüência deste "s" diminui consideravelmente. Assim, esta parte não deve haver sido redigida antes do início de 1804. O exame das descobertas e publicações recentes referidas na parte sobre a Filosofia da Natureza conduz ao mesmo resultado. A folha 18 a cita a *Química* de Trommsdorf, aparecida em 1803; a 48 b se refere à polêmica empreendida por Berthollet contra Bergnmann, cuja publicação data de 1801; a 51 a refere a *Estática de Química* de Berthollet, de 1803; na 53 a Hegel invoca, além de suas próprias experiências, aquela de Chenevix, referida no *Neues Journal der Chemie* de Gehlen, aparecida no início do mês de março de 1804 (8. Heft, 1. Jahrgang) – sendo que o ensaio original a que se refere já se encontra nas *Philosophical Transactions* de 1801. É a *Estática de Química* que possui grande importância para a datação. Ela parece no número de novembro dos *Annales* de Gehlen, na rubrica das obras recentemente publicadas. O *terminus a quo* que se nos propõe para a Filosofia da Natureza deve ser um pouco adiantado para a Filosofia do Espírito, havendo esta sido redigida antes daquela. Acrescentemos ainda que os cursos ministrados por Hegel durante o inverno 1803-1804 baseiam-se sobre o conjunto de seu sistema filosófico e que, pela primeira vez, ele intitula a terceira parte *philosophia mentis*, e não mais *jus naturae*, como era o caso nos programas universitários – mas vimos que a denominação, em nosso manuscrito, era igualmente Filosofia do Espírito. Não é possível estabelecer uma datação definitiva para a versão reordenada; exclui-se naturalmente que ela seja anterior ao ms v. O manuscrito reordenado no vol. v contém a Filosofia do Espírito, igualmente em continuação imediata da Filosofia da Natureza, mas falta, todavia, a transição entre ambas. Esta última é completa. O exame grafológico permite supor que este manuscrito deve ser classificado após o ms XII; já o "s3" da codificação de Nohl se torna largamente predominante, após haver desaparecido durante os anos 1802 e 1803 e reaparecido, em cerca da metade das ocorrências, a partir da carta de 27 de fevereiro de 1804. O *terminus a quo* pode ser deduzido da menção, na folha 49 a, dos elementos químicos ósmio, irídio, paládio e tungstênio. O paládio e o ósmio foram descobertos em 1803, e o irídio em 1804. A descoberta do ósmio e do paládio foi tornada pública por seu autor em 21 de junho de 1804, na *Royal Academy* de Londres. Não se pode, em nenhuma hipótese, situar o manuscrito antes da segunda metade de 1804, e nos parece recomendável avançar até 1805. Uma obra de Schubert, publicada em 1806, é citada à margem (82 b), mas esta citação, na medida em que é marginal, não pode provar senão que Hegel utilizou o manuscrito para preparar seus cursos; da mesma forma, o termo *Normalvolk*, tomado com toda evidência dos *Grundzüge des gegenwärtigen Zeitalters* de Fichte, publicados na Páscoa de 1806, não mostra outra coisa, pois se encontra, também ele, em um adendo marginal (119 b). Por outro lado, o fato de que Hegel ensinou, a partir do inverno 1805-1806, a Filosofia da Natureza e a Filosofia do Espírito sob a denominação de *Realphilosophie*, sem a Lógica e paralelamente à História da Filosofia, depõe a favor de uma datação correspondente a 1805. Esta denominação global de *Realphilosophie* foi aposta igualmente, embora não por Hegel, na capa de um caderno que consideramos para esta datação. No verão de 1806, este ministra igualmente um curso próprio sobre as Filosofias da Natureza e do Espírito, com a "filosofia especulativa", no qual ele já expõe a Fenomenologia do Espírito. O programa universitário do verão de 1807 indica o mesmo plano de conjunto, novamente com a História da Filosofia em terceiro lugar na ordem geral. De qualquer modo possuímos, com nosso manuscrito – como o prova a citação marginal de Schubert – o último sistema hegeliano de Jena. Michelet situou este manuscrito em torno a 1804-1805. Como já dissemos, ele não pode, em nenhuma hipótese, ser anterior a estas datas.

- *O ensaio sobre o direito natural*...[261]: Ww, VII, 379.
- *Um manuscrito*...[261]: ms XII 99 a, 85 a, 89 b, 90 a, 92 b, 93 a.
- *Como já em 1802*...[261-262]: é possível que se trate da mesma Lógica. Somente um perfeito conhecedor da referida Lógica poderia se pronunciar sobre o fato de saber se a transformação da Filosofia da Natureza é compatível com a manutenção da antiga Lógica. *Ainda em 1803*...: na medida que *necessidade* e *felicidade* são ainda associados a *sensação*.
- *Na doutrina da propriedade*...[262]: ms XII 85 a, *potência da posse*. As palavras *e da família*, após a vírgula, são um adendo; vê-se claramente que a vírgula é a transformação de um ponto original.
- ...*Já sugerida na versão anteriormente*...[264]: cf. a conclusão da 1ª potência, ms XII 104 b.
- *Tripartição... bipartição*...[264]: esta substituição se efetua por complementos à consciência (94-97), antes de "primeira potência", por um corte desta "primeira potência" (103) e por uma transição desta às duas seguintes (105).
- "*Estado*" [266]: ms V 107 a.
- *Três mundos* [266]: subdivisão confirmada pelo ms V 110 b. Seu exame inicia nas folhas 107 b, 109 a, 110 a (alfa, b, c – negligência tipicamente hegeliana). *Política econômica*: ms 108 b.
- "*Potência sobre a vida e a morte*" [267]: ms V 110 b. "*Esta potência*"...: ms V 110 b.
- *A vontade* "que é inteligência" [269]: ms V 100 a.
- *Parágrafo introdutório* [270]: ms V 111 a. *Mestre, poder público e soberano*: ms V 111 b.
- *Comecemos pelo*...[270]: *Sistema da Eticidade* (ed. Mollat), apêndice, 54 ss. *Aristóteles*: ms V 112 a (falta na edição Mollat, que inicia precisamente neste ponto). Estado como contrato: ms V 112 a (à margem): é pressuposto o que deve "devir": esta expressão já apareceu, de forma semelhante, no ensaio sobre o direito natural.

- *O grande homem do poder* [271]: é extremamente instrutivo comparar esta idéia a seu modelo em Aristóteles (*Política*, 1288 a): a diferença dá idéia da medida do aprofundamento que o espírito humano experimentou no decurso desses dois milênios. *Pisístrato*: ms v 112 b (à margem). "*Encabeçamento nórdico dos alemães*": ms v 113 a (à margem).
- *A tirania*... [272]: Mollat, op. cit., 56-59.
- *O príncipe*...[274]: Mollat, op. cit., 60. *Novalis*: e também as elucidações históricas e jurídicas relativas à noção de "casa" real em Rosenstock, *Könighaus und Stämme*.
- *A evolução histórica*...[275]: Mollat, op. cit., 58-60.
- *Articulação em classes* [276]: Mollat, op. cit., 60-66.
- *Realidade moderna* [198]: também é presente a alusão à punição corporal dos camponeses (lícito segundo o direito civil prussiano), mais explicitamente ainda que em 1802: 116 b, "é necessário juntar um bom estimulante para que ele compreenda que na circunstância, e desta forma, um poder está presente". "*Sistemática das disposições de espírito*": cf. já o título 116 a (diferente em Mollat); *as classes e as disposições de espírito inferiores*.
- *A seção central*...[278]: Mollat, op. cit., 66-68.
- *Como o manuscrito evidencia* [278]: esboço marginal 115 b (b) *Geist* e "beta" raiados: Organização do espírito; a) dever – b) espírito (moralidade) "beta" cada um elevado por sobre si mesmo por sua classe. "alfa") natureza – dito de outra forma, o estado da *singularidade*; "beta") estado universal, objetivo finalidade universal, *homem de negócios* – sábio, *soldado* e *governo*; "gama") religião, filosofia, Espírito existente". Texto 115 b (falta em Mollat): "trata-se agora de desenvolver três aspectos: inicialmente os membros do todo, a organização exterior estável e seus órgãos internos, os poderes tais como são em si mesmos, "beta") a disposição de espírito de cada classe, sua consciência de si – ligação imediata ao ser-aí – saber pelo Espírito de seu membro enquanto tal – após elevação, um é vida ética, o outro moralidade. Em terceiro lugar, a religião; o primeiro momento é a natureza espiritual posta em liberdade, o outro é o saber que ela tem de si mesma – enquanto assentando sobre o saber, o terceiro é Espírito ("Espírito" anulado) que se conhece enquanto espírito absoluto – a religião". À margem do texto citado: "o Estado e o Espírito de um Estado, é, de fato, este Espírito determinado que se desenvolve, após a confiança e o trabalho bruto até o saber que o Espírito absoluto possui de si mesmo. Este Espírito é a vida de um povo em geral e, desta vida, é necessário se libertar. "alfa") Sua consciência está no particular, três primeiras classes; "beta") Seu objeto torna-se o universal na classe dos negócios".
- *Conselho de Estado napoleônico* [281]: Hegel interessava-se pelo tema: ms 106 b, *incompatibilidade do humor* como motivo de divórcio, pro-

posto ao Conselho de Estado, mas não mantido. *República italiana*: cf. igualmente ms XIII 53.

- *Hegel mesmo, mais tarde*...[281]: 1831 (Ww, VII, 307-308).
- *Terceira seção do terceiro capítulo* [282]: a partir de ms v 120 a. A articulação se deduz do texto e dos esquemas mencionados à p. 278). A classificação efetuada por Hegel em meio às cartas ou dos algarismos é tão arbitrária que acaba sendo ilusória; é mesmo excepcional que, em algum dos manuscritos sistemáticos destes anos, que algum esquema geral seja referido com algum rigor.
- *...O destino de sua comunidade...* [284]: N., 329, 336, 342.
- *Os elementos restantes...* [284]: N., 350.
- *Trata-se de*...[285]: Ww, VII, 465, 469 (448, 452-453).
- *Hegel conecta imediatamente*...[288]: Ww, VII, 503. A 10ª lição de Schelling sobre os estudos acadêmicos apresenta notáveis analogias com este texto, especialmente quando ele faz referência (pensa ele no manuscrito de seu amigo?) a um eventual "documento existente" referente à "verdadeira vida do Estado" (Ww, I, 5, 315), particularmente 314.
- [289 e ss.]: *Ros.*, 133-141. A indicação de Rosenkranz é retomada por Haym, o qual dispunha ainda do manuscrito (cf. 9ª Lição, n. 7 e 16ª Lição, n. 13: encontram-se, ainda, além do texto principal, outras referências ao manuscrito perdido).
- *...Olhar... dirigido ao futuro*...[292]: é sobretudo neste ponto que a descrição de Haym, à qual não se pode contestar a grandiosa simplicidade de traço, peca por uma dramática deformação, e é neste preciso ponto que Dilthey contribuiu com decisivas retificações.
- *Uma "terceira" época*...[293]: Ww, VII, 93. *Justaposição*: ms v, três folhas antes do fim (à margem): "ligação sintética entre o estado e a Igreja".
- *O fim do manuscrito*...[212]: ms v 122 a, 122 b, terceira folha antes do fim.
- *"A Igreja tem..."*[213]: ms v, terceira folha b antes do fim, até 125 a.
- *...Durante meio século*...[216]: apreciação de Haym.
- *"Espírito"* [300]: Ww, II, 283 e ss, 286, 289 e ss., 306 e ss., 311, 313-314.
- *A anexação dos césares à pólis* [301]: também porque a monarquia pode agora estar presente na primeira época, sendo a terceira monárquica. *Heliogábalo*: cf. Schelling, Ww, II, 1, 545.
- *Os acontecimentos mundiais*...[218]: Ww, II, 316 e ss., 320, 322, 323 e ss., 329-330, 332 e ss., 336 e ss. Após a queda do Império Romano: anteriormente: "após a queda da república romana".
- *É assim que o Estado*...[304]: Ww, II, 343 e ss., 350 e ss., 378.
- *Na idéia de*...[305]: Ww, II, 378 e ss., 380, 382, 383, 384-385.

- *A descrição de 1806* [306]: é o que devém da bem conhecida história bem conhecida da impressão do texto (*Briefe*, I).
- *Mas o que pode...* [306]: Ww, II, 385-387.
- *...Segundo as palavras...* [309]: Napoleão, 17 de março de 1805 (*Moniteur*, 13, página 754, primeira coluna). *Porta-voz dos possidenti*: Aldini, 19 de maio de 1805 (*Moniteur*, 13, página 1022, primeira coluna).
- "*Tal é, meus senhores...*" [310]: Ros., 214.

Livro II

- "*O Imperador, esta alma do mundo*" [317]: carta a Niethammer, "Jena, segunda-feira, 13 de outubro de 1806, dia em que Jena foi ocupada pelos franceses e o imperador Napoleão penetra seus muros".
- [318]: Explicação por Hegel mesmo da passagem da *Fenomenologia*: carta a Niethammer, 29 de abril de 1814. "*O grande professor de direito público*": carta a Niethammer, 29 de agosto de 1807.
- *...em 1805...* [320]: cf. Livro I, p. 203.
- [321 e ss.]: *Jahrbuch* 1912 do "Historischen Vereins zu Bamberg", 64 ss. (Kreuzer, wetzel, 1815). Bitterauf, Zensur der politischen Zeitungen in Bayern 1799-1825, in: *Festschrift für Riezler*.
- [322]: *O Jornal e a população*: Arquivos Reais de Munique, MA 1083, folha 62, Bamberg, 23 de fevereiro de 1809 (requerimento dos habitantes em vista da suspensão da interdição). *Necrologias*: *Nekrolog der Deutschen*, IX, 1831, 963; *Preussische Staatszeitung*, 1º de dezembro de 1831 (Gans); *Fränkischer Merkur*, 1831, Suplemento n. 49.
- [322 e ss.]: *Sumário da* Gazeta: transportes: 1807, ns. 121, 123, 126 a 128, 130, 133, 134, 136, 138, 142, 146, 149, 151, 157, 161, 165, 174 (tropas espanholas pela primeira vez na Alemanha desde a Guerra dos Trinta Anos), 192, 344, 349, 351, 353, 359; 1808: ns. 237 e ss., 273, 275, 279-282, 284, 288, 308. Festividades: 1087, ns. 132, 161, 171, 174, 180, 189 e ss.; 1808, n. 50, 196, 289. Cometa: 1807, ns. 117, 283. Hermafrodita: 1808, n. 169. Espanha e Erfurt: ver "*...Code civil...*", número de 8 de janeiro de 1808. Reformas administrativas não mencionadas: decupagem do distrito (21 de junho e 23 de setembro de 1808), supressão da Leibeigenschaft (servidão) e constituição das comunas (31 de agosto). Mencionada a organização do sistema de saúde: 1808, n. 279. A consulta do *Nachlass* de Merschalk v. Ostheim, conservado nos Arquivos de Bamberg, me foi preciosa para o estabelecimento desta lista.

- *Para "correção"* [324]: *Nürnberger Correspondent*, 1807, 306. Montgelas sobre Napoleão: Hegel in: *Abhandlungen der Bayrischen Akademie der Wissenschaften*, 1885, 436.
- *Altos funcionários provinciais* [325 e ss.]: cf. o Arquivo Real de Munique, Atas gerais do Ministério de Estado dirigidas à Casa Real e ao Exterior. Debates sobre as censura dos jornais, 1799 – maio de 1819 ("caixa verde 65/1"), folha 22 (16 de março de 1808). *Os altos funcionários provinciais*: Türheim ao Ministro, Nürnberg, 23 de novembro de 1808 (Arquivos Nacionais, caixa verde 65/1, folha 46: "...somente esta limitação... impediria os redatores de enfrentar abertamente o declínio de seus jornais, que, por minha parte, eu subscreveria de todo coração, mas que afetaria gravemente os proprietários no que concerne ao *Correspondente* e o tesouro no que diz respeito ao *Ober-Postamts-Zeitung*". "*Tormentos*": carta a Niethammer, 8 de julho de 1807. *A Baviera e a sublevação austríaca*: Memórias de Montgelas, Historisch-politische Blätter, 83, 188.
- [325]:...*Seu jornal publica em 19 de agosto...*: sobre esta questão, dispomos apenas das cartas a Niethammer de 15 de setembro e de 1º de outubro. Não encontrei nada relacionado nas Atas (Arquivos Nacionais, Arquivos de Munique e Bamberg). 1º de novembro de 1808: Arquivos Nacionais, caixa verde 65/1, folha 33. Não parece possível que tal tenha estado em relação com a *Gazeta de Bamberg* de 28 de outubro, pelo fato de que a admoestação dirigida por Munique ao Comissário Geral do Distrito do Meno, o barão von Stengel (cópia nos Arquivos Nacionais, caixa verde 65/1, folha 34, originais nos Arquivos de Munique, MA, 1083, folha 45) é datada de 2 de novembro. Porém, o texto deste escrito determina, a propósito do decreto de 1º de novembro, que ele "é promulgado neste dia"; por outro lado, o *caput* deste decreto leva a menção "expedido em 4 de novembro". Stengel havia, por sua parte, indicado que tanto o decreto quanto o escrito lhe chegaram em 7 de novembro (carta ao Ministério, 11 de novembro de 1808, caixa verde, 65/1, folha 40). E, principalmente, a cópia do decreto de 1º de novembro, endereçada a Stengel (Arquivos de Bamberg, Atas do Comissariado Real Geral do "Retzatkreis", "A propósito da censura dos jornais", 1808, 154/1), mostra que o "1º" da data foi sobreposto sobre um "3" primitivo, o que concorda com o carimbo postal "R 4 Munique, 4 de novembro de 1808" e com a menção "Recebido 6 de novembro de 1808" (o que não corresponde às informações fornecidas por Stengel!). O Decreto parece haver assim sofrido uma antecipação de datação, ao que parece justamente para dissimular que um incidente particular houve podido estar em sua origem. É também possível, evidentemente, que ele date efetivamente de 1º de novembro e que a cópia haja sido elaborada posteriormente.

- [328]: *Carta de justificação de 9 de novembro*: Arquivos nacionais, caixa verde, 65/1, folha 41: "recebido 10/11 8" (autógrafo), Bamberg, 9 de novembro de 1809 (sic!), Declaração do Prof. Hegel, redator, com respeito ao artigo publicado no número 300 da *Gazeta* de Bamberg (endereçado ao) Comissariado Real Geral. (assinatura:) Georg Wilhelm Friderich (sic) Hegel.
- *27 de janeiro de 1809* [328]: Arquivos de Munique, MA, 991/242, folha 51.
- *Uma queixa do Príncipe Hatzfeld* [329]: Arquivos de Munique, MA, 1803, folha 47, Berlim, 27 de janeiro de 1808. Rechberg a Montgelas. A frase incriminadora se encontra no número 338 da *Gazette*. O correspondente em questão era o "capitão barão von Sellentin" (MA, 1083, folha 58); o Ministério a Stengel, MA, 1083, folha 54. Suspensão da *Gazette*: Arquivos de Munique, MA, 1083, folhas 55 (a Stengel) e 56 (a Otto). Carta a Niethammer, 18 de abril de 1811, resposta de Niethammer em 5 de maio. *Carreira e casamento*: carta a Niethammer, 10 de outubro de 1811.
- *Comissário da cidade* [330]: Arquivos reais de Munique, registros Ministeriais 667/2, "A situação da polícia na cidade de Nuremberg...", Nürnberg, 20 de fevereiro de 1810, 32 folhas: as ruas 16, as moradias 17, os estabelecimentos públicos 5-6, as corporações 13, os guardas-noturnos 3, o ensino superior 14. No que diz respeito à opinião de Hegel mesmo, cf., por exemplo, sua carta a Niethammer de 7 de maio de 1809.
- *Ameaças de desaparecimento* [331-332]: Arquivos Reais de Munique, Registros ministeriais 674/11, Nürnberg, 15 de janeiro de 1811, Relação da polícia ao terceiro trimestre do ano de 1801; a intervenção em favor da manutenção em serviço do Liceu mencionado não se encontra nas Atas. O testemunho das autoridades: Arquivos Reais de Munique, MA, 991/242 (*dossier* pessoal de Hegel; é citada a passagem da aceitação de sua demanda de licença em que "a partida do Prof. Hegel" é lamentada).
- [332 e ss.]: A *Propedêutica* publicada por Rosenkranz no v. XVIII das *Werke* pode servir à elaboração de nosso tema, desde que se encontre na carta endereçada oficialmente por Hegel a Niethammer em 23 de outubro de 1812, e publicada no vol. XVIII das *Werke*, 333 ss. Sobre a "doutrina da religião, do direito e dos deveres" ensinada nas classes iniciais, pode-se ler (336): Eu não vejo... como fazer de outra forma do que começar pelo direito, a mais simples e mais abstrata conseqüência da liberdade, seguido pela moral e, a partir daí, progredir até a religião, o nível supremo"; Hegel explica a seguir (340) que a doutrina do Espírito contida na *Enciclopédia*, prevista para as classes superiores é "a rigor, supérflua", pois "ela já está...: 1. na psicologia, 2. na doutrina do direito, dos deveres e da religião" ensinada nas classes elementares. Aqui, ele se esforça por introduzir a estética nos programas de estudos de seus alunos do último ano, em lugar da *Enciclopédia*. Mas, tanto

pelo duplo extrato que acabamos de citar como pela resolução pouco embaraçada por escrúpulos pedagógicos que ele propõe, mesmo contra Niethammer, de não assinalar um lugar particular ao direito na moral e na vida ética no sentido (anterior e) posterior, como é o caso "da doutrina do direito, dos deveres e da religião", da qual dispomos, vê-se bem que Hegel, em 1812, não tinha como objetivo, em relação às grandes linhas da filosofia do espírito, uma disposição diferente daquela que havia apresentado na *Propedêutica* que sobreviveu até nós e que era destinada às classes elementares. A *Enciclopédia* publicada por Rosenkranz no vol. VIII das *Werke* – sendo evidente o fato de que ela se constituía de um estádio preliminar daquela de 1817 – não pode ser situada cronologicamente antes de 1813, enquanto a "doutrina do direito, dos deveres e da religião" nos fornece o sistema ensinado pelo menos até o fim de 1812, como fica evidente pela sua relação com a atmosfera da *Enciclopédia* de 1805 e com a *Fenomenologia*, tal como a expomos no nosso texto.

- *Não se trata evidentemente...*[333]: "Doutrina do direito", pr.s 53 e ss., 32-34.
- *Diferentemente de...*[334]: "Doutrina do direito", pr.s 23-24, *Cartas*, I, 320 e ss.
- *Este conceito...*[335]: "Doutrina do direito", pr.s 25-31.
- *O aspecto ético...*[336]: "Doutrina do direito", pr.s 53-54.
- *Discursos...*[337]: Ww, XVI.
- *É concordante...*[338]: carta a Zellmann, 23 de janeiro de 1807; a Niethammer, 7 de maio de 1809; a Schelling, 3 de janeiro de 1807; a Niethammer, 10 de outubro de 1816 e 13 de outubro de 1807.
- *Carta a Schelling* [339]: Aqui se esclarece provavelmente a pequena frase escrita à margem de ms v, 113a, datada provavelmente de 1806 ou mesmo mais tarde, sobre os "Teutschen" como "povo desaparecido" com sua "disposição nórdica de espírito": "tendo trazido ao mundo o princípio da solidão absoluta" – o *Dasein* do conceito de religião cristã, ou ainda melhor: "*Dasein* do pensamento no Sul". *Vaticinatio ex eventu*: pode igualmente testemunhar contra esta suposição a passagem da *Selbstbiographie* de Schuberth, que é aluno de Hegel em Nuremberg (trata-se do período em torno de 1809): "... seus julgamentos sobre as relações entre os países alemães e outras potências européias testemunharam uma consciência muito clara e segura de nossa própria posição e da situação, de tal modo que fomos obrigados a lhe dar razão, pelo menos nos tempos que se seguiram, senão imediatamente...".
- *Se para ele, como sabemos...*[341]: carta a Niethammer, 29 de agosto e 13 de outubro, 23 de agosto de 1807, 11 de fevereiro de 1808, 29 de agosto de 1808, 22 de janeiro de 1808, novembro de 1807.

- *Mas, com tudo isso...*[342-343]: carta a Knebel, in: *K. L. von Knebel literarischer Nachlass*, carta a Niethammer, 20 de agosto, 22 de janeiro de 1808, 28 de outubro de 1808.

- *Mas a história...*[343-344]: carta a Niethammer, 21 de maio, 23 de dezembro de 1813; a Paulus, 18 de abril de 1814; a Niethammer, 21 de maio, 23 de dezembro de 1813, Páscoa de 1814. Como a Goethe...: ver Treitschke, *Deutsche Geschichte*, III, 36: "voluntários grosseiros", "Cossacos, Croatas, Cassúbios e Samländer, hussardos marrons e outros".

- *Na Alemanha...*[349]: carta de Niethammer a Hegel, 6 de janeiro de 1814; a Paulus, 9 de outubro de 1814; a Niethammer, 21 de fevereiro de 1815 e 29 de dezembro de 1814.

- *Se, neste tempo...*[350]: carta de Niethammer a Hegel, 16 de junho de 1816; resposta de Hegel em 5 de julho de 1816. Cf. Lenz, *Geschichte der Universität Berlin*, II, 1, 200.

- *A disponibilidade...*[351]: WW, XIII, 3 e ss.

- *Hegel havia...*[356]: carta a Niethammer, 29 de agosto de 1807, novembro de 1807, 28 de dezembro de 1811 (cf. também carta a Niethammer, 21 de junho de 1812); 19 de abril de 1817.

- *...Atrito... Paulus...*[357]: cf. carta a Niethammer, 19 de abril de 1817, assim como os seguintes elementos do *Nachlass* de Paulus, conservado na Biblioteca da Universidade de Heidelberg; carta de Wilken a Paulus, 21 de janeiro de 1817; de Thibaut a Paulus (sem data, inicia assim: "à demanda expressa de M. G. K. R. Paulus..."); Hegel, Wilken e Thibaut a Paulus, 29 de janeiro de 1817 (redigida e provavelmente concebida por Hegel); Hegel a Paulus, 19 de janeiro (1817) (encontra-se no *dossier* "Diversos", assinado "V. Hgl 19/1"). O *Nachlass* de Paulus contém, entre outras cartas não publicadas de Hegel, aquelas de 20 de julho, 22 de agosto, 13 de setembro e 13 de outubro de 1816.

- *...dos partidários como dos adversários...*[358]: Niethammer, 27 de dezembro de 1817, última frase. "Livre refutação do julgamento emitido sobre as deliberações das classes de Württemberg nos *Anais* de Heidelberg de novembro e dezembro de 1817, Frankfurt. A. M., Ferd. Boselli 1818" (cit. a seguir como "Refutação"; o autor deste texto foi C. J. Zahn, deputado de Calw), 5 e 8. Hegel replica... se ele declara ao início de sua recensão que ele retorna posteriormente a esta limitação ("de qualquer modo"), ele escreve a Niethammer, após a impressão do texto, que ele "não havia ainda estudado" o "segundo período" e que será improvável que venha a fazê-lo (31 de janeiro de 1818).

- *característico da visão de Hegel...*358: característica qualificada de "vício oculto" pelo qual "o autor revela, desde as primeiras páginas, de que espírito é filho", pelas inteligentes e prudentes "Observações de um homem avisado a propósito do julgamento estabelecido sobre as deliberações da assembléia de classes de Württemberg de 1815 e 1816 e publicado expressamente nos ns. 66-67 dos *Anais Literários* de Heidelberg, Frankfurt a. M., 1818, Hermannsche Buchhandlung" (cit. a seguir como "Observações"). O tema é: "Deve a filosofia tornar-se servidora da política após haver cessado de o ser da teologia?"

- *Um dos melhores libelos...*[359]: Lenz, *Geschichte der Universität Berlin*, II, 1, 203.
- *A forma externa do texto de Hegel...* [359]: Ww, VI, 158.
- *A queda do...*[360]: Ww, VII, 159, 272, 197, 160-161, 261, 186, 189-190, 213, 210 (cf. também 238-239), 266 (cf. também 236).
- *O que Hegel...*[360]: Ww, VII, 231, 227, 161-162, 170-171, 205-206.
- *Como chegar...*[364]: Ww, VII, 167, 175 e ss., 234, 167 e ss., 175 e ss.
- *Quando destacamos...*[365]: Ww, VII, 262, 253 ss., 267, 257, 194, 208, 245 e ss., 260, 262, 164.
- *A constituição real...*[366]: Ww, VII, 184-185, 180 e ss., 166.
- *Em suma...*[367]: Ww, VII, 218 e ss., 179.
- *Se o ministério...*[367]: Ww, VII, 267 (cf. 276), 170, 179, 181, 271, 276.
- *Não é, ao fim e ao cabo...*[368]: a força desta negação pode ser constatada por comparação com seu inverso exato em L. Uhland: "No fundamento de todas as deliberações das classes de março de 1817, está a idéia segundo a qual a constituição de Württemberg hereditário não seria somente algo de utilitário de que se pode servir, mas alguma coisa sobre a qual existiriam direitos determinados", LV, 1819, 42ª seção, 21, cit. in: List, *Der Kampf ums gute alte Recht*, 98.
- *...Queixas das classes...*[370 e ss.], junho de 1815: ver Schneider, *Württembergische Geschichte*, 473. "Refutação": 48-50, 62.
- *"Refutação"*[372], a 7ª à parte: "Refutação", 72. O fato de que ele havia feito publicar pelo *Volksfreund* (Rocques, *Hegel, sa vie et son oeuvre*, Paris, 1912) nada prova, pois não se trata de um jornal ministerial. *O segundo biógrafo de Hegel...*: Haym, que expressa esta afirmação em sua "Autobiografia póstuma".
- *"Unidade originária, substancial"* [373 e ss.]: Ww. VII,197. Como escreve a Niethammer: 31 de janeiro de1818. *Razão de Estado*: as "Observações" (21) enganam-se completamente ao perceber no direito público "racional" de Hegel o eco do "princípio, segundo o qual os ministros são os representantes da razão de Estado".
- *Sublinha deliberadamente...*[375]: ele escreve *was nicht der Fall sei* espaçando os caracteres (Ww, VII, 268).
- *Câmara dos nobres* [376]: Ww, VII, 166. Pode-se, todavia, suspeitar que o Professor da boa cidade de Heidelberg tenha se conduzido aqui

de forma a tal ponto reservada com a finalidade de não provocar a hostilidade dos funcionários badenses com relação a uma tal Câmara de Pares – de acordo ao que, segundo Wangenheim-Eschenmayer, se constitui na determinação de uma aristocracia no Estado, ver Hegel, Ww, VII, 262.

- ... "*O segundo período*"...[376]: já as "Observações" deduzem desta limitação de seu material por Hegel em 1816 que o filósofo pelo menos, diferentemente de "outros adversários das classes", "não pretende se fazer cavaleiro às suas expensas, apara acabar tendo um fim qualquer" (43) e que "ele não havia escrito para sua vantagem pessoal" (44) (cf. também, à página 32, uma alusão à oposição de Hegel em relação a este preciso ponto da política governamental).

- *As classes não constituem*...[377-378]: "Refutação", 10; Ww, VII, 281 "Refutação", 64 (de modo mais sutil, "Observações", 33), 73 (é possível que a história apareça aí pela primeira vez), 70 (cf. "Observações", 25 e 48).

- *Em suas últimas páginas*...[379]: List, op. cit., 102-103, 118, 107, 124, 128, 159; Ww, VII, 276-277.

- *O jornal que representava*...[381]: trata-se do *Württembergische Volksfreund* – não confundir com o *Volksfreund aus Schwaben* evocado por List, op. cit., 123 – embora os dois jornais representassem a mesma tendência.

- *Apenas um elemento*...[383]: carta a Niethammer, 31 de janeiro de 1818; Ww, VII, 172.

- *Apreciação geral sobre a Prússia* [387]: ver especialmente Arndt, *Geist der Zeit*, que bem o resume. Apreciações de Hegel: cf. Livro I, 124 e 134-135; carta a Niethammer, 13 de outubro de 1806; Livro II, p. 271-272. *Anais de Heidelberg*: 1817, n. 56.

- *Em face de tal escolha*...[389]: cf. Livro I, 124-125, 128 ss., Livro II, 218-219, 233 e ss., 239 e ss., 241 242.

- *Com mais amplitude*...[391]: Ww, VI, páginas XXXV-XXXVI; vol. XII, 4; vol. VI, página XXXII. "*Fundado Sobre a Inteligência*": manuscrito do discurso de Heidelberg (Biblioteca Real de Berlim), adendo marginal; "um dos momentos essenciais da vida mesma do Estado": ver a célebre definição de Gneiseneau do triplo primado; "na alma": refiro Ww, VI, XXXVI: *Tyrannei und um Freiheit – im Gemüte seines höheren Anfang genommen*.

- [393]: Cf. M. Lenz, *Geschichte der Universität Berlin*, II, 1.

- Raumer [394], carta de Raumer a Hegel, 7 de agosto de 1816. Savigny e Fries: cf. Livro I, p. 86-89.

- "*Coragem do conhecimento*" [395]: discurso inaugural, in fine. Goethe e o "centro": "As Épocas do Espírito", in: *A Arte e a Antigüidade* (1817) – em lugar de instruir razoavelmente e de formar calmamente, joga-se joio e trigo para todos os lados; não há um ponto central que sirva de referência; cada um aparece como líder e professor e contribui com sua plena estupidez para o todo", carta a Hegel, 7 de outubro de 1820. *Clausewitz*: cf. Creuzinger, *Hegels Einfluss auf Clausewitz* (assim como Rothfels, *Clausewitz*, n. 58). *Uma observadora distante*: Adelheid Zunz, carta de 19 de novembro de 1831 a Isler (propriedade do senhor Professor R. Ehrenberg-Rostock).

- *Situação das Universidades* [398-399]: cf., por exemplo, carta de Schelling a Cousin, 28 de janeiro de 1819 (*Schellings Leben in Briefen*, II, 426), e carta de Schleiermacher a Arndt de 14 de março de 1818 (Lenz, op. cit., documentos, 410).
- *Hegel e Fries*...[400]: cf. carta de Hegel a Paulus, 2 de maio de 1816: "queira retornar ao Sr. Fries... os cumprimentos que ele teve a bondade de me endereçar pelo intermediário de Seebeck, e que ele as aceite como eu aceito suas saudações".
- "*o clã Schmalz*"...[401]: carta a Daub, 9 de abril de 1821.
- *Após algumas*...[401]: Ww, VI, 5, 7-13.
- [404]: *Nesta época, somente G. Lasson*, em sua edição da *Filosofia do Direito*, reconheceu a importância da passagem sobre o Estado platônico enquanto este está no princípio da inteligibilidade da dupla asserção sobre o efetivo e o racional. Treitschke, por exemplo, cujo exemplar conservado na *Stadtbibliothek* de Leipzig mostra que ele apôs um traço vertical contínuo à margem de toda esta parte do "Prefácio", não sublinha as duas frases *No curso da presente obra*... e *Pensando para além*...! O fato de que este aspecto da coisa seja o mais freqüentemente ignorado explica a falsa interpretação geral de que a dupla asserção foi objeto, o que encontra sua expressão mais drástica na sua quase constante inversão ou na sua abreviação em "o que é efetivo é racional", ou ainda "princípio hegeliano da racionalidade do efetivo". Entre as exceções a esta regra, é necessário mencionar Hegel mesmo, que, em sua auto-interpretação de 1827 (2ª edição da *Enciclopédia*, Introdução, pr. 6), ressalta "a efetividade do racional" (cf. também o pr. 360 da *Filosofia do Direito*), tanto em termos de procedimento de impressão, quanto, sobretudo, em seu sentido profundo. O comentário proposto em nosso texto, em favor do qual é necessário recorrer aos pr.s 552 e 563 da *Enciclopédia*, não concorda totalmente com G. Lasson, do qual eu tomo, todavia, (286) a interpretação da "rosa na cruz do presente", registrado no Hegel-Archiv.
- *Sendo a filosofia*...[404]: Ww, VI, 13-14.
- *Voltemos ao enunciado*...[407]: Ww, VI, 14 ss.
- "*União com o tempo*"...[408]: cf. Livro I, p. 181 e ss.. "*Conhecer*"...: ver Livro I, p. 169; Ww, VI, 17.

- [412 e ss.]... *distinguí-se em relação à Antigüidade*...: a colocação em dúvida por Haym (377-378) da seriedade e da veracidade desta diferença aparece já, pouco fundamentada, no jovem Treitschke, que havia provavelmente lido o livro em 1858, e que comenta a frase de Haym "Ele não se eleva por sobre a visão antiga que para decair imediatamente" com um ponto de interrogação colocado sobre a margem de seu exemplar anotado (*Stadtbibliothek*, Leipzig). *Leibniz*: ver a explicação bem conhecida do organismo como uma máquina na qual as mais ínfimas partes são também máquinas (por exemplo, *Monadologia*, pr. 64).

- *Fichte* [412], *Direito natural*, 1797, II, pr. 17 (Do contrato de cidadania), corolário. Castas ou ordens profissionais? A primeira resposta é a mais provável, dadas as circunstâncias da imagem do Estado de 1802 e a dependência contínua que a liga ao *Ancien Régime*. *Título do parágrafo*: ms v 116 a, "as classes e disposições de espírito inferiores" (diferente em Mollatt, *Systéme de la vie éthique*, 61). ... "Ultrapassar o estado"...: ms v 122 a.

- *Livre escolha profissional* [414]: cf., por exemplo, *Filosofia do Direito*, pr. 124.

- [415 e ss.] *Sociedade civil em sentido moderno*: *Filosofia do Direito*, pr. 182, adendo; cf. o esquema histórico da *Fenomenologia*. *Vontade que é inteligência* e alma singular: o Estado platônico, explica Hegel, ms v 115 a, "não pode ser estabelecido na prática porque nele falta o princípio da singularidade absoluta".

- *Particularização da ciência e da religião* [416] no Estado: cf. uma particularização nas *Stände*.

- [417]: *O Estado... lugar de reconciliação*: a modalidade não é clara para o sistema de 1804 e sua transformação, devido ao estado fragmentário como ele chegou até nós.

- *A conexão entre as partes do sistema* de 1805 [417 e ss.]: essencialmente ms v 120 b: "Como inteligência, o ente à figura de um outro, como vontade de si mesmo, este outro. O ser-reconhecido é o elemento espiritual, mas ainda indeterminado em si e, por conseqüência, repleto por um conteúdo múltiplo. Tendo a lei autoridade, é o movimento deste conteúdo, ou o universal intuindo-se como mediação. Sua produção de conteúdo por si mesma é a constituição. Ele (o espírito) se constitui por si mesmo, mas na forma de objeto, faz-se conteúdo e, como governo, ele é o Espírito certo de si mesmo que sabe disso e de seu conteúdo e que ele é o poder exercido sobre ele, conteúdo espiritual. Ele se faz produzir, portanto, este conteúdo como tal e o retira de si mesmo. "Ele é assim, imediatamente, a arte...".

- *A força do "Dasein"* [418]: ms v 107 b. *"Sociedade"* 107 b. O terceiro capítulo da parte central: a partir de 110 b. Conforme ao procedimento do caderno de 1804: preparado pelo conceito "no povo" de 1803 (ensaio sobre o direito natural) e 1804 (texto de base do caderno).
- *A história se constituía em 1805* [421]: ms v 126 a.
- *Governo e Estado como "astúcia"* [423]: ms v 115 a, 119 b.
- *"Posse"*, *"trabalho"*, *"diferença dos indivíduos"* [424]: ms v 100 a.
- *A economia na Enciclopédia de Nuremberg* [425]: pr.s 197 e 198.
- *"A realização do Espírito objetivo"* [426]: *Enciclopédia*, pr. 430.
- *"Estado da singularidade"* [429-430]: *Enciclopédia (1817)*, pr. 433.
- *Vida ética, lei, convicção* [429-430]: cf. Filosofia do Direito, pr. 141: "O elemento ético é uma disposição de espírito subjetivo, mas é aquela do direito em si mesmo".
- *Hegel e a história do direito* [433]: ele não parece haver se ocupado demasiadamente com a literatura relativa à história do direito. O modo como ele se utiliza de breves pr.s do manual de Hugo e das definições de um autor tão antiquado como Heineccius não depõe a favor de um vasto conhecimento de textos. Sou mesmo tentado a concluir, haja visto o silêncio do pr. 217, que os trabalhos de Jakob Grimm, por exemplo – fundamentais para o direito alemão, e que desvelam sua essência forma-lista-expressiva – não penetraram o horizonte de referência hegeliano.
- *Não se deve, porém* [434]...: pr. 40, 3.
- *Contra o manifesto de Savigny de 1814* [435]: pr. 211 (cf. também o pr. 215, o elogio do direito nacional prussiano, pouco apreciado por Savigny). A frase intermediária, não reproduzida no texto ("como não se tratava de fazer um sistema de leis novas quanto ao seu conteúdo, mas somente se tratava de conhecer o conteúdo jurídico dado em sua univer-salidade definida, quer dizer, de compreendê-lo pelo pensamento) mos-tra um Hegel mais próximo de Savigny do que ele mesmo poderia haver admitido. O antagonismo pessoal entre os dois homens não era assim tão forte a ponto de suscitar uma dissimulação deliberada de pontos de vista próximos. Para compreender tal coisa, pode-se recorrer às suas visões diferentes da importância do "Espírito do povo". Segundo Savigny, a lei não seria "feita", pois isto seria atropelar o Espírito do Povo, o qual criaria ele mesmo suas leis, com a condição de que se lhe deixe em paz. Hegel não reconhece um Espírito do Povo que existisse sem leis, pois es-tas últimas formam um componente necessário de sua existência. Assim, uma "nação cultivada" é, para ele, detentora, por definição, de leis, ainda que não-escritas.
- *O autor da "Doutrina da posse"* [435]: não se pode confirmar o fato de que Hegel haja dirigido conscientemente sua teoria da posse contra

Savigny, como o fará posteriormente o seu discípulo Gans (*System des römischen Civilrechts*, 1827, 202 e ss.). Os adendos à mão de Hegel (exemplar manuscrito, Biblioteca Real de Berlim) não revelam nenhuma menção ao texto de Savigny, o que provavelmente não se daria se ele o tivesse conhecido; ademais, conhecemos sua pouca cultura jurídica. Todavia, o conhecimento não é uma impossibilidade.

- *Hegel concebe a pessoa* [435-436]: Pr. 40, 29, 36.
- *Kant e Rousseau* [436]: daí a singular fé filosófica de Kant na natureza, fé, a rigor, incompatível com seu criticismo. Tal fé é encontrável igualmente em Leibniz e Rousseau, bem como em Hegel e Schelling – pois ambos partem da equivalência pensar=ser, seja por uma abordagem dialética e metódica, seja de um modo místico ou de princípio. Mas falta em Fichte e Kant a legitimação intrínseca de uma tal fé.
- *Como Hegel...* [437]: pr.s 45, 40. Em 1817, o conceito de pessoa não era ainda "negativo contra a realidade", de modo que a divisão tradicional entre direito das pessoas e direito das coisas ainda era possível.
- *Assim, Savigny...* [437-438]: pr. 62; *Geschichtsphilosophie* (Ed. v. Brunstädt), 389. Treitschke, *Deutsche Geschichte*, II, anexo IV.
- *Esta análise do conceito...* [441]: pr.s 46, 49. É característica a passagem (pr. 46) em que ele afirma que a comunidade de bens pode "se apresentar facilmente ao espírito". ...*Excedendo o direito e a vontade jurídica...*: é particularmente interessante, com relação a este tema, o adendo ao pr. 37, que pode ser lido como uma tomada de posição defensiva contra a "luta pelo direito" de Jhering. Mas poder-se-ia também citar esta passagem em um outro sentido: com efeito, o conceito de direito de Jhering é muito diferente daquele depreciado por Hegel como relevante de modo realmente deliberado do direito privado.
- *...Direito romano de sucessões...* [442]: cf. Hugo, *Lehrbuch der Geschichte des römischen Rechts*, pr. 82, *Just. Int. Lib. II Tit. XXII pr. Gaji Comm. II*, pr. 224; (Pomponius) carta 120 D de vs (I, 16); I, 120 D 50, 16. Gibbon traduzido em Hugo, op. cit., 3ª edição, 116. Montesquieu, *Espírito das Leis*, I, 27.
- *A família, elemento fundador do Estado* [444]: em Rousseau (*Contrato Social*, I, 2) forma originária, não ligada ao Estado. Ele utiliza o conceito de dissolução da família, como o fará Hegel mais tarde. Do mesmo modo, ele dispõe do conceito de amor, mas não faz a ligação com o conceito de Estado, não vendo senão a antítese amor/obediência.
- *Finalidade do casamento* [446]: pr.s 164, ALR, II, 1, pr. 2, ao contrário: pr. 1 Inst. (I, 9); de onde carta 39, pr. 1 D (23 de março), e contra ALR; cf. também ABGB, pr. 44.
- *Divórcio* [446]: pr. 176, ALR, II, 1, pr. 718 a.

- *Impedimento do casamento em função do grau de parentesco* [447]: pr. 168, ALR, II, 1, pr.s 3-4; ABGB, pr.s 65-66; C. c., pr.s 161-162; no direito romano, condição de cunhado e "quase-afinidade" constituem impedimentos. A exceção legítima prevista pelo direito nacional prussiano encontra-se no pr. 8. Mas, a par da condição colocada em seus termos de admissão e sua limitação sexual, ela releva um outro ponto de vista além daquele do grau de parentesco, que se exprime igualmente na autorização da dispensa. *Direito dos bens matrimoniais*: N., 381-382, pr. 171; ALR, II, 1, pr. 345. *"Livre patrimônio" das crianças*: pr. 171, ALR, II, 2, pr. 147 e ss.
- *Educação das crianças* [448]: pr. 174; ALR, II, 2, pr. 65 e ss., 86, 121-122.
- *Direito de sucessão* [448]: pr. 178 e ss., Pütter, *Beiträge zum deutschen Staats – und Fürstenrecht*, Th. II, XXVII (358), XXXVI (228). Sua concepção foi, todavia, posta em questão pelo Professor Majer, que ensinava em Tübingen na época em que Hegel freqüentava o Stift, em sua *Germaniens Urverfassung* (1798), pr.s 59-64. Thomasius, *De origine successionis testamentariae* (1705), pr.s XLIV, LIX; *De captatoriis institutionibus* (1803), 57-58 (58-59). Cf. nota p. 442.
- *Sociedade civil...* [450]: pr.s 182 (adendo), pr.s 157, 182, 183.
- *A vida econômica...* [452]: pr.s 189, 199-200, 201 e ss.
- *O político reconhece...* [452]: pr.s 227-228, 205, 203 e adendos, 204 e adendos.
- *Não como classe...* [456]: pr.s 244, 253.
- *Já em 1802* [456]: Stahl evoca (*Geschichte der Rechtsphilosophie*, 1847, 321) o ano de 1829 como sendo a época "em que nada se sabia, na Alemanha, de teorias sociais".
- *Hegel vê na "mecanização"* [457]: pr.s 243 e ss., 185.
- *Teóricos franceses* [457]: Linguet (1767), Necker (1775, reedição 1820).
- *A doutrina econômica de hoje* [459]: Plenge, *Marx und Hegel*, 158 e ss.
- *Se Hegel...* [459-460]: pr.s 170, 203, 252-253, 278, 236.
- *Além desta...* [461]: pr.s 253, 255 (cf. adendos pr. 201).
- *É aqui que a contradição de Hegel* [463]...: pr. 135, 257 e ss.
- *"Patriotismo"...* [465]: pr. 268, 263 e ss., 258, 123, 268, (289), 265, 268, 289.
- *Esta igualdade...* [345]: pr. 289, 261, 209, 124, 261, 269. Já em Kant, "cidadão" – "burguês" = Staatsbürger" – "Stadtbürger" (cidade-Estado). Hegel utiliza "burguês" no mesmo sentido desde 1802, no *Sistema da Eticidade*, e presentemente na *Filosofia do Direito*, pr. 190, eliminando do conceito o que provém do *Stand* e propondo a oposição como oposição universal entre o homem da "sociedade civil" e o homem no

Estado. Igualdade perante a lei: pr. 209, cf. a *Filosofia da História*, a propósito da China: "Nossos estados garantem a igualdade perante a lei... universalmente".

- *Por "constituição"*...[468]: pr. 265 (cf. pr. 267), 269, Ww, VII, 481, *Enciclopédia*, pr. 439, *Enciclopédia* de Nuremberg, pr. 198-199.
- *A relação de Hegel*...[470]: pr. 272.
- *No que diz respeito*...[472]: pr. 272-273.
- *É necessário que*...[474]: *Sistema da Eticidade*, ed. Mollat ("Anexo"), 59-60.
- *O príncipe*...[475]: pr. 273, 279.
- *O poder principesco*...[477]: pr. 275, 278.
- *Comparação e conceito genérico* [479]: é, com efeito, a tal que refere o pr. 278, que encontra no organismo "a mesma determinação", e na liberdade da vontade "o mesmo princípio".
- *O monarca*...[479]: pr. 279.
- *O monarca*...[481]: pr. 280-281 (cf. também o adendo ao pr. 281, que ainda recusa expressamente a justificação pela graça divina assim como a justificação positiva).
- *Os "três" momentos* [482]: pr. 285 e ss.
- *Moser, o filho* [483]: F. C. v. Moser, *Politische Wahrheiten*, vol. I, V-VI.
- *A importância*...[485]: pr. 288 e ss. (cf. igualmente o adendo ao pr. 290).
- *Após haver*...[486]: pr. 290-294.
- *O poder dos funcionários*...[487]: pr. 295-297.
- *O terceiro dos poderes*...[488]: pr. 298-300.
- *Na forma*...[490]: pr. 301, 314-315.
- *Estes desenvolvimentos*...[492]: pr. 302. *As palavras de ordem... da época... consecutiva*: antecipadas por Hegel, quando ele se congratula consigo mesmo (pr. 303) contra as "teorias recentes", que a língua manteve o duplo sentido do termo *Stände*.
- *É sobre esta base*..[493]: pr. 304, 312, 305-306, 307 (cf. 181), 308-311, 313.
- *Hegel ajunta à doutrina*...[494-495]: pr. 316-318.
- *Como conteúdos*...[495]: pr 299, 321, 323, 326. *Após muitos ensaios infrutíferos*...: é o caso daquele de 1802 na doutrina dos poderes. *O Estado como potência guerreira*: cf. 1820, pr. 326: "Quando o todo se transforma assim em potência...".
- *Como apenas agora*...[497-498]: pr. 329 (cf. 278), 324, 326... da guerra, da paz e da conclusão de tratados: sobre o adendo pr. 329, ver Moltke e sua célebre frase introdutória à *Geschichte des Krieges* 70/71.

- [498 e ss.]: Não há necessidade de precisar que, no que concerne à situação da Prússia, nosso texto se fundamenta inteiramente sobre Treitschke, *Deutsche Geschichte*.
- [498 e ss.]: *Cf. Meinecke, Boyen*, II, 169.
- *Discurso ginasial de 1811* [500]: Ww, XVI, 151.
- ...*de resto, pré-hegeliana*...[503]: cf. o célebre verso de Pope *on forms of governement*.
- ...*Assembléia das classes*...[504]: a Enciclopédia de 1827 e a terceira edição terminada em 1830 não lhe dirige atenção. Ver igualmente as notas, datáveis em período anterior à *Filosofia do Direito* (as da p. 272 levam "17 de março de 1819"), anotadas à mão e entre as linhas no exemplar da Enciclopédia de 1817 (ed. Lasson, *Hegel-Archiv*): 274: "Direito..., constituições comunais... assembléias provinciais, todos igualmente necessários".
- "*Partidarização*" [505]: pr. 302. *Estados gerais*: poderia causar espanto o fato de que ele não emprega esta expressão que lhe era tão familiar.
- *É, todavia, com relação a uma outra questão*...[506]: pr 181, 322.
- ...*Até o direito* [511]: mas não mais adiante. No Espírito subjetivo, por exemplo, a realidade efetiva da esfera imediatamente superior não é pressuposto da verdade da esfera imediatamente inferior; o paralelismo dos desenvolvimentos natural e conceitual, ao contrário, domina, e será expressamente recusado por Hegel na *Filosofia do Espírito Objetivo* (Cf. adendo no pr. 182).
- *Ele tenta desenvolver*...[512]: pr. 330-331, 338, 332.
- *Como o direito*...[514]: pr. 340.
- *A história universal*...[515]: pr. 345-348.
- *Pelo fato de que a história mundial*...[516]: pr. 342-343, 345, 348, 79, 93, 102, 118, 218, 349.
- "*A marcha de Deus no mundo*" [518]: adendo ao pr. 258.
- *Espírito do Mundo* [520]: não confundir com "alma do mundo", que designa Napoleão na célebre carta que citamos. Espírito e alma são duas coisas diferentes. "*Espírito do Mundo*" e "*Espírito Absoluto*": ver a clara distinção na *Enciclopédia* (1827), pr. 552.
- *A introdução ao curso de filosofia da história* [522]: ed. Lasson, cf. *Filosofia do Direito*, pr. 341.
- *Singular oposição* [524]: várias vezes notada, recentemente interpretada de modo profundamente equivocado por Dittman, *Volksgeist bei Hegel*, no sentido de uma propaganda em favor da metodologia de Lamprecht.

- *É sobre isto que repousa...* [525]: pr. 270, 360, Ww, xi2, 245-251 e xiii2, 340 e ss.
- *Casamento* [527]: carta c. pr. 165, ALR, II, 1, pr. 136. *Baviera*: edito de 8 de setembro de 1808, pr. 18. *Renânia*: ordenação de 25 de agosto (6 de setembro) de 1814. *Tendência do governo prussiano*: cf. Treitschke, *Deutsche Geschichte*, II, 411.
- *O revolucionário...* [530-531]: pr. 257, 219. Os antecedentes "democráticos de Haller: Hartmann, *Gallerie berühmter Schweizer*, "Spitzname 'Democrat'".
- *O autor desta apreciação...* [533]: Stahl, *Geschichte der Rechtsphilosophie*, 1847, 471, 560-561, 453, 458, 456, 469, 456-457, 474, 470. *Séries já abertas...*: cf. Meinecke, *Weltbürgertum und Nationalstaat* (1ª ed.), 226 e ss.
- *Pela mediação de Schelling* [534]: com efeito, Savigny mesmo, cit. por Stahl, foi indubitavelmente influenciado pelas *Lições Sobre os Estudos Acadêmicos* de Schelling.
- *Hegel, em 1802...* [535]: pr. 258.
- *Assim como Stahl...* [536]: Stahl, *Geschichte der Rechtsphilosophie*, 432, 481.
- *Estado... "moral privada"* [540]: manuscrito da Introdução à *Filosofia da História*, ed. Lasson.
- *O livro de Haym de 1857* [541]: o autor não via absolutamente o resultado da doutrina do Estado como potência, mas, em boa linguagem doutrinária, aquele da resignação pessoal. *Revue des Deux Mondes*: n. de janeiro de 1871 (E. Beaussère), cit. na obra do francês P. Rocques, exemplar anotado por Treitschke: *Stadtbibliothek* de Leipzig.
- *Treitschke...* [541]: Biblioteca de Leipzig.
- *Karl Marx* [543 e ss.]: J. Plenge, *Marx und Hegel*; Stahl, *Geschichte der Rechtsphilosophie*, 323 e ss.
- *A poetisa cristã escandinava* [547]: Selma Lagerlöf, *O milagre do Anticristo*.
- Lenz [546-555], *Geschichte der Universität Berlin*, II, 1.
- *E assim como o governo de Altenstein...* [554]: carta de Creuzer, 8 de junho de 1823; a Duboc, 30 de julho de 1822; a Hinrichs, 4 de abril de 1822, 13 de agosto de 1822; a Creuzer, verão de 1821; a Göschel, 13 de dezembro de 1830.
- *Em março de 1826...* [557-558]: carta a Cousin, 5 de abril de 1826; de Seber, 9 de junho de 1826; a sua mulher, 7 de outubro de 1827, 12 de outubro de 1827; de Niethammer, outono de 1827; de Carové, 8 de abril de 1828; a F. Förster, 22 de junho de 1830; de Günther, 31 de julho de

1830; cf. igualmente a observação oral feita a Cousin no outono de 1827 (*Briefe von und an Hegel*, II, 388).
- [559]: *Enciclopédia*, em 1817, pr. 563.
- *As cerimônias* [562]: Ww, XVII, 318-319, 319-1320, 320, 323-324, 324, 321-322, 324, 328-329.
- *Ele acompanhou com preocupação...* [565]: 18 de agosto de 1825, 3 de março de 1828, 7 de abril de 1828.
- *O temor puro e simples da revolução...* [567]: carta a Göschel, 13 de dezembro de 1830; a Schulz, 29 de janeiro de 1831 (*Hegel-Archiv*, II, 2, 63).
- [568-569]: *Laube: Neue Reisenovellen*, I, 413: "...com um fervor particular contra o nascimento da Bélgica... e as palavras impiedosas que ele encontra contra ela e contra o Reform Bill são provavelmente as últimas coisas importantes que ele escreveu". Nada encontrei nos *dossiers* de censura do *Geheimes Staatsarchiv* de Berlin em referência a este texto ou àquele sobre o Reform Bill.
- *O texto de Hegel...* [575]: em Berlim, o *Staatszeitung* foi posto à venda na noite precedente à sua data de capa. A exclusão do deputado de Liverpool, mencionada por Hegel, e o discurso de Wellington de 28 de março, do qual ele faz largo uso, encontram-se apenas no número de 7 de abril – o que nos fornece o *terminus a quo*. O texto utiliza, além disso (no penúltimo parágrafo) um relato do *Staatszeitung* de 14 de abril com referência a um artigo do *Courrier français* deplorando que "anciãos, liberais ardentes, mudam completamente, uma vez entrando no serviço do estado, e julgam excelentes todas as medidas ministeriais; (o *Courrier*) se queixa particularmente de dois conselheiros de Estado, dos quais um é nomeado sem ambigüidade, M. Thiers. A esquerda se encontraria assim constantemente enfraquecida por estas incompreensíveis defecções". É fora de dúvida que a frase de Hegel contém reminiscências literais ("queixa", "a esquerda") e a muito precisa expressão "muitos indivíduos notáveis (o "Monsieur Thiers" do *Staatszeitung*) foi suscitada pelo relato do jornal. De outra parte, a anotação "em uma das últimas sessões do parlamento", acrescida ao fim da página, funda-se sobre um artigo de 24 de abril. Mas ela falta ainda no texto manuscrito. Por conseqüência, este último deve haver sido terminado entre os dias 14 e 24.
- *Acréscimos às suas preleções orais* [576-577]: adendos aos pr. 211, 248, 277, 300, 329. Nosso informante: Rosenkranz, que se encontrava então em Berlim.
- *O artigo de Hegel* [577]: Ww, VII, 285.
- *Ele admite a legitimidade...* [578]: Ww, VII, 285-286, 289, 288, 307, 290, 292-305, 326, 290 e ss. Macaulay: sessão de 2 de março: "Disse-se também

que entre os representantes dos burgos havia homens cuja notoriedade é grande. Eu o admito com boa vontade, mas não devemos considerar os acasos, mas as tendências gerais".

- *Poder-se-ia esperar...* [579]: Ww, VII, 291, 288, 291, 299, 291-292, 320.
- *Não vai longe o suficiente...* [580]: Ww, VII, 309, 307, 311-312, 313, 315. Correspondência londrina do *Staatszeitung*: número de 11 de março, cf. Ww, VII, 308-309.
- *Não parece que o Bill...* [582]: Ww, VII, 318 e ss., 321, 320, 325-326, 317.
- *Frederico-Guilherme* [583]: cf. *Briefe*, II, 378 (da viúva a Niethammer).
- *O autor do artigo* [586]: *Briefe*, II, 378. Poema: Stieglitz (Ros., 420): o original do poema de Stieglitz encontra-se na Biblioteca Real de Berlim.

* * *

Impresso em Cotia,
nas oficinas da Meta Brasil,
para a Editora Perspectiva em 2019